Andy D. Thomas

Dave & Jessie
Healing

Impressum
© dead soft verlag, Mettingen 2016
http://www.deadsoft.de

© the author
http://www.andydthomas.com

Cover: Irene Repp
http://www.daylinart.webnode.com/

Bildrechte:
© Jeff Palmer

1. Auflage 2016
ISBN 978-3-945934-88-3
ISBN 978-3-96089-000-3 (epub)

Danksagung:

Zuallererst möchte ich mich ganz herzlich bei all denjenigen Lesern bedanken, die das Erscheinen dieses Buches geduldig erwarten konnten!

Mein Dank geht ferner an Gemelli Ragazzi, die mit jedem Kapitel mutig Neuland betreten hat und natürlich an J. H., der wie immer an meiner Seite war.

And, last but not least, warm thanks to Jeff for working with me again!

Wanne mit Rückblick

David Hanks stand in seiner großen, modernen Wohnküche und holte sich ein isotonisches Getränk aus dem Kühlschrank, das er in einem Zug fast bis zur Hälfte leerte. Sein ganzer Körper war nach einem anstrengenden Workout gleichmäßig mit Schweiß überzogen.

Er war eine Stunde gelaufen, hatte ein langes Dehnungsprogramm absolviert, mit Hanteln trainiert und war seine Karateroutine durchgegangen. Am Ende musste noch für zehn Minuten sein Punching-Bag daran glauben, denn er wollte, dass sein Körper endlich Ruhe gab.

Wenigstens war es ihm so gelungen, die intensiven Ereignisse der vergangenen Wochen für drei Stunden auszublenden.

Sein Blick fiel auf die Uhr an der Wand. Es war halb Sechs und er hatte noch genügend Zeit für ein ausgiebiges Bad, bevor er auf die Party seines besten Freundes, Jason Montgomery, ging, die wie jedes Jahr den fröhlichen Abschluss des vergangenen, dreitägigen, sehr sportlichen Betriebsausflugs für ihre Angestellten bedeutete.

Jason und er betrieben drei Kampfsportstudios, in denen jeweils Karate, Taekwondo und Jiu Jitsu angeboten wurde und die mit dem zusätzlichen Angebot von professioneller Physiotherapie mehr als erfolgreich liefen.

Dave warf seine durchgeschwitzten Trainingsklamotten in den Wäschekorb und ließ warmes Wasser in die große, freistehende Wanne ein.

Als er sich noch mit einer Flasche stillen Mineralwassers eingedeckt hatte, stieg er in die Badewanne und schloss die Augen, während das heiße Wasser langsam seinen durchtrainierten, tätowierten Körper umspielte.

Doch anstatt seine Gedanken endlich zur Ruhe kamen, fing sein Gehirn augenblicklich an zu rattern.

Dave kniff etwas verärgert die Augen zusammen. Verdammt noch mal, konnte er mal fünf Minuten seine Ruhe haben?

Wo zum Teufel war der Pause-Knopf?

Wo war der Aus-Knopf?

Wo zog man den Stecker?

Schließlich sah er ein, dass er nicht verhindern konnte, dass sich Bilder an Bilder und Emotionen an Emotionen reihten. Am Ende gab er auf und ließ den Film ablaufen. Er drehte das Wasser ab, lehnte sich zurück und ließ sich mit auf die Reise nehmen.

Wie viel simpler sein Leben doch noch vor ein paar Monaten gewesen war.

Er arbeitete hart. Hatte sein Hobby zum Beruf gemacht. War Karatetrainer und Sportlehrer an einer elitären Privatschule, an der er auch sporadisch mit Jason Kurse in den verschiedenen Kampfsportarten gab.

Als Kind brutal vom besten Freund seines Vaters für fast zwei unendlich elende Jahre missbraucht, hatte er alle Gefühle, gute und schlechte, in einen Stahltresor mit undurchdringlichen Wänden gepackt. Er wollte nie wieder im Leben etwas empfinden. Dass er damit auch alle schönen Gefühle ausschloss, war ihm egal gewesen. Den Schmerz auszusperren war wichtiger gewesen, als alles andere. Es war überlebenswichtig gewesen.

Damals war sein hart arbeitender Vater nach zwei Jahren Martyrium durch puren Zufall dahintergekommen und hatte Dave gerettet, indem er seinen Peiniger erschoss. Danach hatte er sich allerdings selbst gerichtet und Dave allein gelassen. Daves Mutter lebte damals bereits nicht mehr; sie war acht Jahre nach seiner Geburt bei einem Flugzeugabsturz ums Leben gekommen.

Sein Onkel Martin hatte sich seiner angenommen, ihn davor bewahrt, auf die schiefe Bahn zu geraten, und ihn letztendlich mit dem Kampfsport bekannt gemacht.

Sport war sein Leben und speziell Karate hatte ihm das Leben gerettet.

Nie wieder würde er einen Menschen an seinen Körper heranlassen.

Nie wieder würde ihn ein Mensch berühren.

Sein tätowierter Körper war der beste Beweis dafür.

Dave war nicht nur Sportlehrer, sondern auch Vertrauenslehrer an der besagten Schule, an der er unterrichtete. Er konnte sich noch sooft einreden, mit Gefühlen nichts am Hut zu haben, und dennoch hatte er schon mehrfach Missstände in verschiedenen Familien aufgedeckt. Sein Mut, sich einzumischen, hatte vermutlich mehrfach Schlimmeres verhindert. Er hatte ein unglaubliches Gespür für Recht und Unrecht.

Natürlich hatte er auch Sex. Etwas anderen Sex als die meisten Menschen.

Dave war schwul. Er war ein beeindruckender Mann, ein Kämpfer, eine ziemlich imposante Erscheinung, wenn er es sein wollte.

Er war seit fast zwanzig Jahren in der harten BDSM-Szene unterwegs. Wenn er Sex wollte, dann ging er in einen der ihm gut bekannten, einschlägigen Clubs, setzte sich an einen bestimmten Tisch und meistens dauerte es nicht lange, bis die Männer von ganz allein zu ihm kamen. Er zog sie an wie Motten das Licht.

Oder er sprach jemanden, an dem er interessiert war, direkt an.

Dave war immer der Master, immer der Dom. Niemals der Sub, niemals passiv. Immer aktiv. Und er machte es immer mehr als klar, was er wollte: eindeutige, unmissverständliche Unterwerfung, Züchtigung, Fesselung. Er wollte die Männer kriechen sehen, betteln hören, flehen hören.

Wenn sie gut waren, ließ er sie vielleicht kommen.

Dave war bekannt und sehr begehrt.

Es hatte Jahre gedauert, bis er nicht mehr nur seinen Peiniger vor sich sah, dem er das antat. Inzwischen konnte er ganz gut ohne die Bilder leben. Doch ab und zu kamen sie hoch und er konnte nichts dagegen tun.

Wenn dies geschah, erhöhte er sein Trainingspensum und verausgabte sich noch mehr als sonst. Meistens half das auch.

Alles war jahrelang in gewohnten Bahnen gelaufen, solange, bis Jason diese absolute Schnapsidee gehabt hatte, sich einen blutjungen Lover zuzulegen und ausgerechnet ihn, Dave, mit ins Boot zu holen!

Dave hatte die beiden, auf ihren Wunsch hin, beim Sex gefilmt.

Seit etwa sieben Jahren betrieb er als zweites Standbein seine eigene Produktionsfirma und war im Pornogeschäft tätig. Es war zumindest ein sehr lukrativer Nebenjob.

Dave hatte gedacht, dass sich das mit Jason und dem jungen Kerl schnell wieder geben würde, doch weit gefehlt! Im Gegenteil: Bei den beiden war bereits nach kurzer Zeit mehr daraus geworden. Aus Spielerei wurde Liebe.

Und dann war etwas geschehen, mit dem Dave niemals gerechnet hätte. Er war bei einem harmlosen Dreh geil geworden und das allein hatte ihn schon ziemlich fassungslos gemacht. Mal abgesehen davon, dass ihn schon seit Jahren das Filmen von Sexszenen nicht mehr sonderlich erregte.

Jasons Freund, Kyle Brennon, war gerade mal achtzehn und die beiden hatten sich seiner Meinung nach wirklich gesucht und gefunden. Mit einem Altersunterschied von dreiundzwanzig Jahren hätte Kyle Jasons Sohn sein können und doch funktionierte das Ganze auf ganz skurrile Weise irgendwie.

Dave hatte Jason anfangs nicht ernst genommen, aber inzwischen hatte er seine Meinung revidiert. Wie sonst sollte er erklären, dass er mit den beiden in den letzten Wochen absolutes Neuland betreten hatte?

Zum ersten Mal in seinem Leben hatte er normalen Sex gehabt.

Jason und Kyle hatten ihn zum sporadischen Dreier eingeladen und wenn er anfangs auch abfällig schnaubend abgewiegelt hatte, so war es irgendwann trotzdem passiert.

Jason hatte die Hoffnung offenbar nie aufgegeben, dass er doch noch irgendwann einmal die Kurve bekam und somit die Chance auf ein normales Leben hatte, mit normalem Sex und nur allzu menschlichen Gefühlen. Das war etwas, was er seinem besten Freund sehnlichst wünschte.

Sie kannten sich bereits seit zwanzig Jahren, aber Sex hatten sie bis vor Kurzem, aus offensichtlichem Grund, nie miteinander gehabt.

Dave öffnete die Augen und trank von seinem Wasser. Vielleicht würde sich sein Gehirn beruhigen, wenn er die Augen offen ließ. Er wusste schließlich nur zu gut, welche Achterbahnfahrt der Gefühle er Dank der beiden hinter sich hatte.

Er dachte an Jasons Party und lächelte. Er freute sich sehr darauf. Schließlich vergaß er, was er sich vorgenommen hatte, und schloss die Augen wieder.

Prompt ging es weiter.

Doch als die Emotionen der ersten Berührungen durch Kyle und Jason auf seinem jahrelang isolierten Körper wieder hochkamen, fuhr er sich mit nassen Händen durchs Gesicht.

Er wusste inzwischen, dass er Berührungen sehr wohl zulassen konnte. Nur, dass sie bei ihm vermutlich zehnmal intensivere Gefühle auslösten, als bei jedem anderen Menschen. Mental war Dave noch nie so groggy gewesen wie in den letzten Wochen. Es hatte ihn Tag und Nacht beschäftigt. Ob er wollte oder nicht.

Keinen seiner Subs hatte er jemals wirklich gestreichelt – berührt und angefasst ja, gestreichelt im eigentlichen Sinne nicht –, Kyle und Jason allerdings schon.

Und die beiden dabei zu beobachten, wie sie Sex miteinander hatten, sich nicht nur gegenseitig den Verstand wegvögelten, sondern sich liebten, hatte ihn fertiggemacht. Es hatte tief in seinem Innern Gefühle geweckt, die er weggesperrt hatte. Eine unendliche Sehnsucht geweckt, von der er nicht gewusst hatte, dass es sie gab und ob er sie zulassen sollte oder nicht.

Sie waren auf einem guten Weg gewesen, hatten viel Spaß miteinander gehabt und heißen Sex. Bis zu diesem rabenschwarzen Tag, an dem der Unfall mit Kyle passierte.

Wie schon einige Male zuvor, waren die drei eines Morgens in Jasons großem Bett aufgewacht und hatten den Tag mit Sex begonnen. Alles war wunderbar gelaufen und er hatte genossen, was Kyle mit ihm gemacht hatte, bis er Kyle in einem Anfall von Panik mit einem reflexartigen Tritt vom Bett gekickt hatte. Im Geiste konnte er Kyle bewusstlos auf Jasons Schlafzimmerboden liegen sehen. Dabei hatte sich Kyle eine Rippe angebrochen und zwei gebrochen.

Pure Fassungslosigkeit hatte sich auf Daves Gesicht widergespiegelt und eine elende Wut auf seinen Peiniger in ihm aufsteigen lassen.

Kurz nachdem sie Kyle zur Beobachtung in der Privatklinik von Jasons Freund, Sid Becker, gelassen hatten, war er vor Aggression auf sich selbst und seinen Peiniger fast ausgerastet. Als ihm Jason auch noch den Witz von einem Dildo gezeigt hatte, der gerademal fingerlang gewesen war und welcher diese offensichtliche Panikreaktion ausgelöst hatte, war er wie vor den Kopf geschlagen gewesen.

Jason suchte die Schuld sofort bei sich und vertrat die Meinung, dass sie vielleicht zu schnell, zu viel gewollt hatten. Jason meinte damals, vielleicht hätten sie es anders angehen müssen, um ihm die andere, sanftere Seite zu zeigen und Dave hatte lange einfach nur dagestanden und verzweifelt hinaus in Jasons weitläufigen Garten gestarrt.

In diesem Moment wäre es so einfach gewesen, sich umzudrehen und zu gehen. Zurück in sein dunkles, einsames Leben. Zurück in ein Leben ohne Gefühle. Doch dann waren die innigen Momente zwischen Jason und Kyle wieder vor seinem inneren Auge aufgestiegen. Innige Momente deren Zeuge er geworden war. Die ihn tief in seiner Seele berührt hatten.

Zum ersten Mal in seinem Erwachsenen-Leben waren ihm die Tränen gekommen. Er hatte vor Jason gekniet und geweint. Und obwohl er Jasons Lover ausgeknockt hatte, war der für ihn da und schwor ihm, dass er ihn weiterbegleiten würde, wenn er dies nur selber wollte. Er wusste, dass Jason inständig hoffte, dass Dave durch die richtige Tür gehen würde: nämlich die, die Kyle und er ihm geöffnet hatten, und nicht durch die dunkle, schwere Stahltür, durch die er gekommen war.

Zumindest hatte Dave Jasons Rat angenommen und sich noch einmal, schweren Herzens, an einen Trauma-Psychologen gewandt, der ihn auf seinem schwierigen Weg, Gefühle zuzulassen, begleiten würde.

Kyle wusste von seiner Vergangenheit, da er auf Jasons Drängen auch eine ehrliche Antwort auf die Frage, wie er auf der harten BDSM-Schiene gelandet war, bekommen hatte. Da Kyle ihm damals vorab nicht gesagt hatte, dass er einen Dildo benutzen wollte, hegte auch er keinen Groll gegen Dave.

Daher hatten Kyle und Jason auch nach dem Krankenhaus mit ihm weitergemacht und Dave war es dabei gelungen, über sich hinauszuwachsen. Für ihn war es unverzeihlich, was er Kyle angetan hatte, vor allem, weil er sich mit ihm absolut sicher fühlte. Er sah Kyle nicht als Bedrohung an. Zum ersten Mal in seinem Leben konnte er die Nähe eines Menschen, und in diesem besonderen Fall sogar zweier Menschen, zulassen.

Je öfter er intimen Momenten zwischen Kyle und Jason beiwohnte, desto mehr wünschte er sich dies für sein eigenes Leben. Er hatte Blut geleckt und wusste, dass er es vielleicht eines Tages doch noch schaffen konnte.

Und dann war da dieser verdammte Betriebsausflug gewesen.

Dave öffnete die Augen wieder. Er flehte sein Gehirn an, Ruhe zu geben. Ich weiß was passiert ist! Doch sein Hirn war gnadenlos.

Er legte den Kopf in den Nacken, als er das Gesicht des Mannes vor sich sah, der ihm seit vier Tagen derart den Kopf verdrehte, dass er nicht mehr klar denken konnte. Und im nächsten Moment füllte sich seine Nase mit dessen unglaublichem Geruch nach Vanille, Zimt, Tabak und Sex. Noch nie im Leben hatte sein Körper auf den Geruch eines Menschen reagiert. Zumindest nicht so.

Er stöhnte leise, als er unweigerlich eine Erektion bekam. Seine Hand glitt zu seinem Schwanz, der sich stetig ausfüllte und anschwoll.

In Gedanken konnte er noch einmal sehen, wie er seine Harley Davidson zusammen mit den Fahrzeugen der anderen Angestellten in der Tiefgarage des Sporthotels parkte und fast automatisch die Garage nach den Insassen eines bestimmten Jeeps scannte. Er nahm seinen Helm ab und fuhr sich durch die Haare, als sein Blick auch schon an Jessie hängenblieb, der sich gerade mit seinen Krücken aus dem Wagen kämpfte und dabei schmerzhaft das Gesicht verzog.

Für Sekundenbruchteile sah Dave vor seinem inneren Auge Jessies schmerzverzerrtes Gesicht vor sich, doch in einer ganz anderen und extrem intimen Situation. Nämlich beim Sex, als er, Dave, gerade dabei war, Jessies Körper zum ersten Mal zu erobern.

Im nächsten Augenblick schoss noch eine weitere Szene durch seinen Kopf. Nur für einen Sekundenbruchteil: Jessie lustvoll keuchend unter ihm, nachdem der Schmerz vergangen war.

Er riss sich gewaltsam von diesem Bild los, schloss entnervt die Augen und fuhr sich leise stöhnend mit beiden Händen durchs Gesicht.

„Alles klar bei dir?", hörte er Kyle ganz dicht neben sich fragen.

Er zuckte zusammen und sah auf. „Äh ... ja. Alles klar. Ich hatte nur grad so was wie eine Vision", brummte er.

Er sah, wie Kyles Blick zum Jeep wanderte, und es durchzuckte ihn siedend heiß, als er es bemerkte.

„Ziemlich leckere Vision, was?", grinste der schelmisch und klopfte ihm auf den Oberschenkel.

„Was'n los?", fragte Jason ihn erstaunt, als dem sein verdutztes Gesicht auffiel.

„Nix", antwortete er und stieg vom Motorrad. Während er es auf den Kickständer stellte, sagte er ablenkend: „Bin schon lang keine drei Stunden mehr gefahren."

„Warum hast du nichts gesagt? Wir hätten doch tauschen können."

„Können wir ja vielleicht auf der Heimfahrt machen."

„Okay ... Wirst du alt?", witzelte Jason.

„Vermutlich" Dave beeilte sich, seine Sporttasche aus dem Kofferraum des Aston Martin zu fischen.

Kyle hatte einen kleinen Rollkoffer und konnte somit sein Gepäck trotz seiner Rippenbrüche selbst managen, was ihm ganz recht zu sein schien.

Er starrte Kyle fragend an, doch der ignorierte ihn.

Bevor sie ins Haus gehen konnten, hielt er ihn jedoch noch mal am Ärmel fest und zischte: „Du wirst mir langsam unheimlich, Brennon!"

Er sah Kyle selbstgefällig grinsen, während der kommentarlos weiterging.

Dave spürte wieder den Adrenalinstoß, der durch seinen Körper geschossen war, als ihm bewusst wurde, dass Kyle offenbar bemerkte, dass er an Jessie gedacht hatte.

Obwohl Jessie eigentlich als Physiotherapeut eingestellt worden war, hatte er sich in seiner ersten Arbeitswoche von einem Kollegen spontan zu einer Taekwondo-Stunde überreden lassen, bei der er sich dummerweise einen Kreuzbandriss zugezogen hatte. Natürlich wurde er trotz dieser Verletzung eingeladen am Betriebsausflug teilzunehmen und als Jason sie bei ihrer Abfahrt miteinander bekannt machte, hatte er den Schock seines Lebens bekommen.

Jessie DeMozza fiel so gar nicht in sein Beuteschema, umso verwunderlicher war seine körperliche Reaktion auf diesen Mann. Seine bisherigen Partner, oder besser Sex-Partner, waren älter als er, kahlgeschoren, tätowiert und schmaler als er.

Jessie war nichts davon. Er war achtundzwanzig Jahre alt, fast so groß wie er selbst, durchtrainiert, mit schwarzen, kurzen, widerspenstigen Haaren, die ihm ein extrem jungenhaftes Aussehen verliehen. Er hatte graublaue, leuchtende Augen, Grübchen und ein offenes Lächeln.

Dave verstand überhaupt nicht, wieso ihn dieser Typ so konfus machte und doch gab es nichts daran zu rütteln.

Er hatte sich mit Jason und Kyle ein Zimmer im Sporthotel geteilt und Jason hatte ihn in der ersten Nacht stöhnend im Bett vorgefunden. Es war Dave am ersten Tag noch gelungen, sein Gefühlsleben vor Jason zu verbergen, und Kyle hatte versprochen, dicht zu halten. Doch nun gab es auch für Jason keinen Zweifel mehr, dass etwas vor sich ging.

Dave spürte noch Jasons Hand an seinen durchweichten Boxershorts. Er war zweimal im Schlaf gekommen und nun lag Jason neben ihm und hielt ihm fragend seinen Cockring unter die Nase, den er in den letzten fünfzehn Jahren nicht einmal abgenommen hatte.

Seine Finger wichsten bei diesen Erinnerungen seinen inzwischen steinharten Schwanz heftiger.

Wenig später hatte er Kyle darauf angesetzt, mehr über Jessie herauszufinden. Er konnte sich noch sehr lebhaft an diese Szene erinnern und an das Gefühl, das in ihm hochgestiegen war, als er Kyle darum gebeten hatte.

„Du musst was für mich rausfinden, Kyle."

Kyle grinste.

„Ich mein's ernst!"

„Schieß los."

„Finde bis zum Ende des Betriebsausflugs heraus, was dieser verdammte Ring bedeutet!", sagte Dave und sein Ton war fast flehend. „Finde heraus, ob er schwul ist! Er mag dich. Er passt auf dich auf. Vielleicht ergibt sich was."

Kyles Grinsen wurde breiter. „Das wird verdammt teuer, Dave."

„Ich bin bereit, *jeden* Preis zu zahlen."

„Jeden?"

„Jeden!"

„Wow", murmelte Kyle. „Der Typ hat's dir angetan, was?"

„Kyle, selbst wenn das vollkommene Utopie ist ... Es zeigt mir, dass ich an was Anderes denken kann, als an den Sex, den ich bislang hatte. Ich hab noch nie so über einen bestimmten Mann nachgedacht. Finde es für mich raus und du darfst meinen Arsch mit einem richtigen Dildo bearbeiten!" Damit spielte er auf den Vorabend an, an dem er zumindest einen kleinen zulassen konnte.

Kyle sah ihn lange an und wollte schon widersprechen und ihm sagen, dass das nicht gut genug war. Dann fiel ihm ein, dass er nicht Jason vor sich hatte und er es nicht zu weit pushen sollte. Dave war auf einem guten Weg.

„Einen, der mich auf deinen geilen Schwanz vorbereitet."

„Was?", hauchte Kyle fassungslos.

„Das is' es mir wert! Egal was dabei rauskommt, Kyle! Ich muss es wissen! Wirst du das für mich tun?"

Kyle sah ihm für mehrere Sekunden lang in die Augen und sagte schließlich: „Ja."

Seitdem war es um Daves Fassung komplett geschehen.

Kyle hatte bereits am zweiten Tag des Betriebsausflugs herausgefunden, dass Jessie, wie auch er selbst, schwul war und Single.

Und zumindest wenn man Jasons Beobachtungen am letzten Tag des Betriebsausflugs Glauben schenken wollte, war Jessie ganz offensichtlich nicht minder an Dave interessiert wie umgekehrt.

Kaum hatte Dave diese Erinnerungen noch einmal durchlebt, kamen nun die intensiven Bilder des gestrigen Abends in ihm hoch. Kyles Belohnung für das Herausfinden der Informationen über Jessie. Eine extrem intime Belohnung. Erst Dildospiele, dann Daves erstes Mal. Es sollte Daves Durchbruch werden.

Kyle war einfühlsam, behutsam, aber auch beharrlich. Natürlich war Jason dabei, als die beiden Sex hatten.

Ganz hatte der die Möglichkeit nicht vergessen, dass es noch einmal zu einer Panikreaktion von Dave kommen könnte, aber nichts dergleichen war passiert. Im Gegenteil. Dave hatte es nicht nur in vollen Zügen genossen, sondern auch seinen ersten Orgasmus durch Kyles gekonnte Massage seiner Prostata mit einem Dildo erfahren. Einen

Orgasmus, der so stark gewesen war, dass er vollkommen fassungslos war.

Jason war sichtlich geschockt gewesen, als offensichtlich wurde, dass Dave zig Männern diesen Orgasmus beschert hatte, aber niemals zuvor selbst in den Genuss gekommen war.

Wenn Dave gewusst hätte, wie sich das anfühlte, hätte er nicht zwanzig Jahre gewartet, um über seinen Schatten zu springen.

Doch nach der Dildo-Aktion war es für Dave noch nicht vorbei gewesen, denn er hatte Kyle ja noch einen richtigen Fick versprochen.

Da Kyle aber verletzt war, gab es eigentlich nur eine einzige Stellung in der dies funktionieren konnte, nämlich Dave über Kyle. Somit war Dave zumindest seines eigenen Glückes Schmied gewesen und so gelang es ihm, auch diesen Akt zu einem positiven Abschluss zu bringen.

In seiner Phantasie hatten sich Kyle und Jessie immer wieder vermischt, wie schon die Tage zuvor, doch alles in allem zeigte es ihm, dass er an anderen, sozusagen normalen Sex denken konnte, und das gab ihm unendliche Kraft, sein Ziel weiter zu verfolgen.

Fast spürte Dave die gestrige Penetration, wenn er sich nur stark genug darauf konzentrierte. Spürte dem lustvollen Gefühl nach, wie sich Kyles Schwanz in seinem Körper angefühlt hatte.

Er wichste sich stärker, phantasierte dabei intensiv und merkte schließlich, wie das Unaufhaltsame immer näherkam. Kurz darauf ergoss er sich knurrend in mehreren Schüben ins heiße Wasser. Dann legte er seinen Kopf wieder auf den Wannenrand.

Dave hatte beinahe panische Angst davor weiterzugehen, da er wusste, dass es eigentlich zu früh für ihn war. Aber das würde ihn nicht von dem Versuch abhalten, Jessie endlich näher kennenzulernen. Und Kyle hatte recht gehabt. Da Jessie nicht in sein übliches Beuteschema passte, hatte dies vielleicht sehr wohl etwas damit zu tun, dass er dabei war, sich zu verändern.

Als der Orgasmus verebbt war, wusch er sich gründlich, brauste sich ab und stieg schließlich aus der Wanne. Er besah sich sein Gesicht im Spiegel und begann damit, seinen Goatee und den damit verbundenen Oberlippenbart zu trimmen und sich zu rasieren.

Er hatte sich diesen erst in den letzten beiden Wochen wachsen lassen und er stand ihm so gut, dass er nicht mehr darauf verzichten wollte. Der Bart verlieh ihm ein noch männlicheres Aussehen.

Er hatte sich schon dazu entschlossen, nicht mehr auf den etwas biederen, langweiligen Dave zurückzugreifen, wenn er am Montag wieder in der Schule tätig war. Er würde auch dort seine Haare dezent stylen und sich nicht mehr extrem brav, mit biederer Anzughose und zugeknöpftem Poloshirt, präsentieren.

Wie hatte Jason gesagt? *Die Lehrer trifft vermutlich erstmal der Schlag, aber deine Schüler finden es sicher cool.* Nun gut, das war ein Argument.

In Zukunft würde es nur noch einen Dave geben und es stand in den Sternen, wie Jessie DeMozza auf seine Annäherungsversuche reagieren würde.

Party und ein Date

Um viertel nach Sieben stieg Dave in seinen Mercedes Benz und fuhr zu Jasons Anwesen. Normalerweise würde er mit dem Motorrad fahren, doch da er für eine Party gekleidet war und er seine Haare frisch gestylt hatte, wollte er keinen Helm aufsetzen. Ein klein wenig eitel war er also doch. Es war nur eine zehnminütige Fahrt, doch ein Drittel davon machte der Weg vom gesicherten Tor zum Haus hinauf aus.

Jason gehörte ein riesiges Anwesen, das mit einer großen Villa samt Loft gekrönt war. Ferner besaß Jason neben den drei Kampfsportstudios, die er zusammen mit Dave betrieb, noch eine landesweite Kette von achtzig *Health & Power* Fitness Studios, von denen es allein in dieser Stadt mehrere gab.

Die Party begann um acht Uhr und fast pünktlich war das Haus voll.

Alle waren gekommen und es ging hoch her. Somit tummelten sich fast neunzig Gäste auf etwa dreihundert Quadratmetern großzügiger, weitläufiger Wohnfläche.

Es gab ein großes Catering-Buffet, Live-Musik, einige Kellner, die dafür sorgten, dass es niemandem an etwas fehlte. Die Stimmung war gut.

Dave hatte sich gefreut, dass Jessie schon früh gekommen war. Somit war seine Sorge unbegründet, ob er vielleicht noch kneifen würde, auch wenn Jason ihm auf dem Betriebsausflug augenzwinkernd zu verstehen gegeben hatte, dass bei Neuzugängen Absagen nur mit ärztlichem Attest akzeptiert werden würden. Dave ging fast in die Knie, als er Jessie sah.

Jessie trug eine khakifarbene Sommerhose und ein schwarzes Hemd, dazu schwarze Schuhe und er sah – trotz seiner Knieschiene und den Krücken – einfach nur sexy aus. Und er war offensichtlich bestens gelaunt.

Kyle führte Jessie herum und zeigte ihm alles, während er und Jason weitere Gäste begrüßten.

Doch der Abend ging dahin, ohne dass Dave eine Chance bekam, sich länger als ein paar Minuten mit Jessie zu unterhalten, und er hatte die Hoffnung auf mehr fast schon aufgegeben.

Somit war es gegen elf, als Jessie sich die Freiheit nahm, in den angrenzenden Wintergarten zu schlüpfen. Hier war es dunkel und nur der Mond schien durch die Fenster.

Er brauchte ein paar Minuten für sich und setzte sich leise seufzend auf einen der bequemen Rattanstühle. Er zog einen weiteren heran und legte sein verletztes Bein darauf. Dann schloss er die Augen und lehnte den Kopf an.

Dave, der unbemerkt zwei Stühle weiter saß, war regelrecht erstarrt, als Jessie zur Tür hereinkam. Das konnte jetzt nicht wirklich wahr sein!

Aber er wollte ihn auf keinen Fall erschrecken und noch weniger verschrecken.

Offenbar hatte Jessie nicht bemerkt, dass noch jemand anwesend war. Vermutlich klingelten ihm noch die Ohren von der Musik, dem Gelächter und dem Stimmengewirr, und Dave nahm an, dass er aus dem gleichen Grund wie er hier gelandet war.

Dave konnte nicht anders, er musste ihn einfach einatmen; denn obwohl Jessie zwei Stühle weiter weg saß, konnte er ihn riechen. Er roch nach der ihm schon bekannten Mischung aus Tabak, Zimt und Vanille, heute gepaart mit einem Hauch von Whiskey und definitiv Sex. Unwiderstehlich. Es ging ihm durch und durch.

Jessie zuckte zusammen, als er ein Geräusch links von sich hörte.

„Nicht erschrecken …!", hörte er Dave hastig sagen. „Bin nur ich."

Jessie erkannte seine Stimme sofort. „Sorry, ich … äh … wollte nicht stören!" Es war zu dunkel, um viel zu erkennen, aber er ging davon aus, dass Dave nicht allein war – warum sonst sollte er hier sein? –, also wollte er wieder aufstehen.

„Bleib! Du störst nicht", antwortete Dave. „Wirklich nicht. Ich hab bloß mal ein paar Minuten Ruhe gebraucht von dem Trubel."

„Oh Mann … ich auch." Jessie seufzte. „Ich sag nur *Susie!*"

Dave lachte. „Oh je."

„Sie is' ja wirklich nett, aber …"

„… sie hört nicht mehr auf zu reden?", ergänzte Dave seinen Satz.

„Ähm … ja."

„Bei der muss man den richtigen Zeitpunkt für eine Flucht nutzen, was dir ja gelungen zu sein scheint."

Jessie musste lachen. „Jep, wie du siehst."

Sie schwiegen eine Weile.

„Ah!", machte Jessie. „Es ist eine Wohltat hier."

„Find ich auch. Ist es Absicht, dass du nichts zu trinken hast?"

„Ich war auf der Flucht", erinnerte ihn Jessie.

„Soll ich uns was holen?"

„Gerne."

Dave stand auf. „Was möchtest du?"

„Ein Bier wäre gut. Ich glaub, Jason hat auch englisches?"

„Hat er. Bin gleich wieder da."

Kurz darauf kam Dave mit zwei Ale wieder und stellte eins davon vor Jessie.

„Is' es okay, wenn ich dir ein wenig … Gesellschaft leiste?"

Jessie grinste. „Solange du mir nicht sagst, dass dein Mittelname *Susie* ist!"

Dave musste lachen. Der Kerl war schlagfertig. Obwohl, das wusste er ja eigentlich schon seit seinem Auftritt als Schiedsrichter auf ihrem Betriebsausflug. „Ich schwöre!" Er grinste und schaltete eine Lampe an der hinteren Wand ein, die indirekt einige Pflanzen bestrahlte. Somit war es zumindest nicht mehr stockdunkel hier drinnen.

„Wieso ist hier eigentlich kein Licht an gewesen?", erkundigte sich Jessie. „Das ist ein wunderbarer Raum!"

„Weil seine Angestellten nach größeren Partys schon oft alles Mögliche – einschließlich benutzter Kondome – aus den Pflanzen da hinten fischen mussten. Wundert mich beinahe, dass er den Raum nicht abgeschlossen hat, worüber ich inzwischen allerdings sehr erleichtert bin."

Kurz darauf saßen sie sich schräg gegenüber und unterhielten sich vollkommen ungezwungen. Dass sich das alles bei gedämpftem Licht abspielte, war ihrer ersten Unterhaltung unter vier Augen nur förderlich.

Zwei Stunden später saßen sie immer noch da.

Inzwischen stand ein Servierwagen mit Häppchen, einem Behälter mit Eiswürfeln, einer Whiskeyflasche, Coke sowie gekühlten Perrierflaschen neben ihnen.

Sie lachten viel, sprachen über Gott und die Welt, Workout, den vergangenen Betriebsausflug, Irland, Rugby, Football, und wussten nach dieser kurzen Zeit bereits, dass sie ziemlich gleich tickten.

Sie saßen sich interessiert gegenüber. Unterarme und Hände auf dem Tisch. Einander zugewandt. Offen.

Jessie, der sein Bein zeitweise wieder unter dem Tisch hatte, lauschte Daves Anekdoten, die meist in einer amüsanten Pointe endeten und beide zum Lachen brachten.

Dann war Jessie wieder an der Reihe, und er stand Dave im Geschichtenerzählen in nichts nach.

Dazwischen entstand meist eine kleine, nicht unangenehme Pause und man ging zum nächsten Thema über.

Die Blicke, die sie sich mittlerweile zuwarfen, waren eindeutig und es knisterte merklich im Wintergarten.

Doch irgendwann tat Dave es erneut. Unbewusst. Er konnte nicht anderes. Er atmete Jessie ein. Hörbar und extrem genussvoll.

Jessie blinzelte.

Es war ihm schon dreimal aufgefallen, aber jedes Mal hatte er dabei weggesehen und nicht aufgepasst. Diesmal jedoch war es eindeutig.

„Ähm … was um alles in der Welt machst du da?", fragte er Dave leise.

Der erstarrte und schluckte. „Sorry … ich … äh …" Dave fuhr sich über seinen Bart. Übersprungs-Handlung. Schließlich schien er sich einen Ruck zu geben. Er sah ihm direkt in die Augen. „Du riechst einfach unglaublich, ich … ich muss dich einfach immer wieder einatmen!" Seine Stimme zitterte unmerklich.

Jessie schluckte schwer und schwieg. Fünf endlose Sekunden lang.

Dann brach draußen ein Tumult los und ließ beide hochfahren.

„Dave?", hörte er Jason etwas gestresst rufen. „Kommst du mal?"

„Fuck!", fluchte Dave, sprang auf und lief nach draußen, wo offenbar ein Streit zwischen zwei Gästen dabei war zu eskalieren und Jason alle Hände voll damit zu tun hatte, die Wogen zu glätten.

Währenddessen saß Jessie wie vom Donner gerührt im Wintergarten. Daves Worte hallten in seinem Kopf wider und er konnte es nicht fassen!

Gerade noch hatten sie gelacht und dann … dann hatte ihn dieser unglaubliche Typ einfach eingeatmet! So etwas war ihm noch nie passiert. Noch nie!

Er wusste, Dave hatte es unbewusst gemacht, denn sein Gesichtsausdruck war maßlos entsetzt gewesen, als Jessie ihn darauf angesprochen hatte.

Die anderen Male hatte er gedacht, sich getäuscht zu haben. Aber diesmal war er sich hundertprozentig sicher gewesen.

Jessie schloss die Augen.

Dave würde wiederkommen ...

Doch Dave kam nicht wieder.

Der Tumult hatte sich längst wieder gelegt und das fröhliche Partygelächter, gepaart mit Musik, bildete wieder das übliche Hintergrundgeräusch.

Als Jessie auch noch nach einigen Minuten allein im Wintergarten saß, rappelte er sich auf. Er musste Dave finden. Doch er konnte ihn nirgends erblicken und bevor er sich eingehender auf die Suche machte, musste er unbedingt eine rauchen.

Er ging auf die Terrasse, zog seine Zigarillos heraus und steckte sich einen an. Als er einen tiefen Zug genommen hatte, beruhigte er sich langsam wieder. Er rauchte nur die Hälfte, drückte den Rest aus und ging wieder ins Haus.

Dave konnte sich doch nicht in Luft aufgelöst haben!

Und schließlich erspähte er ihn, als der aus der Herrentoilette kam.

Jessie konnte nicht wissen, dass Dave seit der Schlichtung des Streits dort drin gewesen war.

Er war komplett durcheinander und konnte nicht fassen, dass Jessie mitbekommen hatte, was er – wenn auch vollkommen unbewusst – getan hatte.

Bevor Dave es richtig registrierte, war Jessie trotz Krücken bei ihm.

„Dave!"

Er fuhr herum und starrte Jessie erschrocken an.

„Gibt es hier irgendwo einen verdammten Ort, wo wir unter vier Augen sprechen können, ohne gestört zu werden?", fragte ihn Jessie geradeheraus. Es sah so aus, als wollte er ihn nicht noch einmal davonkommen lassen. Es hieß wohl: jetzt oder nie.

„Gib mir 'ne Minute, okay?", bat Dave.

Jessie nickte.

„Warte hier."

Kurz darauf kam er zurück. „Es ist zum aus der Haut fahren", sagte er wütend unterdrückt. „Ich kenn mich hier wirklich gut aus, aber überall sind immer noch Leute. Der einzige Ort, der mir noch einfällt, wäre draußen vor der Eingangstür?" Er sah Jessie fragend an.

„Geh'n wir", sagte der und folgte Dave auf seinen Krücken zum Ausgang.

„Sie verlassen uns schon?", fragte Mel Jessie.

„Nein, Mel, wir brauchen nur ein wenig frische Luft … und Ruhe", erwiderte Dave.

„Oh, in Ordnung."

Der Butler öffnete ihnen die Tür und als er sie hinter ihnen wieder schloss, wurde es endlich ruhig.

„Oh Gott, ja", murmelte Jessie, wandte sich ein paar Meter nach links und blieb an eine Säule gelehnt stehen.

Dave ging ihm langsam hinterher. Er musste sich bei ihm entschuldigen. Unbedingt. Jessie musste ihn für einen kompletten Irren halten! Er stoppte kurz vor Jessie, als der zu sprechen anfing.

„Du glaubst doch nicht wirklich, dass du mir so was an den Kopf knallen und … und dann einfach verschwinden kannst?"

Dave schluckte. Er konnte nicht sagen, ob Jessie verärgert war oder nicht. Also hob er abwehrend die Hände und sagte beschwichtigend: „Hör zu, es tut mir wirklich leid, dass ich mein vorlautes Mundwerk nicht halten kann …"

Jessie, der inzwischen beide Krücken in der linken Hand hielt, stoppte Dave mitten im Satz, indem er einfach mit seiner rechten Daves linkes Handgelenk ergriff und ihn energisch näher an sich zog.

Dave, der einen Wutausbruch erwartete, blinzelte vollkommen perplex, als Jessie leise sagte: „Bitte hör auf, dich zu entschuldigen, Dave! Das war das … das absolut geilste Kompliment, das ich jemals in meinem Leben bekommen habe!"

Dave wurde es siedend heiß, als er sich der Dimension dieses Satzes bewusst wurde.

„Noch nie zuvor hat jemand so was zu mir gesagt!"

Die Tatsache, dass Jessie ihn noch näher zu sich gezogen hatte, brachte ihn fast um den Verstand.

Sie sahen sich sekundenlang in die Augen.

„Du … du bist … nicht sauer auf mich?"

„Sauer?" Jessie schüttelte den Kopf. „Nein, wieso sollte ich sauer sein?"

Dave schluckte erneut. Jessie hatte ihn immer noch nicht losgelassen.

„Hör zu … ich … ich hoff wirklich, ich sag jetzt nichts Falsches, ja?", sagte Jessie und räusperte sich kurz. „Aber ich wollte heute Abend mit dir endlich mal unter vier Augen sprechen … und dich fragen, ob … ob wir uns mal irgendwo auf ein Bier treffen können."

Er ließ Dave los und sah ihn mit großen Augen an.

„Das wär klasse", antwortete Dave und Jessie wäre bei diesem Satz fast in die Knie gegangen, wenn er gekonnt hätte.

Er musste noch eine weitere Frage loswerden. Vielleicht würde er danach wieder mehr Schlaf finden. „Hast du … gerade einen Freund? Ich meine … eine Beziehung?"

Dave schüttelte den Kopf. „Nein. Du?"

„Nein", antwortete Jessie und griff in seine Gesäßtasche.

Dave traute seinen Augen nicht, als Jessie einen zusammengefalteten Zettel hervorzog und ihm gab. Er nahm und öffnete ihn. Dort standen Jessies Handynummer und sein Name. Dave konnte nicht anders, er musste einfach den Kopf schütteln.

„Was?", fragte Jessie scheinbar irritiert.

Dave sah auf. „Zwei Dumme, ein Gedanke!", sagte er lächelnd und bevor Jessie etwas sagen konnte, griff er seinerseits in seine Hemdtasche und zog eine Visitenkarte hervor.

Jessie schien der Satz, den er auf den Lippen hatte, im Hals steckenzubleiben, als er auf die Karte blickte. David Hanks, Geschäftsadresse Karatestudio, geschäftliche Telefonnummern.

„Dreh sie um."

Jessie sah ihn kurz an und tat es. Dort standen Daves private Handynummer und die Worte ‚Jessie, bitte ruf mich an! Dave'.

Dave sah, wie ein erleichtertes Lächeln Jessies Lippen umspielte, als der kopfschüttelnd aufsah.

„Wir sitzen da drinnen im Wintergarten und reden zwei Stunden über Gott und die Welt ..." Er seufzte. „... und ich weiß nicht, wie lang es noch gedauert hätte, dich nach einem Date zu fragen."

„Dann sollten wir uns wohl bei den beiden Streithähnen bedanken, was?", bemerkte Dave leise und sah ihm direkt in die Augen.

Er konnte erkennen, dass Jessies Pupillen extrem geweitet waren. Und es war hell vor der Tür, nicht dunkel. Sie waren eindeutig vor Erregung geweitet und das turnte Dave unglaublich an.

Er konnte sich nicht beherrschen und atmete ihn erneut ein.

Jessie schloss die Augen und lehnte den Kopf an die Säule. Es war die absolut erotischste Geste, die er je erlebt hatte, und seine Erektion war so stark, dass sie in seiner Hose fast schmerzte. Wie oft hatte er sich in den letzten Tagen wegen diesem Typen selbst befriedigt? Aber so hart war er dabei noch nie gewesen. Doch schließlich war ihm Dave auch noch nie so nahegekommen.

„Sorry!", flüsterte Dave. „Ich kann nicht anders."

„Bitte entschuldige dich nie wieder dafür!", murmelte er.

Wieder sahen sie sich in die Augen.

Daves Blick glitt zu Jessies leicht geöffneten Lippen. Er stand so nah vor ihm, dass er sich wirklich nur leicht vorbeugen musste.

Im nächsten Moment hob Jessie die Hand und berührte mit den Fingerspitzen hauchzart seinen Bart. „Der ist so verdammt sexy ...!", flüsterte Jessie.

Dave seufzte leise und kam ihm entgegen. Und dann ging die Eingangstür auf und ein paar laut lachende Gäste strömten heraus. Er drehte sich hastig um und Jessie machte die Biege um die Säule herum.

Jessies Herz raste. Gott, er hatte sich doch nicht alles nur eingebildet! Er versuchte sich zu beruhigen, was ihm schließlich gelang. Mit zitternden Händen fischte er ein Zigarillo aus der Schachtel und zündete ihn an.

Jason war mit vor die Tür gekommen, um die Gäste zu verabschieden. „Dave, was zum Teufel tust du denn hier draußen?", fragte er erstaunt, als der auf ihn zukam, um den Gästen ebenfalls auf Wiedersehen zu sagen.

Kurz darauf kam ein Taxi-Van die Auffahrt hoch und die Gäste stiegen ein.

Jason musterte Dave von oben bis unten. Er schien ziemlich ... er wusste nicht genau was.

Dave legte den Zeigefinger auf die Lippen und Jason zog die Brauen hoch.

„Kommst du mit rein?", fragte er ihn leise.

Dave schüttelte den Kopf und im nächsten Moment sah Jason die Krücke hinter einer Säule hervorlugen.

„Wow", murmelte er. „Dann lass ich euch mal, ja?"
Er zwinkerte Dave zu und war wieder im Haus verschwunden.

Dave fuhr sich mit beiden Händen durchs Gesicht und drehte sich um. Langsam kam er zurück und umrundete die Säule.

„Sorry, schlechte Angewohnheit." Jessie lächelte ihn entschuldigend an, zog noch einmal und trat den Zigarillo aus.

Tabak, Vanille, Zimt.

„Stört mich nicht."

„Ich rauch nicht oft. Bin eher der ... Genussraucher, nach'm Essen ... nach'm ..." Er brach ab, doch Dave konnte sich denken, dass er beinahe *Sex* gesagt hätte.

„Oder ... wenn ich ein wenig unter Strom steh", fügte er hinzu.

„Hättest du die Woche mal Zeit für mich?", fragte Dave und war überrascht, wie leicht ihm dieser Satz nun über die Lippen kam. Vorsichtshalber ließ er wieder mehr Abstand zwischen ihnen.

Jessie lächelte. „Klar. Ich glaub, mein Terminplan ist zurzeit freier als deiner!"

„Montag ab ... hm ... sagen wir 20 Uhr hätte ich frei. Außer dir ist das zu spät?"

„Nein. Keine Sorge. Wo?"

Dave zuckte die Schultern. „Hast du eine Idee?"

„Einen Block von mir entfernt gibt's 'ne kleine irische Bar. So was wie mein Stammlokal. Dahin könnte ich zu Fuß gehen."

Dave zog die Augenbrauen hoch. „Dann geh ich mal davon aus, dass ... Schwule dort kein Problem sind?"

„Nein. Keine Sorge", beruhigte ihn Jessie.

„Okay. Gerne. 20 Uhr?"

„Jep." Jessie lächelte. „Klingt verdammt gut. Die Kneipe heißt *Liam's.*"

Dave nickte und sah ihm noch ein letztes Mal direkt in die Augen. „Ich hoffe, wir hören uns vorher noch."

Jessie nickte. „Ich auch."

„Gut. Wollen wir wieder reingehen?", fragte Dave dann schweren Herzens.

„Wird wohl das Beste sein."

Eine Stunde später, gegen halb drei, war nur noch eine kleine Gruppe von zehn Leuten übrig.

Während das Personal unauffällig zusammenräumte, servierte Mel Kaffee und Apfelstrudel à la Louis, seines Zeichens Jasons Koch.

Jason sah Kyle von einem Ohr zum anderen grinsen. Ihm war klar, dass Kyle eigentlich todmüde war, aber seitdem der wusste, dass das noch kam, war er offenbar wieder aufgewacht.

Während der Gesprächsstoff auch über Apfelstrudel nicht ausging, musterte er Kyle liebevoll, der mit Hingabe sein Dessert aß. Ihm war nicht entgangen, dass Kyle einige Gefühlsschwankungen hinter sich hatte. Immer wieder war er den Abend über in tiefe Löcher gefallen, wenn ihm das Ende der Ferien bewusst wurde, und Jason hatte noch keine Gelegenheit gehabt, ihm auch was Positives zu sagen.

„Jessie", sagte er halblaut.

Jessie, der ihm gegenübersaß, sah auf.

„Ich hab Kyle noch nichts von unserem Deal gesagt, darf ich das jetzt tun?"

Jessie grinste. „Klar."

Kyle unterhielt sich gerade mit vollem Mund mit Marie, und Jason wartete, bis er fertig war und hinuntergeschluckt hatte.

„Süßer", sagte er und Kyle sah ihn erwartungsvoll an. „Ich würd dir gerne was … hoffentlich … Aufmunterndes sagen."

„Uhm … okay."

„Was würdest du sagen, wenn ich es gut fände, wenn du ab Dienstag – sofern Sid einverstanden ist – anfängst, ein klein wenig zu trainieren?"

Kyle klappte der Mund auf.

„Ich meine im Fitness-Studio.

„Uhm … aber ich dachte, du bist der Meinung, dass das keine gute Idee ist?" Er hatte mehr als nur eine Diskussion mit Jason hinter sich, dem es viel zu riskant war, dass er weiterhin wie üblich mehrmals die Woche ins Fitness-Studio ging. Durch seine Rippenbrüche war er relativ eingeschränkt, auch wenn er sich in der Zwischenzeit an die Neopren-Manschette, die er trug, gewöhnt hatte und die ihn daran erinnern sollte, dass er verletzt war. Die Heilung selbst unterstützte es natürlich nicht. Aber sein Körper schrie nach einem Work-out, und daher war das ein Thema gewesen, dass ihm wirklich am Herzen lag, auch wenn ihm klar war, dass er sein Training natürlich komplett umstellen und auf seine Verletzungen abstimmen musste.

„Was würdest du sagen, wenn Jessie dein Personal Trainer für diese Zeit wäre?"

Kyle sah zu Jessie. „Das wär absolut klasse. Meinst du, das geht?"

„Ich hätte es nicht vorgeschlagen, wenn ich denken würde, es geht nicht", antwortete der lächelnd.

Dave, der ebenfalls zugehört hatte, wurde es ganz warm ums Herz. Der Typ war echt schwer in Ordnung.

„Jessie, das wär der Hammer", murmelte Kyle.

„Gibt mir was zu tun und ich kenn mich mit so was aus, weißt du. Mir fällt die Decke auf den Kopf und ich hab mindestens noch zwei, drei Wochen Pause. Ich hab in Irland eine Rugby-Mannschaft physiotherapeutisch betreut und kenn mich mit solchen Verletzungen gut aus", erklärte er ihm. „Also, wenn du einverstanden bist, dann …"

„Einverstanden? Das ist genial!" Kyle strahlte. „Du bist super, Jay!"

„Danke, Süßer, du hast es verdient."

Kyle sah zu Dave. „Was sagst'n du dazu? Geil, oder?"

Dave nickte. „Das nenn ich mal Eigeninitiative", sagte er und sah Jessie dabei mit einem sanften Blick an. „Find ich wirklich gut."

„Das waren meine Worte. Ich mag Eigeninitiative."

„Und du denkst, das geht mit deinem Bein?", fragte Dave dennoch etwas besorgt.

„Ich mach die Übungen ja nicht. Ich erklär sie ihm nur. Das kann ich schon machen. Kyle ist ja ein Profi."

Dave sah, wie Kyle ein Dankgebet zur Decke schickte. „Wow, der Sonntag könnte nicht besser anfangen: Apfelstrudel und Personal Trainer!"

Sie lachten und damit war das Thema vom Tisch.

Nach dem Essen verabschiedeten sich die letzten Gäste.

Jason sah Dave fragend an. „Willst du noch mal unter vier Augen?", fragte er ihn leise auf dem Weg vor die Tür.

Dave schüttelte den Kopf. „Nein, es ist alles gesagt, danke."

„Okay." Jason nickte und setzte die verbliebenen Gäste kurz darauf in das letzte Taxi-Shuttle.

Dave und Jessie hatten vereinbart, vor Montag auf jeden Fall noch zu telefonieren, und mit diesem Gedanken zog sich Dave auch ziemlich schnell in Jasons Gästehaus zurück, in dem er die Nacht verbrachte.

Er lag noch mindestens eine Stunde wach, roch Jessie und konnte nicht glauben, wie nahe er dran gewesen war, ihn zum ersten Mal zu küssen. Sein Körper gab erst Ruhe, als er sich noch einmal selbst befriedigt hatte. Danach fand er endlich Schlaf.

Unter vier Augen

Als Dave am Abend darauf seinen Wagen auf dem Parkplatz des Taekwondo Studios abstellte, spürte er wie nervös er war. Er war noch nie zuvor in solch einer Situation gewesen. Er hatte noch nie ein Date im eigentlichen Sinne gehabt.

Bei seinen Treffen in den verschiedenen Clubs hatte er immer nur das Eine im Sinn gehabt: Sex. Dieses Mal war es etwas komplett anderes und daher war er verunsichert. So verunsichert, dass er Jason schließlich vom Handy aus anrief.

„Hey! Ich dachte du triffst dich mit Jessie?"

„Mhmm ... hab noch ein paar Minuten und ich muss ja nur die Straße runter. Ich lass den Wagen am Taekwondo Studio stehen und werd mit dem Taxi heimfahren."

„Sehr vernünftig."

„Jay ... ich ... ich bin total nervös."

„Dave ... das ist normal", beruhigte ihn Jason. „Vollkommen. Hör mal, du willst ja was von ihm, oder?"

„Oh ja ... Ich will, dass die feuchten Träume aufhören und wahr werden."

„Glaub mir, Jessie wird es nicht anders gehen."

„Ist das immer so vor einem Date?", fragte Dave verunsichert.

„Wenn man wirklich verknallt ist, ja."

„Okay. Ich hoffe, du denkst nicht, ich bin ein Idiot, das zu fragen?!"

„Dave! Hör auf, dich fertigzumachen. Steig aus und geh los! Sobald du mit ihm in der Bar sitzt geht es dir besser, glaub mir."

„Ich glaub, ich kann das nicht."

„Himmel Herrgott!", stöhnte Jason. „Jetzt stell dich doch nicht an wie der erste Mensch!"

Dave seufzte. „Genauso fühl ich mich aber."

„Geh!"

„Okay. Danke, Jay."

„Keine Ursache, Süßer. Viel Glück!"

Dave steckte das Handy weg, schnaufte noch einmal durch, musterte sich selbstkritisch im Rückspiegel und stieg dann endlich aus seinem Benz.

Mit jedem Schritt den er dem *Liam's* näher kam, wurde sein Puls schneller und er fluchte innerlich.

Doch als er schon kurz davor war umzudrehen, sah er ihn. Jessie stand vor der Tür und rauchte. Dave bemerkte den lustvollen Stich in seinen Eingeweiden. Jessie war da und erwartete ihn! In diesem Moment wusste er, dass alles gut gehen würde und ging weiter.

Jessie spürte ganz offensichtlich seine Nähe, denn er sah auf und prompt erschien ein umwerfendes Lächeln auf seinem Gesicht. Dave ging augenblicklich das Herz auf.

„Hey", sagte Jessie erfreut und trat sein Zigarillo aus.

„Hi."

„Dachte, ich warte draußen auf dich."

„Feiner Zug." Dave lächelte, doch Jessie sah sofort, dass er erleichtert war.

„Wollen wir?"

Dave nickte und kurz darauf saßen sie in einer Nische an einem Zweiertisch.

„Die Bar ist heute wohl nicht gut genug für dich, was?", flachste Neill, der Barkeeper, als er an ihren Tisch kam.

Jessie grinste. „Nein, heute nicht. Später vielleicht. Neill, das ist Dave." Die beiden schüttelten sich dich Hände. „Bringst du uns zwei Bass Ale?"

„Kommt sofort."

Und erneut fiel es ihnen leicht, sich zu unterhalten.

Beide hatten die Unterarme auf dem Tisch, die Hände verdammt nah beieinander. Immer mal wieder berührten sie sich, indem sie die Hand beim anderen auf den Arm legten und jedes Mal, wenn das geschah, begann ihre Konversation zu stocken und Gefühle kamen hoch. Der Wunsch nach mehr. Vor allem da sie sich inzwischen darüber einig waren, in naher Zukunft einiges zusammen zu unternehmen und sich öfter zu sehen.

„Hör zu ... ähm ... Oh Mann!" Jessie verdrehte die Augen.

Er lehnte sich zurück und Daves Hand glitt von seinem Arm. Augenblicklich fühlte er eine Leere in sich, etwas was total lächerlich war. Der Typ saß ja keinen Meter von ihm entfernt!

„Sorry, normalerweise stotter ich nicht so rum", beteuerte Jessie und beugte sich wieder vor.

„Kein Problem."

Sie mussten beide grinsen.

„... Is' für mich auch irgendwie neu ..."

Jessie atmete auf. „Ich hab nur eine ... Bitte." Er versuchte krampfhaft, nicht wieder irgendwo ein *Äh* unterzubringen.

„Ja?" Dave schien sichtlich gespannt, während er die Finger verschränkte.

„Können wir es bitte ..." Er zögerte. „... bitte ganz langsam angehen lassen?", fragte Jessie mit leiser Stimme. „Ich meine ... das Kennenlernen?"

„Wieso nicht? Kommt mir sehr entgegen", antwortete Dave verständnisvoll.

Jessie sah auf die Tischplatte.

Dave wartete.

Nach Sekunden sah Jessie wieder hoch.

„Ich hab 'ne ziemlich ungute Beziehung hinter mir. Ist zwar schon über ein Jahr her, aber ... wie soll ich sagen ... zumindest das Ende war sehr ... ungesund. Daher die Bitte um Geduld."

Dave nickte.

„Ich hab vor über einem Jahr alles hinter mir gelassen, bin von Irland hierher gezogen, was kein Problem war, da meine Schwester auch in den Staaten lebt. Ich hab alles gewechselt. Job, Wohnung, Handynummer."

Dave zog die Brauen zusammen. „Klingt verdammt nach Stalker?"

Jessie seufzte. „Ja, leider. Aber es hat Gott sei Dank aufgehört, als ich hierher kam."

„Hey." Seine Hand glitt zu Jessies und dessen Finger reagierten sofort positiv auf seine Berührung. Wieder war es für beide fast wie ein elektrischer Schlag, der ihnen den Arm hochkroch und weiter bis in die Schultern, Wirbelsäule und Eingeweide ging.

„Ich hab auch ziemliche Scheiße in meiner Vergangenheit. Und … um ehrlich zu sein, weiß ich nicht, ob ich wirklich fähig bin, es richtig zu machen. Also *langsam* hört sich verdammt gut für mich an!"

Siehst du mal Jason, war gar nicht so schwer, dachte Dave zufrieden.

Jessie nickte. „Ich … wollte mich eigentlich für die nächsten zehn Jahre für niemanden mehr interessieren."

„Oh je, So schlimm?"

„Leider." Er stockte und schüttelte den Kopf. „Verdammt, was zum Teufel red ich da? Gott sei Dank ist es jetzt anders gekommen. Und ich bin wirklich froh, dass wir endlich mal unter vier Augen sprechen können. Ungestört!"

Dave lächelte wissend und seine Finger strichen über Jessies. Sie berührten dabei auch seinen funkelnden Silberring.

„Der bedeutet übrigens nichts!"

„Ich weiß." Dave schmunzelte.

„Woher?", fragte Jessie verblüfft.

„Kyle", antwortete Dave ehrlich. „Ich hab ihn gebeten, es für mich rauszufinden. Ich war schon kurz vorm Durchdrehen."

Jessie musste lachen. „Ich hab mich schon echt gewundert."

„Warum Kyle dich danach gefragt hat?"

Jessie nickte.

„Passt nicht zu ihm, was?"

„Nein, nicht wirklich."

„Er is'n ganz feiner Kerl."

„Hab ich auch so den Eindruck." Jessie sah Dave lange in die Augen. Ihre Fingerspitzen spielten miteinander und das tat so verdammt gut. „Denkst du, unser Altersunterschied könnte ein Problem sein?"

Dave schüttelte den Kopf.

„Wie viele sind es?"

„Vierzehn Jahre", antwortete Dave. Er hatte inzwischen nachgeholt, was er bei Jessies Einstellung verpasst hatte – damals hatte es ihm vollkommen gereicht, dass Jason von ihm überzeugt war und er hatte die Einstellung als Physiotherapeut nur durchgewinkt –, aber inzwischen hatte er Jessies Bewerbungsunterlagen aufmerksam durchgelesen und kannte all seine Daten auswendig.

„Wow", murmelte Jessie.

„Sieh dir Kyle und Jason an!"

Jessie grinste. „Stimmt auch wieder."

„Hast du deswegen Bedenken?", erkundigte sich Dave vorsichtig.

„Nein. Es ist immer das, was man draus macht, nicht wahr?"

„Mhmm."

Jetzt schlich sich ein fast freches Grinsen auf Jessies Gesicht. „Auch nicht schlecht, wenn einer wesentlich mehr Erfahrung hat, oder?"

„Täusch dich da mal nicht", konterte Dave.

„Hey ihr zwei Turteltauben, wenn ihr euch endlich mal zu mir an die Bar setzt, dann geb ich einen aus!", hörten sie plötzlich Neill über sich.

Jessie sah Dave fragend an.

„Ich finde, sowas sollte man auf keinen Fall ausschlagen!", sagte der.

„Find ich auch", erwiderte Jessie schmunzelnd und kurz darauf saßen sie bei Neill an der Bar.

Dave wich Jessie nur ein einziges Mal auf eine Frage aus und zwar, als er nach Daves Produktionsfirma fragte, von der er schon am Rande des Betriebsausflugs gehört hatte. Doch etwas Konkretes hatte er nicht darüber erfahren können.

Er sah, wie Dave Neill einen kurzen Blick zuwarf, doch der wandte sich gerade einigen anderen Gästen zu, und so sagte er: „Ähm … um ehrlich zu sein, möchte ich das nicht hier diskutieren. Ich erzähl's dir ein andermal, einverstanden?" Dave sah ihm direkt in die Augen und Jessie schluckte.

„Klar, kein Problem", murmelte er abwesend und hatte fast schon vergessen, was er eigentlich gefragt hatte. Daves Blick ging ihm durch Mark und Bein und in dem Moment wusste er, dass er mit ihm endlich allein sein wollte. Privat. Nicht hier.

Sie schafften noch eine halbe Stunde, in der die Blicke tiefer und die scheinbar zufälligen Berührungen beim Diskutieren mehr wurden.

Wenig später zahlte Dave – er ließ es sich nicht nehmen Jessie einzuladen –, allerdings bestand Jessie sofort darauf, dass er das nächste Mal dran war.

Schließlich verließen sie den Pub und machten sich zu Fuß auf in Richtung Jessies Wohnung.

Für Dave war es selbstverständlich, dass er ihn nach Hause brachte.

Mehr würde heute nicht mehr passieren, aber zumindest das konnte er tun.

Der Weg zu Jessies Zuhause war kurz und sie waren betont langsam gegangen, fast geschlendert. Aber nachdem

Jessie nur einen Block vom *Liam's* entfernt wohnte, kamen sie nach dem Geschmack von beiden viel zu schnell dort an.

Jessie nahm die zwei Stufen zur Eingangstür auf seinen Krücken mit Geschick, trat unter das Vordach und sah Dave fragend an.

„Kommst du noch auf 'nen Kaffee mit rauf?", fragte er mit einem hoffnungsvollen Tonfall.

Dave sah auf die Stufen und schloss für Sekunden die Augen. Verdammt! Dann sah er zu ihm auf. „Jessie ... ich weiß nicht, ob das so eine gute Idee ist." Doch es musste für Jessie deutlich zu hören sein, dass er hin- und hergerissen war.

„Und warum?"

Dave kam langsam die Treppen hoch und blieb dicht vor ihm stehen. „Weil ich schon in einer Kneipe kaum die Finger von dir lassen kann!", gestand er mit leiser Stimme.

Jessie grinste. „Wenn dem wirklich so war, dann hast du es gut geheim gehalten."

Dave konnte nicht anders, er musste ebenfalls lächeln. „Es ist nicht, dass ich nicht mit hochkommen will. Das musst du mir glauben. Aber ..." Er stockte.

„Ich weiß ... wir haben uns vorhin vorgenommen, es langsam angehen zu lassen", vervollständigte Jessie seinen Satz verständnisvoll. „Es war ja sogar meine Bitte. Aber fällt da ein Kaffee auch drunter?" Er konnte spüren, wie Dave ihn erneut einatmete. Wie jedes Mal wurde seine Erektion, die er in Daves Anwesenheit in letzter Zeit immer hatte, dabei nur noch schlimmer.

„Nein. Aber ich weiß ehrlich gesagt nicht, ob ich dir garantieren kann, dass es dabei bleibt. Ich bin nicht gerade ein Meister, was Selbstbeherrschung betrifft. Das ist Jasons Ding."

„Es gehören immer zwei dazu, oder?" Jessies Stimme war weich wie Samt.

Dave spürte seinen Widerstand, der eigentlich gar keiner war, schmelzen als wäre er Schnee in der Maisonne. Wie zum Teufel sollte er diesem Kerl widerstehen?

Ausgerechnet jetzt zog Jessie ihn mit seiner freien Hand an der Jacke noch dichter zu sich. Mit der anderen hielt er die Krücken.

„Ich hätte nie gedacht, dass ich in den kommenden zehn Jahren überhaupt jemanden hierherbringe!"

Jessie spürte Daves Atem, als der seine Stirn an seine legte. Er war so nah und roch so gut. Ihm ging es da keinen Deut anders.

„Dann kann ich dich nur drum bitten, mir eine zu knallen, wenn ich zu weit gehe!", murmelte Dave und dann konnte er sich offenbar nicht mehr halten.

Jessie spürte seine weichen Barthaare noch bevor Daves Lippen seine trafen. Er konnte nicht anders und seufzte lautlos in ihren ersten Kuss.

Daves Lippen waren weich und sie berührten Jessies nur hauchzart.

„Soll ich geh'n?"

„Nein! Bitte bleib!", murmelte Jessie.

Es war, als würde der Blitz ihn treffen, als Dave endlich ernst machte und ihn richtig küsste. Prompt wäre dabei sein Kopf beinahe unsanft gegen die Wand geknallt. Dann öffnete er seine Lippen und Daves Zunge zeigte ihm, was er wirklich dachte.

Jessie entglitten die Krücken, als sich seine Hand in Daves Jacke krallte, aber nicht etwa, um ihn wegzuschieben, sondern um ihn festzuhalten. Doch selbst das Poltern der fallenden Krücken konnte sie nicht dazu bringen, diesen Kuss zu unterbrechen.

Dann besann sich Dave. Schwer atmend sah er Jessie in die Augen, dessen Pupillen lustvoll geweitet waren.

„Sorry", flüsterte er. Er war sich sicher, dass er es jetzt vermasselt hatte. Kein Mensch, der denken konnte, würde ihn nun noch mit nach oben nehmen.

Jessie lächelte. „Könnte es sein, dass dein Mittelname … Leidenschaft ist?"

Er grinste schief. „Er ist jedenfalls nicht *Susie!*"

Jessie musste lachen. „Gott sei Dank, denn dann, und nur dann, hätten wir ein Problem!"

„Also hab ich noch mal Glück gehabt, wie? Sorry, noch mal! Hm … Jason meint immer, dass man mir noch meine kleinen oder größeren Ungehobeltheiten austreiben müsste. Bislang hat sich noch keiner freiwillig gemeldet."

„Ah, verstehe! Ich liebe Herausforderungen!", sagte er amüsiert. „Ich werde es *Project Dave* nennen."

Jetzt lachte Dave. „Schlagfertig bist du, das muss man dir lassen!"

„Ich glaube, sonst hat man gegen dich auch nicht wirklich eine Chance, oder?" Jessie sah auf seine Krücken. Bücken konnte er sich immer noch nicht besonders gut. Na ja, vielleicht auf einem Bein.

Dave hob sie auf und reichte sie ihm.

„Danke. Das war sehr nett und nicht, äh … ungehobelt", lobte er ihn augenzwinkernd, fischte seinen Schlüssel aus der Jackentasche, drehte sich um und sperrte auf.

Ein Blick über seine Schulter zeigte ihm, dass Dave nachkam.

Sie traten in einen Gang.

„Kein Lift?", fragte Dave.

Jessie schüttelte den Kopf. „Bin ja noch jung. Ist nur bis zum dritten Stock. Mehr Stockwerke gibt's eh nicht."

Dave blieb hinter ihm zurück und der Anblick von Jessies wohlgeformter Kehrseite machte die Umsetzung seiner guten Vorsätze nicht gerade einfacher. Er musste hier unbedingt die Kurve bekommen!

Oben angekommen gab es nur eine Tür.

Jessie wollte die Krücken wieder in eine Hand nehmen, um aufzusperren, doch Dave hielt ihn zurück.

„Warte!" Er drehte Jessie mit dem Rücken zur Wand. „Zwei Dinge!" Er sah auf die Uhr. Es war halb Zwölf durch. „Maximal zwei Stunden, okay?"

Jessie nickte.

„Und egal was passiert: Die Klamotten bleiben an! Bei beiden!"

Jessie erwiderte seinen Blick mit einem äußerst unschuldigen Ausdruck. Sekundenlang. Dann seufzte er.

Dave konnte ihn inzwischen bei jedem Atemzug riechen, so dicht stand er vor ihm. „Was?", murmelte er.

„Nichts." Jessie grinste und wollte sich gerade wieder zur Tür drehen, doch Dave hinderte ihn erneut daran.

„Was?"

Jessie sah ihn an und wollte antworten, doch dann tat Dave es erneut: Er atmete ihn tief und hörbar ein.

Jessie schloss die Augen. „Wenn du das noch ein-, zweimal machst, dann …" Er schluckte.

„Dann was?"

„Dann komm ich in meiner Jeans!", stieß er atemlos hervor.

„Reizvoll!" Dave trat noch näher an ihn heran. „Lass deine Hände an den Krücken!", befahl er und stützte sich mit den Händen links und rechts von ihm an der Wand ab.

Jessies Herz setzte aus. Dave würde doch nicht etwa?

„Schließ die Augen!"'"

„Oh Gott!", murmelte er, lehnte den Kopf an die Wand und spürte Daves Goatee an seinem Kinn.

Dave brachte seine Nase dicht an seinen Hals und atmete ein. Es war ein unglaubliches Gefühl und Jessie konnte es auf seiner Haut spüren.

Seine Hose wurde augenblicklich noch enger. Sein Schwanz schmiegte sich an die endlosen, feuchten Spuren im Stoff.

Er spürte wie Dave ausatmete, nur um ihn im nächsten Moment erneut wieder mit hörbarem Genuss einzuatmen. Sein steifer Schwanz zuckte. Es war das Erotischste, was er je im komplett angezogenen Zustand erlebt hatte.

Daves Gesicht glitt hauchzart über seine Wange und sein Ohr.

„Lass deine Hände, wo sie sind!", murmelte er und Jessie erschauerte. Der sanfte Befehlston machte es nur noch schlimmer. „Du machst mich wahnsinnig!", flüsterte Dave und beim nächsten tiefen Atemzug passierte es.

Jessie konnte nichts dagegen tun. „Fuck!" Er krümmte sich nach vorne und seine Stirn landete auf Daves Schulter, während es ihm siedend heiß in die Hose ging.

Er stöhnte und Dave hörte das absolute Erstaunen in diesem Laut. Verdammt, was würde er dafür geben, Jessies Erguss auf seiner Haut zu spüren, oder es zumindest zu sehen. Geschweige denn, ihn zu berühren oder gar zu schmecken.

Nach Atem ringend richtete sich Jessie wieder auf und lehnte seinen Kopf an die Wand. Dave beobachtete, wie er mühsam versuchte die Augen zu öffnen, sie wieder zusammenkniff und schließlich erneut öffnete. Erst beim zweiten Mal schien er einen Fokus zu finden.

Dave blickte amüsiert und fasziniert zugleich in Jessies Gesicht, in dem sich nichts als Fassungslosigkeit spiegelte.

„Oh Gott!", murmelte Jessie erneut.

„Nenn mich ruhig Dave!", witzelte er.

„Was zum Teufel machst du mit mir?"

„Ich bring dich ohne eine Berührung zum Abspritzen."

„Ja, als wäre ich ein verdammter Teenager!", knurrte Jessie kopfschüttelnd.

„Na, wenn ich überlege, wie oft ich in den letzten Nächten wegen dir im Schlaf gekommen bin, glaub ich das unbesehen!"

„Oh … du willst es sehen?", fragte ihn Jessie erneut mit einem unschuldigen Blick.

„Untersteh dich!", knurrte Dave.

„Greif in meine rechte Tasche!"

„Vergiss es!"

„In meine *Jacken*tasche …"

„Wozu?"

„Hol den Schlüssel raus! Ich brauch noch 'ne Minute, um mich von diesem … erotischen Schock zu erholen!"

Dave grinste. „Es war verdammt geil!"

„Jep!"

Kopfschüttelnd holte Dave, wie gebeten, den Schlüssel aus Jessies Jacke und schloss auf. Dann zog er sich etwas zurück und ließ Jessie den Vortritt.

Der knallte als Erstes die Krücken in eine Ecke. „Ich kann die Dinger bald nicht mehr sehen!", knurrte er und machte Licht.

Dave ließ seinen Blick durch die geschmackvoll eingerichtete Wohnung gleiten. Jessie hatte offensichtlich einen ähnlichen Geschmack wie er selbst. Gradlinig, wenig Schnickschnack.

„Sieh dich ruhig um! Ich muss mich erst mal umziehen." Mit diesen Worten verschwand Jessie im Badezimmer.

Dave sah ihm lächelnd hinterher.

Was sagst du nun dazu, Jason? Sex inklusive Orgasmus ohne Körperkontakt! Das war nun wirklich mal was Neues, dachte er und ging weiter.

An den Wänden hingen ausschließlich große gerahmte Schwarzweiß-Fotografien und diese waren ausnahmslos Akte von Männern. Und was für welche! Extrem erotisch. Meisterhaft fotografiert. Dave war angenehm überrascht und etwas meldete sich dumpf beim Anblick in seinem Hinterkopf.

Nicht immer war der ganze Körper zu sehen. Mal nur ein Rücken, oder ein angespannter Bauch.

Der Kerl hatte Geschmack!

Wenig später kam Jessie wieder.

Er hatte sich eine legere, lange Sporthose und ein dazu passendes, dünnes Shirt angezogen, das er über der Hose trug und er war barfuß.

„Gefallen sie dir?", erkundigte er sich schmunzelnd, als er sah, dass Dave seine Fotos begutachtete.

„Geile Bilder! Richtig klasse!"

Jessie grinste geschmeichelt und ging in seine kleine Küche.

„Schwarz mit viel Zucker, richtig?", rief er. Das wusste er noch vom Frühstück im Sporthotel, in dem sie ihren Betriebsausflug verbracht hatten.

Dave kam ihm nach und blieb an den Türrahmen gelehnt stehen. „Richtig."

„Willst du deine Jacke nicht ausziehen, oder fällt das unter deinen Vorsatz?", erkundigte sich Jessie belustigt.

Dave seufzte, zog sie aus und hängte sie an die Garderobe.

Kurz darauf wechselten sie auf die bequeme, schwarze Ledercouch und tranken ihren ersten Schluck Kaffee.

Dave lehnte relaxt neben Jessie und musterte ihn. „Hast du deinen Schock inzwischen überwunden?"

Jessie stellte seine Tasse ab und wandte sich ihm zu. Seine Hand landete auf Daves Knie „Ja, und ich hab mich noch nicht mal dafür bedankt", murmelte er und küsste ihn. „Danke!"

Dave strich über seine Wange. „Gern geschehen. Ich hätte ehrlich gesagt nicht gedacht, dass das wirklich funktioniert."

Jessie griff wieder nach seinem Kaffee. „Hat es bereits in der Vergangenheit."

„Wie meinst du das?"

„Im Traum. Mehrfach."

„Du hast davon geträumt?"

Jessie nickte. „Nicht nur du kommst im Schlaf!"

„Dann sind wir wohl beide in unseren Gedanken schon wesentlich weiter, was?"

„Sieht ganz so aus ..."

Dave trank wieder einen Schluck und stellte seine Tasse zu Jessies auf den Wohnzimmertisch. Er schwieg ein paar Sekunden lang. „Ich denke, du solltest noch ein paar Sachen über mich wissen, bevor wir auch nur einen Schritt weitergehen, Jessie."

Jessies Blick glitt über Daves Gesicht. „Hey", erwiderte er und strich über seinen Goatee. „Wir haben beide Mist hinter uns, das wissen wir doch bereits."

„Ja, aber es ist mir sehr wichtig."

„Warum? Nichts, was du sagen wirst, wird mich daran hindern, weitergehen zu wollen."

„Ich hab Angst, darüber zu sprechen, aber es ... es ist ein Teil von mir, Jessie, und vielleicht reagier ich mal ... bescheuert ... und du hast keine Ahnung warum ..." Er brach entmutigt ab. Sollte er das wirklich heute schon loswerden? Was, wenn Jessie nichts mehr von ihm wissen wollte? Es würde ihn umbringen!

Auf der anderen Seite wusste er, dass Jason recht hatte, und Jessie unweigerlich Fragen stellen würden, sobald sie auch nur einen Schritt weitergingen und ihre Kleidung nicht mehr anhatten. Sobald Jessie seinen Körper sah, würde er zwangsläufig darüber reden müssen. Und lügen konnte und wollte er nicht. Dafür war er zu ehrlich. Also besser jetzt als später.

Jessie sah ihn lange an. „Würde es dir leichter fallen, wenn ich erst ein wenig mehr von mir erzähle?"

„Keine Ahnung. Vielleicht."

„Ich rede eigentlich nie darüber. Mit niemandem."

„Kommt mir bekannt vor."

Jessie lächelte schwach und versuchte, seine Gedanken zu sammeln. Er wollte Dave zum Reden bringen, aber dazu musste er sich vermutlich erst selbst öffnen. Aber ihm ging es ähnlich. Was zum Teufel würde Dave dazu sagen? Was, wenn es ihn anekelte? Was wenn er ging? Er würde durchdrehen!

„Hey." Dave strich durch seine widerspenstigen, schwarzen Haare. Es war ein unglaubliches Gefühl, ihn endlich berühren zu können. Er drückte Jessie einen Kuss auf die Haare. „Quäl dich nicht ... wir können ein andermal reden", murmelte er ihm ins Ohr.

„Nein", antwortete Jessie und Dave zog ihn in seinen Arm. „Vielleicht hab ich morgen keinen Mut mehr ..."

„Hört sich auch bekannt an."

Kurz darauf saßen sie verschlungen auf der Couch, Jessies verletztes Bein über Daves Schoß, das andere untergeschoben, einander zugewandt, die Hände verschlungen und redeten.

Jessie erzählte ihm, dass er zu Anfang, nach seinem Coming-out, einige Jahre nur am Austesten war, bis er vor eineinhalb Jahren diesem Typen in die Finger gelaufen war. Bruce.

„Anfangs war alles okay und ich ... ich weiß auch nicht, ich war ihm irgendwie verfallen ..."

„Soll vorkommen."

„Nach ein paar Monaten veränderte er sich. Er wurde aggressiv."

„Hat er getrunken?"

Jessie seufzte. „Das ist ja das Schlimme ... er war meist nüchtern."

„Klingt nicht gut."

„Anfangs hab ich ... Entschuldigungen für sein Verhalten gesucht. Mir eingeredet, dass er all das nicht wirklich tun wollte ..."

„Er war gewalttätig?"

Jessie sah auf sein Bein. „Könnte man sagen, ja … Er hat mich mehr als nur einmal … einmal …" Er stockte und schluckte. „… verprügelt … zusammengeschlagen …"

Dave schloss die Augen und strich ihm über den Rücken. „Warum bist du geblieben?"

Er hörte Jessie verächtlich schnaufen. „Ich hab immer den Kopf geschüttelt über Frauen, die bei ihren brutalen Männern bleiben. Hab sie als schwach bezeichnet. Bis es mir selbst passiert ist … Ich war genauso … schwach!"

Jessie lehnte sich wieder an ihn. Er sah Dave nicht an, sprach aber weiter.

„Jedes Mal, wenn das passiert ist, hat er mich tagelang … gepflegt, verwöhnt, geheult, sich entschuldigt, es mit tollem Sex wiedergutgemacht, den wir sonst nicht hatten."

„Er hat dich abhängig gemacht."

„Ja."

„Wie hast du es geschafft, doch von ihm wegzukommen?"

„Er hat angefangen, mich zu kontrollieren, mich von meinen Freunden fernzuhalten, mich zu … stalken."

„Als ihr noch zusammen wart?"

„Control Freak!" Jessie seufzte. „Und dann … eines Tages … ist alles eskaliert."

„Was ist passiert?"

Jessie sah auf. Dave sah, wie seine Lippen zitterten. „Ich … ich glaub nicht, dass … dass ich dir das erzählen kann …"

„Er hat dich vergewaltigt?"

„Oh … er hat mich viele Male vergewaltigt. Sex ohne Einvernehmen ist immer eine Vergewaltigung."

Dave schluckte.

„Nie hat er ein *Nein* gelten lassen. Wenn ich *Nein* gesagt habe, wurde er erst richtig heiß!"

Dave hob sein Gesicht an. „*Nein* ist das wichtigste Wort beim Sex!", sagte er eindringlich. „Das allerwichtigste!"

„Erzähl das mal ihm."

„Ich werde ein *Nein* immer respektieren! Hörst du? *Immer!*" Das hatte er auch bei seiner bisherigen Art von Sex immer eingehalten. Ohne Ausnahme.

Jessie sah auf. Er beugte sich vor und küsste ihn. „Ich auch!"

Dave hielt ihn fest und küsste ihn seinerseits auf die Stirn. Dann sah er ihn wieder ernst an. „Was zum Teufel kann schlimmer sein als eine Vergewaltigung?"

Jessies Lippen bebten und er wandte den Blick ab.

„Sieh mich an!"

„Was, wenn du aufstehst und gehst?", fragte er tonlos.

„Das wird nicht passieren!"

Jessie sah wieder auf sein Bein. Er war sich nicht sicher, ob das stimmte, aber er musste es loswerden. „Eines Samstagnachmittags waren vier seiner Kumpel zu Besuch, um Rugby zu schauen." Er stockte. „Sie haben getrunken, viel getrunken. Nicht unbedingt er, aber die anderen." Er sah auf und fixierte mit steinernem Gesicht einen imaginären Punkt an der Wand. „Sie ... sie haben mir irgendwas in meinen Drink gemixt ..." Er brach ab, sah auf den Fußboden.

Dave spürte, wie sich sein Magen zusammenzog. Er ahnte Böses. Er sah wie Jessie mit den Tränen kämpfte und diesen Kampf schließlich verlor. Es gab ihm einen Stich durch Mark und Bein. Er konnte Jessies Schmerz fast körperlich spüren, als er weitersprach.

„... und haben sich dann zu fünft ... bis zum Morgengrauen ... genommen, was sie wollten ... Irgendwann nach ein paar Stunden haben die Drogen nachgelassen, aber ich war zu groggy, um mich zu wehren und ... sie haben nicht aufgehört ..."

„Scheiße!", murmelte Dave geschockt.

Jessie sah nicht hoch, als er sagte: „Zwei davon waren verheiratet und eigentlich *straight.*"

Dave biss die Zähne zusammen und versuchte die Wut zu unterdrücken, die bei dieser Geschichte in ihm hochkochte.

„Ich … ich glaub, ich hab mich danach drei Tage lang ununterbrochen übergeben."

„Hast du sie angezeigt?", fragte Dave vorsichtig.

Jessie schnaufte. „Bru…" Er stockte ein weiteres Mal und schien den Namen nicht noch ein zweites Mal aussprechen zu können. „Er hat seine Kumpel dazu gebracht, all das zu tun, weil er ihnen versichert hat, ich würde mir sowas wünschen. Aber vermutlich haben die auch Drogen genommen. Anders kann ich es mir nicht erklären. An einem Punkt haben sie mir Viagra gegeben. Bilder gemacht … Ich … ich konnte nichts tun … Sie haben Kondome benutzt. Einige sind kaputtgegangen. Ich hab monatelang in Panik gelebt, dass ich mir was eingefangen habe, bis alle Tests negativ waren. Ja, ich hab sie angezeigt. Aber das Verfahren wurde wegen Mangel an Beweisen eingestellt"

„Bitte was?"

„Einvernehmlicher Sex … Dieses Arschloch konnte sehr überzeugend sein. Und vergiss die Bilder nicht. Die Polizei hat die Akte danach geschlossen."

„Scheiße!", murmelte Dave erneut.

„Er hat mich tyrannisiert. Gestalkt. Auch nachdem ich mich endlich getrennt hatte. Schließlich hab ich das Land verlassen."

„Sollte er dich noch einmal aufspüren, dann Gnade ihm Gott!", murmelte Dave und malte sich in Gedanken aus, was er Bruce antun würde, sollte es tatsächlich dazu kommen. Dazu würden ihm mehr Gemeinheiten einfallen, als Jessie sich in seinen kühnsten Träumen vorstellen konnte.

Jessie setzte sich auf und fuhr sich durchs Gesicht. „Fuck!", fluchte er. „Sorry!"

„Für was?", fragte Dave verwirrt.

„Für mein …"

„Hey!" Er drehte Jessies Gesicht zu sich. „Hör auf, dich dafür zu entschuldigen!"

„Das ist das Letzte, was ich wollte! Dir was vorheulen!"

„Ich bin froh, dass du es mir erzählt hast! Und was das Heulen betrifft, so bin ich da in den letzten Wochen auch ziemlich anfällig."

Jessie sah auf. „Du?" Er konnte sich viel vorstellen, aber das nicht.

„Ja ich."

„Und warum?"

Dave sah ihn lange an. „Ich bin Karatemeister, aber ich bin kein Meister darin, meine Gefühle zuzulassen. Um genau zu sein, ängstigt es mich zu Tode!", gestand er. „Ich hab jahrelange Übung darin, meine Gefühle zu unterdrücken, und sie zuzulassen versetzt mich teilweise in Panik. So sehr, dass ich in den letzten Wochen mehr als einmal geheult hab. Seit du mir über den Weg gelaufen bist und meine Welt auf den Kopf gestellt hast, ist es nicht gerade besser geworden."

Jessie schluckte. „Und wieso?"

„Weil du der erste Mensch bist, der es für mich wert ist, alles zu überdenken. Alles! Mein komplettes bisheriges Leben! Obwohl ich dich kaum kenne."

Jessie blinzelte perplex.

Jetzt war es Dave, der auf seine Beine sah. Er seufzte tief. „Und ich hab mindestens genauso viel Angst, dir davon zu erzählen, wie du eben hattest!"

„Egal was es ist, es wird nichts daran ändern, was ich für dich empfinde", beteuerte Jessie. „Nicht nur deine Welt steht auf dem Kopf!"

Dave sah ihn lange an, bevor er wieder sprach. „Ich war elf, als ich auf meinen Peiniger traf", sagte er schließlich tonlos. „Und der ..." Er stockte. „... missbrauchte mich, bis ich dreizehn war. Zwei gottverdammte Jahre lang!".

„Um Gottes willen!"

„Gequält, geschlagen, gefoltert, vergewaltigt."

„Wo waren deine Eltern?"

„Er war der beste Freund meines Vaters und dazu noch ein ... *Priester!*" Wie üblich spuckte Dave das Wort gehässig aus.

„Fuck!"

„Und ... sollten wir doch irgendwann mal soweit sein, dass wir keine Klamotten mehr tragen, dann ..." Dave zögerte. „... dann wirst du heute noch Spuren auf meinem Körper finden, die davon zeugen, was er mir angetan hat. Von meiner Seele will ich gar nicht erst reden."

„Wie kann man vor sowas fliehen? Wie kommt man da ohne Hilfe raus?"

„Gar nicht. Irgendwann hat mein Vater es bemerkt. Nach zwei elenden Jahren. Er hat ihn erschossen und dann sich selbst gerichtet."

„Oh Gott!"

„Den Glauben an Gott habe ich längst verloren!", sagte Dave tonlos. „Oder vielleicht sollte ich besser sagen: an die Kirche."

„Hast du damals psychologische Hilfe bekommen?"

Dave schnaufte. „Ja, aber Kinder sind Meister darin, so etwas in einen Stahl-Tresor zu packen. Ich hab jede Mitarbeit verweigert, was das betraf."

„Oh je."

„Ich hab es später, als ich so in deinem Alter war, nachgeholt, aber damals hat es mir nicht viel gebracht. Außer, dass ich mir zum ersten Mal alles von der Seele geredet habe." Dave sah ihn wieder direkt an. „Bisher hab ich alles verdrängt. Vor Kurzem hab ich wieder angefangen, einen Trauma-Psychologen zu sehen."

„Wirklich? Das ist gut!"

Dave nickte. „Ich … Jessie … ich habe es dreißig Jahre lang geschafft, meine Gefühle wegzupacken, aber … ich kann so nicht mehr leben!"

„Kein Mensch kann das!"

„Es ist extrem wichtig, dass du das über mich weißt, Jessie!"

Der schluckte und nickte. „Danke, dass du mir das erzählt hast!" Sie schwiegen eine Weile, dann fragte Jessie: „Wie zum Teufel führt man Beziehungen, wenn man keine Gefühle zulässt? Ich meine … du … du bist schließlich vierzehn Jahre älter als ich."

„Man hat keine."

„Du hast doch nicht all die Jahre ohne Sex gelebt?!"

„Sex hatte für mich nie was mit einer Beziehung zu tun."

Jessie schwieg überrascht.

„Ich hab nie jemanden an mich rangelassen. Nie."

„Wie … wie bitte hat man Sex, wenn man niemanden an sich lässt?"

„Ich bin auf eine ganz bestimmte Bahn geraten."

„Nämlich?"

„BDSM."

Jessies rechte Augenbraue wanderte nach oben.

„Ich war immer der Dom. Immer der Master. Niemals der Sub. Niemals der Bottom. Immer aktiv. Niemals passiv."

„Aber das heißt doch nicht automatisch, dass man nicht trotzdem eine Beziehung haben kann?" Er sah ihn verwirrt an.

„Stimmt, ich kenne auch genügend, die trotzdem eine Beziehung führen, oder besser gesagt, bei denen es eine große Rolle in der Beziehung spielt. Ich wollte mich nie damit auseinandersetzen, denn es hätte bedeutet, dass ich Gefühle zulassen muss."

„Verstehe …"

„Und ich will davon weg. Komplett weg."

„Ich … hab damit überhaupt keine Erfahrung", gestand Jessie.

„Vollkommen egal! Es ist nicht wichtig!"

„Hm …"

„Was?", fragte nun Dave scheinbar verwirrt.

Jessie grinste etwas schief. „Hm … es interessiert mich … irgendwie … Aber ich kenne niemanden … bislang …", sagte er stockend.

Dave spürte trotz ihres ernsten Gesprächs das Kribbeln in seiner Lendengegend. „Alles was ich damit sagen will ist: Es ist keine Bedingung. Es ist maximal eine Option. Also: alles easy!"

„Und du warst immer der Master?", fragte Jessie fasziniert.

„Glaub mir, ich lass mich gerne von dir verführen und schwöre, auch gerne passiv zu sein!"

„Würdest du mir was zeigen wollen?"

Er sah, dass Dave schluckte. „Ich weiß nicht … Vielleicht … Wenn du es willst … irgendwann … warum nicht?"

Sie küssten sich und der Kuss wurde tief.

„Sofern du bereit bist, mich die andere Seite zu lehren?", flüsterte Dave.

Jessie nickte. „*Project Dave!*"

„Gut!"

Sie küssten sich erneut.

„Is' es okay, wenn ich eine rauche?", fragte Jessie. Er fühlte sich ausgelaugt und doch extrem erleichtert.

„Hey, es ist deine Bude."

„Ich rauch hier normalerweise nicht, aber …"

„Mach ruhig."

Er stand auf.

„Du hast deine Schiene ausgezogen?"

Er nickte. „Ich trag nur eine Manschette. Ich bin vorsichtig." Er fischte seine Zigarillos aus seiner Jacke, ging zum Wohnzimmerfenster und öffnete es. Er zündete ein Zigarillo an und nahm einen tiefen Zug. Kurz darauf stand Dave auf und kam zu ihm. Er schlang den Arm um ihn und Jessie ließ seinen Kopf an seine Schulter sinken.

„Ich bin froh, dass wir das im Groben losgeworden sind", sagte Jessie.

„Ich auch", murmelte Dave und küsste ihn aufs Ohr.

In Jessies Kopf arbeitete es. Vermutlich war der Zeitpunkt gut, auch noch über etwas anderes zu sprechen. Schweigend rauchte er zu Ende und nachdem er sein Zigarillo ausgedrückt hatte, sah er Dave amüsiert an.

„Geh mal zu der geschlossenen Tür da!" Er zeigte nach rechts. „Geh rein und sieh dir das Bild an der Wand an."

Dave sah ihn fragend an und tat wie ihm geheißen.

„Schlafzimmer?", fragte er schmunzelnd und nahm die Klinke in die Hand.

Jessie grinste. „Mach schon!"

Dave öffnete die Tür, fand den Lichtschalter und starrte verblüfft auf das große Bild an der Wand. Er stieß einen leisen Pfiff aus. Es war erneut ein Schwarzweiß-Foto. Ein großes.

Darauf zu sehen war ein nackter Mann, der mit gespreizten Armen und Beinen an ein Bett gefesselt war, die Augen verbundenen, die Bauchmuskeln gut zu sehen, seine schwarzen Boxershorts aufgerissen, Schwanz und Eier entblößt, sein Schwanz steif und aufrechtstehend.

Das Foto war einfach nur erotisch.

„Du hast Geschmack!", sagte Dave beeindruckt und ihm war sofort klar, dass Jessies Interesse an BDSM wohl größer war, als er zugegeben hatte. Es gab zwar noch ein oder zwei kleinere Fotos an seiner Wand, die dies erahnen ließen, aber dieses hier war eindeutig. „Ich kenn mich ja ein klein wenig aus … und es erinnert mich an ein Foto eines sehr bekannten Fotografen hier an der Westküste." Er sah, wie Jessies Mundwinkel amüsiert zuckten. „Sagt dir der was? Jeff Palmer. Ich versuch immer, einen seiner tollen Kalender zu ergattern."

Jessie grinste inzwischen. „Klar sagt mir der was."

„Aber auf Jeffs Bild liegt der Typ in einem weißen Bett. Schwarz kenn ich es nicht. Wo zum Teufel hast du das her?"

Jessie sah ihn lange an. „Aus meiner Kamera."

Daves Mund klappte auf. „Das hast du gemacht?"

„Ihr habt mir doch zum Abschluss des Betriebsausflugs für meine Schiedsrichterleistung einen Gutschein für Fotozubehör geschenkt. Ja, mein Hobby ist Fotografieren. Und damit meine ich nicht Gänseblümchen!"

„Geil!" Dave sah wieder zu dem Bild.

„Natürlich kenne ich das Original. Ich liebe Jeff Palmers Art zu fotografieren und sie ist eigentlich unnachahmlich. Ich hab's dennoch gewagt, muss ich gestehen. Hat ewig gedauert, bis es so rausgekommen ist und Jeff würde vermutlich nur müde drüber lächeln."

„Ich finde, es ist unglaublich professionell!"

„Danke." Jessie lächelte geschmeichelt. Er war inzwischen dicht an Dave herangetreten.

„Heißt das, du hast auch die anderen Bilder gemacht, die bei dir an der Wand hängen?"

„Jep."

„Wow! Wo zum Teufel machst du diese Bilder?"

„Im Moment gar nicht. Die sind noch aus meiner Zeit in Irland. Ich hatte noch nicht den Mut weitermachen."

Dave sah ihn zärtlich an und strich ihm über das Kinn. Die ersten Bartstoppeln zogen sich über sein Gesicht. „Ich glaube, wir haben noch viel mehr gemeinsam, als wir bislang wissen", murmelte er in seinen Kuss.

Jessie nahm seine Hand und kurz darauf lagen sie – angezogen – im Bett, auf der Seite, einander zugewandt.

Sie verloren sich in zärtlichen Küssen, setzten immer wieder ab, um sich anzusehen, Luft zu holen, runterzukommen.

„Ich glaub, ich weiß jetzt, was für eine Produktionsfirma du hast", sagte Jessie nach einer Weile.

Dave schloss kurz die Augen, doch schließlich musste er wider Willen kopfschüttelnd lächeln. „Ach ja?"

„Mhmm." Jessie schmunzelte. „Es gibt nicht viele Themen, die es vielleicht rechtfertigen, dies erst mal unter vier Augen zu besprechen."

Dave sah ihn an. „Jep. Das ist wahr." Er strich ihm über die Wange. „Und ich möchte ehrlich gesagt lieber, dass du das von mir erfährst, als aus dritter Hand mit einem komischen Beigeschmack!"

„Du bist wirklich im ... äh, Pornogeschäft?", fragte Jessie offenbar belustigt.

„Aaaah!", stöhnte Dave und fuhr sich mit seiner freien Hand durchs Gesicht.

„Sieh mich an!"

Dave tat es seufzend.

„Wirklich?"

Er nickte. „Aber krieg das jetzt bitte nicht in den falschen Hals!"

Jessie grinste. „Wir sind erwachsen, ja?"

„Glaub schon."

Statt einer Antwort beugte sich Jessie über ihn und küsste ihn. „Geil!"

Dave Blick glitt zum Foto über dem Bett.

„Vielleicht sollten wir uns zusammentun?", murmelte Jessie.

„Auf mehr als eine Art und Weise?", raunte Dave zurück. „Jep!"

Im nächsten Moment fand Jessies Zunge ihren Weg in Daves Mund und der ließ es seufzend zu, während er die Arme um ihn schlang.

Drei Stunden später, es war inzwischen sechs Uhr morgens, schreckte Jessie hoch.

Das Licht war noch an und draußen wurde es bereits hell. Schließlich sah er Dave angezogen, auf dem Bauch neben sich liegen. Sie mussten irgendwann eingeschlafen sein. Jetzt wusste er, was ihn geweckt hatte und in glückliches Lächeln glitt über sein Gesicht. Er hatte nicht geträumt! Dave war wirklich hier!

Er rollte auf die Seite, schob ein Kissen unter sein Knie und strich Daves Wirbelsäule entlang. Vom Kragen seines zerknitterten Hemds, bis zum Bund seiner Jeans.

Immerhin schienen sie ihren Vorsätzen treu geblieben zu sein. Sie waren beide angezogen. Dave räkelte sich im Schlaf und seufzte, was Jessie zum Grinsen brachte. Seine Hand glitt weiter. Er konnte nicht anders und zum ersten Mal berührte er Daves wohlgeformten Hintern. Oh ja, er war fest und muskulös.

Dave stöhnte erneut und schmiegte sich in seine Hand. Er träumte offenbar.

Jessie war nicht zimperlich und seine Erektion wurde stärker, als er es wagte, seine Hand weitergleiten zu lassen. Er spürte die Hitze aus Daves Schritt, während er wieder seinen Hintern knetete.

Wieder hob Dave im Schlaf seufzend das Becken.

Jessie zögerte kurz. Sollte er es wagen? Dann konnte er sich nicht mehr beherrschen und seine Hand glitt unter Daves Körper, während der sich die andere an seinem Hintern schmiegte.

Als er wieder herunterkam, spürte Jessie zum ersten Mal Daves Ständer. Er konnte ihn gut durch den Stoff spüren, als er die Konturen mit kräftigen Fingern nachfuhr.

Dave war hart. Sehr hart. Sein Schwanz fühlte sich vielversprechend an und hatte eine angenehme Größe.

Jetzt war er es, der leise und sehnsüchtig stöhnte, während Dave langsam auf die Stimulation zu reagieren begann.

Jessie merkte, dass er dabei war aufzuwachen.

Sollte er die Hand wegziehen? Oh Gott, er konnte nicht! Es war einfach zu verlockend.

Angetan massierte er Daves Schwanz noch kräftiger durch den Jeansstoff, sobald der sich nach unten in seine Hand presste.

Dave drehte seinen Kopf, öffnete verschlafen die Augen und ihre Blicke trafen sich.

Als Jessie merkte, dass er sich nicht zurückziehen musste, wurde er noch direkter. Er brachte sein Gesicht dicht an Daves.

Jessies Hände an seinem Hintern und seinem Schwanz brachten ihn langsam aber sicher um den Verstand. Verdammt, der Kerl hatte ihn praktisch in der Hand. Und das fühlte sich einfach unglaublich an, selbst wenn noch Stoff dazwischen war. Dave konnte in seinen lustvoll geweiteten Pupillen lesen, wie sehr ihm gefiel, was er ertastete.

„Komm schon! Du bist lange überfällig!", flüsterte Jessie und im nächsten Moment durchlief Dave ein Zittern. „Ja genau! Komm schon!"

Ohne den Blick von Jessies wunderbaren Augen zu nehmen, ließ Dave sich weitertreiben. Er presste sich rhythmisch in Jessies Hand, genoss sowohl den Druck von unten, als auch den von oben auf seinen Hintern. Minutenlang. Schließlich wurde Dave schneller.

„Komm, gib's mir!", flüsterte Jessie erregt und dann explodierte Dave mit einem heiseren Stöhnen. Sein Hintern schoss hoch, doch Jessies Hand auf der Vorderseite seiner Jeans folgte und er konnte durch den Stoff spüren, wie Daves Schwanz zuckte, als er kam.

„Fuck!", murmelte er, als Jessie seine Hand zurückzog und sein Körper wieder aufs Bett sank.

Jessie grinste. „Du wolltest die Klamotten anbehalten!", witzelte er. „Diese Art von Sex kenn ich zwar auch noch nicht, aber … AAAH!"

Dave hatte sich auf ihn gestürzt und kniete in Sekundenschnelle rittlings über ihm. Bevor Jessie sich versah, hatten sich Daves Finger mit seinen verschränkt und er drückte ihn ins Bett.

Mister Passion' in Aktion, dachte er atemlos.

Dann küsste ihn Dave und Jessie öffnete seufzend seine Lippen.

Wieder atmete Dave ihn ein und sah ihm dabei in die vor Lust leuchtenden Augen. Ganz langsam senkte sich sein Körper auf Jessies. Vor allem unterhalb der Gürtellinie.

Beide genossen den Moment, als sie endlich Körperkontakt bekamen.

Dave war noch semihart und Jessie war richtig hart. Ohne Jessies Hände loszulassen, begann Dave sich an ihm zu reiben. Ihre Blicke verschmolzen.

Jessie keuchte erregt bei jeder Berührung ihrer harten Schwänze.

Und Dave merkte, dass er es in kürzester Zeit schaffen konnte. Zusätzlich brachte er seine Nase dicht an Jessies Hals und atmete ihn ein ums andere Mal tief ein.

Jessies Wirbelsäule bog sich, als das Unaufhaltsame immer näherkam, während sich Dave immer direkter an ihm rieb.

Jedes Mal, wenn es fast zu viel wurde und sich sein Körper entziehen wollte, entwickelte Jessies Becken eine enorme Eigenenergie und suchte den heftigen Körperkontakt.

Kurz drauf begann Jessie unzusammenhängend vor sich hinzumurmeln.

„Gleich hab ich dich!", zischte Dave.

Und dann explodierte Jessie. „AAAH!"

Dave presste sich an ihn und spürte jede erregte Zuckung seines tollen Körpers, bis Jessie auch den letzten Tropfen in seine Trainingshose geschossen hatte.

„Jetzt sind wir quitt!", flüsterte er und küsste ihn. „Guten Morgen!"

Jessie stöhnte leise. „Und nass … Morgen!"

„Sollte keine Gewohnheit werden!"

„Was?"

„Das mit den Klamotten."

Dave küsste ihn am Hals und sah das Funkeln in Jessies Augen, als der fragte: "Sollen wir uns ausziehen? Ich hätte durchaus Bock auf 'ne Zugabe."

„Nein, geht nicht." Dave seufzte. „Ich muss zur Arbeit."

Vorsichtig, um Jessies Bein nicht zu verletzen, glitt er von ihm herab.

„Oh, ich vergaß, sorry!" Jessie stützte sich mit einem Ellenbogen auf und sah zur Uhr. Es war viertel vor sieben.

„Warum bleibst du nicht liegen?", schlug Dave vor. „Schläfst noch ein wenig?"

Jessie schüttelte den Kopf. „Willst du duschen?"

„Nein, mach ich im Studio."

„Wieso das denn?", fragte Jessie stirnrunzelnd.

Dave schmunzelte. „Weil ich mich vermutlich nicht beherrschen kann, wenn ich in deinem Bad meine Klamotten doch noch ausziehe."

Jessie lachte. „Argument. Du müsstest mich schon festbinden, das nicht mit anzusehen!"

„Reizvoll!", murmelte Dave in seinen Kuss.

Jessie schluckte, als ihm Daves Geschichte vom Vorabend einfiel.

„Wir haben noch viel Zeit, Jessie!"

Er nickte. „Ja, Gott sei Dank! Trinkst du wenigstens noch einen Kaffee mit mir?"

Dave lächelte. „Dazu sag ich bestimmt nicht nein."

Jessie stand auf und krümmte sich zusammen, als er die nassen Spuren in seiner Hose spürte. Er sah Dave genervt an. „Das ist schon der zweite Satz Klamotten, den ich wegen dir versaut habe!"

„Geil", kommentierte der und Jessie lachte wieder.

Dave sah ihm amüsiert nach, als er etwas unrund aus dem Zimmer ging.

Kurz darauf saßen sie in Jessies kleiner Küche an einem Hochtisch auf Barhockern und tranken einen Kaffee zusammen.

„Lust, die Zugabe heute Abend nachzuholen?", erkundigte sich Dave.

Jessie grinste. „Pasta?"

„Wenn du kochst?", konterte Dave.

„Jep."

„Deal!"

„Wann?"

Dave überlegte. Er gab bis drei Uhr Stunden, dann heim, duschen, umziehen. „Sechs?"

„Sex?"

Dave grinste, rutschte von seinem Barhocker und kam zu ihm. „Später!", murmelte er in seinen Kuss. „Bis dann!"

„Bis dann."

Jessie brachte ihn zur Tür.

Pasta und ein Autorennen mit Folgen

Als es klingelte, war Jessie noch nicht ganz fertig.

Er fluchte, drückte auf den Türöffner und schnappte sich eine Jeans. Diesmal musste es ohne Gürtel gehen. Egal.

Hastig zog er ein dünnes, enganliegendes, langärmliges Sweatshirt an und ging eilig zur Tür. Kaum hatte er sie geöffnet, sah er Dave grinsend im Türrahmen lehnen, eine Flasche Merlot in der Hand.

Jessie schmunzelte. „Zu früh, aber mit Wein ... Verziehen!"

„Soll ich wieder gehen und in zehn Minuten zurückkommen?"

„Nein, ich war nur noch nicht ... angezogen." Jessies rechte Augenbraue wanderte dabei wieder nach oben und Dave schien das so unglaublich sexy zu finden, dass er diesmal buchstäblich in die Knie ging.

„Komm rein!", sagte Jessie mit einem Lächeln, drückte Dave einen Kuss auf die Lippen und der schob sich an ihm vorbei. Natürlich nicht, ohne ihn einzuatmen, wie Jessie bemerkte. „Fang gar nicht erst damit an!", knurrte er. „Ich koche!" Wenn Dave jetzt damit anfing, dann war er verloren.

„Es riecht köstlich!" Dave zog die Schuhe aus und ging voraus zur Küche.

Jessies Blick glitt über Daves Rückseite. Schwarze Jeans, heißer Hintern, rotes, kurzärmliges Hemd. Sexy.

„Ich hab noch nicht mal Socken an!" Jessie seufzte und wollte zum Schlafzimmer.

„Barfuß-Köche sind extrem reizvoll!", rief Dave ihm hinterher und er machte prompt kehrt.

„Wenn das so ist ..." Er grinste und zeigte auf einen Barhocker.

Dave ignorierte ihn und ging zum Herd. „Ich werd ja wohl noch gucken dürfen, oder?"

„Nein!" Jessie dirigierte ihn zurück zum Barhocker, drückte Dave den Korkenzieher in die Hand und meinte entschuldigend: „Dauert noch ein wenig", und wandte sich wieder dem Herd zu.

„Bleibt mehr Zeit, den Barfuß-Koch zu bewundern."

Jessie ließ den Kochlöffel sinken, mit dem er seine selbstgemachte Pasta-Soße umgerührt hatte, kam auf ihn zu, blieb stehen und zeigte ihm seine Hände. Sie zitterten.

„Du bist nervös?"

„Fuck, ja!"

„Komm her!", bat Dave und legte den Korkenzieher beiseite.

Er legte seine Arme auf Daves Schultern ab und atmete tief durch. Daves Hände landeten an seinen Seiten und dabei hakten sich seine Finger in Jessies Gürtelschlaufen ein.

„Ich ... hab noch nie für ein Date gekocht", gestand er.

„Dafür riecht's verdammt lecker."

„Rezept von Papa", sagte er stolz.

„Ah ... daher ist also deine italienische Seite, von Papa?" Jessie grinste. „Si."

„Oh Mann, bist du sexy!", murmelte Dave und dann küssten sie sich.

Atemlos sahen sie sich danach in die Augen.

Jessie seufzte. „Hilft mir nicht grade, runterzukommen."

Dave grinste. „Ich helf dir nachher dabei."

„Hoffentlich nicht wieder mit Klamotten an. Ich war den ganzen Tag am Waschen!"

Theatralischer Italiener, bemerkte Dave amüsiert für sich.

„Okay, dann müssen wir wohl neue Regeln aufstellen, oder?", schlug er vor.

„Zum Beispiel?", fragte Jessie mit einem lauernden Blick.

„Und komm mir nicht wieder mit *Klamotten bleiben an*!", warnte er.

Dave musste lachen. Jessie hatte wahrhaftig das gleiche Mundwerk wie er. Jason würde durchdrehen, wenn sie gemeinsam aufschlugen.

„Nein." Er schüttelte den Kopf. „Ich will mehr sehen!"

„Oh, keine Sorge, ich auch!"

„Trotzdem sollten wir uns ein Limit setzen, meinst du nicht?"

Jessie wurde kurz ernst und nickte. „Ja ... wär vermutlich gut."

„Okay." Dave überlegte.

„Keine *Penetration?*" Jessie sprach es wieder mit italienischem Akzent aus.

„Mhmm ...", machte Dave angetan. „Wenn du nicht aufhörst, die Wörter so zu betonen, dann ... dann kann ich bald für gar nichts mehr garantieren!"

„Das turnt dich an?", fragte Jessie, den das zusehends belustigte.

„Fuck ja!", antwortete nun Dave im Jessie-Stil.

Jessie kam näher. „Soll ich lieber sagen: Kein *Analsex?*" Wieder extra betont. Seine Hände lagen auf Daves Knien.

Er küsste Jessie erneut. „Klingt genauso sexy."

„Du bist nicht sehr hilfreich!", beschwerte sich Jessie.

Dave sah ihm in die Augen. „Vorschlag akzeptiert. Find ich gut! Wir sollten uns erst auf einer anderen Ebene kennenlernen."

„Hört sich verdammt gut an!" Jessie grinste, drehte sich um und setzte Nudelwasser auf.

„Okay, sagen wir ... keine *Penetration* für ... für wie lange?" Dave war ihm wieder gefolgt.

„Eine Woche?"

„Zu wenig."

Jessie stöhnte genervt. „Zwei Wochen?"

Dave zögerte.

„AH! Du machst mich wahnsinnig!", knurrte Jessie und zeigte auf den Kalender an der Wand. Dave wollte es hinauszögern. Auch okay. Er würde schon sehen, was er davon hatte.

„He, das ist doch Jeffs! Den hab ich auch!"

„Ja. Lenk nicht vom Thema ab!" Er blätterte den Monat um und sagte: „*Vier* Wochen, okay?"

Jetzt stöhnte Dave.

„Ah, selber schuld!" Jessie studierte stoisch den Kalender. „Gerechnet von wann?"

In diesem Moment kochte das Nudelwasser über und er fluchte auf Italienisch wie ein Rohrspatz.

Dave sah ihm grinsend nach. Das konnte ja heiter werden! Wie zum Teufel sollte er das vier Wochen lang aushalten? Er würde ihn am liebsten sofort flachlegen. Von ihm aus konnten sie es auf dem Küchenboden treiben.

Dann fiel ihm ein, dass Jessie verletzt war und es allein schon deshalb besser war zu warten. Und natürlich, um es … langsam angehen zu lassen. Wer bloß diese bescheuerte Idee gehabt hatte?!

Als Jessie sein Nudelchaos in den Griff bekommen und die Uhr gestellt hatte, kam er wieder zum Kalender.

„*Scusa*", murmelte er und sah Dave von der Seite an. „Ab wann?", hakte er ungnädig nach. „Komm schon!"

„Ab dem Zeitpunkt, als wir uns das erste Mal gesehen haben?", schlug Dave vor.

„*No …*"

„Party bei Jason?"

„*No …*"

„Dann sag du!", knurrte Dave und glitt vom Barhocker.

Jessie zeigte auf das gestrige Datum.

„Du bist ja verrückt!"

„Erster Kuss!", sagte Jessie ungnädig. „Ja oder nein?"

„Was passiert bei *Nein*?"

„Keine Pasta!" Jessie hatte Mühe, ernst zu bleiben.

„Also gut!" Dave kam auf ihn zu.

Jessie ließ sich zuerst nicht wirklich beeindrucken, doch Dave war beharrlich.

„Du wirst schon sehen, was du davon hast!", knurrte er und Jessie wich nun doch zurück, obwohl sein Schwanz in seiner Hose zuckte. Daves Spielchen erregte ihn zunehmend. Er spürte die Wand im Rücken.

„Ich werd dich zum Wahnsinn treiben!", flüsterte Dave ihm ins Ohr und atmete ihn wieder ein. „Dafür gibt es viele Wege! Du wirst drum betteln, dass wir es früher tun!"

„Versuch's ruhig!" Er schloss die Augen, während Daves Lippen an seinem Hals landeten.

„Ich könnte dich – so wie den Typen auf deinem Bild – ans Bett fesseln und dich nur durch Einatmen und Küsse zum Abspritzen bringen!"

„Was zu beweisen wäre!"

„Oh, ich glaube gestern vor deiner Tür war schon ein kleiner Vorgeschmack, oder?"

Jessie knurrte etwas Unverständliches.

„Und du warst verdammt schnell!"

„Es war verdammt geil!" Jessie schloss zitternd die Augen, als er Daves Bart hauchzart an seinem Hals spürte.

„Eben!", raunte Dave und schon küssten sie sich wieder. Und diesmal flogen praktisch Funken dabei.

Jessie seufzte angetan, als Dave so dicht vor ihm stand, ihn dabei aber doch nicht berührte. Der Typ brachte ihn ja schon ohne Körperkontakt zum Wahnsinn!

„Und ich bin ziemlich aus der Übung", murmelte er.

„Ich hab überhaupt keine Übung", konterte Dave.

Jessie schnaufte. „Davon merk ich nix!"

Sie küssten sich erneut.

„Haben wir einen Deal?", fragte Dave leise.

„Deal", flüsterte Jessie und versuchte, sich zu beruhigen.

Dave trat zurück und sein Blick glitt über Jessies Körper. Dessen Jeans waren tiefer gerutscht und hatten seine Beckenknochen freigelegt. Deutlich sichtbar war dafür der

Bund seiner blutroten enganliegenden Boxershorts, die eindeutig ausgebeult waren und eine Erektion nicht verheimlichen konnten. Erstaunt bemerkte Dave, wie ihn das noch viel mehr anturnte, als wenn Jessie keine Unterwäsche tragen würde. Und dies war für Dave definitiv eine neue Erfahrung.

Stöhnend beugte er sich herab und knabberte sachte durch den Sweatshirt-Stoff an Jessies Brustwarze, der dabei geräuschvoll und lustvoll einatmete.

Dann küsste er seinen Bauch und schließlich den kleinen Streifen Haut, den die tiefer gerutschten Jeans freigelegt hatten. Gleichzeitig versuchte er, einen Hauch aus Jessies Hose zu erhaschen, was ihn sehr erregte. Als seine Zunge auf seine Haut traf, hörte er Jessie nach Luft schnappen.

Schweren Herzens richtete sich Dave wieder auf und sah auf diese erotische Szene. Am liebsten hätte er es fotografiert, aber Jessies Erwähnung, dass man während seiner Tortur Bilder gemacht hatte, hielt ihn davon ab. Er wollte keine unpassenden Erinnerungen wecken.

„Vier Wochen, ab gestern", bestätigte er. „Und keinen Tag früher!"

Jessie griff nach Daves Hemd und zog ihn wieder zu sich. Prompt küssten sie sich erneut.

Dann klingelte der Timer. Die Nudeln waren fertig.

Dave machte ihm Platz und setzte sich wieder auf seinen Barhocker. Gekonnt öffnete er die Weinflasche, während Jessie tief durchatmete, seine Jeans hochzog und zum Herd ging.

Er goss die Nudeln ab und drehte sich kopfschüttelnd um. „Ich fürchte, wir werden uns gegenseitig zum Wahnsinn treiben."

Dave grinste ihn an. „Jep."

Fünf Minuten später saßen sie am Hochtisch und aßen Pasta mit selbstgemachter Tomatensoße, in der definitiv mehr drin war als nur Tomaten, dazu grünen Salat mit Balsamico-Dressing. Eine lange Zeit aßen sie nur und sprachen nicht.

„Das is' wirklich lecker!" Dave war sichtlich beeindruckt und Jessie gab ihm gerne Nachschlag.

„Danke."

„Im Übrigen: Danke noch mal für deine Nachricht!"

Jessie hatte ihm eine gegen Mittag geschickt, in der nur stand: *Ich bin froh, dass wir geredet haben.* Und wie froh er gewesen war, dass sie bereits am ersten Abend hinter verschlossener Tür das am meisten Belastende losgeworden waren.

„Es war mir wichtig."

„Mir auch!" Dave nickte. „Weißt du … Jason …" Er brach ab. „Eins muss ich noch vorwegschicken: Jason ist mein bester Freund und …" Er überlegte kurz, wie er sich ausdrücken sollte. „… und er ist der einzige Mensch, mit dem ich über alles reden kann."

„War, hoffentlich", unterbrach ihn Jessie.

„Wie?"

„Er *war* der einzige Mensch."

„Aha", machte Dave. „Stimmt, war *bislang*. Ich werd ihn öfter erwähnen, also nimm's mir nicht übel, ja?"

„Er ist voll okay."

„Normalerweise verbringe ich viel freie Zeit bei ihm. Und ich hoffe, wir sind bald zu viert beim Footballschauen, oder so."

„Rugby?", fragte Jessie mit einem schelmischen Blick.

„Auch, klar, wieso nicht …"

„Gut!"

„Jason weiß natürlich, dass ich mich in dich verknallt habe …"

„Du bist in mich verknallt?", unterbrach ihn Jessie offenbar amüsiert.

„Ja, verdammt!", knurrte Dave. „Kannst du mal fünf Minuten ernst sein?"

„Sorry ... äh ... nur eins noch: Ich bin genauso verknallt, okay?"

Dave musste wider Willen lächeln und hatte Mühe zu dem zurückzufinden, was er sagen wollte.

Jessie wurde ernst. „Sorry, ich ... wollte dich nicht ablenken."

„Wart nur!", grummelte Dave und holte tief Luft. „Jason hat von Anfang an gesagt, dass Kommunikation alles ist und egal mit wem ich zusammenkomme – da wusste ich ja noch nicht mal, dass du wie ich schwul bist –"

„Kyle hat das für dich rausgefunden, stimmt's?", unterbrach ihn Jessie erneut.

„Stimmt." Dave seufzte und fuhr fort: „... dass ich über das, was in der Vergangenheit war, reden muss. Ich ... ich hab nicht gedacht, dass ich das kann. Jedenfalls nicht sofort. Aber wir haben gestern schon alle Karten auf den Tisch gelegt und ... ich bin mächtig stolz, dass ... dass wir das schon geschafft haben!"

Jessie nickte. „Ich auch! Es ging wie ... *naturalmente* ... selbstverständlich!"

Dave sah ihn sanft an. „Jason wird stolz sein!"

„Hast du ihn noch nicht gesprochen?"

„Nur kurz. Er hat mich zusammengeschissen, dass ich mich gestern nicht mehr gemeldet habe."

„Hast du ihm gesagt, wo du warst?"

„Ja."

„Und?"

„Er hat gesagt, dass er hofft, du redest auch heute noch mit mir."

Jessie lachte. „Er kennt dich gut was?"

„Manchmal denk ich, er kennt mich besser als ich mich selbst." Dave legte sein Besteck beiseite. „Und sollte je was auftauchen ... sollten wir je an einen Punkt kommen, an dem du nicht mehr weißt, mit wem du über diesen Idioten reden sollst, dem du grad diese wundervolle Pasta gemacht hast ..."

Jessie wollte ihn erneut unterbrechen. „Dave ..."

„... dann red mit ihm, okay?", fuhr Dave ungerührt fort.

Jessie schwieg ein paar Sekunden und nickte schließlich. „Gut zu wissen!"

„Ich ... hab so sehr gelernt, Gefühle zu unterdrücken, dass es mich ankotzt! Dafür komm ich mir im Moment so vor, als hätte ich zehn verschiedene Drogen genommen." Dave sah ihn an. „Ich hab in dieser Zeit verlernt, Schmerzen zu empfinden. Ich hab es irgendwann einfach ausgeblendet ... Das solltest du wissen, wenn ich mal wieder ... über die Stränge schlage und dich irgendwo an die Wand pappe."

Jessie grinste. „Ich bin froh, dass ich nur ein kaputtes Knie habe und keine kaputten Rippen wie Kyle!"

„Dann hätte ich dich sicher nicht an die Wand gepappt!", entrüstete sich Dave.

„Keine Sorge, ich glaub dir!"

„Kyle und Jason zusammen zu sehen, hat viel in mir ausgelöst", sagte Dave. „Die beiden sind wie füreinander gemacht und ... ich will das auch irgendwann mal erleben."

„Vielleicht ist deine Suche ja zu Ende?"

„Das Beste ist: Ich hab gar nicht gesucht. So weit war ich noch gar nicht. Auch das macht mir Angst."

„Warum?"

„Was, wenn ich ... wenn ich es noch nicht kann?"

„Was?"

„Eine richtige, ernste Beziehung haben ..."

„Du möchtest es, oder?"

„Gott, ja!"

Jetzt lächelte Jessie. „Vielleicht hat's dann so sein sollen? Das ist jedenfalls das, was ich hoffe. Ich war weit entfernt vom Suchen. Ich hab dich nur gesehen ... und ... *Boom*."

„Ich hoff's." Dave nickte. „Und ja, ich will es mehr als du dir vorstellen kannst."

„Oh, ich auch", stimmte ihm Jessie zu. „Grappa?"

„Oh nein! Ich hasse Grappa!", sagte er unverblümt mit einem angewiderten Gesichtsausdruck.

„Ah … das war jetzt wieder unge…*schraubt*, was?"

„… ungehobelt!", verbesserte Dave.

„*Scortese!* – Unhöflich!", bemerkte Jessie tadelnd.

„Okay …"

„Denn du hast noch nie den Grappa meiner Großmutter probiert!"

„Deiner Großmutter?" Dave sah ihn belustigt an.

„Ja oder ja?", fragte Jessie, holte ungerührt die Flasche und zwei Gläser.

„Das andere Ja."

Jessie schenkte ein und sah ihn gespannt an. „*Cincin!* oder Cheers!"

„Cheers!" Dave seufzte und wappnete sich. Er hasste Grappa und nichts was Jessie sagte, konnte das ändern. Aber diesen Gefallen konnte er ihm schon tun. „Wow", murmelte er kurz darauf vollkommen perplex. Der Grappa war mild und weich. Nicht beißend und eklig, wie er ihn in Erinnerung hatte.

Jessie grinste zufrieden und murmelte etwas auf Italienisch.

„Bitte?"

„Ich hab's dir doch gesagt!", übersetzte Jessie. „Sorry, ich hab vorhin mit meiner Großmutter in Italien telefoniert … danach ist es immer besonders schlimm. Ich sollte mich ein wenig mehr zusammenreißen."

„Stört mich nicht, ich find es verdammt … sexy."

„Wirklich?" Jessie machte eine obszöne Geste mit seiner Zunge. „Vier Wochen!", knurrte er mahnend und begann, die Teller in die Spüle zu räumen.

Dave rutschte vom Barhocker und trat dicht hinter ihn. „Lass mich den Abwasch machen, hm?"

Jessie schloss die Augen, als Dave ihn am Hals küsste. Er wollte ihn niederknutschen und hier auf dem Fußboden um den Verstand bringen.

Dave spürte wie er bebte. „Und dann können wir zum gemütlichen Teil übergehen, was meinst du?", raunte er und machte es mit seinem sanften Tonfall nur noch schlimmer.

„*Bene cosi* ... äh ... klingt gut." Jessie seufzte. „Je geiler ich werde, desto mehr Italienisch werde ich reden."

Dave grinste. „Oh, du wirst nicht nur Italienisch reden, sondern auch vollkommen unzusammenhängend und unartikuliert ... ich glaube man nennt das *stammeln*", murmelte er ihm ins andere Ohr.

Jessie spürte erneut seine Barthaare. Er schmiegte sich an Dave und spürte seine Erektion an seinem Hintern.

„Vier Wochen", knurrte Dave und dann schob er ihn zur Seite, um an den Abwasch zu kommen. Spülmaschine gab es keine.

Jessie fuhr sich durch die Haare, mit beiden Händen durchs Gesicht und schüttelte den Kopf.

Dave grinste nur und Jessie räumte den Rest zur Spüle.

„Weißt du, was an dem Bild nicht stimmt?", fragte er Dave, als er sich wieder einigermaßen im Griff hatte und erneut auf einem der Barhocker saß.

„Hm?"

„Du hast Socken an!", bemängelte Jessie.

Dave grummelte etwas, trocknete seine Hände ab und ging in den Gang zu seinen Schuhen. Kurz darauf kam er barfuß wieder.

„Guter Junge!", sagte Jessie schmunzelnd und Dave lief es bei diesen zwei Worten wohlig den Rücken hinunter. Wie oft hatte er das zu seinen Subs gesagt?

„Willst du beim Wein bleiben?", fragte er ablenkend.

„Von mir aus gerne, du?"

Dave nickte und konnte im nächsten Moment hören, wie sich Jessie über den Jeansstoff strich und lächelte wissend in sich hinein.

„Nimm deine Finger von deinem geilen Schwanz!", knurrte er und sah über seine Schulter.

„Woher willst du wissen, dass er geil ist? Hast ihn ja noch nicht mal gesehen!", konterte Jessie mit dem für ihn so typischen unschuldigen Blick.

„Hast du 'ne Ahnung, was ich in meinen Träumen schon alles gesehen und getan hab!" Er drehte sich um.

Jessie hob beide Hände und sah ihn warnend an, während Dave auf ihn zukam. Hände tropfnass.

„Wage es ja nicht!", murmelte Jessie und funkelte ihn an.

„Überleg dir schon mal, wie du den gemütlichen Teil angehen möchtest." Dave hielt seine nassen Hände von Jessie weg und küsste ihn.

Jessie blinzelte. „Couch und Wein und …", begann er.

„Ah … zu einfach", monierte Dave und machte sich wieder an den Abwasch.

Jessie spürte sein Herz wieder Stakkato klopfen. Dave war der interessanteste Kerl, den er je in seinem Leben kennengelernt hatte und er wollte endlich seine Finger an seinen tollen Körper legen.

„Was schlägst du vor?", fragte er und seine Stimme zitterte leicht vor Erregung.

Dave war kurz darauf so gut wie fertig. Er drehte sich um, während er den Topf abtrocknete. „Spielst du gerne?"

Jessie grinste. „Du hast meine PlayStation gesehen."

Dave grinste zurück. „Keine Sorge ich hab auch eine."

„Jason besitzt sogar drei verschiedene Spielekonsolen, hab ich das richtig gesehen?", fragte Jessie, der sich an die Party erinnerte.

Dave nickte und kam näher. „Und weißt du, was das Geile daran ist, als Erwachsener eine Spielekonsole zu haben?"

„Ja!"

„Nämlich?"

Jessie schmunzelte. „Mama sagt dir nicht mehr, wann du aufhören musst!"

„Genau! Lust zu spielen?"

Jessie blinzelte. Hatte er sich verhört? Oder doch nicht? Dave kam näher. „*Best of five*", sagte er und sein Ton sandte Schockwellen über Jessies Körper.

„Und wer gewinnt bekommt was?"

„Der Gewinner darf den anderen endlich ausziehen." Daves Lippen berührten dabei fast Jessies.

„Du wirst verlieren!", flüsterte Jessie und seine Zunge leckte über Daves Lippen. „Und dann bist du fällig!"

„Nein. *Du* wirst verlieren!", widersprach ihm Dave. „Und dann … werden wir ja sehen, wie lange es dauert, bis du unzusammenhängendes Zeug laberst."

Jessie seufzte leise in Daves Kuss.

„Also ich frag dich noch mal: Lust zu spielen?"

„Fuck, ja!"

Dave lachte und sie wechselten ins Wohnzimmer.

Sie einigten sich auf einige Testspiele und nach einigen Minuten waren sie startklar.

Wie zwei Teenager saßen sie auf der Couch und hatten ihren Spaß, warfen sich Schimpfwörter an den Kopf und versuchten, sich vom Sofa zu schubsen. Und beide waren dabei so gut, dass es irgendwann zwei zu zwei stand. Sie stachelten sich gegenseitig weiter auf und jeder versicherte dem anderen, dass er keine Chance hatte. Es kam zum finalen Rennen und es war sehr knapp. Aber Dave gewann um Haaresbreite.

Jessie sah fassungslos auf seine Zeit. „Zwei verdammte Hundertstel?", murmelte er ungläubig. „Das glaub ich jetzt nicht!"

Dave beugte sich dicht zu seinem Ohr und flüsterte: „Du hast verloren!"

Jessie schloss die Augen, als er seine Zunge spürte.

„Knapp, aber eindeutig verloren."

Daves Hand landete auf Jessies gesundem Knie und strich über seinen definierten Oberschenkel höher.

Der sah ihn mühsam an. Wie in Trance legte er den Controller beiseite. „Das heißt, ich soll mich auszieh'n?"

„Nein ... untersteh dich!", murmelte Dave. „Der Deal war: Ich zieh dich aus! Und zwar schön langsam."

Ich hoffe du, hörst das, Jason!, dachte Dave grinsend. Ich hab gesagt langsam!

„Kannst du dann bitte verdammt noch mal anfangen, bevor ich stattdessen dir an die Wäsche gehe?", zischte Jessie.

„Gibt es irgendwas, was du auf den Tod nicht ausstehen kannst?", fragte Dave, während er an seinem Ohrläppchen lutschte.

Eine Gänsehaut schoss von Kopf bis Fuß über Jessies Körper. „Ja", antwortete er und öffnete seine Augen. „Wenn man mich auf meinen Arsch reduziert!"

Dave grinste. „Keine Sorge, das wird dir mit mir nicht passieren! Ich find dich von deinen wunderschönen, graublauen Augen, bis zu deinen sexy Zehen absolut lecker! Und ich werde keinen Zentimeter auslassen, auch wenn ich deinen geilen Arsch bis jetzt nur in einer Hose gesehen habe."

Jessie lehnte schweratmend seinen Kopf gegen die Lehne. Wie konnten Worte allein so anturnend sein? Er sah zu Dave, doch bevor er etwas sagen konnte, kamen ihm seine Lippen in die Quere. Sie küssten sich leidenschaftlich.

„Was ist mit dir?", fragte Jessie dann.

„Was ist mit mir?"

„Was sollte ich auf keinen Fall tun?"

Dave knabberte wieder an seinem Ohr. „Du solltest auf keinen Fall vergessen, mit mir zu reden. Ich will, dass du mit mir redest! Auch beim Sex! Ich will wissen, was du mit mir machen willst."

„Das lässt sich einrichten."

„Gut! Und natürlich ein Nein akzeptieren …"

„Da glaube ich, brauchen wir uns beide keine Sorgen machen, oder?" Jessie zog geräuschvoll die Luft ein.

Daves Hand war höher geglitten und er konnte die Hitze spüren, die Jessies Schritt abstrahlte. Er konnte sehen, dass Jessie hart war, bevor er noch angefangen hatte.

Daves Daumen strich über Jessies Eier und der sah fassungslos auf diese kleine Geste.

„Sieh mich an!"

Jessie blickte mühsam hoch. Er wollte so sehr, dass Dave endlich anfing.

„Kannst du dir denken, was ich von dir will?"

Jessie sah ihn sekundenlang an. „Keine Intervention?"

„Genau!" Dave küsste ihn erneut. Gleichzeitig glitt seine Hand wieder zu Jessies Knie, nur um genauso langsam wieder nach oben zu wandern. Dann küsste er sein Kinn, seine Wange, sein Jochbein, seine Schläfe. Er hörte Jessie geräuschvoll atmen. Seine Nase, seine Oberlippe, seine Unterlippe. Er nahm die Zunge dazu.

Jessie stöhnte leise, da Daves Hand inzwischen wieder fast in seinem Schritt angekommen war.

„Das ist so … verdammt … ungewohnt!" Er drückte sein Gesicht an Daves.

Der setzte ab und lächelte. „Du bist es eher gewohnt, dass man dir die Klamotten vom Leib reißt?", fragte Dave und seine Hand fuhr wieder zum Knie.

„Ähm … gewohnt wäre übertrieben, im Moment bin ich gar nix mehr gewohnt … aber … äh, ja."

„Keine Sorge, ich bin das eigentlich überhaupt nicht gewohnt", raunte er und versenkte seine Zunge wieder in Jessies Ohr. Immerhin war es bislang immer so gewesen, dass sich seine Sexpartner vor ihm auf seinen Befehl ausgezogen hatten. Er hatte niemals selbst Hand angelegt. Doch die Lehrstunden bei Jason sollten nicht umsonst gewesen sein. „Dies hier existiert bislang nur in meiner Phantasie ... und es liegt ganz an dir, sie wahr werden zu lassen oder nicht."

Jessie stöhnte leise, drehte den Kopf und Daves Zunge drang besitzergreifend in seinen Mund ein.

„Ich verspreche dir, ich werde dir zu einem anderen Zeitpunkt die Klamotten vom Leib reißen, okay?"

Jessie war nicht in der Lage zu sprechen und nickte stattdessen nur schwer atmend, dabei hatte Dave ganz offensichtlich noch gar nicht mit dem angefangen, was er eigentlich vorhatte. Und dann ließ er Dave gewähren. Er schloss die Augen und spürte erneut Daves Lippen auf seinem Gesicht. Es war das Wunderbarste, was je jemand mit ihm gemacht hatte. Und es wurde ihm in diesem Augenblick nur zu bewusst, dass er sich viel zu oft auf den Sex unterhalb der Gürtellinie beschränkt hatte.

Diesmal überschritt Dave die Grenze nach unten und es folgten sein Kinn und sein Hals.

Jessie atmete inzwischen mit offenem Mund. Als Daves Zunge über seine Kehle leckte, berührte sein Daumen erneut seine Eier. Wenig später wanderten Daves Lippen tiefer zu Jessies Schlüsselbein, nur um kurz darauf wieder zu seiner Kehle zurückzukehren. Er küsste sie erst, dann leckte er begierig darüber.

Schließlich legte Dave die Zähne an und strich gleichzeitig mit der Rückseite seiner Hand über Jessies Erektion. Von unten nach oben. Im nächsten Augenblick griff er beherzt an dessen ansehnliches Paket und hatte somit Jessies Eier fest in der Hand, während sein Daumen gleichzeitig seinen harten Schwanz erkundete.

„Aaaaa!"

Dave konnte spüren, wie Jessies Schwanz dabei in der Jeans zuckte. Seine Nase glitt am Ausschnitt von Jessies dünnem Sweatshirt entlang. Er atmete ihn ein weiteres Mal ein und konnte spüren, wie Jessie vor Erregung schauderte. Nichts tun und sich von ihm erkunden zu lassen, war offenbar erneut ein erotisches Highlight für Jessie.

In der Mitte des Shirts, etwas unterhalb seines Schlüsselbeins, begann Jessies dezente Brustbehaarung. Noch hatte Dave keine Ahnung wie stark sie sein würde, aber allein der Gedanke es gleich herauszufinden, erregte ihn. Seine Lippen wanderten weiter. Über Jessies Achselhöhle, an der er noch entfernt den Duft seines exotischen, fast betörenden Duschgels riechen konnte, weiter zu seiner Brustwarze. Dave konnte sehen, dass sie hart war.

Leise seufzend leckte er durch den Stoff darüber und saugte daran. Er hörte Jessie leise keuchen und konnte sich denken, wie schwierig es für ihn war, einfach nur still zu halten.

Dave spürte deutlich seine Brustmuskeln, als er sein Kinn an ihm rieb. Schließlich wandte er sich der anderen Brustwarze zu.

Seine Hand lag inzwischen wieder hoch an der Innenseite von Jessies Oberschenkel und der rutschte – absichtlich oder unabsichtlich – unter seinen Zärtlichkeiten tiefer, sodass er wieder die extreme Hitze spüren konnte, die Jessie ausstrahlte.

Er war nun an Jessies Bauch angekommen und atmete ihn dort durch den Stoff erneut ein.

Jedes Mal, wenn Daves Atemzug hörbar wurde, seufzte Jessie. Allein das Geräusch trieb ihn zum Wahnsinn. Außerdem war ihm nur zu bewusst, dass sich Dave mit seinem Gesicht immer mehr seiner Hose näherte und sein

Schwanz war steif und pochte vor Lust. Seine Jeans war nach wie vor ausgebeult und da er keinen Gürtel trug, stand der Bund obszön und in Daves Augen sicher äußerst einladend ab. Wenn Dave so weitermachte, dann spritze er erneut in seiner Hose ab und er konnte nichts dagegen tun.

Wie zum Teufel schaffte der das nur?

Dave hingegen nahm sich viel Zeit. Auch das war für ihn etwas Besonderes, da er es noch nie getan hatte und er wollte es sich für immer und ewig verinnerlichen.

Mit den Zähnen zog er den Stoff des dünnen Shirts etwas nach oben und entblößte mehr Haut zwischen Hosenbund und Shirt. Als Dave die freigelegten Stellen küsste und er seine Barthaare daran rieb, zuckte Jessie zusammen. Dann schob er Jessies Shirt weiter nach oben und entblößte somit fast seinen kompletten Bauch. Dabei bemerkte er, wie sich Jessies Atem weiter beschleunigte. Dave konnte die Bauchmuskeln sehen, die sich auch entspannt abzeichneten. Ja, das war genau der Body auf den er extrem abfuhr.

„Aaaahaa!", entfuhr es Jessie, als Dave seine Zunge dazu nahm. Er leckte Achter-Figuren über die einzelnen Muskelpartien und arbeitete sich dabei wieder langsam zum abstehenden Hosenbund hinab. Dave konnte es sich nicht verkneifen und nahm einen tiefen genussvollen Atemzug von Jessies intimstem Duft aus der Jeans. Er roch den Sex und den Mann, den er so verehrte, und der ihn allein durch seine Präsenz in einen nie zuvor dagewesenen Erregungszustand brachte. Ein Griff an seine eigenen Jeans zeigte ihm, dass sich dort inzwischen ein feuchter Fleck gebildet hatte.

Schließlich arbeitete er sich wieder höher, bis er mit seinem Mund an Jessies Brustwarze angelangt war. Er berührte sie zum ersten Mal mit seinen Lippen und konnte den Stromstoß spüren, der durch Jessies Körper jagte, als er die Zähne dazu nahm.

Dave lächelte. Oh ja, das war gut! Wirklich gut!

Er schob Jessie Shirt höher und ließ auch die andere Brustwarze in diesen Genuss kommen. Dann leckte er vom Brustbein bis hinab zum Nabel und sah auf.

Ihre Blicke trafen sich.

Jessies schien absolut ungläubig und Daves war hochzufrieden.

„Zieh es aus!", sagte er und Jessie tat es mit bebenden Händen. „Oh Mann, ja!", murmelte er anerkennend und ließ seinen Blick über dessen wundervollen Oberkörper gleiten. Seine Augen streichelten ihn, noch bevor er dies mit seinen Fingerspitzen tat.

Dave bemerkte, dass Jessie wider Erwarten nur ganz leicht behaart war, als er über diesen Teil der Brust leckte. Für ihn war das eine komplett neue Erfahrung. Er hatte es ja bislang nur völlig haarlos gemocht. Auch das gehörte ganz offensichtlich der Vergangenheit an.

Als er sich wieder zu seinem Gesicht hochgearbeitet hatte, küsste er Jessie, der seinen Kuss wie ein Junkie auf Entzug erwiderte, dem man gerade den langverwehrten Stoff gab.

„Du hast mir grade lediglich mein Shirt ausgezogen und ich bin so geil, dass ich ... dass ich ... schon wieder ... kurz davor stehe!", murmelte Jessie und kam sich dabei vor, wie das erotischste Lebewesen auf Erden.

„Oh, ich bin noch nicht fertig", erwiderte Dave und küsste ihn erneut.

Jessie stöhnte und sah ihm atemlos in die Augen.

„Bist du bereit für Teil zwei?", fragte Dave und in seinen Augen stand ein Feuer, von dem Jessie wusste, dass er ihm nie mehr widerstehen würde können.

„Gott, ja!"

Zu seinem Erstaunen stand Dave auf, trank einen Schluck von seinem Wein, drehte sich zu ihm und – Jessie konnte es einfach nicht glauben und starrte ihn mit offenem Mund an – sank vor ihm, zwischen seinen Beinen auf die Knie. Sein Herz setzte einen Schlag aus. Dann begann es zu rasen, nur um wieder auszusetzen.

Dave spreizte seine Beine noch ein klein wenig weiter, küsste die Innenseite des linken Beins und dann die des verletzten rechten Beins.

Jessie konnte sich nicht mehr beherrschen und berührte ehrfürchtig Daves Gesicht.

Der pausierte, nahm seine Hand und küsste jeden Finger einzeln, saugte am Ende seinen Mittelfinger bis zum Anschlag ein, legte schließlich den Arm wieder neben seinen Körper und bedeutete ihm, diesen dort zu lassen. Alles ohne Worte, doch Jessie verstand ihn sofort.

Als Daves Lippen langsam seine Oberschenkel höher wanderten, legte er fassungslos den Kopf in den Nacken. „Fuck!"

„Nein … erst in vier Wochen!", hörte er Dave aus der Tiefe murmeln.

Er musste wider Willen grinsen und fuhr sich mit beiden Händen durchs Gesicht, doch es nutzte nichts. Er war kurz vorm Hyperventilieren. Er hatte keine Ahnung, was noch auf ihn zukommen würde.

Dave hingegen hörte Jasons Stimme in seinem Ohr. Einen Satz, den er vor einiger Zeit zu ihm gesagt hatte: *Stell dir vor, du machst das irgendwann bei dem Mann deiner Träume. Das bringt ihn garantiert um den Verstand.* Er würde es gleich herausfinden.

Jessie starrte atemlos auf den vor ihm knienden Dave, der inzwischen bei seiner Tour fast in seinem Schritt angekommen war. Er sah wie Dave das Gesicht dort, wo die Hitze am stärksten war, auf seine Hose drückte und dabei wohlig brummte.

Oh ja … der Kerl ist gut bestückt!, dachte Dave und ließ sein Kinn über den harten Schwanz streichen. Mal von links nach rechts, dann umgekehrt und schließlich von unten nach oben. Als Nächstes drückte er seinen leicht geöffneten Mund auf Jessies bestes Stück und atmete ihn ein. Tief, sehr tief.

„Ich möchte nie mehr vergessen, wie du riechst!", flüsterte er und leckte die komplette Länge entlang. Auf dem Stoff wohlgemerkt. Kurz darauf fing Jessie an, unzusammenhängend zu murmeln. Dave hörte ihn keuchen und ahnte, dass der erotische Anblick seines Tuns Jessie immer näher an den Punkt brachte, von dem es keine Rückkehr mehr gab. Er grinste in sich hinein. Gleich hatte er ihn!

Er erhöhte den Druck seines Kinns auf Jessies Schwanz. Seine Jeans hatte vier Knöpfe. Er war gespannt, wie weit er kommen würde …

Jessie konnte sich nicht länger zurückhalten und Dave spürte, wie er damit begann, sich in sein Gesicht zu pressen, was ihm wiederum selbst ein erregtes Stöhnen entlockte.

„AAAAH! FUCK!" Jessie zuckte ein weiteres Mal zusammen, als er aufreizend immer den Bund der Jeans entlang und dann quer über seinen Bauch leckte. Dave hörte ihn nach Luft schnappen, als er es wagte, mit talentierter Zunge auch ein klein wenig hinter den Bund zu tasten. Jessies Erektion hatte mittlerweile den Kampf mit dem Bund der Boxershorts gewonnen und sich ein klein wenig Freiheit erkämpft. Daher konnte er einen winzigen Tropfen von Jessies Geilheit schmecken und quittierte es mit einem genüsslichen: „Mhmhmhm!"

Er wagte noch einen letzten Blick in Jessies Augen und öffnete im nächsten Augenblick seinen ersten Hosenknopf mit den Zähnen. Das schien Jessie den Rest zu geben und mit einem heiseren Laut explodierte er.

Zentimeter vor Daves Augen schoss Sperma aus Jessies Hose und spritzte auf seinen Bauch und seine Brust. Dessen Wirbelsäule hatte sich durchgebogen, der Kopf lag auf der Lehne und sein Körper zuckte.

Dave saugte den Anblick jedes Schubs, der aus seiner Jeans kam auf, und brannte ihn auf seine Festplatte im Kopf. Das war besser, als jede Szene, die er je gedreht hatte. Und es war ihm nur zu klar, dass das etwas mit den Gefühlen zu tun hatte, die er für diesen Kerl empfand.

„Fuck, ja!", murmelte er angetan und sah nach oben über den besudelten Oberkörper.

Jessie stieß einen gequälten Laut aus. In seinem Kopf drehte sich alles. Irgendwie gelang es ihm, den Kopf zu heben und ihre Blicke trafen sich. Er versuchte etwas zu sagen, doch es misslang kläglich. Er sah, wie Dave selbstgefällig grinste, sich etwas aufrichtete und dann damit begann, in aller Seelenruhe, die Spermaspuren auf seiner Haut zu vernichten.

„Oh Mann!", murmelte er ungläubig.

Dave ließ sich jeden Tropfen auf der Zunge zergehen und schluckte jede noch so kleine Spermaspur sofort. Beim letzten Tropfen von Jessies ansehnlicher Ladung sah Dave ihm anzüglich in die Augen, schob den Tropfen mit seiner Zunge genau auf seine Brustwarze, spielte etwas damit, sah erneut auf und vernichtete den letzten Rest mit einem obszönen Schmatzen. Dabei entging ihm nicht, dass Jessies Schwanz überhaupt nicht weich wurde. Die Barthaare auf seiner Haut, während Dave die Spermaspuren vernichtete, brachten Jessie erneut zum Hyperventilieren.

Als Dave danach noch einmal aufsah, kam Jessie ihm entgegen und küsste ihn so leidenschaftlich, dass ihre Zähne zusammenstießen.

„Ich glaub, ich träume!", flüsterte Jessie.

Daves Lippen glitten wieder zu seiner Brustwarze und er biss hinein.

„AAAH!"

„Nennst du das Träumen?"

„Schwing deinen Hintern hier rauf!", fauchte Jessie und wenn Dave nicht freiwillig zu ihm hochkam, dann würde er – kaputtes Knie hin oder her – eben zu ihm auf den Boden kommen.

„Ich bin noch nicht fertig mit dir!", sagte Dave mit einem strengen Blick. „Bist du etwa schon komplett ausgezogen?" Er nickte zu seiner Jeans, bei der gerademal der erste Knopf offen war. „Ich will alles sehen! *Du* hast verloren!"

Jessie legte den Kopf in den Nacken und schloss die Augen. „Das überleb ich nicht!"

„Doch, keine Sorge, du wirst nicht sterben … aber vielleicht noch mal kommen." Dave grinste und machte sich wieder auf den Weg nach unten. Hier und da erwischte er noch einen winzigen Spermatropfen, den er vorher übersehen hatte und vernichtete diesen mit Genuss. Schließlich war er wieder am Bauch angekommen und nahm sich hier erneut Zeit, Jessie zum Wahnsinn zu treiben, indem er ihn am Bund entlang küsste. Schließlich rieb er sein Kinn an Jessies unveränderter Erektion. „Geil!", brummte er und machte weiter.

Jessie hörte die Barthaare über seinen Schwanz schrubben und sah zu, wie Dave sich zum zweiten Knopf vorarbeitete und auch diesen mit seinen Zähnen öffnete. Er konnte von diesem Anblick einfach nicht genug bekommen und er wusste, er würde erneut im Schlaf kommen, wenn er von genau diesem Abend träumte.

Schließlich hatte Dave es geschafft und alle Knöpfe waren offen.

Sein Schwanz erkämpfte sich andeutungsweise mehr Platz, doch Dave suchte noch ein weiteres Mal Blickkontakt, bevor er – erneut mit seinem Mund – den Stoff der Jeans beiseite zog und das Gesicht auf den Teil seines Schwanzes drückte, den die Boxershorts inzwischen freigegeben hatte.

In diesem Moment wusste Jessie, dass er keinen anderen Mann mehr wollte. Nie mehr.

Und endlich war es auch mit Daves Beherrschung vorbei. Jason würde zwar vermutlich noch nicht einmal glauben, dass er es so weit gebracht hatte, aber egal. Er arbeitete sich tiefer in Jessies Schritt und dann riss er ihm praktisch die Jeans samt Boxershorts vom Leib.

Jessie rutschte dabei fast von der Couch und hatte sichtliche Mühe, sich wieder zurück auf den Sitz zu arbeiten. Die Art und Weise, wie Dave sich mit seinem Gesicht zwischen seine Beine drängte und im nächsten Moment seine Nase die ganze Länge seines Schwanzes bis hinab zu seinen glattrasierten Eiern gleiten ließ, war einfach nur umwerfend. Daves Zunge folgte seiner Nase.

Jessie überlegte – sofern er noch denken konnte –, ob er jemals zuvor so erregt gewesen war und kam zu dem Schluss: noch nie. Und dabei hatte ihn Dave gerademal ausgezogen. Das Wie war hier alles entscheidend. Es war das Sinnlichste, was er je gesehen hatte.

Nur seine Eichel hatte Dave bislang ausgelassen und widmete sich stattdessen seinen Eiern. Dabei presste er sich so leidenschaftlich in Daves Gesicht, dass er fast erneut vom Sitz rutschte. Er war nur noch ein stöhnendes, keuchendes Bündel Lust.

Dave hielt atemlos inne und sah den sehr erregten Körper entlang, bis zu seinem Gesicht. Schließlich griff er nach Jessies steifem Schwanz, richtete ihn auf und nahm ihn zum ersten Mal in den Mund.

„UAAAH … Fuck!"

Und verdammt, schmeckte der gut! Doch dann besann sich Dave und ertastete ihn mit der Zunge. Vorsichtig und interessiert. Spürte die seidige Oberfläche der feuchten pulsierenden Eichel, leckte in seinen Schlitz, in dem sich noch mehr lustvolle Tropfen bildeten, die einfach nur himmlisch schmeckten. Süß und maskulin, und auch ein wenig salzig vom Schweiß, gepaart mit Jessies unglaublichem Geruch nach Vanille, Zimt, Tabak und natürlich Sex.

Er schmeckte so gut, wie Jessie für Dave roch und er war im siebten Himmel der Gefühle. Er bemerkte, dass er bislang noch nie ein tieferes Gefühl dabei empfunden hatte, aber diesmal spürte er etwas. Und es war definitiv kein Gefühl von Kontrolle. Auch kein Gefühl von nur Sex. Nein, es war viel mehr für ihn.

Dave wurde wieder heftiger, saugte erregt an Jessies Schwanz, arbeitete ihn in seinen Mund und als Jessie sich schließlich nicht mich halten konnte und ihm zum ersten Mal seinen heißen Erguss mit einem lustvollen Laut in den Rachen spritze, spürte er, wie es auch ihm dabei in die Hose ging.

Sein heiseres Stöhnen brachte Jessies Schwanz zum Vibrieren und entlockte ihm auch noch die allerletzten Tropfen. Daves eigener Orgasmus war dabei so stark gewesen, dass er noch für eine längere Zeit sein Gesicht an Jessies Bauch drückte.

Nach einer Weile öffnete Dave die Augen wieder. Dicht vor seinem Gesicht lag Jessies immer noch harter Schwanz auf seinem kunstvoll rasierten Schambereich. Dave schätzte ihn auf Kyles Länge und Durchmesser, nur dass er, im Gegensatz zu Kyles, eine leichte Rechtsbiegung aufwies. Auch er war beschnitten und sah unglaublich sexy aus.

Dave leckte noch einmal über die gesamte Länge und drückte ihm einen Kuss auf den Unterbauch, bevor er zu ihm aufsah.

Jessie beugte sich sofort zu ihm hinunter und küsste ihn.

„Das war einfach unglaublich!", flüsterte Jessie offenbar immer noch etwas benommen.

Dave sah auf Jessies Knie. „Ich hoff, ich hab dir nicht wehgetan ... beim Jeans-vom-Leib-reißen!"

Jessie ignorierte ihn, murmelte „... einfach unglaublich!" und küsste ihn sofort wieder. Er konnte sich nicht daran erinnern, schon jemals ein so intensives zweites Date gehabt zu haben und dabei war gerade mal einer von ihnen nackt, geschweige denn hatten sie miteinander geschlafen.

Dave grinste. *Wenn es unglaublich war, brauch ich mir offensichtlich keine Sorgen machen,* dachte er.

„Bitte komm hoch auf die Couch!"

Doch Dave schüttelte den Kopf und ächzte leise, als er seine Position veränderte.

„Und warum nicht?"

Er ertappte Dave dabei, wie er etwas schief grinste, zu Boden sah und dann wieder in seine fragend blickenden Augen. „Ich hab 'ne nasse Hose", gestand er.

Jessie Augenbraue schoss nach oben und sein Blick huschte zärtlich über Daves verlegenes Gesicht. „Du bist dabei ... selber gekommen?"

Dave nickte.

Da er seine Hände jetzt wieder benutzen durfte, hob er Daves Gesicht an. „Wow", murmelte er und küsste ihn.

„Es war nicht nur ..." Dave zögerte kurz. „... für dich extrem geil."

„Es war nicht nur extrem geil, es war auch das erste Mal, dass das jemand mit mir gemacht hat!"

Dave sah ihn lange an. „Oh keine Sorge. Für mich auch!"

Jetzt schossen beide Augenbrauen nach oben. „Wahnsinn!"

Dave lächelte. „Kann ich dein Bad benutzen?"

„Was das betrifft, ist wohl Gleichstand, was? Klar." Jessie ließ sich zurücksinken. Er hätte Dave zwar am liebsten die Hose aufgemacht, es sich angesehen und den Erguss dort vernichtet, aber vielleicht beim nächsten Mal.

Dave stand auf und ging etwas staksig zum Bad.

Jessie grinste und sah ihm kopfschüttelnd nach.

Für ein, zwei Minuten schloss er noch einmal die Augen und spürte diesen unglaublichen Szenen nach, dann stand er auf und ging ebenfalls zum Bad.

Stacheldraht und Schokolade

Kurz darauf lehnte Jessie verträumt neben der geschlossenen Badezimmertür. Er hörte Wasser laufen und Dave fluchen. Er konnte nicht anders und musste einfach grinsen. Nach ein paar Minuten entriegelte Dave die Tür und kam heraus.

„Hey", machte sich Jessie links von ihm bemerkbar und errötete ein wenig, als er Daves Blick über seinen nackten Körper huschen sah.

„Oh Mann!", murmelte Dave. „Du bist wunderschön!"

Jessie streckte die Hand aus, bekam Dave am Hemd zu fassen und zog ihn zu sich. Nach einem langen Kuss sah er Dave wieder in die Augen. „Darf ich gleichziehen? Oder bedeutet die Tatsache, dass ich verloren habe, heute nicht?"

„Möchtest du gleichziehen?"

„Fuck, ja!", knurrte Jessie. „Möchtest du auch, dass ich es tue?"

„Fuck, ja!", imitierte ihn Dave.

„Geh'n wir ins Schlafzimmer?", fragte Jessie. „Is' besser für mein Bein."

Kurz darauf lagen sie im Bett.

Dave auf dem Rücken und Jessie, nachdem er wieder ein Kissen unter sein Knie geschoben hatte, rechts neben ihm auf der Seite. Er hatte sich über Dave gebeugt, küsste ihn zärtlich und erkundete sein Gesicht.

Dave schloss die Augen und glaubte zu träumen. Wie oft hatte er diese Szene in seiner Phantasie durchgespielt? Jessies Hände und Lippen auf seinem Körper. Dass der dabei nackt neben ihm liegen würde, war ihm dabei gar nicht in erster Linie in den Sinn gekommen. Vielmehr hatte er sich danach gesehnt, von ihm berührt und gestreichelt zu werden. Und dass er diesen Wunsch überhaupt hatte, war an sich schon etwas Unglaubliches. Und obwohl Jessie durch sein Bein eingeschränkt war, machte das die ganze Sache auch irgendwie reizvoll.

Jessie Gedanken hingegen waren anderer Natur. Er wusste, dass Dave tätowiert war, denn er hatte bereits auf dem Betriebsausflug Stacheldraht-Tätowierungen an seinen Oberarmen gesehen, ebenso an den Beinen, die zum Teil bis zur Wade reichten. Er war gespannt, ob er mehr finden würde. Dass Dave gepierct war, hatte er schon bei ihren Knutschereien bemerkt. Er konnte es jedenfalls kaum erwarten, Dave endlich auszuziehen und dennoch beherrschte er sich, wie der es eben getan hatte.

Ihm war nur zu bewusst, was Dave ihm erzählt hatte. Er hatte sich nie anfassen lassen. Nie. Er fühlte sich sehr geschmeichelt, es zu dürfen.

Jessie hatte sehr viel Feingefühl und nichts würde ihn davon abhalten, sich in seinen Partner mit jeder Faser seines Körpers hineinzuversetzen. Und wenn es Schmerz war, den dieser teilen wollte, dann würde auch er selbst diesen Schmerz nachvollziehen können. Genauso wie Glück. Daran konnte und wollte Jessie nichts ändern, auch wenn er in der Vergangenheit schon öfter wegen seiner Sensibilität aufgezogen worden war. Es war ihm egal.

Während sie sich unentwegt küssten, strichen seine Fingerspitzen von Daves Goatee über das Kinn und den Hals bis zum Kragen. Von dort liebkosten sie seine Haut bis zum ersten Hemdknopf.

Immer wieder sahen sie sich vertraut in die Augen und Dave konnte es immer noch nicht fassen, dass er wirklich hier in Jessies Bett lag. Wenn auch schon zum zweiten Mal voll bekleidet.

Er wusste, dass Jessie vermutlich geschockt sein würde, wenn er zum ersten Mal seine nackte Haut sah, aber er war darauf gefasst und er wollte so sehr, dass er es endlich tat. Er war unendlich froh, dass sie gestern schon über die schlimmsten Dinge gesprochen hatten, die sie beide bislang erlebt hatten, also würde es ihm heute weitgehend erspart bleiben, darauf eingehen zu müssen.

Jessie war inzwischen bei seinem dritten Knopf angekommen. Noch gab es drei weitere, doch er nahm sich Zeit, auch wenn er ihm vermutlich am liebsten das Hemd vom Leib gerissen hätte. Er schien zu ahnen, dass es wichtig war, dies hier noch einmal langsam zu tun.

Schließlich waren alle Knöpfe offen und Jessies Zeigefinger glitt noch einmal betont langsam von seiner Nasenspitze über Lippen, Kehle und Schlüsselbein tiefer.

Dave sah ihm verliebt in die Augen, als Jessies Finger über sein Brustbein und den dünnen freigelegten Streifen Haut fuhren. Schließlich passierte Jessie seinen Nabel und kam kurz darauf am Gürtel an. Er nahm den Hemdzipfel in die Hand und zog den Stoff zur Seite.

Jessie schluckte, als seine Hand die rechte Oberkörperseite freilegte. Er hatte richtig getippt. Dave war gepierct. Auf dieser Seite war es ein Ring und Jessie beugte sich hinab und küsste seine Brustwarze.

Dabei lag seine Hand auf Daves Bauch und er konnte spüren, wie sich dessen Atmung beschleunigte. Er hörte Dave seufzen, als er die Zunge dazu nahm, das Piercing damit ertastete und an seiner Brustwarze saugte. Während er dies tat, schob er mit der Hand den Stoff auf der anderen Seite vom Körper.

Auf Daves linker Seite war es ein Stahlstift, der quer durch die Brustwarze ging und nur mit den Fingerspitzen strich Jessie fast ehrfürchtig darüber. Er beugte sich über Dave und verinnerlichte das zweite Piercing genau wie das erste.

Schließlich richtete er sich wieder auf und ließ seinen Blick über den nunmehr fast komplett freigelegten Oberkörper gleiten.

Jeweils von den Schultern aus, die Jessie noch nicht zur Gänze sehen konnte, zog sich Stacheldraht symmetrisch quer über seinen Brustkorb. Vom Rücken her kamen jeweils sechs weitere Stränge, die sich mit den vorderen auf seinem Bauch verschlangen, sich unterhalb des Nabels erneut kreuzten, sich kunstvoll verflochten und dann in Daves Hose verschwanden.

„Wie alt warst du, als du die hast machen lassen?", fragte er, während er jeden einzelnen mit den Fingern nachfuhr. Er konnte förmlich fühlen, wie Dave unter seinen Berührungen erschauerte.

„Ich war neunzehn und hab damals ziemlich lang dafür gejobbt."

Jessie hörte ihn seufzen, als er nunmehr dazu überging, die Tätowierungen mit seiner Zunge abzufahren. Als er mit dem sechsten Strang oberhalb seines Nabels fertig war, sah er zu Dave auf. Der schien den Blick zu spüren und öffnete die Augen.

Jessies Finger fuhren von unten nach oben die Konturen von Daves Erektion ab, die sich deutlich unter dem Jeansstoff abzeichneten. Anscheinend trug Dave auch heute, genau wie gestern, keine Unterwäsche.

Dave seufzte und drückte sich von unten gegen seine Hand, während Jessie wieder auf Gesichtshöhe kam, ohne zu unterbrechen, was er mit Daves Schwanz tat. Er küsste ihn und ließ seine Finger um seine Gürtelschnalle kreisen.

„Mach sie auf!", flüsterte Dave.

Jessie nahm seine Hand von Daves Hose und sagte: „Sieh dir an, was du anrichtest! Und du bist erst halbnackt." Er sah zu, wie Daves Blick zu seinem inzwischen wieder komplett harten Schwanz wanderte, den er in diesem Moment durch seine Finger gleiten ließ.

„Oh Mann!", murmelte Dave offenbar ziemlich angetan von dem Anblick, kam ihm auf halben Weg entgegen und küsste ihn. Doch Jessie zwang ihn durch Gegendruck wieder ins Kissen, ließ seinen Schwanz los und griff erneut nach Daves Gürtelschnalle. Er öffnete sie, dann den Knopf und schließlich den Reißverschluss. Dave war so hart, dass sich sein steifer Schwanz sofort durch die Öffnung kämpfte und ihm praktisch in die Hand sprang.

„Mhmm!", seufzte er anerkennend in seinen Kuss und wichste Dave ein paarmal. Sein Schwanz war heiß und prall, und fühlte sich einfach nur wundervoll an. Wie oft hatte er ihn im Traum schon berührt, gewichst, geküsst, geblasen?

Dann erst lösten sich seine Lippen von Daves und er richtete sich auf, um sich diesen Anblick zu gönnen, den seine Hand bislang nur ertastete. Doch auf das, was er zu sehen bekam, war er nicht gefasst. „Um Gottes willen ... was zum Teufel?", stieß er fassungslos hervor und setzte sich noch weiter auf.

Während Jessie versuchte, sich wieder zu fangen, entledigte sich Dave seiner Jeans und kickte sie vom Bett. Somit konnte er auch Daves restlichen Körper betrachten. Doch er wusste nicht, ob er auf Daves tätowierten Schambereich starren sollte, in dem sich kunstvolle Stacheldrahtrollen wanden, oder – und er konnte es einfach nicht fassen – auf seinen tätowierten Schwanz. Und so dauerte es einige Zeit, bis er das, was er sah, als Wahrheit begreifen konnte.

„Oh mein Gott!", flüsterte er, strich mit den Fingerspitzen darüber und sah erst nach scheinbar endlosen Augenblicken in Daves Gesicht. Der erwiderte seinen Blick und Jessie bemerkte sofort den tiefsitzenden Schmerz. Er konnte ihn fast körperlich spüren und er schluckte schwer.

Ganz langsam kam er wieder zu Dave herunter, beugte sich über ihn und sah ihm für Sekunden wortlos in die Augen, bevor er es wagte, seine Frage zu stellen: „Was um Gottes willen hat er mit deinem Schwanz gemacht?", fragte er mit bebender Stimme. Bislang war er davon ausgegangen, dass sich dieses Monster aus der Vergangenheit hauptsächlich an Dave vergangen hatte, aber diese Tätowierung sprach von etwas anderem. Es konnte keine andere Erklärung geben. Kein Mensch mit rechtem Verstand, würde sich so etwas antun; jedenfalls nicht freiwillig.

Dave blinzelte und seufzte. „Er hat mich nicht nur vergewaltigt, Jessie. Er hat alles mit meinem Schwanz gemacht, was … was …" Er brach ab. „… geküsst, geleckt, gesaugt, gewichst. Ab einem bestimmten Zeitpunkt zwang er mich zu einer Erektion, während er …" Er brach erneut ab.

„Das ist der blanke Horror!", murmelte Jessie geschockt.

„Bis hin zum Abspritzen. Er … er wollte sehen, wie ich komme, wenn er es mir …" Dave konnte nicht weitersprechen. Seine Lippen zitterten. Er spürte den Brechreiz. Er wollte nicht, dass die Bilder kamen. Nur um Gottes willen nicht jetzt! Diesen Gefallen würde er diesem Monster nicht tun! Im Geiste schlug er ihn mit einem wütenden Aufschrei nieder, drehte sich um und ging zurück zu Jessie.

Der war aschfahl ihm Gesicht. „Kein Wunder, dass du dich nie mehr anfassen lassen willst!"

„… wolltest!", verbesserte ihn Dave. „Vergangenheitsform." Er sah, wie Jessies Lippen bebten.

„Ich fühl mich so verdammt …" Jetzt stockte Jessie und Dave sah am Ausdruck in seinen Augen, dass er seinen Schmerz verstand. „… so verdammt geehrt, dass ich es darf!"

„Ich sehn mich so sehr danach, Süßer!", flüsterte Dave und Jessie küsste ihn mit einem erstickten Laut. Als sie kurz absetzten, schimmerten ihre Augen feucht. „Ich fühl mich verdammt geehrt, dass du mich berühren willst", fügte Dave hinzu.

Seufzend küsste Jessie ihn erneut. Er spürte, und war nicht verwundert, dass Daves Schwanz nicht mehr hart war. Auch seine eigene Erektion war auf diesen Schock hin erst einmal komplett vergangen. Trotzdem wagte er es nach einer Weile wieder, Dave zu berühren und diesen für ihn so unglaublichen Schwanz zu streicheln. Weil dieser weich war, konnte Jessie ihn problemlos in alle Richtungen drehen und sehen, dass die Tätowierung komplett herumging, sich kreuzte und schließlich auf der Unterseite über seine Pobacke wieder höher kroch.

So fassungslos Jessie war, so sehr genoss er es, als Daves Körper nach einiger Zeit wieder auf seine Zärtlichkeiten reagierte und während sie sich auch nach fünf Minuten noch wie zwei Lover küssten, die sich drei Monate nicht gesehen hatten, waren beide erneut hart.

Schließlich sahen sie sich wieder an.

„Ich will dir unbedingt einen blasen!"", murmelte er und seine Stimme zitterte ein wenig, als er diesen Wunsch laut aussprach.

„Aber?"

Jessie blickte auf sein nutzloses Knie. „Ich weiß nicht recht wie." Er hasste es, so unbeweglich zu sein. Für einen aktiven Menschen wie ihn war das noch schlimmer, als für einen lethargischen.

Dave küsste ihn noch einmal, setzte sich auf und schob einige Kissen ans Bettende, wo sich zugleich die Wand befand.

„Oh ja!", brummte Jessie, als er seinem Ziel nun näherkam, weil Dave hochrutschte. Nach einigem hin und her, hatten sie eine Position gefunden, die er für machbar hielt, doch er schämte sich dafür und murmelte: „Sorry … ich wünschte, ich …"

Weiter kam er nicht, da Dave ihm den Mund zuhielt und zärtlich sagte: „Schsch … Hör auf, dich zu entschuldigen, Süßer! Was nicht passt, wird passend gemacht!" Jessies Zunge berührte seine Handinnenfläche, was Dave dazu brachte, den Griff an seinem Mund zu lockern und stattdessen mit zwei Fingern in seinen Mund einzudringen.

Sie sahen sich weiterhin in die Augen, während er an Daves Zeige- und Mittelfinger saugte und ihm zeigte, was er gerne als Nächstes mit Daves Schwanz machen wollte.

Er genoss es, als Dave ihm durch die Haare und über die Wange strich und schließlich wagte er es, sein Gesicht in Daves haarlosen, tätowierten Schambereich zu drücken. Es war ein unglaubliches Gefühl! Noch nie zuvor hatte Jessie einen Lover gehabt, der komplett haarlos war.

Er spürte, wie Daves inzwischen wieder harter Schwanz ein wenig zuckte und sich an seine Wange schmiegte. Jessie genoss diese erotische Berührung, während er Dave mit mehreren tiefen Atemzügen inhalierte. Er ließ sich mit seinen Liebkosungen viel Zeit, um sich mit Daves intimsten Zonen vertraut zu machen.

Dave spürte seine Lippen, seine Zunge und sanftes Knabbern an seinen Leisten, Eiern und natürlich auch an seinem Schwanz. Er beobachtete, wie Jessie sein Gesicht mit geschlossenen Augen an seinem steifen Schwanz rieb, während er sich selbst dabei wichste.

Dave schwankte zwischen Augen zu und das, was er nur spürte, zu verinnerlichen, oder Augen auf und alle Bilder in Zeitlupe aufzunehmen und in seinem Hirn auf einen ganz speziell gesicherten Server zu speichern. Seine rechte Hand war tief in Jessies Haaren vergraben und er spürte jede noch so kleine Bewegung seines Kopfes. Er verstand nicht, wieso er sich bislang immer auf einen Mundfick reduziert hatte. Was Jessie mit ihm machte und mit wie viel Sinnlich- keit er seinen Schwanz verinnerlichte, ohne diesen bislang überhaupt komplett im Mund gehabt zu haben, ließ ihn schwindlig werden und schickte einen lustvollen Stich nach dem anderen durch seine Eingeweide. Langsam begann er sich zu fragen, wie lange er sich noch halten konnte.

Jessie hörte an Daves Stöhnen, wie sehr diesen sein eroti- sches Spiel, diesen Teil seines Körpers genauer kennenzu- lernen, anturnte und er spürte es auch am kräftiger wer- denden Griff in seinen Haaren. Nicht nur Daves Schwanz hatte längst zu lecken angefangen, auch auf seinem eigenen bildete sich ein Lusttropfen nach dem anderen.

„Du schmeckst einfach wunderbar!" flüsterte Jessie mit bebender Stimme, als er seine Zunge tief in seinen Schlitz bohrte. „Mhmm!", murmelte er, leckte über Daves Eier, die immer härter wurden, zum steifen Schwanz und dann, mit einem anzüglichen Blick in Daves zweifelsohne lustvoll geweitete Augen, hinauf bis zu seiner Eichel.

„AAAH … Fuck!" Und im nächsten Augenblick schoss eine Spermafontäne aus Daves Schwanz und verfehlte sein Gesicht dabei nur um Haaresbreite.

Er keuchte ebenfalls bei dem Anblick, so dicht vor seinen Augen. Er war so nah dran, dass er es nicht nur sehen, sondern auch hören konnte, wie Dave sich in mehreren kräftigen Schüben entlud. Dann spürte Dave heißes Sperma an seinem eigenen Bein, als Jessie ebenfalls kam, was den offenbar selbst überraschte, wie der gleichzeitige Laut, den er dabei ausstieß, verriet.

Dave öffnete gerade noch rechtzeitig die Augen, um es sehen zu können. Doch dann nahm Jessie Daves immer noch vibrierenden Schwanz in den Mund. Offenbar wollte er ihm wenigstens noch den aller letzten Tropfen abringen.

„AAH!"

Diesmal vergrub Dave beide Hände in Jessies Haaren und der arbeitete seinen Schwanz begierig tiefer in seinen Hals.

„FUCK! … AAAH!"

Er spürte, dass er überhaupt keinen Härtegrad einbüßte, im Gegenteil; und Jessie quittierte es mit einem heiseren Stöhnen, als er es in seinem Mund spürte.

„Oh, Mann, ja!", hörte Dave ihn angetan murmeln, als er mit seinem eigentlichen Blowjob begann.

Dave hob es fast vom Bett und er musste sich schwer beherrschen, um nicht aktiver zu werden. Doch im nächsten Moment spürte er, dass Jessie ihn geradezu mit einer Hand an seinem Hintern dazu aufforderte. Also sprang er über seinen Schatten und fickte ihn in den Mund.

Er hörte Jessie erregt stöhnen und manchmal auch überrascht würgen, was sofort von noch erregterem Keuchen gefolgt wurde und es turnte Dave so an, dass er nach wenigen Minuten mit einem lustvollen Knurren erneut kam. Diesmal tief in Jessies Rachen, der nach dieser Nummer ebenfalls wieder hart war, als wäre er nicht gerade erst gekommen.

Gierig saugte Jessie auch diesmal noch die letzten Tropfen aus Daves Schwanz. Dann entließ er ihn aus seinem Mund, allerdings nicht ohne ihm noch einen sanften Kuss auf die Eichel zu drücken und ließ sein Gesicht etwas außer Atem auf Daves Bauch sinken.

Diesmal dauerte es mehrere Minuten, bis sie sich wieder rührten.

Jessie bewegte sich als Erster und stöhnte genervt, was Dave dazu brachte, die Augen zu öffnen.

Jessie lehnte an der Innenseite seines aufgestellten Beins und warf ihm einen frustrierten Blick zu. „Ich bin doch keine achtzehn mehr!", beschwerte er sich, zog seine erneute Erektion nach unten, ließ sie los und sein Schwanz klatschte mit einem obszönen Geräusch auf seinen Bauch. „Ich glaub, der will mich umbringen!", knurrte er und sah auf die Uhr. Es war gerademal neun Uhr abends. „Wenn wir so weitermachen, dann bin ich um Mitternacht tot!"

Er sah Dave grinsen, während er sich trotz der Beschwerde erneut wichste. Dann ließ er seinen Schwanz ein weiteres Mal entnervt los. Er hatte keine Ahnung, wie er diese Erektion wieder wegbekommen sollte, aber er war eigentlich am Ende seiner Kräfte.

„Er sieht mir nicht so aus, als könntest du mit ihm diskutieren."

„Zur Hölle mit ihm!", brummte Jessie, legte den Kopf auf Daves Knie und schloss die Augen.

Daves Blick strich über den perfekten Körper und blieb wieder an dieser sexy Erektion hängen. Er beobachtete, wie sich Jessie erneut wohl eher unbewusst an seinen Schwanz griff, diesen wichste, dann offenbar bemerkte, was er da tat, stöhnte und es wieder seinließ.

„Mach weiter!"", raunte er Jessie zu.

„Was?"

„Wichs vor mir!", bat Dave mit einem erotischen Unterton. Amüsiert sah er einen Lusttropfen, der sich in diesem Moment in Jessies Schlitz bildete.

Der sah ihn fassungslos an. „Was?"

„Lass mich zusehen! Ich liebe es, zuzusehen!"

Während Jessie noch mit diesen Worten kämpfte, übernahm seine Hand.

„Ja genau! Ich liebe es!"

Verunsichert ließ er seinen Schwanz ein weiteres Mal los und fuhr sich übers Gesicht.

Dave lächelte. „Du hast das noch nie gemacht?"

Wieder übernahm Jessies Hand. „Nicht vor jemandem."

„Es turnt mich total an!"

„Kannst du noch?", fragte Jessie überrascht, immerhin war Dave vierzehn Jahre älter.

„Nein, aber es turnt mich trotzdem an. Zu sehen, dass du geil bist, ist unglaublich! Ich könnte dich dazu bringen, dass du an jedem nur erdenklichen Ort deine Hose für mich aufmachst und mir deinen schönen, steifen Schwanz zeigst!" Er machte eine kurze Pause. „Ich könnte dich dazu bringen, dies an jedem Ort der Welt für mich zu tun!" Er pausierte erneut. „Könntest du mir diesen Wunsch abschlagen?"

Inzwischen wichste sich Jessie ziemlich direkt. „Gott, nein ..."

„Nein? Gut ... du machst das sehr gut!"

Jessie antwortete mit einem leisen Seufzen.

„Stell dir vor, wir spielen irgendwas und du verlierst. Danach möchte ich, dass du dich für mich ausziehst und dich mitten in den Raum kniest ..."

„Mein Knie spielt da nicht mit!" unterbrach ihn Jessie.

„Irgendwann ist das auch verheilt."

„Ach so …"

Dave fuhr fort: „… dann möchte ich, dass du dich mitten in den Raum kniest und für mich wichst. Und ich seh dir dabei zu!"

„Oh Mann!"

„Ich sag dir, wann du damit aufhören und eine Pause machen sollst."

Keuchen.

„Dann möchte ich, dass du versuchst, deinen Schwanz ein klein wenig zu bewegen. Mich damit zu dir winkst."

Stöhnen.

„Du wirst mich so geil machen, dass ich irgendwann aufstehe und hinter dich trete …"

Jessie spürte seinen Schwanz vibrieren. Was zum Teufel machte Dave mit ihm?

„… irgendwann werd ich dir befehlen, deinen eigenen Schwanz zu ignorieren und dich auf mich zu konzentrieren. Ich werde dir zwischen die Schulterblätter spritzen und du wirst spüren, wie dir mein geiler, heißer Saft die Wirbelsäule, bis zu deinem heißen …"

„AAAAH!" Jessie kam und benetzte seinen eigenen Bauch, wobei er diesmal keine kräftigen Schübe mehr schaffte, aber zumindest hatte Dave ihn noch einmal erlöst. Vollkommen erledigt lehnte er seinen Kopf an Daves Knie, der ihn amüsiert musterte.

Jessie war fassungslos darüber, dass er in der Tat erneut gekommen war. Wie alt zum Teufel war er?

Dave ließ ganz langsam sein Bein sinken und Jessie rutschte somit zurück aufs Bett, wo er regungslos mit geschlossenen Augen liegenblieb. Als Dave vorsichtig den Knoten ihrer Beine gelöst hatte, glitt er neben ihn. Verträumt strich er durch die Spermaspuren und verteilte sie auf Jessies Bauch. Schließlich beugte er sich über ihn.

„Ich kann es kaum erwarten, bis wir uns in vier Wochen gegenseitig den Verstand wegvögeln!", murmelte Dave und küsste Jessie auf die Stirn.

„Gegenseitig?", hakte der in einem leicht ungläubigen Unterton nach und rechnete wohl nach seinen Erzählungen mit vielem, aber nicht damit, dass er dies zulassen würde, geschweige denn konnte.

„Das hoff ich doch!" Dave blickte lächelnd in diese wundervollen sanften Augen.

„Eines weiß ich jetzt schon."

„Nämlich?"

„Dass ich – wenn es irgendwann so weit ist – in deinen Armen sterben möchte, während eines phänomenalen Orgasmus!"

Dave schmunzelte. „Okay, wenn du mal die achtzig erreicht hast, dann frag mich noch mal, okay?"

Jessie grinste schwach. „Denkst du, du bekommst mit vierundneunzig noch einen hoch?"

Dave legte seine Stirn kurz auf Jessies Kinn. „Verdammt! Ich fühl mich nicht so, als wär ich vierzehn Jahre älter!", grummelte er.

„Du siehst definitiv auch nicht so aus!", schnurrte Jessie. „Extrem geiler Body!"

„Charmeur!", brummte Dave und sah auf. „Okay, sieht ganz so aus, als müsstest du mich wohl zuerst erledigen! Vielleicht können wir es ja so einrichten, dass wir gemeinsam dabei draufgehen?"

„Dein Wunsch wird mir Befehl sein. Solange bis dahin noch viel Wasser den Jordan runtergeht."

Dave küsste ihn und grinste. „Ansonsten finde ich es ziemlich heiß, dass ich dich sowohl mit Atmen, als auch mit Worten zum Abspritzen bringen kann!"

„Nun ja … diesmal hab ich nachgeholfen", witzelte Jessie und machte eine Wichsgeste. „Das war ziemlich abgefahren!"

„Und ich habe alles, was ich gesagt habe, frei erfunden! Außer der Tatsache, dass ich gerne zusehe."

Jessie grinste schelmisch. „Hey, wem sagst du das?! Ich bin Fotograf!"

„Und ich Kameramann!"

Sie küssten sich erneut.

Jessie stöhnte genervt, da sein Schwanz erneut Anzeichen von Leben zeigte. „Der will mich wirklich ernsthaft umbringen!"

„Vielleicht sollten wir morgen mal eine Pause einlegen?"

„Wäre vermutlich das Beste!"

Eineinhalb Stunden später wachte Jessie auf, weil Dave ihn unbewusst im Schlaf tief einatmete. Er lag immer noch in Daves Armen und es war das wunderbarste Gefühl, dass er seit vielen Jahren empfunden hatte.

Dave regte sich ebenfalls nach ein paar Minuten, so als spürte er, dass er ihn beobachtete. Als Dave die Augen aufschlug, trafen sich ihre Blicke.

„Ich fühl mich einfach nur zuhause!", murmelte Dave in seinen Kuss. Dabei schmiegten sich ihre nackten Körper aneinander und sie tauchten ein in die jeweilige Seele des anderen. Und natürlich reagierten ihre Körper erneut auf diesen innigen Hautkontakt.

Jessie löste sich von Dave und stöhnte entnervt. „Wenn ich den noch eine Weile so weitermachen lasse, dann ende ich wohl als Sexsklave in deinem Keller!"

Dave spürte einen wohligen Schauer bei diesen Worten über seinen Rücken laufen und murmelte: „Es tut mir leid, aber ich will wesentlich mehr von dir als nur Sex, Süßer! Auch wenn mein Keller mehr als geeignet für sowas wäre."

„Verdammt!" Jessie fuhr sich mit einer Hand durchs Gesicht. „Ich vergesse immer, wo du herkommst."

Dave traf ein entschuldigender Blick und er grinste. „Das ist gut! Vergiss es bitte weiter."

„Ich versuch's, also entschuldige bitte, wenn es mir ab und zu entfällt."

„Ehrlich gesagt hab ich bis vor Kurzem immer gedacht, ohne das Klicken von Handschellen und den Anblick von Lederfesseln oder Seilen würd ich überhaupt keinen hochkriegen." Er sah an sich herab und sein Blick blieb an seinem steifen Schwanz hängen, der sich an Jessies schmiegte. Er schnaufte kopfschüttelnd. „Aber weit gefehlt, wie du siehst!"

Jessie lief eine Gänsehaut über den Rücken. „Ich nehm das als Kompliment, okay?" Wer weiß, vielleicht würde ihn Dave ja einmal wirklich – in ferner Zukunft – fesseln wollen. Das musste das geilste Gefühl auf der Welt sein, diesen Kerl gewähren zu lassen.

„Ich glaub, ich werde es jetzt mal so wie Jason machen und ihn gnadenlos ignorieren. Ich hab Jason, was das betrifft, bislang nicht wirklich verstanden, aber ich glaub, ich komm langsam dahinter!"

„Gute Idee! Ich werd auch mal versuchen, ihn zu ignorieren." Jessie seufzte. „Denn wenn wir weiter auf die beiden hören …" Er brach ab. „Ich will schließlich noch länger was von dir haben."

Dave lachte. „Da ist was dran, ja." Er ließ seinen Zeigefinger über Jessies Brustkorb kreisen und sah ihn liebevoll an. „Sag mal, meinst du es gäbe die Möglichkeit, dass mir dieser wundervolle Typ neben mir, nach diesem exzellenten Pasta Rezept von seinem Dad und dem sehr guten – ich fasse nicht, dass ich das sage – Grappa seiner Granny, einen Cappuccino machen könnte?"

Jessie grinste. „Selbstverständlich! Ich würd nur gerne vorher eine rauchen, danach mach ich uns einen, okay?"

„Hört sich super an."

„Willst du derweilen liegen bleiben?"

Dave nickte.

„Okay." Jessie drückte ihm noch einen Kuss auf die Lippen und stand auf.

Als er zehn Minuten später wieder ins Zimmer kam, um Dave zu sagen, dass der Kaffee gleich fertig war, lag dieser auf dem Bauch und war wieder weggedöst.

Jessie kam näher. Er hatte nicht vergessen, was Dave ihm über seinen Körper gesagt hatte und daher setzte er sich zu ihm aufs Bett.

Seine Augen glitten über Daves tätowierten Rücken und er sah sofort von was er, mal abgesehen von dieser eindeutigen Tätowierung, gesprochen hatte. Sechs vernarbte Striemen zogen sich kreuz und quer über seinen Rücken. Der Anblick schnürte Jessie augenblicklich die Kehle zu. Wie konnte man einem Menschen, geschweige denn einem Kind, so etwas antun?

Dann fiel ihm ein, dass Dave noch viel Schlimmeres hatte durchmachen müssen und das Herz wurde ihm schwer. Was war schon sein Trauma gegen Daves? Zumindest konnte er sich kaum erinnern, was man mit ihm gemacht hatte, da er ja unter Drogen gestanden hatte. Dennoch hatte ihn dieses Erlebnis zutiefst erschüttert.

Wie konnte man ein zweijähriges Martyrium ertragen? Zu wissen, man würde immer und immer wieder missbraucht werden?

Seine Hand bebte, als er ganz vorsichtig Daves Rücken berührte. Doch Dave drehte sich so blitzartig um, dass er zurückschrak und beschwichtigend die Hände hob.

Dave stöhnte leise, sank mit rasendem Herzen wieder zurück und vergrub das Gesicht im Kissen.

Jessie schluckte. „Sorry … ich … ich wollte dich nicht erschrecken!".

Dave war nur froh, dass er nicht reflexartig zugeschlagen hatte. Langsam beruhigte sich sein Herzschlag wieder und er sah auf. „Kein Grund, sich zu entschuldigen, Süßer!

Ich ... ich ... kann mir da einfach nicht helfen. Es ist eine extrem tiefsitzende Panikreaktion!"

„Es ist okay!" Jessie strich ihm durch die Haare. „Vollkommen okay! Gut, das zu wissen!"

Dave fuhr sich erneut mit der Hand durchs Gesicht, so als wolle er böse Geister vertreiben. „Sorry!"

„Weißt du was?"

„Hm?"

„Es ist verdammt gut, und ich bin verdammt froh, dass wir an unserem ersten Abend bereits über diese Dinge gesprochen haben!"

„Sonst würdest du vielleicht glauben, ich hätte einen kompletten ... Hau weg!"

„Vielleicht."

Dave sah ihn lange an. „So ähnlich ist das mit Kyle passiert."

„Seine Rippenbrüche?"

Dave nickte.

„Er hat was davon gesagt, dass er unvorsichtig in einen Karatekick gelaufen wäre oder so ähnlich", erinnerte sich Jessie und sah Dave fragend an.

„Das trifft es nicht ganz und ich bin ihm echt dankbar, dass er das so umschrieben hat." Dave seufzte.

Jessie wartete.

„Er hat mich berührt, ohne dass ich damit gerechnet habe und ... ich hab nur reagiert ... Peng lag er da!" Das war zwar nicht die ganze Wahrheit, aber mehr wollte ihm Dave im Moment nicht erzählen. „Ich hab mich selbst gehasst, denn das hätte niemals passieren dürfen!"

„Scheiße!"

Dave sah zu ihm auf. „Und allein der Gedanke, dass ich dich auch verletzen könnte ..." Er stockte wieder.

Jessie beugte sich zu ihm hinunter und küsste ihn auf den Mund. „Ich bin ja jetzt vorgewarnt! Mach dir nicht so viele Gedanken!"

Dave seufzte.

„Lass mich noch mal sehen", bat Jessie.

Dave zögerte.

„Bitte …"

Dave sank zurück auf den Bauch und Jessies Blick glitt wieder über seinen Rücken. Diesmal zuckte Dave nicht zusammen, als er ihn berührte.

„Wie ist das passiert? Mit einem Gürtel?"

Dave drehte sich wieder auf die Seite. „Ja. Es war eher ein Ausrutscher, denn die Dinge die er sonst genommen hat, haben nicht solche Spuren hinterlassen. Er … ist wegen irgendwas ausgerastet und hat den Gürtel genommen, den er getragen hat. Und eigentlich – das klingt jetzt vermutlich total bescheuert – aber eigentlich hat mich das gerettet."

Jessie wartete, bis er weitersprach.

„Diese Striemen hat mein Dad gesehen und das hatte zur Folge, dass er ihn zur Rede gestellt und es schließlich … auf seine Art beendet hat. Hätte er den Gürtel nicht genommen …" Er brach wieder ab, fuhr sich mit einer Hand über seinen Bart und sah Jessie in die Augen. „Eigentlich sind es meine Glücksbringer geworden und ich stehe mit ihnen nicht auf Kriegsfuß. Pervers, oder?"

Jessie schwieg ein paar Sekunden, dann schüttelte er den Kopf. „Nein, überhaupt nicht. Ich kann das schon verstehen. Und diese Tatsache wird mir vermutlich dabei helfen, nicht jedes Mal zusammenzuzucken, wenn ich es sehe."

„Gut."

„Cappu?", fragte Jessie ablenkend.

„Gern!"

Dave setzte sich auf und schien erst jetzt zu bemerken, dass Jessie seine Jeans wieder anhatte.

„Ich hab mich vorsichtshalber angezogen, denn wenn ich nackt und geil bin, kann ich meine Finger ja doch nicht von meinem Schwanz lassen."

Dave grinste. „Gute Idee! Mal sehen, ob meine Jeans schon wieder trocken ist."

Sie war es nicht, und Jessie gab ihm eine lange Sporthose von sich. Sie waren praktisch gleich groß, wenn Dave auch etwas kräftiger war als er. Jedenfalls passte sie ihm.

In der Küche setzte sich Dave auf einen Barhocker und Jessie brachte die Cappuccino. Dann ging er zum Kühlschrank und holte etwas heraus.

Er grinste Dave schelmisch an. „Mit Ausnahme von dir kann ich nur noch dem hier nicht widerstehen und ich hoffe, du bist nicht eifersüchtig." In der Hand hielt er eine Tafel Schokolade. „Noisette!"

Dave lachte. „Bist du, was das betrifft, sehr besitzergreifend oder bist du bereit zu teilen?"

Jessie brach sich einen Riegel ab und gab die Tafel weiter. „Ich teile gerne."

Kurz darauf genossen sie einen großen Schluck Cappuccino und verdrückten den Riegel.

Jessie stellte seine Tasse ab und schlang die Arme um Daves Hals. Sie sahen sich lange in die Augen.

Dave spürte, dass Jessie seinen Schmerz verstand und er ahnte, dass der auch damit umgehen konnte. Er hatte sich noch nie so verstanden gefühlt. Er sah, wie Jessies Finger leicht zitterten, als er über die Stacheldraht-Tätowierung auf seiner Brust strich. Dabei lehnte Jessies Stirn an seiner.

„Ich wünschte, man hätte dich viel früher gerettet!"

„Ich auch!"

Jessie sah auf. „Ich bin froh, dass wir uns getroffen haben, Dave. Und ich werde alles dafür tun, dass ... dass dein Leben besser wird."

Dave spürte, wie seine Augen zu brennen anfingen. „Danke!", sagte er kaum noch hörbar und dann küsste ihn Jessie Gott sei Dank zärtlich.

„Ich mein's verdammt ernst, Dave!"

Dave konnte nur nicken und Jessie umarmte ihn hastig, da er spürte, dass ihm ansonsten doch noch die Tränen kamen. Während er Daves Kopf an sich drückte, brach er ein Stück Schokolade ab, hob Daves Gesicht an und schob es ihm wortlos in den Mund.

Der schloss die Augen und genoss die Süßigkeit. Langsam schien er sich wieder in den Griff zu bekommen.

„Oh Mann!", brummte Dave.

„Hm?" Jessie steckte sich ebenfalls ein Stück in den Mund.

„Das hier ist unser zweites Date … und … ich fühl mich, als würd ich dich bereits ewig kennen!" Er bemerkte Verunsicherung in Daves Blick. „Ist das normal?" Sichtlich verlegen, dies überhaupt zu fragen, nahm er einen tiefen Schluck.

Jessie lächelte. „Hm, was is' schon normal?" Dann fiel ihm ein, dass Dave noch nie ein Date im eigentlichen Sinne gehabt hatte. „Nein, das ist nur in sehr besonderen Fällen so", fügte er hinzu. „Ich denk, das hier is' so einer."

Und schon fanden sich ihre Lippen erneut.

„Mhmm", machte Dave. „Kaffee und Schoko-Kuss. Sehr lecker!"

„Allerdings", stimmte ihm Jessie zu und tat es gleich wieder. „Es ist so verdammt cool, dich in meiner Küche zu haben!"

„Find ich auch", antwortete Dave. Dabei glitt sein Blick von Jessies Gesicht über seinen nackten Oberkörper tiefer. Erneut war ihm die Jeans tiefer gerutscht und hatte seine Beckenknochen freigelegt. Und ein weiteres Mal stand nach ihren Küssen der Hosenbund leicht ab. Dave konnte es nicht verhindern, aber er bekam bei dem Anblick erneut eine Erektion. Sein Schwanz war beim Küssen schon wieder zum Leben erwacht, aber dieser Anblick brachte ihm das volle Programm.

Jessie schien es sofort zu bemerken und grinste. „Du bist ja schon wieder gut dabei."

„Du brauchst grad reden!", knurrte Dave und griff ihm an sein kompaktes Paket. Verträumt legte er den Kopf in den Nacken und erfühlte es nur.

„Verrätst du mir, was in deinem hübschen Kopf vorgeht?"

Dave seufzte. „Dieser Anblick, du in diesen Jeans, tiefer gerutscht … das macht mich echt fertig und zwangsläufig geil!"

Jessie lachte.

„Ja, lach nur!", fauchte Dave und entblößte seinen Ständer.

Jessies Finger schlossen sich sofort darum und wichsten ihn. „Heiß!"

„Ja, weil mich dieser Anblick wahnsinnig macht! Sieh dich mal an! Das is' sowas von erotisch!"

Jessie sah an sich herab und grinste. „Ich hab seit der OP Gewicht verloren. Die passt normalerweise ziemlich gut."

„Dann wirst du dir, nachdem du wieder zugenommen hast, wohl die Jeans in Zukunft eine Nummer größer kaufen müssen, denn ich liebe diesen Anblick! Damit wirst du mich jedes Mal 'rumkriegen. Garantiert!"

„In vier Wochen!", erinnerte ihn Jessie amüsiert und machte sich eine gedankliche Notiz zu diesem Thema.

„Scheiß Idee!", knurrte Dave, rutschte vom Barhocker, beugte sich herab und küsste ihn am Bund entlang.

Jessie zog geräuschvoll die Luft ein. „Fuck!", fluchte er, als Dave auch noch seine Zunge dazu nahm und nach seiner Eichel tastete, die ebenfalls wieder vorwitzig aus der Hose lugen wollte, da er es sich erspart hatte, seine Boxershorts anzuziehen. Ihm blieb nichts anders übrig, als Dave an den Haaren wieder nach oben zu ziehen, was dieser nur widerwillig und mit der Zunge auf seiner Haut geschehen ließ. Als sie wieder auf Augenhöhe waren, sahen sie sich tief in die Augen. „Vier Wochen!", erinnerte ihn Jessie bevor sie sich küssten, dabei wichste er Dave wieder neckend.

Schließlich entfernte Dave seine Hand von seinem besten Stück und verstaute ihn wieder in seiner Hose, die allerdings verdächtig ausgebeult blieb. „Wenn du meinst …" Er seufzte und nahm wieder seine Tasse.

„Kann es sein, dass du normalerweise, äh, einen Cockring trägst oder länger getragen hast?", fragte Jessie ablenkend.

Dave grinste. „Hm, man sieht's noch, nicht wahr? Ja, fünfzehn Jahre lang und davon die letzten zehn so gut wie ununterbrochen. Ich hab ihn nie abgenommen. Fällt das unter *länger*?"

Jessie hob die rechte Augenbraue und Dave brummte bei dem Anblick erneut anerkennend. Das kam gleich nach der tiefer sitzenden Jeans.

Er zog Jessie am Hosenbund auf Tuchfühlung, sah ihm tief in die Augen und fragte: „Drei Wochen?"

Jessie lachte erst, räusperte sich, erwiderte seinen Blick sagte: „Sorry, nein! *Vier* Wochen!" Sie küssten sich schon wieder. „Du lenkst vom Thema ab!", beschwerte sich Jessie und stupste seine Erektion an.

Er seufzte. „Ich hab ihn am zweiten Tag des Betriebsausflugs abgenommen … zum ersten Mal nach all dieser Zeit …"

„Und wieso?", fragte Jessie, doch Dave entging nicht sein schelmischer Blick.

„Wegen dir, du Witzbold!", knurrte er. „Ich bin praktisch mit einer Dauererektion 'rumgelaufen, sobald ich dich gesehen habe!"

„Hehe, könnte es sein, dass wir uns mehrfach im Herren-Klo die Klinke in die Hand gegeben haben, aus ein und demselben Grund?"

Dave überlegte und erinnerte sich dumpf, dass dies tatsächlich mehrmals geschehen war. Allerdings hatte er Jessie jedes Mal nur im Vorbeigehen gerochen und ihn nie angesehen, aus Angst, man könnte ihm an der Nasenspitze ansehen, dass er sich gerade selbst befriedigt hatte.

„Könnte sein, ja …"

„Ich hab mit Pete in einem Zimmer geschlafen und der schläft Gott sei Dank so tief, dass er nicht mitbekommen hat, dass ich im Schlaf gekommen bin. Denn ich bin mir sicher, dass ich dabei gestöhnt habe … Du warst auch einfach zu gut!", neckte ihn Jessie.

„Jason hat einen sehr leichten Schlaf. Er hat es gehört."

„Und? Hat er was gesagt?"

„Klar. Er hat meinen Cockring auf dem Nachttisch gefunden und kam relativ schnell auf den Punkt. Wie gesagt, er kennt mich fast besser, als ich mich selbst."

„Und was hat er gesagt?"

„Er hat mich gefragt, ob das was mit unserem leckeren Neuzugang zu tun hat!"

„Lecker, ja?"

„Oh ja, du bist verdammt lecker und ich würde dich gerne noch mal vernaschen!"

„Vier Wochen!", erinnerte ihn Jessie erneut, wobei er sich ernsthaft fragte, ob sie das wirklich durchziehen würden.

„So wie vorhin vernaschen!", präzisierte es Dave.

„Ich hab noch Kaffee", witzelte Jessie.

Dave seufzte und trank seine Tasse aus. „Sag mal, hast du am Wochenende schon was vor?"

Jessie schmunzelte. Es waren zwar noch ein paar Tage bis dahin, schließlich war erst Dienstag, aber trotzdem wollte Dave offenbar bereits jetzt Pläne machen. Das sollte ihm nur recht sein. „Ich hoffe doch!", antwortete er daher.

„Wie, du hoffst?" Dave schien erneut verwirrt.

Jessie verkniff sich mühsam ein Grinsen und wurde ernst. „Weißt du, ich hab da so einen tollen Kerl kennengelernt, aber der hat mich noch nicht gefragt, ob ich ihn sehen will. Ich hoffe echt, dass das noch kommt. Also kann ich dir das noch nicht sagen." Er sah auf und sah wie Daves Mundwinkel zuckten.

Statt einer Antwort zog ihn Dave wieder auf Tuchfühlung. „Dann hoffen wir mal, dass der Kerl in die Hufe kommt, was?"

„Mhmm", murmelte Jessie und leckte Dave über die Lippen.

„Lust, zu mir 'rauszukommen, am Wochenende?"

„Lust, 'rauszukommen und Lust auf noch vieles mehr!"

„Gibt's was Schöneres als Essen, Trinken, Ficken?"

„Falsch! Erst in vier Wochen", unterbrach ihn Jessie.

„Essen, Trinken, *Sex?*", versuchte es Dave erneut.

Statt einer Antwort küsste Jessie ihn nochmal. Das sollte Antwort genug sein.

„Du nimmst dir in vier Wochen besser zwei Tage frei, denn du wirst danach nicht mehr gehen können!", murmelte ihm Dave ins Ohr und zog ihn dichter zu sich.

Jessie spürte seine Erektion und schauderte.

„Oder du", konterte er.

„Oder wir beide."

„Ich kann es kaum erwarten, dass du mir den Verstand wegfickst!", flüsterte Jessie und in seinem Blick stand die pure Lust.

Dave schluckte schwer und er traute seinen eigenen Ohren kaum, als es nun er selbst war, der sagte: „In vier Wochen!"

Jessies Stirn sank gegen seine. „Denkst du wirklich, dass wir das schaffen?"

„Ich hoffe es."

„Wie das?"

„Wenn wir das schaffen, schaffen wir alles andere auch!"
Jessie sah auf. „Das ist ein geiler Grund!"
„Find ich auch.""
Sie küssten sich erneut und dann sah Dave auf seine Sporthose. „Sorry, aber die darfst du danach auch waschen." Der dunkelgraue Stoff war an einer Stelle deutlich durchgeweicht.
Jessie beugte sich vor und saugte an dem feuchten Fleck, was Dave ein leises Seufzen entlockte. Er hob Jessies Kopf. „Lass uns wieder ins Bett gehen!"
Doch Jessie grinste kopfschüttelnd. „Nein! So einfach kommst du mir nicht davon!"
„Soll heißen?"
„Ich will erst noch eine Revanche! Du glaubst doch nicht im Ernst, dass ich mich damit zufriedengebe, um zwei verdammte Hundertstel verloren zu haben?"
Dave lachte. „Und wenn du wieder verlierst?"
„Dann darfst du mir gerne noch mal einen blasen", konterte Jessie.
„Deal!" Er rutschte vom Barhocker.
„Dave?", fragte Jessie und Dave hörte den ernsten Tonfall.
Er blickte verwundert hoch. „Ja?"
„Bleibst du noch mal über Nacht?"
„Ich hatte gehofft, dass ich das noch mal darf."
„Jederzeit!"
Dave zog ihn wieder an sich. „Gut! Und ich muss morgen früh erst um zehn anfangen", raunte er Jessie zu.
„Das gibt uns vielleicht noch Zeit für …"
„Fuck ja!", unterbrach ihn Jessie und küsste ihn erneut mit Begeisterung.
„Nicht Fuck … aber…"
„Mann! *Fuck you!*", knurrte Jessie.

„Also wirklich! Und Jason nennt *mich* ungehobelt!",
tadelte Dave. „Ich glaube, du brauchst auch noch ein wenig
Erziehung, du fluchst wie ein Ire!"

Jetzt musste Jessie lachen. „Soll das heißen, du würdest
mich gerne ein wenig erziehen?"

„Wer weiß ...", murmelte er geheimnisvoll, während
seine Lippen an Jessies Hals landeten und der wusste, als er
die Barthaare spürte, dass es gleich zu spät sein würde.

„Hör auf, oder ich bettle drum, dass du mich sofort
fickst!", flüsterte er erregt.

„Mhmm!", seufzte Dave hörbar angetan und Jessie ahnte,
dass er sich wohl am liebsten umdrehen und ihn flachlegen
würde. Doch dann murmelte er: „Vier Wochen!" und
schob ihn von sich weg.

Jessie hob die Hand. „Gib mir 'ne Minute, um wieder
runterzukommen!"

Wenig später saßen sie wieder auf der Couch und hatten
beide einen Controller in der Hand.

Auftritt im *Liam's*

Es war Mittwochabend und Mel öffnete Dave die Tür.

„Guten Abend, David. Kommen Sie herein."

„Schönen Abend, Mel!" Dave lächelte und trat ein.

„Jason ist im Wintergarten."

Dave nickte und ging quer durchs Haus. Es regnete, und Jasons zweitliebster Platz nach der Terrasse war eindeutig der Wintergarten. Amüsiert musste er daran denken, wie der Zufall endlich nachgeholfen und ihm sein erstes langes Gespräch mit Jessie unter vier Augen genau an diesem Ort beschert hatte.

Jason sah auf, als er Schritte hörte und ein Lächeln breitete sich auf seinem Gesicht aus. „Sieh einer an, du weißt also doch noch, wo ich wohne!"

„Wie könnte ich das je vergessen!" Er setzte sich auf einen bequemen Rattanstuhl. „Hi!"

„Hi!" Jason musterte ihn genau. Dave sah sehr gelöst aus. Um genau zu sein, hatte er ihn noch nie so entspannt gesehen. Seine beiden Dates mit Jessie mussten ein absoluter Volltreffer gewesen sein.

„Margaritas für Sie beide?", fragte Mel.

Jason verständigte sich mit einem Blick mit Dave. „Gerne, Mel."

„Spuck's aus!", knurrte Dave, der seine Musterung offenbar kaum mehr ertragen konnte.

„Kann er noch gehen?"

„Bitte was?"

„Kann er noch *gehen*?", wiederholte Jason ziemlich direkt. „Komm schon, wie lange hat es gedauert, nachdem du einen Fuß in seine Bude gesetzt hast? Zwei Minuten? Fünf Minuten? Vermutlich seid ihr noch nicht mal bis zum Bett gekommen, oder?"

Dave musterte ihn nun seinerseits kopfschüttelnd. „Das ist wirklich das, was du über mich denkst?"

Jason lachte. „Komm schon! Ich hab noch gut vor Augen, wie du Kyle quer durchs Haus gevögelt hast! Ich weiß, wie du drauf bist, wenn du heiß auf jemanden bist und ich weiß, wie geil du auf diesen Typen warst!"

„Und immer noch bin!", ergänzte Dave und Jason bemerkte, dass er ihn absichtlich noch ein wenig schmoren ließ.

„Red endlich!", drängelte er, denn er platzte fast vor Neugier. „Habt ihr überhaupt geschlafen?"

Dave schüttelte seufzend den Kopf. „Ich kann's dir noch nicht mal verdenken!", brummte er. „Bin ich wirklich so schlimm?"

„Was druckst du rum? Du hast doch sonst keine Hemmungen, darüber zu reden!"

Dave schwieg, da Mel mit den Drinks wiederkam. Als er wieder verschwunden war, sah er Jason direkt an. „Jason, ich bin sowas von verknallt!" Er sah, wie Jason die Augenbrauen hochzog und war sich darüber im Klaren, dass er noch nie zuvor so etwas gesagt hatte. „Du machst dir keinen Begriff! Ich … ich wusste überhaupt nicht, wie das ist!"

„Ich will wissen, wie er im Bett ist!", knurrte Jason.

„Weiß ich nicht!"

Jason blinzelte. „Naaah … ich glaub dir kein Wort!"

„Doch!" Dave grinste.

„Was willst du damit sagen?", fragte Jason und sein Blick hätte verblüffter nicht sein können.

„Genau das! Nein, wir haben noch nicht miteinander geschlafen."

„*Miteinander geschlafen?*"

Dave wusste, dass auch das zwei Worte waren, die er noch nie benutzt hatte, wenn er von einer Eroberung erzählte. Jason beugte sich zu ihm herüber. „Könntest du mich bitte mal zwicken?"

Stattdessen ohrfeigte ihn Dave beherzt und brachte Jason damit zum Lachen.

„Darauf müssen wir erstmal anstoßen!" Jason hob sein Glas und toastete ihm zu.

Sie tranken und Dave musterte amüsiert Jasons ziemlich fassungsloses Gesicht.

„Wie zum Teufel hast du das angestellt?"

„Mit viel Selbstbeherrschung!" Dave lächelte. „Und ich bin wirklich stolz auf mich und auch auf ihn."

„Kein Sex? Nix?" Jason konnte es offenbar nicht ganz glauben.

„Das hab ich nicht gesagt!", widersprach ihm Dave. „Ich hab nur gesagt, wir haben nicht miteinander geschlafen. Und um genau zu sein, haben wir vor, damit noch vier Wochen zu warten. Oder besser drei Wochen und fünf Tage!" Er sah seinen besten Freund interessiert an, wie das wohl ankommen würde.

Jason stöhnte „Du bist ja schlimmer als ich! Mit Kyle waren es ja wenigstens nur drei Wochen. Und die waren verdammt hart, glaub mir!"

„Ich weiß!" Dave nickte. „Den ersten Abend, inklusive der Nacht, die ich dort verbracht hab, hat keiner von uns seine Klamotten ausgezogen. Auch das hatten wir ausgemacht, noch bevor wir zu ihm auf die Bude gegangen sind. Eigentlich wollte ich nach zwei Stunden wieder gehen … aber …" Seine Stimme verlor sich und er lächelte, als er an diesen Abend zurückdachte.

„Seid ihr abwechselnd ins Bad gegangen, um euch einen runterzuholen?" Jason hatte noch gut vor Augen, wie geil Dave auf dem Betriebsausflug gewesen war, wenn er Jessie nur von Weitem gesehen hatte. Wie mochte das erst in dessen eigenen vier Wänden gewesen sein?

„Gekommen ist er bereits, bevor wir überhaupt seine Wohnung betreten haben."

„Bitte was?"

„Und da drauf bin ich erst recht stolz!"

„Du hast ihm noch vor der Tür einen runtergeholt?"

Dave lachte. „Wie man's nimmt."

„Das ist nicht dein Ernst!"

„Nein. Ich hab ihn dazu noch nicht mal berührt! Und ich hab an dich gedacht und mir gewünscht, dass du das sehen könntest! Es hätte dir ganz sicher gefallen!"

Jasons Augen wurden schmal. „Wenn du nicht augenblicklich deine Zähne auseinanderbekommst und mir verdammt noch mal sagst, was passiert ist, dann sperr ich dich in den Kerker und folter die Antworten aus dir raus!"

Daves Grinsen wurde noch breiter. „Ich hab ihn nur eingeatmet und er reagiert darauf ungefähr so wie Kyle auf Bärte."

Jason lehnte sich wieder zurück. „Echt?"

„Jep." Und dann ließ sich Dave doch dazu herab, diese Anekdote zu erzählen.

„Wow! Das hab ich noch nicht geschafft!"

„Du wirst es nicht glauben, aber den Rest des Abends haben wir eigentlich nur geredet."

Jason sah ihm direkt in die Augen und Dave hielt seinem Blick stand. Nach Sekunden war ihm klar, was Dave damit meinte. „Du meinst ... du hast auch darüber geredet?"

„Ja, hab ich und es ging einfacher, als, ähm ... als ich dachte. Und nicht nur ich hab geredet. Auch er hat erzählt. Er hat auch großen Mist hinter sich, schleppt ein ähnliches Trauma mit sich rum."

Jason zog die Brauen zusammen. „Wie meinst du das?"

Dave sah ihn lange an. „Gang Rape. Vor einem Jahr wohl. In Irland. Sein Ex setzte ihn unter Drogen und dann haben er und vier Kumpel ..." Er brach ab und starrte aus dem Fenster.

Jason sah, wie seine Kiefermuskeln aggressiv arbeiteten. „Scheiße", murmelte er betroffen.

„Jason, das bleibt unter uns, okay?"

„Keine Sorge, selbstverständlich."

„Weißt du, was ich erlebt habe ist schlimm genug, aber der Gedanke, jemand würde mich unter Drogen setzen und zwölf Stunden oder mehr missbrauchen und ich hätte später nur verschwommene Erinnerungen daran ..." Er sah auf. „Ich weiß nicht, was schlimmer ist. So hilflos zu sein, muss absolut schrecklich sein."

„Ich fasse es nicht, dass ihr wirklich am ersten Abend darüber geredet habt! Das bedeutet einiges!"

„Jay, wir sind beide total verknallt. Und wir meinen es beide ernst. Daher kein Sex, na ja, du weißt, was ich meine, und das für vier Wochen. Einfach, um uns auf einer anderen Ebene kennenzulernen. Somit hab auch ich noch Zeit ein wenig dazuzulernen und mich an die Situation zu gewöhnen. Ich will wesentlich mehr von ihm als nur Sex!"

„Na, das ist mir nun auch klar!" Jason seufzte. „Hab mich ganz schön zum Idioten gemacht, was?"

Dave grinste. „Ich hab es nicht wirklich anders verdient, nachdem was ich bislang so geliefert habe!"

Jason setzte sich auf und sah ihn liebevoll an. „Das ist wirklich klasse! Ich sollte aufhören, dich in eine Schublade zu packen!"

„Solltest du, ja!" Doch Dave nahm es Jason nicht übel. „Ich bin auf einem guten Weg. Außerdem hast du mich höchstpersönlich aus genau dieser Schublade geholt!" Er dachte an den gestrigen Abend. „Die Lehrstunden bei dir waren jedenfalls nicht umsonst!"

„Zweiter Abend?"

Dave nickte. „Er hat gekocht und wirklich gut! Er ist ziemlich temperamentvoll, halb Ire, halb Italiener. Feurige Mischung kann ich dir sagen und sein Mundwerk ist ungefähr so wie meins."

„Oh je", brummte Jason, offenbar halb entsetzt, halb amüsiert.

„Ja, sorry, da musst du jetzt durch! Während er fertig gekocht hat, kamen wir auf diese Schnapsidee, vier Wochen zu warten, um uns richtig kennenzulernen. Ich hab ehrlich gesagt keine Ahnung, ob wir das wirklich durchziehen, denn es funkt zwischen uns, dass sich die Balken biegen!"

Jason sah ihn gespannt an. „Was kam nach dem Essen?"

„Best of Five beim PlayStation-Autorennen."

„Wer hat gewonnen?"

„Ich, haarscharf."

„Und dann?"

Dave trank erneut von seinem Margarita. „Was würdest du sagen, wenn ich dir erzähle, dass ich mich bestimmt eine halbe Stunde lang damit beschäftigt habe, ihn seiner Klamotten zu berauben?"

„Halbe Stunde? Wow!" Jason dachte an ein Billardspiel, bei dem er gewonnen hatte und daraufhin Dave bezahlen musste, unter anderem indem er sich langsam vor ihm auszog. „Lass mich raten, du hast ihn mit dem Mund ausgezogen?"

Daves Grinsen wurde breiter. „Jep."

Jason nickte bedächtig. „Respekt! Hose auch?" Das hatte sich damals Kyle von Dave gewünscht und der hatte diese Aufgabe mit Bravour erledigt.

„Bis zu einem gewissen Punkt." Dave fluchte. „Fuck, allein drüber zu reden, macht mich schon wieder hart!"

Jason lachte. „Dann muss es gut gewesen sein!"

Und dann erzählte ihm Dave auch noch wie der restliche Abend verlaufen war.

Jason sah ihn lange an, bevor er wieder sprach. „Ich bin tatsächlich verdammt stolz auf dich, Süßer!"

„Danke!"

Jason beugte sich vor und strich ihm über seinen Goatee. „Bei dir ist doch noch nicht Hopfen und Malz verloren!"

„Ja, Gott sei Dank!"

„Nur schade, dass Kyle und ich nun nicht mehr auf dich zugreifen können." Er sah Dave fragend an. „Ist doch so oder?"

„Jep. Sorry."

„Das ist gut!" Jason lächelte. „Und wer weiß, was in einem Vierteljahr ist", fügte er augenzwinkernd hinzu.

„Eben."

„Was hat er zu deinen Tätowierungen gesagt?"

Dave schwieg kurz. „Er war ziemlich geschockt und wusste sofort, warum ich das getan habe. Er hat mich auch sofort gefragt, was ... was ... er mit meinem Schwanz gemacht hat."

„Zu deinen Narben?", hakte Jason nach.

Dave sah kurz auf den Tisch. „Genauso geschockt", antwortete er und sah wieder hoch. „Allerdings hilft ihm die Geschichte, dass es meine Glücksbringer sind."

„Feinfühliges Kerlchen, was?"

„Jep, wie Kyle."

„Scheiße, erwähn ihn bloß nicht! Ich kann dir gar nicht sagen, wie ich den Kerl vermisse!"

„Na das sind doch mal neue Töne!", spottete Dave.

Jason warf ihm einen vernichtenden Blick zu.

„Hey, ich hab noch was gut, ja!", flachste Dave.

„Okay, ich geb's zu, ich war nicht grad fair zu dir. Ich weiß ja, wie sehr du dich in Jessie verguckt hast, aber ich hätte dir trotzdem zugetraut, dass du ihn schon flachgelegt hättest."

„Oh keine Sorge, ich hätte auch gerne ... und dass er mich gestern fast dazu aufgefordert hat, zeigt dir, wie sehr auch er es will. Wir werden trotzdem versuchen, damit zu warten."

„Weiß er von deinen bisherigen ... hm, Vorlieben?"

Dave nickte. „Ich hab ihm auch erzählt, dass ich davon weg will."

„Gut!"

„Aber ich glaube, er ist mehr daran interessiert, als er bislang durchblicken lässt. Er hat anscheinend keine Erfahrung damit, aber", Dave zog sein Handy heraus und suchte ein Foto, „das hier hängt über seinem Bett."

Jason zog die Augenbrauen hoch. „Wow!"

„Das ist nicht das einzige Bild in seiner Wohnung mit diesem Thema."

„Geiles Bild!"

„Und weißt du, wer es gemacht hat?"

„Kommt mir irgendwie bekannt vor. Ist das nicht eins von Jeff Palmer?"

„Jein …"

„Hä?"

„Jeff gab die Vorlage, aber das hier hat er selbst geschossen."

„Ah, verstehe, *das* ist also sein Hobby."

„Jep. Sie sind wohl noch in Irland entstanden. Hier hat er noch nicht wieder damit angefangen."

„Lass noch mal sehen!" Jason sah sich das Foto noch einmal an. „Hast du ihm schon erzählt, was dein zweites Standbein ist?"

Dave nickte. „Er ist von allein draufgekommen, da ich in der Bar nicht drüber reden wollte."

Jason musste lachen. „Offensichtlich kein Problem?"

„Nö."

„Ihr solltet euch zusammentun!"

Dave grinste. „Keine Sorge, haben wir vor!"

Dann kam das Essen.

„Ich war gestern und heute mit Jessie und Kyle im Studio."

„Ah, stimmt. Ähm, ich hab total vergessen, Jessie danach zu fragen", wunderte sich Dave.

„Ihr wart wohl mit was anderem beschäftigt, was?"

„Sieht ganz so aus. Und wie war es?"

„Gut! Wirklich gut. Der Kerl weiß, was er tut, und Kyle hört auf ihn. Mehr wollte ich nicht wissen. Kyle ist heilfroh, überhaupt was tun zu können. Wenigstens hat er sich inzwischen daran gewöhnt, sich in die Schule fahren zu lassen und setzt nicht doch seinen Dickkopf durch und fährt öffentlich."

„Wie geht es ihm?"

„Mittelprächtig. Das lange Sitzen in der Schule ist nicht gerade gut und er hat Schmerzen, aber ich denke, das Training tut ihm da recht gut!"

„Kommt er am Wochenende?"

„Ja, schon am Freitag! Ich vermiss ihn mehr, als mir lieb ist!"

„Ich hab Jessie zwei Abende hintereinander gesehen und ich bin auf Entzug, weil es heute nicht so ist!"

„Sieh einer an!" Jason schmunzelte. „Dass ich das noch erlebe!!"

Am nächsten Morgen klingelte um halb neun der Postbote bei Jessie.

Noch etwas verschlafen öffnete er und nahm erstaunt ein mittelgroßes, ziemlich schweres Paket in Empfang. Er hatte nichts bestellt, daher hatte er keine Ahnung was drin war. Ziemlich ratlos ging er ins Wohnzimmer und besah es sich näher. Als Absender D.H. und irgendeine unbekannte Adresse. Seltsam.

Achselzuckend öffnete Jessie das Paket und schon breitete sich ein erfreutes Lächeln auf seinem Gesicht aus. Es enthielt mindestens zehn Tafeln leckere Noisette-Schokolade, eine Flasche feinen irischen Whiskey und fünf Päckchen edle Zigarillos. Kopfschüttelnd griff Jessie nach der Karte, die dazwischen lag. Auf der einen Seite stand: *Noch drei Wochen und 4 Tage!* und auf der anderen: *Um dir die Zeit bis dahin zu versüßen. Dave.*

Daves Handy klingelte, als er gerade mit Jason auf dem Weg zur Schule war, die auch Kyle besuchte. Er spürte, wie sein Herz einen Satz machte, als er sah, wer anrief.

Einen wunderschönen guten Morgen, Süßer!", meldete er sich und sah aus den Augenwinkeln, dass Jason es sich nicht verkneifen konnte, amüsiert die Augen zu verdrehen.

„Sag mal, willst du mich mästen?", fragte Jessie ohne Gruß. „Ich dachte, die Jeans soll nicht passen?"

Dave lachte. „Du hast Post bekommen?"

„Fuck, ja! Du bist irre!", stieß Jessie hervor. „Ähm, dir natürlich auch einen wunderschönen guten Morgen, Honey!"

Dave schluckte und war froh, dass Jason das nicht hören konnte, denn der würde ihn vermutlich nur den Rest des Tages deswegen aufziehen. „Du kannst ja immer noch mit mir teilen!"

„Gerne! Freut mich echt!"

„Dann passt es ja. Wann kann ich dich später am besten anrufen?"

„Denke mal zwischen zwölf und drei. Danach bin ich mit Kyle im Studio."

„Okay, ich melde mich in der Zeit."

„Bis dann. Und lass dich nicht von irgendwelchen Schülern ärgern!"

„Keine Sorge. Schönen Gruß von Jason, der fährt gerade!"

„Ah, warst du über Nacht dort?"

„Ja, hab im Gästehaus gepennt."

„Du bist mir doch keine Rechenschaft schuldig, Honey."

„Wenn du meinst."

„Bis später."

„Bis dann."

Sie legten auf.

Nach dem Mittagessen suchte sich Dave ein ruhiges Plätzchen und rief Jessie an. Der war nach dem ersten Klingeln am Telefon. Sie machten kurz Small Talk und dann gab sich Dave einen Ruck. „Sehen wir uns heute Abend?"

„Liebend gerne, wenn es dir nichts ausmacht, in *Liam's* Pub zu kommen? Ich hab total vergessen, dass Freunde aus Irland in der Stadt sind und heute im *Liam's* spielen. Sie haben eine Band."

Dave zögerte. „Hm, ich möchte mich da nicht aufdrängen, Jessie."

„Ich hätte dich wirklich gerne dabei. Wir müssen ja nicht bis in die Puppen bleiben. Sie sind auf Tour entlang der Westküste und kommen in ein paar Wochen noch mal für ein Wochenende vorbei."

Dave überlegte immer noch.

„Ich würd dich wirklich gerne sehen."

„Okay, wann geht's los?"

„Ich glaube um neun Uhr."

„Das passt gut, da ich heute noch länger Stunden gebe. Ich versuch, pünktlich zu sein."

„Keinen Stress, ich halt dir einen Platz frei!"

„Dann bis heute Abend!"

Jessie kam schon um acht Uhr in die Bar, um die Gelegenheit auf einen privaten Plausch vor der Show mit seinen Freunden zu nutzen. Vor allem mit Sam, seinem langjährigen und besten Freund.

Alle Bandmitglieder, die gerade beim Aufbauen waren, ließen alles liegen und stehen und kamen ihm grinsend entgegen, als sie ihn erblickten. Jessie hatte auf die zweite Krücke verzichtet, da es eh ziemlich eng und voll werden würde, und trug stattdessen vorsichtshalber seine Knieschiene. Sie hatten sich einige Monate nicht gesehen und dementsprechend herzlich war die Begrüßung.

„Sam, warum nimmst du dir nicht ein paar Minuten? Evan und ich schaffen das schon!", sagte Andy.

„Das wär echt klasse!"

Sam begleitete ihn zu seinem Platz an der Bar, an dem er sich einen zweiten Barhocker heranzog und sein lädiertes Bein auf den Mittelstreben platzierte.

„Gib mir deine Krücke, Jessie" Neill, der Barkeeper, streckte ihm die Hand hin und Jessie gab sie ihm.

Sam musterte Jessie kopfschüttelnd, nahm sein Gesicht in beide Hände und sagte: „Junge du siehst verdammt gut aus! So ... so gelöst hab ich dich schon Jahre nicht mehr gesehen! Verschweigst du mir was?", fragte er belustigt. Das konnte eigentlich nicht sein, denn sie hatten vor einer Woche erst telefoniert.

Jessie lächelte. „Sieht man mir das wirklich an?"

„Allerdings!" Sams Augen strichen durch sein Gesicht. „Spuck's aus! Wenn ich es nicht besser wüsste, dann würd ich sagen, es gibt wieder einen Mann in deinem Leben?!"

Jessie nickte.

„WAS? Jessie, wir haben erst vor einer Woche telefoniert! Da war noch nichts in Aussicht, geschweige denn, dass ich damit gerechnet hätte, dass das dieses Jahrhundert noch passieren könnte?!"

„Wem sagst du das?"

Jessie sah hinab auf sein Bein, doch Sam hob sein Gesicht an. „Dieses Funkeln hab ich schon seit fünf Jahren nicht mehr gesehen!"

Jessie schluckte. „Ich ... kann's auch noch kaum glauben, aber es hat mich ... wahrhaftig ... erwischt!"

„In der letzten Woche? Du hast was von dem Betriebsausflug deiner Firma gesagt und ..."

„Genau .... da ist es passiert."

„Jemand aus der Firma?", fragte Sam argwöhnisch.

Jessie grinste. „Eigentlich ist er mein Boss ..."

„Bist du irre!", fauchte Sam. „Schon vergessen: Kein Sex am Arbeitsplatz!"

„Beruhig dich! Ich arbeite im Taekwondo Studio. Na ja, im Moment wohl eher weniger", fügte Jessie mit Blick auf sein Knie hinzu. „Und er ist Karatetrainer. Er arbeitet im Karatestudio. Kein Konflikt also."

Sam seufzte und sah ihn wieder lange an. „Sieht so aus, als könnte ich eh nix dagegen sagen, was?"

Jessie schüttelte den Kopf.

„Ist er gut zu dir?"

Jessie nickte. „Toller Kerl! Wirklich!"

„Wenn dir noch mal einer blöd kommt, kriegt er es mit mir zu tun! Ich wünschte, ich hätte gewusst, was dieser … dieser Dreckskerl mit dir gemacht hat!" Er brach ab, wollte nicht wieder davon anfangen. „Mir ist es scheißegal, ob er Karatetrainer ist oder nicht! Wenn er dir wehtut, dann gnade ihm Gott …"

„Er ist wirklich okay!"

„Du kennst ihn doch kaum! Grad mal 'ne Woche, oder?"

„Vielleicht lernst du ihn ja heute kennen. Er wollte kommen!"

Sams Gesicht hellte sich auf. „Ach ja? Respekt."

„Aller Wahrscheinlichkeit nach", schätzte Jessie, obwohl Dave nicht gesagt hatte, dass er nicht kommen würde. Aber man wusste ja nie.

Er sah, wie sich ein amüsiertes Grinsen auf Sams Gesicht schlich. „Und? Ist er gut?", wollte der nun wissen.

Jessie blinzelte.

„Komm schon! Ist er gut? Im Bett?"

„Keine Ahnung …"

Jetzt blinzelte Sam. „Wie, keine Ahnung? Du hast ihn noch nicht flachgelegt?"

„Nein. Wir haben noch nicht miteinander geschlafen!"

„Miteinander geschlafen?", wiederholte er und konnte diese Wortwahl anscheinend kaum glauben. „Sowas hab ich von

dir noch nie gehört!" Sam griff ihm an die Stirn und Jessie packte sein Handgelenk.

„Mir ist es verdammt ernst!", zischte er.

„Muss es wohl sein!", murmelte der und wirkte dabei fast etwas geschockt.

„Schon vergessen: Kein Sex beim ersten Date?", erinnerte ihn Jessie.

„Ihr hattet erst ein Date?"

„Nein ... Wir haben uns drauf geeinigt, damit zu warten!"

Sam schüttelte nur den Kopf. „Bis wann? Bis zur Ehe? Oh Mann!", spottete er. „Gib mir einen Whiskey, Neill. Den Schock muss ich erstmal 'runterspülen!"

Neill grinste. „Hat er dir von seiner Eroberung erzählt?"

„Jep. Kennst du ihn?"

„Ja, war einmal mit ihm hier, wenn du das Sahneschnittchen mit den Herzchen in den Augen meinst!"

„Sahneschnittchen, hm?", wiederholte Sam und Jessie fing seinen belustigten Blick auf.

„Mann, ihr seid unmöglich!", fauchte er verärgert.

Sam nahm sein Gesicht wieder in beide Hände. „Hey! Ich freu mich für dich, okay! Aber er ist besser der Richtige, sonst bekommt er es mit mir zu tun! Er kommt besser, damit ich ihm auf den Zahn fühlen kann!"

„Ich hätte niemals gedacht, dass ich noch mal jemanden an mich 'ranlasse, dass es jemanden geben könnte, der durch die Mauer kommt, die ich hochgezogen habe! Für den ich mich tatsächlich interessieren könnte!", sagte Jessie eindringlich.

„Ich ehrlich gesagt auch nicht und freu mich umso mehr für dich, okay!" Sam umarmte ihn. „Und du hältst mich besser auf dem Laufenden!"

„Versprochen!"

Sie lösten sich voneinander und Sam nahm seinen Whiskey. „Trinkst du keinen?"

„Bisschen zu früh. Möchte einen klaren Kopf behalten, sofern das geht!" Jessie schmunzelte. „Sobald er hier ist, ist es mit dem Klardenken eh vorbei."

„Umso erstaunlicher, dass ihr noch nicht …"

„Sam!" Jessie boxte ihn in die Seite.

„Okay, okay!"

Und dann ging die Tür auf und Sam wusste irgendwie sofort, dass der Typ, der hereinkam und sich suchend umsah, derjenige war, von dem Jessie gesprochen hatte.

Er war groß und kräftig, trug Jeans, schwarze Stiefel, ein weißes Hemd und eine schwarze Lederjacke. Er hatte dunkelblonde, dezent gestylte Haare, braune, sanft blickende Augen und einen sexy Goatee. Sein Gesicht war männlich, mit einem markanten Kinn.

„Du bekommst Besuch!", raunte Neill Jessie über den Tresen zu und der drehte sich um.

Das Strahlen, das über Jessie Gesicht glitt, als dessen Blick Daves traf, war umwerfend, wie Sam etwas eifersüchtig bemerkte, und er sah, wie Dave dabei buchstäblich auf halbem Weg in die Knie ging und sich grinsend ans Herz griff.

„Hi, Süßer!", raunte Dave Jessie ins Ohr, als er endlich bei ihm ankam.

„Freut mich extrem, dass du nicht gekniffen hast!", lobte ihn Jessie und sah ihm tief in die Augen. Dann glitt sein Blick zu Sam.

Der hob abwehrend die Hände und grinste. „Ich bin gar nicht da!"

Jessie schnitt ihm eine Grimasse, sah wieder zu Dave auf, zog ihn am Hemd zu sich und drückte ihm einen Kuss auf die Lippen.

„Hi, Sexy!", flüsterte er.

Sam sah unterdessen zu Neill.

„Weißt du jetzt, was ich gemeint habe?"

Sam lachte. „Jep!"

Dave räusperte sich und streckte Sam die Hand hin. „Sorry, das war unhöflich. Ich bin Dave."

„Sam. Ich bin Jessies bester Freund!"

„Oh!"

„Wir kennen uns seit dem Kindergarten", erklärte Jessie. „Und seitdem ich hier bin, skypen wir hauptsächlich. Ab und zu schaffen wir es, uns zu sehen, wie heute. Die Jungs kommen alle vier oder fünf Monate mal rüber."

„Es hat schon lange niemand mehr geschafft, so ein Strahlen auf sein Gesicht zu zaubern!", ließ sich Sam vernehmen.

Dave lächelte. „Ich nehm das als Kompliment."

„War auch so gedacht. Und solange du nichts dagegen hast, dass Jessie mit mir spricht und den Kontakt hält, haben wir auch kein Problem."

„Wieso sollte ich?"

„Mister Arschloch hat das getan", sagte Jessie und Dave fiel wieder ein, was Jessie über Bruce erzählt hatte. Nämlich dass er ihn geradezu manisch kontrolliert und von seinen Freunden ferngehalten hatte.

„Er weiß davon?", fragte Sam leise, während Dave Neill begrüßte und bei ihm eine Bestellung aufgab.

„Er weiß alles, Sam!"

Dave hatte das Letzte gehört und wurde ernst.

Sam sah zu Dave. „Dann verstehst du ja vielleicht, wieso ich dich einfach genauer unter die Lupe nehmen muss!"

„Kein Problem! Ich würde nichts anderes für meinen besten Freund tun."

Sam nickte und sie klatschten sich ab. „Kann ich mal deine Hände sehen?", fragte er.

Dave war so perplex, dass er sie ihm ohne Gegenfrage hinhielt. Sam nahm sie und drehte sie so, dass die Handflächen nach oben zeigten. Er begutachtete sie scheinbar kritisch und sah kopfschüttelnd auf. „Die müssen magisch sein!"

Dave blinzelte. „Klärst du mich auf?"

„Ich hab Jessie noch nie so gesehen! Auch nicht vor, hm … Mister Arschloch. Deine Hände müssen magisch sein! Er strahlt von innen! Das ist wunderbar!"

„Verarschst du mich grade?"

Sam blieb ernst und schüttelte den Kopf. „Nein. Ich mein das todernst!"

„Sam, kommst du dann mal für den Soundcheck?" Andy hatte sich zu ihnen durchgekämpft.

„Äh … ja klar … ich bin gleich bei euch. Dave, das is' Andy unser Schlagzeuger. Andy, das ist Dave, Jessies Freund."

Andy grinste Jessie an. „Ach, das ist also der Grund für dein blendendes Aussehen?" Mit diesen Worten schlug er in Daves Hand ein. „Nett, dich kennenzulernen!"

„Ganz meinerseits!"

„Seht zu, dass ihr auf die Bühne kommt!", stöhnte Jessie und schob Andy von sich weg. „Geh!", knurrte er Sam zu.

Der grinste. „Ich krieg dich heut schon noch dran, Baby!"

„Verzieh dich!", knurrte Jessie und schob Sam Richtung Bühne.

Dave sah sichtlich ratlos auf seine Hände und dann in Jessies Augen.

„Er hat recht, Honey. Ich fühl mich wie ein neuer Mensch mit dir!"

Dave ließ seine Hände sinken, kam dicht zu ihm und nahm einen tiefen Atemzug. Jessie schloss die Augen und spürte seine Hose enger werden.

„Ich hab dich vermisst!", murmelte Dave in sein Ohr.

Jessie nickte. „Die Nacht war die Hölle! Mein Bett war zu leer und der Kaffee am Morgen schmeckt auch nicht mehr allein."

„Das ist total verrückt!"

„Aber wahr!"

„Darf ich heute bleiben?"

Jessie sah ihm tief in die Augen. „Ich hab eigentlich Angst davor, das auszusprechen … aber ehrlich gesagt will ich dich keine Nacht mehr missen!"

Dave schluckte. Seine Gedanken ausgesprochen. „Dann sind wir schon zwei!", flüsterte er und küsste ihn. Dabei konnte er spüren, wie Jessie bebte und er musste sich mit Gewalt dazu zwingen, wieder ein wenig auf Abstand zu gehen. Er traute Jessie durchaus zu, dass er ihn ohne mit der Wimper zu zucken in die Herrentoilette schleifen würde.

Kaum hatten sich ihre Lippen wieder getrennt, griff Neill über den Tresen und zog Dave zu sich.

Er blinzelte und zwang sich, erstmal passiv zu bleiben, denn Neills Mundwinkel zuckten amüsiert. Langsam bekam er Übung darin, nicht sofort hochzufahren und er war auch darauf stolz.

„Du behandelst ihn besser gut, sonst lernst du mich kennen!", zischte er dennoch halb ernst und halb belustigt. „Jessie ist ein megafeiner Kerl!"

„Sir, Sie können sich auf mich verlassen!", versprach Dave und Neill gab ihm einen freundschaftlichen Klaps auf die Wange.

„Das will ich hoffen! Whiskey? Ich geb einen aus!"

Dave und Jessie nickten.

Die Band begann zu spielen und sie unterhielten sich prächtig. Dave stand inzwischen noch näher bei Jessie und der lehnte glücklich an ihm, während er sein verletztes Bein auf dem anderen Barhocker abgestützt hatte.

Die Musik war gut. Mal rockig, mal sanft. Sehr irisch. Jedenfalls machte sie gute Laune und er und Jessie waren schon wieder in ein angeregtes Gespräch vertieft.

„Verdammt, merkst du nicht, dass Sam über dich redet?", mischte sich nach einiger Zeit wieder Neill in ihre lebhafte Unterhaltung.

„Was?" Jessie sah zur Bühne.

„... ja genau, du!", sagte Sam gerade. „Bist wohl zu abgelenkt, was? Hehe!" Er seufzte. „Schwing deinen Hintern hier rauf! Du kennst den Drill! Wenn wir in der Stadt sind, singen wir auch zusammen. Leute, das war mal unser Leadsänger, heißt ihn willkommen. Jessie DeMozza."

Er bemerkte Daves verblüfften Blick und seufzte. „Aus der Nummer komm ich nicht mehr raus. Neill, gib mir meine Krücke!"

Neill holte sie von hinter der Bar und gab sie Jessie.

„Du entschuldigst mich? Ich bin gleich wieder da!" Er grinste und bahnte sich einen Weg zur Bühne.

Dave setzte sich auf Jessies Platz und sah gebannt hinauf. Kaum hatte der die Bühne betreten, war es, als gehöre er dorthin und als wäre er nie weggewesen. Es gab nur einen kurzen Wortwechsel, dann ging es los und Jessie und Sam sangen gemeinsam eine ganz eigene rockige Version von *500 Miles*, während die Band sie begleitete.

Danach folgte noch ein weiteres Lied und schon tobten die Leute.

Dave hatte Jessie schon das ein oder andere Mal dabei erwischt, wie er vor sich hin summte, pfiff oder sang, doch der hatte sich immer über ihn lustig gemacht, wenn er ihn darauf ansprach und hatte es lapidar herabgespielt. Diese Ratte! Und der Junge war gut!

Die Gäste waren aus dem Häuschen und man merkte, dass die Band wohl jahrelang zusammen gespielt hatte. Sie wollten ihn nicht mehr von der Bühne lassen und so willigte Jessie ein, noch eine Zugabe zu geben.

Seine Augen suchten einen ganz bestimmten Mann an der Bar und er sagte leise, aber deutlich ins Mikrofon. „Der hier ist für Dave!"

Dem schoss eine Gänsehaut über den Körper und als Jessie zu singen begann, hatte er wirklich das Gefühl, als würde er dies nur für ihn tun.

Jessie bekam Standing Ovations und Sam musste einschreiten, damit man ihn letztendlich wieder von der Bühne ließ. Mit Hinweis auf sein verletztes Knie beruhigten sich die Leute nach einiger Zeit auch wieder und Jessie kam zurück zu Dave, der ihm wieder den Barhocker überließ.

„Du bist mir so einer!", kommentierte Dave kopfschüttelnd, als Neill die Krücke wieder weggepackt hatte. „Ich wusste, da steckt mehr dahinter!"

Jessie sah ihn unschuldig an. „Auch das ist vorbei! Hat es dir gefallen?"

Dave grinste. „Fuck ja! Ich bin wirklich … hm … wow … ich weiß nicht, was ich sagen soll!"

Jessie machte seine obszöne Geste mit der Zunge und Dave küsste ihn leidenschaftlich.

„… geil auf mich?", murmelte Jessie in seinen Kuss.

„… das auch!", grummelte Dave und war froh, dass der Scheinwerfer wieder auf die Bühne gerichtet war, auf der Sam inzwischen wieder mit seinen Kumpels sang.

„… dann sind wir schon zwei!", flüsterte Jessie ihm ins Ohr.

In der Pause ging Jessie vor die Tür eine rauchen und Dave, der ihn anfangs begleitet hatte, entschuldigte sich und verschwand auf der Toilette. Eigentlich wollte Dave noch einmal zu ihm nach draußen kommen, da es meist doppelt so lang dauerte, bis er sein Zigarillo geraucht hatte, als andere eine normale Zigarette, doch Dave kam nicht wieder und Jessie drückte den Stumpen aus und ging zurück in die Bar.

Dave war nicht an ihrem Platz und so machte er sich auf Richtung Herrentoiletten. Er erstarrte, als er Sam sah, der Dave verbal bearbeitete. Die beiden konnten ihn nicht sehen, da ein Vorhang sie zum größten Teil verdeckte, doch Jessie konnte inzwischen hören was Sam sagte.

„Ich warne dich, Dave! Wenn du ihm wehtun solltest ... dann schneid ich dir die Eier ab, hau sie in den Mixer und fütter sie dir mit einem kleinen Löffel!", hörte er Sam aggressiv zischen.

Jessie schloss die Augen, wenn er sich auch eingestehen musste, dass ihn Sams Besorgnis rührte.

„Keine Sorge!" antwortete Dave in diesem Moment in erstaunlich ruhigem Ton. „Wenn ich ihm wirklich wehtun sollte, dann schneid ich mir die Eier selber ab und schick sie dir mit der Post!"

Jessie schluckte.

Es war für Sekunden still hinter dem Vorhang, dann sagte Sam wesentlich freundlicher: „Du gefällst mir!"

„Danke!"

„Jessie hat mir nie erzählt, wie dieses miese Arschloch ihn behandelt hat. Und wenn ich's gewusst hätte, hätte ich vielleicht eingreifen können! Ob er gewollt hätte oder nicht! Daher hoffe ich, dass du verstehst ...“

„Ich hab dir schon mal gesagt, dass ich nichts anderes für meinen besten Freund tun würde!", unterbrach ihn Dave. „Und ich wäre dir sehr dankbar, wenn ich jetzt endlich aufs Klo könnte!"

„Oh ... okay ... sorry. Und nix für ungut, okay?"

Jessie sah, wie sie sich abklatschten und Dave weiterging. Sam hingegen schob gerade den Vorhang zurück und knallte direkt in ihn. Er packte Sam am Arm und drückte ihn gegen den Tresen der Bar. „Es ehrt mich, dass du dir Sorgen machst! Aber Dave würde mir niemals etwas antun!", fauchte er. „*Niemals!*"

„Woher willst du das nach dieser kurzen Zeit wissen?", schnarrte Sam, der offensichtlich trotz seines Auftritts ziemlich über die beiden nachgedacht hatte. Genug, um sich Dave vorzuknöpfen.

„Weil er selbst genügend gottverdammte Scheiße hinter sich hat!"

Sam blinzelte, da er dies mit dem nötigen Nachdruck sagte. Dennoch ließ der noch nicht locker.

„Und seit wann stehst du eigentlich auf tätowierte Typen? Noch dazu auf sowas? Stacheldraht, ich bitte dich!"

Offenbar hatte Sam einen kleinen Teil der Tätowierung gesehen, die oben aus Daves offenstehendem Hemd hervorlugte, aber es schien genug, um ihn darauf aufmerksam zu machen.

„Es ist genug, Sam!", sagte Jessie nun gefährlich leise. „Genug! Diese Tätowierung ist lediglich absoluter Selbstschutz, für eine verdammt geschundene Seele!"

„Was?"

„Ein Wort noch und wir beide haben langsam ein Problem!", warnte ihn Jessie. „Ich erzähl dir gerne bei passenderer Gelegenheit ein wenig mehr, wenn es dich wirklich interessiert. Aber nicht hier und jetzt. Und wenn du statt besorgt nur eifersüchtig sein solltest, dann muss ich dir sagen, dass es dafür längst zu spät ist!" Jessie funkelte ihn wütend an.

Sam sah zu Boden. „Es tut mir leid!", murmelte er. Dann sah er wieder auf. „Es ist wirklich Selbstschutz?"

„Ja!"

Sam nickte. „Okay, ich glaub dir!" Er machte eine kleine Pause und fragte: „Aber verstehst du nicht, dass ich Angst um dich habe?"

„Doch!"

„Ich will nicht wieder der Idiot sein, der nichts mitbekommen hat, okay?"

„Wir telefonieren, okay?"

„Okay. Du bedeutest mir zu viel, Baby! Ich hoffe, du weißt das!" Mit diesen Worten drehte er sich um und ging zurück zu seinen Bandkollegen.

Dave kam im selben Augenblick durch den Vorhang und sah ihn weggehen. Sein Blick traf sich mit Jessies, der ziemlich durchgerüttelt aussah.

Sichtlich genervt fuhr Jessie sich mit beiden Händen durchs Gesicht.

„Ihr hattet ... Streit?"

Jessie schnaubte.

„Ich hoffe nicht, wegen mir."

„Doch." Jessie suchte nach Worten.

„Ich versteh ihn.", sagte Dave behutsam. „Ich versteh ihn gut! Er muss sich schrecklich fühlen, nichts von deinem Martyrium mit diesem Arschloch gewusst zu haben!"

Jessie sah in die Richtung, in der Sam verschwunden war.

„Es quält ihn! Zu wissen, man hätte helfen können und hat die Zeichen einfach nicht gesehen, geschweige denn es gewusst! Mein Vater hat sich deswegen umgebracht!"

Jessie nickte und sah zu Boden. „Du würdest dir wirklich die Eier abschneiden?"

„Du hast ... uns gehört?"

„Zufall ..."

Dave sah ihn lange an, dann strich er ihm liebevoll über die Wange. „Ja, Süßer, wenn ich dir wirklich jemals wehtun würde, könnte das schon passieren!", murmelte er, bevor er ihn küsste.

Jessie seufzte, als er Daves zärtliche Zunge spürte, die nur andeutungsweise über seine Zungenspitze leckte.

„Glaubst du mir?"

„Ja, Honey!"

„Gut!"

Sie gingen zurück zu ihrem Platz, wo Sam sich noch mit Neill unterhielt, bevor es gleich wieder losging. Er sah auf, als die beiden neben ihm auftauchten und lächelte etwas schief.

Dave hielt ihm die Hand hin und Sam schlug ein, schließlich umarmten sich die beiden versöhnlich. Sam zog Jessie an sich, drückte ihm einen Kuss auf die Stirn und ging wieder auf die Bühne für den zweiten Teil.

Als die Band mit Singen fertig war, saßen sie noch über eine Stunde zusammen und unterhielten sich.

„Kommst du noch mal mit raus? Ich will noch eine rauchen", erkundigte sich Jessie bei Dave nach halb zwölf.

Dave sah ihm in die Augen. „Auf gar keinen Fall!"

Jessie beugte sich dichter zu ihm. „Verrätst du mir warum? Du warst schließlich schon zweimal mit mir vor der Tür!" Er schloss die Augen, als er erneut hörte, wie Dave ihn einatmete. Wie üblich machte es ihn wahnsinnig.

„Weil ich vermeiden will, dass ich dir bereits auf dem Gehweg die Klamotten vom Leib reiße, wenn ich noch einmal mit dir allein vor die Tür gehe!"

Jessie brachte seinen Mund dicht an Daves Ohr und ließ anzüglich seine Zunge spielen. „Noch drei Wochen und vier Tage … und wenn wir noch ein wenig warten, dann sind es nur noch drei Wochen und drei Tage!"

Er hörte, wie Dave lautlos stöhnte und ihre Blicke trafen sich. Er konnte sehen, dass der so sehr mit ihm allein sein wollte, dass es fast wehtat. Ihm ging es da nicht anders.

„Ich rauch noch eine, dann trinken wir aus und gehen, okay?"

Dave nickte und hob seine Krücke vom Boden auf.

Zugabe

Diesmal schlenderten sie nicht, sondern gingen zügig, soweit Jessies Bein dies zuließ, bis zu seiner Wohnung.

Jessie sperrte die Haustür auf und ließ Dave eintreten. Kaum war er hinter ihm in den schwach beleuchteten Hausflur getreten, hielt er Dave am Arm fest und ehe sich dieser versah, hatte ihn diesmal Jessie gegen die Wand gedrängt.

Daves Kopf knallte gegen die Wand, als Jessie ihn heftig küsste, während seine Hände dabei über Daves Körper glitten und die Krücke zu Boden ging.

„Oh Mann!", hörte Jessie ihn erregt murmeln.

„Du machst mich mindestens so wahnsinnig wie ich dich!"

Sie küssten sich erneut und während er sich aufreizend an Dave rieb, bemerkte er, dass der fast den Verstand dabei verlor.

Bevor es zu spät war, ließ Jessie von ihm ab und sah fluchend auf seine Krücke, die wieder einmal am Boden lag.

Etwas atemlos sah er zu, wie Dave mit dem Rücken an der Wand langsam tiefer glitt, bis er mit dem Kopf auf Höhe seines Schritts war. Dave griff von vorne durch Jessies Beine und mit der Hand auf seinem Hintern, drückte er sein Gesicht auf den Jeansstoff.

Jessie keuchte auf, als er Daves Lippen und Zähne spürte, die nach seinem steifen Schwanz tasteten. Seine rechte Hand vergrub sich in Daves Haaren und drückte ihn noch stärker an sich, während er sich an ihm rieb. Er presste sich gegen die Wand, als Dave ihn andeutungsweise in die Eier biss, bevor er langsam wieder hochkam, die Krücke in Händen.

Der nächste Kuss war so leidenschaftlich, dass nicht mehr viel fehlte und sie hätten sich an Ort und Stelle die Klamotten vom Leib gerissen.

Irgendwie schafften sie es dennoch, in den dritten Stock zu kommen.

Jessie sperrte mit bebenden Händen auf, dann stolperten sie mehr oder minder in seine Wohnung.

Kurz nachdem Dave die Tür ins Schloss kickte, fielen sie auch schon buchstäblich übereinander her.

Jessies Jacke landete im Gang, Daves mitten im Wohnzimmer. Dennoch schafften sie es, ins Schlafzimmer zu kommen.

Daves Hemd ratschte verdächtig, als Jessie es ihm vom Körper zog und Jessies verlor mehrere Knöpfe.

Dave bekam die Oberhand und öffnete während eines wilden Kusses Jessies Gürtel und Reißverschluss. Er streifte ihm die Jeans samt Boxershorts über den Hintern, soweit es die Knieschiene zuließ, und schon landeten seine Lippen auf Jessies steifem Schwanz.

Dass sich Jessie mit einem erregten Keuchen auf dem Bett wand und ihm seinen Schwanz regelrecht in den Mund rammte, turnte ihn nur noch mehr an.

Dave saugte hart an ihm, während er seine eigene Hose öffnete und sich zu wichsen begann. Gleichzeitig begann er mit seinem Blowjob. Er hatte das Gefühl, keine Sekunde länger leben zu können, ohne diesen Schwanz in den Mund zu nehmen.

Dementsprechend dauerte es nicht lange, bis Jessie mit einem Lustschrei explodierte und eine ordentliche Ladung in Daves Mund abschoss, der gierig stöhnend alles schluckte, was er bekommen konnte. Doch damit nicht genug, Dave bearbeitete ihn auch danach noch weiter und trieb ihn damit fast in den Wahnsinn.

Schließlich gelang es Jessie, den Spieß umzudrehen. Er löste Daves Hand und ersetzte diese nunmehr durch seinen Mund. Dabei schlang er die Arme um Daves Körper und hielt ihn somit in einem Klammergriff. Sein linker Arm umfasste Daves Taille und mit seiner rechten Hand griff er durch dessen Beine und massierte ihm den Hintern. Dass er in seiner frühen Jugend im Ringerteam war, kam ihm hier sehr zugute. Und Jessie war nicht zimperlich.

Dave spritzte schon nach kurzer Zeit ab und da Jessie gerade mit seiner Zungenspitze den Rand von Daves Eichel bearbeitet hatte, bekam er seinen Mund nicht rechtzeitig an seinen Schwanz. Somit ging Daves Erguss komplett ins Leere, benetzte Daves Körper und Jessies Bett mit kraftvollen Spritzern.

Dave keuchte nach dieser gegenseitigen Attacke, doch Jessie war noch nicht fertig mit ihm.

„So einfach kommst du mir nicht davon!", knurrte er und nahm Daves Schwanz erneut in den Mund.

Dave krümmte sich angesichts der Gefühle, die durch seinen Körper schossen, als Jessie sofort in den nächsten Blowjob überging. Er schien jedoch unfähig, sich dagegen zu wehren.

Jessie gelang es, Dave die Jeans ganz auszuziehen, ohne zu unterbrechen, was er tat. Erregt stöhnend drängte er sich zwischen seine Beine und atmete ihn tief ein. Er musste sich unbedingt ein Kleidungsstück von ihm unter den Nagel reißen. Er wollte daran riechen können, wenn Dave nicht da war.

Er unterbrach sein Tun immer wieder, um Daves erregten Körper zu bewundern und ihn äußerst intim zu berühren und zu küssen. Und dann machte er wieder weiter und trieb Dave ins Nichts.

Dave hingegen lag inzwischen fix und fertig quer auf dem Bett und ließ Jessie gewähren. Dass dieser geile Typ, an den er sein Herz und seinen kompletten Verstand verloren hatte, ihm Lust verschaffte, war für ihn das Höchste der Gefühle. Oh, der Kerl hatte wirklich Talent auch wenn er ihn langsam aber sicher an die Grenze des Erträglichen brachte.

„AAAAH!" Daves Wirbelsäule bog sich erneut, als Jessie seinen Schwanz bis zum Ansatz in seinem Hals unterbrachte.

Kurz darauf hörte Jessie zufrieden, dass es diesmal Dave war, der unzusammenhängend zu faseln begann, doch das trieb ihn nur noch zu weiteren Lustqualen an.

Er hörte Dave nach Luft schnappen, als er urplötzlich abbrach, Daves Schwanz aus dem Mund gleiten ließ, ihn mehrmals ableckte und dann das Gleiche mit seinen Eiern machte. Schließlich wandte er sich der Unterseite seiner Eier zu und tastete sich wie in Zeitlupe weiter zu seinem Loch vor.

Der lustvolle Laut, der über Daves Lippen kam, als seine Zunge zum allerersten Mal über sein Loch leckte, würde er nie mehr vergessen. Jessie bebte am ganzen Körper, während seine Zunge und Lippen behutsam und forschend zugleich diesen Ort erkundeten. Einen kurzen Moment lang spürte er die Anspannung, die durch Daves Körper jagte und ein Glücksgefühl durchströmte ihn, als Dave ihn schließlich gewähren ließ.

Kyles und Jasons Lippen und Zungen waren die einzigen, die er bislang freiwillig an diesen intimen Ort gelassen hatte und Dave konnte den Unterschied spüren. Das Gefühl, das er für Jessie empfand, rückte das Ganze für ihn in die richtige Perspektive und in diesem Moment wusste er, dass er sich ohne zu zögern von Jessie vögeln lassen würde. Von ihm aus konnte er es sofort tun.

Er genoss es unglaublich, dass Jessie sich Zeit nahm, ihn zu erkunden und dennoch war er froh, als der sich wieder zu seinem Ständer zurückarbeitete und mit seinem Blowjob weitermachte.

Inzwischen hing sein Kopf regelrecht vom Bett und als er schließlich erneut mit einem heiseren Schrei explodierte, hob es ihn fast komplett aus der Horizontalen. Doch dieses

Mal schien es Jessie nicht darauf ankommen zu lassen und er behielt den Schwanz tief in seinem Mund, als er kam.

Auch als der Orgasmus langsam verebbte, lag Dave, nach dieser Doppelattacke immer noch vollkommen erledigt, ausgebreitet auf Jessies Bett.

Mit einem leisen Schmatzen ließ Jessie den Schwanz aus seinem Mund gleiten und betrachtete den schweißgebadeten Körper. *Was für ein wunderbares Motiv*, dachte er ihm Stillen und fragte sich, ob Dave es ihm jemals erlauben würde, ihn so zu fotografieren.

Dave war eine Augenweide und die Art und Weise, wie sein Brustkorb sich hob und senkte und sein Atem sich nur langsam beruhigte, schickten Glücksgefühle durch Jessies Körper, denn er selbst war es gewesen, der Dave diese neue Erfahrung geschenkt hatte. Und dass sie neu war, zeigte ihm Daves komplette Unfähigkeit, sich zu rühren. Mit einem leisen Stöhnen gelang es dem zumindest nach einer Weile, den Kopf zurück aufs Bett zu heben.

Langsam schob sich Jessie höher und beugte sich über Dave.

Als Dave endlich die Augen öffnete, sah er, dass Jessies Gesicht besorgt war.

„Sorry!", flüsterte Jessie.

Dave gelang es, die Stirn zu runzeln. „Und für was um Gottes willen?"

„Ähm ... ich ... hab total vergessen, dir vorher zu sagen ... was ich tun möchte!", kam es stockend von Jessie.

Dave lächelte schwach. „Süßer, du hättest alles mit mir machen können!"

Jessie blieb ernst. „So war das aber nicht ausgemacht!"

Dave zog ihn wortlos zu sich herunter, machte „Schsch ...", und küsste ihn.

Nach dem Kuss legte Jessie die Stirn auf seine. „Ich will nicht, dass du deinen ... deinen Peiniger siehst!"

„Ich hab ihn nicht gesehen!", beruhigte ihn Dave und strich durch seine Haare.

Jessie sah auf und ihm dann lange in die Augen. „Ich ... ich hab das nie machen dürfen."

Dave blinzelte.

„Nie ..."

„Ich möchte dich auf mir, unter mir, hinter mir, an mir und ... und definitiv irgendwann in mir spüren! Und ich hätte nie gedacht, dass ich sowas mal sage!"

Jessie brachte seine Nase dicht an Daves Hals und fuhr jeden Zentimeter Haut ab. „Lässt du mir dein Hemd da?"

Dave seufzte. „Ich glaub, so wie sich das vorhin angehört hat, ist es eh Schrott!"

Jessie sah auf. „Ah ... sorry!"

„Wenn's nach mir gegangen wär, hätten wir's auch im Treppenhaus machen können." Dave sah das Funkeln in Jessies Augen, als er dies sagte.

„Hast du's schon mal in der Öffentlichkeit gemacht?", wollte Jessie von ihm wissen.

Seine Mundwinkel zuckten. „Was? Jemandem das Hemd vom Leib gerissen?", fragte er belustigt zurück.

Jessie rollte mit den Augen. „Naah ... ich meine gefickt ... Sex gehabt?"

Dave schüttelte den Kopf. „Wie auch? Als Master?"

„Fuck!", fluchte Jessie, offenbar hatte er es wieder vergessen gehabt.

„Wo würdest du's gerne mal machen?", fragte Dave ablenkend.

„Vor meiner Tür im Treppenhaus?"

„Bisschen delikat oder?"

„Okay, in *irgendeinem* Treppenhaus?"

„Okay, wo noch?"

„In meinem Wagen?"

„In der Trainerumkleide im Karatestudio?", konterte Dave.

Jessie stöhnte leise.

„Aha ... da willst du es machen?" Dave grinste.

„Warum nicht?" Jessies Mundwinkel zuckten amüsiert.

„In drei Wochen und drei Tagen!"

„Nah! Nicht beim ersten Mal!" Jessie schüttelte energisch den Kopf.

„Spielverderber!", brummte Dave und küsste ihn.

Jessie unterbrach den Kuss und sah ihn verdutzt an. „*Da* würdest du es zum ersten Mal machen wollen?"

Das brachte Dave zum Lachen. „Quatsch ... im Bett mit viel Zeit und viel Gleitgel. Ach ja: und zwei freien Tagen danach!"

„Fuck, ja!"

„Deal?"

„Deal!"

Dave rollte auf die Seite und zog Jessie an sich. Erst jetzt spürte er die Jeans, die Jessie immer noch halbwegs anhatte. Verdutzt sah er an ihm herab.

„Sorry ... dieses Scheißding hab ich nicht mehr aufbekommen!", knurrte Jessie und Dave setzte sich auf.

„Dann sollten wir das nachholen, was?" Gemeinsam öffneten sie die Schiene, sodass Jessie die Jeans ausziehen konnte. Dave beugte sich vor und küsste ihn auf das verletzte Knie, das nach diesem Abend etwas geschwollen war.

„Warte!", murmelte Jessie, als er ihn an sich ziehen wollte. Dave wollte ihn endlich von Kopf bis Fuß nackt spüren. Sein Blick fiel dabei auf Jessie Schwanz, der bei ihrem Wortgeplänkel bereits wieder angefangen hatte zu reagieren.

Jessie streckte sich und öffnete seine Nachtkästchenschublade.

„Was zum Teufel suchst du? Gummis?"

Jessie lachte. „Nein ... verdammt!" Er zog sich höher. „Meine ..."

„Manschette?" Dave sah sich um.

„Ja. Ist mir lieber sie ist dran, bevor ich mir das Knie verdrehe", brummte er. Schließlich sank er ins Kissen zurück und fluchte erneut. „Fuck, ich glaub, sie ist im Bad. Hab sie abgenommen, als ich vorhin geduscht habe."

Dave sah, dass er sich aufsetzen wollte und hielt ihn davon ab. „Ich hol sie!" Er stand auf. Ein kurzer Blick zurück, bevor er das Zimmer verließ zeigte ihm, dass sich Jessie wieder ins Bett zurücksinken hatte lassen. Seine Erektion war weg.

Als er wiederkam, lag Jessie auf dem Rücken und hatte den Arm über das Gesicht gelegt.

„Danke", brummte er und zog die Manschette über sein rechtes Knie. Danach legte er sich sichtlich entnervt wieder zurück und fuhr sich mit beiden Händen durchs Gesicht.

Daves Mundwinkel zuckten, als sein Blick über den schönen Körper glitt. Jessie war nicht mehr erregt, aber das turnte ihn ungefähr genauso an, als wäre er es. Er schob sich zwischen Jessies Beine und bevor der sich versah, hatte Dave seinen schlafenden Schwanz komplett in den Mund genommen.

Jessie sah an sich herab und wollte widersprechen, doch Daves Lippen trennten sich mit einem schmatzenden Geräusch von seinem Schwanz.

„Schsch … vergiss dein Knie!" Dann machte er weiter. „Is' mal 'ne ganz neue Erfahrung, wenn er so weich ist!"

Jessies Kopf sank wieder zurück ins Kissen und er schloss lächelnd die Augen.

Das Gefühl von Daves Zunge an seinem schlafenden Schwanz war unglaublich. Ihm kamen fast die Tränen, als er daran zurückdachte, dass sein letzter Partner dies nie getan hatte. Dem war es immer nur ums Vögeln gegangen. Wie hatte er sich nur so einlullen lassen können? Hätte er ihn früher verlassen, wären all die schlimmen Geschehnisse nicht passiert.

Wie konnte ein Mensch, dem man solche Gewalt angetan hatte wie Dave, so zärtlich sein? Jessie fühlte sich unglaublich geehrt, dass Dave mit ihm neuen Boden betreten wollte.

Dave hingegen bemerkte zufrieden, dass Jessie nach kurzer Zeit ein leises Seufzen von sich gab. Als sich sein Mund langsam auszufüllen begann, wurde er dabei ebenfalls wieder hart. Diesem Mann Lust zu verschaffen, war eine vollkommen neue Erfahrung und es kostete Dave einiges, nicht über ihn zu gleiten und einfach loszulegen. Dennoch konnte er es kaum erwarten, Jessie zu vögeln. Zu sehen, wie sich Lust in seinen Augen spiegelte, wenn er ihn langsam und stetig um den Verstand brachte. Immer wieder. Bis er letztendlich die Kontrolle verlieren und ihn Anflehen würde, es wieder und wieder zu tun.

Dave schaffte es, Jessies Schwanz auch noch im Mund zu belassen, nachdem er zur vollen Größe angeschwollen war. Zum ersten Mal überhaupt.

Weder Jasons noch Kyles Schwanz hatte er komplett untergebracht.

Diesmal war es anders. Er wollte es unbedingt.

Mit Genuss ließ Dave Jessies Schwanz schließlich aus seinem Mund gleiten und sah zu, wie dieser zurück auf seinen Unterbauch klatschte, wo er sich mit seiner sanften Rechtsbiegung anschmiegte.

Dave küsste sich über Jessies Bauch und Brust höher, bis sie sich schließlich atemlos in die Augen sahen. Er bemerkte, dass Jessies Hand zitterte, als der ihn im Gesicht berührte.

„Das, was du mit mir machst, ist so unglaublich schön!", flüsterte Jessie.

„Es ist unglaublich schön, es zu tun!"

Daves Lippen näherten sich Jessies und sie verloren sich erneut in einem intimen Kuss, während Dave ihn wichste.

Dann nahm er allen Mut zusammen und ließ seine Finger weiterwandern.

Er genoss Jessies leises Stöhnen, das sich deutlich veränderte, als er ihn unterhalb seiner Eier berührte. Behutsam ließ er seine Hand tiefer gleiten und erahnte damit sein Loch. Er spürte Jessie wohlig schaudern.

Dave unterbrach seinen Kuss. „Hast du irgendwo Gleitmittel?"

Jessie schüttelte den Kopf und Dave ging sofort zu Plan B über. Er zog seine Hand zurück und ließ sie über Jessies wundervollen Körper höher gleiten. Oben angekommen strich er über seine Lippen und öffnete diese behutsam.

Während sie sich unentwegt in die Augen sahen, drang er mit seinem Mittelfinger in Jessies Mund ein.

„Mach ihn schön nass!", flüsterte Dave erregt und Jessie gehorchte. „Ja genau!"

Als dies geschehen war, landete sein nunmehr feuchter Mittelfinger an Jessies Loch und begann ein zärtliches Spiel damit. Dabei küsste er Jessie am Hals und konnte spüren, wie sich dessen Puls beschleunigte.

Dave war behutsam und erkundete lediglich das Äußere von Jessies Eingang. Er beendete seine Küsse und sah ihn wieder an. „Hast du irgendwelche Narben davongetragen? Ich meine körperliche?"

Jessie schluckte und schüttelte den Kopf. „Nein ... ich war nur ... wund."

„Okay."

„Ziemlich wund. Fast eine Woche lang."

Dave küsste ihn auf die Stirn, führte seinen Finger zu seinem eigenen Mund und leckte ihn ab.

Jessie stöhnte erregt und vergaß prompt, was Dave ihn gerade gefragt hatte. Er spürte, dass Daves Finger wieder an seinem Loch landete, während sie sich erneut küssten. Als Dave deutliche Fortschritte machte, durchlief ihn ein erregtes Zittern. Er spritzte fast ab, als er sah, dass Dave den Finger, den er nur ein klein wenig in ihn eingeführt hatte, wieder herauszog und ableckte.

„Mhmm ... du schmeckst wunderbar!", flüsterte Dave. „Erlaubst du mir, dich zu lecken?"

Jessie schluckte schwer.

„Dort zu lecken?", präzisierte Dave. „Ich will mehr schmecken!"

Jessies Lippen begannen zu zittern.

„Ähm ..."

„Dreh dich um!", raunte Dave und ignorierte seine Unsicherheit.

„Ähm ..."

„Bitte!"

„Ich möchte, dass du etwas weißt!"

„Nämlich?", murmelte Dave, während er unbeeindruckt an seinem Ohrläppchen lutschte.

Jessie schien sichtlich mit sich zu kämpfen und gab sich schließlich einen Ruck. „Es ist mir echt peinlich, das zuzugeben, aber ... das ... ähm ... hat ... hat noch nie jemand mit mir ... ähm ..."

Dave lächelte. „Umso besser! Dann werd ich dafür sorgen, dass es eine absolut positive Erfahrung wird!" Für sich dachte er noch: *Mal sehen, was ich noch alles zum ersten Mal mit dir machen werde.* Die Vorstellung, ihn in Fesseln zu legen und zum Wahnsinn zu treiben. Mit Zärtlichkeiten, nicht mit Schmerzen, gefiel Dave augenblicklich. Allein dies auch nur gedanklich in Erwägung zu ziehen, war ebenfalls eine neue Erfahrung für ihn.

„Ähm ..."

„Dreh dich um!", flüsterte Dave ihm ins Ohr und ließ ihn seine Barthaare spüren. Wie Kyle schien Jessie nichts gegen diese Berührung ausrichten zu können, also kam er schließlich mit einem leisen Stöhnen seiner Forderung nach.

„Halt! Auf die Seite reicht! Pass auf dein Knie auf!", stoppte ihn Dave.

Daves Blick glitt über Jessies wunderbare Rückenansicht. Breitere Schultern als Hüften, aber nicht zu breit, definierte Rückenmuskeln, schmale Lenden, wunderbarer Hintern. Er küsste seinen Nacken und ließ seine linke Hand über seinen Körper gleiten.

Jessie spürte, wie er jeden Wirbel einzeln in sanften Kreisen mit seinen Fingern abfuhr und keuchte dann auf, als ihm Dave beherzt an den Hintern griff.

„Oh ja!", brummte Dave. „Geiler Arsch!"

Jessie erschauerte, als Daves Finger erneut über sein Loch strich. Dann folgten Daves Lippen seinen Fingern und strichen über Jessies Wirbelsäule tiefer. Dabei ließ sich Dave viel Zeit und küsste seinen Hintern ausgiebig, bevor er sich zu seinem Loch vorarbeitete.

Jessie schloss die Augen, sein Gesicht brannte vor Unsicherheit und doch konnte er ein leises Seufzen nicht unterdrücken, als er die Zunge eines Mannes – und in diesem speziellen Falle Daves Zunge – zum ersten Mal überhaupt an seinem Loch spürte. Er hörte Dave dabei leise brummen, während er mit der Hand nachhalf, um besseren Zugang zu bekommen.

Dave verlor fast die Kontrolle, als er Jessies erregte Laute hörte, während er ihn mit der Zunge vögelte und er musste all seine Selbstbeherrschung aufbringen, um hier die Kurve zu bekommen.

Er hatte Jessie dazu gebracht, sein linkes Bein etwas anzuziehen, um ihm besseren Zugang zu geben und somit konnte er ihm von hinten durch die Beine greifen. Seine Hand schloss sich um Jessies steifen und noch härter gewordenen Schwanz, zog ihn etwas nach unten.

Als Dave damit begann, ihn gleichzeitig zu wichsen, wurde dessen Stöhnen eindringlicher. Doch dann kam ihm eine andere Idee und er ließ Jessies Schwanz wieder los, nur um im nächsten Moment von außen den Punkt zu suchen, der jeden Mann um den Verstand brachte. Etwas was er perfekt beherrschte und auch schon bei Kyle und Jason erfolgreich an den Mann gebracht hatte.

Es dauerte eine Weile, doch schließlich hatte er gefunden, was er suchte.

„AAAAH! Oh mein Gott!" Jessies Körper bäumte sich regelrecht auf, doch Dave blieb dran und spürte schon bald, wie die ersten Schockwellen durch Jessies Körper liefen.

„Uuuaaaah! Fuck!", keuchte er und riss sich im nächsten Moment von los. Jessie hatte sich hastig umgedreht und sah ihn mit einem fassungslosen Gesicht an. „Was zum Teufel machst du da?"

Dave küsste seinen Körper an den verschiedensten Stellen auf dem Weg nach oben. Dabei grinste er triumphierend.

Jessie schien unfähig, etwas zu sagen und starrte ihn nur an.

Dave überlegte, ob er es wagen sollte, etwas zu fragen, oder ob er einfach weitermachen sollte. Aber diese Reaktion konnte nur eines bedeuten: Jessie hatte auch dieses Gefühl noch nie empfunden. Er entschied sich fürs Weitermachen und seine Hand glitt wieder tiefer über Jessies Körper und kurz darauf hatte er den Punkt erneut gefunden. Da er sein Bein über Jessies gelegt hatte, verhinderte er so, dass der sich erneut entwinden konnte.

Jessie Wirbelsäule krümmte sich und sein Schwanz zuckte, als Dave mit seinem Fingerspiel fortfuhr. Gleichzeitig landeten Daves Lippen an seinem Hals und als Jessie die Bartstoppeln spürte, gab ihm das den Rest, und er verlor die Kontrolle. Sein Schwanz fühlte sich an, als wäre er kurz vorm Platzen und produzierte einen Lusttropfen nach dem anderen.

„Lass es zu!", flüsterte Dave ihm ins Ohr.

Wieder die Bartstoppeln.

Das Gefühl, das durch Jessies Körper schoss, war mit nichts, was er je zuvor empfunden hatte, zu vergleichen. Lust und Feuer schossen durch all seine Nervenbahnen, seine Muskeln, seine Sehnen und das Mark seiner Knochen. Schließlich konnte er sich nicht mehr halten und kam mit einem aggressiven Lustschrei. Dabei benetzte er seinen kompletten Bauch mit Sperma.

Doch Dave hatte noch nicht genug, denn er beließ seine Finger an dem speziellen Punkt und molk dadurch noch die allerletzten Tropfen aus Jessies Schwanz. Da er dabei sein Gesicht an Jessies Hals presste, konnte er dessen rasenden Puls spüren, während der Orgasmus durch seinen Körper schoss. Schließlich löste Dave seinen Griff und ließ seine Finger durch die Samenspuren gleiten.

„Das nenn ich einen guten Jungen!"

Doch nun wollte sich auch Dave nicht länger beherrschen, rappelte sich auf und kniete sich über Jessie. Er stützte sich neben dessen Kopf mit dem Ellenbogen ab, vergrub die Hand in seinen Haaren und wichste sich dabei.

Jessie schien völlig erledigt zu sein, doch Dave gelang es, seinen Blick aufzufangen und ihn mit auf seine Reise zu nehmen, während er sich selbst dem Orgasmus näherbrachte.

Während er sich weiterwichste, ließ er seinen Blick über den besudelten Körper gleiten, den er gleich noch mehr versauen würde. Im Geiste sah er Jessies hilflos zuckenden Schwanz noch einmal explodieren, hörte ihn noch einmal stöhnen.

„Komm zeig's mir endlich!", feuerte Jessie ihn an.

Und wenig später kam Daves aggressives Grollen, als er sich in kräftigen Schüben auf seinem Oberkörper entlud.

Erschöpft legte Dave seine Stirn auf Jessies Kinn ab. Erneut war er in kurzer Zeit mehrfach gekommen und er war fix und fertig. Behutsam ließ er sich auf Jessies Körper herabsinken. Schweiß und Sperma bildeten eine feuchte Schicht zwischen ihnen und verbanden sie nur noch mehr.

Wenig später waren sie eng umschlungen eingeschlafen. Es war ja auch schon halb drei.

Schock am Freitag

Gegen sieben Uhr morgens begann irgendwo in Jessies Wohnung ein Handy loszuröhren. Beide Männer wachten gleichzeitig auf, sie lagen praktisch immer noch so da, wie sie eingeschlafen waren. Jessie eng in Daves Armen.

„Was zum Teufel?", murmelte Jessie.

„Mein Wecker", brummte Dave und drehte sich leise ächzend auf den Rücken. Seine Schulter war steif, vom stundenlangen unbeweglichen Liegen.

„Wo?"

„Keine Ahnung." Dave fuhr sich mit beiden Händen durchs Gesicht.

Jessie setzte sich mit einem Grummeln auf und war im Begriff aufzustehen, doch Dave zog ihn wieder zu sich herunter.

„Es geht auch von allein wieder aus!", murmelte er. „Guten Morgen, Süßer!"

Jessie beugte sich über ihn und strich ihm durch seine Haare.

„Morgen, Sexy!" Jessie drückte ihm einen Kuss auf die Lippen. „Verschlafen und verstrubbelt bist du unwiderstehlich!", murmelte er und küsste ihn richtig.

Er seufzte leise und zog ihn nur noch enger an sich. „Sonst nicht?"

Jessie lachte. „Doch, sonst natürlich auch, aber verschlafen: mhmhmmm!"

„Soll heißen?"

„Denkst du, du wirst dich irgendwann mal von mir fotografieren lassen?"

Dave blinzelte. „Nackt?"

„Zum Beispiel."

„Hm", machte Dave und rieb sich den Schlaf aus den Augen. Jessie war eindeutig wacher als er. „Vielleicht", murmelte er und sah ihm in diese für ihn so beeindru-

154

ckenden Augen. „Aber erst, wenn ich dieses Bild von dir in den zu großen Jeans habe!", konterte er und strich sich etwas angewidert über den Oberkörper. „Wow, hier scheint ja einiges abgegangen zu sein!"

„Sag bloß, du kannst dich nicht mehr erinnern!"

Dave warf ihm einen eindeutigen Blick zu. „Keine Sorge! An jedes Detail! Inklusive deinem letzten, geilen Orgasmus!"

Jessie wurde tatsächlich rot und räusperte sich verlegen. *Das war allerdings ein Ding gewesen*, dachte er.

„Und wenn wir beide jetzt schon weiter wären …" Dave wichste seine Morgenerektion und sah ihn mit einem anzüglichen Blick an. „… würde ich dir jetzt zu gerne … meinen Schwanz bis zum Anschlag …"

Doch weiter kam er nicht, denn Jessie küsste ihn erneut und hinderte ihn so am Weiterreden. „Ein Wort noch und ich dreh mich um!", warnte Jessie.

Daves Zunge drang tief in seinen Mund ein. Oh Mann, der Junge schmeckte lecker. Auch am Morgen.

„Um dich ficken zu lassen, oder um aus dem Bett zu steigen?", wollte Dave wissen.

Jessie schüttelte nur den Kopf. „Du weißt genau was ich meine! Ersteres natürlich!"

Dave grinste, ließ seinen Schwanz los und griff stattdessen nach Jessies.

„Drei Wochen, drei Tage!", knurrte Jessie und machte seine obszöne Geste mit seiner Zunge.

„Ist deine Dusche groß genug für uns beide?"

„Bisschen eng, aber ich glaube, es könnte gehen!"

„Eng ist gut! Was hältst du von einer kleinen Wichsorgie?", fragte Dave und dachte: *Mann, hätte ich Bock, dich genau dort zu vögeln. Unter der Dusche.*

„Verdammt viel!" Jessie grinste.

Und dann taten sie genau das.

Zwanzig Minuten später saßen sie in Jessies Küche, bei einer dampfenden Tasse Cappuccino, während Jessie Ham and Eggs für sie machte.

Er hatte Dave eines seiner T-Shirts gegeben, da dessen Hemd den letzten Abend tatsächlich nicht überlebt hatte. Ein Ärmel war ausgerissen. Später würde er sich auf die Suche nach den drei Knöpfen machen, die seinem eigenen Hemd fehlten.

„Darf ich dich was ... äh ... sehr Persönliches fragen?", fragte Dave, nachdem sie beide schweigend und hungrig ihr Frühstück vernichtet hatten.

Jessie schnaufte und nickte zum Schlafzimmer. „Gibt's was Persönlicheres als das, was letzte Nacht da drin passiert ist?"

„Nicht viel", stimmte Dave ihm zu.

„Klar, schieß los!" Jessie sah ihn erwartungsvoll an.

„Bist du jemals dabei gekommen?"

Jessie sah ihn verwirrt an.

„Ich meine, wenn dich jemand gevögelt hat?"

Jetzt grinste er. „Hey, ich hab zwei gesunde Hände, ja? Klar!"

„Das heißt, du hast nachgeholfen?"

„Natürlich."

„Das hab ich nicht gemeint."

„Sondern?"

„Bist du schon mal dabei gekommen, ohne nachzuhelfen?"

„Äh, nicht dass ich wüsste. Das geht doch gar nicht! Das ist doch bloß ein Ammenmärchen, oder?" Jessie fluchte.

„Verdammt, jetzt stotter ich schon wieder rum!", stöhnte er und verdrehte die Augen. Er räusperte sich. „Also lautet meine Antwort *Nein* ..." Dann drehte er den Spieß um. „Gegenfrage erlaubt?"

„Natürlich."

Jessie glitt von seinem Hochstuhl und kam zu Dave. Er drehte ihn samt Stuhl zu sich und sah ihm tief in die Augen. „Hat deine Frage etwas damit zu tun ..." Er verkniff sich mühsam ein Äh. „... was du heute Nacht mit mir gemacht hast?"

„Ja."

„*Was zum Teufel* hast du mit mir gemacht?", stieß er hervor. Es war das unglaublichste Gefühl, der unglaublichste Orgasmus gewesen. „*Was?*"

Dave zog ihn an seiner Jeans näher an sich. „Ich hab deine Prostata massiert ... und zwar von außen."

Jessie schluckte. Er hatte davon gehört, aber nie in Erwägung gezogen, dass da tatsächlich was dran sein könnte.

„Und ich kann es kaum erwarten ..."

„Oh bitte sag's nicht!", murmelte er, als er ahnte, was kommen würde.

„... es von innen zu tun!", flüsterte Dave und küsste ihn.

„Aber ..."

„Glaub mir, es wird funktionieren!"

Jessie seufzte und Dave spürte, wie er allein beim Gedanken an einen Fick zu hyperventilieren begann.

„Oh Gott!", murmelte er.

Dave strich über seine harte, erregte Brustwarze.

„Du meinst das wirklich ernst!"

„Oh ja, sehr ernst!" Und dann küsste ihn Dave erneut mit einer Leidenschaft, dass er ich beinahe selbst die Klamotten vom Leib gerissen hätte. Er konnte sich nur mit allerletzter Mühe beherrschen.

„Das glaub ich dir nicht!", stieß er etwas atemlos hervor, als Dave ihn wieder losließ.

Der grinste. „Dann sollten wir zu diesem Thema bei mir am Wochenende vielleicht ein paar Dildospiele machen, hm?"

Jessie schluckte, fasste sich wieder und sagte: „Das ist nicht dasselbe!"

„Aber ein guter Ersatz!"

Er schwieg.

„Was denkst du? Hättest du dazu Lust?"

„Aaah! Nimm dieses Wort nicht in den Mund!", beschwerte er sich.

Dave ahmte Jessies Zungengeste nach.

„Du machst mich wahnsinnig!"

„Und das mit Genuss!"

„Meinst du ... gegenseitige Dildospiele?", hakte er vorsichtig nach.

„Aha, der Gedanke fängt an dir zu gefallen, was?", spottete Dave.

„Antworte!", grummelte Jessie.

„Klar, warum nicht?"

Und Dave meinte das diesmal tatsächlich so. „Und wenn ich nicht zur Arbeit müsste, könnten wir auch gleich damit anfangen."

Jessie schüttelte den Kopf.

„Und wieso nicht?"

„Ich hab keine. Gar nix. Noch nicht mal Gleitmittel!". Er seufzte

Dave wurde ernst. „Ich vermute, dafür gibt's einen Grund?"

„Ja, ich ... ich hab glaub ich monatelang keine Erektion gehabt ... danach. Es hat mich ... angeekelt." Er sah zu Boden.

„Das ist nur zu verständlich. Vor allem nach der Viagra-Story."

„Die Bilder hier hab ich erst vor ein paar Wochen aufgehängt. Noch nicht mal das ging!"

Dave strich sanft über seine Wange. „Langsam ist nach wie vor gut, Jessie!"

„Ich weiß! Auch wenn ich ... oh Mann!" Er sah auf. „Ich sehn mich so nach dir!" Seit langer Zeit sehnte er sich wieder danach, Sex zu haben. Sex mit Dave. Heftigen, harten Sex. Stundenlangen Sex.

„Mir geht's doch genauso!", flüsterte Dave und küsste ihn auf die Stirn.

Dann schüttelte Jessie den Kopf.

„Was?"

Er sah auf. „Langsam findest du mich vermutlich komisch, aber … ich hab nicht wirklich viel Erfahrung mit … Dildos."

Nun sah er das Blitzen in Daves Augen, als der auch schon antwortete: „Oh, ich schon!"

Jessie schluckte. „Ich will lernen!"

„Das wirst du!"

Und dann umarmten sie sich fest.

„Bekomm ich noch einen zweiten Kaffee, bevor ich gehe?", fragte Dave.

„Klar!"

Während er zwei weitere aus der Maschine ließ, fragte er: „Darf ich dich auch was … Persönliches fragen?"

„Natürlich."

Jessie stellte den Becher vor ihn. „Hast du einen bestimmten Physiotherapeuten, oder gehe ich recht in der Annahme, dass du dich gar nicht massieren lässt, weil du dich ungern von einem Fremden anfassen lässt?"

Dave konnte nicht anders, aber er musste lächeln. „Sagst du das, weil du mich langsam kennenlernst, oder ist das deine professionelle Meinung? Danke!", fügte er hinzu und nahm seinen zweiten Becher in die Hand.

Jessie setzte sich wieder auf den Barhocker. „Ein wenig von beidem vielleicht?"

„Ja, es stimmt, ich hab mich bislang nicht massieren lassen."

„Du bist sehr kompakt, kräftig, teilweise richtig hart, das muss doch wehtun!"

„Wie schon erwähnt, ich bin gut im Schmerzen aus-
blenden."

„Muss wohl so sein."

„Vor Kurzem hab ich mich zum ersten Mal massieren
lassen."

„Ach ja?" Jessie horchte auf.

„Und zwar von Kyle."

„Von Kyle? Wieso von ihm? Weil du ihn nicht als Gefahr
siehst, wegen seines Alters?", schien sich Jessie gleich selbst
die Antwort zu geben.

Dave nickte. „Ich geh einmal im Monat, sofern das
Wetter es zulässt, mit ein paar Freunden in den Hochseil-
garten. Jason und Kyle haben mich das letzte Mal begleitet
und danach hat Kyle uns beide im Karatestudio massiert."

Jessie grinste. „Kyle kann massieren?"

„Ziemlich gut. Er will wohl Physiotherapeut werden."

„Kein schlechter Beruf, hab ich mir sagen lassen."

Dave lachte. „Er hat sogar zwei Stellen in meiner Schulter
gefunden, die hart waren und wehtaten, sogar mir. Ich hatte
den Tag zuvor einen Dreh und die schwere Kamera auf der
Schulter zu haben, kann einem schon zusetzen. Und bei
Jason hat er was im Bein gefunden und zu ihm gesagt: *die
Stellen sollten wir im Auge behalten.* "

„Cool, wie ein Pro?"

„Genau, war echt nett. Jason lässt sich bestimmt vier,
fünfmal die Woche nach seinen Stunden behandeln. Nicht
von Kyle sondern von Profis. Er hat nie verstanden, wieso
ich das nicht genauso mache, vor allem, weil wir ja nun
wirklich an der Quelle sitzen."

Sie sahen sich eine Weile unverwandt an, bis Jessie fragte:
„Würdest du es mir erlauben, dich zu massieren?"

„Süßer, ich würde dir alles erlauben!"

Jessie schenkte ihm ein umwerfendes Lächeln. „Danke,
das ist wunderschön!"

„Auch wenn ich damit Kyle vor den Kopf stoßen werde."

„Wie das?"

„Nun, ich hab mit ihm ausgemacht, dass er mich an Samstagen massieren kann, wenn Jason Stunden im Karatestudio gibt. Sozusagen als Trainingsobjekt."

„Vielleicht können wir es verbinden? Ich könnte ihn ja sozusagen ausbilden."

„Klingt gut. Und Kyle mag dich und hört auf dich. Zumindest hat Jason das erzählt."

Jessie nickte. „Heißt das, ich darf dich massieren?"

„Gerne!"

„Wenn du irgendwann Zeit hast, könnten wir auch meine mobile Behandlungsliege aus dem Keller hochholen. Dann kann ich dich hier massieren."

Dave seufzte. „Das wird ein ganz schönes Stück Arbeit werden."

Jessie rutschte vom Stuhl und kam zu ihm. „Das ist mir egal, Honey! Es wird dir helfen. Ich hab gemerkt, wie du dich gestern Nacht ... letzte Nacht ... verkrampft hast, als ich ... äh ..." Er brach etwas verlegen ab.

Dave hob sein Kinn an und küsste ihn.

„Eine gute Massage kann Wunder bewirken. Ich bin davon überzeugt, dass ich dir helfen kann, dich zu entspannen."

„Klingt verdammt verlockend, vor allem aus deinem Mund! Auch wenn es – wie gesagt – ein ganzes Stück Arbeit werden wird!"

Jessie lächelte. „Ich liebe Herausforderungen! Ich sag nur: *Project Dave!*"

Und schon küssten sie sich erneut.

„Du arbeitest heute kurz, nicht wahr?", fragte Jessie, als er wieder auf seinem Barhocker saß und von seinem Kaffee trank.

„Ja, aber ich hab nachmittags mit Jason noch einen Termin. Du fragst, wann wir uns treffen wollen?"

Jessie nickte. „Ich hab blöderweise um vier einen Kernspintermin. Da hab ich die ganze Woche Zeit und der einzige Termin den ich bekomme ist Freitag um vier!" Er verdrehte genervt die Augen.

„Um die Zeit haben Jason und ich ein Meeting mit Mario und Daniel. Wir treffen uns ganz in der Nähe in einem Café, um ein paar Sachen bezüglich des neuen, vierten Studios durchzusprechen. Könnte gut sein, dass das bis sechs dauert. Kann auch kürzer sein. Was hältst du davon, wenn ich dich danach abhole und mit zu mir rausnehme? Jason wollte danach Kyle mit zu sich nehmen."

Jessie wusste von Jasons Rede auf dem Betriebsausflug, dass im vierten Studio nur Selbstverteidigungskurse für Frauen, Männer und Kinder angeboten werden würden, ohne Anwendung einer bestimmten Kampfsporttechnik. Mario und Daniel, die im Moment noch bei der Polizei arbeiteten, hatten die Möglichkeit, sich als Teilhaber dieses vierten Studios ein neues Standbein aufzubauen, gerne angenommen und arbeiteten daher nur noch bis Ende des Jahres in ihrem Job.

„Hört sich gut an! Ich kann dir nur nicht sagen, wie lange ich brauche. Danach ist noch ein Arzttermin, um die Bilder zu besprechen."

„Hey, wenn ich früher fertig bin als du, dann setz ich mich ins *Liam's*."

Jessie sah ihn für einige Sekunden schweigend an, dann sagte er: „Warte kurz, ich hab eine andere Idee!" Er verließ die Küche und als er wiederkam, nahm er Daves Hand und drückte ihm einen Schlüssel in die Hand.

Dave schluckte. „Wow!"

„Ich vertrau dir, Dave! Aber sag es nicht Sam ... der brächte mich um, wenn er es wüsste!"

„Danke, Süßer!", murmelte er. „Ich werd dich nicht enttäuschen!"

Jessie lächelte glücklich. „Ich freu mich echt auf dieses Wochenende!"

„Bleibst du bis Sonntag? Oder gar Montagmorgen?"

„Denkst du, du erträgst mich solange?"

„Erträgst du mich so lange?"

„Nun, ich hab ja mit achtzig noch was vor mit dir, oder?"

„Ha! Ich nehm dich beim Wort!" Dann sah Dave auf die Uhr. „Mist, ich muss los!" Er glitt vom Barhocker und kam zu Jessie. Er strich über seine Wange und küsste ihn noch einmal. „Das war erneut eine unglaubliche Nacht!"

„Wie wahr!"

„Ich ruf dich an, wenn ich mit der Besprechung fertig bin, wär das in Ordnung?"

„Mach dir keinen Stress! Wenn du da bist, bist du da!" Jessie brachte ihn noch zur Tür.

„Pack dir ein paar Sachen zusammen."

„Mach ich!"

Jessie war gegen halb sechs wieder von seinem Arzttermin zu Hause. Er prüfte sein Handy und sein Festnetz, doch Dave hatte noch nicht angerufen. Erleichtert, noch ein wenig Zeit zu haben, ging er unter die Dusche und packte einige Klamotten und Toilettenartikel zusammen.

Doch es wurde halb sieben und dann viertel vor sieben.

Komisch, dachte Jessie. Dass es so spät werden würde, hatte Dave nicht gesagt, aber auf der anderen Seite hatte der nicht wirklich gewusst, wie lange sie genau zusammensitzen würden.

Um halb acht rang er sich dazu durch, Dave eine Nachricht mit dem Text *kannst du schon absehen, wie lange es noch dauern wird?* zu schicken. Kurz darauf klingelte sein Handy.

Lächelnd ging Jessie ran. „Hi, ich dachte schon ..."

„Jessie, es tut mir *so* leid!", stieß Dave mit gepresster Stimme hervor. „Ich hätte mich schon längst melden sollen!"

„Is' was passiert?", fragte Jessie hastig. Daves Stimme klang schrecklich. Rau, gepresst, hastig, verzweifelt.

„Ich ... ich bin hier im Krankenhaus mit ..."

„Du hast einen Unfall gehabt?" Jessie war erschrocken aufgesprungen.

„Langsam ... lass mich ausreden. Bitte! Sitzt du?" Dave hatte offenbar Mühe, nicht mit der Tür ins Haus zu fallen.

„Nein, aber jetzt."

„Jessie ... ich bin hier mit Jason. Kyle wurde von seinem Vater angegriffen. Er ... er hätte ihn fast ... umgebracht!"

Jessie verschlug es bei diesen Worten die Sprache und es dauerte mehrere Sekunden bis er etwas sagen konnte. „*Was?*", hauchte er schließlich entsetzt. „Ich ... ich war doch vorhin noch mit ihm ..."

„Wir waren gerade mit unserer Besprechung fertig. ... wohl so um halb sechs, als ... als er es in seiner Not irgendwie geschafft hat, Jason anzurufen und um Hilfe zu rufen. Er wollte ihn ja auch abholen. Da wir mit zwei Polizisten zusammensaßen, waren wir in Sekundenschnelle dort, mit Blaulicht. Sie haben Verstärkung und Notarzt informiert."

„Oh mein Gott, warum?"

„Er hat wohl 'rausgefunden ... dass Kyle schwul ist. Ich hab keine Ahnung wie. Er ist ausgerastet, wollte ihn umbringen. Hat auf ihn eingestochen. Kyle liegt noch im OP."

Jessie spürte, wie ihm bei dem Gedanken schlecht wurde.

„Jessie, ich kann Jason nicht allein lassen!"

„Nein, um Gottes willen! Versteh ich!", murmelte er. „Wo seid ihr?"

Dave nannte ihm die Klinik.

„Ich ... ich würde gerne vorbeikommen!", sagte Jessie leise. Kyle war ihm derart ans Herz gewachsen, er konnte nicht einfach zu Hause bleiben.

„Gott, ich hätte dich auch wirklich gerne hier an meiner Seite!", antwortete Dave. „Es tut mir echt leid, dass ich dich nicht schon längst angerufen hab ..."

„Schsch", machte Jessie abwehrend. „Schon gut."

„Jessie, hier ist der Teufel los! Ich weiß nicht, ob du wirklich herkommen willst. Das kannst allein du entscheiden!"

„Was meinst du damit?"

„Die Presse hat Wind von der Sache bekommen."

„Die Presse?"

„Gefundenes Fressen. Hier wimmelt es von Reportern und Polizei. Die Presse wurde zwar inzwischen vor die Tür verwiesen."

Jessie fuhr sich verzweifelt mit einer Hand durchs Gesicht. „Fuck!" Er zögerte.

„Jessie, ich versteh komplett, wenn du nicht kommen willst!"

„Oh Gott!", stöhnte er. Er wollte zu Dave und in Kyles Nähe sein, aber dabei Gefahr zu laufen, gefilmt und fotografiert zu werden. Er wusste nicht, ob er das konnte. Was, wenn sein Ex ihn durch Zufall fand? Was, wenn er wieder in seinem Leben auftauchte? Ausgerechnet jetzt, wo er endlich seine große Liebe gefunden hatte?

„Jessie es ist okay! Ich ... ich kann und will nur Jason nicht allein lassen!"

„Versteh ich voll und ganz!"

„Hör zu, ich melde mich später okay? Vielleicht auch erst morgen! Ich hab keine Ahnung wann ich hier rauskomme!"

„Okay. Äh ... es tut mir leid!"

„Hey, ich versteh dich! Okay? Deshalb hab ich dich ja gewarnt!"

„Meine Gedanken sind bei euch!", murmelte Jessie tonlos und legte auf.

Stunden später meldete sich Dave noch einmal bei Jessie mit einer Nachricht, in der stand, dass Kyle die OP gut überstanden hatte und außer Lebensgefahr war. Sie waren immer noch im Krankenhaus. Jessie fand nach dieser Nachricht wenigstens unruhigen Schlaf.

Dann kam nachts um vier eine weitere Nachricht. Sie waren dabei Kyle in die Privatklinik *Becker & Partner* zu verlegen, die Jasons Freund Sid Becker leitete. Hauptsächlich um Kyle von der Presse abzuschirmen, außerdem lag die Klinik keine zehn Minuten von Jasons Haus entfernt.

Es war sechs Uhr morgens durch.

Nach einem heißen Kaffee sanken Dave und Jason erschöpft auf eine Couch.

„Ich muss ein paar Telefonate führen, Dave."

„Du musst ein paar Stunden schlafen!"

„Ich muss Marie anrufen und den Schuldirektor. Der soll es nicht aus der Zeitung erfahren!", fuhr Jason unbeeindruckt fort und meinte damit seine wichtigste Angestellte, die für alles Organisatorische, was die Kampfsportstudios betraf, zuständig war. Den Schuldirektor wollte er natürlich persönlich informieren, da jeglicher sexueller Kontakt zwischen Schülern und Lehrern natürlich strengstens untersagt war und Kyle und Jason ihre Beziehung in der Schule bislang verständlicherweise geheim gehalten hatten.

„Und ich muss unbedingt Jessie anrufen!"

„Frag ihn, ob er herkommen will. Ich ... ich lass dich für den Rest des Wochenendes hier nicht mehr weg, wenn das okay ist?" Jason sah ihn verunsichert an.

„Ich geh nirgendwo hin! Es wär okay, wenn er herkommt?"

„Klar! Sag ihm, ich kann ihm einen Wagen schicken."

„Er wär auch ins Krankenhaus gekommen, aber mit all der Presse ..."

„Ruf ihn an und ich erledige derweilen meine Telefonate."

Dave nickte und zog sein Handy aus der Hosentasche, während Jason sich wieder von der Couch quälte und in den Wintergarten ging.

Jessie ging nach dem ersten Klingeln ans Telefon. „Ich hoff, du hast keine schlechten Nachrichten!"

„Nein. Alles okay. Alles gut gegangen. Hi, Süßer."

„Hi! Gott bin ich froh, von dir zu hören! Wie geht's Kyle?"

„Den Umständen entsprechend. Die Verlegung hat reibungslos geklappt. Mit dem Hubschrauber ungesehen an der Presse vorbei! Dort angekommen haben die Ärzte ihn in einen künstlichen Tiefschlaf gelegt. Angesichts seiner Verletzungen und der Schmerzen im Wachzustand, schien es das Beste zu sein. Kyle war einverstanden."

„Oh! Okay ... Gut!"

„Hör zu, Jessie. Ich kann Jason nicht allein lassen ..."

„Ich weiß."

„... aber ich will dich sehen! Unbedingt! Meinst du, du könntest herkommen?"

„Zu Jason?"

„Genau. Hier ist genug Platz. Ich könnte dir einen Wagen schicken. War Jasons Vorschlag."

„Unnötig. Ich darf wieder Autofahren."

„Echt?"

„Ja. Untersuchung war gut gestern. Wann soll ich kommen?"

„Von mir aus sofort! Wir haben noch nicht geschlafen. Und so wie Jason drauf ist, wird das noch eine Weile dauern. Ich kann ihn unmöglich aus den Augen lassen. Er ist total fertig! Macht sich Vorwürfe und so."

„Scheiße!" Jessie seufzte. „Ich hab vielleicht drei, vier Stunden geschlafen. Okay, ich fahr gleich los."

„Hast du die Adresse?"

„Gib sie mir noch mal. Zur Party bin ich ja mit dem Shuttle gekommen."

„Hast du Navi?"

„Ja."

„Gut. Bis dann! Fahr vorsichtig!"

Schließlich trafen sich Dave und Jason wieder im Wohnzimmer. Doch Jason sah noch schlechter aus, als zuvor.

„Du musst dich unbedingt hinlegen!", sagte Dave eindringlich und nahm ihn energisch an den Schultern. Doch er sah es sofort in Jasons Augen aufblitzen.

„Ich steh unter Strom!"

„Ja, und du bist von einem Kurzschluss nicht mehr weit entfernt!"

„Du müsstest am besten wissen, wie das ist!"

Dave schwieg ein paar Sekunden und wechselte erstmal das Thema. „Hast du was erreicht?"

Jason nickte, setzte sich und Dave sah, wie er sich mit beiden Händen erschöpft durchs Gesicht fuhr. „Marie kommt am Nachmittag her. Sie war vollkommen geschockt. Ich hab für die nächste Woche alle Termine und alle Stunden abgesagt. Ich hab deine für dieses Wochenende gestrichen. Ich wollte nicht über dich bestimmen, aber ich hab keine Ahnung, ob du arbeiten kannst. Ich versteh es vollkommen, wenn nicht." Ihre Blicke trafen sich. „Ich meine … du warst genauso mit ihm im Bett … hast mit ihm …"

„Hör auf!", zischte Dave und schluckte. „Jessie ist auf dem Weg hierher und ich wäre dir äußerst dankbar, wenn das unter uns bleibt! Es geht keinen was an! Es ist Vergangenheit. Ich bin immer dafür, mit offenen Karten zu spielen, aber das muss er wirklich nicht wissen! Es ist vorbei und daher bin ich ihm, was das betrifft, wohl keine Rechenschaft schuldig!"

Er sah, wie Jason den Blick wieder senkte. „Es tut mir leid! Du hast recht."

Dave packte ihn am Arm. „Das heißt nicht, dass es mir nicht genauso nahe geht, verdammt noch mal! Ich hab Kyle sowas von in mein Herz geschlossen! Sieh mich an! Er ist schuld, dass ich Gefühle zulassen kann! Er allein! Er ist der erste Mann, mit dem ich jemals geschlafen habe! Glaubst du etwa, das bedeutet mir nichts?"

„Ich sagte doch, es tut mir leid!", murmelte Jason. „Ich weiß sehr wohl, was dir das bedeutet! Und keine Sorge, das was zwischen uns Dreien passiert ist, geht auch meiner Meinung nach keinen was an!"

„Danke!" Dave atmete hörbar aus. „Und nein, ich glaube nicht, dass ich nächste Woche arbeiten kann. Ich ... ich kann dir darauf noch keine Antwort geben!" Er ließ den Kopf hängen. Dann sah er wieder ruckartig auf. „Hast du den Direktor erreicht?"

Jason nickte. „Ich hab ihn aufgeweckt, aber ich wollte nicht, dass er es aus den Nachrichten erfährt. Dieser Dreckskerl von Kyles Vater wird sicher sein Maul nicht halten und rumposaunen, wer seinem Sohn die Unschuld geraubt hat. Es ist mir egal. Ich wollte nur, dass er es von mir erfährt!"

„Wie hat er reagiert?"

„Er war froh, dass ich es ihm persönlich gesagt habe. Ich habe ihm auch gesagt, dass ich jede Disziplinarstrafe akzeptieren, ich mich aber hundertprozentig nicht von Kyle fernhalten werde!" Er sah auf. „Lieber höre ich auf, an der Schule zu unterrichten! Ich hab ihm gesagt, dass es keine Affäre ist. Dass es ernst ist." Jason legte den Kopf in den Nacken und Dave sah wieder Tränen in seinem Gesicht. „Gott, ich würde ihm die Schmerzen so gerne abnehmen!"

„Jay, er hat im Moment keine Schmerzen! Er liegt in einem künstlichen Tiefschlaf und spürt überhaupt nichts!", redete Dave eindringlich auf ihn ein.

„Du weißt genau, was ich meine!", presste Jason zwischen zusammengebissenen Zähnen hervor.

„Ja, ich weiß! Wie hat er reagiert?"

Jason ignorierte die Tränen auf seinem Gesicht und sah auf. „Er war erstaunlicherweise sehr verständnisvoll. Vielleicht auch weil er gehört hat, wie schockiert ich bin." Er schluckte. „Ich habe ihm gesagt, dass wir uns außerhalb der Schule kennengelernt haben und Kyle nie einen unserer Kurse besucht hat. Es ist einfach passiert. Es geht ihn auch nichts an! Von mir aus kann er mich rausschmeißen."

„Das wird er nicht tun, und du weißt das!"

Jason sah auf. „Es ist mir egal!"

„Okay … du musst das mit der Schule nicht machen … das weißt du auch!"

Jason nickte. „Würdest du ohne mich weitermachen?"

Dave zuckte mit den Achseln. „Darüber will ich mir im Moment keine Gedanken machen. Wie seid ihr verblieben?"

„Ich soll Montag zu ihm kommen und wir besprechen alles in Ruhe."

„Klingt vernünftig!"

Jason nickte. „Jessie ist auf dem Weg hierher?", fragte er und lenkte das Thema weg von der Schule.

„Ja, er müsste schon unterwegs sein. Denke mal, so eine halbe Stunde noch, wieso?"

„Ich muss runter in den Fitnessraum."

„Jason …"

„Du weißt, wie das ist!"

„Du hast nicht geschlafen, du stehst tierisch unter Strom."

„Und ich werde keinen Schlaf finden, bevor ich nicht diesen Drecks-Sandsack bearbeitet habe!"

Dave sah auf die Uhr. „Sobald Jessie da ist, hol ich dich da raus, okay?"

„Okay."

„Und dann legst du dich hin!"
Jason nickte. „Versprochen!"

Beistand

„Sir?"

Dave sah zu Mel auf. „Ja, Mel?"

„Jessie DeMozza ist gerade durchs Tor gefahren!"

„Oh, danke, Mel!"

Dave stand auf und ging mit klopfendem Herzen zur Tür. Kurz darauf hielt Jessie auch schon mit einem schwarzen Thunderbird direkt vorm Haus.

„Mann, bin ich froh, dass du da bist!", stieß er hervor, als Jessie ausgestiegen war.

Sie umarmten sich wortlos und Dave musste sich schwer zusammenreißen, nicht augenblicklich die Beherrschung zu verlieren. Nicht hier. Erst hinter verschlossen Türen würde er es sich vielleicht erlauben, sich eine Blöße zu geben. Seine Nerven lagen blank. Er spürte, wie ihm Jessie sachte über den Rücken strich.

„Du siehst schrecklich aus!", bemerkte Jessie, was Dave nicht bezweifelte.

„Warte mal, bis du Jason gesehen hast!", brummte er und räusperte sich.

„Kann ich mir vorstellen."

Sie waren am Haus angekommen und Mel begrüßte Jessie freundlich.

„Hast du dir ein paar Sachen mitgebracht?", fragte Dave.

„Ja, sie sind im Kofferraum. Soll ich sie holen?"

Dave nickte und Jessie ging zum Wagen zurück, um die Tasche herauszuholen.

„Is' es okay, wenn Mel den Wagen im Carport parkt?"

„Klar!" Jessie gab Mel den Schlüssel und betrat dann hinter Dave Jasons Reich.

Dave seufzte. „Unser nächstes Treffen hatten wir uns beide anders vorgestellt, was?"

„Trotzdem bin ich froh, hier sein zu können! Vielleicht kann ich ja was tun. Es war schon schlimm genug, nicht ins

Krankenhaus zu kommen! Ich hab stundenlang mit mir debattiert und mich über mich selbst geärgert!"

„Ich fühl mich jetzt schon besser!", antwortete Dave, zog ihn an sich und umarmte ihn gleich noch einmal. „Danke, dass du gekommen bist!"

„Das war doch selbstverständlich, Honey!"

Dave musste bei dieser Anrede trotz des Ernstes der Situation schwach lächeln. Wie er ihn doch vermisst hatte!

„Wo ist Jason? Hat er sich schon hingelegt?"

„Nein, er ist sich am Sandsack abreagieren gegangen!"

„Autsch."

„Wir sollten runter gehen und ihn davon abhalten, einen Herzinfarkt zu bekommen!"

Jessie schüttelte den Kopf. „Du solltest allein gehen! Ich weiß nicht, ob er von mir so gesehen werden will!"

Dave zögerte. „Ich weiß nicht, ob ich ihm allein Herr werde! Ich fühl mich nicht besonders stark."

„Versuch es! Das Studio ist dort unten?" Sie waren inzwischen auf der Terrasse angekommen und Jessie zeigte zum etwas tieferliegenden Gebäude.

„Mhmm."

„Geh! Wenn du Hilfe brauchst, kannst du mich immer noch rufen! Ich kann den Eingang ja von hier sehen. Ich setz mich inzwischen hier auf die Terrasse."

„Also gut! Mel, bringen Sie Jessie was zu trinken? Was möchtest du?"

„Ein Espresso wäre klasse und ein Aschenbecher!" Jessie holte seine Zigarillos aus der Hemdtasche.

„Kommt sofort!", verkündete Mel.

„Ich nehm deine Tasche mit runter, okay? Vielleicht können wir uns bald für ein paar Stunden hinlegen, was denkst du? Mit dir an meiner Seite kann ich vielleicht sogar schlafen."

„Alles was du willst!"

„Bis gleich!"

Und schon lief Dave die Treppen zum Gästehaus hinunter. Als er kurz darauf den Fitnessraum betrat, wusste er sofort, dass es richtig gewesen war, allein zu kommen.

Jason war bereits schweißgebadet und trat und hieb wie von Sinnen, mit extrem präzisen Kicks und Schlägen, auf den Sandsack ein.

„Hey! Jason, es reicht!"

Keine Reaktion. Jason machte einfach weiter.

Dave wartete einen geeigneten Moment ab und packte Jason dann energisch von hinten, allerdings nicht, ohne ihn vorher noch einmal anzusprechen.

„Verdammt, hör auf!", beschwor er ihn eindringlich.

„Lass mich los!", fauchte Jason, doch Dave ließ sich nicht abschütteln.

„Es ist genug!"

„Es wird *nie* genug sein!", schrie Jason und schaffte es fast, sich von ihm loszureißen.

Dave musste ihn regelrecht niederringen und er spürte, dass ihn selbst langsam seine Kräfte verließen. Seit dem Angriff auf Kyle, hatte er keine Minute gehabt, darüber nachzudenken, was alles passiert war. Er hatte sich nur um Jason gekümmert und das ging ihm nun mehr und mehr an die Substanz. Wenn Jason nicht von selber zur Vernunft kam, würde er bald nicht mehr wissen, was er tun sollte. Auf der anderen Seite wusste er, dass Jason völlig am Ende sein musste, auch wenn der sich das in diesem Moment noch nicht eingestehen konnte.

Wider Erwarten sank Jason dann doch schnell wie ein Häufchen Elend in sich zusammen und blieb am Boden knien. Als er einen verzweifelt klingenden Schrei ausstieß, wusste Dave, dass Jason dasselbe fühlte wie er selbst damals, als sie vom Krankenhaus zurückgekommen waren, als sie Kyle nach dem Rippendesaster eingeliefert hatten.

Dave, der hinter ihm auf der Matte kniete, schlang die Arme um ihn. „Es ist gut!", murmelte er und war erneut froh, dass er Jessie oben auf der Terrasse gelassen hatte. Jessie hatte so etwas geahnt und richtig reagiert. Sein Hirn funktionierte offensichtlich besser als sein eigenes. Dave spürte, wie Jason unter seiner Berührung langsam aber sicher ruhiger wurde.

„Ich will Desmond anrufen und einen dieser Sadomaso-Subs haben!", fauchte er und meinte damit einen von Daves Geschäftspartnern, die einem, was das betraf, alles besorgen konnten, was man wollte. Dave hatte nach dem Unfall mit Kyle genau auf diese Expertise zurückgegriffen und sich dementsprechend abreagiert. Nur Dave war ein geübter Master und daher widersprach er ihm sofort.

„Nein, das wäre keine gute Idee!"

„Warum?", fragte Jason und ließ seinen Kopf hängen.

„Weil kein Sub im Moment überleben würde, was du ihm antun würdest!"

Jason knurrte und Dave umarmte ihn nur noch enger.

„Dave?", fragte Jason nach einer endlos erscheinenden Minute mit heiserer Stimme.

„Hm?"

„Wie zum Teufel kannst du mit diesem Schmerz leben, den man dir angetan hat?", hörte er Jason tonlos fragen, während der sich zu ihm umdrehte, um ihn anzusehen. „Ich dreh schon durch, obwohl es Kyle ist, dem man das angetan hat!"

Dave hielt seinem Blick nur schwer stand. „Das weißt du ganz genau. Nur sehr, sehr schwer. Du weißt, durch wie viele dunkle Täler ich gegangen bin! Ich habe den Schmerz ausgeblendet, sonst hätte ich nicht überlebt!" Seine Lippen zitterten, als er dies so direkt aussprach. Er wehrte sich nicht, als es diesmal Jason war, der ihn umarmte.

„Es tut mir so unendlich leid, Dave, dass du das alles allein durchstehen hast müssen!", flüsterte er und dann kamen beiden die Tränen.

„Du spürst den Schmerz wie deinen eigenen, weil du Kyle liebst!"

„Ich weiß!", murmelte Jason und seine Stimme klang brüchig.

Es dauerte einige Zeit, bis sie sich wieder ansehen konnten.

„Ich wollte, dass Jessie mit runterkommt und mir mit dir hilft, doch er hielt es für besser, dass ich allein gehe", gestand Dave.

Jason nickte. „Er ist ein sehr intelligenter und feinfühliger Kerl! Sei gut zu ihm!"

Dave nickte nur.

„Danke, dass du mich aufgehalten hast!"

„Bitte versuch zu schlafen!"

Jason seufzte. „Ich würd mich am liebsten hier zusammenrollen."

„Nein, du gehst in dein Bett!"

Jason stöhnte und Dave war sofort klar, dass der Gedanken, dass er dort um diese Uhrzeit eigentlich mit Kyle liegen könnte, ihn augenblicklich quälte.

„Kyle schläft friedlich! Tu es ihm gleich, damit du ihn später noch besuchen kannst!", konterte Dave seinen unausgesprochenen Gedanken. Er kannte Jason einfach zu gut.

Jason nickte und wischte sich die Tränen ab. Dann halfen sie sich gegenseitig auf. Kurz darauf erklommen sie gemeinsam die Stufen hinauf zum Haus.

Jessie stand mit zutiefst besorgtem Gesicht auf, als sie auf der Terrasse angekommen waren. „Hi, Jason! Es tut mir so leid, was mit Kyle passiert ist!"

Jason nahm ihn am Arm. „Danke, dass du gekommen bist!"

„Das ist doch selbstverständlich! Es war mir wichtig! Kyle ist mir wahnsinnig ans Herz gewachsen!"

Sie umarmten sich spontan, und Dave bemerkte, dass es Jessie vollkommen egal war, wie verschwitzt Jason dabei war.

„Ich leg mich hin", murmelte Jason.

„Jason?"

„Hm?" Er blieb an der Terrassentür stehen.

„Bitte versprich mir, dass du keine Dummheiten machst!", beschwor ihn Dave.

„Ich schwöre! Ich werd versuchen, ein wenig Schlaf zu finden … Wir sehen uns später!"

„Bis dann!"

Als Jason in Richtung der Treppe zum Souterrain verschwand, wo sein Schlafzimmer lag, sagte Dave eindringlich zum Butler: „Mel, lassen Sie ihn um Gottes willen nicht aus dem Haus! Wenn Sie nicht klarkommen, wecken Sie mich!"

„Geht in Ordnung!" Der Butler nickte mit ernster Miene. „Keine Sorge, ich passe auf!"

Dave nahm Jessies Hand und zusammen gingen sie schließlich zum Gästehaus, das sie über eine Außentreppe, die zum ersten Stock führte, erreichten. Darunter lag Jasons Privatstudio. Dave öffnete die Tür und ließ Jessie eintreten.

Wie die Villa selbst war auch das Gästehaus modern und geschmackvoll eingerichtet, doch Jessie hatte nur Augen für Dave.

„Ich hab seit sechsunddreißig Stunden nicht geschlafen und ich stinke zum Himmel!", murmelte Dave. „Ich dusch mich kurz und dann legen wir uns ein wenig hin, was meinst du?"

„Klingt gut!"

„Bis gleich!"

Wenige Minuten später kam Dave mit einem um die Hüften geschlungenen Handtuch wieder aus dem Bad. Sein Körper dampfte noch vom heißen Wasser und Jessie, der gerade die Vorhänge zugezogen hatte, sah ihn sanft an.

„Besser?"

Dave nickte, während er dicht an ihn herantrat. „Ich ... hab weder frische Unterwäsche dabei noch besitze ich sowas wie einen, äh, Schlafanzug", begann er sichtlich verunsichert. Offenbar wollte er alles, aber nicht den Eindruck erwecken, er hätte Sex im Hirn, wenn er sich mit ihm nackt ins Bett legte.

„Schsch", machte Jessie und zog sich wortlos aus. Dann nahm er Daves Hand und ging mit ihm zum Bett.

Der ließ das Handtuch achtlos zu Boden gleiten und lag kurz darauf in Jessies Armen. Er seufzte, als die ersten Minuten in absoluter Stille über ihn schwappten und genoss es, als Jessie ihm durch die noch feuchten Haare strich.

„Willst du sofort schlafen oder willst du darüber reden? Ich meine ... du hattest vermutlich noch nicht mal eine Minute für dich, oder?"

„Keine Sekunde."

„Willst du's mir erzählen?"

Dave schluckte. Sie lagen nackt nebeneinander, ihre Körper berührten sich sanft. Dave spürte, wie gut ihm Jessies Nähe tat. Nur hier zu liegen und ihn zu spüren. Mit ihm reden zu können, bedeutete ihm alles. „Weißt du, alles ging so verdammt schnell und ... und wenn ich mal einen Augenblick habe und nachdenke, was passiert ist, als wir in Kyles Wohnung kamen, dann läuft alles wie ... wie in Zeitlupe vor meinen Augen ab."

Jessie nickte und wartete darauf, dass er weitersprach.

„Als wir ... endlich drinnen waren, haben wir fast augenblicklich ... diesen ... diesen ..." Dave stockte. „... Schrei gehört. Jason war im wahrsten Sinne des Wortes schneller als die Polizei, er wusste ja auch, wo der Schrei herkam und ... und hat die Tür eingetreten, da dieser Drecksack von innen abgesperrt hatte. Ich meine ... Kyles Mutter steht draußen und ... und macht nichts! Daran zu denken, macht mich fertig!" Dave schluckte schwer. „Seine eigene *Mutter!*"

Er sah, dass Jessie ihn nur fassungslos anstarrte und fuhr fort „… und dann passierte alles gleichzeitig. Wir haben beide das Messer blitzen gesehen … er hatte über ihm gekniet, Kyle konnte sich nicht wehren, er hatte ihn schon zu schlimm zugerichtet. Gleichzeitig hör ich uns *Nein* brüllen und im nächsten Augenblick rammt er Kyle das Messer erneut in den Körper."

„Oh Gott!"

„… und … ich hör ihn schreien … und dann tritt Jason dieses … dieses *Schwein* auch schon mit einem extrem präzisen Tritt von ihm weg." Dave schloss die Augen. Die Bilder wiederholten und Kyles Schrei multiplizierte sich in seinem Kopf.

„Lass es zu!", flüsterte Jessie und zog ihn spontan an sich. „Es is' okay!" Er sah, dass sich Dave nicht mehr halten konnte und ihm die Tränen kamen. Er tat das einzig Richtige und hielt ihn eng in seinen Armen, während ihm Daves Tränen über die Haut liefen.

„Scheiße!", murmelte Dave nach Minuten.

„Was passierte dann?", fragte Jessie und ignorierte Daves Unsicherheit, als der sich über sein tränennasses Gesicht wischte.

„Fast gleichzeitig kamen die Sanitäter an und versuchten, Kyle zu stabilisieren. Später haben wir erfahren, dass der letzte Stich von der Manschette gebremst wurde und letztendlich in einer Rippe steckengeblieben ist. Wäre er durchgegangen …"

„Schsch."

Dave schluckte. „Wir haben den Sanitätern sofort gesagt, dass Kyle bereits verletzte Rippen hat und wollten von diesem … diesem *miesen Arschloch* … wissen, ob er ihn getreten hat."

Jessie konnte sehen, wie Daves Kiefermuskeln bei diesen Gedanken zu mahlen begannen. Die Wut, die in Dave hochkochte, war spürbar.

„... und dieser *Wichser* sagt todernst, ja klar hätte er das und wenn ... wenn wir ihm noch zwei Minuten mit ihm geben, dann bringt er das zu Ende, was er angefangen hat, nämlich ihn umzubringen ..."

„Was für ein mieses Arschloch!"

„Ich ... ich konnte Jason grad noch davon abhalten, ihn vor den Augen der Polizei zu erschlagen!" Dave stöhnte wieder und schloss die Augen.

„Verständliche Reaktion!"

„Ja, aber Kyle braucht ihn!"

„Das ist wahr!"

„Sein Vater hat tatsächlich 'rumgejammert, dass sich die Sanitäter gefälligst seine Schulter ansehen sollen, während sein ... Sohn ... um sein Leben kämpft!" Daves Kiefer mahlten noch stärker. „Kyle hat nur geröchelt ... Dann wurde er bewusstlos und ... es war einfach schrecklich!"

„Hat man euch im Krankenhaus gesagt, wie schwer seine Verletzungen sind?"

„Sid ist Gott sei Dank aufgetaucht. Er hat Kyle wegen der ersten Rippenbrüche behandelt. Guter Freund und Nachbar von Jason. Er ist Arzt und hat 'ne Privatklinik nicht weit von hier. Er hat es für uns rausgefunden. Sie wollten uns nichts sagen. Die angebrochene Rippe ist natürlich durchgebrochen und zu den zwei bereits vorhandenen hat er ihm noch zwei weitere gebrochen."

„Fünf Rippen?", hauchte Jessie fassungslos.

„Die Lunge wurde durchstoßen und sie mussten operieren. Kommt anscheinend nicht oft vor, dass man Rippenbrüche fixiert, aber sie waren zum Teil gesplittert und diese fünf mussten operiert werden. Ich weiß nicht genau, wie sie das gemacht haben ... keine Ahnung. Er hat Prellungen, Platzwunden und Schnittwunden. Diese ...

Drecksau ... hat ihm eine Sehne in der rechten Schulter durchtrennt, somit konnte Kyle sich nicht mehr mit rechts wehren."

Jessie schloss die Augen.

„Er hat ihm massiv in den Unterleib getreten. Alles war geschwollen." Dave liefen wieder Tränen übers Gesicht.

„Klingt nach blankem Hass!"

Dave nickte. „Irgendwie muss er rausgefunden haben, dass Kyle schwul ist, aber wir haben keine Ahnung, wie das passiert ist. Kyle hat in seinem Hilferuf nur gesagt *Jay, er bringt mich um – Bitte hilf mir – Er weiß es!* Er hat es ihm bestimmt nicht freiwillig erzählt. Es ging alles so schnell. Ich hab keine Ahnung. Eine Polizeistreife hat uns netterweise hinter dem Krankenwagen her ins Krankenhaus gefahren. Dafür hat Mario gesorgt."

„Und sie haben Jason nicht zu ihm gelassen?"

Dave schüttelte den Kopf. „Erst nicht, aber im Aufwachraum wurde Kyle furchtbar unruhig und stammelte immer wieder *Jay,* bis ein Arzt kam und fragte, ob einer von uns Jay ist."

„Dann erst durfte er zu ihm?"

„Ja. Somit bekam Jason auch die Erlaubnis, ihn auszufliegen. Der Ort war die Hölle! Jemand muss den Polizeifunk abgehört haben und so hat anscheinend die Presse Wind davon bekommen. Mordversuch an einem homosexuellen Achtzehnjährigen gibt eine gute Schlagzeile. Kyle konnte selbst klar und deutlich sagen, dass er verlegt werden wollte, nachdem es Jason ihm erklärt hat. Sid hatte bereits einen Hubschrauber organisiert. Und im Privatkrankenhaus ist Jason dann fast zusammengebrochen, weil Kyle zu ihm gesagt hat, dass er nichts bereut!"

„Kyle ist ein toller Kerl!", murmelte Jessie und zog Dave fester in seinen Arm.

Erst vier geschlagene Stunden später wachten sie wieder auf. Dave fühlte sich wesentlich besser und neben diesem wunderbaren Kerl aufzuwachen, der einfach so für ihn da war, bereitete ihm ein inniges Gefühl.

„Fühlst du dich ein wenig besser?", fragte Jessie.

„Mhmm. Konntest du auch ein wenig schlafen?"

„Wie ein Baby neben dir!"

Dave beugte sich vor und küsste ihn. „Mann, bin ich froh, dass du da bist!"

„Ich geh auch nirgendwo hin!",

Dave stützte sich auf einen Ellenbogen auf und sah Jessie zu, wie er sich den Schlaf aus den Augen rieb.

„Hm?", fragte Jessie, der offenbar merkte, dass er etwas auf dem Herzen hatte.

„Das Haus wird vermutlich voll sein, wenn wir wieder hochgehen. Marie wird da sein und ich denke noch ein paar andere Leute."

Jessie blinzelte. „Und? Find ich gut, wenn Jasons Freunde ihm jede Unterstützung zukommen lassen und ihm zeigen, dass er das hier nicht allein durchstehen muss!"

„Stimmt, aber ich wollte auf was anderes raus."

„Nämlich?"

„Wie willst du es handhaben?"

Jessie runzelte die Stirn. „Sagst du mir, von was du bitte redest?"

Dave gab sich einen Ruck. „Das mit uns beiden?"

Jetzt ging Jessie endlich ein Licht auf. „Ah!"

„Noch weiß keiner dort oben was über uns beide, außer Jason. Ich kann verstehen, wenn du das zum jetzigen Zeitpunkt vielleicht noch … äh, unter der Decke halten willst."

„Wie denkst du darüber?", fragte er vorsichtig.

„Ich steh dazu, Jessie. Ich steh tausendprozentig dazu! Aber ich weiß auch, dass Marie da sein wird und vermutlich noch ein paar andere von der Arbeit."

„Hab ich ein Problem, weil ... weil du sozusagen mein ... äh, oh Mann, Boss bist?", fragte Jessie und ärgerte sich wieder über sein Gestotter.

„Nein, wir haben keine Vorschriften, dass Mitarbeiter nichts miteinander haben dürfen. Ich will dich nur nicht zu was drängen, was du vielleicht noch nicht willst."

Jessie schloss die Augen und schwieg. Dave war sich fast sicher, dass er ihn bitten würde, damit noch zu warten, aber er sollte sich täuschen. Sein Herz klopfte, während er auf Jessies Antwort wartete.

Es dauerte eine ganze Weile, bis Jessie ihn wieder ansah. „Seit meinem Coming-out hab ich mich nie mehr versteckt. Nie. Und wenn es okay ist ... dann möchte ich das auch jetzt nicht tun. Ich steh dazu!"

„Wirklich?", rutschte es Dave verblüfft heraus.

„Zweifelst du?"

„Gott, nein, so hab ich das nicht gemeint! Wow! Das ... das find ich klasse! Auch wenn ... ähm, wie soll ich sagen ... Ich meine, mich kennt jeder und jeder weiß, dass ... dass ich bislang ... noch nie einen Partner hatte, den ich ..." Er brach ab. „Ich meine, die haben nicht gewusst warum ... aber ..."

„Ich weiß, was du meinst, Dave! Ich bin seit Wochen daheim. Glaub mir, ich hatte genug Zeit, darüber nachzudenken!"

Dave schluckte. „Danke!"

„Die ganze Geschichte zeigt einem umso mehr, dass es von einer Minute auf die andere ... vorbei sein kann! Ich will mich garantiert nicht verstecken! Vor was auch?"

„Ich mich auch nicht!"

Sie küssten sich, zum ersten Mal überhaupt ohne eine weitere körperliche Reaktion.

„Sollen wir uns anziehen und hochgehen?", fragte Dave.

Jessie nickte.

Als Erstes trafen sie auf Daniel. Dave und er begrüßten sich mit einer herzlichen Umarmung.

„Wie geht es dir?", erkundigte sich Daniel.

„Hab grad ein paar Stunden Schlaf gefunden, geht so. Ihr kennt euch schon, richtig?"

Jessie und Daniel schüttelten sich die Hände.

„Ja, von Jasons Party!", sagte Daniel.

„Bist du dienstlich hier?", fragte Dave.

Daniel hob die Hände und schüttelte den Kopf. „Ich bin raus!"

„Zu voreingenommen?", vermutete Dave.

Daniel nickte.

Jessie sah etwas ratlos drein und Dave verständigte sich mit Daniel durch einen Blick. Der nickte.

„Daniel ist wie wir homosexuell. Er war zwar dabei, als wir Kyle zu Hilfe kamen, ist aber deshalb wohl aus der Nummer raus."

„Ah, verstehe! Sie haben dich abgezogen?", fragte Jessie.

Daniel schüttelte den Kopf. „Nein, ich hab mich selbst abgezogen. Mario hat mich überzeugt, dass es besser ist, weil ich einen unsachlichen Wutanfall wegen diesem Super-arschloch bekommen habe, als wir ihn in den Polizeiwagen verfrachtet haben. Am liebsten hätte ich ihm höchstpersönlich den Kragen umgedreht. So wie Jason es fast versucht hätte, wenn du ihn nicht aufgehalten hättest!", knurrte er. „Ich hab zwei Kollegen mitgebracht, die gerade Jasons ausführlichere Aussage in seinem Büro aufnehmen. Deine werden sie auch noch wollen, wenn du dich gut genug fühlst?"

„Besser früher als später", brummte er.

„Dave!"

Dave fuhr herum. „Ellie!", stieß er hervor und dann umarmte sie ihn auch schon. Er nahm sie sachte an den Schultern. „Verdammt, Ellie! Es ist gut, dass du da bist! Jason braucht dich!"

„Ich weiß, es ist … so furchtbar! Ich mag Kyle total gerne!" Sie schluckte.

„Jessie das ist Jasons Tochter, Ellie!", stellte Dave die beiden vor. „Ellie, Jessie, mein Freund …"

Auch die beiden schüttelten sich die Hände.

Dave sah, dass Ellie nur ganz kurz blinzelte, bevor sie sagte: „Dave … das ist cool!" Sie umarmte ihn gleich noch einmal, immerhin kannten sie sich schon Ellies ganzes Leben lang.

„Woher hast du das mit Kyle erfahren?", fragte Dave. „Das wär eigentlich mein Job gewesen!", stellte er etwas zerknirscht fest.

„Lass gut sein, Dave! Du hast dich um Dad gekümmert! Und ich bin dir unendlich dankbar, dass er nicht allein war!", wiegelte sie ab. „Marie hat mich angerufen! Gott sei Dank! Ich … mein Gott, Dave, Dad sieht einfach … schrecklich aus!"

„Weißt du, ob er geschlafen hat?"

Ellie nickte. „Ich bin vor einer Stunde gekommen und als ich runter zum Schlafzimmer ging, ist er mir auf der Treppe entgegengekommen. Ich glaub, er ist wirklich froh, dass ich da bin!"

„Da bin ich mir sicher!"

„Ich bleib auch bei ihm. Ich muss noch ein paar Sachen regeln, aber ab morgen bleib ich hier, solange er möchte."

„Du bist ein Engel!" Dave nahm sie noch einmal in den Arm und drückte ihr einen Kuss auf die Stirn.

„Weißt du, anfangs hab ich geglaubt, das mit Kyle … wie soll ich sagen, uhm …" Sie sah zu Boden. „Ich sollte mir kein Urteil bilden, aber …"

„… du hast geglaubt, dass es nichts Ernstes sein kann", half ihr Dave.

Ellie nickte. „Versteh mich nicht falsch! Ich mein, Kyle ist so jung! Aber als ich ihn näher kennengelernt habe …

185

du weißt, ich hab ihn ein paarmal mit dem Jeep abgeholt. Der ist im Kopf viel weiter!"

Dave dachte still für sich, *nicht nur im Kopf*, und verdrängte den Gedanken schnell wieder.

„Ich hab das anfangs auch nicht geglaubt, Ellie, und Jason selbst vermutlich auch nicht. Aber umso schöner, wenn es so ist, oder?"

„Ich will nur, dass er glücklich ist!"

„Kyle macht ihn sehr glücklich!"

Er sah wie sie sich auf die Lippe biss und nickte.

In diesem Moment tauchte Marie auf und umarmte Dave ebenfalls.

„Dave, du hast das auch mitansehen müssen, hab ich grad gehört?", fragte sie sichtlich entsetzt, ihre Hand dabei an seiner Wange.

Dave nickte.

„Oh Gott, es ist so schrecklich!", murmelte sie.

„Kannst du meine Stunden für nächste Woche auch abgeben?"

„Klar. Um ehrlich zu sein, hab ich zumindest schon mal vorgetastet, wer sie übernehmen könnte. Ich brauch nur dein Okay."

„Das hast du. Ich werd mit Jason in die Schule fahren, dort wird es erstmal ein Meeting mit dem Direktor geben, dann sehen wir weiter."

Er hörte, wie sich Jessie dezent räusperte und Marie ihn erst jetzt richtig zu registrieren schien.

„Jessie! Hi. Schön, dass du auch da bist!"

„Mir ist Kyle genauso ans Herz gewachsen, Marie, es war also selbstverständlich."

„Außerdem brauch ich ihn …", sagte Dave. „… an meiner Seite!", fügte er hinzu und schlang den Arm ungeniert um Jessies Schultern.

Marie stutzte.

„Wow, äh, ich … ich wusste gar nicht, dass du …" Sie brach ab und lächelte. „Ich hab mich also auf dem Betriebsausflug doch nicht getäuscht!"

„Bitte was?", fragte Dave amüsiert.

„Na, so wie du ihn angesehen hast, wenn keiner hinguckte – oder zumindest, wenn du dachtest, dass keiner hinsieht!", neckte sie ihn.

„Ich glaub, das hat auf Gegenseitigkeit beruht", sagte Jessie.

„Oh Mann, Jungs! Das ist wirklich schön!" Sie umarmte erst Dave und dann auch Jessie, bevor sie seufzte. „Noch so ein Sahneschnittchen, das der Frauenwelt für immer versagt bleibt!"

Jessie lächelte sichtlich geschmeichelt. „Sorry, aber äh … danke!"

Dann hörten sie Stimmen und sahen sich um. Jason näherte sich mit den Polizisten, die beide Zivil trugen. Er kam direkt auf Dave zu.

„Hast du geschlafen?", erkundigte sich Jason.

„Ja, hab ich."

„Flunkert er auch nicht?", fragte Jason Jessie.

„Nein, wir haben etwa vier Stunden geschlafen. Wie sieht's bei dir aus?"

„So zwei Stunden", erwiderte er und sah Dave an. „Willst du gleich deine Aussage machen?"

Dave nickte und ging mit den beiden Polizisten wieder nach oben in Jasons Büro.

Über den ganzen Nachmittag verteilt, kamen immer mehr Freunde von Jason vorbei, um ihre Anteilnahme zu bekunden und somit war die Gruppe im Wintergarten bunt gemischt.

Unter anderem schaute auch Dr. Philip Meyers zusammen mit Mario Leonardo, Daniels Kollege, der mit Jason als erstes am Tatort gewesen war, vorbei.

Nach einem kurzen Wortwechsel unter vier Augen mit Jason, bei dem die beiden sich zu einem längeren Gespräch verabredet hatten, bat Dr. Meyers darum, dass Jason Dave holte, da der auch am Tatort gewesen war.

„Hast du kurz Zeit für Dr. Meyers?", fragte Jason, als er zurück in den Wintergarten gekommen war.

„Klar." Dave sah Jessie an. „Kommst du mit?"

Jessie nickte und die beiden gingen nach drinnen, während Jason sich wieder auf seinen Platz setzte.

„Dave!", begrüßte ihn Dr. Meyers mit einem Lächeln.

„Phil, hallo, schön dich zu sehen! Ich hätte mich vermutlich sowieso bald gemeldet, aber nicht gerade am Wochenende", gestand Dave. „Darf ich vorstellen? Jessie DeMozza, Dr. Philip Meyers."

Die beiden schüttelten sich die Hände.

„War auch eher Zufall, dass ich vorbeigeschaut habe", sagte Dr. Meyers. „Geh ich recht in der Annahme, dass das der junge Mann ist, von dem du mir erzählt hast?", erkundigte er sich.

„Ja, genau." Er sah Jessie an. „Das war vor unserem Date letzte Woche."

„Ich geh mal davon aus, dass es zwischen euch ernst wird?"

„Könnte man sagen, ja", erwiderte Dave.

„Schön, dass du in dieser Scheiß-Situation nicht allein bist!"

„Find ich auch, ja! Jessie hat auch schon anklingen lassen, dass er mitkommen würde, wenn du das mal für angebracht hältst."

„Sehr schön!" Der Psychologe lächelte.

„Wir haben bereits darüber geredet … Nicht unbedingt im Detail, aber er weiß, was ich mit mir rumschleppe."

„Respekt!"

„Ich nenne es *Project Dave*", sagte Jessie.

„Klingt gut!" Dr. Meyers wandte sich wieder Dave zu. „Du musst dir über eines klar sein: Das, was du mit ansehen musstest, kann in Albträumen wiederkommen. Sei darauf gefasst. Oder besser, seid beide darauf gefasst! Es könnte tief in dir Erinnerungen aufrühren."

Dave seufzte. „Ich weiß!"

„Hast du überhaupt schon geschlafen?"

„Ja, ein paar Stunden, da war ich aber ehrlich gesagt zu erschöpft, um was zu träumen. Aber ich fürchte auch, dass das noch kommen könnte."

„Es kann auch erst in ein paar Wochen kommen! Rede drüber, friss es nicht in dich rein!"

Dave nickte wieder.

„Wir sehen uns am Montag zur üblichen Zeit?"

„Ja."

„Im Übrigen, falls vorher was ist: Ich treffe mich morgen hier mit Jason!"

„Gut zu wissen."

„Ich wünsch euch beiden gute Nerven!"

„Danke!"

Um vier Uhr löste sich die Gesellschaft langsam auf und Jason fuhr zusammen mit Sid Becker, der ebenfalls noch vorbeigekommen war, zu Kyle in die Klinik.

Als er um fünf Uhr zurückkehrte, war er erleichtert darüber, Kyle gesehen zu haben. Die Tatsache, dass der Schmerz aus Kyles Gesicht verschwunden war und er sich in einem tiefen Schlaf befand, beruhigte ihn ein wenig. Obwohl Kyle ihn vermutlich nicht hören konnte, hatte er ihm von der innigen Anteilnahme erzählt und ihm die vielen Genesungswünsche ausgerichtet. Dennoch fühlte er sich wie gerädert, als er endlich zu Hause neben Dave auf die Couch sank.

Leise stöhnend vergrub er das Gesicht in den Händen.

„Was'n los?", fragte Dave.

Jasons Blick glitt ins Leere. „Jedes Mal, wenn ich die Augen zumache … sehe ich irgendeine Szene vor mir!" Er brach ab und fragte. „Wo ist Jessie?"

„Redet mit Mel. Da der Schotte ist, verstehen sie sich wohl ganz gut!", antwortete Dave. „Red weiter!"

„Ich seh sein Gesicht vor mir. Oft sind es Sexszenen. Hör ihn vor Lust stöhnen, hör ihn betteln, dass ich ihn unterwerfen soll. Seh ihn lachen. Und dann … dann kommt dieser Schrei!" Jason brach ab und stöhnte wieder verzweifelt.

„Das wirst du nicht ändern können, aber du kannst versuchen, danach dran zu denken, was er dir mit auf den Weg gegeben hat! Nämlich, dass er nichts bereut!"

„Oh Mann!"

„Du weißt, warum er das gesagt hat! Weil er dich verdammt gut kennt!"

Jason sah ihn an. „Ja, ich weiß", murmelte er tonlos. „Er ist ein unglaublicher junger Mann!"

„Er wird wieder vollkommen gesund werden!", beschwor ihn Dave.

„Hoffentlich, ja!"

Dave redete noch weitere zehn Minuten auf ihn ein, bis Jessie mit einem Tablett vor ihnen erschien. Sie sahen auf.

„Meine Mum hat immer Tee gemacht, wenn es jemandem schlecht ging", sagte er mit einem aufmunternden Lächeln. „Mel meinte zwar, dass ich damit wohl keinen Blumentopf gewinnen kann – aber mir schien es trotzdem einen Versuch wert!"

Ein Seitenblick auf Dave verriet Jason, dass der sich ein Lächeln nur mühsam verkneifen konnte, doch Jessie schien sich nicht beirren zu lassen und reichte ihm eine Tasse. „Schwarzer Tee mit Milch und Zucker, lange gezogen, sodass er beruhigt!"

Er verzog augenblicklich angewidert das Gesicht und fragte sich, wie er aus der Nummer wieder herauskam, ohne Jessie vor den Kopf zu stoßen.

Als Dave auch noch ein Schnauben auskam, sah Jason ihn fragend an.

Der grinste. „Du schaust grad genauso, wie ich vermutlich geschaut hab, als Jessie mir den Grappa seiner Großmutter ans Herz gelegt hat!"

„Und wie ging die Geschichte aus?"

„Ich war angenehm überrascht!"

Jason seufzte, nahm den Tee und bemerkte zufrieden, dass Dave zumindest auch einen bekam.

Da Jessie sich nun in einen Sessel gesetzt hatte und ihn ungeniert beobachtete, blieb Jason nicht wirklich etwas anderes übrig, als zumindest einen kleinen Schluck zu nehmen und er war tatsächlich erstaunt.

„Hm", machte er neutral und nahm einen weiteren Schluck.

Jessie lächelte und trank von seinem eigenen Tee.

„Andere Länder, andere Sitten", sagte Dave und Jason sah, wie er Jessie zuzwinkerte.

„Danke, Jessie!", sagte Jason.

„Gern geschehen."

„Mel? Können Sie mir bitte eine Aspirin und ein Glas Wasser bringen?"

„Kommt sofort, Sir!"

„Kopfschmerzen?"", fragte Dave.

Jason nickte und nahm einen weiteren Schluck vom heißen Tee.

Jessie beobachtete Jason immer noch und kam zu dem Schluss, dass er vermutlich helfen konnte. Jason war komplett verspannt, was hinsichtlich des Geschehenen kein Wunder war.

Doch kurz darauf kam Mel wieder und stellte Jason das Gewünschte auf den Wohnzimmertisch.

Als der Butler wieder weg war und Jason nach der Tablette greifen wollte, mischte sich Jessie ein. „Jason, hast du was dagegen, wenn ich mir das mal ansehe?"

„Was, mein Kopfweh?", fragte Jason und drückte die Tablette durch das Cellophan. Dann warf er sie ohne zu zögern ins Wasser. „Du kannst es mir gerne abnehmen, wenn du möchtest!"

„Okay, komm her, setz dich kurz auf einen Stuhl!", bat ihn Jessie und blickte zu Dave. „Is' es okay?"

„Klar!"

Jason seufzte, stand auf und setzte sich auf den Stuhl, den Jessie aus dem Essbereich herübergeholt hatte.

Jessie tastete seine Muskeln im Nacken an den Schultern fachmännisch ab. Wie vermutet war alles knallhart und völlig verkrampft.

„Hast du irgendwo Lotion oder sowas?"

Dave stand auf und kam kurz darauf mit einer Tube Gleitgel zurück. „Geht das auch, oder soll ich nach richtiger Lotion suchen?"

„Das geht auch", brummte Jessie stoisch, ohne rot zu werden und hörte bereits nach dem ersten Moment ein schmerzhaftes Stöhnen von Jason, als er damit begann, ihm den Nacken zu massieren. Ihm war bewusst, dass Dave ihm gespannt dabei zusah.

„Du bist total hart! Da hätte jeder Kopfschmerzen!"

Wenige Minuten später öffnete Jason wortlos sein Hemd um ein paar Knöpfe und Jessie schob den Stoff über seine Schultern. Dann arbeitete er gekonnt weiter.

„Mann, das ist himmlisch!", murmelte Jason. Ohne Widerrede lehnte er seinen Kopf zurück an Jessies Bauch und ließ sich die Stirn und die Schläfen massieren. Dann arbeitete sich Jessie wieder tiefer über seinen Nacken, um noch einmal seine Schultern zu bearbeiten. Schließlich strich er Jason noch einige Male die Seiten am Hals entlang bis zu den Oberarmen.

Kurz darauf ließ er seine Hände ruhen. „Was macht dein Kopf?", erkundigte sich Jessie.

Jason sagte zuerst gar nichts und öffnete die Augen. Von ihm aus hätte Jessie noch eine Stunde so weitermachen können. Kyle musste unbedingt Physiotherapeut werden! Der Gedanke jagte ihm prompt einen Stich durch die Eingeweide. „Hm, unglaublich ... fast weg!" Er sah zu Jessie auf, der zufrieden lächelte.

„Hey, kein Wunder, du bist total verspannt und nach den letzten vierundzwanzig oder mehr Stunden ist das wohl keine Überraschung, oder?"

Jasons Blick tastete sich zu Dave, der immer noch amüsiert zusah. „Sag mal, hast du auch nur die entfernteste Ahnung, was du dir da angelacht hast?", fragte er Dave und stand auf. Er zog sein Hemd wieder über die freigelegten Schultern und knöpfte es zu. „Komm her und lass Jessie ran!"

„Ich hab keine Kopfschmerzen!", protestierte Dave.

„Sag mal, bist du bescheuert? Schwing deinen Luxuskörper auf diesen Stuhl!", knurrte Jason.

Dave seufzte, stand auf und setzte sich.

Jessie merkte sofort, dass Dave nicht minder hart war. Die Tatsache, dass er keine Kopfschmerzen hatte, lag sicher daran, dass er Meister darin war, den Schmerz, egal welchen, auszublenden.

Er zögerte nicht und knöpfte auch Dave das Hemd ein wenig auf. Dann streifte er es über seine Schultern und machte mit ihm schließlich dasselbe wie mit Jason.

Wenig später seufzte auch Dave.

„Ach?", kommentierte Jason und trank wieder von seinem Tee.

Geständnis mit unerwartetem Ausgang

Die darauffolgenden zweieinhalb Wochen vergingen nur schleppend und für alle wie in Trance.

Dave übernahm die Kurse für den Rest des Schuljahres und Jason wurde von seinen Pflichten entbunden. Ein regulärer Sportlehrer hatte sich in einer Lehrerkonferenz angeboten, Dave bei den Doppelstunden zu helfen.

Die Schlagzeilen überschlugen sich und Jason war froh, dass Kyle in einem Tiefschlaf war und das Schlimmste somit nicht mitbekam. So hatte Kyle sich sein Coming-out bestimmt nicht vorgestellt. Erst nach zwei Wochen wurde es langsam besser und andere Themen wurden wieder wichtiger.

Während Jason versuchte, sein Leben wieder in den Griff zu bekommen, übernachtete Dave fast ausschließlich bei Jessie. Um Jason musste er sich keine größeren Sorgen machen, da Ellie ihm zur Seite stand. Außerdem telefonierten sie fast täglich, manchmal auch mehrmals.

Am Anfang dieser Zeit verliefen die Nächte noch relativ ereignislos, doch irgendwann setzten Albträume ein, die Dave quälten, und Jessie wurde mehr als einmal von aggressiven Nein-Schreien aus dem Schlaf gerissen.

Doch statt dass es irgendwann nachließ, wurden Daves Albträume schlimmer und eines Nachts fand Jessie Dave mit einer Whiskey-Flasche auf der Couch. Er nahm sie ihm weg und redete stattdessen solange auf ihn ein, bis Dave ihm wieder ins Bett folgte.

Erst in der zweiten Woche, begannen sich Dave und Jessie langsam besser zu fühlen.

Kyles Großmutter aus Australien war eingetroffen und hatte den Kontakt zu Jason hergestellt. Jasons erster Argwohn, als er am Telefon den Namen Brennon hörte, war schnell in Sympathie umgeschwenkt, vor allem als er merkte, dass die Lady wesentlich anders tickte, als ihr gewalttätiger Sohn.

Kyle ging es langsam besser und die Nachricht, die Dave am Freitagnachmittag, genau drei Wochen nach dem Mordversuch, erhielt, nämlich dass seit Tagen kein Wundsekret mehr aus Kyles Bauchraum ausgetreten war und man somit, sollte es weiterhin so bleiben, langsam aber sicher an ein Aufwecken in der kommenden Woche denken konnte, berührte erneut etwas tief in ihm.

Er dankte Jason für die guten Nachrichten, verabschiedete sich von ihm und legte das Handy auf den Wohnzimmertisch.

Jessie, der auf der gleichen Couch lag, auf welcher Dave saß, hatte ihn das ganze Telefonat über beobachtet. Etwas lag ihm schon seit Tagen auf der Seele, doch bislang konnte er sich nicht überwinden, es anzusprechen.

Er sah, wie Dave die Ellenbogen auf die Knie stützte und das Gesicht in den Händen vergrub. Jessie spürte, wie es in ihm arbeitete.

„Es geht Kyle langsam besser!", brummte Dave. „Kein Wundsekret mehr, keine Blutungen."

„Das ist wunderbar!"

Dave sah ihn an. „Vielleicht können sie ihn nächste Woche aus dem Tiefschlaf holen!"

„Das wären dann richtig gute Nachrichten!"

Jessie bemerkte, dass sich Daves Körper trotz der positiven Wende irgendwie verkrampfte. Es war als durchliefe ihn ein Schmerz wie eine Welle und im nächsten Moment schien Dave mit Gewalt dieses Gefühl, das ihn quälte - was auch immer es war - wieder zu verdrängen.

„Wir sollten heute Abend ausgehen. Essen gehen. Endlich mal raus, hm? Ein klein wenig feiern?" Er fing Daves fragenden Blick auf und wunderte sich, wie schnell er wieder zur Normalität überging. Dave war einfach der

Meister der Verdrängung, doch diesmal würde er ihn nicht mehr so davonkommen lassen.

Er musterte ihn erst einige Sekunden, dann setzte er sich auf. „Nein! Nicht bevor du mir endlich sagst, was dich seit Wochen so entsetzlich quält!"

Dave schluckte. „Was?"

Jessie nahm allen Mut zusammen. „Es ist nicht nur, was du bei dem Angriff mit ansehen musstest ... Da is' noch etwas anderes ... aber du willst nicht drüber reden!"

Dave sah auf seine Hände.

Jessie bemerkte, wie seine Kiefermuskeln arbeiteten. Anscheinend war er auf dem richtigen Weg.

„Die Art und Weise, wie dich das Ganze getroffen hat, sagt mir, dass da wesentlich mehr ist, als du mir erzählt hast!", fuhr Jessie behutsam fort. „Ich verstehe ja, dass das alles traumatisch war, aber ... es erklärt nicht alles."

Dave sah auf, konnte seinem Blick nicht standhalten und sah wieder weg.

„Warum nur denkst du, dass du mir das nicht erzählen kannst?"

„Ich ..." Dave brach wieder ab.

„Erzähl's mir, damit ich dich verstehen kann! Honey, bitte!"

„Scheiße!", murmelte Dave. Sein Instinkt sagte ihm aufzustehen und zu gehen, und eine andere Stimme befahl ihm, sitzen zu bleiben und endlich den Mund aufzumachen. Aber er hatte Angst, es Jessie zu erzählen. Panische Angst.

„Ich hab also recht?"

Dave nickte.

„Was dich und Kyle verbindet, ist mehr als nur ...?"

„Nein! Nicht *ist* ... sondern *war!*", verbesserte ihn Dave sofort und hielt Jessies Blick nur mit Mühe stand.

„Okay ..." Jessie pausierte kurz. „Es ist Vergangenheit?"

Dave nickte erneut.

„Dann ist es doch okay! Jeder hat eine Vergangenheit. Auch ich!"

„Ich ... ich hab nichts davon erzählt ... weil es vorbei ist! Es war schon bei unserem ersten Date vorbei, das musst du mir glauben, Jessie!" Er sah Jessie an wie ein geprügelter Hund.

„Ich glaube dir!", versicherte ihm Jessie. „Ich will es nur verstehen! Ich will *dich* verstehen!"

„Ich ... will dich nicht damit belasten ... konfrontieren."

„Es belastet mich aber!", unterbrach ihn Jessie.

„Ich weiß ..."

„Ich meine, dass du nicht mit mir drüber sprichst! Das belastet mich! Ich ... verdammt noch mal, Dave! Ich mag dich total gern! Und es tut mir in der Seele weh, zu sehen, wie sehr dich das Ganze quält!"

Dave fluchte leise. „Wieso zum Teufel musst du so ein feinfühliger Kerl sein?"

Jessie lächelte. „Ich nehm das als Kompliment!" Dann wurde er wieder ernst. „Bitte, Dave!"

„Ich weiß überhaupt nicht, wo ich anfangen soll!", murmelte er.

Jessie stand auf und ging in die Küche. Dave sah ihm verunsichert hinterher. Er fluchte in sich hinein. Er hatte keine Ahnung, ob ihre noch so junge Beziehung das aushalten würde, aber er wusste auch, dass Jessie nicht lockerlassen würde. Was Jessie seit dem Angriff auf Kyle mit ihm durchgemacht hatte, verlangte zweifelsohne eine Erklärung. Egal wie es ausgehen würde, er wusste, er war Jessie die Wahrheit schuldig.

Als Jessie wiederkam, stellte er zwei Flaschen mit gutem irischen Ale, die Flasche Whiskey, die Dave ihm geschenkt hatte, und zwei Gläser auf den Tisch.

„Wie wär's mit dem Anfang?", fragte er trocken. „Und wenn es so lange dauert, bis die Flasche leer ist, dann dauert es halt! Ausgehen können wir morgen auch noch!"

Dave schluckte und schien immer noch nach den richtigen Worten zu suchen, um anzufangen.

Jessies Mundwinkel zuckte amüsiert, er hatte also richtig gelegen mit seiner Vermutung, doch Dave konnte es nicht sehen, da er auf die Gläser sah, die er gerade großzügig füllte.

„Wenn du nicht anfängst zu reden, stelle ich dir Fragen!", drohte er und nahm sein Glas. „Und solltest du Angst haben, dass ich dich nach deiner Geschichte vor die Tür setze, so muss ich dir leider sagen, dass das keine Option ist! So einfach kommst du aus der Nummer nicht mehr raus! Ich erinnere dich an mein *Project Dave!*"

Dave lächelte nicht. „Das sagst du jetzt!"

„Himmel Herrgott noch mal!" Jessie stöhnte genervt. „Jetzt red schon! Ihr hattet Sex?! Da Kyle Jasons Lover ist, wohl zu Dritt! Jetzt bist du dran!"

Dave starrte ihn geschockt an. „Oh … mein … Gott!", murmelte er nach dieser direkten Ansage, ließ sich zurücksinken und fuhr sich mit beiden Händen durch die Haare.

„Hey, du bist nicht der Einzige auf der Welt, der schon mal einen Dreier hatte, okay?", knurrte Jessie und setzte sich neben ihn. „Nimm dein Glas, stoß mit mir an und fang verdammt noch mal mit deiner Story an!"

Dave blinzelte, nahm sein Glas und tat wie ihm geheißen. „Verdammt, ich wollte dich nicht damit … belasten! Weil es vorbei ist, Vergangenheit."

„Das hast du schon erwähnt, du wiederholst dich! Durch den Mordversuch ist es aber sehr aktuell. Fang an!", knurrte Jessie.

Dave seufzte. „Okay." Er nahm einen tiefen Schluck. „Als Jason Kyle zum ersten Mal erwähnt hat, hab ich gedacht, jetzt hat er 'ne Midlife-Crisis!"

Jessie grinste. „Weil er so jung ist?"

„Ich kenn Jason schon zwanzig Jahre und ich wusste schon, dass er schwul ist, da war er noch verheiratet. Wir haben immer über Sex gesprochen. Ich hab ihm von meinem Sexleben erzählt und er mir von seinem. Es hat mich natürlich mehr interessiert, als es endlich Männer waren … Und als er dann mit Kyle daherkam, dachte ich: Jetzt spinnt er komplett! Er hat mich schwer an diejenigen Männer erinnert, die sich eine Zwanzigjährige oder noch jüngere anlachen."

Jessie nickte und nahm einen Schluck.

„Kyle hatte keine Ahnung, dass er schwul war, bis Jason den Kontakt zu ihm aufnahm. Jason wusste nur, dass er nicht mit den anderen Jungs hinter Mädchen her war. Also war es eigentlich nur eine Vermutung."

„Die sich als wahr rausgestellt hat."

„Genau. Es hat ziemlich schnell gefunkt und Jason hat sich Hals über Kopf in den Kerl verliebt. Sie haben sich natürlich auch Pornos angesehen. Pornos die ich gedreht habe. Irgendwann hat er ihm dann erzählt, wer die Filme gemacht hat und Kyle war total fasziniert. Jason hat ihm das nicht ohne Grund erzählt …" Dave machte eine kurze Pause.

„Weiter!" Jessie ließ nicht locker.

„Er wollte, dass ich ihn mit Kyle beim Sex filme."

„Aha … Hast du's getan?"

„Kyle musste mich erstmal kennenlernen. Er kannte mich nur von der Schule und damals trug ich weder Bart noch hatte ich gegelte Haare. Er hielt mich für einen biederen Obersoftie. Bis er mich bei Jason von meiner privaten Seite kennengelernt hat. Und er wollte wissen, ob Jason und ich schon mal was miteinander hatten, was wir verneinen konnten. Meine Art von Sex war nicht Jasons Ding, also bestand da keine Gefahr, dass das jemals ein Thema sein würde."

„Und wie hat er reagiert?"

„Es war in Ordnung. Kyle war davon fasziniert, sich filmen zu lassen, und das hab ich dann auch getan." Dave sah wieder auf seine Hände.

„Offensichtlich hat das was ausgelöst, oder?"

„Ja, ich meine das Ganze war total harmlos. Jason wollte eigentlich für den Anfang nur, dass ich zum Beispiel einen Kuss filme. Wir wollten langsam steigern, sofern Kyle sich dabei wohl fühlte, aber ... es ist dann doch beim ersten Shoot schon mehr draus geworden. Blowjob, Mundfick." Dave schüttelte den Kopf, als er daran zurückdachte. „Ich konnte nicht fassen, dass mich das überhaupt angemacht hat. Ich bin schon seit Jahren beim Pornodrehen nicht mehr geil geworden, aber die beiden zu filmen ... hatte irgendwas. Ich denke, es ... es war Kyles absolute Unschuld."

„Du hast zum ersten Mal einen anderen Mann nicht als Gefahr, als Bedrohung gesehen", vermutete Jessie und Dave sah auf.

„Kann sein, ja."

„Und dann?"

„Kyle wollte den Film sofort sehen. Digitalkamera einstecken und los, aber das hab ich noch nie gemacht. Also bin ich runter ins Studio – Jason hat ein Studio im Keller, ein kleines", warf er beiläufig ein, „und hab den Film geschnitten. Dann haben wir ihn uns zu dritt angesehen."

„Und dabei ist mehr draus geworden?"

„Nein, wir haben alle abgespritzt, aber mehr passierte nicht wirklich. Aber die beiden zu sehen, hat was in mir berührt. Ich hab viel drüber nachgedacht."

„Weiß Kyle von deiner Vergangenheit?"

Dave nickte zu seiner Überraschung. „Er hat mich ... ziemlich direkt gefragt, wie ich auf der harten Schiene des BDSM gelandet bin und Jason hat mir sehr eindringlich nahegelegt, die Wahrheit zu sagen. Er wollte, dass Kyle mich versteht."

„Und wann haben sie dich mit ins Boot geholt?"

Dave trank erst sein Glas aus und Jessie schenkte ihm nach.

„Jason hat drei Wochen gewartet, mit Kyle zu schlafen. Er war ja total unerfahren und er wollte ihn dauerhaft an seiner Seite haben."

„Und Jason war dabei logischerweise immer der Dom?"

„Dachte ich auch, aber nein, falsch. Sie haben immer mal wieder die Rollen getauscht. Ich meine ... Jason hat mir viel erzählt und ..." Dave brach etwas verlegen ab.

„Hey, Sam und ich reden auch über Sex. Haben wir immer schon gemacht und werden es auch immer tun! Es ist absolut geil, so einen Freund zu haben!", beruhigte ihn Jessie sofort und lächelte. „Als ich ihm von dir erzählt habe, damals als sie im Pub gespielt haben, hat er mich sofort gefragt, wie du im Bett bist."

„Und was hast du ihm geantwortet?"

„Dass ich keine Ahnung habe!" Jessie grinste. „Er hat mir nicht geglaubt – er kennt mich schließlich schon lange und weiß, was ich bislang so abgeliefert habe. Ich hab ihm gesagt, dass ich ihn nicht auf den Arm nehme und wir noch nicht miteinander geschlafen haben. Er ist fast ausgetickt und hat gemeint, diese beiden Wörter hätte er noch nie von mir gehört."

Dave lachte. „*Miteinander schlafen?*"

Jessie nickte. „Er war anderes von mir gewohnt."

„So wie Jason. Der hat mich gefragt, wie lange es gedauert hat, nachdem ich einen Fuß über deine Türschwelle gesetzt habe, bis ich dir die Klamotten vom Leib gerissen hab."

„Und deine Antwort war?", fragte Jessie und ein amüsiertes Grinsen spielte um seine Lippen, da er es sich schon denken konnte.

„Dass wir noch nicht *miteinander geschlafen* haben. Er hat mich gebeten, ihn zu zwicken und ich hab ihm eine geknallt." Er schüttelte den Kopf. „Aber es hat mich nicht wirklich gewundert, dass er so darüber gedacht hat!"

„Kenn ich" Jessie trank wieder. „Aber wir weichen vom Thema ab! Jason hat dir also von seinem Sex mit Kyle erzählt …", half er ihm wieder auf die Sprünge.

Dave seufzte. „Dabei hab ich ziemlich schnell gemerkt, dass Kyle genauso tickt wie Jason. Jason hat ihn nicht nur unterworfen, er hat sich von ihm auch unterwerfen lassen und Kyle war dabei ungefähr genauso gut wie als Sub."

„Ein unerfahrener Achtzehnjähriger?", fragte Jessie zweifelnd.

„Genau so hab ich auch dreingesehen, als er mir das erzählt hat. Jason hat ihm am ersten Wochenende bereits gezeigt, dass das Vögeln in beide Richtungen gehen kann. Kyle war passiv und er hat Kyle geritten. Für seinen ersten sogenannten aktiven Fick hat er allen Ernstes mich gefragt, ob ich Kyle zeigen könnte, was er machen soll." Dave schnaubte.

„Und? Hast du?"

„War nicht nötig. Jason hat es dann doch ohne mich versucht und Kyle für einen Tag die Rollen tauschen lassen. Und Kyle hat es ihm dabei sowas von besorgt, dass Jason am Ende des Tages gedacht hat, dass Kyle unmöglich unerfahren sein konnte. Aber der Kerl lernt einfach nur unglaublich schnell.

Er hat mir an diesem Nachmittag gesagt, dass er sich von Kyle fesseln lassen wollte und ich hab ihn für total übergeschnappt erklärt. Ich hab als Einziger den Code zu seiner Alarmanlage, neben seinem Personal natürlich, und er hat mir gesagt, dass ich nach ihm sehen soll, wenn ich bis sechs Uhr nichts gehört habe.

Mir ist voll die Düse gegangen, weil er sich bis dahin nicht gemeldet hatte, aber ich hab die beiden nur komplett erledigt im Bett vorgefunden. Ich musste Jason regelrecht wachrütteln und er hat sonst einen verdammt leichten Schlaf."

„Wow."

„Ich hab Jason noch nie so gesehen und wie heftig es war, hab ich erst tags drauf erfahren und ich konnte immer noch nicht glauben, dass Kyle das alles eingefallen war."

„Zum Beispiel?", wollte Jessie neugierig wissen.

Dave überlegte. „Zum Beispiel die Nummer: *ich zieh dir mit den Zähnen die Hose aus.*"

„Die ist von Jason?"

„Nein, von Kyle."

Jessie zog erstaunt die Augenbrauen hoch. „Ach echt?"

Dave nickte. „Er hat sich eine enge Jeans angezogen, Jason mit auf dem Rücken gefesselten Händen vor sich knien lassen und dann musste Jason seine Hose mit dem Mund aufmachen und seinen Schwanz 'rausholen."

Jessie pfiff leise durch die Zähne.

„Jedenfalls hat er keine Hilfe für einen aktiven Fick gebraucht. Laut Jason ist er ein Naturtalent."

„Hört sich so an. Oder er hatte doch schon Erfahrung."

„Nein, er hatte keine. Das war ja der Hammer."

„Ich weiß immer noch nicht, wie du da mit reingerutscht bist."

Dave seufzte wieder, fuhr sich mit beiden Händen durchs Gesicht und sah wieder auf. „Nach drei Wochen hat Jason Kyle zum ersten Mal aktiv gefickt. Das Ganze war auf Kyles Wunsch in Jasons Videoraum geschehen."

„Videoraum?"

„Jason hat ein separates Schlafzimmer, das mit einem Dutzend versteckten Kameras ausgestattet ist. Kyle wollte, dass es dort geschieht."

„Hast du's gesehen?"

„Ja. Ich sollte den Film schneiden. Verdammt, die beiden waren drei Stunden dort!"

„Drei Stunden?"

„Als Jason ihn dann endlich soweit hatte, gab es natürlich kein Halten mehr und die beiden haben sich ein ganzes Wochenende lang regelrecht gegenseitig den Verstand weggevögelt. Jason diesmal auf der aktiveren Seite.

Aber Kyles Libido war unbezwingbar und irgendwann, als mir Jason auch davon erzählt hat, meinte er, er wüsste nicht, ob er ihm allein Herr werden würde. Im ersten Moment dachte ich, der verarscht mich oder so. Aber es war ihm todernst. Er fragte mich, ob ich mir vorstellen könnte, ihm zu helfen, Kyle kleinzukriegen."

„Einfach so? Ohne Kyle vorher zu fragen?"

„Das hab ich ihn auch gefragt und er hat nur gelacht und gemeint, natürlich nur mit seinem Einverständnis. Und ohne Züchtigungen. Nur simpler Sex. Und er hat gesagt, dass er immer noch hoffte, dass bei mir noch nicht Hopfen und Malz verloren ist." Dave machte eine Pause und dachte zurück.

„Hast du sofort Ja gesagt?"

Dave schnaubte wieder. „Nein, ich hab abgelehnt und ihn für vollkommen verrückt erklärt. Erstens konnte ich mir nicht vorstellen, dass Kyle dazu Ja sagen würde und andererseits hatte ich voll die Probleme damit, dass Kyle so jung ist."

„Und dann?"

„Hat Jason es gut sein lassen. Er wusste, dass ich drüber nachdenken würde. Und in den Ferien Zeit mit den beiden zu verbringen und sie zusammen zu sehen, hat in mir noch viel mehr ausgelöst. Die beiden waren so verdammt innig und vertraut.

Eines Tages nach einer gemeinsamen Motorradtour haben sich die beiden ins Wohnzimmer verzogen, während ich noch da war."

„Bist du ihnen nachgegangen?"

Dave nickte.

„Sie hatten Sex, als du dazukamst?"

„Jep. Das war der absolute Hammer! Sie haben sich nicht nur einfach gefickt. Sie haben sich – lach mich jetzt bitte nicht aus! Aber es gibt nur ein Wort dafür." Jessie lachte nicht und wartete darauf, dass er weiterredete. „Sie haben sich geliebt und das war einfach nur unglaublich. Ich hab daneben gesessen."

„Du hast mitgemacht?"

„Jason hatte mit Kyle einen Deal gemacht. Egal was ich mit ihm machte, durfte er mit mir machen. Mich anfassen und so. Kyle hatte mir vorher schon ziemlich eindeutig zu verstehen gegeben, dass er selbst entscheiden konnte, mit wem er Sex haben wollte und mit wem nicht. Ihm war nur wichtig, dass keine Gewalt dabei war, sollte ich mich doch dafür entscheiden." Dave ließ wieder den Kopf hängen.

„Das heißt, er war einverstanden, dass ihr es zu dritt macht?"

„Ja. Es hing alles nur von meiner Entscheidung ab."

„War dies das erste Mal, dass du Sex mit den beiden hattest?"

Dave nickte, ohne aufzusehen. „Total harmlosen … Aber für mich war es unglaublich. Mich anfassen zu lassen. Zum ersten Mal überhaupt. Jason würde ich mein Leben anvertrauen, ich hab keine Angst vor ihm. Auch wenn ich vorher noch nie Sex mit ihm hatte. Und Kyle war einfach nur … *rein* in meinen Augen."

„Es ist nicht bei diesem einen Mal geblieben, oder?"

„Nein. Als ich gemerkt habe, dass Kyle das wirklich auch will und die beiden das geil fanden – ich meine, ich filme ja. Ich geb zu, dass ich gerne zusehe. Live erst recht." Er sah Jessie an. „Der Gedanke, ich könnte dir … ähm, dir beim Wichsen zusehen, wenn ich es wünsche … erregt mich einfach sehr!"

„Ich bin Fotograf, ich weiß, was du meinst, wenn ich den Gedanken auf dieser Ebene auch noch nie wirklich zugelassen habe. Ein Voyeur bin ich allemal."

„Jason hat mir die andere Seite gezeigt. Er hat mir gezeigt, dass es nicht immer nur brutal sein muss. Dass man absolut dominant sein kann, ohne Stricke und Peitsche." Er brach ab. „Es war ein unglaubliches Gefühl, endlich Hände auf meinem Körper zu spüren!" Er schluckte. „Das sind absolut simple Sachen, aber für mich war es ein Meilenstein!"

„Hast du mit Kyle geschlafen?"

Dave sah ihn lange an, bevor er nickte. „Oder besser: Sex gehabt. Ich hab ihn beim ersten Mal ganz schön rangenommen."

„Wenn Kyle all das mit dir machen durfte, was du mit ihm gemacht hast, galt das auch für das?"

„Kyle hat mir einmal geschenkt – wenn du so willst. Jason hat ihn drauf gebracht, um mir den Mund wässrig zu machen. Kyle reagiert unglaublich auf Bärte. Jason hatte die Idee, Kyle nur mit dem Kontakt von Bartstoppeln zum Orgasmus zu bringen."

„Wie soll das denn funktionieren?"

„Ich kenn jemanden, bei dem reicht schon der pure Atem auf der Haut!", konterte Dave.

Jessie schluckte und dachte an seinen ersten Orgasmus in Daves Gegenwart.

„Wir haben ihn an einen speziellen Tisch gefesselt. Arme und Beine gespreizt. Augen verbunden. Er ist schier ausgerastet, konnte aber nichts dagegen tun, musste es erdulden. Und viel wichtiger: Er wollte es erdulden! Das war eine der geilsten Sessions, die ich je, ohne auch nur annähernd brutal zu sein, gemacht habe."

„Wow, das hätt ich gern gesehen!"

„Kyle hat zu mir gesagt, wenn wir das schaffen, dass er dabei kommt, hätte ich das eine Mal ohne sofortige Gegenleistung verdient."

„Und hast du?"

Dave nickte. „Als wir vom Club O nach Hause kamen. War ziemlich heftig. Jason hat zugesehen, als ich ihn einmal quer durchs Haus ..." Er brach wieder ab. „Danach war der Knoten geplatzt und ich wusste, ich kann die Finger nicht mehr von ihm lassen. Jason und Kyle haben mich immer weiter mit ihrer Art von Sex bekannt gemacht. Und ich konnte immer mehr zulassen. Es hat mich seelisch extrem aufgewühlt. Ich habe immer wieder ... *Joseph* vor mir gesehen."

„War das sein Name?", fragte Jessie behutsam. Dave hatte ihn noch nie erwähnt. Vermutlich konnte er den Namen, wie er selbst den Namen Bruce, kaum laut aussprechen.

Dave nickte. „Es kam immer wieder hoch. Egal bei was. Jason hat mich immer wieder versucht zu beruhigen ... Doch es kam immer wieder. Ob ich wollte oder nicht. Ich konnte einfach nichts dagegen tun."

Jessie sah Sorgenfalten auf Daves Stirn. „Kyle hat dich nicht nur einfach so an der Schulter berührt, als er in einen Karatekick gelaufen ist, oder?", fragte er leise. Langsam aber sicher kamen sie der Wahrheit näher.

Dave ließ den Kopf erneut hängen, vergrub das Gesicht in den Händen und kämpfte wieder um seine Fassung. Er schüttelte den Kopf. „Nein ...", antwortete er mit gepresster Stimme.

„Was ist passiert?"

Dave schluckte schwer, kämpfte die aufsteigenden Emotionen nieder. „Es war dieser Morgen. Ich weiß nicht mehr, was es für ein Tag es war. Jason und Kyle hatten Sex, als ich aufwachte und ich hab ihnen zugesehen. Es war wieder so extrem innig und dann ... dann ... ähm ... danach hat Kyle mich ... zum ersten Mal geleckt ... und ich hab zum ersten Mal nicht dieses ... Monster vor mir gesehen. Ich hab es einfach nur genossen ... und dann ..."

Er fluchte und legte den Kopf in den Nacken. „... hat Jason ihm einen Minidildo gegeben. Und im selben Moment, als Kyle ihn ansetzt ... ich konnte es nicht sehen ... hab nur gespürt, dass etwas anders war ... Ich hab ihn in einem panischen Anfall vom Bett getreten." Er vergrub ein weiteres Mal das Gesicht in den Händen. „Er ist mit dem Kopf auf dem Boden aufgeschlagen. Gott sei Dank hat ein Läufer das Schlimmste verhindert, sonst hätte er tot sein können!", murmelte er. „Er war bewusstlos und kam nur langsam wieder zu sich. Ich .... war wie gelähmt!"

Jessie schenkte ihnen beiden nach und Dave versuchte sich mit einem tiefen Schluck zu beruhigen.

„Der Hass in mir, auf mich selbst, war so groß ... ich ..." Er stockte wieder. „Im Krankenhaus hat Kyle zu Jason gesagt, er solle auf *mich* aufpassen! Und nach dem Krankenhaus hat er mich als aller erstes gefragt, wie es *mir* geht!" Er stöhnte leise. „Und wär das alles nicht passiert, dann hätte er nicht schon kaputte Rippen gehabt, als dieser Wahnsinnige auf ihn losgegangen ist ... dann ... dann hätte er sich viel besser wehren können! Ich werde mir deswegen immer Vorwürfe machen!", endete er schließlich tonlos.

Und endlich verstand Jessie, warum Dave das Ganze so bewegte.

„Habt ihr nach dem Krankenhaus noch mal in der Richtung weitergemacht?", fragte Jessie behutsam.

Dave nickte. „Jason nahm die Gelegenheit beim Schopf mir ein wenig Softsex, wie er es nannte, beizubringen. Ich wäre lieber gestorben, als dass sowas noch mal passieren würde! Ich meine, ich bin ziemlich heftig ... normalerweise ... mit Selbstbeherrschung hab ich nicht viel am Hut gehabt. Aber nach dem Krankenhaus hab ich meine ersten Erfahrungen damit gemacht.

Am Ende war Kyle der erste Mann, mit dem ich je geschlafen habe. Nach all der Scheiße, die ich durchgemacht hatte. Und es hat mich so fertig gemacht, dass ich dabei gekommen bin, dass … dass ich fast heulend danach zusammengebrochen bin. Ich konnte nicht fassen, dass es nicht wehgetan hat, sondern nur geil war.

Und auf all das hatte ich so viele Jahre verzichtet? Ich konnte es einfach nicht glauben! Jason war fassungslos, dass ich das noch nie erleben durfte." Dave schüttelte den Kopf. „Und jetzt weißt du, warum mir das so nahe geht! Und ich wünschte … ich … ich hätte dir das nicht erzählen müssen!" Er biss sich auf die Lippen.

Jessie hing seinen Gedanken nach und Dave sah nach einiger Zeit vorsichtig auf. Jessies Blick ging in die Ferne und er schien alles um sich herum vergessen zu haben.

Dave spürte ein extrem schmerzhaftes Ziehen im Magen. Wenn Jessie nun aufstand, ihn ein Arschloch nannte und ihn doch der Wohnung verwies, konnte er nichts daran ändern. Aber zumindest wusste er nun, dass er innerlich noch nicht komplett gestorben war.

Es dauerte noch eine gefühlte Ewigkeit, bis Jessie ihn wieder ansah. „Ich denke … ich sollte beiden meinen Dank aussprechen, dass sie dir eine solide Grundausbildung mit einem tollen Crash-Kurs gegeben haben, hm?"

Dave glaubte, sich verhört zu haben, und schluckte schwer.

„Der Rest fällt in mein Resort unter *Project Dave!*"

„Scheiße! Du bist nicht … sauer … verletzt … ähm?"

„Wieso sollte ich? Es war vor meiner Zeit, oder?"

Dave nickte. „Ohne die beiden hätte ich dich vermutlich gar nicht wahrgenommen. Jedenfalls nicht als potentiellen Partner, wenn du weißt, was ich meine! Und ich hab so eine Panik geschoben, dich anzusprechen! Ich konnte nicht fassen, dass ich mich Hals über Kopf verlieben konnte, einfach so! An einem Punkt in meinem Leben, wo ich nicht Fleisch war und nicht Fisch."

Jessie lächelte immer noch und Dave sah ihn fragend an.

„Die Ausbildung muss jedenfalls für was gut gewesen sein. Immerhin konnte ich dich, ohne vom Bett gekickt zu werden, lecken."

Dave blinzelte.

„Danke, dass du mir die Wahrheit gesagt hast!"

„Ich schwöre dir, ich werde niemals wieder etwas vor dir verheimlichen!", sagte Dave tonlos. „Nie mehr!"

„Das wär total schön, Honey!"

„Ich versprech es dir!" Dave seufzte tief. „Und trotzdem muss ich immer wieder daran denken ... dass ... wenn ich mich erst gar nicht auf das Ganze ... auf Kyle eingelassen hätte, dann hätte ich ihn auch nie verletzen können, verstehst du?"

Jessie sah ihn erneut für Sekunden schweigend an. „Honey ... wenn du dich nicht mit ihm eingelassen hättest, säßen wir beide jetzt nicht hier und hätten dieses Gespräch!", sagte er leise und er meinte es todernst.

„Womit hab ich dich bloß verdient?", flüsterte Dave sichtlich bewegt.

Statt einer Antwort küsste ihn Jessie.

Dave stöhnte ungläubig, als er Jessies halboffenen Mund auf seinen Lippen spürte. Ihre Zungen berührten sich zum ersten Mal seit einer kleinen Ewigkeit und es traf beide wie ein elektrischer Schlag.

Das Ziehen in Daves Magen war schlagartig verschwunden und die Schmetterlinge waren im Drogenrausch.

Sie setzten ab und Dave atmete ihn ungeniert und geräuschvoll ein. Er schrubbte mit seinen Barthaaren über Jessies Wange und konnte den Schauer spüren, der durch seinen Körper jagte.

„Und wenn du dich nicht drauf eingelassen hättest ...", murmelte Jessie, während sich ihre Blicke trafen. Feuer stand in beiden. „... dann hätte ich jetzt nicht wegen dir die erste Erektion seit .... seit dem Angriff!"

Dave atmete ihn erneut ein, dann glitt sein Blick zu Jessies Hose. Er trug erneut die Jeans ohne Gürtel und der Bund stand ein wenig ab. Dave spürte wie sein Puls hämmerte. Seine Augen tasteten sich wieder zu Jessies Gesicht und im nächsten Moment landete seine Hand mit einem leisen Keuchen in Jessies Schritt. Er griff beherzt zu und sein Daumen strich fast ungläubig über die harte Schwanzwurzel.

„Ich hatte schon Angst, dass das nie wieder passiert!" Jessies Stimme zitterte. Seine Hand landete auf Daves und drückte sie noch fester auf seinen steifen Schwanz. Mit der anderen zog er Dave am T-Shirt zu sich.

Als sich ihre Lippen endlich trafen, war es wie eine Explosion. Der Kuss war leidenschaftlich und sehr intim. Er spürte, dass plötzlich bei Dave alle Dämme zu brechen schienen und genoss es, als er Daves Zähne an seinen Lippen spürte.

Innerhalb der nächsten sechzig Sekunden rissen sie sich praktisch gegenseitig die Klamotten vom Leib. Jessie stöhnte erregt, als er endlich auch Daves Erektion spürte, die sich in seine Hand presste. Bevor sie sich versahen, waren sie in der Horizontalen, Dave über ihm und holten das nach, was sie seit Wochen nicht mehr getan hatten.

Daves Lippen und Hände waren überall auf seinem Körper und Jessie wand sich keuchend unter ihm. Er hatte kaum eine Chance, es ihm gleichzutun und doch hatte er Daves leidenschaftliche Führung noch nie so ersehnt.

Nach einem heftigen Kuss sahen sie sich atemlos in die Augen. Jessie spürte, wie sich Dave mit seinem ganzen erregten Körper an ihn schmiegte und wie sich ihre Schwänze aneinander pressten.

„Gott, bitte fick mich!", keuchte er heiser. „Bitte ... tu es endlich!" Er wollte nicht mehr warten. Der Zeitpunkt würde nie besser sein. Er wollte Dave in sich spüren. So tief wie es ging. So heftig er es wollte.

Jessie spürte Daves Zähne und seine Barthaare an seinem Kinn. Er schauderte und presste sich nur noch fordernder an Dave, der dabei fast den Verstand verlor.

„Du bist dir ganz sicher?", hakte Dave fassungslos nach, während er nichtsdestotrotz aufreizend über seinen Adamsapfel leckte.

„Fuck ja!", zischte er.

Dave biss ihn in die Kehle und Jessies Wirbelsäule bog sich durch. Er konnte Jessies steifen Schwanz an seinem Bauch zucken spüren.

„AAAH!" Jessie schnappte nach Luft, als Dave damit begann, ihn im wahrsten Sinne des Wortes bei lebendigem Leib zu vernaschen, und dabei die Zähne in seinen Hals grub.

„Hast du inzwischen Gleitgel im Haus?", murmelte ihm Dave ins Ohr und knabberte sofort daran.

Er schüttelte den Kopf und schloss die Augen. Dave würde sich nicht weiter zieren und er würde vermutlich sterben, wenn er es wirklich tat! Oh mein Gott, er wollte es so sehr!

„Dann müssen wir wohl improvisieren!", murmelte er und überlegte. Er hatte Kyle beim ersten Mal nur mit Spucke gefickt, aber das wollte er Jessie auf keinen Fall antun. Er würde der erste Mann sein, den der an seinen geschundenen Körper ließ und Dave wollte alles daransetzen, dass es eine absolut positive Erfahrung wurde. Soweit hatte er sich zumindest noch im Griff. Er wusste, er würde Jessie nicht mehr widerstehen können.

„Ich hab eine Idee!" Jessie küsste ihn noch einmal und stand auf.

Dave blinzelte und sah ihm verdutzt hinterher. Jessie ging nicht etwa ins Bad und holte Körperlotion oder so etwas in der Art, sondern er ging – und Dave konnte es erst nicht recht glauben – in die Küche.

Sein Blick fiel auf die halb leere Whiskeyflasche. Er trug immer noch keinen Cockring, aber dennoch war er überzeugt, dass er noch fit genug für eine Nummer war.

Als Jessie auch nach einer Minute noch nicht wieder zurück war, rappelte er sich auf und ging ihm hinterher.

Er ging fast in die Knie, als er Jessie an der Küchenzeile stehen sah. Der Typ hatte einen derart heißen Body und er konnte kaum glauben, dass er ihn jetzt gleich flachlegen würde. Oder hatte es sich Jessie anders überlegt?

Jessie schloss gerade die Schranktür, als Dave dicht hinter ihn trat. Er stöhnte leise, als er Daves steifen Schwanz an seinem Hintern spürte. Dabei landeten Daves Hände an seinen Hüften. Ein Schauer überlief ihn, während Dave seinen Mund ganz dicht an sein Ohr brachte. Dabei kitzelten ihn die Barthaare.

„Hast du Hunger, hast du's dir anders überlegt oder anders gefragt: Was zum Teufel tust du in der Küche?", murmelte er, während er sich an seinem Hintern rieb.

Jessie keuchte leise, als Daves Lippen erneut seine Zähne folgten und er ihn sachte seitlich in den Hals biss. Er drehte sich zu ihm um und sah ihm tief in die Augen.

„Ich treffe … Vorbereitungen!"

Dave schmiegte sich erneut an ihn, nahm ihn an den Hüften und ließ seinen steifen Schwanz der Länge nach über Jessies gebogenen gleiten.

„Fürs Abendessen oder für was?", fragte Dave immer noch vollkommen ahnungslos.

Jessie lächelte, schüttelte den Kopf und griff an seine Erektion. Dave spürte, dass Jessies Hand irgendwie feucht war und sah verdutzt an sich herab. Jessie wichste ihn und verteilte dabei etwas auf seinem Schwanz, das ihn zum Glänzen brachte.

Nach einem weiteren fragenden Blick von ihm angelte Jessie nach etwas, das offenbar hinter ihm auf der Küchenanrichte befand und hielt es ihm mit einem triumphierenden Blick hin.

„Oh ja!", murmelte er, als er endlich kapierte, was es war. Eine Flasche Olivenöl. Das sollte allerdings mehr als gut funktionieren.

„Gute Idee, was?", fragte Jessie, kippte noch etwas mehr in seine Hand und benetzte erneut Daves Schwanz.

Statt einer Antwort küsste Dave ihn so leidenschaftlich, dass Jessie fast rücklings auf der Küchenanrichte landete. Dann knutschte er ihn reichlich direkt bis ins Schlafzimmer, wo sie schließlich im Bett landeten.

Jessie war weiterhin dabei, seinen Schwanz zu ölen, bis Dave ihm die Flasche abspenstig machte. Kurz darauf landeten Daves Finger an seinem Loch. Sie sahen sich atemlos in die Augen, während Dave mit seinem Mittelfinger begann, das Loch zu massieren. Er bekam fast sofort Zugang und versäumte es auch nicht, Jessies Eingang von außen zu benetzen. Schließlich stellte Dave die Flasche neben das Bett und glitt über ihn.

„Oh Gott, ja!", flüsterte Jessie erregt in seinen Kuss, während Dave problemlos einen zweiten Finger einführen konnte. Dann zog er sie behutsam heraus und setzte augenblicklich seine gut präparierte Eichel an.

„Süßer, ich mach ganz langsam, okay?!"

„AAAAAH!" Jessies Wirbelsäule bog sich erneut, als sein Loch noch weiter geöffnet wurde, während Daves Schwanz Einlass verlangte. Er spürte wie Dave Druck herausnahm und ihn wieder aufbaute. Immer wieder, bis er wie von selbst von seinem Körper aufgenommen wurde.

Jessie bebte, während sich Dave immer tiefer schob. Seine angespannten Bauchmuskeln vibrierten regelrecht und sein Schwanz hob sich immer wieder erregt von seinem Bauch ab und berührte Dave.

„Ich will dich so tief es geht!", bettelte er, doch Dave schüttelte nur den Kopf.

„Alles zu seiner Zeit!", flüsterte er, während er sich behutsam in ihm bewegte. Dabei veränderte er leicht den Winkel. Nach einer Weile entlockte er Jessie ein erregtes Knurren.

„Massier meinen Schwanz!", forderte Jessie Dave auf.

„Viel zu eng!"

„Versuch es!"

Und dann kam ein heiserer Schrei über Jessies Lippen.

„AAAARGN … *oh mein Gott!* AAAAH!"

Dave grinste und machte ungerührt weiter, dabei brachte er Jessies Hände unter Kontrolle, sodass der auf keinen Fall seinen Schwanz berühren konnte.

Mit weit aufgerissenen Augen starrte Jessie ihn an.

Er leckte über Jessies Achselhöhle, schmeckte den frischen Schweiß, den Sex, den er mit diesem tollen Kerl endlich hatte. Dann wurde er langsam direkter, wobei er Jessie immer noch zur Mitarbeit aufforderte. Doch dessen Prostata war längst zum Leben erwacht und Dave genoss jeden einzelnen heiseren Laut, der über Jessies Lippen kam, während er ihn langsam aber sicher um den Verstand brachte. Er hatte nicht vergessen, was Jessie ihm erzählt hatte. Er war noch nie zuvor dabei gekommen.

Jessie wusste nicht, wie ihm geschah. Die Gefühle waren so neu und so unglaublich, dass es nicht lange dauerte, bis er nicht mehr klar denken konnte. Er wusste, dass er laut wurde und konnte nichts dagegen tun.

Dave spornte ihn mit Worten an, die von Bartstoppel-Feuerwerken in seinem Ohr unterstrichen wurden und schließlich bäumte sich sein Körper von ganz allein auf. Im nächsten Moment schossen kräftige Spermafontänen aus seinem Schwanz.

Dave hatte es gerade noch rechtzeitig geschafft, seinen Blick nach unten wandern zu lassen, und der Anblick, zusammen mit Jessies vollkommen ungläubigem Stöhnen, genügte und er schloss sich ihm mühelos an. Zum ersten Mal überhaupt entlud er sich in Jessies Körper.

Und während der noch zuckend und keuchend unter ihm lag, begann Dave erst mit seinem eigentlichen Fick. Er wusste, er würde nicht weich werden. Nicht bei Jessie, der ihn so sehr faszinierte und der somit zum ersten Mann in seinem Leben wurde, den er ganz bewusst zum Orgasmus gebracht hatte, ohne dabei seine eigene Lust in den Vordergrund zu stellen, wie er es sonst immer getan hatte. Erst nachdem er Jessie bewiesen hatte, dass man dabei sehr wohl, ohne nachzuhelfen, kommen konnte, begann er ihn richtig zu vögeln.

Wie sich herausstellte, funktionierte ihr provisorisches Gleitmittel hervorragend und auch Jessies Schwanz machte unter seinen Bemühungen keine Anzeichen weich zu werden. Die Art und Weise wie Jessie sich unter ihm bewegte, ließ Dave alle Hemmungen vergessen und er besorgte es ihm, als würden sie sich schon jahrelang kennen. Schließlich verließ er Jessies Körper, drehte ihn auf den Bauch und drang von hinten erneut in ein.

„Oh Gott, bitte! Bitte fick mich hart! Richtig hart!", hörte er Jessie zu seiner Freude betteln und er ließ sich nicht zweimal bitten. „Yeah! Härter! AAAAH!!" Dave war begeistert. „Fuck, ja!"

Als Dave sich endlich seinem zweiten Orgasmus näherte und er es dabei irgendwie trotzdem noch schaffte, mehrfach Jessies Prostata zu schrammen, explodierte der Sekundenbruchteile vor Dave und schoss seine nächste Ladung mit einem heiseren Lustschrei in die Laken, während er sich grollend ein weiteres Mal in Jessie ergoss.

Nach Atem ringend sank Dave schließlich hinter ihm in die Kissen. Es gelang ihm noch, Jessie in eine seitliche Stellung zu drehen, ohne seinen Körper zu verlassen, dann schlang er seine starken Arme um den Mann seiner Träume und hielt ihn so fest er nur konnte.

Premiere

Nur langsam beruhigte sich ihr Puls nach diesem heftigen Intermezzo wieder. Immer noch lagen sie eng aneinander geschmiegt da, Dave hinter Jessie. Dabei waren ihre Körper immer noch verbunden.

Da Jessie endlich aufgehört hatte zu beben, wagte Dave es, ihn sanft zu streicheln. Kyles Worte über ein zärtliches Ausklingen eines Ficks waren ihm noch sehr präsent. Und er wollte es definitiv richtig machen. Abgesehen davon war ihm nicht nach Aufstehen und zum Kühlschrank gehen, wie er es zum Beispiel nach seiner *Reifeprüfung* – wie sie es genannt hatten – mit Jason getan hatte, bei der Kyle alles überwacht und wenn nötig Anweisungen gegeben hatte.

Er küsste Jessies Nacken, bevor er sich mit seinen Lippen ganz behutsam tiefer tastete. Wirbel für Wirbel, nur um nach einem guten Stück wieder nach oben zu kommen, sich über seine Schulter und sein Schulterblatt wieder zur Wirbelsäule zu küssen und sich dann ein weiteres Stück tiefer zu arbeiten. Dabei war er stets darauf bedacht, den Körperkontakt nicht zu verlieren. Erstaunlicherweise steckte sein Schwanz immer noch, wenn auch nicht mehr total hart, in Jessies Hintern.

Jessie schnurrte wie ein Kätzchen unter seinen Zärtlichkeiten und krallte sich ins Kissen, wann immer er eine erogene Zone traf. Schließlich war Dave an seinen Lenden angekommen und er spürte, wie sein Schwanz ganz langsam aus Jessies Loch zu gleiten begann. Er unterbrach was er tat und betrachtete diese unglaubliche Szene. Er war und blieb ein Voyeur und wollte es einfach nur sehen.

Mit den Fingerspitzen berührte er den Ort, an dem sein Schwanz gerade noch gewesen war und liebkoste den Eingang, der sich inzwischen geschlossen hatte. Seufzend arbeitete sich Dave tiefer, seine Lippen und Zunge auf Jessies Haut. Er küsste ihm den Hintern und konnte sich nicht beherrschen, auch Jessies frisch gevögelten Eingang einfach abzulecken und langsam und genießerisch den Ort, an dem sein Schwanz gerade noch gewesen war, mit seiner Zunge zu erkunden.

Dave konnte nicht genug von Jessie bekommen, was unweigerlich dazu führte, dass er dabei wieder hart wurde. Er war zwar nicht richtig hart, aber hart genug für eine erneute Penetration.

Jessie wollte sich zu ihm drehen, als Dave seine Haut küssend wieder über ihn glitt, doch im selben Augenblick spürte er dessen Eichel wieder an seinem Loch.

„Aaah!", entfuhr es ihm, als Dave, ohne zu zögern, wieder in ihn eindrang. Nach den Bemühungen der letzten Minuten geschah es diesmal vollkommen unspektakulär. Daves Schwanz glitt einfach in ihn. Ohne jeglichen Widerstand.

Mit sanften Bewegungen arbeitete sich bis zum Ansatz in Jessie, bis er tief in ihm wieder zur Ruhe kam.

„Ich will dich nur noch einmal so spüren! Ich möchte diesen Moment nie mehr vergessen!", flüsterte ihm Dave liebevoll ins Ohr. „Nie mehr!"

„Und ich *werde* ihn nie mehr vergessen!"

„Ich glaube, du hast extremen Nachholbedarf!", brummte Dave, als er zu seinem Erstaunen bemerkte, dass Jessie offenbar noch nicht am Ende war. „Könnte das sein?"

„Fuck ja!", knurrte Jessie und presste sich gegen ihn. „Was, äh, was würdest du jetzt tun, wenn du der Dom wärst?", wagte er zu fragen.

Dave zögerte, doch Jessie blieb hartnäckig. „Was würdest du tun?"

„Dann wär ich schon nachdem ich abgespritzt habe aus dem Zimmer verschwunden!", antwortete Dave. „Vermutlich hätte ich dabei auch verhindert, dass du überhaupt kommst ... und wäre später wieder gekommen ... um weiterzumachen ... dich weiterzuficken."

Jessie seufzte leise bei dieser Vorstellung. „Ich will dich dominant, Dave!"

„Nein! Ich will weg davon!", murmelte Dave und lutschte unbeeindruckt an seinem Ohrläppchen. Darauf würde er sich auf keinen Fall einlassen.

„Ich will dich *verbal* dominant!"

Er bemerkte ein leises Zittern in Jessies Stimme.

„Sag mir irgendwas ... Dominantes! Verdammt, bitte!"

Dave spürte, wie sich sein Puls bei diesen Worten beschleunigte. Das allerdings war etwas komplett anderes. Dagegen würde er sich nicht wehren. Und sein Schwanz wurde bei diesen Aussichten sogar noch ein klein wenig härter und er war sich sicher, dass Jessie es spüren konnte.

„Massier mir den Schwanz!", befahl ihm Dave nach kurzem Überlegen, seine Lippen dicht an Jessies Ohr. Als der sich von ihm lösen wollte, hielt er ihn energisch fest. „Mit deinem geilen Arsch! Mach ihn wieder komplett hart!"

Jessie schien noch ein wenig mehr Anfeuerung zu brauchen „Versuch es! Komm schon! Ja! Ja genau!" Dave seufzte, als Jessie dem endlich nachkam und er die Kontraktionen spürte, die seinen Schwanz langsam aber stetig zu massieren begannen. „Sehr schön!" Dave spürte wie auch Jessies Schwanz in seiner Hand härter wurde. „Dir gefällt das, was?"

Jessie keuchte, als Daves Griff stärker wurde.

„Könnte es sein ..." Er machte eine kleine Pause. „... dass du noch nicht genug hast?"

Jessie schnappte nach Luft, da Daves Finger nun mit seiner empfindlichen Eichel spielten. „Komm, fick meine Hand und gleichzeitig meinen Schwanz!" Dave überlegte, ob er sogar noch einen Schritt weitergehen konnte und entschied sich schließlich dafür. Er griff mit seiner freien Hand in Jessies Haare und zog seinen Kopf nach hinten. „Tu es, verdammt!"

„AAAAH!""

„Tu es! ... JETZT!"

Jessie gehorchte und verlor dabei fast erneut die Kontrolle. Doch noch wehrte er sich dagegen. Er konnte doch unmöglich noch einmal ... „AAH ... OH GOTT ... AAAAH!"

„Fick meine Hand!"

Jedes Mal wenn Jessie nun zurückzog, um seinen Schwanz erneut durch Daves Finger zu pressen, stieß ihm der seinen inzwischen wieder harten Schwanz in die Eingeweide, offenbar mit nur einem Ziel.

„UAAAAH!"

„Ja ... da is' es ja!"

Er wusste, dass Dave das Pulsieren spüren konnte und der pausierte prompt. Jessie wimmerte und Daves Griff an seinem Schwanz war so fest, dass er sich kaum bewegen konnte. Erst als das Pulsieren nachließ, gab Dave ihn wieder frei.

„Mach weiter, fick meine Hand! Genau so! Lass mich deinen geilen Arsch spüren!"

Das Pulsieren war nach wenigen Augenblicken wieder da und Jessie stöhnte unkontrolliert. Dave hatte keine Gnade mit ihm und unterbrach es erneut mit eisernem Griff.

Jessie versuchte sich zu entziehen, doch Dave ließ nicht locker und das Pulsieren verschwand ein weiteres Mal.

Im Ganzen schaffte Dave es ganze fünfmal Jessies Orgasmus abzufangen, dann wurde das Wimmern qualvoll und Dave wusste, dass er ihn erlösen musste.

„Gott ... BITTE!"

„Dann gib es mir! JETZT!"

Kurz darauf lief Dave das Sperma in schwachen Schüben über die Finger und er konnte sein Glück kaum fassen, als er auf den zuckenden, nackten Körper neben sich blickte.

„Hast du das ungefähr so gemeint?", flüsterte Dave und sah, wie Jessie das Gesicht im Kissen vergrub.

„Oh Gott ... ja!"

Dave ließ seine Stirn auf Jessies Schultern sinken und im nächsten Augenblick waren beide so schnell eingeschlafen, als hätte man sie auf einen anderen Planeten gebeamt und ihre Körper zurückgelassen.

Nach einer Dreiviertelstunde Powerschlaf regte sich Dave zum ersten Mal wieder. Er ächzte leise, da er immer noch eine Erektion hatte und weckte dadurch Jessie auf, der sich nun zu ihm umdrehte. Fassungslosigkeit spiegelte sich nach wie vor in seinem Gesicht wieder.

„Ich ... ich weiß, es ist viel zu früh ... Honey ... Es ist viel zu früh ..." Er schluckte. „Gott ... aber ... ich liebe .... hmpf ..."

Dave hielt ihm den Mund zu und schüttelte warnend den Kopf. Nach ein paar Sekunden löste er seinen Griff und strich ihm über die Lippen.

„Ich liebe ..."

„Jessie!", mahnte ihn Dave. Er wollte nicht, dass er etwas sagte, was er vielleicht wenig später bereuen würde.

Doch Jessie ließ erneut nicht locker. „... liebe die Art, wie du fickst!"

Dave lächelte schwach, war er sich doch sicher gewesen, dass Jessie etwas anderes sagen wollte, aber der hatte die Kurve bekommen. Dieser Satz allerdings gefiel ihm sehr.

„Und es gibt noch viele andere Wege, dich zu vögeln!", versprach er ihm und Jessie seufzte bei diesen Worten in seinen Kuss.

Kurz darauf glitten Jessies Hände über Daves nach wie vor erregten Körper. Ihre Lippen trennten sich und Jessies wanderten tiefer, bis sie seinen steifen Schwanz erreicht hatten.

„AAH!" Dave sah ungläubig auf den Mann, den er gerade zum ersten Mal, durch ein mehr oder minder nur verbales Dominanzspiel, zum Abspritzen gebracht hatte, der in diesem Moment mit einem Blowjob begann.

Sein Kopf sank ins Kissen. „Fuck!", murmelte er, als er Jessies heftiges Saugen an seinem Schwanz spürte. Er versuchte passiv zu bleiben, doch Jessie rollte auf die Seite und zog ihn zwangsläufig mit sich. Jessie griff durch seine Beine und bedeutete ihm mit einer Hand auf seinem Hintern, sich gefälligst zu bewegen.

Dave konnte sich nicht mehr halten und tat ihm den Gefallen, während sich seine Hände in Jessies Haaren vergruben. Wenig später kam auch er ein weiteres Mal.

„Mmmmhmmm!", kam es zufrieden von Jessie. Er konnte nicht genug davon bekommen und saugte Dave auch noch den letzten Tropfen aus seinem erhitzten Körper, bis er schließlich den schönen, tätowierten Schwanz wieder freigab und ihn auf seinem nicht minder schönen Schambereich ablegte. Schließlich arbeitete er sich quer über seinen Körper wieder nach oben.

„Oh ... mein ... Gott!", murmelte Dave und Jessie lächelte glücklich.

Er legte seine Stirn auf Daves und sie küssten sich. Dann bemerkte er Daves ernsten Blick.

„Ehrlich gesagt hätte ich nie gedacht, dass du ... nach all dem, was du durchgemacht und mir erzählt hast ... es ausgerechnet dominant magst!"

Jessie stützte sich mit einem Ellenbogen auf und sah ihn lange an. „Es ist für mich ein gewaltiger Unterschied, ob das beim einvernehmlichen Sex geschieht oder nicht!"

„Aber ... erinnert es dich nicht an das, was er mit dir gemacht hat?"

„Du meinst, das was er mit mir damals gemacht hat, ob ich wollte oder nicht?" Jessie konnte sich, zumindest in diesem Augenblick, nicht zu einer präziseren Ausdrucksweise durchringen.

Dave nickte.

„Nein. Denn er hat mich einfach gepackt. Er hat dabei nichts gesagt. Außer, dass er weiß, dass ich will, dass er es mir besorgt." Jessie brach ab und sein Blick glitt ins Leere.

„Hey …" Dave drehte sein Gesicht wieder zu sich. „Ich bin ein Idiot, nachzufragen! Ich will nicht, dass du ihn siehst …"

„Macht nix", murmelte er und verscheuchte die düsteren Gedanken. Er lächelte. „Du bist der faszinierendste Mann den ich je kennengelernt habe!"

„Danke, Süßer! Was du für mich bist, kann ich gar nicht in Worte fassen …!"

Sie küssten sich erneut.

„Ich wollte immer mal sowas ausprobieren, aber wenn … wenn ich mal einen Lover hatte, bei dem ich es gewagt habe, das auch auszusprechen, hat er sich entweder nicht getraut, hat abgelehnt, war total geschockt oder wurde zugleich körperlich so aggressiv, dass es überhaupt nicht mehr zum Sex gekommen ist."

Dave sah ihn eine ganze Weile lang wortlos an, bevor er leise sagte: „Sei vorsichtig, was du von mir verlangst!"

„Wie meinst du das?"

Dave schluckte und strich über sein schönes Gesicht. „Ich kenne meine Grenzen, was das betrifft, noch nicht. Ich war bislang … als Dom … immer aggressiv. Sehr aggressiv. Verbal und körperlich. Ich weiß nicht, wann sich bei mir ein Schalter umlegt und ich … wie soll ich sagen?" Er rang nach Worten. „Wenn das jemals geschieht … kenn ich mich vielleicht nicht mehr … Und dann weiß ich nicht, was passiert! Ich … möchte dich nicht verlieren!"

Jessie legte ihm den Zeigefinger auf die Lippen und machte: „Schsch."

„Verdammt, ich mein's ernst!", knurrte Dave und packte seine Hand, nur um seinen Griff sofort wieder erschrocken zu lockern. „Ich war bislang sexuell eine ganz schöne … ähm, Wildsau."

Jessie grinste. „Aha."

„Ich will weg davon!"

„Heißt das, du möchtest nie mehr dominant sein?"

Dave zögerte kurz. „Nein, das heißt es sicher nicht! Ich brauche nur Zeit, um zu lernen, mich zu zügeln."

„Dave! Ich … ich hatte noch nie im Leben so geilen Sex! Noch nie!", gestand ihm Jessie. „Verdammt, es war das erste Mal, dass ich ohne dabei zu wichsen gekommen bin! Einfach so!"

Dave grinste. „Hab ich dir doch prophezeit!"

„Fuck, ich bin mehrmals gekommen! Ich … wow … wenn dir das nicht zeigt, wie sehr du dich beherrschen kannst?!" Jessie schüttelte immer noch sichtlich ungläubig den Kopf.

„Dabei war ich nicht wirklich dominant!", widersprach ihm Dave. „Ich war nur aktiv. Und … Oh Mann! Ich wollte so sehr, dass es was Besonderes wird! Glaub mir, deine schreckliche Geschichte ist mir noch gut im Gedächtnis. Ich weiß, dass ich der erste Mann bin … der seitdem …" Er machte eine kurze Pause. „Es ist unglaublich, dass du das überhaupt zulassen konntest!"

In Jessies Augen blitzte es auf. „Fuck! Du machst dir keinen Begriff, wie sehr ich das gebraucht hab!"

„Das hab ich gemerkt!"

„Dass es sich so anfühlen könnte hätte ich nie gedacht!"

„Ich hätte es nicht für möglich gehalten, dass der Abend so enden würde, nachdem du mir derart auf den Zahn gefühlt hast."

„Was heißt enden könnte?" Er sah zur Uhr. „Es ist grad mal sechs Uhr und hoffe schwer, das ist nicht das Ende des heutigen Abends!"

Bevor Dave etwas antworten konnte, klingelte es und Jessie runzelte die Stirn. „Was zum Teufel?", brummte er und Dave dachte einmal mehr daran, wie viel Spaß es wohl machen musste, Jessie ein klein wenig zu erziehen. Die

Tatsache, dass Jessie seine Dominanz geil fand, beunruhigte und erregte ihn gleichermaßen.

Er beobachtete, wie Jessie in sich hinein grummelnd aufstand, sich einen Bademantel schnappte und zur Tür ging.

Dave hörte ihn mit einer Frau sprechen, konnte aber nicht verstehen, was sie sagten. Kurz darauf kam Jessie wieder und blieb kopfschüttelnd im Türrahmen gelehnt stehen.

„Waren wir zu laut?", fragte Dave, als er sein Gesicht sah.

„Ich hab ihr gesagt, dass es nur der Fernseher war … und dass ich okay bin."

„Ups!" Dave sah zum offenen Fenster. Er war es nicht gewohnt, dass er sich verbal zurückhalten musste, denn er hatte wie Jason ein großes Grundstück, ohne direkt angrenzende Nachbarn. Abgesehen davon hatte sich bislang jeglicher Sex in seinen vier Wänden ausschließlich in seinem Kellergeschoss abgespielt.

„Zuvorkommend, aber nervig!" Jessie seufzte. „Ich … äh … hatte hier noch nie Sex. Und normalerweise hab ich mich verbal auch unter Kontrolle." Er verstummte und sah Dave an. „Das kann ich bei dir wohl vergessen!"

„Ich könnte dich dabei knebeln!", antwortete Dave prompt und biss sich sofort auf die Zunge. „Fuck! Sorry!", fluchte er.

Jessie lachte dennoch und setzte sich zu ihm aufs Bett. „Reizvoll! Aber, nachdem was du eben gesagt hast, warten wir damit noch ein klein wenig, okay?", murmelte er und küsste ihn.

Dave öffnete ihm während des Kusses den Bademantel. „Vielleicht sollte ich mir von Jason noch ein paar Unterrichtsstunden in Sachen sanfter Dominanz geben lassen?"

„Vielleicht sollten wir uns beide Unterricht geben lassen?"

Kurz darauf lag Jessie wieder nackt unter ihm. „Verdammt, und ich hatte solche Angst, dass das mit Jason und Kyle jemals rauskäme und dich das belasten könnte!"

Jessie grinste. „Fühlst du dich besser, wenn ich dir erzähle, dass ich meine allerersten homosexuellen Erfahrungen mit Sam gemacht habe?"

Dave stutzte. „Wirklich?"

Jessie nickte. „Wir hatten beide eine Freundin. Ich glaub, wir waren sechzehn oder siebzehn. Keine Ahnung. Und eines Abends - wir hatten ziemlichem was intus – ist es passiert. Es hat unserer Freundschaft, Gott sei Dank, nicht geschadet, aber nach den ersten paar Malen hat sich Sam ziemlich schnell geoutet und ich hab noch eine Weile dazu gebraucht. Sam wollte nicht mehr warten und daher hat sich das von allein erledigt. Reden tun wir aber immer noch über Sex. Wie du und Jason."

„Ja, das hilft tatsächlich!"

„Siehst du … wird alles nicht so heiß gegessen, wie es gekocht wird, hm?"

Dave grinste. „Jep. Apropos: ich hab Kohldampf!"

„Ich auch. Warum rufst du nicht Jason und Ellie an und wir gehen zusammen was essen? Vielleicht täte ihm das auch gut?"

„Gute Idee! Und danach fahren wir zu mir, okay?"

Jessie grinste breit. „Ich dachte schon, du schlägst das nie vor!"

„Ist das ein *Ja?*"

„Fuck ja! Ich bin sehr gespannt!"

Dave sah ihn lange an. „Weißt du, dass das absolute Premiere ist?"

„Was? Dass ich mit zu dir komme?", neckte ihn Jessie. „Jep, ich weiß."

„Nein! Dass ich überhaupt jemanden mit nach Hause nehme!"

Jessie sah ihn zweifelnd an. „Ah … nein, das glaub ich dir nicht!"

„Okay, mit nach Hause schon, aber nicht in mein privates Reich!"

„Ähm, sondern?" Jessie sah ihn verwirrt an.

„Begleitungen haben bei mir nur das Kellergeschoss kennengelernt. Durch einen separaten Eingang!"

Jessie blinzelte. „Du redest von deiner, äh … Folterkammer?"

„Aaaah!"

Jessie sah, wie sich Dave unsicher durch die Haare fuhr, und fragte: „Ja, oder ja?"

„Okay: ja."

„Willst du damit sagen, dass du … noch nie jemanden …?"

„Ich hatte in meinem Schlafzimmer noch nie Sex."

„Ist dein Bett groß genug für uns zwei?"

Dave lachte. „Ja, keine Sorge. Es ist auch alles frisch bezogen und so. Hat mein, ähm, Haushälter alles schon erledigt."

„Dein was?"

„Na ja, ich hab keine Haushälterin oder Putzfrau, sondern einen Mann. Spar ich mir das Beantworten von dummen Fragen."

„Aha."

„Keine Sorge, ist der Partner von einem meiner Kollegen. Eher auf der tuntigen Seite, also nicht mein Fall. Aber sehr effizient und gut, was seine Arbeit betrifft. Und Putzen ist echt nicht mein Ding!"

„Aha."

„Wird interessant für mich."

„Wie fühlst du dich dabei?"

„Du meinst, dich mit nach Hause zu nehmen?"

Jessie nickte.

Dave sah ihn lange an. „Wirklich gut! Ich freu mich drauf!"

Jessie drückte ihm einen Kuss auf die Lippen. „Ich mich auch! Ruf Jason an, hm?"

Dave nahm sein Handy in die Hand. „Hey, ich bin's noch mal!", meldete er sich. „Wie geht's dir?"

„Um Welten besser!", antwortete Jason und Dave konnte es an seiner Stimme hören.

„Hast du und Ellie Lust, mit Jessie und mir Essen zu gehen? *Marco Polo* oder *Josy's Diner*?"

„Witzig, dass du das sagst, ich hab grad mit Marie und Sven telefoniert. Wir treffen uns in einer halben Stunde bei *Josy's*. Ellie hab ich nach Hause geschickt. Sie wollte tatsächlich ihren lang geplanten Urlaub verschieben. Sie hat mir schon so viel geholfen, weil sie einfach nur für mich da war. Das hat mir wirklich alles bedeutet! Wenn ihr uns dort treffen wollt, dann wär das eine feine Sache!"

„Klingt gut. Wir wollen danach noch weiter zu mir."

„Aha … das erste Mal?", fragte Jason.

„Mhmm."

„Geht's dir gut dabei?"

Dave lachte. „Das hat mich Jessie auch eben gefragt. Ja, mir geht's dabei sehr gut! Wirklich."

„Schön, freut mich! Dann sehen wir uns bei *Josy's*?"

„Ja. Bis dann."

Sie legten auf.

„Und?", fragte Jessie.

„Er trifft sich mit Marie und ihrem Mann in einer halben Stunde im *Josy's*. Ellie hat er in den Urlaub geschickt. Ich denke, das Schlimmste ist überstanden!"

„Klingt gut!"

„Ich hab mir echt Sorgen um ihn gemacht!", murmelte Dave. „Ich hab ihn noch nie so erlebt wie in den letzten Wochen."

„Sowas erlebt man ja – Gott sei Dank – im Normalfall nicht. Ist ja nur zu verständlich oder?"

„Stimmt. Musst du noch packen?"

„Nein. Schon geschehen. Ich hab gehofft, dass wir endlich mal zu dir fahren. Und nachdem sich nun auch noch die Nachbarn um mich Sorgen machen, ist der Zeitpunkt wohl gut, um zu gehen!"

Dave grinste. „Keine Sorge, bei mir hört uns keiner."

Jessie sah ihm direkt in die Augen. „Nur in deinem Keller oder …?"

„Generell."

„Komm gehen wir duschen!"

„Okay."

Kurz darauf verließen sie Jessies Wohnung und stiegen in seinen Thunderbird. Jessie hatte kaum etwas getrunken, also hatte Dave keine Einwände. Er dirigierte ihn auf dem kürzesten Weg aus der Stadt und somit kamen sie nur fünf Minuten nach Jason, Marie und Sven im Restaurant an.

Die Stimmung war locker und alle waren sichtlich erleichtert nach den guten Nachrichten aus der Klinik.

Jason erzählte, dass Kyles Großmutter Freunde besuchte und erst am Montag zurück sein würde. Da sich Kyles Aufwachphase über ein paar Tage hinziehen würde, verpasste sie daher nichts.

Während des Essens schweifte Jessie immer wieder gedanklich ab und tauchte ein in die unglaublichen Ereignisse des Nachmittags. Er war so in Gedanken, dass die anderen ihn zum Teil mehrfach ansprechen mussten.

„Sorry … ich, äh, bin heute sehr …. abgelenkt", entschuldigte er sich mit einem vielsagenden Seitenblick auf Dave.

„Ich hoffe, im positiven Sinne?", erkundigte sich Marie.

Jessie wurde tatsächlich rot. „Ähm … oh ja!"

Jason entging nicht der extrem verliebte Blick, den Dave ihm zuwarf und eine Ahnung befiel ihn. Doch um ihn darauf anzusprechen, musste er warten bis Sven, Marie und Jessie nach dem Essen vor die Tür gingen, um zu rauchen.

Als sie außer Hörweite waren, fragte er Dave sofort: „Ist das passiert, was ich denke, dass passiert ist?"

Dave sah ihn lange an, dann nickte er.

„Sind die vier Wochen schon um?"

„Nein, nicht ganz, aber der Zeitpunkt wäre nie mehr perfekter geworden!", antwortete Dave. „Es war das erste Mal seit dem Anschlag auf Kyle … dass wir beide … überhaupt einen hochbekommen haben."

„Ich weiß, was du meinst. Bei mir ist es immer noch nicht soweit."

„Und wenn mir einer gesagt hätte, dass das heute passiert, hätte ich mein Haus verwettet!"

„Wieso?"

Jason sah, wie er sah auf seine Hände blickte, bevor er ihm wieder in die Augen sah. „Er weiß von uns!"

„*Bitte was?*"

„Er weiß von dir und von Kyle." Dave spielte mit dem Salzstreuer, seufzte und sah wieder auf. „Er hat mich gefragt, warum mir das Ganze so – zugegebenermaßen *ungewöhnlich* stark – an die Nieren geht. Eine durchaus berechtigte Frage."

„Willst du damit sagen, du hast ihm die Wahrheit gesagt?", fragte Jason tonlos.

„Ja."

„Dave! Das hätte alles zerstören können!"

„Ich weiß, aber ich kann ihn einfach nicht anlügen. Und er ist … er ist einfach unglaublich! Ich meine, er weiß, dass jeder eine Vergangenheit hat und er kennt mich inzwischen gut genug, dass ihm nur zu klar ist, dass wir ohne dich und Kyle niemals zusammengekommen wären. Nie. Jedenfalls nicht zum jetzigen Zeitpunkt!"

Jason konnte nicht anders, aber er starrte ihn mit offenem Mund an. „Was hast du ihm erzählt?"

„Alles!", antwortete Dave. „Ich hab ihm in der Tat alles erzählt!"

Jason rührte sich immer noch nicht, sein Blick immer noch ungläubig.

Aus den Augenwinkeln sahen beide, dass die drei Raucher wieder ins Lokal kamen.

„Klapp deinen Mund zu!", zischte Dave ihm zu und Jason tat es hastig, allerdings nicht ohne sich noch einmal über seinen Bart zu streichen.

Jessie reichte ein einziger Blick auf Dave und er wusste, dass er es Jason erzählt hatte.

Dave sah zu ihm auf.

Jessie lächelte nur und drückte Jason im Vorbeigehen die Schulter, bevor er sich wieder neben ihn setzte.

Der drehte sich zu Jessie um und fragte tonlos: „Kannst du mich bitte mal zwicken?"

Stattdessen legte Jessie den Arm um seine Schultern, zog ihn zu sich und brachte seinen Mund ganz dicht an sein Ohr. „Alles okay, Jason. Alles easy!", murmelte er. „Entspann dich!"

Jason blinzelte.

„Haben wir was verpasst?", fragte Marie.

Jessie riss sich von Jasons Augen los, lächelte sein umwerfendes Lächeln und sagte: „Sorry, war ein Insider."

„Wünscht jemand Kaffee, Cappuccino, Espresso?", fragte in diesem Moment die Bedienung und sorgte für Ablenkung.

Dave atmete auf, Jason räusperte sich und Jessie schmunzelte.

Alle bestellten etwas.

Eine halbe Stunde später verabschiedeten sie sich draußen auf dem Parkplatz voneinander. Marie und Sven fuhren als erste davon, was Jason mit Dave und Jessie allein zurückließ.

Jason war immer noch wie vor den Kopf geschlagen und wusste zum ersten Mal nicht wirklich, wie er sich verhalten sollte.

Jessie entspannte die Situation erneut mit seiner entwaffnenden Leichtigkeit. „Hey, jetzt entspann dich doch mal, Jason! Sieh es mal so: Wenn der Anschlag auf Kyle nicht passiert wäre, dann hätte ich sicher nie einen Grund gehabt, nachzufragen. Nie. Vorbei ist vorbei. Interessiert nicht! Aber in diesem Fall kann ich nur so viel sagen: Geiler Crash-Kurs!"

Jason konnte nicht anders, er zog Jessie an sich und umarmte ihn.

„Danke!", murmelte Jessie. „Und das meine ich verdammt ernst! Ohne dich oder euch … wäre wohl nie was zwischen uns passiert!"

Sie lösten sich wieder voneinander.

Jason strich Jessie über die Wange. „Sag mir, wenn er sich wie ein Arschloch benimmt, damit ich ihm den Kopf waschen kann! Ich weiß nicht, ob er sich so weit unter Kontrolle hat, dass es nicht doch ab und zu rauskommt!"

„Okay, abgemacht!" Jessie lächelte. „Aber ich habe mich schon auf *Project Dave* festgelegt und rechne durchaus mit … hm … Rückschlägen!"

Das brachte alle drei zum Lachen.

Dann schlang Dave den Arm um Jessies Taille und sah Jason ernst an. „Das war eine der ersten Sachen, die ich ihm gesagt habe: Wenn er mal nicht mehr weiß, mit wem er über mich Idioten reden soll, dann soll er sich bitte an dich wenden!"

Jessie grinste. „Stimmt!"

„Okay, ich seh schon! Bei euch ist alles in Ordnung!"

„Jep. Keine Sorge!", bestätigte Jessie.

Kurz darauf verabschiedeten sie sich und stiegen in Jessies Wagen.

„Boah ... der hat ganz schön die Düse geschoben!", brummte Dave. „So hab ich ihn auch noch nie gesehen! Hier links!"

Jessie fuhr vom Parkplatz in die angegebene Richtung.

„Warum zum Teufel hast du's ihm auch erzählt?"

„Er hat sofort Lunte gerochen und gewusst, dass wir ... zum ersten Mal miteinander geschlafen haben!"

„Wirklich?"

„Verdammt, du warst ja mit deinen Gedanken auch was weiß ich wo!"

„Nö! Ich war in Gedanken mit dir im Bett, bei diesem unglaublichen ersten Mal! Sorry, ich ... diesmal komm ich mir vor wie auf Drogen!"

Dave seufzte. „Manchmal denk ich, Jason kann hellsehen!"

Er dirigierte Jessie weiter, bis sie an ein längeres Stück kamen, bei dem er nichts sagen musste.

„Ich glaub, du hast eine Nachricht bekommen!", sagte Jessie zu seiner Verwunderung.

„Nah", brummte Dave. „Handy ist auf lautlos. Ich bin heute für niemanden mehr zu sprechen!"

Er ließ Jessie abbiegen, dann sagte der erneut und mit etwas mehr Nachdruck, als beim ersten Mal: „Ich glaub, du hast eine Nachricht!"

Dave wollte ihn schon verständnislos fragen, ob er nicht zugehört hatte, doch er sah gerade noch rechtzeitig Jessies Mundwinkel zucken. Er runzelte die Stirn und zog sein Handy aus der Jackentasche.

Tatsächlich, er hatte eine Mitteilung und zwar von keinem anderen als Jessie. Er warf ihm einen verwirrten Seitenblick zu, doch als er die Mitteilung öffnete, klappte ihm in Zeitlupe die Kinnlade herunter. Dann schnappte er nach Luft, während er sekundenlang fassungslos auf das

Display starrte. Dort war nichts anderes zu sehen als das Foto, das er Jessie unbedingt abluchsen wollte. Und was für eine geile Aufnahme! Nackter, durchtrainierter Bauch, tief-sitzende Jeans, Beckenknochen ein gutes Stück freigelegt, keine Unterwäsche, ohne Gürtel, Jeansbund abstehend, darunter eindeutig eine Erektion.

„Halt an!", befahl er Jessie, doch der fuhr weiter.

„Fahr rechts ran, verdammt!", knurrte er und diesmal gehorchte Jessie stirnrunzelnd.

„Hey …", begann er behutsam.

Dave starrte ihn mit einem fassungslosen Blick an. „Wer hat dieses Bild gemacht?"

„Ähm …"

„Verdammt, wie heißt der Fotograf?"

„Ähm … hab hier noch nicht oft mit ihm zusammenge-arbeitet …", antwortete Jessie ausweichend.

„Der Name!" Er sah wie Daves Blick zwischen Display und seinen Augen hin und her irrten.

„Wieso?", wollte Jessie verdutzt wissen.

„Weil ich wissen will, an wen ich mich wenden muss, dass ich das verdammte Negativ bekomme! Das muss an meine Wand, verdammt! Das ist *so* geil!", keuchte er. „Wie heißt er?", drängte er.

Jessie grinste, sah aus dem Fenster und tat so, als überlege er. „Ähm … ich glaube Demonza oder DeMozza … oder so."

Dave starrte ihn sekundenlang völlig regungslos an, bis seine Worte endlich ankamen und er fragte: „Das hast du selbst gemacht?"

„Jep … hab fast zweihundert Aufnahmen gebraucht, bis ich zufrieden war. Nicht ganz einfach mit Selbstauslöser … aber …"

„Du bist einfach unglaublich!", murmelte er und sah wieder auf das Display. „Das ist so unglaublich … erotisch!" Er sah wieder auf. „Wie lange dauert es, bis ich das in groß haben kann?"

„Wie weit ist es noch bis zu deinem Haus?"

„Fünf Minuten, wieso?"

Jessie grinste. „Dann dauert es noch fünf Minuten!"

Dave blinzelte. „Hä?"

„Wenn dir eins zwanzig auf achtzig für den Anfang reichen, dann hätt ich das bereits mit Rahmen im Wagen." Er deutete mit dem Finger nach hinten. Die Rückbank war umgeklappt und eine Decke verhüllte, was genau dort lag. „Ob der zu deiner Einrichtung passt, weiß ich zwar nicht, aber ..."

„*WAS?*" Daves Hand krallte sich in Jessies Hemd und beim Versuch ihn an sich zu ziehen, ratschte es verdächtig. „Oh Mann, verdammt!"

Jessie musste wider Willen lachen. „Ich denke, was das betrifft, sind wir nun endlich auch quitt, ja?" Im nächsten Moment stöhnte er erregt, da ihn Dave so heftig küsste, als gäbe es kein Morgen. Und das minutenlang.

Atemlos starrten sie sich danach an.

Jessies Hand schloss sich um Daves an seinem zerrissenen Hemd und der ließ es hastig los, doch Jessie wollte ihn nicht maßregeln. Während sie sich immer noch in die Augen sahen, beförderte er Daves Hand in seinen Schritt und drückte sie auf seine Erektion.

„Mhmm!", brummte Dave, ließ sich nicht zweimal bitten und griff augenblicklich in die Vollen. Gleichzeitig küsste er Jessie gleich noch einmal. Dabei war sein Griff so fest, dass er die Umrisse der Eichel spüren konnte, die pochend unter dem Jeansstoff darauf wartete, dass man sich erneut um sie kümmerte.

Schließlich sahen sie sich wieder an und Jessie flüsterte mit einem erregten Zittern in der Stimme: „Bitte versprich mir ... dass du mich noch einmal fickst!"

„Fuck ja!", murmelte er, beugte sich zu Jessies Schritt und biss in den sich deutlich abzeichnenden Ständer. Dann kam er langsam wieder hoch, wobei er seine Nase über Jessies Oberkörper gleiten ließ und ihn genüsslich einatmete. Schließlich war er bei seinem Gesicht angekommen. „Fahr los!"

Jessie fuhr sich mit beiden Händen über das Gesicht, um wieder einigermaßen klar im Kopf zu werden und zog dann vom Straßenrand zurück auf die Fahrbahn. Nach zwei weiteren Abzweigungen, dirigierte ihn Dave zu einem großen undurchsichtigen Tor. Am rechten Pfeiler hing ein Schild mit der Aufschrift *DH&A Productions*.

„David Hanks und Associates?", fragte Jessie, während Dave mit einer Fernbedienung, die an seinem Schlüsselbund hing, das Tor öffnete.

„Jep."

Kurz darauf rollten sie hindurch.

„Nimm die linke Auffahrt. Die rechte führt zum Studio."

„Wow!", murmelte Jessie, als er endlich Daves Domizil erblickte. Es war ein einstöckiges, modernes Haus mit einem Spitzdach und großen Fenstern, umgeben von einem weitläufigen Garten.

Dave dirigierte ihn die Auffahrt entlang und öffnete eines der beiden Garagentore. Da sein Wagen am Taekwondo-Studio stand, ließ er Jessie auf seinen angestammten Parkplatz fahren. Auf dem zweiten Abstellplatz stand seine Harley Davidson. Das Licht war automatisch angegangen. Gleichzeitig schloss sich das Garagentor wieder hinter ihnen.

Dave schaffte es als Erster aus dem Wagen und stand daher auch schon neben der Fahrerseite, als Jessie endlich ausstieg.

„Alles klar?", fragte er mit Blick auf Jessies Bein.

Der nickte. „Bin nur vorsichtig! Sei nicht so überbesorgt ... hmpf."

Dave küsste ihn derart leidenschaftlich, dass er dabei fast das Gleichgewicht verlor. Dave ließ ihn spüren, wie erregt er bereits wieder war. Dabei drückte er seinen Schwanz hart an Jessies, der dabei fast das Gleichgewicht verlor und auf der Motorhaube landete.

Dave konnte es nicht lassen und atmete ihn wieder genussvoll ein. Irgendwie schafften sie es ins Haus. Beide streiften ihre Schuhe ab, während Dave Jessie einen breiten Gang entlang knutschte. Sie kamen dabei mehrfach mit der Wand in Berührung.

Ohne viel Federlesens riss Dave ihm das eh schon zerfetzte Hemd vom Körper und öffnete Jessies Jeans. Gleichzeitig zog er sich sein eigenes Hemd mit einer ungestümen Bewegung vom Körper.

Bei einem weiteren aggressiven Kuss, der nichts als purer Sex war, strauchelten sie vor einer Tür und landeten prompt auf kühlen Fliesen. Geschickt beraubte Dave Jessie seiner Jeans samt Unterwäsche und kurz darauf befanden sich Daves Hände, Lippen, Zunge und Zähne überall auf Jessie sehr erregten Körper.

Schließlich kniete er zwischen Jessies Beinen, die er genüsslich spreizte und seinen Blick lüstern über dessen erregten Schwanz und die prallen Eier wandern ließ. Er beugte sich hinab, hob Jessies Hintern durch Druck an den Knöcheln hoch und leckte ihn begierig.

Während Dave sein Loch keuchend befingerte, sah er einen Lusttropfen von Jessies Schwanz auf dessen Bauch fallen. Der Kerl war mindestens so heiß auf ihn wie umgekehrt!

Dave konnte sich nicht beherrschen, spuckte auf Jessies Loch, dann in seine Hand, schmierte seinen Schwanz damit und setzte seine Eichel an. Er hatte keine Lust, nach Gleitmittel zu suchen. Spucke musste dieses eine Mal reichen.

„AAH!" Jessie bäumte sich auf, als Dave ihn schließlich eroberte. Sofort verließ er dessen Körper wieder, leckte ihn erneut, präparierte ihn mit mehr Spucke und tat es noch einmal.

„AAAAH!"

Daves Blick auf Jessies Schwanz zeigte ihm, dass der immer noch hart war, also machte er weiter. Schließlich tauchte sein Gesicht über Jessies auf. Während er ihm in sein lustvoll verzerrtes Gesicht sah, fickte er ihn mit langen heftigen Stößen.

„Ja, das ist es! Mach mit!", zischte Dave und rammte ihm den Schwanz tief in den Körper. Schließlich wurde er ruhiger und seine Hand krallte sich in Jessies Haare. Dann begab er sich auf die Suche nach der magischen Stelle, bis er Jessie erregt keuchen hörte.

„Erinnerst du dich?"

Sie sahen sich für Sekunden regungslos in die Augen. Jessie wusste, dass Dave jede Sekunde zustoßen konnte. Statt zu antworten, ließ er sich einfach drauf ein und der zog durch.

„UUUAAAAH! FUCK!"

„Bin schon dabei!", murmelte Dave und hämmerte drauf los. Es war ein unglaubliches Gefühl, diesen tollen Kerl wie von Sinnen durchzuvögeln und ihn dabei unter sich beben und stöhnen zu spüren.

Mit einem animalischen Schrei kam Jessie nach wenigen Minuten in kräftigen Schüben und als der erste, heiße Tropfen Daves Brust traf, kam auch er.

Er konnte fast sehen, wie der Orgasmus durch Jessies Körper raste und ihn zuckend und wimmernd unter ihm zurückließ, während er ihn mit seinem schweißgebadeten Körper komplett abdeckte.

Dave inhalierte ihn tief und spürte seinen eigenen Schwanz dabei zucken, als er Jessies Duft tief in seine Lungen saugte. Er tat es diesmal mit offenem Mund und obwohl er Jessie mit seinem Körper fest auf die Fliesen pinnte, konnte Dave jede seiner Zuckungen spüren.

So als würde er erst jetzt zur Besinnung kommen, spielten Daves Hände und Lippen mit dem erregten Körper unter sich. Er küsste und leckte den frischen Schweiß aus der glattrasierten Achselhöhle, seufzte dabei, biss in den Brustmuskel, saugte an seinen Brustwarzen, wobei er sich mit seinem immer noch semiharten Schwanz wieder tief in Jessie schob. Er wollte seinen tollen Körper noch nicht verlassen. Er wollte ihn noch mal ficken. Hier und jetzt. Er wusste, er würde nie mehr genug von ihm bekommen.

Seine Finger verstrichen die Spermaspuren auf der Haut und massierten sie mit kreisenden Bewegungen in Jessies harte und immer noch erregte Brustwarze. Dann saugte er den Samen stöhnend ab.

Schließlich stützte er sich ab, kam höher, spreizte Jessies Beine mehr und starrte auf seinen Schwanz in dessen Loch. Bedächtig bewegte er sich und spürte, wie er allein von diesem Anblick wieder härter wurde. Jessie schien diese Tatsache auch zu bemerken, denn er stöhnte leise. Aus sachten, kurzen Bewegungen wurden lange, tiefe und Daves heiseres Stöhnen zeugte davon, dass er mit Jessie noch lange nicht fertig war.

„Das ist so wunderschön!", flüsterte Dave und stieß im nächsten Moment heftig zu.

„AAAAAH!"

„Ja!" Er zog sich wieder zurück, nahm Jessies semiharten Schwanz in die Hand, wichste ihn, schnürte ihm mit kräftigen Fingern die Eier ab und stieß wieder hart zu.

„UUAAHH!"

„Gefällt dir das?"

„Fuck ja!", keuchte Jessie. Von ihm aus konnte Dave ihn heute, hier und jetzt totvögeln. Es wäre ihm egal. Er hatte sich noch nie so begehrt gefühlt. Er bemerkte, dass Dave wieder den Winkel veränderte und dabei nur andeutungsweise über seine Prostata schrammte. Er wimmerte prompt in erregter Erwartung.

„Fick mich härter!", bettelte er. „So hart du kannst, bitte!"

Beim nächsten Stoß hätte es ihn fast vom Boden gehoben, wäre Dave nicht über ihm gewesen. Wieder fickte der ihn mehrere Stöße lang absichtlich nicht auf den Punkt, bis er wieder anfing zu wimmern. Dann kam wieder ein mörderischer Lustschrei über seine Lippen.

„Du bist so ein guter Junge!", stöhnte Dave und biss ihm beim nächsten Stoß in den Hals. Und schon kamen wieder präzise Stöße und Jessie wusste bald nicht mehr wo er war. Im Bett, auf einer Wiese, in einem Auto. Keine Ahnung. Er war im siebten Himmel, endlich einen Partner gefunden zu haben, der es ihm so heftig besorgte, wie er es sich immer schon gewünscht, doch noch nie erlebt hatte.

Er begann unzusammenhängendes Zeug zu faseln, wie schon mehrmals zuvor, und dann spürte er Daves Zähne an seiner inzwischen übersensiblen Brustwarze. Im selben Moment in dem Dave ihm seinen Schwanz auf die Prostata knallte, biss er Jessie fast schon brutal in den harten, abstehenden Nippel.

Jessies Lustschrei war laut und Dave war froh, keine Nachbarn zu haben. Er war ein Meister darin, seinem Partner Schmerzen, gepaart mit unmittelbarer, unglaublicher Lust, zuzufügen. Und er hatte Blut geleckt. Er spürte, dass es unmöglich noch lange dauern konnte. Also glitt sein Mund zur anderen Brustwarze. Er hörte, wie Jessie keuchend beinahe hyperventilierte.

Während Dave ihn weiterfickte, bearbeitete er ihn gleichzeitig mit seiner Zunge, seinen Lippen und seinen Zähnen. Erst sachte, abtastend und dann kam der finale Stoß, mit dem gleichzeitigen, gezielten und sehr präzisen Biss.

Jessie bäumte sich schreiend unter Dave auf und ergoss sich mit schwachen Schüben auf seine schweißbedeckte Haut.

Gleichzeitig spritzte Dave ebenfalls grollend ab und zog nach dem zweiten Schub seinen Schwanz aus Jessies Körper, um ihn mit seinem eigenen Samen zu besudeln. Dann wischte er seine Eichel an Jessies Eiern ab, drang wieder in ihn ein und fickte ihn mit immer langsamer werdenden Bewegungen, bis sie nur schließlich engumschlungen, nackt und immer noch fest verbunden auf den kalten Fliesen lagen.

Während Dave Jessie liebevoll streichelte, wimmerte der noch minutenlang leise vor sich hin. Ganz dumpf begann er sich Sorgen zu machen, dass er die Sau zu weit herausgelassen hatte. Hoffentlich hatte er es jetzt nicht doch noch vermasselt! Meine Güte, sie waren grade zum ersten Mal bei ihm daheim angekommen und statt ihm sein Haus zu zeigen, hatten sie es gerademal den langen Gang entlang geschafft. Dann war es direkt vorm Schlafzimmer passiert. Und schließlich waren sie ihren größten Druck ja schon bei Jessie zu Hause losgeworden. Das war zwar schon einige Stunden her, aber dennoch war er überrascht, dass sie beide schon wieder konnten.

Jessie stöhnte erneut, als Dave seinen Körper behutsam verließ. Erschöpft zog er Dave dichter zu sich, als der sich aufrappeln wollte. „Bleib noch!", bat er tonlos.

Dave küsste ihn auf die Stirn und schlang seine Arme um ihn. Nach einigen weiteren Minuten hatte sich Jessie gefangen; sein Atem hatte sich beruhigt und sein Puls war wieder normal.

„Das meinte ich mit ... äh, Wildsau", murmelte ihm Dave ins Ohr. „Sorry!"

„Es war ... einfach nur ... geil!"

„Wirklich?"

Er seufzte. „Gott, ja!"

Sie besiegelten es mit einem Kuss.

„Dave?"" fragte Jessie, ohne die Augen zu öffnen.

„Hm?"

„Was ist die ... äh, korrekte Anrede für einen ... Dom?", fragte er und sah ihn zum ersten Mal wieder an.

Dave schluckte. „Ich bevorzuge *Sir.*"

„Oh ... okay!"

Sie küssten sich erneut und Jessies Hände glitten über Daves Rücken tiefer. Statt seinem nackten Hintern spürte er teilweise Stoff und stutzte. Er sah auf und an Dave entlang. „Was zum Teufel?" Das konnte nicht Daves Ernst sein.

Dave grinste. „Sorry, war keine Zeit mehr. Ich war einfach zu heiß auf dich, Süßer! Ziemlich erstaunlich, wenn man bedenkt was bei dir daheim schon abgegangen ist."

Jessie stöhnte. Während der ganzen Flurnummer, hatte er nicht bemerkt, dass Dave seine Hose nur aufgemacht und ein wenig nach unten geschoben hatte.

„Ich versteh langsam wie das Wort *Wildsau* gemeint ist!", knurrte er und stemmte sich auf den Ellenbogen hoch.

Dave stand bereits wieder, während Jessie sich aufsetzte. Das heißt, als er versuchte, sich aufzusetzen. Ächzend sackte er wieder in sich zusammen, als seine Eingeweide nach dieser extremen Invasion lauthals protestierten. Er legte keuchend seine Stirn auf den kalten Fußboden. Aus halb geschlossenen Augen sah er Dave breitbeinig über ihm stehen. Allein diese Szene hätte ihn vermutlich wieder erregt, wäre er nicht schon gut dabei gewesen.

Dave bückte sich. „Hey, alles okay?"

Jessie stöhnte erneut. „Tut höllisch weh!", knurrte er.

Dave biss sich auf die Lippe. Scheiße!

„Is' lange her ... Wow, hatte ganz vergessen, dass man in sich was fühlen kann!"

„Oh Mann! Es soll nicht wehtun, verdammt!"

„Sorry, soll keine Beschwerde sein, Honey. Es ist geil, aber es tut weh!" Er grinste schief.

„Komm ich helf dir hoch!"

Dave streckte ihm beide Hände hin und er nahm sie dankbar an. Schließlich lehnte er an der kühlen Wand und versuchte, dieses lang vermisste Gefühl in den Griff zu bekommen.

Dave stand vor ihm. „Fuck ... das war wohl echt zu heftig!"

Jessie bemerkte seinen besorgten Blick. Er lächelte schwach und schüttelte den Kopf. „Nein, war es nicht! Aaah, verdammt! Wart nur ... bis ich wieder richtig fit bin!"

Dave grinste und küsste ihn. „Ich kann's kaum erwarten!"

„Ich würd dich ja gern bitten, mir das Haus zu zeigen, aber ich fürchte, ich brauch erstmal eine Pause!"

Dave strich mit der Rückseite seines Zeigefingers über seinen besudelten Bauch. „Was hältst du von 'nem relaxten Bad? Hab zwar keinen Jacuzzi, aber eine große Wanne mit Whirlpool-Düsen, da passen wir locker zu zweit rein!"

Jessie lächelte. „Das klingt sehr einladend! Und was zu trinken?"

Dave nickte. „Was möchtest du?"

„Wasser. Nur Wasser für den Moment."

„Okay, komm!" Dave ging voraus, doch Jessie kam nur zwei Schritte weit, dann krümmte er sich wieder zusammen.

„Fuck, ist das heftig!", knurrte er und jagte Dave damit einen weiteren Schuldschauer durch die Knochen. Er kam dicht zu Jessie und nahm ihn den Arm. Irgendwie schafften sie es zum Badezimmer. Dort stieg Jessie in die freistehende Wanne und Dave drehte das Wasser auf. Schließlich holte er sich und Jessie etwas zu trinken, und stieg zu ihm in die Wanne.

Jessie lehnte mit geschlossenen Augen im warmen Wasser und konnte sein Glück kaum fassen. Es war wirklich passiert und er wusste, er war jetzt schon süchtig nach diesem Mann! Als er Dave nach einigen Minuten wieder ansah, bemerkte er dessen immer noch besorgten Gesichtsausdruck.

„Hast du schon mal so Mitleid mit ... einem deiner Subs gehabt?", fragte Jessie belustigt.

„Du bist kein Sub!", korrigierte ihn Dave sofort.

„Beantworte meine Frage!"

Dave grinste. „Nein, nie!"

„Ehrt mich!"

„Ich verspreche, sanfter mit dir umzugehen!"

„Verdammt! Genau das wollte ich vermeiden!"

Dave schüttelte den Kopf. „Du kannst kaum mehr gehen! Und wir haben grad mal angefangen! Bist du dir sicher, du weißt, was du da sagst?"

Jessie nickte. „Hey, ich hatte über ein Jahr keinen Sex! Das ist ja wohl kein Wunder, oder?", verteidigte er sich. „Und so einen hatte ich noch nie! Aber das Gefühl ist sowas von unglaublich!" Er verzog das Gesicht, als er seine Sitzposition in der Wanne veränderte.

„Du hast doch wohl selbst eine SM-Ader, oder?"

„Kann sein, keine Ahnung ... Nur weil ich keinen ... äh *Vanilla-Sex* mag?"

Dave lachte.

„Was lachst du?"

„Jason hat mal zu mir gesagt, dass derjenige, der sich mit mir zusammentut, definitiv ein Mann sein muss, der keinen *Vanilla*-Sex haben will."

Jessie grinste. „Na dann sind wir schon zwei!"

„Sehr schön." Dave ließ seine Augen über Jessies wundervollen Körper gleiten. Er konnte sein Glück kaum fassen. Die Tatsache, dass zum ersten Mal ein Lover in seiner Wanne saß, bereitete ihm nur wohlige Gefühle und erfüllte ihn mit tiefer Zufriedenheit.

Heiße Schokolade mit Knalleffekt

Fast eine halbe Stunde lang saßen die beiden schweigend in der Wanne. Ihre Beine berührten sich und sie schwelgten jeder für sich in dem eben Erlebten.

„Bist du müde?", fragte Dave. „Sollen wir schlafen gehen?"

Jessie seufzte. „Ich bin echt alle!"

Er sah, wie Jessie ein Auge öffnete, als er nichts darauf sagte und seine Mundwinkel zucken.

„Was?", fragte Jessie.

„Im wahrsten Sinne des Wortes *alle*, was?" Dave grinste und konnte sich dann nicht mehr halten. Zum ersten Mal überhaupt in Jessies Gegenwart lachte er sein unglaublich schmutziges Lachen, was Jessie dazu brachte das zweite Auge ebenfalls zu öffnen, während die rechte Augenbraue nach oben wanderte.

Dave versuchte, sich wieder einzukriegen, allerdings mit wenig Erfolg.

„Kann es sein, dass das gerade das wahre, dreckige Lachen der ... äh, *Wildsau* war?"

„Aaaah!" Dave legte den Kopf in den Nacken. Kurz darauf sah er wieder in Jessies wundervolle Augen und nickte. „Jep."

Jessie lachte. „Dacht ich mir."

„Keine Sorge, ich krieg heut bestimmt keinen mehr hoch! Ich hätte nie gedacht, dass ich so oft kann. Hab alles Pulver verschossen!", beruhigte ihn Dave. „Die Wildsau ist im Stall!"

Jessie sah ihn lange an. „Ich brauch ein paar Stunden Schlaf, aber ich kann dir nicht versprechen, dich bis morgen früh durchschlafen zu lassen!" Sein Blick war eindeutig. „Du hast das schon richtig eingeschätzt! Ich hab extremen Nachholbedarf!"

„Ich bin sofort dabei! Wird dann der Test, ob das Bett das aushält!"

„Hoffe, es ist eher hart als weich gefedert!"

„Ich komm auch schon langsam dahinter, dass dir das Harte wirklich besser gefällt als das Weiche, was?!"

Jessies Mundwinkel zuckte. „Ich hab mir schon an unserem zweiten Date, dem Pasta-Date, gedacht, dass ich dich am liebsten auf dem Küchenboden …" Er brach ab.

„Ach ja?", fragte Dave. „Der Gedanke kam mir an dem Tag auch schon … und dann kamen wir auf die bescheuerte Idee, vier Wochen zu warten!"

„Na ja, fast hätten wir es geschafft."

„Ich denke, die letzten üblen Wochen zählen doppelt, oder?"

„Find ich auch."

„Du wolltest mich echt auf dem Fußboden deiner Küche …?", hakte Dave nach.

Jessie hielt seinem forschenden Blick stand und grinste. „Jep."

„Aktiv oder passiv?"

Jetzt allerdings zögerte Jessie.

„Ah, sei kein Frosch!", neckte ihn Dave. „Aktiv?"

Schließlich nickte er und beobachtete Dave, um zu sehen, wie das ankommen würde.

„Hast du das in Gedanken schon mal komplett durchgespielt?", bohrte Dave weiter.

Jessie schluckte. „Ähm …"

„Also ja", übersetzte Dave und schien nicht beunruhigt. „Und?"

„Was: und?"

„Hat es mir gefallen?"

Jessie sah ihm für mehrere Sekunden regungslos in die Augen, dann sagte er: „Oh ja!"

Dave erwiderte den Blick auch noch einmal längere Zeit und antwortete: „Wundert mich nicht!"

Jessie schloss die Augen. Der Gedanke, der Fick könnte andersherum gehen, ließ seine Eier prickeln. Doch zu einer Erektion würde sein Körper sicher noch für Stunden nicht fähig sein.

„Auf dem Fußboden deiner Küche, ja?", hörte er Daves Stimme.

Er grinste und öffnete die Augen wieder. „Hey, schon vergessen? Kein *Vanilla-Sex*!" Dave lachte wieder sein schmutziges Lachen und steckte ihn damit an. „Hast du echt gedacht, ich wär ein Softsex-Typ?", fragte Jessie.

„Hm, spätestens seit der Aktion nach'm *Liam's* sicher nicht mehr!"

„Aha …"

„Und das ist verdammt gut so!"

„Ganz meine Meinung!"

„Du hast mir aber immer noch keine wirkliche Antwort auf meine Frage gegeben", hakte Dave schließlich nach. „Bist du nun so müde, dass du ins Bett gehen möchtest?"

Jessie seufzte. „Kennst du das, total fertig zu sein? Nicht nur körperlich, auch emotional, aber dabei gleichzeitig total aufgedreht vom Adrenalin?"

„Klar."

„Unsere Gespräch … dann unser erstes Mal. Ich bin mental echt fertig. Aber glücklich fertig! Versteh mich also nicht falsch!"

„Geht mir genauso, nach dem letzten Mal abspritzen müsste ich eigentlich schon ins Koma gefallen sein, aber ich bin immer noch total überdreht!"

„Ich würd gern eine rauchen und vielleicht hast du ja auch einen Kaffee für mich. Ich denke, dass mir das hilft wieder runterzukommen und dann kann es sein, dass es total schnell geht. *Boom* und weg."

„Gute Idee!" Dave öffnete den Abfluss und sie stiegen aus der Wanne.

Jessie fühle sich etwas besser als vor dem Bad, wenn er Daves Invasion auch immer noch spürte. Trotzdem genoss er dieses Gefühl unendlich.

„Verdammt, meine Tasche ist noch im Wagen", brummte er.

„Ist er abgesperrt?"

Jessie schnaubte. „Wie denn? Du warst ziemlich … animalisch!"

Dave lachte und ging, nackt wie er war, durch die Verbindungstür am Ende des Gangs in die Garage. Er zog den Autoschlüssel ab und schloss die immer noch offenstehende Tür des Thunderbird. Kurz darauf kam er mit Jessies Sporttasche wieder.

Jessie zog sich eine schwarze Sporthose und ein T-Shirt an. „Hast du nachgesehen?"

„Von was redest du?" Dave sah ihn verwirrt an. Auch er war gerade in seine Jogginghose geschlüpft. Das T-Shirt ließ er allerdings weg.

„Vom Bild im Wagen!"

„Mist!" Dave wollte kehrtmachen, doch Jessie erwischte ihn gerade noch an seiner Hose. Lüstern starrte er auf Daves freigelegten Hintern, doch der drehte sich nur zu ihm um und küsste ihn.

„Du hast so einen geilen Arsch!", murmelte Jessie.

„Und er gehört dir allein!"

Jessie schluckte. „Du meinst das ernst ja?"

„Oh ja!"

„Bist du dir sicher, dass du das irgendwann machen willst?"

„*Oh ja!*"

Jessie schwieg einige Sekunden. „Können wir einen Deal machen?"

Daves schnaubte und fragte: „Schon wieder?"

Jessie blieb ernst. „Ja. Können wir ausmachen, dass du in diesem Fall den ersten Schritt machst?"

Jetzt blinzelte Dave.

„Nämlich dann, wenn du denkst, dass der richtige Zeitpunkt gekommen ist und du es wirklich willst?"

„Oh, okay." Er hörte an Daves Stimme, dass er ihm für den Vorschlag dankbar war. „Gute Idee!"

Sie küssten sich wieder.

„Schön!"

„Aber mach dich schon mal mit dem Gedanken vertraut, dass das eher früher als später passiert!", murmelte Dave ihm ins Ohr und er meinte es todernst. Er wollte diesem Mann gehören. Zum ersten Mal in seinem Leben wünschte er es sich von ganzem Herzen. Sie besiegelten auch das mit einem Kuss. „Darf ich jetzt das Bild holen?", fragte Dave.

Jessie schüttelte den Kopf. „Erst will ich dein Schlafzimmer sehen!"

„Okay." Dave ging voraus und öffnete die Tür zu dem Raum, zu dem sie es vorher nicht mehr geschafft hatten.

Jessie trat noch vor Dave ein, der gerade das Licht einschaltete und war sich dabei bewusst, dass Dave ihn dabei beobachtete. Er pfiff leise durch die Zähne. Der Raum wurde von einem massiven Bett aus dunklem Holz beherrscht. Vier massive, geschnitzte Pfosten ragten an jeder Ecke fast zwei Meter in die Höhe. Jessie ging darauf zu und rüttelte daran. Es bewegte sich keinen Millimeter. „Wow!"

Er blickte sich im restlichen Zimmer um. Es gab keinen Kleiderschrank, dafür zwei Nachttische und drei Kommoden. Auch – und Jessie war überrascht – keinen Fernseher, den er Dave durchaus im Schlafzimmer zugetraut hätte.

„Wo sind deine Klamotten?", fragte er verwirrt.

Dave zeigte auf eine Tür. „Begehbarer Kleiderschrank."

„Ah, cool." Ein Lächeln breitete sich auf seinem Gesicht aus. Das Zimmer war in warmen Brauntönen gehalten. Die Bettwäsche war Schokoladenfarben, der Boden aus Kork.

Das Bild würde perfekt hier hineinpassen. Vor allem weil sonst keine Bilder an den Wänden hingen.

„Holst du es?", hörte er Dave hoffnungsvoll fragen.

Er nickte, verließ den Raum und kam kurz darauf mit einem großen Bild, das in Packpapier gewickelt war, wieder.

Dave spürte, wie sich sein Puls beschleunigte. Oh Mann, das war echt der Hammer! Eine größere Freude hätte ihm Jessie nicht machen können.

Jessie hielt das Bild im Hochformat, sodass er noch darüber schauen konnte. „Pack es aus!"

Dave ließ sich das nicht zweimal sagen und riss augenblicklich das Papier herunter. „Oh ... mein ... Gott!", murmelte er dann. Das Bild war nicht exakt dasselbe, das Jessie ihm aufs Handy geschickt hatte. Das Motiv war gleich, aber die Farben waren anders. Jessie hatte es in Schwarz-Weiß-Töne umgewandelt, die eher ins Sepia gingen, wie alte Fotos aus den Fünfziger-Jahren. Der Rahmen war dunkelbraun. Es passte perfekt an die Wand überm Bett.

Im Großformat konnte man noch besser erkennen, dass Jessie dabei eine Erektion hatte und sein Schwanz sich eigentlich aus der Jeans kämpfen wollte.

Dave stöhnte sehnsüchtig und sank ungläubig vor Jessie und dem Bild auf die Knie, der bei der Geste sichtlich schluckte und das Bild auf dem Boden abstellte.

Mühsam riss Dave seinen Blick von dem Foto los und sah zu Jessie auf.

„Kannst du hellsehen? Es passt perfekt hier rein! Ich weiß nicht, was ich sagen soll!"

Dave sah ein klitzekleines diabolisches Grinsen über Jessies Gesicht huschen, als der erwiderte: „Oh ... ehrfürchtiges Niederknien sagt mehr als tausend Worte!"

Er spürte, dass er erneut eine Erektion bekam. Das konnte einfach nicht wahr sein! Wortlos zog er seinen

Hosenbund vom Bauch weg und präsentierte Jessie seinen semiharten Schwanz.

„Mhmm", flüsterte der.

„Wie kann der immer noch stehen?", fragte Dave fassungslos, sah an sich herab und wieder zu Jessie auf. „Du schaffst sogar das!" Dave ließ seinen Blick wieder über das erotische Foto gleiten. „Ich werde dir dafür absolut jeden Wunsch erfüllen, Süßer!"

Dessen Augenbraue wanderte ganz langsam wieder nach oben und Dave seufzte. Das Bild und die Augenbraue. Zwei Dinge, die ihn wahnsinnig machten.

„Ach ja?"

„Ja! Jeden!"

„Sehr schön!"

„Hilfst du mir, es aufzuhängen?"

„Klar!"

Dave stand auf und besah sich die Rückseite des Rahmens.

Während Jessie noch überlegte, ob Dave sein Werkzeug im Keller hatte, sah er ihn auch schon am Ende des Gangs eine Tür öffnen und ihm fiel ein, dass Daves Keller ja für andere Zwecke genutzt wurde. Er fragte sich, ob Dave ihm diesen Ort an diesem Wochenende auch zeigen würde.

Da kam Dave auch schon zurück und wenig später hing das Bild überm Bett.

Jessie beobachte Dave, der selig lächelnd im Zimmer stand und das Werk bewunderte. Er kam dicht zu ihm und drehte sein Kinn zu sich. „Das ist das glücklichste Lächeln, das ich seit Wochen bei dir gesehen habe!"

„Du machst dir keinen Begriff, was für eine Freude du mir damit gemacht hast!" erwiderte Dave und küsste ihn.

„Oh doch!", widersprach Jessie. „Und ich spür deine Freude noch in jedem Knochen und vor allem in meinem Hintern!"

Dave wurde rot und Jessie lachte. *Das kam bestimmt auch nicht allzu oft vor*, dachte er.

„Du würdest mich mindestens genauso glücklich machen, wenn du mir einen Kaffee machst und mir einen Aschenbecher gibst."

Kurz darauf standen sie in Daves großer Wohnküche.

Jessie war angenehm überrascht. Die Küche war modern und praktisch eingerichtet. Doch am Herd konnte er sich Dave eigentlich nicht vorstellen.

„Wow, das ist beeindruckend! Kochst du hier auch?"

Dave schüttelte den Kopf. „Bin eher der Grill-Typ. Rühreier und Grilled-Cheese-Sandwiches fallen wohl eher nicht unter Kochen, was?"

„Ah! Ein Grilled-Cheese-Sandwich hatte ich schon ewig nicht mehr!"

„Oder Tuna-Melt?"

„Oh ja!"

„Morgen zum Frühstück?"

Jessie grinste. „Klingt gut."

Dave stellte ihm einen Aschenbecher auf den Tresen, an dem man auf Barhockern sitzend auch essen konnte. Ansonsten gab es noch einen Tisch mit sechs schwarzen Freischwingern, der in einer dafür passenden Nische stand.

„Sehr geschmackvoll. Hätt ich dir gar nicht zugetraut!"

„Was soll das denn heißen? Nur weil ich einen Hang zur Wildsau habe, heißt das nicht, dass ich keinen Geschmack habe!" Er grinste. „Ich brauch doch nur dich ansehen, dann weiß ich, dass ich einen exzellenten Geschmack habe!" Mit diesen Worten ließ er zwei Kaffee aus dem Vollautomaten.

„Danke!" Jessie lächelte geschmeichelt. „Ich meinte eher, dass ich es mir … irgendwie chaotischer vorgestellt habe!", versuchte er die Kurve zu bekommen.

„Du hast vergessen, dass ich einen Haushälter habe. Wenn du ihn mal kennenlernst, wird er dir sicher sein Leid klagen!"

„Ha! Also war meine Einschätzung richtig?"

„Klar. Ich bin normalerweise wirklich chaotisch. Lass meine Klamotten überall liegen."

„So wie im Gang?", fragte Jessie belustigt, da der noch übersät war von den verschiedenen Kleidungsstücken, die sie sich gegenseitig vom Leib gerissen hatten.

„Na ja, nicht ganz so schlimm. Ich bin jedenfalls froh, dass bei deinem Antrittsbesuch aufgeräumt ist!"

„Soll ich rausgehen zum Rauchen?"

„Quatsch. Die Klimaanlage hier drin ist gut. Nur zu. Ich würde es nur nicht im Schlafzimmer oder im Bad wollen. Ansonsten ist es mir egal! Von meinen Kollegen rauchen viele."

Jessie steckte sich eine an und ließ seinen Blick durch den großen Raum gleiten. „Weißt du, was hier fehlt?"

„Ja", antwortete Dave wie aus der Pistole geschossen und stellte den Kaffee vor Jessie. „Bilder. Ich hatte komischerweise nie den Nerv dafür."

„Ich kann nicht ohne Bilder!"

„Oh, ich glaube, wir haben einen guten Anfang gemacht, was? Ich lass mich gern von dir bekehren und du kannst dich an den Wänden austoben!"

„Klasse!"

Jessie trank von seinem Kaffee und nahm einen tiefen Zug. Er merkte, wie er langsam herunterkam. Dave kramte indes ein wenig herum und versteckte etwas hinter seinem Rücken.

„Mach die Augen zu!"

Er zog noch einmal und tat ihm den Gefallen.

„Okay, du darfst gucken", sagte er nach einem kurzen Moment.

Jessie grinste, als er die große Noisette-Tafel neben ihren Tassen liegen sah. „Ja!", seufzte er genüsslich, beugte sich vor und küsste Dave.

Der schmunzelte und öffnete die Tafel.

Eine halbe Stunde später lagen sie im Bett.

Dave breitete seine Arme aus und zog Jessie dicht an sich. Ihre Körper waren nackt und sie lagen eng aneinander geschmiegt da.

„Das is' echt klasse, dass du endlich hier in meinem Bett liegst!", flüsterte er zärtlich.

„Find ich auch!", murmelte Jessie. „Ich hoffe, du lässt mich morgen ein wenig aufholen! Ich bin auf Entzug, muss dich einfach anfassen und streicheln!"

„Ich vermiss es genauso!", sagte er tonlos und das war aus tiefstem Herzen ehrlich gemeint.

Sie küssten sich noch einmal und dann löschte Dave das Licht.

Sekunden später waren sie eingeschlafen.

Es war halb drei Uhr morgens als Jessie das erste Mal nach viereinhalb Stunden tiefen, traumlosen Schlafs erwachte. Er musste auf die Toilette und kämpfte sich aus dem Bett. Seine Eingeweide hatten sich wieder einigermaßen beruhigt und dennoch konnte er noch spüren, endlich wieder Sex gehabt zu haben.

Als er zurück ins Schlafzimmer kam, schien das Mondlicht durch die Fenster und ermöglichte es, zumindest ein klein wenig zu sehen. Lächelnd blieb sein Blick an Dave hängen, der wie so oft auf dem Bauch schlief.

Jessie glitt zurück ins Bett und zog vorsichtig die Decke von seinem Körper. Dann begann er mit dem, was er den ganzen letzten Tag vermisst hatte. Diesen unglaublichen Menschen zu streicheln und zu küssen. Folglich dauerte es nicht lange und Dave begann, sich zu regen.

Er spürte Jessies Lippen und Zunge auf seinem Hintern und es war das wunderbarste Gefühl überhaupt. Verschlafen oder nicht, er musste augenblicklich an Jason denken, der Kyle fast jeden Morgen so weckte, wenn der bei ihm übernachtete. Und Kyle liebte diese Zärtlichkeiten über alles. Dave verstand sofort wieso. Einen Menschen neben sich zu haben, der einen mit so viel Zärtlichkeit und Liebe berührte, war einfach nur wundervoll.

Jessie lächelte zufrieden, als er Dave leise seufzen hörte. Offensichtlich gefiel es ihm sehr, denn er gab ihm kompletten Zugriff. Auch hatte er keine Hemmungen mehr, Dave ausgiebig zu lecken. Er wusste, es würde ihm nichts geschehen. Seit fast einer Woche erschrak Dave schon nicht mehr, wenn er sich nachts neben ihm bewegte und das war im Vergleich zum Beginn ihrer Beziehung ein ziemlicher Fortschritt.

Jessie beschäftigte sich liebevoll mit Daves Loch und tastete mit seiner Zunge vorsichtig seinen Eingang ab, leckte dann wieder breit darüber, kreiste, übte sanften Druck aus.

Für Jessie war es das Intimste, was er je mit einem anderen Mann getan hatte. Er wunderte sich sehr über sich selbst, dass er sich bislang sexuell so sehr limitiert hatte. Ficken stand immer im Vordergrund. Ficken und ein schneller Abschluss. Was der andere dabei empfand, war ihm bislang relativ egal gewesen. Seine Sexpartner hatten bislang immer dabei gewichst, um möglichst schnell zu kommen. Dave hatte ihm eine ganz neue Richtung gezeigt und Jessie wollte nie wieder zurück zu den alten, dummen Gewohnheiten.

Angetan leckte er ein letztes Mal über Daves Loch, dann küsste er wieder dessen Hintern.

Als Dave sein Becken hob, nahm Jessie die Einladung sofort an. Während er ihn erneut leckte, landete seine Hand an Daves Schwanz. Er spürte, dass Dave hart war, offensichtlich erregte ihn das Ganze genauso wie ihn selbst.

Jessie drehte sich auf den Rücken, schob sich höher und leckte sich von Daves Eiern hinauf über die komplette Länge seines Schwanzes. Dabei manipulierte er mit zärtlichen Fingern weiter sein Loch. Er war sehr überrascht, wie weich und entspannt Dave war. Dave glitt zur Seite und gab Jessie somit noch besseren Zugriff.

Schließlich streckte sich Dave und knipste die Nachttischlampe an. Er wollte es unbedingt sehen. Als er schließlich nach unten blickte, nahm Jessie gerade seinen steifen Schwanz in die Hand, bog ihn zu seinem Mund und bohrte seine Zunge tief in den leckenden Schlitz.

Dave keuchte auf und ihre Blicke trafen sich zum ersten Mal. Er beobachtete, wie Jessie an seiner Eichel lutschte, innehielt und ihn einige Male wichste. Dann leckte er wieder in seinen Schlitz, in dem sich mehr lustvolle Tropfen gebildet hatten.

Nach einem weiteren Blickwechsel wanderte Jessies Zunge wieder tiefer, über die Unterseite seiner Eier zu seinem Loch.

Dave legte keuchend den Kopf in die Kissen und schloss die Augen. Während Jessie weitermachte, hatte er das Gefühl irgendwo auf einer extrem weichen, flauschigen Wolke zu schweben.

Ein Blick über Daves durchtrainierten Körper zeigte Jessie, dass sich erneut Tropfen auf Daves Unterbauch gebildet hatten und arbeitete sich über Daves Bauch und Brustkorb höher. Er kostete sie auf seinem Weg nach oben und schob sich weiter, bis er sich über Dave beugen konnte, um ihm in die Augen zu sehen.

Daves Atmung hatte sich deutlich beschleunigt und Jessie bemerkte, dass seine Hand leicht bebte, als er ihm über seine Bartstoppel strich.

„Du bist ... unglaublich ... *relaxt*, Baby!", flüsterte Jessie. „Das ist so wundervoll!"

Dave lächelte. „*Du* bist wundervoll!"

Sie küssten sich sanft, dann direkter und schließlich leidenschaftlich. Jessie diesmal auf der aktiven Seite, was Dave ohne mit der Wimper zu zucken zuließ. Seine Hände glitten über Jessies Körper und drückten ihn noch enger an sich.

Er seufzte, als Jessies Schwanz dabei über sein Loch strich, während sich sein eigener Schwanz an Jessies Bauch schmiegte. Beide waren nach diesen erotischen Minuten sehr erregt und als sie ihren Kuss beendeten, griff Dave hinter sich, zog die Schublade seines Nachtkästchens auf und zog eine Gleitmittelflasche heraus. Dabei verließen seine Augen Jessies keine Sekunde.

„*Bitte!*", flüsterte er liebevoll und hielt Jessie die Flasche hin.

Jessie lächelte und küsste ihn aufs Kinn, dabei fuhr er noch einmal mit seinem steifen Schwanz über sein Loch, bevor er diesen über Daves Ständer gleiten ließ. „Wenn du mir versprichst ganz sanft zu sein, ertrag ich vielleicht schon ein weiteres Mal", murmelte er in seinen Kuss.

Ohne Hinzusehen, pumpte Dave drei Schübe aus der Flasche, sah ihm tief in die Augen und begann, Jessies Schwanz zu präparieren. Dave wichste ihn und verteilte dabei das Gleitgel auf seinem Schwanz. Dann pumpte Dave erneut und verteilte den Rest auf Jessies Eichel. Sein Herz schlug schneller, doch er war sich ganz sicher, als er sagte: „Süßer, bitte fick mich!" Dabei dirigierte er Jessies Schwanz unmissverständlich wieder zu seinem Loch.

Jessies Herz setzte aus, dann begann es zu rasen, dann setzte es wieder aus. *Oh Gott!*

„Was sagst du da?"

„Bitte fick mich!"

„Bist du dir da ganz sicher?" Er konnte es immer noch nicht glauben.

„Ja, ich will es unbedingt!"

Jessie lag über Dave, der die Beine willig und erwartungsvoll geöffnet hatte und er hörte ihn sehnsüchtig seufzen, als seine Eichel erneut sein Loch berührte.

„Bitte tu es!"

Jessie schluckte erneut. „Okay, Baby. Wenn du es wirklich willst!"

„Bitte!"

„Baby, ich mach langsam ... ganz langsam, okay?"

Dave nickte und Jessie nahm seinen Schwanz in die Hand. Behutsam drückte er ihn gegen Daves Loch.

Dave war nach wie vor entspannt, auch wenn sein Puls sich deutlich beschleunigt hatte. Er erwiderte Jessies Blick, der ihm unentwegt in die Augen sah, wohl um auf den kleinesten Wink hin reagieren zu können.

Er stöhnte leise, während der Druck größer wurde und Jessies Eichel Einlass verlangte. Er versuchte, tief zu atmen und bemerkte, wie Jessie seine Bewegungen mit seinem Atemrhythmus abstimmte. Bei jedem Ausatmen erhöhte Jessie den Druck. Zweimal nahm er zusätzliches Gleitmittel, dann erst wagte er die erste Penetration.

„Aaaah!", keuchte Dave, als Jessies Eichel endlich in seinem Körper verschwand.

Jessie stöhnte erregt. Dave war so verdammt eng und er war froh, dass Dave ihn den ganzen letzten Tag über so kräftig gemolken hatte, somit war er sich sicher, nicht vorzeitig zu kommen. Er wollte dieses erste Mal für Dave mindestens genauso unvergesslich machen, wie er dies umgekehrt für ihn getan hatte.

Langsam machte er Fortschritte und arbeitete sich tiefer. Nach der ersten kompletten Penetration pausierte er. Sie sahen sich atemlos in die Augen. Endlich waren sie eins und hielten dabei immer noch Blickkontakt.

Als die erste Nervosität langsam verebbte und Jessie sicher war, dass Dave nicht überreagieren würde, begann er damit, sich eindeutiger in ihm zu bewegen.

„AAAAH!"

Der Effekt war so stark, dass ein regelrechter Stromstoß durch Daves Körper zu schießen schien. Dabei berührte dessen Schwanz auch Jessies Bauch.

„Oh ja!", flüsterte der und versuchte, die Bewegung zu wiederholen. Mit Erfolg.

„AAARGNN!" Daves Körper zuckte und seine Wirbelsäule bog sich. Jessie war fassungslos, dass eine kleine Bewegung so etwas verursachen konnte. Auch wenn er es schon am eigenen Leib zu spüren bekommen hatte. Als er weitermachte und dabei auch die Frequenz erhöhte, war es nun Dave, der unter ihm bebte. Er begann unzusammenhängend zu murmeln, zu stöhnen, sich zu winden und wimmernd den nächsten Stoß zu erbetteln.

„Gleich hab ich dich!", murmelte Jessie.

„AAAH! Oh Gott!"

„Ja, Honey!"

„FUCK! UAAAAAH!" Dave explodierte mit einem animalischen, halb lustvollen, halb gequälten Schrei und sein Sperma spritzte gegen Jessies Bauch und Brust.

Jessie hatte das Gefühl, noch nie im Leben so glücklich gewesen zu sein, wie in diesem Moment. Er spürte, wie Daves Herz raste, der immer noch keuchte und wimmerte, während Jessie seinen immer noch steifen Schwanz tief in seinem Körper versenkte. Er war nicht gekommen und er war stolz darauf. Somit hatte er Daves ersten Orgasmus mit allen Sinnen aufnehmen können, ohne von seiner eigenen Lust abgelenkt zu sein.

Er gab Dave einige Augenblicke, in denen er ihn liebevoll streichelte und sein ganzes Gesicht küsste, bevor er sich wieder in ihm zu bewegen begann.

Dave stöhnte leise. Er war total groggy nach diesem einzigartigen Orgasmus. Erschöpfter als nach den Ficks des Vorabends mit Jessie. Eigentlich mental komplett am Ende.

Vage bemerkte er, dass Jessie seinen Körper kurz verließ. Offenbar hatte er ihn erneut geschmiert, denn im nächsten Moment drang er wieder in ihn ein. Es gelang ihm entspannt zu bleiben und somit konnte sich Jessie ohne Probleme tiefer arbeiten.

Dave war schwindlig. Von diesem unglaublichen Orgasmus, von Jessies Bewegungen, von den zärtlichen Worten, die er ihm ins Ohr flüsterte und von seinen Küssen auf seinem Gesicht und seinem Hals.

Dann traf Jessie erneut und sein Körper bockte unter ihm. Diesmal war Jessie direkter, heftiger und vögelte ihn richtig. Die Art und Weise, wie es Dave trotz seines Deliriums gelang, sich nach kurzer Zeit in Jessies Bewegungen zu pressen, schien Jessie Mut zu geben, es durchzuziehen.

Wann immer es Dave gelang und er die Augen öffnete, sah er Jessies ungläubiges und glückliches Gesicht über sich, während er ihn fickte. Dann übernahm wieder dieses unglaubliche Gefühl, mit diesem wundervollen Mann Sex zu haben.

Doch nach einigen Minuten passierte es dann doch und Nebel zog auf. Daves Fokus begann, unscharf zu werden, als er die Augen öffnete. Er spürte eine unangenehme Hitzewelle durch seinen Körper schießen, als ihm bewusst wurde, was dies bedeutete.

Stöhnend kniff er die Augen zusammen, doch statt dass das Bild verschwand, wurde es klarer. Er keuchte und dreht den Kopf zur Seite, als könnte er so den Erinnerungen entkommen.

Nein bitte nicht! … Bitte! … Nicht jetzt!

Das Bild veränderte sich und für einen kurzen Augenblick sah er eine verzerrte, erregte Fratze des Monsters über ihm, welches ihm genau so etwas vor dreißig Jahren angetan hatte.

Dave hörte ihn erregt keuchen.

Stöhnen.

Spürte seinen Atem.

Roch ihn.

Er spürte den Brechreiz kommen.

Er stöhnte wieder, diesmal gequält.

Er wollte nicht, dass die Bilder kamen. *Bitte alles, nur jetzt nicht!!*

Dann traf Jessie seine Prostata erneut und das Bild zersprang in tausend goldene Sterne. Dave hörte sein eigenes erregtes Stöhnen. Und schließlich vernahm er Jessies leises: „Oh Gott, ja … das ist es, Baby!"

Jessie variierte, fickte ihn mit langen heftigen Stößen, konzentrierte sich ein ums andere Mal auf seine Prostata. Dabei stemmte er sich mehrmals hoch, um zu sehen, wie sein Schwanz Daves Loch passierte. Gott sei Dank spielte sein Knie inzwischen mit, wenn er sein Gewicht auch meist auf das andere verlagerte. Die Tatsache, dass sie im weichen Bett waren, trug ihren Teil dazu bei, dass Jessie sich keine Sorgen machen musste. Er empfand keinen Schmerz, nur extreme Genugtuung, Dave genau diese Lust zuzufügen.

Am gegenseitigen Stöhnen hörten beide, dass es unmöglich noch lange dauern konnte. Jessie hoffte, dass er seinen Orgasmus mit Daves abstimmen konnte. Er hatte sich wieder über ihn gebeugt, sah ihm in die Augen, während er sich wieder darauf konzentrierte, Dave um den Verstand zu bringen.

Dessen Körper bockte erneut gegen seinen eigenen.

„AAHA … AAAH … UAAAH … AAAARGN!"

„Gib's mir!", zischte Jessie erregt. „Komm schon!" Und während ihm erneut Sperma gegen den Bauch spritzte, entlud er sich stöhnend gleichzeitig tief in Dave.

Schwer atmend legte er seine Stirn auf Daves Kinn, der mit überstreckter Kehle immer noch zuckend in den Kissen lag.

Überglücklich ließ Jessie seine Finger durch die Spermaspuren auf seiner Haut gleiten. Dann ertastete er Daves Eingang, in dem immer noch sein Schwanz steckte, so als wolle er sich überzeugen, dass das wirklich gerade passiert war.

Schließlich wollte er sich vorsichtig zurückziehen, doch Dave schlang den Arm um ihn und drückte seinen Hintern an sich. Offenbar wollte er noch nicht, dass er seinen Körper verließ. Auch er schien das Gefühl für immer und ewig verinnerlichen zu wollen.

Jessie beobachtete Dave, der nur ganz langsam wieder ins Jetzt zurückfand. Schließlich kam Daves Körper zur Ruhe und er öffnete die Augen.

Jessies sah ihn interessiert und auch ein wenig besorgt an, und zu seinem Entsetzen bemerkte er, wie Dave schwer schluckte und sich seine Augen in Zeitlupe mit Tränen füllten.

„Baby!", murmelte Jessie erschrocken.

Dave biss sich auf die Lippen und versuchte offenbar, sich zu beherrschen. Doch es schien zwecklos.

„Fuck ... ich ... wollte doch nicht ...", stammelte Jessie, doch Daves Hand landete an seiner Wange und er spürte, wie Daves Daumen über seine Lippen strich.

Er versuchte, etwas zu sagen, doch es gelang erst beim dritten Mal. „Ich will dich nie mehr missen, Baby. Willst du mich heiraten?", flüsterte Dave und eine Träne lief ihm seitlich aus dem Auge.

Jessie spürte eine extreme Hitzewelle durch seinen Körper schießen. „*Was?*" fragte er total verdutzt. Er musste sich verhört haben.

„Bitte!"

Jessie schluckte schwer. „Du verbietest mir, *ich liebe dich* zu sagen und fragst mich stattdessen, ob ich dich heirate?"

„Ich liebe dich, Jessie!"

„Oh Gott, ich liebe dich auch!", murmelte Jessie und wischte ihm zärtlich die Tränen ab, die immer noch kamen. „Warum die Tränen, Honey?"

„Aus purer ... unglaublicher Erleichterung, Süßer!"

Jessie atmete auf. „Wirklich?"

„Ich war noch nie so ... glücklich! Noch nie!"

Jessie sah ihn lange an, dann wagte er es zu fragen: „Keine Flashbacks?"

Dave zögerte. „Doch, einmal ... ganz kurz ..."

„Oh Gott!"

„Schsch ... nur ganz kurz, Süßer. Dann hast du mich in Sekundenschnelle wieder verzaubert und er war weg!"

„Hoffen wir, dass er nicht mehr wiederkommt!"

Dave fuhr sich mit einer Hand übers Gesicht und schüttelte fassungslos den Kopf. Schließlich ballte er die Siegerfaust und stieß ein aggressives, triumphierendes *YES!* aus. Dabei glitt Jessie allerdings komplett aus seinem Körper.

„Du hast es geschafft, Süßer, dass er verschwindet!"

Er sah ein geschmeicheltes Lächeln auf Jessies Gesicht, als der sagte: „Das ist so wundervoll!"

Dave sah ihn lange an. „Gibst du mir eine Antwort auf meine Frage?"

Jessie zögerte.

„Ich weiß, dass ist 'ne total verrückte Frage und ich red nicht von morgen, Süßer!"

„Ich hab den aggressiven Dave bislang noch nicht kennengelernt, vor dem du und Jason mich laufend warnt!", gab Jessie zu bedenken.

„Vielleicht kommt er auch nie mehr. Du bringst anscheinend nur die guten Seiten in mir raus!"

„Du hast das ernst gemeint?"

„Todernst!"

Jessie schluckte erneut. „Kannst du mich das noch mal wann anders fragen, wenn du nicht gerade deinen ersten

Orgasmus hinter dir hast und mega-emotional bist?", bat er. „Wenn du ... äh ... sozusagen *nüchtern* bist?"

„In Ordnung!", murmelte Dave.

„Gut!" Jessie küsste ihn zärtlich, während Dave die Decke über sie beide zog.

Kurz darauf waren sie wieder eingeschlafen.

Als Jessie erneut aufwachte, bemerkte er, dass er allein im Bett war. Er stutzte und horchte. Doch es war weder ein Geräusch aus dem Badezimmer zu hören, noch brannte irgendwo Licht. Er sah auf den Radiowecker, der auf dem Nachttisch stand. Es war kurz vor fünf.

„Dave?" fragte er halblaut. Keine Antwort.

Also rappelte er sich auf und ging aus dem Zimmer. Er fand ihn schließlich im Wohnzimmer auf der Couch in eine Decke gehüllt mit einem Becher in der Hand.

„Hey!", sagte er behutsam und hob Daves Gesicht an. Als er sah, dass es erneut von Tränen gezeichnet war, spürte er einen schmerzhaften Stich in seinem Herzen. „Honey, bist du okay?", fragte er erschrocken und setzte sich neben ihn.

Dave nickte.

„Was trinkst du da?", fragte er sachte, da Dave immer noch nichts gesagt hatte.

Dave zwinkerte ihm zu und sagte in einem ernsten Tonfall: „Du musst mir versprechen, das Geheimnis des Bechers für dich zu behalten!"

Jessie blinzelte etwas überrascht, denn Daves Stimme klang eigentlich mehr als gut. „Okay." Er wartete gespannt.

Dave hielt ihm den Becher hin. „Master Dave trinkt heiße Schokolade!"

Jessie lächelte. „Lecker!"

„Du darfst es aber niemandem verraten!"

„Schwöre!", erwiderte Jessie und nahm einen Schluck davon. „Yummy!"

Dave nahm den Becher wieder, trank selber, ließ den Becher wieder auf seinem Knie ruhen und sah dann auf seine Hände. „Mein Onkel Martin hat mir immer heiße Schokolade gemacht, wenn ich nicht schlafen konnte, weil ich zu aufgewühlt war", begann er endlich zu sprechen.

Jessie wartete bis er weiterredete.

„Nachdem mich mein Dad ... von diesem Dreckskerl gerettet hatte ... war das praktisch jede Nacht der Fall. Fast ein Jahr lang." Dave sah auf. „Er hat sich auch noch in der dreihundertfünfundsechzigsten Nacht mit mir hingesetzt und mir heiße Schokolade gemacht."

Jessie strich liebevoll durch seine Haare. „Ich würde das Gleiche für dich tun, Baby!"

„Ich weiß!" Dave sah wieder auf seine Tasse.

„Honey, ich möchte, dass du mich in Zukunft weckst, wenn es dir nicht gut geht!", bat Jessie.

Dave sah ihn an. „Süßer, es ging mir noch nie besser! Aufgewühlt heißt nicht gleich schlecht, zumindest nicht in diesem Fall!"

„Du hast geweint, Baby!"

Dave nickte und seine Augen füllten sich erneut mit Tränen. Offenbar konnte er nichts dagegen tun, doch Jessie verstand ihn nur zu gut. Er nahm ihm den halbvollen Becher aus der Hand, stellte ihn auf den Beistelltisch und nahm ihn wortlos in den Arm.

Daves Tränen liefen über seine Haut, während er ihn beruhigend streichelte und ihm die Tränen von den Wangen küsste. Es dauerte eine Weile, bis Dave sich wieder im Griff hatte.

Schließlich stöhnte Dave leise und zog die Nase hoch. „Ich hätte nie gedacht, dass dieser Tag wirklich kommen würde!", gestand er ihm. „Ich hab es so ersehnt, aber ... wenn ich ehrlich bin, nicht wirklich daran geglaubt!"

„Im positiven Sinne?"

Er nickte.

„Ich, ähm, hab ehrlich gesagt noch sehr lang nicht damit gerechnet!"

„Kann ich mir vorstellen."

„Es war so wunderschön, Baby!"

Dave lächelte zum ersten Mal wieder und nickte erneut. „Du kannst also verstehen ... warum ich so aufgewühlt bin?"

„Ja!"

„... aber ich wollte dir so sehr gehören. Nur dir. Ich wollte so sehr, dass du es tust!"

Jessie blinzelte. Die Worte *ich wollte dir gehören* trafen ins Herz. Er schluckte schwer. „Ich hab noch nie im Leben Sex so genossen!", sagte er leise. „Noch nie!"

Dave sah ihm erneut eine ganze Zeit lang in die Augen, bis er anscheinend noch einmal allen Mut zusammennahm. „Auch wenn es völlig verrückt ist, frag ich dich noch einmal: Willst du mich heiraten?"

Jessie erwiderte seinen Blick noch einmal genauso lange und Dave saß es aus, ohne seinen Blick abzuwenden, auch wenn die Spannung fast unerträglich wurde. Dann antwortete Jessie: „Auch wenn es wirklich irre ist: Ja, Baby!"

Dave legte den Kopf in den Nacken, murmelte *Oh Gott* und erneut drohten ihm Tränen aufzusteigen. „Und wenn Arschloch Dave hochkommt, schicken wir ihn zu Dr. Meyers, hm?"

Jessie grinste. „Gute Idee!"

„Süßer ..." Dave strich ihm über seine Lippen. „Gott hat nicht wirklich aufgepasst, als man mir als Kind den Teufel an den Hals gehetzt hat. Vielleicht ist er jetzt dabei, alles wieder gut zu machen?"

Jessie schluckte.

„Jetzt hat er mir seinen besten Engel geschickt!", flüsterte Dave und küsste ihn.

Jessie kämpfte inzwischen ebenfalls mit den Tränen. Daves Worte berührten ihn zutiefst und führten dazu, dass sich eine Gänsehaut über seinen kompletten Körper ausgebreitet hatte. Dass diese geschundene Seele überhaupt fähig war, Liebe zu empfinden und zu geben, war unglaublich.

„Wann?"

Dave zuckte mit den Achseln. „Keine Ahnung. Ich red auch nicht davon, mal schnell nach Las Vegas rüber zu fahren. In einem halben Jahr oder so? Ich sollte dir die Chance geben, den aggressiven Dave auch mal kennenzulernen, da hast du schon recht."

„Ich glaube, dass ich mit dem auch klarkommen werde!"

Dave nahm Jessies Hand und küsste seinen Ring. „Vielleicht können wir noch einen zweiten bekommen? Ich will einfach nur dir gehören. Ich möchte, dass die Leute sehen, dass ich dir gehöre!"

Wieder schluckte Jessie, dem sehr bewusst war, dass Dave auch sagen hätte können *ich möchte, dass du mir gehörst*. Doch das tat er nicht.

Er schüttelte den Kopf. „Das is' nur ein billiger Ring. Ich möchte für uns schon was Besseres!"

Dave lächelte. „Okay, gern, daran soll's nicht scheitern!"

Jessie schob die Decke von Daves Schoß und entblößte somit seinen tätowierten Schambereich. Er beugte sich hinunter und küsste diesen. Mit seiner Zunge fuhr er die Stacheldrahtrollen ab, leckte zu seinem Nabel, dort hinein und dann wieder nach unten.

Dave zog die Decke ganz weg und sein semiharter Schwanz begann sich aufzurichten.

Jessie seufzte leise und leckte über die ganze Länge, bis zu Daves Eichel, dabei wichste er sich sachte. Auch sein Schwanz war dabei, wieder zum Leben zu erwachen.

Kurz darauf lagen sie engumschlungen auf der Couch.

Dave hatte Gleitgel aufgetrieben und im nächsten Augenblick penetrierte er Jessie behutsam. Dabei sahen sie sich unentwegt in die Augen. Mehrmals ließ er seine Eichel über Jessies Prostata schrammen und entlockte ihm einen sehnsüchtigen Laut nach dem anderen. Dann zog er sich zurück, benetzte Jessies Schwanz und die Szene wiederholte sich andersherum.

Dieses erotische und extrem intensive Spiel, spielten sie fast eine halbe Stunde lang, auch wenn ihre Körper dabei nicht mehr in der Lage waren, es zu Ende zu bringen.

„Ich liebe dich, Baby! Ich möchte nichts so sehr, als der Mann an deiner Seite sein!", flüsterte Jessie.

Sie sahen sich unentwegt in die Augen Es war die emotionalste Nacht, die sie bislang miteinander verbracht hatten.

Hausbesichtigung und eine Besorgung

Schließlich waren sie beide auf der Couch in einen tiefen, erschöpften Schlaf gefallen; engumschlungen in eine Decke gehüllt. Zwei Stunden später wechselten sie zurück ins Bett, wo sie umgehend bis zehn Uhr morgens weiterschliefen.

Jessie war diesmal vor Dave wach und da ihm der Magen knurrte, entschloss er sich, Dave auf seine eigene Art und Weise zu wecken. Wieder bewunderte er den unglaublichen Körper, der nicht vermuten ließ, dass Dave bereits zweiundvierzig war, während er seine Hände und Lippen über jeden Zentimeter seiner Haut wandern ließ.

Schon bald begann sich Dave unter seinen Zärtlichkeiten zu räkeln.

Jessie seufzte leise, als er zum ersten Mal überhaupt Daves Schwanz in vollkommen relaxtem Zustand in den Mund nahm und ihn liebkoste. Sonst war er immer, ohne Ausnahme, hart gewesen.

Als sich Daves Hand in seinen Haaren vergrub, wusste er, dass Dave wach war. Also brachte er Dave dazu, sich auf den Bauch zu drehen, und machte mit seiner ansehnlichen Rückseite weiter. Von den Fersen bis zu seinem Nacken und Dave war erneut fassungslos, was diese morgendlichen Zärtlichkeiten in ihm auslösten.

Als Jessie ihn wieder auf den Rücken drehte, waren seine Lippen gerade auf seinem Hintern gewesen und somit konnte er noch einmal Daves schlafenden Schwanz in den Mund nehmen, bevor er seine Zunge über seinen Bauch, Brust und Hals, bis zu seinen Lippen wandern ließ.

Dave seufzte leise in seinen Kuss und schlang die Arme um ihn.

„Morgen, Sexy!", murmelte Jessie.

„Morgen Süßer!" Er räusperte sich: „Ich glaub, ich brauch noch mindestens vierundzwanzig Stunden, bis ich wieder einen hochbekomme!"

Jessie grinste. „Ich sechsunddreißig!"

Dave atmete auf. Er hatte gerade zum ersten Mal sowas wie Bedenken bekommen und musste an Jason und seinen jugendlichen Freund denken.

„War ganz schön heftig, was?", murmelte Jessie in sein Ohr und lutschte dabei an seinem Ohrläppchen.

Dave schüttelte bei dem Gedanken an die letzte Nacht erneut den Kopf. „Das war die unglaublichste Nacht meines Lebens!", sagte er leise. „Die unglaublichste, emotionalste Nacht. Es war nicht nur ein Meilenstein. Für mich war es eine ... eine absolute Offenbarung!"

„Wow!" Jessie lächelte. „Aber nicht nur für dich!" Seine Hand glitt über Daves Körper tiefer, ungeniert bis zu seinem Loch. Sanft massierte er es und schüttelte dabei immer noch ungläubig den Kopf. „Ist dir aufgefallen, wie viel entspannter du geworden bist, in den letzten Wochen? Du bist selbst jetzt weit entfernt davon, dich zu verspannen!"

„Du bist ein Magier!"

Jessie hatte ihn in den letzten Wochen fast jeden Tag bei sich zu Hause massiert, nachdem Dave die mobile Behandlungsliege aus seinem Keller geholt hatte. Und wie Jessie ihm prophezeit hatte, war es dabei zu einem hundertprozentigen Erfolg gekommen. Anfangs war es schwierig für Dave gewesen, aber Jessie hatte sich vorsichtig herangearbeitet und inzwischen war Dave süchtig danach.

„Fuck, wir haben die Liege vergessen!", brummte Dave, als es ihm einfiel.

„Dein Tisch in der Küche tut's zur Not auch!", beruhigte ihn Jessie und küsste ihn.

Dave fuhr sich mit einer Hand durchs Gesicht. „Boah", seufzte er. „Ich kann mich nicht erinnern, wann ich zuletzt so emotional war. Du musst mich für ein absolutes Baby halten!" Er sah in diese so unglaublich sanften, graublauen Augen.

„Du bist einfach nur wundervoll!", sagte Jessie und schmunzelte. „Du warst sogar so emotional, dass du mich allen Ernstes gefragt hast, ob ich dich heiraten will!"

Dave blinzelte. „Ja ... und du musst mich für einen kompletten Irren halten! Du hast grad mal den Fußboden, die Wanne und das Bett kennengelernt!"

Jessie lachte. „Du hast die Küche und die Couch im Wohnzimmer vergessen!"

Dave lächelte schwach.

„Ich kenn einen Irren, der sogar *Ja* gesagt hat, obwohl er noch nicht mal deinen geheimnisvollen Keller gesehen hat!"

Dave sah ihn lange an. „Ich hab das trotz aller Emotionen wirklich so gemeint!"

„Ich auch, Honey!"

„Wirklich?"

Jessie nickte. „Aus einem ganz simplen Grund."

Dave wartete und sein Herz schlug ihm dabei bis zum Hals.

„Du hast es ganz richtig gesagt, heute Nacht auf der Couch." Jessie strich durch seine vom Schlafen verstrubbelten Haare. „Der alte Herr da oben wird sich vermutlich was dabei gedacht haben, als er unsere zwei gequälten Seelen zusammengebracht hat. Ich hab mich noch nie im Leben bei jemandem so sicher und geborgen gefühlt wie bei dir!"

„Ich liebe dich, Jessie!", flüsterte Dave.

„Ich liebe dich auch, Dave!" Jessie brachte seine Lippen dicht an seine. „Und du fickst wie ein Gott!", schickte er dann hinterher und machte klar, was er über den Sex der letzten Nacht dachte.

Dave lachte sein schmutziges Lachen – er konnte einfach nicht anders – und steckte Jessie an. Sie rollten albern übers Bett und küssten sich atemlos.

„Willst du den Rest des Hauses sehen?"

Jessie grinste. „Könntest du mich bitte erst füttern, sonst brech ich doch noch zusammen!"

Dave lachte erneut. „Klar ... Ham and Eggs oder Grilled-Cheese-Sandwich?"

„Beides?"

„Kein Problem."

Sie standen auf und machten sich auf in die Küche. Dort angekommen, ging Jessie weiter in den dahinterliegenden Raum und blieb stehen. Er starrte auf die Couch mit der zusammengeknüllten Wolldecke und dem leeren Becher auf dem Beistelltisch. Er kratzte sich am Kopf.

„Hm?", fragte Dave neben ihm.

„Wow ... wir sind wirklich dort gelandet? Ich hab nicht geträumt?"

„Nein, hast du nicht. Da steht noch Master Daves Schokobecher!" Er grinste und ging zurück zur Küche.

Jessie kam ihm nach. „Zeigst du mir auch deinen Keller?"

Dave schmunzelte, während er die Zutaten aus dem Kühlschrank holte. „Klar, wenn du ihn sehen willst! Von mir aus können wir ihn auch abreißen oder versiegeln!"

„Hey, immer langsam mit den jungen Pferden! Lass mich doch erstmal sehen!", beschwerte sich Jessie und setzte sich auf einen Hochstuhl. Das heißt er versuchte es, doch er glitt leise ächzend wieder herunter.

„Immer noch?"

„Sehr witzig!", knurrte Jessie. „Spürst du nix?"

„Doch, natürlich!"

„Ah, ich vergaß!" Jessie seufzte. „Du bist ja der Schmerz-Ausblend-Weltmeister!"

Dave nickte, drückte auf den Knopf an der Kaffeemaschine und kam dann dicht zu Jessie. „Ich spür dich durchaus noch, doch muss ich sagen, das ist der geilste Schmerz, den ich je gespürt habe!"

Jessie schluckte. „Ich war ja auch nicht ganz der Erste!"

„Doch."

„Du hast Kyle vergessen ..."

„Kyle war nicht aktiv. Er war passiv!"

„Ich dachte, du hast dich von ihm vögeln lassen?" Jessie sah ihn verständnislos an.

„Ich hab mich auf seinen steifen Schwanz gesetzt und ..."

Jessie begriff. „Ah!"

„... und hab ihn geritten, ja! Kyle war ja verletzt, anders ging es eh nicht."

„Dann war ich wirklich ... der erste Mann, ähm, seit damals?"

Dave nickte.

Er stöhnte entnervt. „Gut, dass ich das nicht vorher gewusst habe!"

„Wieso?"

„Weil ... weil ich vielmehr Schiss gehabt hätte, dir weh-zutun!"

„Kyle war der Zauberlehrling. Du bist der Magier!"

„Wow, ich wusste gar nicht, dass du so poetisch sein kannst!", staunte er.

„Es war eine Offenbarung, Jessie, auch wenn ich mich wiederhole!", murmelte er und füllte die Pfanne.

Eine Viertelstunde später saßen sie jeder nur mit einer Jogginghose bekleidet am Tisch und aßen schweigend ihr Frühstück. Danach saßen sie noch bei der inzwischen dritten Tasse Kaffee da und Jessie rauchte sein erstes Zigarillo. Schließlich räumten sie zusammen die Küche auf, verstauten das schmutzige Geschirr in der Spülmaschine und verschwanden gemeinsam unter die Dusche.

„Is' er das?", fragte Jessie neugierig und griff nach einem Stahlring, der auf einer Kommode neben einem der beiden Waschbecken lag.

„Jep."

„Ganz schön schwer."

„Reine Gewohnheit."

„Leg ihn mal an!", bat Jessie. „Ich will es sehen!"

Dave nahm ihm den Cockring aus der Hand und legte ihn an. Da sein Schwanz nach der letzten Nacht immer noch keine Regung zeigte, schien der Zeitpunkt perfekt.

Jessie trat einen Schritt zurück und pfiff leise durch die Zähne. „Verdammt sexy!", murmelte er und griff sich ungeniert an seinen eigenen Schwanz, der jedoch genauso wenig Reaktion zeigte wie Daves.

„Soll ich ihn dranlassen?"

In Jessies Augen blitzte es auf. „Fuck, ja!"

„Okay. Ich glaub mittlerweile kann ich ihn auch wieder ertragen. Und wenn er doch zu eng wird …" Er kam näher und schmiegte sich an Jessie.

„… helf ich dir beim Druckablassen!", schnurrte Jessie. „Dein Wunsch ist mir Befehl!"

„Pass auf, was du sagst!", raunte er. „Mein Keller ist nur zu geeignet, um dort zu dienen!"

„Ich kann's kaum erwarten, ihn zu sehen!", sagte Jessie ungerührt und in seinen Augen blitzte es erneut auf. „Außerdem fühl ich mich nach den, ähm, sehr intensiven letzten vierundzwanzig Stunden, ziemlich sicher, dass du mich nicht wieder auf dem Fußboden attackieren wirst!"

„Geb ich dir recht! Ich bin heiß auf dich, aber nicht hart! Mal was Neues!"

Jessie grinste. „Schon wieder ein erstes Mal!"

Kurz darauf zeigte ihm Dave den Rest des Hauses. Jetzt konnte Jessie auch das übrige Wohnzimmer in Augenschein nehmen und war sichtlich überrascht.

„Wow, ich hab damit gerechnet, dass hier mindestens die Riesenboxen stehen, Musikanlage, DVD, PlayStation, Kabelsalat", sagte er perplex und ließ seinen Blick durch den großen Raum gleiten. Es sah eher aus wie in einer

Lounge. Lediglich ein großer Flachbildfernseher hing an einer Wand, doch ansonsten fehlten jegliche elektronischen Geräte. Dafür gab es mehrere locker gruppierte Sitzgelegenheiten in dunkelbraunem Leder.

„Das is' auch eher mein Ruheraum!", sagte Dave schmunzelnd und konnte nicht glauben, wie gut ihn Jessie inzwischen kannte.

„Aber du hast doch was von PlayStation und so weiter gesagt?" Jessie sah ihn verwirrt an.

„Komm mit!" Dave führte ihn zurück durch die Küche in den Gang und von dort nach links in einen weiteren Gang. An einer Tür machte er Halt. „Wappne dich!" Er grinste und öffnete die Tür.

„Oh mein Gott!"

Dieser Raum befand sich hinter der Wand des Wohnzimmers, an dem der Fernseher hing und das hier war in jedem Fall ein Medienzimmer. An einer Seite war ein Tisch mit sechs im Halbkreis angeordneten Flachbild-Monitoren, zum Teil übereinandergestapelt, darunter mehrere Computer. Auf der anderen Seite gab es eine große Musikanlage, ein Relax-Sessel mit Fußteil, eine Couch und einen weiteren großen Fernseher. Darunter DVD-Player, Spielekonsole und noch einiges mehr.

„Der Fun-Raum! Auch mein Schnittstudio. Drüben in den Produktionsräumen ist noch ein größeres. Dies ist nur mein privates. Es ist alles vernetzt und wenn ich drüben im Wohnzimmer wirklich mal einen Film ansehen will, dann kommt er von hier. Dolby Surround gibt's auch drüben."

„Und wo? Ich hab nix gesehen."

„Gut versteckt hinter den Sitzgelegenheiten."

„Du hast mich fast geschockt mit diesem aufgeräumten Wohnzimmer!"

Dave lachte. „Du kennst mich schon ganz schön gut!"

Im nächsten Zimmer hatte Dave seinen eigenen Workout-Raum mit Hantelbank, Laufband, Sandsack, Hometrainer. Der Raum war fast so groß wie die Küche und Jessie kam aus dem Staunen nicht mehr heraus.

„Wie viele Quadratmeter hast du?"

„Viel zu viele für mich allein. Dieser Stock hat hundertfünfzig Quadratmeter."

„Und oben?"

„Steht im Prinzip leer."

„Und der Keller?"

„Den Heizungs- und Waschraum abgezogen hundert."

Jessie pfiff wieder.

„Hier war's das auch schon. Noch eine Abstellkammer, und ein Gästeklo."

„Zeigst du mir den ersten Stock trotzdem?"

„Klar, komm."

Sie liefen die Treppe nach oben und landeten kurz drauf in einem riesigen Raum mit offenem Dachstuhl. Die Morgensonne strahlte durch die große Fensterfront und die schrägen Dachfenster. Jessie blieb der Mund offen stehen. Das war der absolut perfekte Raum für ein Foto-Studio.

„Mann! Wie groß ist das?", fragte er atemlos und ging tiefer in den völlig leerstehenden Raum.

„Neunzig Quadratmeter oder so. Hier gibt's noch ein Gästezimmer und ein Bad. Aber wie gesagt, unten ist für mich schon riesig." Dave beobachtete Jessie der sich um seine eigene Achse drehte und sich dabei ungläubig durch die Haare fuhr.

„Dave, das ist der absolute Hammer!"

Er verstand immer noch nicht, was an dem Raum so toll war und kam ihm langsam hinterher.

„Für wie viel würdest du das hier vermieten?", fragte Jessie und sah ihn erwartungsvoll an.

Dave musste lachen. „Gar nicht! Wieso?"

„Dave, das ist *der* Raum für ein ideales Fotostudio! Weißt du, wie lange ich sowas schon suche? Davon hab ich bislang nur geträumt, denn ich dachte, das gibt es nicht! Mein Studio in Irland war nichts dagegen!"

Endlich fiel bei Dave der Groschen und er kratzte sich am Kopf. „Wow, so hab ich das noch gar nicht gesehen!"

„Wie viel, Dave?" Jessie ließ nicht locker.

Dave grinste, kam dicht zu ihm und sagte leise. „Nur eine Kleinigkeit!"

„Nämlich?"

„Deine Hand, Süßer!"

Jessie blinzelte, dann fiel er Dave um den Hals und kurz darauf gingen sie zu Boden. Sich heftig küssend, rollten sie über das blitzsaubere dunkle Laminat, bis Dave auf Jessie zum Liegen kam.

Der keuchte unter seinem Gewicht und Dave stützte sich hastig ab.

Er grinste. „Diesmal bist du schuld, dass wir auf dem Fußboden gelandet sind!"

Jessie strich über seine Wange. „Kannst du dich noch an unser erstes Date bei mir zu Hause erinnern?"

Dave nickte.

„… als wir gesagt haben, wir sollten uns zusammentun?"

„Mhmm. Auf mehr als eine Art und Weise!"

Sie küssten sich wieder.

„Würdest du diese Räume für ein Studio als Hochzeitsgeschenk von mir annehmen?", fragte Dave.

Jessie schluckte. Seine Fingerspitzen zitterten als sie Daves Lippen berührten. „Ich würde sogar deinen Namen annehmen, Honey!"

„Wow!", murmelte Dave bevor er ihn erneut küsste.

„Vielleicht gibt es ja einen guten Grund, warum du dir so ein großes Haus gekauft hast. Oder ist das gemietet?"

Dave schüttelte den Kopf. „Meins."

„Cool"

Dave setzte sich auf und sah auf Jessie herab, dann rutschte er tiefer und saß nun auf dessen Oberschenkeln.

Mit beiden Händen strich er rechts und links die Knopfleiste von Jessies Jeans entlang. Er wiederholte das Ganze mit deutlicherem Druck.

Jessie seufzte leise, als sein Schwanz anscheinend langsam zum Leben erwachte.

Dave beugte sich hinunter und rieb sein Gesicht an Jessies Schritt. Er konnte spüren, dass er inzwischen semihart war. Grinsend sah er zu Jessie auf und leckte anzüglich über den Stoff, die gesamte Länge seiner stärker werdenden Erektion entlang.

„Fuck", murmelte Jessie bei diesem Anblick und musste an ihr zweites Date denken, als Dave ihn nur mit dem Mund ausgezogen hatte.

„Ach ja?", brummte Dave und biss ihn in die Eier.

Jessies Körper bockte und dadurch presste er seinen Schwanz nur noch stärker in Daves Gesicht, der leise seufzte. Dann öffnete Dave mit den Zähnen seinen ersten Knopf. Nach dem zweiten Knopf wurde sein Schwanz sichtbar, der sich bereits aus seinen Boxershorts gekämpft hatte und er sah zu, wie Dave begierig in seinen Hosenschlitz leckte. Er keuchte und konnte nicht glauben, dass sie schon wieder dabei waren.

Dave schien keine Zeit vergeuden zu wollen und zog ihm kurzer Hand die Jeans samt Wäsche über den Hintern.

„AAH!", entfuhr es Jessie, als Dave sofort mit einem Blowjob begann, um ihn auch noch auf die komplette Härte zu bringen. Als dies geschehen war, stand Dave auf und blieb breitbeinig über ihm stehen. Er sah atemlos zusah, wie Dave sein T-Shirt auszog und dann seine Hose öffnete. Erregt streifte er sich die Jeans komplett ab und zog sein T-Shirt aus.

Als sie beide nackt waren, kam Dave wieder zu ihm und nahm seinen Schwanz wieder in den Mund. Er selbst war nur semihart, aber er hatte sowieso vor, sich Jessies wunderbaren Ständer ein weiteres Mal in die Eingeweide zu rammen.

Schließlich kniete er über Jessie und sah in dessen lustvoll geweitete Augen.

„Ich hab kein Gleitmittel hier oben, aber ich versuch's mit Spucke." Dave nahm seinen Schwanz erneut in den Mund und spuckte ordinär darauf. Dann spuckte er in seine Hand und präparierte so gut es ging sein eigenes Loch.

Das leise Stöhnen, das über Jessies Lippen kam, als dem bewusst wurde, was er vorhatte, erregte ihn nur noch mehr.

Schließlich platzierte er Jessies Eichel an seinem Loch und senkte sich vorsichtig darauf. Er ließ sich Zeit, genoss jeden Zentimeter den Jessie tiefer in ihn eindrang.

Jessie hingegen keuchte bei der Enge um seinen Schwanz und konnte seine Augen nicht von Dave nehmen, der ihn mit geschlossenen Augen vollkommen konzentriert tiefer und tiefer in sich aufnahm. Nach wenigen Minuten berührten Daves Eier seinen Schambereich.

Dave öffnete die Augen. „Ready?"

Jessie nickte und dann begann Dave, ihn zu reiten. Anfangs schien er nur auszutesten und schließlich wurde er direkter. Jessies Körper bockte unter Dave und während der sich heftig dabei wichste, wurde auch sein Schwanz wieder hart. Schließlich gelang es ihm, seine eigene Prostata zu treffen und der Stromstoß der dabei durch seinen Körper schoss, katapultierte ihn fast von Jessie herunter.

Angesichts der letzten Nacht dauerte der Fick lange, trotz Prostatastimulation und obwohl Jessie der Meinung war, noch nicht wieder kommen zu können, reichte der Anblick von Daves explodierendem Schwanz, der dicke Spermatropfen ausspie, dass er sich ihm schließlich doch anschloss und kurz nach ihm kam.

Vollkommen außer Atem kamen sie schließlich zur Ruhe.

Dave sah aus halbgeöffneten Augen, wie Jessie mehrfach versuchte, seine zu öffnen, es dann aber sein ließ.

„Fuck … schon wieder der Fußboden!"

„Hm, so viel dazu!" Dave fuhr sich durch die Haare. „Aber du bist ja gegen Vanilla-Sex!", witzelte er und Jessie musste wider Willen lachen.

Dave erhob sich und ließ Jessies Schwanz aus seinem Körper gleiten, was der mit einem lautlosen Seufzen quittierte. Er legte sich dicht neben Jessie und fingerte in den Spermaspuren auf seinem Bauch herum, während sich die andere Hand in Jessies Haaren vergrub.

Bevor sich der versah, hatte Dave einen größeren Tropfen mit Mittel- und Zeigefinger aufgewischt. „Mach auf!"

Das war wieder genau der Ton, der Jessie immens erregte. Er schluckte und ein wohliger Schauer kroch über seinen Körper.

„Mach schon!", zischte Dave und als er der Aufforderung schließlich nachkam, lud Dave den Spermatropfen auf seiner Zunge ab.

„Mhmm!"

„Saug dran! Schmeck mich! Ja, genau! Guter Junge!" Dave leckte anzüglich über seine Wange, ließ seine Finger aus Jessies Mund gleiten und von dort zu seinem Kinn. „Schluck es!" Während Jessie erneut gehorchte, strich er hauchzart über seinen Adamsapfel. Dann sahen sie sich in die Augen. „Willst du mehr?"

„Ja, Sir!"

Daves Mundwinkel zuckten amüsiert. Oh, das war gut! Seine Finger landeten an Jessies noch semiharten Schwanz und wichsten ihn. „Ich kann dich nicht hören!", knurrte er in Jessies Ohr und unterstrich seine Worte mit seinen Barthaaren.

„*JA, SIR!*"

„Genau!" Dave wischte eine größere Menge auf und Jessie öffnete bereits den Mund, als er seine Finger auf sein Gesicht zukommen sah. „Gut so!", schnurrte Dave und schob ihm die Finger tief in den Mund. Sehr tief, sodass Jessie nur mit Mühe einen Würgreflex unterdrücken konnte. Mit Erfolg. Dave war entzückt. „Du lernst schnell!"

Schließlich zog er seine Finger zurück und streifte das Sperma dabei genüsslich auf Jessies Zunge ab. „Schmeck mit wie viel Lust mein Saft aus meinem Schwanz gespritzt ist! Wegen dir!"

Daves Finger strichen erneut über seine Kehle und entlockten ihm einen wohligen Laut.

„Du machst mich wahnsinnig!", murmelte Dave erregt, beugte sich über ihn und leckte einen weiteren Tropfen auf, den er tief in Jessies Mund versenkte.

Nach diesem etwas anderen Nachspiel lagen sie noch minutenlang engumschlungen auf dem Holzboden und sahen sich verliebt in die Augen.

Schließlich half er Jessie auf und sie besiegelten diesen ersten Akt im ersten Stock mit einem sanften Kuss.

Kurz darauf saßen sie in der Wanne.

Jessie stöhnte. „Ich kann einfach nicht glauben, dass wir es schon wieder getan haben!"

Dave grinste. „Ich sollte Marie anrufen und sagen, dass ich Montag und Dienstag frei brauche!"

„Vielleicht keine schlechte Idee!"

Nach dem kurzen, aber trotzdem sehr entspannenden Bad, kletterten beiden wieder aus der Wanne und trockneten sich ab.

Dave konnte es auch diesmal nicht lassen, kam dicht zu ihm, küsste ihn auf die rechte Brustwarze und ließ seine Nase über seine Haut gleiten. Dabei atmete er ihn mit leicht geöffnetem Mund genüsslich ein.

Jessie schloss die Augen und Dave konnte die Gänsehaut sehen, die sich ganz langsam über seinen Körper zog. Er küsste ihn sanft aufs Ohr und murmelte: „Bitte sag, wenn dich das irgendwann anfängt zu nerven, aber ich kann im Moment einfach nicht anders! Egal wie oft wir heute schon Sex hatten!"

Jessie lächelte und schüttelte den Kopf. „Ich kann mir nicht vorstellen, dass mich das jemals nerven wird! Du bringst es jedes Mal fertig, dass ich mich wie das erotischste Lebewesen auf Erden fühle!" Er sah an seinem Körper hinab. „Auch wenn ich diesmal zum ersten Mal keine Erektion dabei bekommen habe!"

„Ich auch nicht ... wie auch?" Dave atmete ihn erneut auf der anderen Seite ein. „Zumindest kenne ich jetzt das Geheimnis dieses unglaublichen Duftes!" Er nickte zur schwarz-silbernen Duschgel-Tube auf dem Wannenrand. „Wo zum Teufel hast du das nur her? Die Marke sagt mir gar nichts."

„Aus einem winzigen Laden in Dublin. Meine Mum schickt mir alle paar Monate ein Päckchen."

„Oh Mann! Da müssen wir unbedingt mal hin!"

Jessie schmunzelte. „Es wär mir ein Vergnügen!"

„Lust, mit mir eine Spritztour zu machen?"

Jessie riss die Augen auf und stöhnte entsetzt. „Was? Sorry, aber ... ich kann beim besten Willen nicht mehr!"

Dave lachte. „Nein ... nicht was du meinst. Ich meinte mit dem Auto!"

„Ah! Puh ... Schock mich nicht so!" Jessie griff sich ans Herz.

Dave schüttelte den Kopf. „Ich kann beim besten Willen auch nicht mehr!"

„Das haben wir vor einer Stunde auch schon mal gesagt!", beschwerte sich Jessie.

„Stimmt. Keine Sorge. Spritztour mit dem Auto, okay? Ich würd gern 'ne kleine Besorgung machen."

„Klar, schadet uns nicht, bisschen 'rauszukommen."

Gesagt getan.

Sie zogen sich an und gingen kurz darauf in die Garage.

Da Jessie bei ihrer Ankunft am Vortag keine Gelegenheit hatte, Daves Motorrad zu bewundern, holte er dies nun nach.

„Wow, das is' wirklich ein unglaubliches Bike!", staunte er und umrundete es mit Begeisterung.

„Danke!"

Jessie sah ihn erwartungsvoll an. „Setz dich mal drauf!"

„Jetzt?"

„Jep … jetzt stell dich nicht so an, mach schon!", knurrte er ungeduldig.

Dave seufzte und setzte sich auf seine Maschine.

Jessie ging andeutungsweise in die Knie. Dann kam er dicht zu Dave und strich über seinen Goatee. „Bitte sag mir, dass ich dich bald mal so fotografieren darf! Das sieht absolut cool aus!"

Damit brachte er Dave sichtlich in Verlegenheit, denn der sah auf seinen Tacho, doch Jessie hob sein Gesicht sofort wieder an.

„Ich mein's ernst, verdammt!", knurrte er. „Vielleicht noch ohne Hemd … mit leicht geöffneter Hose … Einmal mit Jeans. Einmal mit Lederhose. Mhmmm!" Er seufzte. „Bitte!"

Auf Daves Gesicht spiegelte sich Verblüffung.

„Nicht nur du bist ein Voyeur!", neckte Jessie ihn und machte seine obszöne Geste mit der Zunge.

Dave lachte. „Na wenigstens folgt auf das hier …" Seine Zunge machte dasselbe wie Jessies. „… nicht mehr der Satz: *noch vier Wochen*!"

„Da is' was dran! Darf ich dich nun so fotografieren oder nicht?", bohrte er ungeduldig nach.

„Alles was du willst, Süßer!"

„Verdammt! Meine Kamera ist daheim!"

„Dann lass sie uns holen, wenn wir eh in die Stadt fahren. Und vielleicht deine mobile Behandlungsliege?"

Daves sehnsüchtiger Blick ließ Jessie glücklich lächeln. „Gerne! Das macht mich superstolz, dass du dich von mir massieren lässt!"

„Ich bin inzwischen süchtig danach! Du Magier!" Mit diesen Worten stieg er wieder von seiner Harley.

Jessie warf ihm die Autoschlüssel zu. „Besser du fährst, du kennst den Weg zu mir besser, bist ihn ja schon mehrfach gefahren!"

„Okay, gerne!"

Sie stiegen ein und verließen kurz darauf Daves Anwesen.

Kaum waren sie ein paar Minuten unterwegs, meldete der On-Board-Computer einen eingehenden Anruf auf Jessies Smartphone.

Sam Calling, stand dort zu lesen.

Jessie lächelte und nahm den Anruf an. „Hey, Buddy, wie geht's dir?"

„Sweety, na endlich! Mann, du bist ziemlich schwer zu erreichen, seit du verliebt bist!", konterte Sam. „Gibt's das Sahneschnittchen noch?"

Dave grinste neben Jessie.

„Jep, das Sahneschnittchen gibt's noch, sitzt neben mir und fährt grad meinen Wagen."

„Verdammt ... dann kann ich dich also nicht einfach so fragen, ob du mittlerweile schon weißt, wie er im Bett ist?", flachste Sam und Daves Grinsen wurde breiter.

„Doch, das kann ich dir sagen, mein Freund. Er ist der Beste in der ganzen Galaxie!" Dave konnte nicht anders, und ihm entfuhr einfach sein extrem schmutziges Lachen. Gleichzeitig schaltete er, nahm danach Jessies Hand und küsste sie zärtlich.

„Wow, war das die Lache vom Sahneschnittchen?", staunte Sam.

„Jep, Sam, das war ich!", meldete sich Dave zu Wort. „Und glaub mir, ich kann Jessies Kompliment postwendend zurückgeben! Auch er ist für mich definitiv der Beste im Universum!" Er lachte wieder und steckte Sam an.

„Oh Mann!", stöhnte der. „Dann hoffe ich mal schwer, Jessie, dass ihr mir sagt, wann es soweit ist, ja?"

Jessie und Dave wechselten einen amüsierten Blick.

„Dürfen in Kalifornien Männer andere Männer heiraten?"

„Jep", bestätigte Dave.

„Wirklich? Wenn das so ist, dann werde ich selbst den Weg aus Irland nicht scheuen, um dein Trauzeuge zu sein! Und wehe du nimmst jemand anderen!", drohte Sam.

„Okay, Baby, keine Sorge, ich werd dir selbstverständlich Bescheid sagen, sobald der Termin steht!", beruhigte ihn Jessie.

Sam lachte auf. „Ja, verarscht mich nur!" Er räusperte sich und suchte nach einem anderen Thema.

Daves Grinsen wurde dabei nur noch breiter.

„Wie läuft eure Tour?", erkundigte sich Jessie.

„Klasse! Am Freitag sind wir noch einmal bei euch und spielen im *Liam's*. Seid ihr dabei?"

„Jep", kam es zweistimmig und Sam musste erneut lachen.

„Super! Nichts anderes wollte ich hören!"

„Na hör mal!", protestierte Jessie. „Wie lange bleibt ihr?"

„Bis Montagmorgen. Dann düsen wir zurück."

„Habt ihr schon eine Bleibe?", wollte Dave wissen.

„Danke der Nachfrage, ja. Neill bringt uns wieder unter!"

„Irgendwelche Pläne?", fragte Jessie.

„Ja, ich hoffe, du hast ein wenig Zeit für mich, Süßer!"

„Keine Sorge!"

„Nicht falsch verstehen, Dave!"

„Nein, das ist doch selbstverständlich!"

„Kennt ihr einen guten Club oder so? Wir würden super gerne am Samstagabend weggehen. Mal abtanzen und so, nach der Tour!"

„Kommt drauf an, was du dir dabei vorstellst.“

„Nichts Irisches, wenn du das meinst!“ Sam lachte. „Techno, Hardrock, irgendwas anderes!“

Jessie und Dave wechselten einen Blick. Sie dachten offenbar beide dasselbe. „Ja, da kenn ich eine gute Adresse! Lasst mich nur machen!“, bestätigte Dave. „Superladen, abtanzen bis zum Abwinken!“

„Klasse! Uhm, noch was anderes. Wie geht es dem jungen Mann? Eurem Freund, der angegriffen wurde? Ich glaube, er heißt Kyle?“, fragte Sam nun in einem ernsten Ton.

Jessie konnte sein sorgenvolles Gesicht vor sich sehen und wusste sofort, was Sam darüber dachte. Nämlich dass er das Arschloch, das Kyle das angetan hatte, gerne mal mit seinen Kumpels in einer dunklen Gasse treffen würde.

„Gestern haben wir die erste gute Nachricht bekommen“, antwortete Dave. „Wenn alles gut geht, können sie ihn hoffentlich in den nächsten Tagen aus dem Tiefschlaf holen!“

„Das wäre doch schon mal was! Dann hoffen wir mal, dass ihr bis Freitag noch bessere Nachrichten habt!“

„Das hoffen wir auch!“, bestätigte Jessie.

„Okay, dann lass ich euch mal! Macht es gut, und Jessie … ich kann nicht glauben, dass du Dave mit deinem neuen Wagen fahren lässt und mir das Gleiche verwehrt hast!“, knurrte er, offenbar halb belustigt, halb ernst.

„Du hast doch null Ahnung vom Rechtsverkehr!“, knurrte Jessie. „Also werd ich den Teufel tun, dich an meinen Wagen lassen!“

„Und Sam“, mischte sich Dave diabolisch grinsend ein.

„Ja?“

„Er fährt sich so geil, wie Jessie sich …“

„Oh Fuck!“, stöhnte Sam, bevor er seinen Satz noch zu Ende gebracht hatte und Dave lachte wieder schmutzig.

„Nein, noch besser als das!", setzte er noch einen oben drauf.

Sam grummelte etwas Unverständliches und seufzte dann. „Von mir aus! Also dann bis Freitag! Freu mich auf euch zwei! Viel Spaß noch beim Turteln!"

Dave gluckste. „Sam, wir sind schon wesentlich weiter!"

„OKAY ... ich hab's verstanden!", knurrte Sam und musste offenbar doch lachen. „Bis dann!"

„Bis dann, Sweety, und sauber bleiben!"

„Haha!"

„Halt die Ohren steif!", sagte Dave.

„Nicht nur die!", konterte nun Sam.

Sie lachten und legten auf.

„Sam als mein Trauzeuge, okay?", fragte Jessie.

„Klar."

„Wen nimmst du? Jason?"

Dave grinste. „Ja, wenn er nicht bei der Nachricht vorher einen Herzinfarkt bekommt!"

„Na ja, wir müssen's ja noch keinem sagen, oder?"

„Richtig. Hauptsache, wir beide sind uns einig!"

Jessie nickte und lächelte glücklich, weil Dave erneut seine Hand küsste. „Können wir für mich nicht auch so einen Cockring besorgen? Dann hätten wir doch schon unsere Ringe!"

„Mal sehen." Dave sah ihn an. „Hast du auch ans O gedacht?"

„Logisch. Ich will, verdammt noch mal, endlich da rein!"

„Denkst du, du bist fit genug, dass wir das am Samstag machen können?"

„Hey, ich fang Mittwoch wieder an zu arbeiten! Wenn auch nur halbtags, aber immerhin! Da werd ich doch bitte in einen Club gehen können! Ich muss endlich mal wieder tanzen!" Jessie dachte an den Betriebsausflug, an dem er Dave auf der Tanzfläche auf der Poolparty beobachtet hatte. Er konnte es kaum erwarten, mit ihm zusammen wegzugehen.

„Ich denke auch, dass du fit genug bist! Ich habe selten jemanden getroffen, der so hart trainiert und so diszipliniert ist wie du!", sagte Dave bewundernd. Jessie hatte immer noch einen oben drauf gesetzt. Hatte auch am Sonntag allein trainiert und zu den verschiedensten Zeiten seine Übungen gemacht. Daher lief er auch schon fast wieder ohne Hinken und ohne Schmerzen.

„Danke, Honey!" Er lächelte sichtlich geschmeichelt. „Es hat wehgetan, aber es hat sich gelohnt!"

„Wie so vieles!" Dave grinste und Jessie machte wieder augenzwinkernd seine obszöne Zungengeste.

Zwanzig Minuten später waren sie bei Jessies Zuhause angekommen. Kamera und mobile Behandlungsliege waren schnell eingeladen und schon fuhr Dave weiter in die Innenstadt.

Als er den Wagen in einem Parkhaus eines Einkaufszentrums abgestellt hatte, rief er Marie an und bat sie seine Stunden vom Montag und Dienstag auf andere Trainer zu legen, da er diese beiden Tage freihaben wollte.

„Verrätst du mir irgendwann, was du besorgen musst?", fragte Jessie neugierig, als Dave das Handy wieder verschwinden hatte lassen.

Der grinste, zwinkerte ihm zu und sagte: „Du wirst es gleich erfahren!"

Jessie seufzte und ergab sich seinem Schicksal, vorerst im Dunkeln gelassen zu werden. Als Dave schließlich vor einem Laden stehen blieb und ihn angrinste, kam er im ersten Moment nicht ganz mit.

„Jetzt werden wir doch mal sehen, wie ernst es dir wirklich ist, hm?", murmelte Dave in sein Ohr und ließ ihn perplex aufsehen. Denn sie standen vor keinem anderen Laden als einem Juwelier.

Wie in Zeitlupe klappte Jessie der Mund auf, ungefähr genauso wie dies bei Dave der Fall gewesen war, als er das Foto auf seinem Display gesehen hatte.

Dave kam noch dichter zu ihm und flüsterte: „Mhmmm ... so weit hätte ich später gerne deinen Mund offen, wenn ich wieder einen hochkriege!"

Jessie klappte seinen Mund zu und starrte ihn vollkommen fassungslos an.

„Und?", fragte ihn Dave mit leiser Stimme. „Ja oder Nein?" Dabei nickte er zur Tür des Geschäfts.

„Fuck ja! Ich liebe es, wenn man zu seinem Wort steht!", antwortete Jessie. „Und ich hätte nicht *Ja* gesagt, wenn ich *Nein* meine!"

„Geile Antwort!" Dave lächelte und öffnete die Tür.

Ohne mit der Wimper zu zucken, ging Jessie voraus in den Laden.

Starbucks mit Nachspiel

Sie waren die einzigen Kunden im Laden und so begannen sich Jessie und Dave unabhängig voneinander umzusehen. Daher bemerkten sie auch nicht sofort, dass der Ladenbesitzer durch einen Vorhang vom hinteren Teil der Räumlichkeiten zu ihnen trat.

„Dave!", rief dieser erstaunt.

Dave sah auf, „Hi, Jos!"

„Mann, lang nicht gesehen!" Jos kam um den Tresen herum und sie begrüßten sich mit einem kräftigen Handschlag. Der Inhaber war klein, muskulös und zeigte stolz seine Tätowierungen, die ihm aus dem Hemdkragen ragten und sich an seinen Unterarmen, aus dem teuren und dennoch hochgekrempelten Hemd entlang schlängelten. Er trug Designerjeans und Cowboystiefel. An seinen teuer gestylten Haaren waren alle Spitzen weißblond gefärbt, dazwischen schwarze Strähnen. Außerdem trug er teuren Schmuck.

„Was darf's denn heute sein? Möchtest du meine neuesten Errungenschaften aus Den Haag sehen? Cockringe mit Diamanten?", fragte er mit einem Augenzwinkern.

Dave grinste. „Nein, heute nicht, Jos! Komm her!", bat er Jessie und der kam lächelnd näher. „Jessie, das ist Jos Vandenberg, guter Freund von mir und Bruder meines besten Kameramanns!"

„Das lass ihn mal nicht hören!"

„Ich sag's ja auch nur dir – also..." Dave legte den Zeigefinger an die Lippen.

Jos grinste und nickte.

„Jos, das ist Jessie. Wir würden uns gerne deine Ringe ansehen."

„Freut mich!", sagte Jos und die beiden schüttelten sich die Hände. Dann blinzelte er kurz. „Du redest nicht von Cockringen?"

„Nein, Jos." Dave hielt seinem Blick mühelos stand und schmunzelte über seine Überraschung.

„Obwohl ...", meldete sich Jessie.

„Nein, Süßer, nicht heute!", widersprach ihm Dave und sah wieder zu Jos.

„Äh ... und was genau? Edelstahl oder Titan?"

„Weißgold?" Dave sah zu Jessie, der nickte. „Was Breiteres."

„Wir reden auch nicht von ... Freundschaftsringen?", hakte Jos nach.

„Nein."

„Preisklasse?"

„Darf schon was kosten ...", antwortete Dave.

Nun kam Jos endlich in die Gänge und fing sogleich an, in die verschiedenen Schubladen zu sehen.

„Ich seh hier auch keine Cockringe!", murmelte Jessie ihm zu, während Jos noch am Heraussuchen war.

„Die gehen auch eher unter der Ladentheke", erwiderte Dave mit einem Augenzwinkern.

„Aha!"

„Hier leg ich euch mal was raus. Vielleicht ist ja was für euch dabei."

Getrennt voneinander, begannen Jessie und Dave damit die Ringe zu betrachten, doch es war nichts dabei, was ihnen sofort ins Auge sprang oder auch nur milde ihr Interesse weckte.

Nach fast einer halben Stunde waren sie einigermaßen frustriert und Dave meinte seufzend: „Sorry, das, was wir uns vorstellen, ist bislang leider nicht dabei." Er blickte in Jessies ratloses Gesicht. „Vielleicht kommen wir später wieder. Ich seh schon nichts mehr." Dave rieb sich die Augen.

„Ich auch nicht", brummte der und Dave hörte eine gehörige Portion Enttäuschung in seiner Stimme.

„Wartet mal!" Jos räumte die Ringpaletten wieder weg und ging an einen anderen Tresen. Dort zog er einige Schubladen auf und schließlich schien er zu finden, was er suchte. „Bevor ihr aufgebt, seht mal, ob hier was dabei ist. Ist zwar preislich ein wenig höher, aber du weißt, wir können über alles reden!"

Jessie und Dave kamen zu ihm herüber und beugten sich über die Palette. Und dann griffen sie fast gleichzeitig an dieselben Ringe.

„Die sind es!", murmelte Dave und sah auf. Verdutzt bemerkte er, dass Jessie das passende Gegenstück in der Hand hatte.

Es war ein matter Weißgoldring mit zwei dunklen, fast schwarzen Linien die diagonal über den breiten Ring liefen, dazwischen war ein heller, fast weißstrahlender Tropfen aus Platin der sich zu einem dünnen Streifen verjüngte und zwischen den beiden dunklen Linien auslief.

Sie sahen sich in die Augen und Dave sagte leise: „Der Silberstreif am Horizont."

Und Jessie sagte fast simultan: „Das Licht am Ende des Tunnels!"

Über Daves Gesicht ging die Sonne auf und Jessie hätte ihn am liebsten an Ort und Stelle niedergeknutscht. Er beherrschte sich nur mühsam.

„Die hier nehmen wir!", sagte Dave zu Jos.

„Ah, schön, dass ihr doch noch was gefunden! Ich hab auch noch mehrere von diesen. Anderes Design."

„Nicht nötig!", sagten beide derart synchron, dass sie Jos zum Lachen brachten.

„Okay, überzeugt! Brauchen wir nur noch eure Größe."

Dave und Jessie einigten sich beide schnell, dass sie links tragen wollten.

Jos maß beide Männer aus und fand heraus, dass Dave eine halbe Größe mehr brauchte als Jessie.

„Wollt ihr sie gravieren lassen?"

Jessie und Dave sahen sich an. Offenbar bemerkte Jos, dass sie drüber sprechen wollten, denn er zog sich dezent zurück.

Auch das dauerte nicht lange. Sie einigten sich auf ihre Vornamen und das gestrige sowie heutige Datum. Für beide war es ein unglaublicher Tag und eine unvergessliche Nacht gewesen und sie wollten nicht eines der beiden Daten weglassen. Der einzige Unterschied zwischen den beiden Gravuren war, dass in Jessies Ring Daves Name zuerst stehen würde und umgekehrt.

Während Jos sich darum kümmerte, dass sein Mitarbeiter die jeweilige Gravur setzte, tranken die beiden einen Espresso mit dem Inhaber.

Als sie den Preis ausgehandelt hatten, zückte Dave gleichzeitig mit Jessie seinen Geldbeutel, was Jos dazu veranlasste, sich wieder zurückzuziehen. „Ich seh mal nach, wie weit er mit'm Gravieren ist."

„*Ich* hab dir einen Antrag gemacht! *Ich* zahl die Ringe!", sagte Dave leise, aber bestimmt. „Wenn ich sie ohne dich gekauft hätte, hättest du gar keine Chance, deinen Geldbeutel zu ziehen!"

Jessie sah ihm eine Weile unverwandt in die Augen.

„Es sind Partnerringe, keine Eheringe! Die kaufen wir, wenn es soweit ist!", hakte Dave nach.

„Und an denen werd ich mich definitiv beteiligen!" Es war mehr eine Feststellung.

„Deal!"

Jessie sah ihn wieder an, dann sagte er: „Unter einer Bedingung!"

„Nämlich?" Dave atmete ihn schon wieder ein, als er sich dichter zu ihm beugte.

„Fuck! Du machst mich wahnsinnig!", knurrte Jessie und versuchte sich zu sammeln.

Daves Mundwinkel zuckte sichtlich amüsiert. „Nämlich?", wiederholte er und Jessie machte seine übliche obs-

zöne Geste mit der Zunge. „Das ist extrem unfair!",
beschwerte sich Dave.

Doch Jessie kam noch dichter zu ihm und dabei
berührten seine Lippen fast Daves. Der schien nicht mehr
weit davon entfernt, ihn über den Tresen zu legen und ihm
die Jeans aufzuknöpfen.

„Unter der Bedingung, dass ich uns passende Halsketten
dafür kaufe, damit wir ihn um den Hals tragen können,
wenn es arbeitstechnisch mal gar nicht anders geht!"

Dave atmete ihn erneut ein. „Alles was du willst, Süßer!"

Jos war zurück und räusperte sich.

Dave küsste Jessie nichtsdestotrotz und musste sich mit
Gewalt zusammenreißen, ihn nicht an Ort und Stelle zu
vernaschen. Dann teilte er Jos ihren Wunsch mit, noch
Halsketten zu brauchen und als dies auch erledigt war,
zahlte Dave die Ringe und Jessie die Ketten.

„Wollt ihr die Ringe gleich tragen?", fragte Jos.

„Nein!", antwortete Dave, bevor Jessie etwas sagen
konnte. „Die Ketten schon, die Ringe nicht!"

Also legten sie die Ketten an und Jos packte ihnen die
Ringe in ein schönes kleines Etui, wo sie nach Gravur und
Politur in königsblauem Samt nur so funkelten.

Schließlich verabschiedeten sie sich und mit dem Etui in
der Innentasche von Daves Jeansjacke verließen sie den
Juwelierladen.

Sie gingen ein paar Meter, bis Dave dicht vor Jessie
stehen blieb und ihm tief in die Augen sah. „Irgendeinen
speziellen Vorschlag für einen Ort zum Ringtausch?"

„Oh ja!", erwiderte Jessie und sah die Einkaufszeile entlang.

„Einen wirklich passenden?", hakte Dave nach. Von ihm
aus, konnten sie zurück zum Wagen gehen und dann würde
Jessie in kürzester Zeit nichts anderes mehr tragen als
seinen Ring.

Jessie grinste. „Was hältst du von *Cheesecake* und einem großen Becher heißer Schokolade bei Starbucks?"

Dave ging in die Knie. „Tolle Idee!"

„Da vorne ist doch einer, oder?"

Dave nickte und sie gingen los.

Wenig später stapften sie mit ihren Schokobechern und dem leckeren Käsekuchen in den zweiten Stock, wo gerade ein rotes Zweier-Sofa frei wurde.

„*Loveseat!*", bemerkte Jessie lächelnd und deutete mit dem Kinn in die Richtung.

„Hast du das mitbestellt?", fragte Dave sichtlich beeindruckt.

„Ich hab einen direkten Draht nach oben, noch nicht gemerkt?", konterte Jessie, als er sich setzte.

Dave blieb stehen und sah ihn sanft an. „Doch ... Als Engel muss das ja wohl so sein, oder?" Dann setzte er sich zu ihm.

„Wenn du nicht aufhörst, so zu reden, dann werd ich echt noch rot!", murmelte Jessie und warf ihm einen eindeutigen Blick zu.

„Und wenn du nicht aufhörst mich so anzusehen, dann geb ich dir gleich einen wirklichen Grund, rot zu werden!", zischte Dave.

Jessie lachte und genehmigte sich ein großes Stück vom Käsekuchen. „Mhmmm."

Dave grinste und dann beschäftigte auch er sich mit seinem *Cheesecake*. Schließlich hatten sie alles verdrückt und die heiße Schokolade zur Hälfte getrunken.

„Wann denkst du, dass ein guter Termin wäre?", fragte Jessie.

„Für den Ringtausch oder für ... das andere?"

„Das andere ..."

„In einem halben Jahr?"

Jessie verzog etwas das Gesicht. „Das trifft auf Weihnachten."

„Nah ... nicht an Weihnachten", stimmte ihm Dave zu. „Besser danach ..."

„Silvester?", schlug Jessie vor.

In Daves Augen blitzte es auf. „Genial! Immer mit Feuerwerk und ich kann den Tag nicht vergessen!"

„Vergessen?", knurrte Jessie. „Du denkst wirklich jetzt schon, du könntest das vergessen?"

Dave lachte. „Nein, Süßer. Niemals. Nicht gestern, nicht heute und definitiv nicht den Tag der Tage!"

„Dein Glück!" Jessie sah ihn warnend an. „Silvester gebucht?"

„Oh ja!", sagte Dave und holte das Etui heraus. Er klappte es auf und bemerkte sofort, wie sich auf Jessies Gesicht ein glückliches Lächeln schlich. Er wusste, dass der vordere Ring Jessies war und holte ihn heraus. Dann sah er ihm in die Augen. „Ich liebe dich, Jessie. Auch wenn's verrückt ist: Willst du mich heiraten?"

„Ja, das will ich! Ich liebe dich auch, Dave!", antwortete Jessie mit leiser Stimme und Dave steckte ihm den Ring an den Finger.

Dann hob er Jessies Hand zum Mund und küsste den Ring, ohne dass seine Augen Jessies verließen. In seinen Ohren rauschte es, so schnell schlug sein Herz und jagte ihm das Blut durch die Adern. Sein Glücksgefühl war fast so stark wie bei seinem ersten Orgasmus.

Keiner der beiden bemerkte, dass es inzwischen sehr, sehr ruhig auf dieser Etage des Starbucks geworden war. Mehr und mehr Augenpaare richteten sich auf die beiden Männer, die auf dem roten Sofa saßen und gerade dabei waren, in aller Öffentlichkeit Ringe zu tauschen. Das Glitzern in den Augen der anderen Gäste vervielfältigte sich und so manch einer schluckte gerührt.

Sie alle wurden Zeuge, wie Jessie gerade Dave den Ring an den Finger steckte und dessen ehrfürchtige Geste wiederholte, indem auch er den Ring küsste.

Dave strich ihm über die Wange bis zum Kinn, zog ihn sachte an sich und küsste ihn. Doch kaum berührten sich ihre Lippen, brach die Hölle los und ließ die beiden erschrocken zusammenfahren.

Jubelrufe, Klatschen und anerkennende Pfiffe ertönten und schon standen die ersten auf und gaben ihnen Standing Ovations.

Dave und Jessie blinzelten total perplex und als sie merkten, dass dies alles positive Unterstützung war, begannen sie beide zu strahlen.

Manche Gäste standen sogar auf und kamen herüber, um ihnen zu gratulieren.

„Weiter so!"

„Gratulation zu eurem Mut!"

„So süß!"

„Viel, viel Glück!"

Und so weiter.

Es dauerte ein paar Minuten bis wieder Ruhe eingekehrt war und die beiden etwas verlegen ihre Schokolade austrinken konnten.

Ein Pärchen kam schließlich noch zu ihnen und die junge Frau sah Dave freundlich an. „Sorry, dass ich noch mal kurz störe, aber waren Sie nicht auch dabei, als dieser Junge … von seinem bescheuerten Vater attackiert wurde? Ich glaub, ich hab Ihr Bild in der Zeitung gesehen?", fragte sie.

„Ja, das stimmt … Kyle ist ein Freund von uns!"

„Wissen Sie, wie es ihm geht?", fragte ihr Begleiter mit besorgter Miene.

„Langsam besser! Danke der Nachfrage."

„Unsere Gedanken sind bei euch! Wir hoffen beide, dass dieser Wichser lebenslänglich bekommt!"

Dave nickte. „Danke! Ich werd's weitergeben!"

„Noch mal viel Glück für euch zwei! Seid ein klasse Pärchen! Hut ab vor eurem Mut! Schatz, ich würde einen Antrag bei Starbucks übrigens auch absolut akzeptabel finden!", scherzte sie.

Er lachte. „Ich werd's mir merken! Euch noch einen schönen Tag!"

„Danke, euch auch!"

„Das tut mal richtig gut, hm?", sagte Dave zu Jessie und vergaß sofort was er eigentlich gesagt hatte, als er in seinen verträumt dreinschauenden Augen versank.

„Können wir gehen?", fragte Jessie tonlos, ohne den Blick abzuwenden. Er wollte nichts so sehr, als mit ihm allein sein. Zärtlich zu sein. Seine Haut zu spüren. Trotz der vergangenen unglaublichen vierundzwanzig Stunden.

„Fuck ja!", imitierte ihn Dave und trank seinen Becher aus.

Jessie tat es ihm gleich und als sie sich auf den Weg zur Treppe machten, klatschten diejenigen Gäste die noch da waren, erneut Beifall.

Die beiden bedankten sich winkend und liefen nach unten. Hand in Hand – vollkommen untypisch für Dave, aber mit extremer, nie zuvor dagewesener Genugtuung – gingen sie zurück zum Wagen.

„Fährst du zurück?", fragte Dave.

„Klar, kein Problem!"

Doch als Dave ihn noch zur Fahrerseite begleitete, wurden seine Knie weich. Dave war dicht vor ihm stehengeblieben und führte seine linke Hand, die er bis jetzt gehalten hatte, zum Mund und küsste sie.

„Ich war noch nie so glücklich, Süßer!"

„Ich auch nicht, Honey!", erwiderte Jessie und dann trafen sich ihre Zungen endlich.

Danach sah Jessie ihm tief in die Augen. „Wie lange sind wir unterwegs?"

„Keine drei Stunden, warum?"

„Steig ein und ich zeig's dir!", murmelte Jessie.

Dave ging um den Wagen herum und stieg ebenfalls ein. Er sah Jessie erwartungsvoll an. Der strich erst über seinen Goatee und dann mit seinem Daumen über seine Lippen. Gleichzeitig nahm Jessie seine Hand und drückte sie auf seine Jeans. Dave stöhnte leise, als er Jessies Ständer spürte.

„Verdammt!", flüsterte er in seinen nächsten Kuss, während er Jessies Sicherheitsgurt wieder löste und mit kräftigen Fingern die komplette Länge seiner Erektion abfuhr.

„Er steht schon seitdem du mir den Ring an den Finger gesteckt hast!", gestand ihm Jessie. „So viel zur Pause!"

Wortlos nahm Dave nunmehr Jessies Hand und führte sie zu seiner Jeans.

Jessie schloss die Augen, als er kurz darauf etwas ziemlich Handfestes spürte. Nicht minder beherzt griff er in die Vollen und küsste Dave heftig.

Der schnappte nach Luft und unterbrach den Kuss. „Hör auf, sonst kann ich … mich nicht mehr … beherrschen!"

„Doch, du wirst dich beherrschen!", mahnte Jessie. „Ich will dich im Bett, mit viel Zeit und viel Haut!"

„Fahr zu!", murmelte Dave.

„Kein Fußboden!"

„Nein."

„Keine Attacke!"

„Nein … keine Sorge! Fahr endlich!" Diesmal war seine Stimme fast flehend.

Stattdessen öffnete Jessie ihm den Gürtel. Der Kuss wurde wieder heftiger und Dave spürte Jessies Zähne. Im nächsten Moment bemerkte er erschrocken, dass Jessie ihm die ersten beiden Knöpfe seiner Jeans öffnete.

„Süßer … bitte nicht!", flehte er. Wenn Jessie so weitermachte, war es um ihn geschehen. Doch Jessie zeigte sich sichtlich ungerührt und griff hinein.

Dave keuchte, als Jessies Daumen über seine Eichel strich und ihn dabei wichste. Er presste seinen Kopf in die Kopfstütze, als Jessie nichts Besseres im Sinn hatte, als sich hinunter zu beugen.

„Fuck!", keuchte er heiser, als er Jessies Zunge spürte, die einmal tief in seinen feuchten Schlitz leckte. Er hörte Jessie erregt stöhnen, während der die feuchten Stellen auf Daves haarlosem Schambereich aufleckte.

Ganz langsam richtete er sich wieder auf und sah Dave in seine lustvoll geweiteten Augen. „Ja genau!" Er nickte anerkennend. „Ich will, dass du mich damit fickst ... tief und hart."

Dave stöhnte. „Wenn du nicht willst, dass es in einer Tiefgarage passiert, dann fahr endlich los!"

„Versprichst du mir, dass du mich fickst, wenn wir zu Hause sind?"

„Fuck ja!"

Jessie grinste und ließ den Wagen an. Dann schnallte er sich wieder an und sah noch einmal zu Dave, der seine Hose zumachen wollte.

„Nein! Lass sie offen!", sagte Jessie warnend. „Ich will ihn sehen!"

„Oh Mann!"

„Und an einer roten Ampel anfassen!", schickte Jessie mit einem erotischen Unterton hinterher und Dave fragte sich ernsthaft, ob Jessie hinter seinem Rücken ein längeres Gespräch mit Jason geführt hatte.

Endlich fuhr er los und Dave schloss die Augen, während auch er sich anschnallte. Seine Hand landete auf Jessies Oberschenkel und glitt tief an der Innenseite nach oben. Er konnte die Hitze spüren, die Jessies Schritt ausstrahlte.

Kurz darauf klingelte Daves Handy.

Er öffnete die Augen, fischte es seufzend aus der Jackentasche und sah aufs Display. Es war Lukas, der die heutigen Filmaufnahmen leitete.

Dave räusperte sich und ging ran. „Hey!"

„Hey ... Gibt's dich auch noch? Es ist bereits Samstagnachmittag und wir haben dich bislang nicht ein einziges Mal zu Gesicht bekommen! Soviel ich weiß, arbeitest du heute nicht, wie sonst eigentlich am Samstag!"

Dave lächelte in sich hinein. „Ich weiß, mal was anderes ..."

„Kommst du noch vorbei?"

„Mal sehen ... Denke nicht, dass du mich brauchst!"

„Zum Quatschen, verdammt!"

Daves Finger gruben sich tiefer in Jessies Schritt. „Frühestens in ein paar Stunden. Wieso?"

„Mann, wir vermissen dich!", knurrte Lukas. „Ich bin mir nicht zu schade, sowas zu sagen!"

„Danke, freut mich!" Dave grinste. „Wie lange dreht ihr noch?"

„Schon noch 'ne Weile. Wir waren gerade bei Stromaufnahmen. Die Kollegen aus San Diego sind da und haben ein paar nette Spielereien mitgebracht!"

„Wow!"

„Ja, wenn du vorbeikommen würdest, dann könntest du es ja selber sehen!", stichelte Lukas erneut.

„Mal sehen ...", wich Dave aus.

„Jedenfalls waren wir gut beim Drehen, aber man muss die Dinger wirklich sehr sensibel einsetzen ..."

„Is' was schiefgegangen?"

Lukas lachte. „Kannst du sehen wie du willst. Der Bottom ist frühzeitig gekommen ... Wir brauchen also erstmal 'ne längere Pause, bis es weitergehen kann!"

„Aha! Sehr interessant! Was genau?"

„Alles. Strom an Schwanz, Eier, Plug. Geile Aufnahmen. Du würdest einen *Sneak Preview* bekommen, wenn du vorbeischauen würdest!"

„Ich hab den Wink verstanden, Lukas!"

„Wir grillen heute Abend. Kommst du rüber?"

„Moment …" Dave sah zu Jessie. „Wär heute Abend grillen mit meinen Kollegen oben beim Studio okay?"

„Klar, wieso nicht. Lern ich die mal kennen …"

„Okay. Ich komm nicht allein … Ich bring Jessie mit."

„Wird auch verdammt noch mal Zeit, dass du uns den Kerl vorstellst, der dir offensichtlich seit Wochen den Kopf verdreht!", scherzte Lukas. „Das muss der absolute Hammer-Sub sein!"

„Er ist alles, aber sicher nicht das!", korrigierte ihn Dave, was Lukas dazu brachte, schallend aufzulachen.

„Ja genau und ich mach ab heute nur noch Lesben-Filme!"

„Ich mein's ernst, verdammt!"

Lukas gluckste nur.

„Habt ihr genug zu essen oder sollen wir noch was mitbringen?"

„Wir haben Steaks, Baked Potatoes, Sour Cream, Maiskolben, gemischten Salat, Barbecue Soße … ach ja und genug Bier!"

„Das klingt ziemlich gut! Okay, dann bis später."

„Nimm ihn noch schön ran, leg ihn in Ketten oder was auch immer. Hauptsache, wir sehen dich endlich wieder!", sagte Lukas. „Von mir aus kannst du ihn auch auf allen vieren an der Leine herführen. Es gibt noch genügend … Anbindeplätze!" Er lachte über seinen eigenen schmutzigen Witz.

Dave seufzte. „Bis dann." Er steckte das Handy weg und fuhr sich entnervt durch die Haare. Sein Blick glitt in die Ferne und seine Gedanken schweiften ab zur letzten Nacht. Er bemerkte nicht, dass Jessie rechts ranfuhr.

Dann zuckte er zusammen, als er Jessies Zunge an seinem nur noch halbsteifen Schwanz spürte.

Als der wieder hochkam, machte er seine obszöne Zungengeste. Dave zog ihn am Hemd zu sich und küsste ihn. Dabei wichste ihn Jessie solange, bis er wieder hart war.

Kaum war das geschehen, beugte Jessie sich ein weiteres Mal hinunter und leckte erneut tief in seinen Schlitz. Dann nahm er noch einen tiefen Atemzug an seiner Hose und setzte sich wieder auf.

„Du bist so verdammt lecker, Honey!" Er legte den Gang wieder ein und fuhr weiter.

„Die wird nachher alle der Schlag treffen, wenn ich mit dir ankomme!", sagte Dave.

Jessie grinste. „Du hast Glück, dass ich lange auf der Bühne gestanden hab und es mir deshalb nicht wirklich was ausmacht, wenn man mich anstarrt!"

Dave lachte und schüttelte den Kopf.

„Ich bin vermutlich nicht das, was sie erwarten, oder?"

„Nein ... Du passt schon optisch nicht in mein übliches Beuteschema!"

„Es ist nie schlecht, wenn man irgendwann mal damit anfängt, sich zu verbessern!", konterte Jessie schlagfertig und grinste frech.

„Da sagst du was Wahres! Kannst du nicht schneller fahren?"

„Nein, ich will nicht in den Knast, sondern mit dir ins Bett!" Wieder die Zungengeste.

Dave starrte aus dem Fenster.

Endlich fuhren sie durchs Tor und in die Garage. Diesmal war es Jessie, der schneller aus dem Wagen war, und Dave sah erstaunt zu ihm hoch, als er neben der Beifahrertür auftauchte. Sein Blick blieb an Jessies ausgebeulter Hose hängen und schon strich er über dessen unübersehbare Erektion.

Dave unterbrach ihren Blickkontakt auch nicht, als er sein Gesicht darauf drückte und ungeniert über den Stoff leckte. Dann öffnete er den Mund und biss ihn sachte in die Eier.

Jessies Hand grub sich in seine Haare und drückte Daves Gesicht noch direkter auf seinen steifen Schwanz.

„Ich will dich im Bett!", warnte er ihn. „Nicht auf dem Fußboden!"

Langsam schälte sich Dave aus dem Sportwagen und richtete sich zu seiner vollen Größe auf. Er nahm Jessie an den Hüften und drückte seine offene Hose an Jessies noch geschlossene.

„Ich werd dich so lange vögeln, wie du es wünschst!", murmelte er in seinen Kuss.

Dave beherrschte sich tatsächlich, ihn nicht auf den Fußboden zu ringen. Genauso wie er sich beherrscht und seine Hose auf Jessies Wunsch im Wagen offen gelassen hatte. Er wurde langsam wirklich gut darin, sinnierte er.

Kurz darauf lagen sie engumschlungen in Daves großem Bett, Jessie auf dem Rücken und Daves Hand fest und bestimmt auf Jessies ansehnlichem Paket. Noch war Stoff dazwischen, doch Dave ließ sich diesmal Zeit. Genau wie Jessie es wollte. Er kam langsam aber sicher dahinter, dass der Langsamkeit, die auch Jason immer wieder beschwor, sehr viel abzugewinnen war.

Sie ließen sich extrem viel Zeit, sich gegenseitig auszuziehen und gleichzeitig die freigelegten Hautpartien zu liebkosen. Und nicht nur ließ Jessie Dave gewähren, es war auch umgekehrt nicht anders.

Schließlich lag Dave auf dem Rücken, Beine gespreizt, nackt, mit einem martialisch aufgerichteten Schwanz und Jessie leckte genüsslich seufzend seinen Stahlring entlang, saugte seine Eier ein und leckte über den tätowierten Schaft.

„Mann, ich will auch so einen!", seufzte er und leckte ihn wieder unterhalb des Cockrings. „Würde dir das nicht auch gefallen?"

„Wir besorgen dir einen!", versprach Dave.

Jessie kniete sich über ihn und leckte quer über seinen Bauch. „Spann an!", bat er und strich mit den Fingerspitzen vom Nabel tiefer.

Dave tat ihm den Gefallen und Jessie stöhnte sehnsüchtig, während er die Muskelpartien mit der Zunge abfuhr.

Dann rollten sie erneut übers Bett und Dave war dran.

Er arbeitete sich über Jessies Brust wieder tiefer. Bearbeitete gekonnt seine Brustwarzen, wobei er auch seine Zähne benutzte. Er wusste inzwischen, was Jessie anturnte, und das gehörte auf jeden Fall dazu. Dabei wichste er ihn nicht gerade zimperlich.

Jessie wand sich und presste seinen Schwanz durch Daves Finger.

„Ja … fick meine Hand!", spornte Dave ihn an und Jessie tat genau das. „Fester! Ja, gut so!" Dabei biss er ihn wieder sehr präzise in die rechte Brustwarze, sodass Jessies Körper regelrecht bockte.

Er hörte an Jessies Stöhnen, dass er aufpassen musste, sein Schwanz war hart und heiß und kurz bevor es zu spät war, ließ er von ihm ab. Angetan sah er zu, wie Jessies Körper sich noch zwei-, dreimal ins Nichts presste, bis es in seinem Gehirn anzukommen schien, dass seine Hand nicht mehr am Schwanz war und er nicht weitermachen würde.

Jessie keuchte und es war offensichtlich, dass er kommen wollte, doch Dave fuhr ihn ganz langsam wieder herunter. Wenn er in einem gut war, dann war es darin, einen Orgasmus abzubrechen oder abzufangen, wenn sein Partner kurz davorstand.

Genussvoll leckte Dave seinen steifen Schwanz entlang und Jessie wollte sich schon zwischen seine Lippen schieben, doch Dave schüttelte nur warnend den Kopf.

Jessie schloss die Augen und versuchte, sich zu beruhigen. Als er sie wieder öffnete, kniete Dave neben seinem Kopf und bog seinen steifen Schwanz hinunter in Richtung seines Gesichts.

Mit einem erregten Laut wollte Jessie ihn in den Mund nehmen, doch Dave ließ los und sein steifer Schwanz schnellte wieder nach oben.

Also stützte sich Jessie mit einem Ellenbogen ab und vergrub seine Nase an seinen Eiern. Dave spürte seine Zunge hinter seinem Cockring, dann an seinen Eiern und dann fuhren seine Lippen seitlich nach oben bis zur Eichel und danach wieder nach unten zum Ring. Schließlich wiederholte sich das Spiel noch einmal mit zärtlichem Zungenkontakt.

Während er sich wichste, kam Jessie wieder nach oben. Ihre Blicke trafen sich, als Dave mit seinem Zeigefinger einen ordentlichen Tropfen aus seinem Schlitz wischte. Er lud ihn auf Jessies Zunge ab, die dieser begierig herausstreckte. Diese Szene wiederholte sich, bis Dave seinen Schwanz endlich doch herunterbog und damit in Jessies Mund eindrang.

Als der danach greifen wollte, hielt ihn Dave zurück. Es bedurfte nur eines angedeuteten Kopfschüttelns und Jessie ließ die Hand wieder sinken.

Somit hielt Dave Jessies Kopf und der ließ sich von ihm in den Mund ficken. Als er sich gleichzeitig dabei wichsen wollte, griff Dave erneut ein.

„Lass die Finger von ihm!"

Als er Jessie frustriert stöhnen hörte, schob Dave ihm den Schwanz bis zum Anschlag in den Rachen, was sein Stöhnen sofort ins Erregte veränderte. Dann zog sich Dave wieder zurück, schrammte mehrfach über seine Zunge und drang nach einigen Malen wieder tief in ihn ein. Dem Mann seiner Träume in die Augen zu sehen, während der ihm Lust verschaffte, war fast zu viel für Dave und somit unterbrach er was er tat und ließ seinen steifen Schwanz über Jessies Kinn und Kehle tiefer gleiten.

Jessie hatte die Augen geschlossen und spürte die glatte Oberfläche von Daves Eichel an seinem Adamsapfel. Dann an seinem Schlüsselbein.

Er hörte, dass Dave sich wieder wichste und öffnete die Augen ein klein wenig, nur um mit ansehen zu müssen, wie Dave einen Tropfen auf Jessies Brustwarze ablud, sich hinunter beugte und ihn aufsaugte. Dann kam er wieder hoch, um Jessie zu küssen, der seine Lippen bereits mit halbgeöffnetem Mund empfing.

Ihre nackten, erregten Körper schmiegten sich aneinander und dann arbeitete sich Dave wieder tiefer über Jessies wundervollen Körper. Er lag schließlich wieder quer über Jessie gebeugt, küsste seinen Bauch auf der linken Seite und konnte spüren, wie sich sein steifer Schwanz dabei an seine Wange schmiegte. Er leckte über seine Leiste und konnte die Bauchdecke dabei vibrieren sehen. Seine Hand strich über die Unterseite von Jessies aufgestelltem Bein bis zu seinem Hintern.

Während er sich langsam auf die rechte Seite von Jessies Bauch arbeitete, natürlich dabei stur seinen pochenden Schwanz ignorierend, pumpte er zwei Schübe aus der Gleitmittelflasche und ließ seinen Mittelfinger über Jessies Loch gleiten. Als Dave den Druck erhöhte, begann der leise zu stöhnen.

Während er Jessies Schwanz beobachtete, drang er mit dem Finger in ihn ein. Das Glücksgefühl, das durch seinen Körper schoss, als dieser dabei ein kleines Stück von seinem Bauch abhob, brachte ihn fast an den Rand des eigenen Orgasmus.

Leise stöhnend leckte er ihm die Eier und arbeitete seinen Finger tief in diesen wundervollen Mann. Dann zog er ihn wieder heraus, pumpte erneut und drang mit Zeige- und Mittelfinger erneut in ihn ein.

Während er seine Finger immer wieder tief in Jessie versenkte, schob er sich langsam wieder höher, um ihm dabei in die Augen sehen zu können.

Jessies Hände glitten zu seinem Gesicht und Dave drehte den Kopf, um beide zu küssen. Dann zog er seine Finger heraus und küsste ihn. „Hände über den Kopf!"

Jessie schluckte. Er wollte ihn berühren, streicheln ...

„Tu es!", setzte Dave beharrlich nach und während Jessie dem nachkam, pumpte er drei weitere Schübe aus der Flasche.

„AAAAH!"

Dave machte nun mit drei Fingern weiter. „Nein!", zischte er, als Jessie die Hände wieder benutzen wollte. „Relax!"

Jessie gehorchte und ließ zu, dass Daves Finger sich tiefer arbeiteten. Schließlich krümmten sie sich in ihm und streiften seine Prostata. Als sein Körper bockte, blieb Dave dran.

„AH ... AAAHAA ... AAAAAAAAAH ... OH MEIN GOTT ... Ich ... Ich ... komme!"

„NEIN!" Dave zog seine Finger hastig aus Jessie und der stieß einen leisen, frustrierten Schrei aus. Doch als er hochfahren wollte, schlossen sich Daves Zähne um seine Kehle und er blieb regungslos liegen, während Daves Finger sein Loch nur noch von außen liebkosten.

Jessies Herz raste und sein Schwanz tropfte.

„Guter Junge!", flüsterte Dave und ließ von seiner Kehle ab.

Jessie schluckte schwer, während Dave sofort darüber leckte. Dann spürte er Daves Finger unterhalb seiner Eier.

„UAAAH!" Wieder bockte sein Körper, als Dave nun die Prostata von außen manipulierte und dann wieder von ihm abließ. Atemlos sahen sie sich in die Augen, als er wieder einen, dann zwei und schließlich drei Finger in ihn einführte. Jessies Loch war weich und willig und nur zu bereit für mehr.

„Bist du bereit für meinen Schwanz?"

„Gott, bitte fick mich!"

Dave pumpte erneut Gleitgel aus der Flasche, diesmal um seinen eigenen Schwanz zu benetzen und brachte sich in Position.

„Oh bitte, tu es!" Jessies Körper spannte sich und Dave stöhnte heiser, als er endlich Zugang bekam.

Obwohl Jessie es eigentlich langsam und sachte wollte, begann er fast augenblicklich, sich in Daves Schübe zu stemmen und relativ schnell wurde daraus ein handfester, leidenschaftlicher und fast aggressiver Akt.

Dave fickte ihn hart und Jessie war bereits jenseits von Gut und Böse. Seine Laute waren unkontrolliert und er faselte unzusammenhängendes Zeug, bis Dave es erneut tat. Er unterbrach den Fick noch einmal, wenn auch schweren Herzens. Doch Jessie noch weiter zu pushen, war das höhere Ziel und es gelang ihm meisterhaft.

Dave war gut im Soll, trug noch dazu seinen Cockring und wusste, dass er vermutlich nur noch ein einziges Mal an diesem Tag kommen könnte. All dies half, um Dave über sich hinauswachsen zu lassen.

Mehrfach wechselte er die Stellung. Fickte Jessie mal von hinten, mal von der Seite und der lag nach dem dritten Abbruch nur noch wimmernd in den Kissen.

Dave unterband, dass er sich selbst erlösen konnte, indem er seine Handgelenke unter Kontrolle brachte. Er kniete inzwischen wieder über ihm.

„Mach die Beine breit!", befahl er Jessie, der auch dieser Forderung wie in Trance nachkam.

„AAAAAAAH!" Sein ganzer Körper bebte, als Dave erneut in ihn eindrang. Nach einigen sanften Schüben, bei denen sich Dave wieder tief in ihn arbeitete, begann er erneut, heftiger zu werden.

Dave spürte, dass er nicht mehr lange konnte und entschied sich, es zu Ende zu bringen.

„OH GOTT ... FUCK! BITTE!", flehte Jessie. „LASS ... MICH ... KOM... AAAA-AAAAAAAAAAH!" Und endlich schoss sein Sperma in endlosen Schüben gegen Daves Bauch und Brust. An Daves Knurren hörte er, dass auch er endlich kam und er spürte das heftige Pulsieren seines Schwanzes tief in seinen Eingeweiden.

Während Dave ihn eng in den Armen hielt und an sich drückte, hatte Jessie immer noch die Augen geschlossen und versuchte offenbar, seinen Puls auf ein erträgliches Maß zu bekommen.

„Hey!", murmelte Dave schließlich und drehte sein Gesicht zu sich, sodass er ihm in die Augen schauen konnte, sobald Jessie diese öffnete. Dave sah, wie er schluckte und sie schließlich mühsam ein klein wenig öffnen konnte. Doch dann schoss ihm ein Stich durch den Körper, als sie sich fast augenblicklich mit Tränen füllten.

„Hey! Baby!", flüsterte Dave erschrocken und zutiefst besorgt.

Jessie fuhr sich durchs Gesicht und blinzelte.

Dave wischte ihm eine Träne ab, die seitlich über seine Wange herablief, dann küsste er seine Augen.

„Ich liebe dich, Dave!", flüsterte Jessie mit erstickter Stimme.

„Warum weinst du?"

„Verdammt, weil du wie ein Gott fickst!", fluchte er und zog die Nase hoch. „Ich wünschte nur, ich könnte mal kommen, ohne dass ich danach zu heulen anfange! Du machst mich wahnsinnig!" Er schloss vollkommen entnervt die Augen. „Ich kann das immer noch nicht ganz glauben!"

Dave zeigte ihm seine linke Hand mit dem Ring. „Sieh nur!", sagte er. „Und schock mich verdammt noch mal nicht so!"

Jessie lächelte schwach. „Oh, ich glaub, ich hab noch was gut, was das betrifft, ja?", meinte er mit einer Anspielung auf letzte Nacht.

Dave seufzte. „Okay. Es ist wahr, Süßer. Und es ist der absolut glücklichste Tag in meinem Leben!"

„Meiner auch!", stimmte ihm Jessie zu. „Nur zu blöd, dass es dann Silvester nicht mehr sein kann!"

„Doch!", widersprach ihm Dave sofort.

Jessie sah ihn verdutzt an.

„Der kommt nämlich nach heute und kann somit immer noch der glücklichste Tag werden!"

Jessie lächelte, zog ihn zu sich herunter und verlor sich in einem langen Kuss mit ihm.

Filmset

„Hey ... sieh mal, wer da kommt!" Simon nickte zur Rückseite von Daves Haus.

Lukas drehte sich um und grinste. „Wird auch langsam Zeit!" Er nahm einen tiefen Zug von seiner Zigarette. „Wen hat er denn da dabei? Der Typ sieht ja schon von Weitem verdammt lecker aus!"

Der Mann, der neben Dave ging, war groß, schlank, sportlich, trug schwarze Jeans und ein enganliegendes, dünnes, langärmliges T-Shirt mit einer kurzen Knopfleiste. Sein Brustkorb zeichnete sich wundervoll definiert ab und seine Jeans war ordentlich gefüllt.

„Sein neuer Sub?"

Lukas lachte. „Nein, dazu hat er zu viele Haare auf dem Kopf! Muss ein Freund, Kollege oder was weiß ich sein. Jedenfalls nicht der Typ, wegen dem er sich nicht blicken lässt."

„Stimmt, der ist vermutlich in seinem Kerker."

„Vermutlich!" Lukas nahm wieder einen Zug. „Oder der Kerl ist ein Model? Vielleicht einer, der sich filmen lassen will?! Mal reinschnuppern will? Gut genug sieht er aus. Wow!"

„Lass dir eins gesagt sein: Den dreh ich!", sagte Simon sofort und Lukas sah, wie er sich sprichwörtlich die Lippen leckte, während er den beiden interessiert entgegensah.

„Wenn das so ist, dann knobeln wir!", zischte er.

„Wenn's sein muss, aber du wirst verlieren!" Simon räusperte sich, weil die beiden inzwischen fast bei ihnen angekommen waren.

„Sieh einer an, du kennst den Weg ja doch noch!", scherzte Lukas und nahm seine Zigarette aus dem Mund.

„Ha, ha ...", brummte Dave und blieb mit Jessie bei den beiden stehen. „Darf ich vorstellen: Lukas Vandenberg,

Simon Miller, beides Kameramänner", stellte er die beiden vor. „Jessie DeMozza." Sie schüttelten sich die Hände.

Lukas beherrschte sich noch ein wenig besser als Simon, der fast zu sabbern anfing. Beide Männer registrierten angetan Jessies festen Händedruck. Sein Lächeln war ein Traum.

„Jessie ist Physiotherapeut, ein Kollege …"

Simon und Lukas wechselten einen Blick. Aha, also hatten sie recht gehabt.

„… und mein Freund."

Lukas grinste. „Verdammt, und ich dachte du wärst an 'ner Filmrolle interessiert!"

„Ah … nein, eher nicht", erwiderte Jessie.

Simon sah Dave an. „Wo is'n dein … offensichtlich megageiler Super-Sub? Hast du ihn tatsächlich wiedermal vollkommen erschöpft im Kerker gelassen?"

Dave streifte Jessie mit einem kurzen Blick, doch der grinste nur.

„Du trinkst besser zwei, drei Bier und fängst endlich an zu erzählen!", stimmte ihm Lukas zu. „Hör mal, seit drei Wochen sehen wir dich kaum! Wir wollen Einzelheiten wissen!"

„Pikante Einzelheiten!", präzisierte Simon.

Jessie räusperte sich, um nicht zu lachen und Dave seufzte.

„Komm, wenn Jessie ein Kollege und Freund ist und du ihn allen Ernstes mit hierher bringst, weiß er doch, wie du tickst, oder?", knurrte Simon. „Was hat der neue Sub, was die anderen nicht hatten? Mensch, jetzt red schon!"

„Denkst du auch, die beiden haben gerade das kleine Wörtchen *mein* überhört?", fragte Jessie Dave trocken.

Der nickte bedächtig. „Das, und sie haben es vermutlich obendrein falsch interpretiert!"

Jessie grinste. „Glaub ich auch!" Es entging ihm nicht, dass Simon Lukas einen fragenden Blick zuwarf, der jedoch nur mit den Achseln zuckte und die Stirn runzelte.

Dave sah von einem zum anderen, schüttelte den Kopf und schlang den Arm um Jessies Taille. „Ich denke, wir sollten dem Rätselraten ein Ende setzen, hm?" Dann murmelte Dave in sein Ohr: „Traust du dich, mich zu küssen?"

Jessie sah ihm unschuldig in die Augen. „Hardcore?", fragte er zurück, als wären die beiden anderen nicht da.

„Hardcore!", bestätigte Dave. „Sonst werden sie es nicht kapieren!"

Jessie nickte und tat dann genau das. Er küsste Dave und zwar nicht nur derart direkt, dass es auch einem Blinden auffallen musste, sondern er griff ihm dabei auch beherzt an sein kompaktes Vorderpaket.

Dave sah aus den Augenwinkeln, dass Lukas und Simon ungelogen fast die Augen herausfielen und Lukas Mund in Zeitlupe aufklappte, je länger der Kuss dauerte. Schließlich fluchte er, weil ihm die brennende Zigarette aus dem Mund und auf den nackten Unterarm fiel.

„Noch weitere dumme Fragen?", fragte Dave und sah die beiden an.

Erst gab es ein längeres Schweigen, dann murmelte Lukas sichtlich fassungslos: „Fuck!"

„Das auch und nicht zu wenig!", kam es schlagfertig von Jessie.

Lukas konnte nicht anders und musste einfach schmutzig lachen. *Dieser Jessie-Typ ist echt in Ordnung*, dachte er.

„Fuck ...", wiederholte er kopfschüttelnd. „Sorry, äh, ich glaub, sowas nennt man ... Megafettnapf?"

Nun lachte Dave seinerseits nicht minder unanständig. „Ha! Schön, dich mal stammeln zu sehen! Wollen wir ihm verzeihen?" Er sah Jessie fragend an.

Der nickte. „Wir wollen mal nicht so sein, hm?"

„Nur zur Info: Jessie ist kein Sub. Er ist mein Freund. Mein Partner. Mein Lover! Er ist das Beste, was mir je im Leben passiert ist! Und du klapp endlich deinen Mund zu!" Er gab Simon einen unsanften Klaps auf die Wange.

Lukas stöhnte. „Du hast uns doch jahrelang nur *verarscht*, oder?"

„Nah ...", mischte sich Jessie wieder ein. „Nicht verarscht. Er hat sich nur schön brav die Hörner abgestoßen und ordentlich ausgetobt." Er grinste. „So wie ich. Daher sind wir nun reif für was Ernstes, stimmt's?"

„Genau!", bestätigte Dave. „Er hat übrigens das gleiche Mundwerk wie ich."

„Ich merk's!" Lukas lachte und streckte Jessie die Hand hin. „Sorry, vielleicht sollten wir noch mal von vorn anfangen. Lukas Vandenberg, nett, dich kennenzulernen!"

Jessie schlug ein. „Jessie DeMozza ... angenehm!"

„Nicht mehr lange!", murmelte ihm Dave ins Ohr, sodass es nur er hören konnte, und grinste recht frech.

Währenddessen fuhr sich Simon mit beiden Händen durchs Gesicht. „Boah ... und ich dachte, dass du vielleicht wirklich ein neues Model bist ... hm ..." Er brach ab.

„Mann, du ziehst doch echt jeden im Geiste aus, oder?", knurrte Dave.

„Bringt das der Job nicht irgendwie mit sich?", fragte Simon dagegen und wieder mussten alle lachen.

„Schon mal auf einem Set gewesen?", fragte Lukas, der sich anscheinend wieder einigermaßen gefangen hatte, wenn er auch Dave immer noch mit einem seltsamen Blick musterte.

Jessie verneinte.

„Interessiert?"

„Fuck, ja!"

„Geile Antwort für ein Porno-Set!", scherzte Dave.

Bevor noch jemand etwas sagen konnte, kam ein weiterer Mann mit extrem kurz rasiertem Haar und Bart aus dem

Haus. „Wir können weitermachen!", verkündete er und riss die Augen auf. „Dave!"

„Doug!", rief der und begrüßte sein Gegenüber. „Schön, dich zu sehen!"

„Jimmy, Dave ist hier!", rief er über die Schulter und auch der zweite Mann kam dazu.

Dave stellte Jessie die beiden vor, die Kollegen aus San Diego waren und die Lukas schon zuvor am Telefon erwähnt hatte. „Das hier sind die richtigen Profis!", erklärte er Jessie.

„Na komm", widersprach ihm Doug. „Ihr habt hier inzwischen einiges auf die Beine gestellt! Wir waren nur sechs Monate nicht da und … wow! Hier hat sich einiges getan!"

„Danke … wir versuchen uns mehr und mehr anzugleichen!"

Jimmy grinste. „Gelingt euch gut! Wir wissen schon, warum wir uns gern bei euch einbringen!"

„Wir wollten gerade den Sub neu verschnüren und brauchen weitere Hände", sagte Doug.

„Was ist als Nächstes dran?", wollte Dave wissen, während sie das Haus betraten.

„*Last shot, flogging, total suspension, final fuck, cum shot …*", zählte Lukas auf. „Wir wären schon fertig, wenn Mac sich mit dem Strom beherrscht hätte!"

Doug lachte. „Das war wirklich geil! Und der beste Beweis, dass man dabei kommen kann!"

„Ich bin gespannt!" Dave grinste. „Ihr schafft das ohne mich, ja? Ich führ Jessie rum und wenn ihr mich wirklich brauchen solltet, bin ich nicht weit!"

Die anderen nickten und verschwanden durch eine massive Stahltür.

Jessie hatte sich bereits umgesehen. Doch nichts deutete wirklich darauf hin, was hier ablief. Es gab einen Aufenthaltsbereich mit bequemen Sitzgelegenheiten, einen Kicker, eine Dart-Scheibe, eine Küche, zwei Ruheräume, einen Besprechungsraum mit einem Dutzend Stühlen um einen großen Tisch und einem sehr großen Flachbildfernseher an einer Wand. Er sah Dave fragend an.

„Wo zum Teufel dreht ihr?"

„Im Untergeschoss."

„Ah ..."

„Doppelt gesicherte Stahltüren. Schallschutz. Erschrick nicht! Es sieht wirklich aus wie in einer mittelalterlichen Folterkammer!"

„Okay ..."

Dave ging zu einer Tür, durch die die anderen bereits verschwunden waren. Bevor er sie jedoch öffnete, drehte er sich noch einmal zu Jessie um. „Süßer, alles was da drin abläuft, geschieht im absoluten Einvernehmen, okay?"

Jessie lächelte. „Ich weiß!"

Dave sah ihn sanft an. „Ich hab große Hemmungen, dir ... hm ... Gewalt-Szenen zu zeigen. Noch dazu live ..."

„Du meinst ... zum Beispiel ... das Flogging?"

Dave nickte.

„Dave", sagte Jessie in einem beschwichtigenden Ton. „Du hast mir schon einige Filme von dir und von diesen San-Diego-Boys gezeigt. Ich kann mir ungefähr vorstellen, was da abgeht. Was wir bislang zusammen gesehen haben, da war alles querbeet dabei."

Dave überlegte und sah ihn wieder an. „Ich will nicht, dass du ... Flashbacks hast! Nicht heute! Der Tag war einfach zu genial!" Er hatte noch gut in Erinnerung, was Jessie ihm bei ihrem ersten Date über Bruces brutale Attacken erzählt hatte. Inzwischen hatte er auch mehr unangenehme Details darüber erfahren.

„Ich würde nicht mit dir da reingehen, wenn ich es befürchten würde!"

Dave zog ihn an sich. „Ich könnte dir niemals wehtun, Süßer!", flüsterte er. „Ich glaub, ich könnte das noch nicht mal … wenn du mich drum bitten würdest …"

„Ich weiß! Ich liebe dich!"

Dave drückte ihm einen Kuss auf die Lippen und fragte: „Bereit?"

Jessie nickte.

Nach der ersten Tür ging es durch eine zweite Tür und dann steinerne Treppen in einen Keller hinunter. Insgesamt gab es mehrere Räume in denen gedreht werden konnte und Jessie war von der professionellen Ausstattung beeindruckt.

„Wow … das sieht wirklich so aus … hm … wie in den Filmen!", staunte er.

„Ja, inzwischen sind wir ganz gut dabei."

Es gab praktisch leere, nicht allzu große Räume, mit nur einer eisernen Sprossenwand mitten im Raum, an die der Sub gefesselt werden konnte.

In anderen Räumen waren es stählerne Torbögen, die frei im Raum standen, eine Vorrichtung, die Dave als stählernes Pferd betitelte, auf die der Sub mit Fesselvorrichtungen an Armen und Beinen geschnallt werden und dabei ordentlich oral oder anal durchgevögelt werden konnte, ohne auch nur das Leiseste dagegen tun zu können. Dann wieder Betten mit Eisenstreben, Holzbalken mal senkrecht, mal waagerecht montiert.

Ferner gab es eine Umkleide, sowie viele Dildos, Plugs, Peitschen, Flogger, Wartenbergräder, Lederriemen aller Art und jeder Länge, Masken, Knebel in jeglicher Form, Gleitmittelflaschen und einen großen Vorrat an Kondomen.

Sie näherten sich dem Raum, in dem die aktuellen Aufnahmen stattfanden. Doug und Jimmy waren dabei, die Seile und Lederriemen für die Schluss-Szene zurechtzulegen, die den Sub an der Decke aufhängen und ihn somit komplett der Gnade des Doms ausliefern würden.

„Ihr könntet jetzt mal langsam aufhören zu knutschen!", rief Lukas und meinte damit wohl die beiden Akteure, die, sich küssend, auf einer Pritsche lagen.

„Denkst du, es geht wieder?", fragte der offensichtliche Dom seinen Partner.

Der grinste nur und zog seinen Ständer von sich weg. „Der hält schon noch eine Weile!" Er trug einen Cockring aus Stahl.

„Die beiden sind auch im wirklichen Leben ein Paar. Kommt immer gut an, auch auf der San Diego Website, wenn sich zwei echte Lover mal zu einem BDSM-Spiel treffen und sich filmen lassen! Also wollten wir das nun auch mal probieren", erklärte Dave Jessie.

Der Sub, ein gut gebauter Typ mit kurzen schwarzen Haaren, Tätowierungen und sehr definierten Muskeln, stand auf und trat zu Doug und Jimmy.

Als Erstes wurde er mit Lederriemen am ganzen Körper gefesselt und komplett immobilisiert. Alles, was er noch tun konnte, war stehen. Seine Hände waren auf dem Rücken gefesselt und an den Riemen, die sich auf seinem Rücken kreuzten war eine starke Öse mit einem ebenso starken Lederriemen befestigt, der wiederum an der Decke festgemacht war.

Als der Dom schließlich mit seinem Flogging begann und die gut zwanzig Lederbänder immer wieder auf die nackte Haut trafen, war Jessie wirklich erstaunt, wie viel härter der Sub dabei wurde. Es live zu sehen, war schon noch mal eine emotionale Steigerung zum Film. Doch Flashbacks bekam er dabei nicht, dafür war es viel zu erotisch, was nicht zuletzt an der deutlich sichtbaren Erregung beider Akteure lag.

Als es dann schließlich nach einer Weile zum Fick kam, war Jessie überrascht über die Intensität der Szene. Mac penetrierte den Sub zuerst im Stehen. Dazu hatte man den Lederriemen von der Decke etwas nachgelassen und Darron stand leicht vornübergebeugt.

Nach einiger Zeit kam es wieder zu einem Szenenwechsel.

Die Filmcrew legte ihm in Teamarbeit noch einige zusätzliche Lederriemen an und balancierte ihn dann geschickt so aus, dass sie ihn schließlich vom Boden weghieven konnten. Es brauchte einiges an Korrekturen, bis er nicht nur genau in der Schwebe war, sondern ihm auch nichts höllisch wehtat, weil die Riemen vielleicht einen Nerv trafen. War das der Fall, musste man ihn wieder zu Boden lassen, die Riemen ein paar Millimeter versetzen und irgendwann passte es dann auch.

Dave hatte noch ein paar Anmerkungen, die auch umgesetzt wurden, bevor es kurz darauf auch schon losgehen konnte.

Simon und Lukas filmten aus verschiedenen Winkeln, zwei weitere Kollegen kümmerten sich ums Licht, wieder andere um den Ton und die beiden aus San Diego führten Regie.

Jessie beeindruckte auch diese Szene, die durchaus ihren Reiz hatte. Und das lag sicher auch daran, dass der Sub nach einigen Minuten regelrecht darum bettelte, härter gefickt zu werden, wobei sein Schwanz nach wie vor hart war.

Alles in allem dauerte der Dreh der letzten Sequenz mit allen Vorbereitungen über eine Stunde, obwohl die tatsächlich verwertbaren Szenen wohl nicht länger als zehn bis fünfzehn Minuten waren.

Der Dom verließ schließlich seinen Platz hinter dem Sub, zog sein Kondom ab und kam stattdessen in starken Schüben über dessen Gesicht. Da der Sub dabei immer noch gefesselt war und freischwebend in der Luft hing, konnte er auch nichts dagegen tun.

Kurz darauf, kniete der Dom nieder und begann, den Sub zu wichsen, dabei trug er dünne schwarze Lederhandschuhe. Lukas filmte inzwischen in Nahaufnahme, während Simon die komplette Szene aus einiger Entfernung aufnahm, aber natürlich so, dass er Lukas nicht mit im Bild hatte. Der Sub hing dabei nach wie vor in seinen Fesselungen, Knie gebeugt, Arme hinter dem Rücken und sein steifer Schwanz abstehend und gen Boden zeigend.

Wenige Minuten später kam der Sub mit starken Spritzern auf dem steinernen Fußboden, was den Dom dazu veranlasste, ihn einen *good Boy* zu nennen, *mit dem er gerne später weiterspielen würde.* Mit diesen Worten verließ er den Raum. Den leise stöhnenden Sub beließ er in seiner Aufhängung, was somit auch das filmische Ende des Drehs war.

Schließlich befreite die Crew den Sub aus seinen Fesselungen, versorgten die beiden Akteure mit Getränken und Handtüchern. Dann kam es zum Interview danach und eine Dreiviertelstunde später saßen alle draußen am Grillplatz auf der Veranda. Nur die beiden Hauptakteure waren noch nicht anwesend, da sie unter der Dusche waren und erst ein wenig später zur Gruppe dazustoßen würden.

Eine weitere Stunde später, es war inzwischen nach acht Uhr, war der Grill heiß und sie konnten kurz darauf alle zusammen essen.

Nach dem exzellenten Mahl dämmerte es langsam und Dave machte in einer speziell dafür vorgesehenen Feuerstelle ein Lagerfeuer. Jeder hatte ein gutes Bier in der Hand und sie unterhielten sich prächtig. Man kam zwar immer wieder auf Pornos zu sprechen, aber fairerweise musste man sagen, dass der Gesprächsstoff dennoch breit gefächert war.

Lukas kam nach einem Anruf auf sein Handy zurück zur Gruppe und machte ein säuerliches Gesicht.

„Was'n los?", fragte Dave stirnrunzelnd.

„Ach … Marc sollte eigentlich morgen fotografieren, wir brauchen noch einige gute Bilder für die Website und wir wollten dafür Profiaufnahmen machen, aber jetzt hat der Typ sich doch glatt 'ne Grippe eingefangen und zwar eine echte! Und das im Sommer! Der liegt mit vierzig Fieber im Bett." Er verdrehte genervt die Augen und nickte zum Telefon. „Das war grad seine Frau. Das heißt das Fotoshooting morgen fällt definitiv flach!"

„Mit Grippe bleibt er besser weg!", sagte Simon und der Rest stimmte ihm zu.

„Nur blöd, dass wir jetzt niemanden für die Aufnahmen haben. Die Kamera hat er auch nicht hiergelassen. Und wir bräuchten die unbedingt! Für Mac und Darron war das eigentlich auch Teil des Plans, denn es ist ihr fünfter Jahrestag und wir haben das als Teil der Gage ausgemacht." Lukas stöhnte genervt.

Dave wechselte einen Blick mit Jessie und fragte. „Um was für Bilder geht es?"

„Verschiedene. In Montur, nackt, gefesselt, nicht gefesselt … Einfach verschiedene Einstellungen. Geile halt …"

„Hast du welche dabei?", fragte Dave Jessie.

„Auf meinem Laptop." Jessie hatte ihn offenbar sofort verstanden.

„Hast du den mit?"

Jessie nickte.

„Willst du ihn holen?"

„Klar!"

Jessie trank noch einmal von seinem Bier, stand auf und ging den kurzen Weg zum Haus zurück.

„Mhmhmhm!", machte Lukas anerkennend und sah ihm nach. Dann glitt sein Blick zu Dave, der ihn amüsiert ansah. „Du hast dich eindeutig extrem … ich wiederhole *extrem* … verbessert!"

„Danke!"

„Wäre mal nett, wenn du einen länger als vier Wochen halten kannst, bevor es dir zu langweilig wird!"

„Keine Sorge, da hab ich keine Bedenken!"

„Kein Wunder, dass du den fast vier Wochen unter Verschluss gehalten hast!", murmelte Simon und sah immer noch in die Richtung, in die Jessie verschwunden war.

Dave wurde ernst. „Das hatte was mit Kyle zu tun!", murmelte er. „Die letzten Wochen waren mehr als übel! Das hat uns auch ganz schön mitgenommen und zusammengeschweißt!"

„Verdammt, Lukas hat davon erzählt", mischte sich Doug ein. „Was ist passiert?"

Dave seufzte und erzählte schweren Herzens die Geschichte. Er war auch noch dabei als Jessie zurückkam.

Als er sich gesetzt hatte, klappte er seinen Laptop auf und begann etwas zu suchen.

Simon konnte seine Augen ganz offensichtlich nicht von ihm nehmen und vertiefte sich dabei in eine neue Bierflasche.

Dann sah Jessie zu Dave.

„Hast du's?"

Jessie zeigte ihm den Bildschirm.

Dave nickte, nahm den Laptop und drehte ihn zu den anderen. „Sprechen wir von so ähnlichen Fotos wie denen hier? Einfach nur härtere?", fragte er in die Runde und alle Blicke wanderten zum Bildschirm, auf der nacheinander einige ausgewählte Bilder aus Jessies Sammlung zu sehen waren, die sich nach ein paar Sekunden in einer Slideshow abwechselten.

Mac und Darron nickten sofort und alle anderen waren nicht minder begeistert.

„Ja genau", sagte Doug. „Jetzt brauchen wir nur noch den Fotografen, der die geschossen hat!"

Dave sah Jessie an. „Traust du's dir zu?"

„Klar, warum nicht."

„Er sitzt neben mir!", sagte Dave in die Runde.

„Ja klar, seh ich!", scherzte Lukas und alle lachten. „Sorry, Jessie."

„Ich meinte, *der Fotograf* sitzt neben mir!", wiederholte Dave eindringlich und Lukas blieb erneut der Mund offenstehen.

„Wie?", fragte Simon.

„Du bist Fotograf?", fragte Jimmy.

Jessie nickte. „Auch ..."

„Er ist nicht nur auch Fotograf", knurrte Dave. „Er hat diese Bilder gemacht. Es sind seine!"

„WAS?" Lukas blinzelte und Dougs angespanntes Gesicht glättete sich augenblicklich.

„Die hast *du* gemacht?", fragte Doug.

„Jep."

„Äh ...", machte Simon. „Was kannst'n du noch alles? Physiotherapeut, Fotograf ..."

Dave grinste. „Verdammt gut massieren!"

„Ja, kann ich mir vorstellen!" Simon lachte ziemlich schmutzig. „Du könntest gerne meinen Schwanz massieren!"

Die meisten lachten. „Da bin ich doch ziemlich selektiv!", konterte Jessie und die meisten lachten darüber noch mehr.

„Sehr!", fügte Dave hinzu und warf Simon einen warnenden Blick zu. Der hatte bereits mehrfach Anzüglichkeiten in Richtung Jessie abgeschossen, die langsam aber sicher anfingen, unter der Gürtellinie zu landen. Auch die Art und Weise, wie Simon Jessie anstierte, gefiel Dave nicht besonders. Er wollte vor allem nicht, dass Jessie anfing, sich unwohl zu fühlen. Immerhin war es sein Debüt mit seinen Kollegen.

„Noch mal zum Mitschreiben", sagte Mac und lehnte sich vor. „Hättest du Zeit und Lust, morgen ein paar Aufnahmen von mir und Darron zu machen?"

„Ich kann's zumindest versuchen!"

„Wir haben keine Kamera da! Marc hat sie bei sich zu Hause!", warf jemand ein.

„Wir könnten sie holen", schlug ein anderer vor.

„Nicht nötig … Ich hab meine eigene dabei", sagte Jessie.

„Klasse, dann lass uns das doch machen, oder?". Darron sah seinen Freund erwartungsvoll an.

Der sah immer noch auf die Slideshow auf dem Laptop. „Die sind absolut genial!", sagte er mit deutlicher Bewunderung in der Stimme. „Wieso machst du das nicht beruflich?"

„Irgendwann vielleicht. Wer weiß."

„Mann, ihr solltet euch zusammentun!", sagte Lukas.

Dave grinste. „Haben wir vor!"

Sie stießen an und tranken.

„Gebongt?", fragte Mac noch mal nach, so als könnte er es noch nicht ganz glauben.

„Gerne!" Jessie nahm den Laptop und fuhr ihn wieder herunter. „Wann?"

„Morgen, später Vormittag, früher Nachmittag?", schlug Mac vor.

„Klingt gut!", sagte er, nachdem er sich durch einen Blick mit Dave verständigt hatte.

„Jep." Simon unterdrückte einen Schluckauf und stierte wieder auf Jessie. „Du könntest uns ja auch deinen Luxuskörper filmen lassen!", schlug er vor. „Gäbe bestimmt viele Klicks auf der Website!"

Jessies Lächeln wurde dünner. „Eh … nein danke!", antwortete er tapfer.

Simon beugte sich vor. „Süßer, ich weiß, dass du bestimmt geil ohne Klamotten …" Doch weiter kam er nicht. Dave packte ihn blitzschnell am Kragen und zog ihn dabei fast vom Stuhl. „Hör auf, ihn Süßer zu nennen! Für dich immer noch Jessie, verdammt noch mal! Dein Gesabber kotzt mich langsam tierisch an!", knurrte er aggressiv. „Reiß dich zusammen oder geh ins Bett!"

„Sorry ... Sir!", murmelte Simon.

„Entschuldige dich bei ihm!", fauchte Dave.

„Dave, es is' okay", murmelte Jessie.

„Nein, is' es nicht!", stimmte Lukas Dave zu. „Immer das Gleiche mit dir, wenn du mehr als vier Bier hast!"

„Sorry, Jessie", sagte Simon und schluckte, da Dave ihn immer noch nicht losgelassen hatte.

„Ein falsches Wort noch von dir und du hast nicht nur meine Hand am Kragen, sondern meine Faust im Gesicht! Ich schwör's dir, Freundchen!" Daves Stimme hätte Stahl schneiden können.

„Sir!", stammelte der betreten.

„Geh ums Eck eine rauchen und komm wieder, wenn du wieder normal im Hirn bist!" Dave ließ ihn angewidert los und lehnte sich wieder an.

Simon murmelte eine Entschuldigung, stand auf und verschwand.

Dave starrte ihm finster hinterher. „Gebt ihm kein Bier mehr!"

„Ich glaub, der hatte genug", sagte Stevie, der einer der Lichttechniker war.

„Ich entschuldige mich mal für ihn, Jessie", sagte Lukas.

„Nicht der Rede wert, wirklich!", wehrte der ab.

„Doch", widersprach Lukas. „Gestern hat er Darron angemacht und Mac hätte ihn fast zermalmt und vorgestern war Jimmy dran. Also der läuft zurzeit nicht wirklich rund! Vor vier Wochen hat sich sein Lover von ihm getrennt und seitdem trinkt er zu viel." Lukas seufzte. „Soll keine Entschuldigung sein, aber ..." Er brach ab.

Dave sah Jessie an. „Alles klar?"

Jessie erwiderte seinen Blick ungeniert. Das war das allererste Mal, dass er Dave aggressiv erlebt hatte und es gefiel ihm außerordentlich. Vor allem weil er seine Aggressivität eingesetzt hatte, um ihn zu verteidigen. „Jep, Sexy!", murmelte er und Dave küsste ihn auf die Lippen. Dabei strich er ihm mit seiner linken Hand über die ersten Bartstoppeln.

„Seid ihr … uhm … verheiratet?"", fragte Doug und starrte auf Daves Ring. Ihm war endlich aufgefallen, dass Jessie das passende Gegenstück dazu trug.

Jessie lächelte. „Noch nicht, aber vor Ende des Jahres hoffentlich schon!"

„Was?"

„Wirklich?"

„Boah … klasse!"

„AUTSCH … verflucht noch mal!", knurrte Lukas, da er sich ein weiteres Mal verbrannte, als ihm bei diesem Satz erneut die Zigarette aus dem Mund fiel. „Wollt ihr uns verarschen?", fragte er offensichtlich vollkommen fassungslos.

Dave sah ihn direkt an. „Nein, Lukas, absolut nicht!"

Dann brach die Hölle los und sie beglückwünschten die beiden, was mit einer Whiskeyflasche und Gläsern endete, von der alle außer Simon etwas bekamen.

„Gibt's drinnen Toiletten oder soll ich runter zum Haus gehen?", fragte Jessie Dave nach einer Weile, als sich wieder alle beruhigt hatten.

„Klar. Ich zeig sie dir …"

Dave stand auf und die beiden gingen hinein. „Hier den Gang entlang und dann rechts …"

„Danke."

„Hey."

Jessie sah ihn fragend an und Dave kam erstmal auf Tuchfühlung.

„Ich muss mich noch mal für Simon entschuldigen. Lukas hat mir die letzten beiden Tage schon Nachrichten geschickt und berichtet, dass er sich laufend danebenbenimmt."

„War etwas nervig, ja", gab Jessie zu und seufzte. „Aber du hast ja schnell reagiert."

„Es kann nicht sein, dass er laufend die Leute anmacht. Porno-Set oder nicht. Weder die, die angezogen bleiben, noch die, die sich ausziehen sind Freiwild! Und dann auch noch die Frechheit zu haben, dich blöd anzumachen, wo du zum ersten Mal dabei bist. Das geht überhaupt nicht!" Dave schüttelte missbilligend den Kopf. „Ich werd ihn mir kaufen müssen, wenn er wieder nüchtern ist. Entweder er bekommt sich in den Griff, oder wir müssen uns trennen. So gut er auch sein mag."

Jessie sah ihn neugierig an. „War das eine Seite des … hm … aggressiven Dave?"

Dave sah kurz zu Boden und nickte dann.

Jessie lächelte ihn liebevoll an. „Ich fand dich sehr … fürsorglich und beschützend … *Dieser* aggressive Dave gefällt mir gut!"

Daves Blick tauchte in seinen ein.

Jessie spürte, wie Dave ihn wieder einatmete und er bekam eine Gänsehaut.

Prompt strich Dave ihm mit der Rückseite des Zeigefingers über seinen Bauch höher bis zu seiner harten Brustwarze, die sich deutlich unter dem dünnen, grauen T-Shirtstoff abzeichnete.

„Du schaffst es immer wieder!", murmelte Jessie kopfschüttelnd und seufzte lautlos, als Dave ihn ganz sachte in den Nippel zwickte, während er ihm einen Kuss aufs Kinn drückte. „Ich bin schon wieder geil, egal wie oft wir heute schon Sex gehabt haben! Geil … aber nicht hart!"

Dave grinste. „Ich auch. Beides!" Er strich ihm noch einmal über die Brustwarze, diesmal wieder sanft. „Mal was Neues!"

Jessie küsste ihn sanft. „Lass mich pinkeln gehen, bevor ich doch noch einen hochbekomme!"

Dave nickte und Jessie verschwand.

Kurz darauf kam er wieder zurück.

„Fühlst du dich sonst okay?", fragte Dave.

„Ja, keine Sorge. Die anderen sind ja auch alle wirklich nett! Tolle Reaktion auf die Ringe!"

Dave grinste. „Ja, die Jungs wachsen einem ganz schön ans Herz. Und wenn man bei sowas zusammenarbeitet, muss man sich noch besser verstehen als sonst in einem Job."

„Das ist wahr."

„Das Fotoshooting morgen ist auch okay für dich?"

Jetzt lächelte Jessie. „Oh ja, da hab ich wirklich richtig Bock drauf! Vielleicht ist das wirklich der Start von was Neuem!"

„In vieler Hinsicht, Süßer!", murmelte Dave, drückte ihm einen Kuss auf die Wange und ging mit ihm wieder zurück zum Grillplatz.

Kaum waren sie durch die Terrassentür, sahen sie, wie Simon nach dem Laptop greifen wollte, der auf dem Tisch lag. Lukas war schneller und hob warnend den Zeigefinger. „Lass deine verdammten Finger davon, ich warne dich!"

Simon zeigte ihm den Stinkefinger und wollte ihn anscheinend ignorieren.

Jessie hörte, wie Dave tief Luft holte und sagte ruhig: „Ich mach das selber!"

Er trat lautlos an den Tisch und stoppte Simons Hand bevor sie den Laptop erreichte. Der Blick, den Jessie ihm dabei zuwarf, ließ ihn etwas nüchterner werden.

„Wage es ja nicht! Sonst lernst du mich von meiner durchaus vorhandenen, unangenehmen Seite kennen!", zischte Jessie, dem langsam der Geduldsfaden mit diesem Kerl platzte. Dann schickte er noch einen wüsten, gälischen Fluch hinterher, nahm seinen Laptop und verschwand damit Richtung Daves Haus, um ihn in Sicherheit zu bringen.

Simon sah ihm nichtsdestotrotz lüstern hinterher und leckte sich ganz offensichtlich die Lippen. Dabei griff er

sich in den Schritt. „Den würd isch ja wirklisch gerne ...
hick ... m-mal ...“

„Halt's Maul, verdammt noch mal! Das ist der Mann vom
Boss!“, herrschte ihn Mac an und zog ihn an einem Arm
aus seinem Stuhl. „Es reicht jetzt, bis hierher und nicht
weiter!“

„Lasssch misssch losch, du Wichser!“, heulte Simon,
doch Mac drehte ihm den Arm auf den Rücken und verfrachtete ihn, ohne mit der Wimper zu zucken, zurück ins
Haus. Simon ging nicht leise, aber Mac war stärker und
sehr hartnäckig.

„Den wirst du dir morgen hoffentlich kaufen, oder?“,
fragte Lukas Dave.

Dave sah ihm finster hinterher. „Ja. Allerdings. Entweder
er macht eine Hundertachtzig-Grad-Kehrtwende oder wir
werden uns trennen müssen. Zumindest solange, bis er
wieder normal tickt!“

„Gott sei Dank hat Jessie das jetzt nicht mitbekommen
müssen! Voll daneben, beim ersten Mal so angegraben zu
werden!“, brummte Darron.

„Was heißt beim ersten Mal?“, fragte Doug. „Das sollte
gar nicht passieren. Ich mein, er hat dich gestern voll ange-
grapscht! Hallo? Der kann von Glück reden, dass ihm Mac
nicht gestern schon den Kiefer gebrochen hat!“

„Allerdings!“, brummte Lukas und sah zu Daves Haus,
aus dem Jessie nun wiederkam.

Als Jessie wieder zu den anderen stieß, sah er, dass Mac
und Simon fehlten. Doch kaum saß er wieder, kam Mac
wutschnaubend zurück.

„Was hast du mit ihm gemacht?“, fragte Lukas.

„Mac hat Simon für ein Timeout ins Haus geschleift“,
erklärte Dave Jessie und sah Mac an, der sich wieder setzte.

„Ich hab ihn in unsere kleine Arrestzelle gesperrt!“ Er
grinste.

„Einfach so?“, fragte Dave.

„Nah … er hat sich schon gewehrt und mich was weiß ich nicht genannt. Aber ich hab zugesperrt und die Tür verriegelt. Lassen wir ihn mal eine halbe Stunde schmoren. Ich hab ihm gesagt, wenn er sein dreckiges Maul nicht hält, dann komm ich wieder und leg ihm noch Handschellen und einen Knebel an!"

Die anderen lachten.

„Is' das … uhm … okay, Boss?", fragte er Dave.

„Besser, als wenn mir die Hand ausrutscht!", sagte der. „Und ich bin nicht mehr weit davon entfernt. Dann wären wir eh geschiedene Leute. So hat er morgen noch eine Chance."

Doug war ebenfalls im Haus verschwunden und kam nun mit zwei Gitarren wieder raus. Er grinste. „Zeit für ein wenig Hausmusik, was?"

„Oh, super, machen wir ja immer, wenn ihr da seid!", freute sich Lukas, nahm Doug die zweite Gitarre ab und gab sie – und Jessie konnte es erst nicht glauben – tatsächlich an Dave weiter.

Der nahm sie zögernd und jetzt war es ausnahmsweise Jessie, dem der Mund offen stehen blieb. Dave sah ihn etwas unsicher an.

„Du spielst Gitarre?"", fragte er vollkommen perplex.

„Ähm …"

„Wirklich?" Jessie sah ihn kopfschüttelnd an. „Und du hättest mir sicher nicht freiwillig davon erzählt, oder?", bohrte er amüsiert weiter.

„Hast du das nicht gewusst?", fragte Mac.

„Dave spielt gut … ist voll musikalisch!", bestätigte Doug und begann die Gitarre zu testen.

„Pfff!", machte Dave. „Gegen, äh, Jessie bin ich nicht wirklich musikalisch!"

„Du kannst auch spielen?", fragte Lukas.

„Tz … würd mich nicht wundern!", warf Dave ein. „Ich red aber eher von *wirklich* musikalisch! Der Typ kann unglaublich gut singen!"

„Übertreib mal nicht!", wehrte Jessie ab und sah ihn erwartungsvoll an. „Spiel! Komm schon!"

Dave sah zu Doug, der seine Gitarre stimmte. Dann sah er wieder zu Jessie und tauchte ein in seine Augen. „Ich bin nicht besonders gut, zumindest nicht was deinen Standard betrifft."

„Honey, wir sitzen an einem Lagerfeuer mit Bier und dem Bauch voller Steaks und mehr." Jessie grinste. „Komm schon!"

„Pass auf! Ich spiel … unter einer Bedingung."

„Oh, Fuck!", murmelte Jessie und sah ihn warnend an.

Dave grinste. „Später!" Und die anderen lachten.

Jessie zeigte ihnen den Stinkefinger, ohne den Blick von Daves Gesicht zu nehmen, was diese nur noch mehr amüsierte. Er war wirklich der absolut passende Partner für Dave, wie die anderen jeder für sich entschieden.

„Spuck's aus!", knurrte Jessie schließlich.

„Ich spiel, wenn du singst!"

Doug sah auf. „Du singst? Das ist klasse! Dann können wir zusammen singen!"

Jessie seufzte. „Ein wenig, hm, ja."

Dave gluckste und schüttelte den Kopf, während er die Gitarre seinerseits ausprobierte.

„Spielen wir mal *500 Miles* … dann wirst du schon sehen, was ich meine!", sagte er zu Doug.

„Das krieg ich grad noch hin!"

Also begannen Dave und Doug zu spielen.

Jessie ließ Doug die erste Strophe allein singen und danach konnte er sich nicht mehr halten und stimmte mit ein.

Es war eine Welle, die durch die kleine Gruppe von acht Mann ging, als alle nach den ersten paar Worten zu Jessie sahen, der Doug sofort mit der Hand bedeutete, weiter mitzusingen.

Dave lächelte und schloss die Augen, um sich besser auf Jessies Stimme konzentrieren zu können. Wie schon im *Liam's* hatte er eine Gänsehaut. Er spürte eine tiefe Dankbarkeit, diesen tollen Mann kennengelernt zu haben.

Jedenfalls sangen sie *500 Miles* zweistimmig und danach klatschten alle Jessie begeistert Beifall. Der grinste nur und bedeutete Doug, was anderes zu spielen und somit ging es nahtlos weiter.

Nach einer Dreiviertelstunde fiel jemandem ein, dass keiner mehr nach Simon gesehen hatte und Mac opferte sich seufzend. Er grinste, als er wiederkam. „Der Oberpenner ist eingepennt!"

„Umso besser!", sagte Lukas und dann lauschten sie wieder den Klängen der Gitarren und Dougs und Jessies Gesang. Auch einige andere stimmten immer mal wieder mit ein und es war ein angenehmer Ausklang des Abends.

Es war nach Mitternacht als sich die Runde auflöste und Dave und Jessie wieder hinunter zum Haus gingen. Man hatte sich am späten Vormittag zu einem Brunch an gleicher Stelle verabredet.

Sie gingen ins Bad, zogen sich aus und putzten sich die Zähne. Zum Duschen hatte keiner der beiden mehr Lust. Kurz darauf lagen sie in Daves großem Bett.

Jessie hinderte Dave daran die Decke über sie zu ziehen. Stattdessen beugte er sich über ihn und küsste ihn sanft.

„Das war ein wirklich schöner Abend, Sexy!", flüsterte er.

Dave lächelte. „Find ich auch!"

„Auch wenn ich vermutlich noch Monate darauf gewartet hätte, bis du mir verraten hättest, dass du Gitarre spielen kannst. Und zwar gut!"

„Ich spiel nicht oft."

Jessie schmunzelte. „Das kann man ändern!"

„Stimmt!" Daves Hände strichen über Jessies Haut. „Komm her!" Doch Jessie schüttelte den Kopf.

„Weil?", fragte Dave.

„Weil ich gerne deine Erlaubnis hätte, dass ich mich bei jedem Zentimeter deines Hammer-Körpers für diesen wundervollen Tag bedanken darf!"

Dave schluckte. Zum einen wegen des Kompliments und zum anderen wegen der direkten Ansage. Statt einer Antwort, zog er Jessie zu sich herunter und küsste ihn.

Der stieg zwar drauf ein, ließ den Kuss dann sanfter werden und begann schließlich mit dem, was er sich gewünscht hatte.

Dave schloss die Augen und spürte hinein, wie Jessies Lippen und Hände von seinem Gesicht tiefer glitten. Dabei ließ er weder Arme, Hände noch Beine aus und nun war es Dave, der sich wie das erotischste Lebewesen auf Erden fühlte.

Er seufzte leise, als Jessie ihn umdrehte und das Gleiche auf seiner Rückseite wiederholte. Lediglich seinen Schwanz und seine Eier hatte er ausgelassen. Aus einem guten Grund.

Bei seiner rückseitigen Bearbeitung endete Jessie auf Daves ansehnlichem Hintern und liebkoste diesen ausgiebig. Ungeniert drückte er seine Pobacken auseinander und ließ auch sein schönes Loch nicht aus.

Dave war passiv geblieben und genoss Jessies Liebkosungen mit allen Sinnen. Er hörte Jessie genüsslich seufzen, als er mehrfach über sein Loch leckte, bevor er ihn wieder auf den Rücken drehte.

„Fuck, ja!", murmelte er anerkennend und leckte über Daves Ständer. Dabei wichste er sich ungeniert. Auch er war bei dieser Aktion hart geworden. Immerhin hatten sie eine über sechsstündige Pause hinter sich und somit wurde ihnen beiden die Mitarbeit nicht verweigert. „Fass deinen

Schwanz an! Spür, wie hart er ist!", forderte Jessie ihn auf und Dave tat wie ihm geheißen.

Er stöhnte sehnsüchtig bei dem Anblick. Auch das wollte er fotografieren. Irgendwann.

Während Dave sich wichste, leckte Jessie ihm die Eier und spreizte seine Beine, die Dave willig öffnete. Mit der freien Hand griff er nach der Gleitmittelflasche. Er wollte ihn unbedingt noch einmal spüren.

Jessie nahm die Flasche und pumpte eine gehörige Portion in seine Hand.

Dave zuckte zusammen und sah dann perplex an sich herab. Jessie hatte die Hand von seinem Schwanz gelöst und präparierte ihn mit Gleitmittel. Er blinzelte verblüfft, als Jessie geschmeidig wie eine Katze über ihn glitt.

„Hilf mir!", bat er.

Dave nahm seinen Schwanz in die Hand und Jessie begann, sich behutsam auf ihn zu senken.

„Fuck, ja!", keuchte er, während er sich Zeit ließ und intensiv in diese neue Stellung hineinspürte.

„Der is' so wunderschön!", flüsterte Dave und wichste Jessies harten Schwanz, der auf ihn zeigte.

Jessie legte den Kopf in den Nacken und begann ihn zu reiten.

Eigentlich war Dave todmüde, doch diese sanfte Aktion hatte ihn wieder aufgeweckt. Er spürte erneut das unglaubliche Glücksgefühl durch ihn schießen, als er diesen wundervollen Körper über sich sah, der sich auf ihm Lust verschaffte, dies unbeschreiblich genoss und ihn damit gleichzeitig enorm erregte.

Ihre Blicke trafen sich immer wieder und tauchten ineinander ein.

Beide hatten getrunken, waren aber nicht wirklich betrunken. Dennoch dauerte der Akt lange und Jessie ließ sich viel Zeit.

Schließlich war es Dave, der sich aufsetzte und die Arme eng um Jessie schlang. Bei jeder Bewegung die der auf ihm machte, spürte er dessen feuchten, steifen Schwanz an seinem Bauch. Und in genau dieser Stellung kamen sie auch beide ein letztes Mal in vollkommener Übereinstimmung.

Morgendliches Nirwana

In dieser Nacht schliefen sie beide durch. Sie waren mental und körperlich zu erschöpft von den Ereignissen des Tages und der letzte Liebesakt hatte sie buchstäblich in den Tiefschlaf befördert.

Und genau das war es gewesen. Kein wilder Fick, sondern ein Liebesakt, wie Dave es sich seitdem er so etwas bei Kyle und Jason gesehen hatte, sehnlichst gewünscht hatte.

Als Dave zum ersten Mal wieder die Augen öffnete, war es neun Uhr morgens durch. Er konnte sich nicht erinnern, wann er das letzte Mal so viele Stunden am Stück geschlafen hatte, ohne auch nur zu bemerken, wann er sich im Schlaf umgedreht hatte.

Er schaffte es gerade noch ins Bad, bevor sein Schwanz hart werden konnte. Das geschah Gott sei Dank erst, als er zurück ins Schlafzimmer kam und Jessie vollkommen groggy auf dem Rücken liegend, nach wie vor tief schlafend, vorfand.

Er schickte ein Dankgebet gen Himmel, dass er endlich, nach all den Jahren, erhört worden war und glitt zurück aufs Bett.

Jessie rührte sich auch nicht, als Dave die Decke vorsichtig von seinem schönen Körper zog. Er beugte sich hinunter und küsste Jessies linke Brustwarze. Jetzt war er dran, Jessie auf diese liebevolle Art und Weise zu wecken, in der dieser sich gestern noch für diesen unglaublichen Tag bei ihm bedankt hatte. Und er würde sich extrem viel Zeit lassen bei dem, was er jahrzehntelang versäumt hatte.

Dave konnte sich noch eine ganze Weile mit Jessies Brustwarze beschäftigen, bis der auch nur eine leichte Regung zeigte. Zwar hatte Jessies Körper bereits reagiert und sein Nippel war hart geworden, doch aufgewacht war er deshalb nicht.

Erst als Dave den Bart an seinem Hals entlangschrammen ließ, fing Jessie leise an zu seufzen. Dave fühlte sich sehr bestärkt und fuhr mit dem fort, was er sich vorgenommen hatte.

Er arbeitete sich von Jessies Hals über seine Kehle zum Schlüsselbein, dann wieder hinauf und über die Schultern zu seinen Brustmuskeln.

Der leise Laut, der über Jessies Lippen kam, als er sachte hineinbiss, zeigte, dass er inzwischen wach war.

Doch Jessie war zu groggy, um sich zu rühren, hatte einen Arm über seiner Stirn liegen und den anderen ebenfalls über dem Kopf. Er genoss jede zärtliche Berührung von Dave und seine Augen fingen dabei ein weiteres Mal an zu brennen. Wie konnte dieser Mann das so viele Jahre verdrängt haben? Ihm war längst klar geworden, dass Dave die komplette Bandbreite aller Zärtlichkeiten der Welt beherrschte. Nur weil er sie nie ausgeführt hatte, hieß das nicht, dass er nicht wusste, wie das ging. In den Tiefen seiner sehnsuchtsvollen Träume, wenn Daves Bewusstsein nicht eingreifen konnte, hatte er all das, was er meinte nicht zu können, längst getan.

„Aaaaah!" Jessie wand sich, als er Barthaare an seinen Seiten spürte, die von dort elektrische Schockwellen über seine erogenen Zonen in alle Fasern seines Körpers schickten.

Dave fuhr mit breiter, sanfter Zunge über diese Stellen, ohne jeglichen Bartkontakt. Er arbeitete sich quer über Jessies Bauch, leckte tief in seinen Nabel und spürte dabei die unkontrollierte Zuckung seines Körpers, als er auch noch daran saugte. Jessies Schwanz war längst erwacht und schmiegte sich an Daves Brust, doch der ignorierte ihn noch.

Stattdessen arbeitete er sich auf Jessies rechter Seite wieder höher, setzte auch dort seinen Goatee ein und spürte, wie sich Jessies Schwanz noch stärker in seinen Körper drückte, als ein vehementes Bocken Jessie erschütterte.

Zufrieden lächelnd küsste Dave sich hoch zu Jessies Achselhöhle und seufzte, als er den salzigen Schweiß ihres letzten intensiven Aktes der letzten Nacht ableckte. Er kniete mittlerweile über Jessie und atmete jeden Zentimeter seines Körpers mit offenem Mund ein. Mal verharrte er an einer Stelle, leckte fast vorsichtig einen Zentimeter ab. Eine Handbreit weiter berührten dann wieder seine Lippen Jessies Haut oder saugten daran.

Wieder ein Stück weiter spürte Jessie, wie Dave mit den Zähnen an seinem Körper knabberte. Er atmete inzwischen mit offenem Mund und war unfähig, sich zu rühren. Er war wie hypnotisiert von Daves Intensität. Er kam sich vor wie ein erlegtes Stück Wild, das der Jäger noch einmal mit allen Sinnen in sich aufnahm, bevor er die richtige Stelle für den ersten Biss gefunden hatte.

Dennoch öffneten sich seine Beine fast wie von selbst, als Dave sich langsam tiefer arbeitete und er präsentierte ihm somit absolut verwundbar das Intimste, was er besaß. Er keuchte leise, als Dave das Spiel an seinem Bauch fortsetzte und er dessen Bart am Schwanz spürte.

Dave war hochzufrieden mit sich und machte mit Jessies Leisten weiter, dann mit den Innenseiten seiner Oberschenkel und schließlich mit seinen Schienbeinen. Jessies Wirbelsäule bog sich weiter durch und sein Schwanz bäumte sich auf, als Dave es wagte, mit seinem Goatee hauchzart über Jessies Fußsohle zu fahren und diese danach genauso intensiv einzuatmen und abzulecken. Er bemerkte, dass Jessie kurz davor war zu hyperventilieren, doch er brach nicht ab und wollte ihn stattdessen in eine andere Bewusstseinsebene befördern. Er hatte viele seiner

Subs dorthin gebracht, doch ausschließlich durch den steten Wandel zwischen Schmerz und Lust. Tief im Innern wusste Dave, dass das auch so gehen musste.

Er bewunderte es, dass Jessie nicht versuchte, sich zu entziehen, als er sein Tun mit der Unterseite seines rechten Oberschenkels fortsetzte. Er streckte Jessies rechtes Bein vorsichtig, küsste seine Kniekehle, Wade und Ferse. Dabei hörte er auch, dass Jessie die Zähne zusammenbiss, als sein Bart Kontakt zur Innenseite seiner rechten Fußsohle bekam.

Schließlich hielt Dave wieder inne und besah sich glücklich den erregten Körper vor sich, während er Jessies Beine soweit es ging öffnete und sich hinabbeugte.

Als Jessie Daves ersten Atemzug auf seinen Eiern spürte, merkte er, wie etwas mit ihm passierte. Er driftete ab, in eine Art Trance. Wenn das wirklich ein Raubtier war, das sich überlegte, wo es den ersten Biss ansetzte, dann sollte es so sein.

Während Dave das Ganze mit offenem Mund wiederholte, bebte Jessies kompletter Körper dabei. Inzwischen hatten sich mehrere lustvolle Tropfen auf Jessies Schwanz gebildet und einen kleinen feuchten Fleck auf seinem Bauch hinterlassen.

„AAAAAH!", entfuhr es Jessie, als er den Hauch von Zähnen an seinem Schwanzansatz spürte, gefolgt vom tastenden Lecken des Raubtiers, das seine Beute bewunderte.

Dave hatte Jessies Schwanz nach unten, in seine Richtung gebogen, und seine Lippen dicht über den feuchten, kleinen Fleck auf Jessies Unterbauch gebracht. Mit einem obszönen Laut schlürfte Dave die Lusttropfen auf. Er wichste Jessie in dieser Stellung, den Schwanz extrem gebogen, und brachte dessen Körper dabei erneut dazu, zu bocken. Schließlich drückte er sein Gesicht in Jessies kunstvoll rasierten Schambereich. Zwei diagonal rasierte Streifen führten von unten links nach oben rechts und einer diagonal, die anderen kreuzend, in die andere Richtung. Jessies Eier hingegen waren glattrasiert.

Dave folgte diesen rasierten Streifen erst mit seiner Nase und dann jedem einzelnen mit seiner Zungenspitze. Danach wichste er ihn erneut und betrachtete die geschwollene Eichel. Ohne sich diesmal heranzutasten, nahm er sie in den Mund und saugte daran.

„UUUAAAAH!"

„Mmmhmmm!", brummte Dave genüsslich, leckte tief in den Schlitz und drückte den steifen Schwanz wieder zurück in Jessies Schambereich. Doch der war so hart, dass sich sein Schwanz sofort wieder aufrichtete. Dave streichelte ihn noch einmal, bevor er sich wieder Jessies Leiste widmete.

Er spreizte kurz darauf Jessies Beine und drückte diese nach oben. Sein Blick fiel auf Jessies Loch, das deutliche Spuren des gestrigen Tages aufwies. Es war leicht gerötet und als Dave seine Zunge darüber streichen ließ, bemerkte er, wie heiß es war. Er bezweifelte, dass Jessie es ertragen konnte, heute erneut gevögelt zu werden. Umso zärtlicher leckte er ihn.

Jessie driftete tiefer ins Nichts, als er Daves Atem an seinem Eingang spürte. Seine Nase, die ihn einatmete. Sein Mund, der dasselbe tat und dann seine Zunge, die testete. Mal breit und verlangend, jeden Zentimeter schmeckend, nach mehrmaligem Lecken wieder seine Zungenspitze, die versuchte, in sein Loch zu dringen.

Jessie spürte das Brennen kaum, er hatte keine Kontrolle über seinen Körper, der Dave ungehinderten Zugang gab. Er hörte Dave stöhnen, als es ihm gelang, tief in sein Loch zu lecken. Dave variierte, und Jessie spürte seinen Mund mal küssend oder saugend, was sich mit einem gelegentlichen, tiefen Atemzug abwechselte.

Langsam aber sicher verlor er den Verstand und er konnte nichts dagegen tun. Sein Kopf rollte in den Kissen von links nach rechts. Seine Arme lagen über seinem Kopf, abgewinkelt, als hielten sie unsichtbare Fesseln dort fest. Er stöhnte fast durchgehend. Sein Mund gehorchte ihm nicht, um Worte zu bilden. Um Dave zu bitten, ihn zu ficken. Er konnte nur stöhnen und wimmern.

Dave drehte ihn auf die rechte Seite, während er den Goatee über die Unterseite seines Oberschenkels wandern ließ. Sofort begann er mit Jessies linker Pobacke die gleiche Prozedur. Einatmen, lecken und küssen. Dabei griff er durch die Beine an Jessies steifen Schwanz.

Langsam arbeitete er sich höher und sein Griff an Jessies Erektion wurde stärker, während das erste, vehemente Zucken durch dessen Körper jagte, als Dave seinen Bart über die erogenen Zonen an seiner linken Seite gleiten ließ. Dabei manipulierte er mit Daumen und Zeigefinger Jessies Eichel.

Er sah, wie Jessie das Gesicht ins Kissen presste, wohl um nicht vor Lust laut zu schreien. Sein Körper bockte unkontrolliert unter seinen Bemühungen, die er gnadenlos in einem steten Rhythmus wiederholte. Bevor Dave ihm allerdings in die Haare greifen und seinen Kopf nach hinten ziehen konnte, spannte sich Jessies Körper von allein immer mehr – ob er wollte oder nicht – und somit bog sich auch sein Kopf nach hinten, raus aus dem Kissen. Im selben Augenblick spritzte Jessie mit einem fast verzweifelten Lustschrei heißes Sperma in seine Hand.

Dave manipulierte sowohl seine Eichel weiter, als auch seine erogenen Zonen an der Seite mit seinem Kinn und zwar durch Jessies kompletten Orgasmus hindurch und somit verebbte Jessies Stöhnen erst, nachdem der letzte Tropfen seinen Schwanz verlassen hatte. Inzwischen war Jessies Seite durch den ständigen Bartkontakt gerötet und Dave leckte sie leise seufzend ab, während er Jessies Sperma auf der Länge seines noch nachvibrierenden Ständers verteilte. Schließlich löste er seine Hand von Jessies

Schwanz, der keuchend das Gesicht wieder ins Kissen drückte.

Dave spreizte seine Pobacken und benetzte Jessies Loch mit dessen Sperma, nur um es danach in Zeitlupe abzulecken, tiefer zu schieben, wieder herauszusaugen. Und Jessie hatte eine gehörige Portion abgeschossen. Somit konnte Dave das für längere Zeit machen, bis seine Finger wieder sauber waren.

Jessie hingegen sah immer noch Sterne und bunte Girlanden vor seinem inneren Auge, so als hätte man einen altmodischen Bildschirmschoner aktiviert. Dumpf hörte und spürte er Daves Stöhnen an seinem Loch. Auch er schien in einer Art Trance und leckte ihn so intensiv wie noch nie zuvor, was Jessie schließlich dazu veranlasste, seine Position zu verändern. Er bemerkte, dass Dave ihn zuerst daran hindern wollte, bis der schließlich bemerkte, dass er ihm nunmehr sogar vollen Zugriff gab. Schließlich kniete er auf allen vieren vor Dave. Arme und Oberkörper ausgestreckt, Gesicht zwischen den Armen, Wirbelsäule durchgedrückt und sein Hintern mehr als aufreizend in der Höhe.

Dave schluckte. Er war wieder aus seiner Trance erwacht und blickte erneut auf Jessies benutztes Loch. Dennoch zog ihn dieser Anblick magisch an und kurz darauf landeten seine Lippen wieder an Jessies glühendem und dennoch so verlockendem Eingang.

Er hörte Jessies Stöhnen nur gedämpft, da er das Gesicht erneut ins Kissen drückte. Dave bewunderte Jessies Schwanz in seiner Hand, seine Eier und dann sein Loch. Alles in einer wunderbaren Linie.

„AAAAH! Fuck!"

Dave hatte sich hinab gebeugt und über Jessies, nach dem Orgasmus extrem empfindliche, Eichel geleckt, dann über die komplette Rückseite seines Schwanzes, über seine Eier, bis zu seinem Loch. Schließlich zog er dessen Schwanz noch einmal zu sich und saugte hart an seiner Eichel.

„Oh mein Gott! AAAH! AHA! FUCK! AAAAAAH!"

Dave ließ Jessies Schwanz los und der schnellte wieder unter seinen Körper, was mit einem leisen Keuchen quittiert wurde. Währenddessen fand seine andere Hand fast wie von selbst die Gleitmittelflasche, die noch im Bett lag.

Schließlich berührte er mit einem gut geschmierten Mittelfinger Jessies Loch. Er streichelte die geröteten Stellen, hörte ihn dabei stöhnen, erhöhte den Druck, drang in ihn ein.

Keuchen.

Dave arbeitete seinen Finger tief in Jessie, zog ihn wieder heraus, leckte Jessies Loch, machte dann mit dem Mittelfinger weiter. Dann spritzte er Gleitmittel auf sein Loch und penetrierte ihn erst mit dem Mittelfinger, dann mit dem Zeigefinger und schließlich mit beiden. Er merkte, wie sich Jessie in die Penetration presste. Offensichtlich wollte er es genauso sehr.

Selbst als Dave es mit drei Fingern tat, war Jessie vollkommen relaxt und sein Loch willig und bereit für mehr. Schließlich wagte er es doch, kniete sich hinter ihn, benetzte seinen Schwanz und setzte seine Eichel an Jessies Eingang.

Er hörte ihn nach Luft schnappen, als er endlich mit seinem Fick begann. Jessies Körper zuckte, während er ihn lustvoll wimmern hörte. Dave legte den Kopf in den Nacken und fickte ihn mit tiefen gleichmäßigen Schüben, während seine Hände an Jessies Hüften lagen. Er sah wieder hinab und beobachtete, wie sein Schwanz in diesem wundervollen Körper verschwand.

Jessie hingegen genoss das Ausgefülltsein bei jedem einzelnen Stoß, auch wenn Dave bislang seine Prostata noch nicht einmal geschrammt hatte. Er wunderte sich etwas, doch als er spürte, wie sich Daves Griff an seiner Hüfte verstärkte, war es auch schon zu spät.

„FUCK ... AAAAAH!"

Dave hatte einen präzisen Stoß untergebracht und genau getroffen. Danach kam er wieder ein wenig zur Ruhe und ließ Jessie in dieses unglaubliche Gefühl nachspüren. Er hörte wie Jessie versuchte, seinen Atem zu beruhigen. Schließlich gelang es ihm und er nahm einen tiefen fast erleichterten Atemzug. Genau in diesem Moment tat Dave es erneut.

Der Lustschrei war markerschütternd und Dave setzte noch einige Stöße hinterher, bevor er erneut darauf achtete, dass Jessie sich beruhigte. Er löste seine rechte Hand von Jessies Hüfte, strich über seinen Hintern und seine Lenden.

Jessie wimmerte bei dieser Berührung, bis Daves Griff an seiner linken Schulter fester wurde. Er fing an zu keuchen, in Erwartung dessen, was noch kam. Er wollte sich wappnen, doch es war schon zu spät.

Dave zog durch und Jessie hatte das Gefühl, als würde der Stoß bis ins Herz gehen. Er wollte sich losreißen, so übermächtig war das Gefühl, doch Dave hatte ihn gut unter Kontrolle und sein lustvolles Stöhnen turnte den offenbar nur noch mehr an, sein komplettes Können aufzubieten. Doch nun fickte ihn Dave wieder mit Bedacht und er lag nur murmelnd und flehend da, vollkommen unfähig, etwas dagegen zu unternehmen. Dennoch bemerkte er, dass Dave den Griff an seiner Schulter wieder löste und die Hände wechselte. Sein Atem beschleunigte sich, als Daves linke Hand nun an seiner rechten Schulter ankam.

Dave hörte, wie Jessie fast erneut zu hyperventilieren begann. Bevor es zu schlimm wurde, machte er ernst und fickte ihn mit mehreren harten Stößen auf die Prostata erneut in eine komplett andere Bewusstseinsebene. Er konnte es an Jessies Stöhnen hören, das sich völlig verändert hatte. Seine rechte Hand glitt wieder zu Jessies linker

Schulter. Somit hatte er ihn im unbezwingbaren Kreuzgriff und er konnte spüren, wie Jessie unter ihm bebte.

Schließlich mischte sich Daves knurrendes Keuchen mit Jessies lustvollem Schrei, als er endlich durchzog und ihn gnadenlos mit harten, präzisen Stößen ins Nirwana fickte.

Jessies Wirbelsäule war komplett gebogen, sein Kopf im Nacken, Augen geschlossen, der Mund zum Schrei geöffnet und endlich schoss Sperma horizontal unter ihm hervor und traf in kräftigen Schüben bis zum schokoladenfarbenen Kopfkissen. Dabei war Jessie so laut, dass er sogar Daves Grollen übertönte, als der sich tief in ihm entlud. Zu sehen, wie Jessies Sperma bis ans Bettende spritzte, gab ihm den Rest und er wusste, er hatte seinen Plan erfüllt.

Sein Blick glitt über Jessie, der nach Atem ringend vor ihm lag, den Kopf auf den Unterarmen. Sein Körper glänzte vor Schweiß und er wimmerte immer noch leise vor sich hin. Dave hörte darin komplette Fassungslosigkeit und spürte tiefste Zufriedenheit.

Behutsam löste er sich von Jessies Körper, beugte sich hinab und küsste seinen frisch gevögelten Eingang. Geschmeidig wie eine Katze glitt er neben ihn, doch Jessie blieb in derselben Position, in der er gerade gefickt worden war. Er schien unfähig, sich zu rühren, und fix und fertig mit der Welt.

Dave strich ihm liebevoll durch die Haare und nach einer Weile rührte sich Jessie zum ersten Mal wieder. Ohne aufzusehen, bedeutete Jessie ihm, noch höher zu rutschen, sodass er fast am Kopfende saß. Dave gehorchte und war gespannt, was Jessie vorhatte. Der dirigierte ihn – immer noch ohne aufzusehen – so, dass Dave praktisch mit gespreizten Beinen vor ihm saß; Jessie verharrte dabei immer noch in der gleichen Stellung. Schließlich schob er sich wie in Zeitlupe höher und drückte sein Gesicht auf Daves Schwanz, so als wolle er sich für diesen unglaublichen Ausflug auf seine ganz spezielle Art und Weise bedanken.

Dave legte den Kopf in den Nacken und schloss die Augen, während sich seine Hand auf Jessies Kopf legte. Wie oft hatte er seinen Subs nach einem Fick befohlen, seinen Schwanz sauber zu lecken. Meistens hatte er ihnen dabei erlaubt zu wichsen. Wenn sie gut waren, hatte er ihnen gestattet auf seinen Stiefeln zu kommen. Danach mussten sie allerdings meist ihr eigenes Sperma auflecken. Offensichtlich ging es auch ganz ohne diesen Befehl.

Er strich Jessie liebevoll durch die verschwitzten Haare und spürte, wie der ihn seinerseits einatmete, bevor er damit begann, seinen Schwanz abzulecken.

Natürlich ließ er auch seine Eier nicht aus, nur um dann zum guten Schluss noch einmal Daves Schwanz komplett in den Mund zu nehmen und für eine längere Zeit dort zu belassen.

Er konnte sich nicht beherrschen, strich ihm erneut durch die Haare und sagte zärtlich: „Du bist so ein guter Junge!"

Jessie ließ Daves Schwanz aus seinem Mund gleiten, drückte sein Gesicht darauf und antwortete ohne aufzusehen: „Danke, Sir!"

Dave lächelte, schloss wieder die Augen und legte den Kopf in den Nacken.

Jessie spürte noch, wie sich Daves Schwanz bei diesen Worten ganz leicht bewegte, kurz darauf waren beide wieder eingeschlafen.

Als Dave wieder aufwachte, war es halb elf. Er stutze, als er bemerkte, dass das Bett leer war. Er setzte sich auf und lauschte, doch nichts war zu hören. Also zog er seine Sporthose an und begab sich auf die Suche nach Jessie.

Kurz darauf fand Dave ihn mit gedankenverlorenem Blick in einem Sessel sitzend im Wohnzimmer und in den

Garten starrend. Auf seinem Schoß hatte er einen Aschenbecher und ein Zigarillo in der Hand. Offensichtlich hatte er – wenn überhaupt – nur einmal gezogen, denn die Asche war schon fast länger als der Rest des Zigarillos und Dave war sich sicher, dass sie bei der geringsten Bewegung herabfallen würde.

Jessie schien so in Gedanken, dass er Dave auch nicht bemerkte, als er schon neben ihm stand. Vorsichtig hielt Dave die Hand unter das Zigarillo und sprach ihn an.

„Hey!"

Prompt zuckte Jessie zusammen.

Dave fing die Asche auf und kippte sie in den Aschenbecher.

„Bist du okay?", fragte Dave und sah ihn besorgt an, da Jessie immer noch nichts gesagt hatte und ihn nur vollkommen entgeistert ansah.

Verwirrt drückte er das Zigarillo im Aschenbecher aus, stellte ihn auf den Boden und berührte Daves Arm, so als wolle er sich vergewissern, dass er wirklich da war. Dabei registrierte er kaum, dass Dave sein Gesicht anhob und über sein stoppeliges Kinn strich.

„Erde an Jessie!"

Jessie schluckte und schüttelte den Kopf. „Du bist hier! Ich ... ich ... hab das nicht nur geträumt, ja? Oder doch?"

Bevor Jessie sich versah, ging Dave vor ihm in die Hocke und kniete sich vor ihn. Er schob seine Beine weiter auseinander, um näher an ihn heranzukommen, richtete sich wieder ein wenig auf, drückte ihm einen Kuss auf die Lippen und sank wieder auf seine Fersen.

„Guten Morgen!", sagte Dave mit einem Lächeln.

„Uhm ... Morgen, Sexy!", murmelte er fast ehrfürchtig und erneut fehlten ihm die Worte zu mehr.

„War das heute Morgen ... zu heftig?"

Jessie schnaubte ungläubig, schüttelte den Kopf, sah aus dem Fenster und dann wieder in Daves besorgtes Gesicht.

„David ..."

Dave blinzelte. „So hast du mich noch nie genannt!"

„David, mir fehlen komplett die Worte!", sagte er tonlos, biss sich auf die Lippen und konnte es schließlich doch nicht mehr verhindern. Das, was er seit einer halben Stunde tunlichst versuchte zu vermeiden, geschah nun doch. Seine Lippen begannen zu zittern und seine Augen füllten sich mit Tränen. Er legte den Kopf in den Nacken, fluchte auf Gälisch und rutschte vom Sessel, um mit Dave auf gleicher Höhe zu sein. Er zeigte Dave seine Hände und der sah, dass sie zitterten.

„Baby!", murmelte er vollkommen geschockt. Er hatte keine Ahnung, was er getan hatte. Doch bevor sich Schuldgefühle in seinem Magen zusammenbrauen konnten, begann Jessie endlich zu sprechen.

„Ich liebe dich so sehr!"

Dave tat sich schwer zu begreifen, dass Jessie nur glücklich war.

„Als ... als du mir ganz zu Anfang gestanden hast ... dass du keine Erfahrung hast mit Beziehungen und allem ... was dazugehört ...", begann Jessie schließlich. „... da hab ich mich auf alles Mögliche gefasst gemacht ... aber kein Mensch konnte mich darauf vorbereiten ... in was für unsägliche, nie zuvor erlebte Tiefen du mich führen würdest!"

Jetzt schluckte Dave.

„Du glaubst, allen Ernstes, du kannst es nicht?", fragte Jessie und schnaubte wieder. „Ich glaub langsam, *ich* bin derjenige, der keine Ahnung hat!"

„Hey ...", versuchte Dave, ihn abzuschwächen.

„Ich glaub langsam, *ich* bin derjenige, der einen Psychologen braucht. Nicht du, Honey!"

„Süßer ..."

„Die Reise, auf die du mich vorhin mitgenommen hast, war eine in ein Land, in dem ich noch nie war! Noch nie!

Ich hab das Gefühl, noch nie gelebt zu haben. Noch nie geliebt zu haben!" Jessie biss sich auf die Lippe. „Es macht mich absolut fassungslos!"

„Ich ... will nicht, dass du dich ... schlecht dabei fühlst!" Dave war verwirrt.

„David!", zischte Jessie. „Ich hab mich noch nie im Leben lebendiger gefühlt! Besser gefühlt! Geliebter gefühlt! Noch nie! Ich bin fassungslos, weil es mir so gut geht wie noch nie! Ich wusste überhaupt nicht, dass ich das fühlen kann!"

„Du ... machst mir keine Vorwürfe?", fragte er, immer noch unsicher.

Jessie musste wider Willen – trotz Tränen – lachen. „Nein, Honey, ich mach dir ein verdammtes Kompliment! Du bist der absolute Hammer! Und rede dir nie wieder ein, dass du mit Gefühlen nichts am Hut hast! Nie wieder, hörst du!"

Dave sah ihn aus großen Augen an.

„Nie wieder!", beschwor ihn Jessie. „Du hast nicht nur mit Kyle und Jason trainiert, Baby. Du hast tausende Mal in deiner Phantasie trainiert. Dann wenn der knallharte Dave geschlafen hat, ist der andere Dave in die Gänge gekommen! Du kannst mehr als du dir zutraust! Du kannst wesentlich mehr als ich!"

„Das stimmt nicht!"

„Doch! Ich hab mich mein Leben lang limitiert. Nicht du. Ich war immer auf schnellen Sex, schnellen Abschluss aus. Von mir aus in einem Club in einer Herrentoilette. One-Night-Stands."

„Die hatte ich genauso, nur anders!"

„Nein. Du hast deine Sexpartner mit auf eine Reise genommen. Zugebenermaßen vermutlich auf eine andere, als wir gerade waren. Aber auf eine Reise! Du glaubst, du hast keine Selbstbeherrschung?" Jessie schnaubte ein weiteres Mal und schüttelte ungläubig den Kopf. „Sieh mich an! Ich heul, verdammt noch mal, schon wieder! Weil es sowas von unglaublich schön war!"

„Danke!"

Jessie lächelte schwach. „Ich hab zu danken. Ich sollte derjenige sein, der vor dir kniet! Du bist ... absolut unglaublich!"

Dave seufzte. „Weißt du, in den vielen, vielen Stunden die ich wachgelegen habe, seit du mir über den Weg gelaufen bist, hab ich mich tausende Male gefragt, warum ich, bis zu diesem Zeitpunkt, nie Nähe zulassen konnte." Er schluckte. „Aber ich glaube, dass ich zumindest ein paar Antworten darauf gefunden habe."

Jessie sah ihn mit einem erwartungsvollen Blick an.

„Mein Dad hatte wenig Zeit für mich, hat immer nur gearbeitet. Ich war in der Schule, dann im Hort, sonntags Ministrant und irgendwann war da dieser Mann, der sich mehr und mehr für mich interessiert hat. Mit dem ich reden konnte, wenn ich was auf dem Herzen hatte. Immer und zu jeder Zeit. Mein Dad war immer müde, wenn er endlich heimkam. Er wollte sich nicht wirklich meine Probleme noch anhören." Dave stockte. „Joseph hat mir zugehört. Endlos zugehört. Ich hatte unendliches Vertrauen zu ihm."

Jessie schluckte.

„Er hat sich ein Vierteljahr lang mein Vertrauen erschlichen und ... als er mir zum ersten Mal gesagt hat, wie schön er mich findet ..." Dave brach ab und sah aus dem Fenster.

„Du hast ihm vertraut und geglaubt, weil er es wirklich so gemeint hat!", sagte Jessie und drehte sein Gesicht wieder zu sich.

„Ich war noch nie zuvor so glücklich ... Zwei Wochen später, hat er mir zum ersten Mal die Hose aufgemacht und gesagt, es ist okay, geil zu sein, wenn er solche Dinge zu mir sagt!" Dave ließ den Kopf hängen. „Ich schäm mich noch heute dafür ..."

„Baby, du warst ein Kind! Du brauchst dich für nichts schämen!"

Dave schluckte wieder. „All die endlosen Monate hat er mir immer wieder gesagt, dass er mich liebt. Dass er mich nur bestrafen muss, damit Gott mich auch liebt. Und ich wollte so sehr geliebt werden. Meine Tränen haben ihn unglaublich erregt. Nach jeder Bestrafung hat er mich zum Orgasmus gebracht. Selbst als seine Bestrafungen zu Folterungen wurden, ging ich immer wieder zurück zu ihm." Jetzt waren Daves Augen voller Tränen, als er aufsah. „Als er endlich tot war, wollte ich nie wieder jemanden derart Zugriff auf meine Seele geben! Nie mehr!"

Jessie fühlte sich unglaublich geehrt, dass Dave ihm das erzählte. Es kam nicht oft vor, dass Dave von sich aus darüber sprach.

„Und doch kann ich nicht anders, als mich dir zu öffnen. Die Tatsache, dass du selbst auf der gleichen Seite warst wie ich, hilft mir, dir zu vertrauen. So pervers das vielleicht klingen mag!"

„Ich schwöre dir, ich werde alles Menschenmögliche tun, um dich niemals zu verletzen!", versprach Jessie. „Niemals! Lieber sterbe ich, als dir wehzutun!"

„Ich glaub dir!", sagte Dave leise. „Und deshalb gelingt es mir auch, dich auf Reisen mitzunehmen, auf denen ich selbst noch nie war. Ich hab sehr wohl gemerkt, dass du abgedriftet bist und es war so unglaublich schön!"

„Ich liebe dich! Ich bin so froh, dass unsere Wege sich gekreuzt haben!"

„Ich liebe dich auch, Süßer. Und ich bin so dankbar, dass du mich spüren lässt, dass ich nicht tot bin!"

Dave hob Jessies Kinn und küsste ihn, dann ließ er den Kopf hängen und seufzte. „Vielleicht sollten wir es mal vierundzwanzig Stunden ohne Sex probieren, um von der Psycho-Schiene runterzukommen!", murmelte er und Jessie musste nichtsdestotrotz lachen.

Dave brachte zumindest ein schwaches Lächeln zustande. „Is' doch wahr!"

„Sorry, Baby, vierundzwanzig Stunden ohne Sex halt ich nicht aus! Zumindest nicht im Moment! Wir werden uns ja hoffentlich irgendwann, was das betrifft, ein wenig beruhigen, oder? Immerhin müssen wir beide auch mal wieder arbeiten! Und ich will gar nicht dran denken, wie ich mich im Moment fühlen würde, wenn wir eine Pause machen würden und nach einem Tag erst wieder Sex hätten! Dann könntest du mich vermutlich in die Klapse stecken!"

Dave lächelte. „Stimmt, wir sollten zusehen, dass wir diese paar Tage bis Mittwoch gut füllen!" Er stand auf, streckte Jessie die Hände hin und zog ihn hoch.

„Baby?"

„Hm?"

„Frag bitte Dr. Meyers, ob ich mit dazukommen kann, oder ob er mir vielleicht einen Kollegen empfehlen kann."

Dave sah ihn ernst an. „Bist du dir sicher?"

Jessie nickte. „Ich kann nicht glauben, dass ich …" Er zögerte, aber Dave hatte sogar den Namen *Joseph* ausgesprochen, ohne mit der Wimper zu zucken. „… dass ich einem Bruce O'Connor jemals in meinem Leben verfallen war! Er hat nicht einen Bruchteil von dem gemacht, was du mit mir machst! Der Gedanke macht mich fertig!"

„Ich hab mir die Hose von einem Mann aufmachen lassen, der der beste Freund meines Vaters war, nur weil er zu mir gesagt hat, dass ich schön bin!"

„Du warst ein Kind!"

„Wir sind alle Kinder!"

Jessie sah zu Boden. „Ja, vermutlich hast du in gewisser Weise recht!"

„Was hältst du von Kaffee?"

Jessie seufzte. „Viel, Baby!"

Dave ging zur Kaffeemaschine und Jessie folgte ihm. Während sich die Becher füllten, zog Dave Jessie dicht zu sich. „Du kannst dich wirklich glücklich schätzen! Noch vor einem Vierteljahr hätte ich jeden, der mich *Baby* nennt, umgehauen!"

Jessie grinste. „Sorry, aber den *Sir* schaffe ich bislang nur, wenn du mich vorher ins Nirwana gefickt hast!"

Dave lachte. „Okay, ich werde weiter daran arbeiten!"

„Fuck!", murmelte Jessie und setzte sich auf einen Hochstuhl.

„Genau!" Und diesmal lachte er endlich wieder schmutzig.

Lou und das erste Shooting

Es war halb zwölf als Jessie und Dave am Grillplatz des Studios ankamen, wo sich das Team zum Brunch traf. Dave hatte spezielle Würstchen dabei, die er extra bei seinem Lieblingsmetzger besorgt hatte und auf die alle schon sehnsüchtig warteten. Mac legte sie sofort auf den Grill, ansonsten war schon alles vorbereitet.

Simon saß mit kreidebleichem Gesicht in einem der bequemen Terrassenstühle und hatte offensichtlich einen ordentlichen Kater. Dave streifte ihn nur mit einem kurzen Blick und sagte ruhig: „Simon, in mein Büro!"

Mit gesenktem Kopf stand der Angesprochene auf und ging voraus ins Haus.

„Lukas, kümmerst du dich bitte drum, dass Jessie einen Kaffee bekommt? Ich brauch nicht lange!"

„Klar, mach ich."

Dave schloss die Tür seines Büros und musterte Simon von oben bis unten, während er sich in seinen Chefsessel setzte.

„Nimm Platz!"

Simon tat es zögernd und sah ihn mit schuldbewusster Miene an. „Dave, es tut mir wirklich …"

„Für eine simple Entschuldigung ist es meines Erachtens längst zu spät!"

Der schluckte. „Sir", versuchte er es erneut und hoffte anscheinend, durch diese Anrede wenigstens ein wenig Eindruck zu schinden. Doch Dave war eher noch mehr angepisst davon.

„Schweig!", knurrte er und sah ihn durchdringend an. „Ich rede! Du hörst zu!"

„Ja, Sir!", murmelte Simon und senkte den Blick.

„Sieh mich an, wenn ich mit dir rede, verdammt!"

Simon tat es.

„Du bist eindeutig zu weit gegangen!"

„Ich weiß ...“

Dave griff nach seinem Telefon, wählte eine Nummer und bestellte ein Taxi.

„Du hast ab sofort zwei Wochen Hausverbot!“ Daves Blick ließ Simon regelrecht in seinem Stuhl schrumpfen. „Ich will dein Gesicht in dieser Zeit nicht einmal hier sehen! Es wird an dir allein liegen, wie es danach weitergeht! Und diese Entscheidung hat nicht nur etwas damit zu tun, wie du dich gestern Abend verhalten hast: Nämlich zum *Kotzen*!“ Dave spuckte ihm das letzte Wort regelrecht ins Gesicht und seine Kiefermuskeln spielten dabei aggressiv.

„Seit vier Wochen läufst du sowas von neben der Spur, mal ganz abgesehen davon, dass du an jedem Drehtag am Abend besoffen warst! Entweder du schaffst es, dich zusammenzureißen und dein Leben in den Griff zu bekommen oder unsere Wege werden sich trennen! Es täte mir sehr leid, dich aus unserem Team zu verlieren, aber eines lass dir gesagt sein: Ein Kameramann, der andere Teammitglieder anmacht, begrapscht, anstiert oder was auch immer, ist *untragbar*! Erst recht in unserem Job!“

Simon hielt Daves Blick nicht mehr stand und sah auf seine Knie. Ihm war übel und er hatte Kopfschmerzen. Die Tatsache, dass Dave ihn nicht anschrie, wie er es sicher verdient hätte, sondern sachlich, wenn auch mit reichlich Schärfe, mit ihm sprach, traf ihn fast mehr, als wenn er ihn niedergebrüllt hätte.

„Geh in einen Club und tob dich aus! Nimm um Gottes willen Kondome! Sauf dich von mir aus zu, bis du ins Koma fällst und es dir drei Tage sowas von schlecht geht, dass du nie wieder Alkohol anrührst! Was auch immer für dich infrage kommt!“ Dave beugte sich vor und der Blick, den er ihm zuwarf, brannte Löcher in seinen Kopf. „Sieh mich an!“

Er tat es mühsam.

„Und wenn du es wagen solltest, Jessie noch einmal anzusprechen, geschweige denn anzufassen oder auch nur lüstern anzusehen ..." Simon schüttelte entsetzt den Kopf. „... werd ich dir nicht nur deine Nase brechen! Darauf kannst du Gift nehmen!"

„Das wird niemals passieren!"

„Wenn doch, bist du fristlos entlassen! Hast du mich verstanden? Und danach läufst du mir besser nie wieder über den Weg!"

„Ja, Sir!"

„Wenn du sofort kündigen willst, ist das jetzt der Zeitpunkt zu sprechen! Du hast zwei Minuten. Dann ist das Taxi da und ich will dein Gesicht hier nicht mehr sehen!"

Simon schluckte schwer. „Nein ... ich möchte meine zweite Chance nutzen, Sir!"

„Lass den gottverdammten Sir weg!", fauchte Dave. „Das hilft dir dieses Mal auch nicht weiter!"

Inzwischen hielt Simon seinem Blick nur mit größter Mühe stand. „Ich weiß, dass ich mich megamäßig danebenbenommen habe! Ich möchte mich in aller Form entschuldigen und hoffe, in zwei Wochen meinen Job zurückzubekommen!"

„Das hoff ich auch! Nimm den Hinterausgang! Ich will dich nicht mehr sehen!"

Simon nickte, stand auf und ging wie ein geprügelter Hund davon.

Kaum war er verschwunden, schickte ihm Dave noch einen wüsten Fluch und den Stinkefinger hinterher, dann seufzte er und kam wieder zu den anderen. Er sah, dass Jessie angeregt mit Mac und Darron sprach, und er war sich sicher, dass es um das geplante Fotoshooting ging.

Lukas sah auf. „Und?"

„Wir werden zwei Wochen ohne ihn auskommen müssen. Ich hab ihm Hausverbot gegeben und wenn ihn einer von euch hier erwischt, möchte ich einen Bericht!"

„Gut so!" Lukas nickte. „Hatte er was dazu zu sagen?"

„Ich hab ihn nicht wirklich reden lassen. Am Ende hat er gesagt, dass er hofft, in zwei Wochen seinen Job zurückzubekommen."

Lukas seufzte. „Das wird wohl ganz an ihm liegen, oder?"

„Würstchen sind gleich fertig!", rief Mac und wedelte mit der Grillzange. „Deckt euch schon mal mit allem anderen ein!"

Während sich die Männer mit Getränken und anderem Essbarem versorgten, kamen zwei weitere Männer von der separaten Studioauffahrt herauf. Jessie blinzelte, denn sie hätten nicht unterschiedlicher sein können.

Der eine war bestimmt an die fünfzig, kräftig, mit einem ordentlichen Bauch und einer ziemlich fortgeschrittenen Halbglatze und der andere war um die dreißig, größer als der andere, sehr schlank, ging aufreizend und steckte in knallengen, weißen Jeans, die absolut nichts verbargen und einem grellgrünen, ebenso enganliegenden T-Shirt. Seine Haare waren schwarz, gegelt und er trug einen dünnen Schnauzbart. Alles in allem sah er aus wie ein Double von Freddy Mercury.

„Oooh ... aber Halloo zusammen! Wir sind daaaha ...!", trällerte der Schwarzhaarige auch schon und winkte tuntig in die Runde. Dann begann er seine Tour und begrüßte die anwesenden Männer mit Küsschen links und Küsschen rechts.

„Hi, wir sind wohl die Letzten, was?", fragte der Dicke.

Jessie fielen fast die Augen aus dem Kopf, während er beobachtete, wie alle anwesenden offensichtlichen Machos den Freddy-Verschnitt genauso nett begrüßten wie dieser sie. Das Bild, das sich ihm bot, war einfach nur skurril.

„Darf ich vorstellen", sagte Dave neben dem Dicken. „Das ist Peter, unser bester Schnitttechniker ... neben mir natürlich!", fügte er amüsiert hinzu. „Peter, das ist Jessie, mein Freund!"

Die beiden schüttelten sich die Hände.

„Dein Freund, wie in, äh, *dein* Freund?", fragte Peter mit hochgezogenen Augenbrauen.

„Oh ja! Genau so!", erwiderte Dave mit einem Schmunzeln.

„Aha, du bist also der Grund für seine lange Abwesenheit, was?" Peter grinste und kapierte es offensichtlich schneller als alle anderen.

„Ähm, könnte sein, ja." Bevor Jessie jedoch noch mehr sagen konnte, war Freddy bei ihm angekommen.

„Ohooo ... was haben wir denn hier Hübsches?", fragte er mit seiner Singsang-Stimme und beugte sich zu Jessie hinab, dabei streckte er seinen schmalen Hintern lasziv in die andere Richtung. Aus den Augenwinkeln konnte Jessie sehen, wie Dave amüsiert auf Freddies Kehrseite blickte.

„Du bist bestimmt das Zuckerschneckchen, wegen dem ich das ganze Haus vom Dach bis zum Keller, äh, na ja, nicht wirklich bis zum Keller ... nein, niemals nicht!" Er lachte etwas schrill. „Da geh ich nicht rein, nö nö!" Er machte eine Handbewegung zu Dave, der dabei versuchte, ein ernstes Gesicht zu machen. „... meine Güühte! Der Boss hat mich schuuften lassen! Aber ich sehe warum, nicht wahr?" Der Augenaufschlag, als Freddy ihn von Kopf bis Fuß musterte, war bühnenreif. Also musste das wohl Daves Haushälter sein und Jessie konnte es einfach nicht glauben. Er war schlichtweg sprachlos. „Ich bin Lou." Er streckte seine makellos manikürte Hand aus und Jessie nahm sie perplex. „Lou mit OU!", fügte Freddy mit Nachdruck hinzu und nicht wenige mussten darüber lachen.

„Jessie", sagte er tapfer.

„Wow ... cooool!"

Dave grinste. „Eigentlich heißt er Ludwig, aber er besteht auf ...!"

„Hach, Davie-Schatz, so verrat doch nicht gleich aalles!", beschwerte sich Lou und Jessie räusperte sich hastig, da er sonst Gefahr lief, loszuprusten. Es half auch nicht wirklich, dass Daves Mundwinkel gefährlich zuckte.

„Lou ist meine … Perle!", sagte Dave mit einer hochgezogenen Augenbraue und Jessies Blick blieb fast sehnsüchtig daran hängen. So sah das also aus. Kein Wunder, dass Dave darauf stand, wenn er das machte.

„Ja, Perle!" Lou seufzte. „Mann, Schneckchen, ich hoffe, du hast dir gut überlegt, mit wem du dich da anlegst! Mister *Ober*macho und …" Lou beugte sich zu ihm herunter und raunte: „… unordentlich ohne Ende! Meine Güühte!"

„Hey, Lou, hast du deine Oatmeal-Cookies dabei, oder hast du es gewagt, ohne zu kommen?", fragte Darron dazwischen. Offenbar bemerkte er, dass Jessie bald nicht mehr konnte und wollte ihn retten. Das Ablenkungsmanöver gelang.

Lou richtete sich auf, stemmte eine Hand in die Hüften und drehte sich zu ihm um.

Jessie fuhr sich mit einer Hand übers Gesicht, um runterzukommen. Die Erscheinung war der Hammer. Eine Megatunte zwischen lauter Machos. Ein Bild für Götter. Vor allem weil Lou sich pudelwohl zu fühlen schien.

„Was dachtest du denn, Süüßer? Na klar! Ich würde mich nie trauen, ohne meine Cookies zu einem Brunch zu kommen!"

„Dein Glück! Du weißt ja, wir haben viele Folterinstrumente!"

„Hasenzähnchen, wo sind denn die Cookies?", fragte Lou Peter und Jessie sprang so hastig aus seinem Stuhl, dass der fast umkippte.

„Muss kurz … ähm …", presste er hervor und joggte ins Haus.

Lou blickte ihm nach und Dave sah, wie er Jessies Hintern abcheckte, bis er außer Sicht war.

„Uuuuuh, Davie-Schatz, das ist ein Zuckerschneckchen! Ich bin beeindruckt!"

„Mhmm. Danke!" Dave nickte und ging hinter Jessie ins Haus.

Der krümmte sich vor Lachen an der nächsten Wand, hielt sich dabei allerdings den Mund zu, um nicht noch draußen gehört zu werden und Dave zog ihn hastig in sein Büro, wo Jessie prustend auf einem Stuhl zusammenbrach. Dave konnte nicht anders, er musste einfach mitlachen, auch wenn er Lou und Peter schon ewig kannte.

Jessie kamen die Tränen und er brauchte drei Anläufe bis er den Satz: „Der ... Typ ... hahahaha ... der ist ... pffffff ... der absolute Hammer! ... Hahaha ... Davie-Schatz!", hervorbrachte.

Daves Augen wurden schmal. „Ich warne dich, *Zucker-schneckchen!*"

„Was? Hahaha ... sorry, der ist einfach zu viel ... hahaha!"

Dave grinste, beugte sich zu ihm hinunter und sagte trocken: „Wenn du es wagen solltest, mich jemals *Hasenzähn-chen* zu nennen, dann sperr ich dich doch noch in meinen Keller!"

Jessie prustete erneut los. „Dann ... lern ich den ... hahaha ... wenigstens doch noch kennen!" Er wischte sich seufzend die Tränen ab und musste sich schwer beherr-schen, Dave nicht damit zu necken. „Ich weiß nicht, ob ich da draußen ernst bleiben kann!", gestand er Dave. „Das ist einfach zu skurril!"

„Lou ist das gewöhnt. Aber glaub mir, es gibt noch schlimmere Namen als *Hasenzähnchen!* Und du willst nicht, dass er dir einen gibt, der dir für die nächsten vier Wochen oder gar länger bleibt!"

Jessie stand auf. „Oh Mann!"

Dave strich ihm über sein Kinn. „Geh ich recht in der Annahme, dass du auf diesen Kerl nicht eifersüchtig sein wirst, wenn er weiterhin mein Haushälter ist?"

„Uhm … nein … keine Sorge." Doch dann lachte er wieder los. „Ein *wenig* auf der tuntigen Seite?", zitierte er Daves Beschreibung seines Haushälters glucksend. „Das verfehlt es allerdings um Welten, was?"

Es klopfte energisch. „Davie-Schatz?", tönte es von draußen. „Du vernascht doch das Zuckerschneckchen jetzt nicht allen Ernstes, während wir …"

Dave öffnete die Tür. „Nein, Lou! Sowas würd ich nie machen!"

Jessie bewunderte, dass Dave dabei tatsächlich ernst bleiben konnte.

„Jessie musste sich nur etwas beruhigen! Du hast ihn etwas von den Socken gehauen!"

Er bemerkte, wie Lous Blick an seiner Jeans hängenblieb. „Uhuuu … ich seh's!", gluckste er, drehte sich um und ging, natürlich mit Hüftschwung, davon.

„Ich hoff, dir ist klar, dass der wegen dir reagiert, nicht wegen … Freddy, äh Lou!" Jessie zog sein T-Shirt aus der Hose, um seine angehende Erektion zu kaschieren.

Dave kam noch mal auf Tuchfühlung. „Ich war mir selten bei etwas so sicher!", murmelte er und küsste ihn.

Kurz darauf schafften sie es, wieder zu den anderen zu stoßen und holten sich ihre Würstchen vom Grill.

Jessie brauchte zwei Stunden, dann hatte er sich an Lou gewöhnt.

„Du hast es wesentlich schneller geschafft! Ich hab vier Wochen gebraucht!", brummte ihm Darron irgendwann ins Ohr und Jessie fing fast wieder an zu lachen.

Er versuchte, möglichst nicht in Peters und Lous Richtung zu sehen, doch das misslang kläglich, denn immer wenn er doch dorthin sah, fütterte Lou seinen Partner entweder oder er gab ihm ein Küsschen, oder er sah ihn bewundernd an. Jedenfalls war es für Jessie alles andere als leicht, sich, langsam aber sicher, gedanklich auf seinen BDSM-Fotoshooting vorzubereiten.

Nach dem Brunch gingen einige der Mitarbeiter in den Besprechungsraum, um den anstehenden Dreh für diesen Nachmittag zu besprechen.

Mac und Darron gingen nach unten, um sich für das Shooting vorzubereiten und umzuziehen. Lou kümmerte sich darum, dass alles weggeräumt wurde und Peter verschwand im Schnittraum, um sich den Film vom Vorabend anzusehen.

Während Lukas und Doug noch rauchten, kam Jessie zu Dave. Er hatte gerade eine Runde ums Haus hinter sich, dabei war ihm etwas aufgefallen, das er gerne umsetzen wollte. Mal sehen, ob Dave mitspielte.

Da alle anderen beschäftigt waren, schien der Zeitpunkt günstig und er fragte: „Kann ich dich mal unter vier Augen sprechen?"

Dave stand auf. „Klar, schieß los!"

„Nein, nicht hier! Komm mit!"

Dave folgte ihm zur Rückseite des Studios.

„Was gibt's?"

„Ich brauch einfach mal ein paar Minuten mit dir allein, das ist alles!"

Dave zog ihn an sich. „Jederzeit, Süßer!"

„Bitte küss mich!", flüsterte Jessie und Dave tat es mit einem Seufzen.

„Wenn wir hier fertig sind, lassen wir uns für den Rest des Nachmittags nicht mehr stören, okay?"

„Versprochen?"

„Geschworen!"

„Wir haben noch ein bisschen Zeit, oder?"

Dave nickte.

„Gut!" Jessie löste sich von ihm. „Tust du mir einen Gefallen und … ziehst dein T-Shirt aus?"

„Hier?"

„Mhmm."

Erleichtert sah er, dass Dave dem nachkam. Jessie nahm es ihm ab und ließ es auf einen kleinen Tisch fallen. Seine Augen streichelten Dave, der nunmehr nur in Cargo-Shorts vor ihm stand.

„Schuhe auch!"

Dave tat auch das.

„Macht mich ziemlich an, wenn du befolgst, was ich dir auftrage!", raunte ihm Jessie zu, zog sein Shirt höher und ließ Dave auf seine Hose sehen. Ungeniert griff er an sein ansehnliches Paket.

„Mhmhmm! Macht mich ziemlich an, dir dabei zuzusehen, wie du dich berührst!", konterte der.

„Setz dich!", bat Jessie.

Dave drehte sich um. Ein Stück weit entfernt stand ein Terrassenstuhl aus dunkelgrünem Metall auf einem Rasenstück. Erneut tat er, wie ihm geheißen.

„Bist du geil?", fragte Jessie.

„Dabei es zu werden, wenn du dir noch mal über ... mhmmm ... genau!"

Jessie berührte sich erneut und beobachtete, wie sich Dave im selben Moment über seine offenbar wachsende Erektion strich.

„Sehr schön!", murmelte Jessie und holte seine Kamera nach vorne, die er an einem Gurt trug, den er quer über den Brustkorb geschlungen hatte und sie somit hinter seinem Rücken verborgen hatte.

„Du machst Witze!", murmelte Dave.

„Nein, Sexy!"

„Fuck, ich bin dabei, total geil zu werden!"

„Eben!" Jessie ging vor ihm in die Hocke, dabei setzte er sein gesundes Knie ins Gras.

Bevor Dave etwas sagen konnte, klickte es drei-, viermal.

„Süßer ... ich steh normal hinter der Kamera ... ich bin ... nicht gut bei ... sowas, äh ..."

„Fass dir an den Schwanz!" Jessie blickte über seine Kamera. „Ich will es sehen ... ich fotografier nicht ... okay?"

Daves Hand gehorchte, auch wenn sein Hirn dagegen war.

„Ja genau, Sexy! Geil! Jetzt mit beiden Händen ... Mhmm ... der hat schon gut reagiert!"

Dave sah auf seinen Schwanz und fuhr mit beiden Händen darüber.

Klick. Klick. Klick.

Er sah entsetzt auf und Jessie sah ihn mit einem unschuldigen Blick an.

„Nur Bilder für mich, Sexy! Wenn sie dir nicht gefallen, dann lösch ich sie wieder, okay?"

Dave schluckte. „Okay ..."

„Mach deine Hose auf!"

„Oh Mann, was?"

„Nur zwei Knöpfe erstmal!"

Während sich ihre Blicke trafen, kamen seine Hände erneut der Bitte nach.

„Noch einen ... sehr schön!"

Dave strich sich wieder über seine Erektion, die nichtsdestotrotz weiter gewachsen war.

„Schieb beide Hände in die Hose! Nur andeutungsweise!"

„Was? Nein! Ich kann das nicht!"

„Ich liebe dich! Doch, Honey, du kannst das!"

Er konnte nicht glauben, dass er hier vor Jessie saß und kurz davor war, sich extrem intim ablichten zu lassen. Doch schon übernahmen wieder seine Hände. Dave legte den Kopf in den Nacken.

Klick. Klick. Klick.

„Fuck ja!", murmelte Jessie, während er durch die Linse sah. „Sehr schön!"

Dave ließ den Kopf hinten.

„Spann deine Bauchmuskeln an! Oh ja!" Jessie fotografierte wieder. Zoomte ran. Schoss sich auf Daves Piercing ein. Schließlich ließ er die Kamera wieder sinken und Dave hob den Kopf.

„Das ist mir ... total ... peinlich!", stammelte der.

„Is' was anderes, mal vor, statt hinter der Kamera zu sein, nicht wahr?"

„Allerdings!"

„Sexy. Ich bin mit rotem Kopf dabei gewesen, als ich das Foto für dich gemacht habe, aber der ist ja Gott sei Dank auf dem Bild nicht drauf!"

„Wirklich?"

Jessie nickte. „War mir auch irgendwie peinlich. Mich selbst hab ich noch nie zuvor fotografiert! Schon gleich gar nicht mit einem Ständer!"

„Ich weiß es zu schätzen, Süßer!"

„Mach die Hose weiter auf!"

„Noch weiter?"

„Ja, Sexy!"

Wieder gehorchte Dave, wenn sich in seinem Blick auch weiter Verunsicherung widerspiegelte.

Jessie stand auf und zog den Stoff etwas zur Seite. Sein Blick fiel auf Daves Eichel, die leicht hervorlugte.

„Oh Mann!", murmelte Dave, als Jessie es wagte, auch das zu fotografieren.

„Wichs!"

„Was?"

„Bitte, Honey!"

Schließlich kam er auch diesem Wunsch nach und Jessie fotografierte eine ganze Serie. Am Ende verschloss er das Objektiv, verfrachtete die Kamera wieder nach hinten und ging vor Dave in die Hocke. Mit einem Knie auf dem Boden brachte er sein Gesicht dicht an Daves offene Hose.

Jessie nahm einen tiefen, genüsslichen Atemzug und bohrte seine Zunge im nächsten Moment in Daves feuchten Schlitz, was den zusammenzucken ließ. Doch bevor er Jessie zurückhalten konnte, verschwand seine Eichel in dessen Mund.

„AAAAH!", entfuhr es ihm entsetzt. „Fuck ... oh mein Gott ... AAAH!"

Doch Jessie schien sich dadurch nicht beirren zu lassen und machte einfach weiter.

Er beugte sich vor und schlang beide Arme um Jessie. „Fuck, hör auf oder ich spritz ab!"

„Das hoff ich!", murmelte der.

„AAAHAA!" Dave spürte nicht nur Jessies Zunge an seiner empfindlichen Eichel, die immer wieder in seinen Schlitz leckte, während er ihm einen blies, sondern für ihn war dieses Gefühl auch noch um Welten intensiver als bisher. Er hatte es ja auch noch nie unter freiem Himmel getan. Schließlich konnte er sich nicht mehr halten und kam mit einem unterdrückten Stöhnen.

„Sehr, sehr lecker!", murmelte Jessie.

Dave lehnte sich vollkommen fassungslos zurück und schloss die Augen.

Klick, klick, klick.

„Fuck!" Dave fuhr sich entnervt mit beiden Händen durchs Gesicht. Als er die Augen wieder öffnete, sah er Jessie vor sich stehen, Kamera in der Hand. Offensichtlich blätterte er durch die Aufnahmen.

Er lächelte zufrieden. „Wunderschön, Honey!"

Dave schluckte schwer.

„Du kannst sie wieder zumachen, ich hab alles, was ich wollte!"

Dave knöpfte seine Shorts wieder zu und sah wieder zu ihm auf.

„Danke für die Übung!", sagte er mit einem Lächeln.

„Für die Übung?", fragte Dave belustigt. „Na hör mal! Du bist doch der Profi!"

Jessie schüttelte den Kopf. „Ich stand über eineinhalb Jahre nicht mehr hinter der Kamera und ich bin mächtig aus der Übung! Ehrlich gesagt bin ich saunervös, ob ich das gleich so hinbekomme, wie die sich das vorstellen." Er nickte zum Haus.

„Da hab ich keine Zweifel, Süßer!"

„Ich schon!"

Dave stand auf und strich ihm über die Wange. „Unsinn! Doug und Jimmy werden die Regieanweisungen geben und du musst nur knipsen. Sollte dir was auffallen, dann sag es! Gib deine Anweisungen! Trau dich, deine eigenen Ideen einzubringen! Okay?"

Jessie nickte.

„Bist du hart?", fragte er leise.

„Nein … leider nicht. Sorry. Bin zu nervös!", murmelte Jessie.

Dave zog ihn an sich. „Dann werd ich mich später bei dir dafür bedanken, okay?"

Jessie lächelte schwach. „Gern."

Nach einem Kuss zog Dave sein T-Shirt wieder an und Jessie wechselte den Mikrochip aus seiner Kamera. Den mit den Bildern von Dave legte er in einen kleinen Behälter. Dann schien er seine Hosentasche zu prüfen, bevor er ihn schließlich hineingleiten ließ. Dave sah ihn fragend an.

„Hab schon einmal einen verloren, weil ich ein Loch in der Tasche hatte! Das passiert mir nicht noch mal! Gott sei Dank war das bei mir zu Hause und ich hab den Chip später durch Zufall gefunden!", erklärte Jessie und setzte einen neuen ein. „Wir werden ja später sehen, ob sie was geworden sind, hm?"

Dave nickte. „Ready?", fragte er.

„Jep."

Wenig später waren sie mitten im ersten Fotoshooting unten in einem der Gewölberäume. Die Szene war ausgeleuchtet. Darron stand mit auf dem Rücken gefesselten Händen an einem Pfeiler, während Mac Dougs Anweisungen folgte und Jessie fotografierte.

Dave hielt sich im Hintergrund und beobachtete Jessie bei der Arbeit. Der war hochkonzentriert und nach einer Weile getraute er sich auch, noch zusätzliche Anmerkungen von sich zu geben, die auch umgesetzt wurden. Er fotografierte aus allen Winkeln und einige sogar kniend in Rücklage.

Nach ungefähr einer halben Stunde gab Doug das Zeichen, dass sie alles für die erste Sequenz hatten. Während alle Beteiligten anfingen, sich zu unterhalten und den Ablauf der zweiten Szene besprachen, die Jessie fotografieren sollte, ließen es Mac und Darron zärtlich ausplätschern.

Darron war nach wie vor erregt und Mac genoss die Erregung seines Partners. „Du warst gut, Süßer!", murmelte er anerkennend und leckte über Darrons geöffnete Lippen.

„Danke, lag wohl an dir!" Darron grinste und sog geräuschvoll die Luft ein, als Mac ihn am Hals küsste und ihn mit den Zähnen traktierte.

Der Einzige, dem die Emotionen zwischen den beiden nicht entgingen, war Jessie und er hielt ungeniert drauf, ohne dass es jemand mitbekam. Der Lärmpegel war wieder hoch, da sich alle unterhielten und wieder Musik durch die Räume hallte und somit hörte auch niemand das Klicken der Kamera.

„Hey ihr beiden! Zweites Shooting steht an! Ihr solltet euch umziehen! Mach ihm die Fesseln ab, Mac!", rief Doug über seine Schulter.

Jessie kam zu ihnen. „Bevor wir weitermachen, würd ich mir gern ansehen, was wir bislang haben. Ich möchte nur ein Ja oder Nein, ob ich weitermachen soll, bevor wir hier alle nur unsere Zeit verschwenden."

Lukas nickte. „Klingt vernünftig! Lasst uns raufgehen in den Besprechungsraum. Dauert eh noch eine Weile, bis die zwei sich umgezogen haben und alles bereit ist."

Kurz darauf fanden sich, bis auf Mac und Darron, alle im besagten Zimmer ein und Jessie nahm den Chip aus seiner Kamera.

Lukas steckte ihn in den dafür vorgesehenen Slot im Laptop, rief das dazugehörige Programm auf und wenig später erschien das erste Bild auf dem großen Flachbildfernseher an der Wand. Die Aufnahmen waren alle gestochen scharf und, den anerkennenden Kommentaren nach, auch genau auf der Wellenlänge des Teams.

Es dauerte eine Weile bis sie die Fotoserie durchhatten, die in fünfzehn Sekunden Intervallen auf dem Bildschirm erschienen. Schließlich stoppte Lukas die Slideshow und drehte sich zu Jessie um.

„Das ist wirklich genau das, was wir brauchen! Geniale Shots für die Website und wenn da nicht auch was für die beiden dabei ist, dann weiß ich nicht."

Auch Doug nickte. „Absolut klasse! Wir sollten zum zweiten Shooting gehen!"

„Geil!", war Steves Kommentar.

„Ähm, das war noch nicht das Ende!", sagte Jessie und deutete auf das Standbild. Gleichzeitig machte er eine Handbewegung die anzeigte, dass es weiterlaufen sollte.

„Doch, das war die letzte Sequenz!", widersprach ihm Lukas und stand auf.

„Nein, das ist nicht das letzte Bild da drauf!", beharrte Jessie und Dave hörte, dass es der gleiche Tonfall war, wie damals im Auto, als Jessie ihn darauf aufmerksam gemacht hatte, dass er sehr wohl eine Nachricht aufs Handy bekommen hatte.

„Lass weiterlaufen, Lukas!", bat er und sah zum Bildschirm.

Lukas setzte sich stirnrunzelnd wieder und drückte eine Taste. Alle Anwesenden sahen zum Fernseher und dann kam das erste Bild nach dem vermeintlichen Ende.

Eine tätowierte linke Brust mit gepiercter, harter, erregter Brustwarze im Großformat. Eine Hand auf genau diesem Brustmuskel. Eine Hand auf angespannten Bauchmuskeln.

Inzwischen war es totenstill geworden im Raum.

Dave lächelte, als ihm klar wurde, was Jessie getan hatte, nämlich einfach weiterfotografiert, als Mac und Darron dachten, dass sie unbeobachtet waren.

Kräftige Männerfinger an einem steifen Schwanz.

Macs Zunge, die über Darrons Eichel leckte, dann auf Darrons Bauchmuskeln.

Und schließlich ein unglaublich intimer Blick zwischen den beiden, der allen nur zu klar machte, wie sehr sich die beiden liebten.

Nicht nur Lukas Mund stand inzwischen offen.

Dave hingegen sah, dass Jessie bei dem einen oder anderen Bild etwas unzufrieden das Gesicht verzog, während alle anderen vollkommen baff waren.

Auf dem nächsten Foto war Mac kurz davor Darron zu küssen und die erotische Spannung fast sichtbar. Dann trafen sich die Zungen der beiden außerhalb ihrer Münder. Das Ganze ging etwa dreißig Fotos lang so.

Im letzten Bild schmiegte sich Macs steifer Schwanz, mit dem gepiercten Ring in der Eichel, der aus seinen schwarzen Lederchaps martialisch herausragte, an Darrons ebenso steifen.

„Das ist der absolute Hammer!", murmelte Lukas.

Jessie merkte überhaupt nicht, dass ihn alle ungläubig anstarrten, denn er sah ausschließlich skeptisch auf den Bildschirm. „Ähm, kannst du das noch mal rückwärts laufen lassen und vorher in Graustufen umwandeln?", fragte er und machte wieder die Lass-Weiterlaufen-Handbewegung.

Dave versuchte krampfhaft, sich ein Grinsen zu verbeißen, und beantwortete Lukas fragenden Blick mit einem Nicken.

Lukas drehte sich wieder um und tat wie ihm geheißen. Kurz darauf liefen die dreißig Bilder rückwärts, diesmal in Schwarz-Weiß. Der Effekt war noch beeindruckender und nicht nur einmal war ein sehnsüchtiges Seufzen im Raum zu hören.

„Fuck!", entfuhr es Lukas, der sich nun offenbar nicht mehr halten konnte, als sie wieder beim ersten angekommen waren. „Sorry, aber die sind besser als Marcs! Seht euch das mal an!" Er holte das Bild wieder auf den Schirm, auf dem Mac kurz davor war Darron zu küssen. „Genau das wollten die beiden immer schon mal haben, aber Marc ist das nie gelungen!"

„Es war ja auch ihr fünfter Jahrestag, oder? Sollte also auch was Besonderes sein!", sagte Jessie, während er an seiner Kamera herumhantierte.

„Honey, die Jungs machen dir ein Kompliment. Du solltest mal hochschauen und dir ihre Gesichter ansehen!", ließ sich Dave vernehmen.

Jessie hielt inne und sah vorsichtig hoch. Alle Mann sahen ihn ausnahmslos mit Ehrfurcht an. Bevor noch jemand etwas sagen konnte, kam Mac im Bademantel zur Tür herein. „Hey, wir warten auf euch! Wieso dauert das denn soooo-oh … mein … Gott!" Mit fassungslosem Blick starrte er auf das Foto auf dem Bildschirm. Nach einer scheinbaren Ewigkeit, in der es Totenstill im Raum war, starrte er mit offenem Mund Jessie an.

„Sorry … ich hab … einfach weiterfotografiert", entschuldigte er sich.

„Sorry? Spinnst du?!", entfuhr es Mac. „Das ist der absolute Hammer!" Er zeigte sichtlich ungläubig auf den Bildschirm. „Das hat Marc in den drei Jahren, die er hier ist, nicht geschafft!"

„Sag ich doch!" Lukas war aufgestanden und kam auf Jessie zu. „Das ist einfach … meisterhaft!", sagte er in ehrfürchtigem Ton.

„Ähm … danke!", murmelte er etwas verlegen.

„Dave, hast du eigentlich eine Ahnung, was du dir da angelacht hast?", fragte Jimmy ungläubig.

Dave grinste. „Oh ja, durchaus! Diese Worte hab ich außerdem schon mal von Jason gehört, als Jessie ihm am Morgen nach dem Anschlag auf Kyle seine Kopfschmerzen wegmassiert hat! Ich weiß, was ich an ihm hab und …" Er zeigte ihnen seine linke Hand und deutete auf seinen Ring.

„… ich gehör ihm!", vervollständigte Jessie seinen Satz.

Dave blinzelte. „Und ich ihm!", ergänzte er.

„Hey, Mac. Du hast die anderen neunundzwanzig Bilder noch nicht gesehen, die er da unten noch von euch geschossen hat!", sagte Doug.

„Halt, halt!" Dave hob die Hände. „Ich glaub wir sind uns alle einig, dass Jessie weiterfotografieren soll. Mac, wenn du dir das jetzt ansiehst, dann kommen wir nicht weiter! Lukas gib Jessie einen neuen Chip und dann weiter!"

Jessie sah Dave dankbar an.

„Du hast noch mehr solche Fotos gemacht?", fragte Mac.

Jessie nickte. „Ich glaub mindestens die Hälfte ist ganz okay geworden."

„Pffff", machte Dave und schob ihn zur Tür hinaus. „Er spinnt. Sie sind ausnahmslos *alle* gut geworden! Gehen wir!"

Mit einem letzten sehnsüchtigen Blick auf das Foto auf dem Bildschirm verließ auch Mac als Letzter den Raum.

Bevor sie die zweite Stahltür passierten, hielt Jessie Mac kurz am Ärmel fest. Der war gerade dabei, sich hauchdünne schwarze Handschuhe anzuziehen.

„Mac, sag Darron noch nichts davon, vielleicht kann ich noch mehr machen, wenn du das möchtest?"

„Jessie, das wär der absolute Wahnsinn!", murmelte Mac und hätte ihn am liebsten umarmt. Nur die Tatsache, dass es der Mann vom Boss war, hielt ihn davon ab.

„Ich soll also weitermachen?"

„Bitte mach das! Ich hatte noch nie so ein gefühlvolles Foto von mir und Darron, und ich arbeite in der Pornobranche, verdammt!"

„Danke! Denkst du, du kriegst es hin, es vor ihm zu verheimlichen?", fragte Jessie und verbarg gekonnt, wie sehr ihm dieses Kompliment schmeichelte. Er musste sich unbedingt konzentrieren, denn wenn er das nicht tat, würden seine Gedanken unweigerlich zu seinem ganz privaten morgendlichen Nirwana zurückkehren und das konnte er sich im Moment nicht zugestehen. Erst die Arbeit, dann das Vergnügen.

Mac nickte. „Klar, das ist kein Problem. Ich kann ja auch von Null auf Hundert in den Master-Modus schalten!" Er grinste.

„Gut!"

Das Team hatte diesmal auf Mac und Jessie gewartet, bevor sie Darron ansprachen.

Der lag auf einer hölzernen Pritsche und war bis auf lederne Arm- und Fußmanschetten und seinen stählernen Penisring nackt. Er hatte den Arm übers Gesicht gelegt und wichste sich, um in Stimmung zu bleiben, bis Mac wiederkam.

Im Hintergrund wummerte noch Musik.

Mac zog seinen Bademantel aus und schob sich mit Jessie an der Crew vorbei.

Jessie hob die Hand, ging in die Hocke und fotografierte einige Male. Dann stand er wieder auf und flüsterte Mac etwas ins Ohr.

Offenbar hatte sie Darron noch nicht bemerkt, was bei der Lautstärke der Musik kein Wunder war.

„Mach das Ding aus!", brüllte Doug und Jimmy betätigte die Fernbedienung. „Es kann losgehen!"

Jessie nickte Mac zu und der senkte seine behandschuhte Hand langsam von oben auf Darron herab.

„Bleib so liegen und nimm deine Hand von deinem Schwanz!", sagte Mac. „Sieh nicht hoch. Tu, was ich dir sage!"

Kurz darauf traf Macs behandschuhte Hand auf Darrons steifen Schwanz.

Jessie fotografierte.

Er presste die Erektion gegen Darrons Bauch und wichste ihn.

Jessie sagte etwas zu Mac und der legte seine Hand auf Darrons Bauch.

„Spann an!", befahl Mac.

Jessie fotografierte von oben und als er alles was er wollte im Kasten hatte, nickte er dem Team zu. „Wir können anfangen!"

Mac half Darron hoch. „Was war das denn?", fragte Darron.

„Jessie hatte nur noch ein paar Ideen. Vertrau mir!"

„Immer, Sir!"

Während das Team in den nächsten Raum wechselte, hielt Dave Jessie am Arm fest. „Macht dein Knie eigentlich noch mit?"

„Ja, ich hab die Manschette an. Oft sollte ich mich allerdings nicht mehr hinknien. Da hast du schon recht! Ich pass schon auf!"

„Okay. Sag, wenn es zu viel wird!"

Jessie nickte und folgte dem Team, das bereit war loszulegen.

Doug gab wieder seine Anweisungen und die Arbeit begann. Darron war diesmal stehend an ein eisernes Sprossengitter gefesselt und Mac spulte die Positionen ab, die Doug und Jimmy wollten.

Jessie hatte erst wieder bei der darauffolgenden Sequenz eigene Ideen, die er einbrachte.

Diesmal hatte Darron enge, weiße Boxershorts angezogen und ein ebensolches T-Shirt. Dann legten sie ihn auf einen Stahltisch im X-Format ab und dort wurde er von der Crew schließlich an Armen und Beinen daran gefesselt. Sein Kopf hing dabei ins Leere.

Doug wollte Bilder, in welchen zu sehen war, wie Mac ihm die Kleidung vom Leib schnitt, doch Jessie schritt ein.

„Ich will erst ein paar andere haben. Ist das okay?"

Das Team schien inzwischen weit davon entfernt zu widersprechen und machte den Weg frei für Jessie.

Wieder sprach er mit Mac und kurz darauf machte er seine Bilder. Macs immer noch behandschuhte Hand begehrlich auf den deutlich ausgebeulten Boxershorts. Erfühlend. Kräftig zupackend.

Dann kam Dave zu ihm und flüsterte etwas in sein Ohr. Jessie nickte grinsend.

Kurz darauf fotografierte er, wie Mac sein Gesicht Millimeter über Darrons intimste, noch betuchte Körperteile wandern ließ. Dann zog er den Stoff langsam nach unten. Jessie bekam seine Fotos.

Das Gleiche machte er noch einmal mit Darrons Oberkörpers.

Dann nickte er Doug zu und der härtere Teil konnte beginnen, angefangen damit, Darron die Kleidung vom Leib zu schneiden, bis zum Mundfick mit Spider-Gag.

Schließlich waren auch die letzten Bilder im Kasten und Darron wurde befreit.

Während die Crew wieder locker zusammenstand und sich unterhielt und die Musik wieder wummerte, saß Jessie in einer Nische und blätterte im Schnelldurchlauf durch die Fotos. Als er wieder aufsah, stutzte er.

Darron saß rittlings auf Mac in der Mitte eines Holzpodests, das an eine Wand angrenzte und die beiden küssten sich leidenschaftlich. Ganz offensichtlich waren sie heiß auf mehr und dabei schienen sie alles um sich herum zu vergessen.

Jessie debattierte kurz mit sich und dann hielt er drauf.

Zwanzig Minuten später saßen sie alle wieder im Besprechungszimmer und Lukas legte den ersten Chip ein, um Darron das Resultat zu zeigen. Mac hatte ihn inzwischen eingeweiht. Auch beim zweiten Mal ansehen, war das Team begeistert.

Schließlich wurde der Chip gewechselt und die Fotos des zweiten und dritten Shootings liefen in einer Slideshow auf dem großen Flachbildfernseher. Da Jessie diesmal immer wieder zwischendrin Aufnahmen gemacht hatte, war der Unterschied zwischen Pornografie und erotischen Moment noch deutlicher.

Darrons Mund stand schon bald genauso offen, wie der der anderen beim ersten Ansehen.

Als sie zu Jessies Aufnahmen vor dem letzten Shooting kamen, bat er Lukas wieder auf Graustufen zu schalten und der Effekt war beeindruckend.

Danach kamen wieder die farbigen von Doug inklusive Mundfick.

„Drück Pause!", bat Jessie Lukas.

„Ist eh das Ende!", sagte der und tat es trotzdem.

„Nein", sagte Jessie. „Aber bevor wir die nächsten abspielen, würde ich alle bitten rauszugehen. Außer Mac und Darron!"

Lukas' Blick wanderte zu Dave und der nickte zur Tür. Im Gegensatz zu den anderen hatte er als einziger gesehen, was Jessie gemacht hatte und verstand.

„Wenn die beiden die Fotos freigeben, hol ich euch wieder rein!"

Mac und Darron sahen Jessie fragend an, doch dem war inzwischen fast peinlich was er getan hatte.

„Ähm, ich hab vorhin weiterfotografiert ... als ihr, ähm, auf dem Podium ... Sorry, ich saß in einer Nische und hab mir die Bilder angesehen und dann war außer euch keiner mehr im Raum."

Mac schluckte. „Als wir ... danach noch Sex hatten, sozusagen?"

„Sorry ... ja", gab Jessie zu.

Darron und Mac sahen sich an.

„Das sind ja jetzt schon die Hammerbilder, die du da immer wieder von uns geschossen hast!", sagte Darron. „Ich weiß, was ich für Mac empfinde, aber auf deinen Fotos ist das ... sichtbar!"

„Danke."

„Spiel sie ab!", bat ihn Mac.

„Soll ich rausgehen?", fragte Jessie.

„Blödsinn!" Darron schüttelte den Kopf. „Wir sind Pornodarsteller! Ich finde es unglaublich, dass es dir gelungen ist, unsere emotionale Seite auf Film zu bannen!" Er sah zu Mac, der zum Laptop ging und die Pause rausnahm.

Er stellte die Ansicht wieder auf Schwarzweiß, da ihn das bei den anderen Bildern schon sehr beeindruckt hatte und sah hoch zum Fernseher.

Es wurde still im Raum und nach ein paar Sekunden hörte man nur das leise, sehnsüchtige Seufzen der beiden Darsteller.

Die Bilder waren sehr intim, nicht unbedingt pornografisch, wenn Jessie auch ihren Akt auf Film gebannt hatte. Im Vordergrund standen erneut die Emotionen, als sich die beiden liebten und Darron sich und Mac dabei zum Höhepunkt ritt.

Lediglich bei Darrons Orgasmus hatte Jessie das Zoom eingeschaltet und die explodierenden Spermafontänen, die Macs Bauch- und Brustmuskeln trafen, waren einfach nur erotisch.

„Fuck, ich werd schon wieder hart!", knurrte Mac. „Du bist einfach grandios!"

„Sieh doch nur!", stammelte Darron und zeigte zum Fernseher.

Jessie hatte auch noch die Stimmung nach dem Höhepunkt eingefangen. Beide Männer mit aneinandergelegter Stirn und schließlich noch ein Kuss.

„Die anderen müssen das unbedingt sehen!" Mac spulte wieder zum Anfang zurück. „Is' das okay?"

Er hob die Hände. „Nicht meine Entscheidung!"

„Danke, dass du uns es zuerst privat gezeigt hast!", sagte Darron und stand auf.

„Das war selbstverständlich!", entrüstete sich Jessie.

Darron kam zu ihm und umarmte ihn. „Fuck, danke! Ich weiß nicht, was ich sonst sagen soll!"

Jessie schmunzelte. „Mehr braucht's doch gar nicht!"

Dann öffnete Darron die Tür.

Dave sah, dass sein Gesicht vor Glück glühte. „Der Typ ist der Hammer! Kommt rein und seht euch das an!"

Mac war gerade dabei, Jessie aus seiner Bärenumarmung zu lassen und sah ihn entschuldigend an. „Sorry, Boss, aber das musste sein! Du wirst gleich sehen warum!"

„Schon gut!" Dave kam zu Jessie und schlang den Arm um ihn.

Dann sah die ganze Crew, was Jessie zum Schluss aufgenommen hatte, und man konnte wieder die Emotionen spüren, die ausnahmslos alle Anwesenden packte, als sie diesmal diese äußert privaten Aufnahmen eines Liebesaktes ansahen, der so ganz anders war als das, was sie sonst so filmten.

Der Keller und ein Rasierpinsel

„Lass uns noch einen Kaffee mit den Jungs trinken und danach verschwinden wir, hm?", schlug Dave vor, als sie wieder ins Freie traten.

Jessie nickte. „Ich geh nur kurz los, meine Zigarillos holen, die hab ich unten vergessen. Ich brauch jetzt unbedingt eins und ich sollte mein Knie einschmieren!"

„Alles klar, bis gleich."

Jessie nahm seine Kamera und ging zum Haus. Dort legte er sie zusammen mit den verschiedenen Mikro-Chips auf den Wohnzimmertisch. Danach ging er ins Bad und rieb sich das Knie mit einem schmerzstillenden Sportgel ein, schließlich zog er die Manschette wieder darüber. Zurück im Wohnzimmer schnappte er sich seine Zigarillos und sein Feuerzeug und ging zurück zur Crew, die immer noch über die Fotos diskutierte.

Dave hatte ihm schon einen Kaffee an seinen Platz gestellt und er sah ihn dankbar an. Schließlich steckte er sich genüsslich eine an.

„Ich geb euch die Chips zurück, sobald ich die Bilder auf meinem Laptop habe, wär das okay?", fragte er in die Runde.

Lukas hob die Hände. „Hey, ohne dich hätten wir gar keine!"

Jessie lächelte. „Stimmt." Er sah zu Mac und Darron. „Und eure geb ich euch gesammelt extra auf einem Stick. Leider hab ich noch keine Möglichkeit, euch Abzüge zu machen. Dazu müsste auch ich in ein Fotogeschäft."

„Hey, mach dir keinen Kopf! Das können wir selber auch!" Mac winkte ab. „Ich kann dir überhaupt nicht sagen, was uns diese Bilder bedeuten!"

Daves Gedanken schweiften ab. Er fragte sich, wie die Bilder von ihm wohl geworden sein mochten. Er fühlte sich immer noch peinlich berührt, dass Jessie ihn in solch einem intimen Moment abgelichtet hatte, auf der anderen Seite hatte er ihn inzwischen bei der Arbeit gesehen. Und er hatte das Resultat gesehen, das ihn – genau wie alle anderen aus seiner Crew – ziemlich beeindruckt hatte.

Er riss sich gewaltsam aus diesen Gedanken.

„... nächstes Wochenende fotografieren?", hörte er noch den letzten Teil von Lukas Satz.

Jessie schüttelte den Kopf. „Nächstes Wochenende kann ich leider nicht. Wir bekommen Besuch von Freunden aus Irland."

Dave spürte, wie sich eine Wärme in seinem Inneren breitmachte, als Jessie dabei das Wort *wir* benutzte.

„Die Jungs kommen Freitag und bleiben bis Montag und da auch mein bester Freund dabei ist, möchte ich mir das Wochenende gerne freihalten!"

„Ach so, klar, kein Problem ..."

„Das Wochenende drauf ginge dann wieder. Aber ich denke, wir sollten erstmal sehen, ob euer bisheriger Fotograf bis dahin nicht wieder fit ist, oder?"

Lukas und Dave wechselten einen Blick.

„Marc ist es noch nie gelungen, solch emotionale Fotos zu schießen. Es steht außer Frage, dass wir mit dir gerne weiterarbeiten würden, wenn du es einrichten kannst! Warte mal, bis sich das bei uns rumspricht!"

„Hm ...", machte Jessie.

Doch Dave lächelte. „Ich stimme ihm zu, Süßer!"

„Keine Sorge, das heißt nicht, dass Marc seinen Job los ist. Er ist eigentlich Schnitttechniker und fotografiert mehr nebenbei", fügte Lukas hinzu.

„Ah, okay." Jessie klang erleichtert. Offenbar wollte er nur niemandem seinen Job streitig machen.

„Wär das dann okay?", hakte Dave nach.

„Klar. Nur halt nicht nächstes Wochenende."

„Geh ich recht in der Annahme, dass du an diesem besagten Wochenende auch nicht filmen wirst?", fragte Lukas Dave.

„Stimmt."

„Meine Freunde haben übrigens eine Band. Sie spielen in einer Kneipe in der Stadt. Falls jemand Lust hat hinzukommen, nur zu!"

Zustimmendes Gemurmel war zu hören.

„Dann seht zu, dass ihr um acht Uhr da seid, um neun geht's los. Die Kneipe heißt *Liam's*." Er nannte ihnen die Adresse.

„Und der Junge hier war mal ihr Leadsänger!", warf Dave ein und nickte zu Jessie.

„Petze!", knurrte der und warf ihm einen tadelnden Blick zu.

Dave streckte ihm die Zunge raus und Jessies Gedanken schweiften augenblicklich ab. Er wollte mit ihm allein sein. Diese Zunge auf seinem Körper spüren und ... Doch da knallte Dougs Hand auf den Tisch und ließ ihn zusammenfahren.

„Ha! Ich hab doch verdammt noch mal gewusst, dass da mehr dahintersteckt! Dafür singst du zu verdammt gut!"

Jessie grinste. „Danke!"

„Singst du am Freitag mit der Band?", wollte Mac wissen.

Jessie seufzte und sah zu Dave.

„Aus der Nummer kommst du nicht raus, oder?", fragte der schmunzelnd.

„Nein, nicht wirklich. Ja, ich werd auch wieder ein paar Songs singen. Das ist bei uns so üblich. Die Jungs bestehen da immer drauf."

„Wie lange hast du in der Band gesungen?", wollte Doug wissen.

„Ich hab das ein paar Jahre hobbymäßig gemacht, aber ehrlich gesagt wollte ich das nicht beruflich machen. Ich bin mit Leib und Seele Physiotherapeut und Fitnesstrainer.

Ich liebe es, Menschen mit Verletzungen wieder fit zu machen. Nebenher noch ein wenig fotografieren und ich bin ausgelastet und glücklich!"

Dave dachte prompt daran, dass er auch ein Meister darin war, seine verletzte Seele zu heilen. Allein mit seiner Liebe.

„Deine Freunde machen das jetzt beruflich?", fragte Lukas.

„Ja. Und sie sind gut und erfolgreich. Sie lieben es, durch die Bars zu tingeln."

„So hab ich auch rausgefunden, dass er singen kann!" Dave grinste. „Wir waren in der Bar, als die Jungs auftraten und plötzlich wird er auf die Bühne gerufen!"

Jetzt streckte Jessie ihm die Zunge heraus und schon verfing sich Dave darin. Jessie drückte sein Zigarillo aus. „Du hast mir auch nicht freiwillig gesagt, dass du Gitarre spielen kannst!", konterte er tadelnd.

Doug grinste. „Das hätt ich wahrscheinlich auch nicht, wenn ich gewusst hätte, dass du mal Musiker warst!"

Dave klopfte auf den Tisch und stand auf. „In diesem Sinne. Wir lassen euch jetzt allein."

„Sehen wir uns heut Abend noch mal zum Grillen?", fragte Lukas. „Es ist noch genug übrig!"

„Von mir aus gerne, was meinst du?" Dave sah Jessie an, der nur lächelnd nickte.

„Dann bring ich euch auch die Chips wieder. Reicht euch das?"

Die Crew war einverstanden und mit diesen Worten verschwanden die beiden in Richtung Daves Haus.

Dort angekommen, steuerte Jessie schnurstracks auf seinen Laptop zu und startete ihn. Er holte den Mikro-Chip mit Daves Bildern und als er aufsah, bemerkte er, dass Dave sich ihm gegenüber in einen Sessel gesetzt hatte.

„Willst du nicht mitschauen?"

Dave schüttelte den Kopf. „Erst du!"

„Wenn du meinst …"

Er legte den Chip ein und rief das dazugehörige Programm auf. Wieder stellte er die Farbpalette auf Schwarz-Weiß, bevor er die Slideshow startete.

Dave beobachtete wie Jessie ganz still wurde, während er die Bilder betrachtete. Nach einer unendlich wirkenden Zeit sah er schließlich auf. „Komm her! Sie sind wundervoll geworden!"

Dave schluckte. Angesichts der Aufnahmen, die er bislang gesehen hatte, zweifelte er keine Sekunde daran. Er stand auf und setzte sich neben Jessie.

Augenblicklich schoss eine Hitzewelle durch seinen Körper, als er eines seiner Piercings auf dem kompletten Monitor sah. Als Nächstes seine Bauchmuskeln, seinen kompletten Oberkörper. Seine Hände an seiner Erektion auf dem Stoff seiner Hose.

Er hörte Jessie leise seufzen, als das Bild kam, auf dem Dave seine Hände in die leicht geöffnete Hose schob und seine Eichel ein klein wenig zu sehen war.

Dave spürte sein Herz schneller klopfen. Er wusste, was als Nächstes kam. Sein Schwanz in seiner Hand, dahinter deutlich sichtbar sein kunstvoll tätowierter Schambereich.

„Fuck!", murmelte er, als er einen Tropfen seiner Lust im Schlitz seiner Eichel sah. Davon hatte Jessie, die Ratte, auch noch drei Fotos hintereinander gemacht! Immer mit größerem Zoom.

Dann kam sein Schwanz freistehend, erregt, tätowiert. Wieder mit Zoom.

Jessie schnurrte. „Das ist ein absolut geiles Bild, Honey!"

Dave spürte, wie sein Gesicht brannte. Was war es doch für ein Unterschied, wenn man selbst das Objekt der Begierde war!

Auf dem nächsten Bild war ein komplett fertiger Dave nach seinem überraschenden Orgasmus zu sehen. Kopf in den Nacken gelegt. Glückseligkeit auf seinem Gesicht.

„Verdammt, du bist wirklich gut!", murmelte Dave und räusperte sich.

„Danke!" Jessie lächelte glücklich und ließ sich zurücksinken.

Daves Hand landete auf seinem Knie und während sie von dort langsam höher glitt, öffnete Jessie seufzend den Mund und empfing Daves Lippen.

Vom Anblick der erotischen Fotos war er bereits dabei, hart zu werden, und Dave massierte ihm den Schwanz durch den Stoff. Prompt wurde der Kuss tiefer und Jessies Schwanz härter.

Mit geschickten Fingern öffnete Dave den Gürtel, dann Knopf und Reißverschluss. Ungeniert glitt seine Hand in Jessies Hose, wo er sofort in die Vollen greifen konnte.

„Ich hab noch was bei dir gutzumachen!", murmelte Dave ihm ins Ohr. „Darf ich?"

„Fuck, ja!"

Dave glitt von der Couch und kniete sich vor ihn. Ohne Jessie die Hose komplett auszuziehen, schlossen sich seine Lippen um dessen Erektion.

Kurz nachdem er mit seinem Blowjob begonnen hatte, sah er auf und, bemerkte zufrieden, dass Jessie den Kopf auf die Lehne legte und die Augen schloss.

Diesmal brach Dave nicht ab. Er zog durch und schon nach kurzer Zeit schoss ihm Jessies Erguss in den Rachen. Es war das erste Mal, dass Jessie seine Hände aus dem Spiel und ihn einfach gewähren ließ.

„Guter Junge!", lobte ihn Dave prompt und sah, wie Jessie schwach lächelte, ohne den Kopf zu heben.

„Danke, Sir!"

Dave grinste und drückte ihm noch einen Kuss auf den Schwanz, bevor er seine Hose wieder schloss. „Jetzt sind wir quitt!" Er setzte sich wieder zu Jessie auf die Couch.

Der öffnete die Augen. „Ziemlich ungewohnt, dabei die Finger von dir zu lassen!"

Dave legte den Kopf leicht schräg. „Turnt mich tierisch an!", gestand er.

„Ach ja?" Jessie machte seine obszöne Zungengeste und sah auf Daves Hose, die auch verdächtig ausgebeult war. „Wieso hast du mich dann wieder zugeknöpft?"

„Keine Ahnung ... ziemlich dämlich, oder?" Er seufzte und wollte Jessie den Gürtel sofort wieder öffnen. Doch der stoppte ihn und er sah auf.

„Warte!"

„Nanu?"

„Bevor wir, ähm, hier weitermachen, hab ich noch eine Bitte ..."

„Schieß los!"

„Da wir ziemlich lang auf dem Set in den Folterkammern unterwegs waren, ähm, wäre der Moment glaub ich ganz gut ..." Er stockte kurz, gab sich dann aber einen Ruck und fuhr fort: „... wenn du mir deinen Keller zeigen würdest, ohne dass ich den Schock meines Lebens bekomme!"

„Du möchtest ihn sehen?"

Jessie nickte.

Dave überlegte kurz und stand auf. Er streckte Jessie die Hand hin und zog ihn hoch.

„Okay ... komm mit!"

Jessie lächelte und folgte ihm in den Gang. Keine Diskussion. Kein Zögern. Kein Bitten und Flehen. Einfach so. *Komm mit.*

Durch eine Tür ging es hinunter in einen kleinen Vorraum.

„Heizungs- und Waschraum", sagte Dave und zeigte nach links, während er vor einer schweren Eisentür stehenblieb. Jessie sah, wie er das Schloss mit einem Zahlencode öffnete. Als die Tür offen war, traten sie in einen kleinen Zwischenraum.

„Ah ... wie oben im Studio!"

Dave nickte.

Die zweite Tür war mit zwei massiveisernen Riegeln verschlossen und Dave schob sie auf.

„Nach dir!", sagte Dave mit einem derart erotischen Unterton, der Jessie schaudern ließ.

Er nahm allen Mut zusammen und betrat schließlich Daves Heiligtum. Als sich die Tür hinter ihnen krachend schloss, zuckte er prompt zusammen. Er spürte Daves Hand auf seinem Rücken.

„Relax!", murmelte der ihm ins Ohr. „Das hier ist *Sightseeing* … okay?"

Jessie grinste etwas schief und nickte.

Im Ganzen gab es fünf Räume. Jeder von ihnen war mit einer weiteren schweren Tür versehen. Dave öffnete die erste und sie traten ein. Der Raum war groß und länglich und am anderen Ende stand ein martialisch aussehender Stuhl aus Massivholz mit aufwändigen Schnitzereien. Er stand auf einem Podest und wirkte daher fast wie ein Thron. Die Polster der Rücklehne und der Sitzfläche waren aus dunkelrotem Leder. In der Mitte des Raums lag ein roter Teppich, der sich von einem Ende des Raums zum anderen erstreckte.

Dort befand sich ein Käfig mit schweren gusseisernen Streben. Gerade einmal einen auf zwei Meter lang und höchstens einen Meter hoch.

Jessie sah, dass eine eiserne Klappe am Ende des Käfigs eingelassen war, die praktisch mit der Wand abschloss und somit wohl in den angrenzenden Raum führte.

„Mein Sichtungsraum!", erklärte Dave und Jessie zuckte fast zusammen, als er seine Stimme so sanft und warm neben sich hörte. „Kein Sub hat ihn jemals aufrecht betreten!"

Jessie schluckte und sah zur Decke. Eiserne Ringe und Flaschenzüge sowie Seile, die zu Haken an der Wand führten, waren dort zu sehen. Seine Augen glitten weiter und er sah eine aus Massivholz geschnitzte Bank, die an einer Wand stand. Eine Kommode, ebenfalls aus edlem Holz stand an der gegenüberliegenden Seite.

„Darf ich?", fragte er.

Dave nickte und er zog eine Schublade auf.

Fein säuberlich aufgereiht lagen dort, fast liebevoll angeordnet, auf weichem, blutrotem Wildleder die verschiedensten Folterinstrumente. Handschellen, Fußschellen, lederne Manschetten, ein Flogger, eine feinsäuberlich aufgerollte Peitsche.

Jessie griff nach dem Flogger und holte ihn heraus. Er war schwer, die schwarzen Lederbänder in gutem Zustand. Der Griff war kunstvoll geflochten.

„Das muss doch höllisch ... wehtun!"

„Wie so vieles hier unten", konterte Dave. „Aber dieses Ding ist eigentlich noch das harmloseste!"

Jessie sah ihn zweifelnd an.

„Man muss nur wissen, wie man es benutzt. Es bedarf ein wenig Übung und Geschick, aber es ist nicht nur einfach ein Hau-Drauf-Ding!"

„Wozu benutzt man es denn sonst?"

„Hast du doch gestern bei Mac gesehen. Klar soll es auch wehtun. Kommt immer auf den Sub an, wie viel er erträgt und wie viel der Dom will." Er räusperte sich. „Versuch es an deinem Arm. Du wirst sehen, es ist nicht leicht und falsch benutzt, tut es ziemlich weh."

Jessie hielt seinen linken Arm ausgestreckt und sah Dave an. „Und jetzt einfach drauf?"

„Versuch es."

Jessie gelang es, erst beim vierten Versuch sich selbst so zu treffen, dass die Bänder sich nicht nur einfach um seinen Arm schlangen, doch schon keuchte er schmerzerfüllt. „Fuck! Das ist irre!"

Dave lachte. „Du hast viel zu fest zugeschlagen! Das würde keiner lange mitmachen!"

Jessie hielt Dave den Flogger-Griff entgegen und streckte nun seinen rechten Arm aus. „Dann zeig mir, wie es sich anfühlen soll!"

Doch Dave schüttelte sofort den Kopf. „Auf gar keinen Fall!"

„Stell dich doch nicht so an!"

„Ich will dir nicht wehtun, Süßer!"

„Ich dachte, richtig benutzt tut es nicht wirklich weh!", konterte Jessie und sah ihn herausfordernd an. „Tu es!"

Dave nahm den Griff. „Winkel deinen Arm an! Unterseite ist keine gute Idee!"

Jessie gehorchte und sah zu, wie Dave den Flogger einige Male ins Nichts teste. Schon beim Zusehen bemerkte Jessie den Unterschied. Offensichtlich war es eine Kunst.

„Bereit?", fragte Dave und das Ding wirbelte dabei weiter.

Jessie nickte und wappnete sich. Doch bevor er etwas merkte, war es schon vorbei. Er runzelte die Stirn. „Hast du schon?"

Dave grinste. „Ja …" Er tat es erneut und diesmal spürte Jessie einen kurzen brennenden Kontakt. Mehr nicht.

Er ließ den Arm sinken. „Wow!"

„Bedenke aber: Man macht das ja normalerweise nicht zwingend am Arm!", sagte Dave, während er den Flogger wieder in die Schublade legte.

„Sondern?"

„Arsch … Brust … Bauch … Wenn man gut ist, kann man sich auch an einen steifen Schwanz rantrauen!"

„Fuck!" Jessie sah ihn mit großen Augen an.

Dave holte den Flogger wieder hervor und nahm Jessies Hand. Er ließ die Lederbänder eher sanft über seine Finger gleiten.

„Ähm …"

„Der Sub weiß aber nicht, wie fest es sein wird. Es ist nur ein *Mind-Game*." Dave sah ihn an. „Kein Master wird sein

Lieblingsspielzeug wirklich schlimm verletzen wollen! Es geht hier um den steten Wandel zwischen Schmerz und Lust …" Er griff an Jessies Paket und stellte verblüfft fest, dass er hart war. „Sieh einer an!", murmelte er gedehnt und zog ihn, ohne seinen Griff zu lockern, näher zu sich.

Er sah, wie Jessie schluckte, seinem lüsternen Blick aber standhielt. Dave küsste ihn absichtlich nur hauchzart, strich noch einmal mit dem Daumen über seinen Schwanzansatz und ließ ihn wieder los.

„Erregt dich der Gedanke?"

„Sieht ganz so aus", murmelte Jessie, sah kurz zu Boden und wieder in seine Augen. „Es hat mich jedes einzelne Mal erregt, wenn du eines deiner kleinen dominanten Spielchen mit mir gespielt hast!"

Dave grinste. „Sollen wir weitergehen?"

Jessie verzichtete schweren Herzens darauf, die anderen Schubladen zu öffnen und nickte.

Als Dave die Tür des nächsten Raums öffnete, bemerkte er überrascht, dass sich dahinter ein Raum mit einer vergitterten Zelle befand. Diese war, bis auf eine rohe Holzpritsche, kahl. Ledermanschetten befanden sich am Kopfende sowie am Fußende. Von der Decke hing eine eiserne Kette mit einem ledernen, etwa fünf Zentimeter breiten Halsband. Davor war ein weiterer, abgetrennter Teil des Raums, von dem aus man in die eigentliche Zelle hineinsehen und sein Opfer begutachten konnte. Jessie sah die eiserne Klappe, die er vom *Sichtungs-Raum* aus gesehen hatte.

„Time-Out-Raum", kommentierte Dave die offensichtliche Gefängniszelle. „Oder Gästezimmer der besonderen Art für eine Nacht oder mehr."

Er schloss die Tür wieder und sie gingen weiter.

Im nächsten, wesentlich größeren Raum befanden sich mehrere Dinge.

An einer Wand war eine eiserne Sprossenwand, wie Jessie sie bereits im Studio gesehen hatte.

Dave zwinkerte ihm zu. „Ideal für ein ausgedehntes Flogging!"

In der Mitte des Raums stand ein stählerner Bogen, der bis unter die Decke ging. Auf der anderen Seite gab es noch eine Eisenstange, die vom Boden bis zur Decke ging.

Peitschen, Flogger, Seile und Lederriemen lagen in einem Regal und harrten dort ihrer Benutzung.

Der nächste Raum war fast harmlos, stand in ihm doch lediglich ein massives, eisernes Bett mit einer dünnen Matratze mit einem Kunstlederbezug und ein am Boden verankerter Tisch, ebenfalls mit einer darauf liegenden dünnen Polsterauflage. Harmlos, bis Dave einen Schrank öffnete und sagte: „Der Elektro-Raum!"

Neben herkömmlichen Dildos und Vibratoren gab es auch ganz spezielle, die Jessie noch nie gesehen hatte und mehrere, die mit Kabeln an einem kleinen Kasten ange-schlossen werden konnten, der definitiv dazu da war, Strom zu erzeugen. Dazu Kabel mit kleinen Sensoren, die man überall am Körper anbringen konnte.

Er schluckte. So viel zu harmlos. Jetzt erst bemerkte er die Lederfesselungen an den jeweiligen vier Tischecken.

„Elektrostimulation kann etwas sehr Anregendes sein, Süßer!" raunte Dave ihm zu und küsste ihn dabei auf die Wange, bevor er den Schrank wieder schloss. „Einen noch, dann sind wir durch!"

Schließlich betraten sie den letzten Raum, den ein Stuhl, sehr ähnlich dem eines Gynäkologen, beherrschte. Aller-dings fehlte die Polsterung, denn der Stuhl bestand nur aus Metall.

Jessie spürte seinen Schwanz in der Hose kribbeln, bei der Vorstellung, er säße darin und Dave würde ihn dort vögeln. Hastig verdrängte er den Gedanken.

„Nicht erschrecken!" Dave öffnete auch hier einen Schrank.

„Oh mein Gott!", entfuhr es Jessie, als er erneut Vibratoren und Dildos sah. Diesmal aber bis zu einer Größenordnung, die ihm fast schon Angst einflößten. Auch gab es wieder Lederriemen, Plugs, das ominöse Elektrokästchen mit Kabel und, wie in jedem Raum, eine Schachtel mit Kondomen und schwarzen Latex-Handschuhen.

„Alles eine Sache der Übung ... man fängt immer klein an!", sagte Dave mit einem erneut für Jessie fast unwiderstehlich erotischen Unterton. Er schnaubte und ging einmal um den Stuhl herum. Er sah starke Lederfesseln am Kopfende hinterm Stuhl hängen, sowie Lederfesselungen an Armlehnen und Beinstützen.

„Darf ich?", fragte er mit einem unschuldigen Blick zu Dave.

Jetzt schluckte der. „Klar ..."

Jessie setzte sich und lehnte sich bedächtig zurück. Ohne den Blick von Daves Augen zu nehmen, nahm er erst das eine, dann das andere Bein hoch.

Dave kam näher und zog ihn an der Hüfte bis zum Stuhlrand. Schließlich trat er wieder einen Schritt zurück und betrachtete ihn. „Sehr einladend, Süßer!", murmelte er. „Du stehst besser wieder auf, bevor ich auf komische Ideen komme!"

Der Blickkontakt hielt noch für Sekunden, dann gehorchte Jessie.

Dave spürte, wie sich sein Puls beschleunigt hatte. Vielleicht, eines Tages ... Wer wusste das schon? Er verdrängte den Gedanken hastig und schob Master Dave wieder zurück in seine Kiste, aus der dieser gerade neugierig herausgesehen hatte.

Sie traten wieder in den Gang.

„Was gibt's da noch?" Jessie zeigte nach links.

„Hier geht's noch zum zweiten – dem bereits erwähnten separaten – Eingang und zu meiner kleinen privaten ... Umkleide." Er zwinkerte Jessie zu. „Und zum Dampfstrahler." Er grinste. „Lou hat hier keinen Zutritt ... wie auch sonst keiner." Dave kam dicht zu ihm. „Das war 'ne absolute Ausnahme!", raunte er und küsste ihn erneut nur andeutungsweise.

Jessie überkam das Gefühl, dass er sich umgehend die Kleider vom Leib reißen und vor ihm auf die Knie sinken wollte. Er hielt sich nur mit aller Macht zurück.

Daves Fingerspitzen strichen über seine Brust und er war sich sicher, dass Dave seinen Herzschlag spüren konnte.

„Ich liebe dich!"

Dave sah ihm lange in die Augen. „Willst du mich immer noch heiraten, Süßer?"

„Ja, Honey! Unbedingt!"

Daves Lippen näherten sich Jessies. Seine Zunge strich über die Lippen, seine Zungenspitze berührte Jessies. Gleichzeitig fasste er Jessie beherzt in den Schritt. Er seufzte, denn Jessie war hart. Richtig hart!

„Wir sollten zusehen, dass wir hier rauskommen!", murmelte Dave, zog Jessie an sich und ließ ihn spüren, dass auch er hart und ready-to-go war.

Sie küssten sich noch einmal, dann löschte Dave die Lichter und sie gingen wieder nach oben.

Je höher sie kamen, desto mehr änderte sich die Stimmung.

Diese unerträgliche erotische Spannung verebbte und Jessie konnte langsam wieder atmen. Sein Puls beruhigte sich. Er hatte schon befürchtet, oben angekommen, auf seine Knie zu sinken und Dave darum zu bitten, wieder mit ihm hinunterzugehen und ihn zu unterwerfen. Er würde alles erdulden und alles mitmachen, was der von ihm wollte. Er wollte ihm dienen. Er wollte ihm gehören. Er wollte ihn glücklich machen.

Sie gingen beide in die Küche und löschten ihren Durst mit Wasser.

Dave sah ihn amüsiert an, trat dicht zu ihm und griff ihm erneut in den Schritt. Jessie war immer noch hart.

„Mhmm", murmelte er ihm ins Ohr. „Ich auch!"

Kurz darauf lagen sie nackt im Bett.

Dave hatte natürlich gespürt, dass der Keller Jessie in einer gewissen Weise erregte. Nicht unbedingt das, was Dave normalerweise in seiner Vergangenheit mit seinen Subs dort gemacht hatte. Aber dennoch erregte Jessie der Gedanke, dominiert zu werden.

Daher würde er ihn jetzt auch nicht vögeln. Er würde seine Lust auf Vereinigung steigern, solange, bis er es selbst nicht mehr aushielt. Mal sehen, wer eher einknicken würde.

Sie küssten und streichelten sich, als hätten sie sich seit Wochen nicht gesehen und beide waren bereits sehr erregt, als er schließlich über Jessie glitt.

Jessie wollte die Beine öffnen, doch Dave war schneller und legte sich breitbeinig auf ihn. Er hörte ihn keuchen, als er seinen Schwanz aufreizend an Jessies rieb.

Wieder begann er Jessie regelrecht zu vernaschen und somit dauerte es nicht lange, und der stand kurz vorm Hyperventilieren. Vor allem als er seinen Goatee zur zusätzlichen Lustfolter einsetzte und sich dabei erneut an ihm rieb.

„Bitte fick mich, Sexy!", flehte Jessie und sein Körper bebte. „Bitte!"

„Nein, Süßer!", murmelte er. „Ich möchte, dass du so kommst!" Und rieb sich weiter an ihm.

„AAAH! Nein ... ich will ... aaaaah!"

Doch Dave kannte keine Gnade.

Jessie versuchte, sich unter Dave herauszuarbeiten, doch es war zwecklos. Er starrte an sich herab und der Anblick von Daves steifem Schwanz an seinem war fast zu viel für ihn.

„Lass es zu!" flüsterte Dave.

Da waren sie wieder: seine Barthaare. Ihre Finger verschränkten sich und Dave drückte ihn in die Kissen. Schließlich wurde Jessie ruhiger, akzeptierte Daves Führung und driftete kurz darauf wieder ab.

Dave leckte über seine Kehle, während er sich weiter an ihm rieb.

Jessies Stöhnen war leise und flehend, als Daves Zunge über seine Achselhöhle leckte. Das Raubtier war wieder da. Er konnte seinen Atem spüren. Hörte die tiefen Züge, mit welchen es seinen Duft einatmete. Gleich würde es zubeißen.

„AAAAAAAAH!"

Dave hatte in seine linke Brustwarze gebissen und gleichzeitig seinen Schwanz betont langsam über Jessies gleiten lassen. Fast wäre er dabei gekommen. Er spürte, wie Dave seine linke Achselhöhle ableckte. Diesmal mehrmals und er zuckte unkontrolliert. Dann wieder seine Kehle. Daves Lippen glitten tiefer. Jessie spürte kleine zarte Bisse. Kaum fühlbar. Dave näherte sich seiner rechten Brustwarze. Sein Nippel war so hart, dass er bei der leisesten Berührung fast schmerzte.

Jessies Körper bockte, als er Daves Atem darauf spürte. Dann das Lecken. Gleichzeitig spürte er Daves steifen Schwanz an seinem.

Sein Stöhnen wurde unkontrollierter. Flehend. Wimmernd. Daves Schwanz massierte seinen bis zur Eichel. Gleichzeitig biss Dave zu.

„UUUUAAAAH!... AHAHA ... FUCK! ... AHAHA!"

Heiße Schübe verließen Jessies Schwanz und sein Körper presste sich dabei hart gegen Daves.

Mit einem leisen Seufzen schloss Dave sich ihm an und ergoss sich auf seiner Haut, während sich sein Mund gnadenlos an Jessies rechter Brustwarze festsaugte und dessen Stöhnen deshalb nur langsam verebbte.

„Ich liebe es, dich zum Wahnsinn zu bringen!", flüsterte Dave ihm ins Ohr und bearbeitete mit einem Daumen dabei weiter zärtlich Jessies übersensible rechte Brustwarze.

Jessie brachte nur ein leises Wimmern hervor und Dave lächelte, als der Körper unter ihm bei seinen Berührungen zuckte.

„Noch nie hat mich ein Mensch so sehr erregt, wie du!", murmelte Dave ihm ins andere Ohr.

„Das kann ich, ohne darüber nachzudenken, so zurückgeben!", brummte Jessie und öffnete die Augen.

Dave glitt neben ihn, griff jedoch als Nächstes an den immer noch harten Schwanz und wichste ihn.

„AAAAAH!"

„Ich bin mir sicher, da ist noch ein klitzekleiner Rest in der Pipeline!" Dave machte ungerührt weiter, bis er den letzten Spermatropfen bis zu Jessies Schlitz gepumpt hatte. Dave nahm den Tropfen auf und lud ihn auf Jessies Lippen ab. Obszön massierte er ihm seinen eigenen Samen ein, bis er jeden Millimeter seiner Lippen damit benetzt hatte.

„Leck es ab!", befahl er Jessie und sah zu, wie der gehorchte. „Du schmeckst wunderbar, nicht wahr?"

Lächelnd dachte Dave daran zurück, wie Kyle ihm zum ersten Mal sein eigenes Sperma auf seinem Finger vors Gesicht gehalten hatte und ihn aufgefordert hatte, sich zu schmecken. Er hatte sich natürlich geweigert. Dies war etwas, was er nur seinen Subs befohlen hatte. Sein Sperma aufzulecken und ihr eigenes. Doch Kyle war beharrlich gewesen, hatte den Tropfen letztendlich selbst abgeleckt und ihn stattdessen überraschend geküsst.

Einige Zeit später konnte er auch sein eigenes Sperma kosten. Auch dies hatte er Kyle zu verdanken. Und natürlich Jason.

Jessie war erneut wie ausgeknockt und kämpfte mit schwerer, aufkeimender Müdigkeit. Dennoch sehnte er sich nach Daves Schwanz in seinem Körper.

„Du bist immer noch hart!", murmelte er und schmiegte sich an Dave.

„Mhmm." Der rieb sich aufreizend an ihm.

„Gott, bitte fick mich!", bettelte er erneut.

Dave grinste. „Nein, Süßer, nicht jetzt!"

„Wann dann?"

„Wenn du ein guter Junge bist .... versprech ich dir, dass ich dich die ganze Nacht vögeln werde!"

„Versprochen?"

„Mhmm."

„Können wir nicht jetzt schon anfangen?"

Dave lachte und schüttelte den Kopf. „Erst nach dem Abendessen!"

Jessie stöhnte wieder, diesmal frustriert.

„Aber ich hab mir nicht umsonst morgen und übermorgen freigenommen!", murmelte ihm Dave ins Ohr. „Du sammelst besser deine Kräfte, solang du noch kannst!"

„Ich bin todmüde!", brummte Jessie und Dave sah, dass ihm fast die Augen zufielen.

„Sammel deine Kräfte! Mach ein Nickerchen!", bestärkte ihn Dave.

„Und was machst du?"

„Ich geh ein wenig in den Fitnessraum! Bisschen Testosteron pumpen, damit ich auch halten kann, was ich dir für heute Nacht versprochen habe!" Er küsste Jessie noch einmal auf die Stirn und während er noch aus dem Bett kletterte, war Jessie mit einem seligen Lächeln auf dem Gesicht eingeschlafen.

Jessie wachte erst wieder auf, als Dave bereits mit seinem eineinhalbstündigen Training fertig war. Sie trafen sich auf dem Gang, als Dave gerade auf dem Weg ins Bad war.

„Ausgeschlafen, Süßer?"

„Mhmm ... Hat gutgetan! Danke!"

„Hey, ich hab ja gesagt, du sollst deine Kräfte sammeln!", meinte Dave augenzwinkernd. „Willst du deine Übungen machen?", fragte er, weil Jessie auch Trainingsklamotten anhatte.

Der nickte. „Ist das okay?"

„Klar! Ich geh duschen!"

Jessie nickte und während er zum Fitnessraum ging, steuerte Dave das Badezimmer an.

Dave saß in der Küche auf einem Barhocker und blätterte auf dem Laptop durch die Fotos die Jessie geschossen hatte, während der nach seinem Training duschte.

„Wie viel Zeit haben wir noch bis zum Grillen?", rief Jessie ihm aus dem Badezimmer zu.

Dave sah auf die Uhr. „Noch gut zwei Stunden! Kein Stress, Süßer!"

„Okay …"

Kurz darauf sah er auf, als Jessie mit einem Handtuch um die Hüften geschlungen in die Küche kam und dort dicht hinter ihm stehen blieb. Er spürte, wie Jessie ihm einen Kuss auf die Schulter drückte.

„Fühlst du dich besser?", fragte er und sah ihn an. Prompt verfing er sich in Jessies Blick, der aus irgendeinem Grund unglaublich intensiv war.

„Mhmm." Im nächsten Augenblick legte der, ohne den Blick aus seinen Augen zu nehmen, drei Dinge neben den Laptop: eine Dose Rasierschaum, einen Rasierpinsel und ein Rasiermesser.

Dave richtete sich auf und sah verwirrt auf die Utensilien. Als Nächstes wanderte sein Blick wieder zu Jessie Gesicht. Der war frisch rasiert, also konnte dies nur eins bedeuten.

„Ich möchte, dass du mit mir runter in den Keller gehst und mich auf diesem Stuhl rasierst. Und zwar komplett!", sagte Jessie mit leiser Stimme, jedoch mit einem derart verruchten Unterton, dass Dave eine Gänsehaut bekam.

„Süßer, ich liebe dich so, wie du bist … wegen mir müssen wir das nicht …"

„Ich möchte, dass du mich auf diesem Stuhl rasierst!", unterbrach ihn Jessie und wiederholte seinen Wunsch. Diesmal noch eindringlicher.

Dave kannte diesen Ton inzwischen nur zu gut. Er bedeutete, Jessie meinte es genauso, wie er es sagte und würde in keinem Fall nachgeben. Dennoch blieb ihm erst einmal der Mund offen stehen und es dauerte ein paar Sekunden, bis er sich wieder gefangen hatte. Er schluckte.

„Würdest du das bitte für mich tun?", fragte Jessie mit einem Augenaufschlag, der Dave mitten ins Herz traf.

„Wenn du das wirklich willst …?"

„Fuck ja! Es ist mir verdammt ernst!"

„Das ist eine sehr reizvolle Idee, Süßer!", murmelte Dave und glitt vom Barhocker. Er klappte den Laptop zu, nahm die Rasierutensilien, holte eine Schüssel aus dem Schrank und ging ohne einen weiteren Einwand voraus zur Kellertür.

Master Dave

Jessies Herz klopfte, als er hinter Dave die Stufen hinabstieg, nachdem der die codegesicherte Tür entriegelt hatte. Und wieder fuhr er zusammen, als die zweite Tür nach einiger Zeit mit einem satten Geräusch ins Schloss fiel.

Sie gingen den Gang entlang und kamen schließlich beim fünften Raum an. Dave betätigte den Lichtschalter. Jessie beobachtete, wie er sich von der Wand einen kleinen Beistelltisch auf Rollen und einen Hocker heranzog – beides Dinge, die ihm zuvor gar nicht aufgefallen waren – und die Schüssel, den Pinsel, den Schaum und das Rasiermesser darauf platzierte.

„Dann nimm mal Platz!" Daves Blick glitt lüstern über Jessies Kehrseite, als der sein Handtuch abnahm und es auf den Stuhl legte, um sich draufzusetzen. „Ah!", machte er und Jessie sah ihn fragend an. Mit einer flinken Bewegung zog er das Handtuch weg und zeigte erneut auf das blanke Metall. „Nimm Platz!" Sein Blick zog Jessie bis auf die Haut aus, oder zumindest hätte er das getan, wenn der nicht schon nackt gewesen wäre.

„Der ist bestimmt scheißkalt!", protestierte Jessie.

„Aber nicht lange", konterte Dave. „Ist hygienischer so. Also: setz dich!"

Jessie räusperte sich und verzog das Gesicht, als er der Aufforderung schließlich nachkam.

Dave imitierte Jessies obszöne Zungengeste und schon schwang Jessie die Beine nach links und rechts, um sie in den dafür vorgesehenen Halterungen abzulegen.

„Sehr schön!", murmelte Dave und musterte ihn eingehend.

Jessie konnte sich nicht helfen, aber er kam sich augenblicklich vor wie ein Stück Schlachtvieh, wenn auch ein sehr erotisches.

„Lehn dich an!"

Jessie merkte, dass er noch gar nicht richtig saß und holte dies nun nach, indem er sich zurücksinken ließ, auch wenn er die Zähne zusammenbiss, als seine Haut auf kaltes Metall traf. Immerhin war er es gewesen, der Dave darum gebeten hatte. Er hoffte, dass er Dave auch noch zu mehr überreden konnte, wenn er nur den Mut aufbrachte, es auch auszusprechen.

Doch anscheinend saß er nun viel zu tief im Stuhl und sein Becken, und somit auch sein Schwanz und seine Eier waren viel zu weit hinten auf der Sitzfläche, denn Dave sagte nun: „Zieh mal die Beine an! Beide! Ja genau!"

Jessie merkte, wie er vorrutschte und sein Kreuzbein nunmehr fast am Stuhlende lag.

Dave stand vor ihm und strich über die Innenseiten seiner Oberschenkel. Wieder traf ihn dieser äußerst intensive Blick, während Jessie die Beine erneut in die Halterungen legte und seinen Kopf anlehnte. Er beobachtete, wie Dave einen Schritt zurücktrat und ihn musterte.

„Mhmhmhm! Extrem lecker!" Er grinste. „Mach's dir bequem, ich hol nur kurz warmes Wasser!"

Jessie schloss die Augen, als er den Raum verließ. Sein Herz pochte inzwischen noch heftiger, als beim Betreten des Kellers. Würde er es über die Lippen bekommen? Er tastete nach den ledernen Fesseln hinterm Stuhl. Wie sich das wohl anfühlte? Dann hörte er Schritte und er nahm die Hände hastig wieder herunter.

Dave trat durch die Tür, blieb stehen und schüttelte schmunzelnd den Kopf. Das war etwas, mit dem er absolut nicht gerechnet hatte, doch er musste zugeben, dass es ihm ungemein gefiel. Er stellte die Schüssel ab und setzte sich auf den Hocker. „Bist du bereit?"

Jessie sah ihn einige Sekunden lang an, bevor er sagte: „Fast!"

Dave ließ seinen Blick über Jessies Intimbereich gleiten. „Sieht mir sehr bereit aus, nicht nur fast! Findest du nicht?"

Doch Jessie schüttelte den Kopf. „Nicht ganz!"

„Nanu?" Dave sah ihn etwas verwirrt an. „Klärst du mich auf?"

„Fessel mich!", bat Jessie ihn mit leiser, aber fester Stimme.

Dave erstarrte und er war froh, dass er die Schüssel abgestellt hatte, denn er wusste, sie wäre ihm vermutlich aus der Hand gefallen.

„Fessel mich! Dann rasier mich!", wiederholte Jessie. „Ich will wissen, wie das ist!"

Dave war hin- und hergerissen, auch wenn seinen Schwanz in seiner Hose zu pochen anfing. Es kostete ihn alles was er hatte, Jessies Blick standzuhalten, doch der gewann das Blickduell.

Als Dave aufstand, folgten Jessies Augen seinen Händen, die nach den breiten Lederriemen an den Fußteilen griffen. Er zog den Riemen durch die Schnalle und schloss ihn.

Jessie sah, dass er ziemlich Luft ließ.

„Mach es richtig, verdammt!", knurrte er und zeigte Dave, dass er seinen Fuß praktisch herauswinden konnte.

Nach einem weiteren Blickwechsel öffnete Dave die Schnalle wieder und zog zu. Jessie bemerkte sofort, dass er es diesmal korrekt machte. Dave nahm den zweiten Riemen und verschloss diesen in der Mitte von Jessies Oberschenkel. Diesmal machte er keine halben Sachen und zog ihn so eng zu, dass es kein Entkommen geben würde.

„Geht doch!", murmelte Jessie und beobachtete, wie Dave dasselbe mit seinem anderen Bein machte.

Schließlich zeigte Dave auf die Armlehne. „Leg deine Arme da drauf!"

Jessie schüttelte den Kopf, griff hinter seinen Kopf und holte die ledernen Manschetten hervor. „Ich will die!"

Er sah, dass Dave erneut zögerte, doch als er stur das Kinn reckte, ging Dave um den Stuhl herum. Jessie sah nach oben und schob seine rechte Hand in die breite Manschette.

Dave brachte seinen Kopf wieder in eine gerade Position, beugte sich von hinten zu ihm herunter und murmelte in sein Ohr. „Wie fest hättest du's denn gerne?" Dabei schrammte der Goatee über seine Wange und er zog geräuschvoll die Luft ein.

„So, dass ich mich nicht selbst befreien kann!", sagte Jessie bestimmt, als er sich wieder im Griff hatte.

Dave verschloss die Manschette eng mit drei separaten Lederriemen. Dann wiederholte er dasselbe bei der linken Hand.

„Fest genug?"

Jessie testete, indem er die Hände weit über den Kopf nahm, hochsah und sich mit eigenen Augen überzeugte, dass Dave es richtig gemacht hatte. Ein Test, ob er sich herauswinden konnte verlief negativ. Er war überrascht, wie viel Spiel er nach oben hatte, bis Dave mit etwas hinter dem Stuhl hantierte und seine Arme nach oben gezogen wurden. Kurz darauf hörte er das Klicken eines Karabiners und vorbei war es mit der Bewegungsfreiheit. Er schloss die Augen und spürte hinein in dieses Gefühl.

Währenddessen ließ Dave seinen Blick über Jessies Körper gleiten und bemerkte, dass dessen Schwanz inzwischen von relaxt in einen fast semiharten Zustand gewechselt war. Er gab Jessie noch einen Augenblick bis er wieder um den Stuhl herumkam und vor ihm stehenblieb.

„Bist du jetzt zufrieden?", fragte er. „Kann ich jetzt anfangen?"

„Noch nicht ganz!"

„Was denn noch? Soll ich dir noch Augen verbinden?"

„Nein, auf keinen Fall, ich will dich sehen!"

„Ach?" Dave grinste und wollte sich wieder setzen.

„Warte!"

Ihre Blicke trafen sich erneut. Dann nahm Jessie allen Mut zusammen und sagte leise: „Zieh dich um!"

Er beobachtete, wie sich Dave langsam zu seiner vollen Größe aufrichtete. „Bitte, was?"

„Zieh dich um! Ich will dich sehen! Denkst du ... du schaffst es, mich ... als ... als Dom zu rasieren?" Jessies Stimme zitterte, aber diese Vorstellung reizte ihn über alle Maßen. Er schluckte, als Dave dicht zu ihm kam, sich auf den beiden Armlehnen abstützte und ihm lange ins Gesicht sah.

„Unter einer Bedingung!"

Jessie wartete.

„Du sagst mir sofort, wenn ich dich losmachen soll! Sofort! Ist das klar?" In Daves Augen blitzte es auf.

„Okay ..."

„Wir werden kein Safeword vereinbaren. Sobald du Nein oder Stopp sagst, ist es vorbei und ich mach dich augenblicklich los!"

Jessie empfand Daves Blick als so intensiv wie noch nie zuvor. Er schluckte. Oh mein Gott ... Dave würde wirklich mitspielen!

„Ja oder Nein?"

„Einverstanden ..." Zu mehr war er nicht fähig.

„Und vergiss nicht ..." Dave richtete sich erneut zu seiner vollen Größe auf. „... ich liebe dich!"

Jessie sah atemlos zu, wie er zur Tür ging, von wo er sich noch einmal umdrehte. „Schließ die Augen und ... *get ready*!" Dann war er verschwunden.

Jessies Herz hämmerte so stark, dass er das Gefühl hatte, dass es ihm jeden Moment aus der Brust springen würde. Ob Dave ihn nur verarschte? Ob er wirklich mitspielte? Er schloss die Augen und versuchte, seine Atemfrequenz zu verlangsamen. Nach einigen Zügen schaffte er es zumindest, nicht zu hyperventilieren, und auch sein Puls beruhigte sich ein wenig.

Doch Dave ließ sich Zeit, um nicht zu sagen *viel* Zeit und für einen kurzen Moment dachte Jessie, dass Dave ihn womöglich gefesselt eine Stunde im Stuhl schmoren ließ, bevor er zurückkam, ihn losmachte und ihm dann den Verstand wegvögelte.

Lächelnd gab er sich der Vorstellung hin, dass Dave ihn hier auf diesem Stuhl vernaschen würde. Fast spürte er Daves liebevolle Küsse auf seiner Haut.

Er zuckte zusammen, als er plötzlich eine Tür schlagen hörte. Dann Schritte. Schwere Schritte von schweren Stiefeln. Sie kamen näher. Immer näher. Schließlich verstummten sie.

Jessie schluckte, nahm allen Mut zusammen und öffnete die Augen. Doch es dauerte mehrere Sekunden bis sein Gehirn kapierte, welcher Anblick sich ihm nun bot. Und das was er sah, war so unglaublich sexy, dass er ein sehnsüchtiges Stöhnen nicht unterdrücken konnte.

In der Tür stand Dave. Doch es war ein ganz anderer Dave, als der, den er bislang kannte. Er trug schwarze Lederchaps, sein Schwanz und seine Eier waren mit festem Leder bedeckt, was seine Männlichkeit nur noch betonte. Jessie konnte trotz des Leders erahnen, dass sich sein Schwanz bereits jetzt sehr über dieses Spiel zu freuen schien.

Daves Füße steckten in schweren, mit Nieten besetzten Stiefeln, über seinen Brustkorb kreuzten sich zwei ebenfalls mit Nieten besetzte, breite Lederriemen. Ledermanschetten spannten sich auch um seinen jeweiligen Bizeps. Zwei weitere trug er hinter den Handgelenken. Daves Hände steckten in dünnen, schwarzen Lederhandschuhen und in diesen Händen hielt er einen weiteren Riemen.

„Mmmmhmmm!", machte Dave, als sein Körper genau in diesem Moment reagierte und sein Schwanz von semihart auf wirklich hart wechselte. Dave war das Geilste, was

Jessie je gesehen hatte und definitiv der Mann seiner wildesten Träume.

Dave griff sich mit einem lüsternen Blick an den Schwanz, während er langsam näherkam und Jessie hatte die Befürchtung, er würde gleich massiv anfangen zu sabbern.

„Sieh mal, was ich hier für dich habe!"

Als Dave so vor ihm stehenblieb, wirkte er noch größer als sonst und er kam sich plötzlich verdammt klein und verletzlich vor. Zwischen seinen Händen hielt er einen breiten, schwarzen Lederriemen, den er nun zu einem Ring bog, diesen wieder auseinander gleiten ließ und ihn als Nächstes mit beiden Händen geradezog, sodass es schnalzte.

Jessie schluckte. Er konnte die Öse erkennen und wusste, was das war.

„Das ist ein Halsband!", sagte Dave überflüssigerweise und seine Stimme war tief, voll, dominant und sein Ton machte klar, dass er weder Gegenfrage, noch Widerrede zulassen würde. „Ich werde es dir nun anlegen!"

Er sah Dave mit großen Augen an, unfähig ein Wort hervorzubringen. Er schloss die Augen, als Dave ihm das Halsband um den Nacken legte und vorne den Riemen durch den Verschluss zog. Er schluckte automatisch, obwohl das Leder noch gar keinen Kontakt mit seiner Haut hatte.

Dave bemerkte amüsiert, dass Jessie bereits jetzt anfing, mit offenem Mund zu atmen. Er schloss das Halsband und prüfte es. Da er es als zu locker befand, öffnete er es erneut und machte es ein Loch enger. Jetzt traten die ersten Schweißperlen auf Jessies Stirn, als das Leder Kontakt mit seiner Kehle machte. Dave drehte es so, dass der Verschluss hinten war und die Öse vorne.

„Schluck!"

Jessie gehorchte und Dave war zufrieden, als er sah, dass es ihn nicht behinderte.

„Sehr schön!" Er stützte sich erneut links und rechts mit den Armen auf die Lehnen. „Solange das Halsband dran ist …" Er machte eine kleine, künstliche Pause, bevor er im selben verruchten Ton weitersprach: „… wirst du mich *Sir* nennen!"

Jessie blinzelte und es schien ihm unmöglich, mit geschlossenem Mund zu atmen.

Dave ließ seinen Blick über den mittlerweile erregten Körper gleiten. Hungrig. Begehrend. Wieder griff er sich an seinen eigenen Schwanz und wieder hörte er Jessie bei dieser Szene seufzen. Dave ignorierte ihn und begann langsam um ihn herumzugehen, um ihn von allen Seiten zu begutachten. Schließlich befand er sich hinter Jessie.

„Hast du mich verstanden?", zischte Dave in sein Ohr, was den zusammenfahren ließ.

„Ja!"

„Ja *was*?", knurrte Dave ins andere Ohr.

„Ja, Sir!" beeilte sich Jessie die korrekte Anrede nachzuholen.

Dave grinste – was Jessie nicht sehen konnte – und erst als er sich wieder unter Kontrolle hatte, ging er weiter.

„Genau!" Er nickte und besah sich die Szene interessiert von der anderen Seite. Er bemerkte die feinen Schweißperlen auf Jessies glattrasierter Achsel, beugte sich hinunter und leckte lasziv darüber. Prompt versuchte sich Jessie zu entziehen und zum ersten Mal kamen die Fesselungen ins Spiel, die ihn am Platz hielten. Dave spürte seinen Schwanz gegen das Leder zucken.

„Fuck, du schmeckst gut!", murmelte er Jessie ins Ohr und ließ seine Zunge folgen.

Der schnappte erneut nach Luft.

Dave leckte den Schweiß von Jessies Stirn. „Normalerweise bedankt man sich für so ein Kompliment!", brummte er, bevor er ihm über die andere Achsel leckte.

„Ähm, danke, Sir!", stieß Jessie hervor.

„Schon besser!" Er verbiss sich erneut mühsam ein Grinsen. Schließlich blieb er vor Jessie stehen, griff ihm mit seiner behandschuhten Hand an den steifen Schwanz und wichste ihn. Doch Dave bemerkte sofort, dass er extrem vorsichtig sein musste, denn Jessies Körper bockte bei dieser für ihn so fremden Berührung lustvoll. Der lederne Handschuh an seinem Schwanz schien ihn fast zum Abspritzen zu bringen.

„Sehr schön!"

„Danke, Sir!"

Als Nächstes berührte Dave ihn am ganzen Körper interessiert. Er tat so als prüfe er den Muskeltonus an den Beinen und strich ihm über die Brustmuskeln.

Dave hörte, dass Jessie fast zu hyperventilieren begann, als er seine Hand vom Brustbein über den Bauch tiefer gleiten ließ. Sehr begehrend und sehr besitzergreifend. Wieder ließ er Jessies Schwanz einmal durch die Finger gleiten und erneut schien die Berührung des Leders wie ein elektrischer Schlag auf Jessie zu wirken.

Dave bog Jessies Schwanz nach unten und sah zu wie dieser wieder nach oben schnellte. Dies tat er mehrmals, während Jessie sich wand, aber eben nur soweit es die Fesseln zuließen.

Schließlich blieb er wieder vor ihm stehen, ging dabei leicht in die Knie und nahm Jessies Schwanz in die Hand. Dann rieb er seinen in Leder verpackten Schwanz an Jessies nacktem.

„Fuck!", keuchte der atemlos und presste den Kopf gegen die Kopfstütze.

Daves Hand landete fast augenblicklich an seinem Kinn. „Träum weiter!", knurrte er und genoss Jessies wachsende Lust, die sich in seinen Augen spiegelte.

Schließlich strich er mit dem Daumen über Jessies Lippen, öffnete ihm den Mund und schob seinen Daumen tiefer hinein. Er sah, wie Jessie seine Augen schloss, während seine Zunge nach dem in Leder gepackten Daumen tastete.

„Sieh mich dabei an!"

Jessie gehorchte hastig.

„Ja, genau!"

Er seufzte, als er die Rückseite von Daves Zeigefinger zwischen seinen Lippen spürte.

„Gefällt dir das?", fragte Dave mit diesem erotischen Unterton, der bei ihm Schockwellen auslöste, auch ohne dass Dave in Leder gekleidet war.

„Ja, Sir!", murmelte Jessie.

„Ich kann dich nicht hören!"

„JA, SIR!", stieß er eilig hervor.

„Geht doch! Leck mir die Finger!"

Prompt zuckte Jessies Schwanz bei diesen Worten, als er der Aufforderung nachkam.

„Sieh mich an dabei, verdammt!" Daves andere Hand hatte sich in seine Haare versenkt und ihn aufgerüttelt. „Ich will deine wunderschönen Augen dabei sehen!"

„Tut mir leid, Sir!"

„Mhmm", brummte Dave, während seine Zunge die behandschuhte Hand ertastete. „So is' es gut."

Dann ließ Dave wieder von ihm ab, richtete sich auf und griff sich mit seiner, nun von Jessies Speichel feuchten, behandschuhten Hand an seinen Schwanz. Jessie hätte ihn so gerne berührt. Er ahnte, dass Dave hart war, doch es war unter dem dicken Leder nicht wirklich zu erkennen.

„Du bist hier, damit ich dich rasiere?", fragte Dave, während er wieder um ihn herumging.

„Ja, Sir! Bitte, Sir!"

Dave klopfte ihm einmal auf seinen steifen Schwanz, der dabei nach unten gedrückt wurde und sofort wieder nach oben schnellte.

Jessie keuchte.

„Und wie soll das gehen? Du willst doch nicht, dass ich dir versehentlich in deinen geilen Schwanz schneide, oder?"

„Nein, Sir!"

Dave wichste ihn wieder, bog den Schwanz nach unten, bis sein Körper in den Fesseln bockte. Als er losließ, klatschte er ihm auf den Schambereich, wo er mit seiner leichten Rechtsbiegung zum Liegen kam.

Dave schüttelte den Kopf. „Du siehst ein, dass wir das erst unter Kontrolle bekommen müssen, ja?"

„Ja, Sir!""

„Hast du eine Idee?" Dave sah ihn fragend an.

„Sir, ähm, Sie könnten mich ... zum Abspritzen bringen?!", schlug Jessie vor, während ihm bei dem Gedanken eine lustvolle Gänsehaut über den Körper kroch.

„Zum Beispiel."

Jessie schloss die Augen. Oh ja bitte! Er wusste, er würde nach kürzester Zeit kommen, wenn Dave ihn mit dieser behandschuhten Hand wichste. Doch schon hörte er Dave schmutzig Lachen.

„Du glaubst wirklich, dass es so einfach ist, ja?"

„Sir? Bitte, Sir!" Jessie wusste, dass er fast flehte, doch Dave grinste nur.

„Oh, nein!" Erneut berührte Dave seinen erregten Körper. „Dafür musst du erst ein wirklich ... wirklich guter Junge sein!"

Jessie blinzelte.

Dave beugte sich herab und küsste ihn auf die Brust. „Ich möchte erst noch ein wenig mit dir ... spielen!" Mit diesen Worten biss er in die rechte Brustwarze.

„AAAH!" Jessies Körper wurde von den Fesseln geblockt, als er vehement zuckte. Das Gefühl war so noch schlimmer, als ohne dabei gefesselt zu sein.

Dave grinste und Jessie schluckte, als dessen Hand an seinen Eiern landete. Verdammt fühlte sich das geil an, wenn Dave ihn mit diesem verfluchten Handschuh berührte! Dave schnürte ihm die Eier ab, zog sie nach unten, dabei hob sich Jessies steifer Schwanz vom Schambereich und wieder ruckte sein Körper in den Fesseln.

„Mhmmm!" Daves Hand fuhr seinen Schwanz entlang und drückte ihn gegen seinen Bauch. Dann glitt sie weiter über seinen Nabel und seine Brust, bis zu seinem Hals. Schließlich spürte Jessie Daves Hand an seiner Kehle. Prüfend. Testend.

Jessie schluckte und Dave schauderte wohlig. So viel Macht über einen anderen Menschen zu haben, war immer wieder über alle Maßen erregend. Er beugte sich zu Jessie herab und leckte ihm einmal quer übers Gesicht. Inzwischen atmete Jessie wieder hörbar.

„Du wirst kommen! Das versprech ich dir!" Jetzt entfuhr Jessie ein sehnsüchtiges Seufzen. „Aber definitiv erst … nach mir!", fügte Dave hinzu und küsste ihn fast schon brutal. Prompt wandelten sich Jessies Laute in ein erregtes Stöhnen. Dave ließ hastig von ihm ab und drehte sich um. An Jessies lustvollem Keuchen hörte er, dass dessen Blick zum ersten Mal auf seine Rückseite gefallen war und er spannte prompt verführerisch seine für Jessie gut sichtbaren, freiliegenden Pobacken an.

„Stimmst du mir zu, dass wir erst deinen Schwanz aus dem Weg räumen müssen, bevor ich endlich das machen kann, was du von mir möchtest? Nämlich dich rasieren?", fragte Dave, ohne sich umzudrehen.

„Ja, Sir!"

„Gut!" Dave grinste in sich hinein und kam wieder zu ihm zurück.

Jessies Blick fiel auf ein dünnes Seil in Daves Händen und er schluckte erneut. Im nächsten Augenblick musste er mitansehen, wie Dave seinen Schwanz und seine Eier kunstvoll verschnürte, bis dieser, wie mit einem Cockring, von seinem Körper abstand. Jessie konnte sich nicht helfen, aber sein Atem ging stoßweise, als er das für ihn so erotische Ergebnis sah. Doch damit nicht genug. Dave ging in die Hocke und spannte das lose Ende des Seils soweit, dass sein Schwanz noch weiter nach vorne gezogen wurde.

„Sag, wenn es nicht mehr geht!", bat Dave und Jessie wusste, dass das wieder der andere Dave war.

„Es ist okay … Sir!" Mühsam versuchte er, seinen Atem zu beruhigen.

Dave ließ dennoch ein klein wenig nach und befestigte das andere Ende an einem Ring, der vorm Stuhl in den Boden eingelassen war. Danach richtete er sich wieder auf und besah sich sein Werk. „Schon besser, was meinst du?" Er beobachtete Jessie, der nach wie vor mit fassungslosem Blick auf seinen steifen, abgebundenen Schwanz starrte. Da Jessie nicht antwortete, griff er beherzt an seinen abgebundenen Ständer und brachte ihn damit dazu, stöhnend hochzufahren. „Ja? Ich warte!"

„Ja, Sir!"

„Gefällt dir dein Schwanz so?"

Jessie keuchte. „Ja, Sir! Sehr, Sir!"

„Mir auch!" Dave begann ihn zu wichsen. Dabei glitt sein Blick immer wieder zu Jessies Gesicht, in dem sich grenzenlose Lust spiegelte.

Und während die Lust stieg, spürte Jessie, dass der Druck um einiges steigen musste, um so abspritzen zu können. Doch Dave blieb dran und Jessie schloss wieder die Augen. Dave würde ihn doch sicher nun erlösen! Oder nicht?

„Oh Gott, ja … Sir! Danke, Sir!" Jessies Kopf rollte von links nach rechts, während er immer geiler wurde.

„Gefällt dir das?"

„Fuck, ja Sir!"

„Willst du kommen?"

„JA, SIR! BITTE!" Jessies Körper bockte hart, doch kurz bevor es zu spät war, ließ Dave von ihm ab.

„Ah … ich glaube, es ist noch viel zu früh!"

„AAAH … FUCK!", keuchte Jessie frustriert.

Dave stand auf und beugte sich über ihn. „Willst du damit etwa sagen, du bist mit mir unzufrieden?"

Jessie stöhnte. „Nein, Sir!"

Dave grinste. „Gefällt dir, was ich mit dir mache?"

„JA, SIR!"

Wieder leckte ihm Dave quer übers Gesicht. Dabei spürte er, wie Jessies Zunge versuchte, auf seine zu treffen, doch er ignorierte ihn. Stattdessen setzte er sich wieder und besah sich Jessies Schwanz, der inzwischen eine eher dunkelrote Farbe angenommen hatte und sichtlich verärgert darauf wartete, dass man ihn seine Ladung abschießen ließ. Er wichste ihn erneut und drückte Jessies Schwanz dabei etwas zusammen. In seinem Schlitz hatte sich ein großer Lustropfen gebildet, den er nun mit einem behandschuhten Zeigefinger abwischte.

Ihre Blicke trafen sich kurz, dann öffnete Jessie auch schon mit einem leisen Seufzen den Mund, als sich Daves Hand seinem Gesicht näherte.

„Good boy!", lobte ihn Dave. „Leck es ab!"

Jessie gehorchte, ohne zu zögern.

„Willst du mehr?"

„Ja, Sir!"

Dave hörte seine Stimme vor Erregung zittern und sein eigener Schwanz drückte sich gegen das Leder, als sich diese Szene wiederholte.

Als Nächstes hielt Dave seine Hand nur über Jessies Schwanz und tat so, als wichse er ihn, ohne ihn allerdings zu berühren.

Jessie stöhnte.

„Soll ich ihn wieder anfassen?"

„Bitte, Sir!"

Dave tat es nur hauchzart und hörte Jessie sofort frustriert keuchen „Du könntest versuchen, meine Hand zu ficken?"

Jessie versuchte es und prompt entkam ihm ein leiser Schrei, denn die Fesselung seines Schwanzes ließ dies nicht zu.

„Ich sagte, du könntest es *versuchen* ... ich würde es dir aber nicht unbedingt raten!", korrigierte sich Dave und sah zu, wie Jessie die Augen zusammenkniff. Er nutzte die Gelegenheit, beugte sich lächelnd hinab und leckte über die Eichel.

„AAAAAAH!"

„Mhmhmhm!" Dave tat es gleich noch einmal.

„FUCK!", fluchte Jessie und Dave begann, ihn augenblicklich wieder heftig zu wichsen. „UUAAAAH ... AAA-AAAAH ... AHAHAHA ... Oh Gott, ich komme!"

Natürlich brach Dave es erneut ab und der ungewollte Schrei, der über Jessies Lippen kam, war erregt und frustriert zugleich. Während Jessie noch mit seiner Beherrschung kämpfte, stand Dave wieder auf und berührte ihn besitzergreifend. Er brachte sein Gesicht dicht an Jessies und konnte dabei dessen Puls an der Halsschlagader sehen. Genussvoll atmete er den Sex ein, den er mit ihm hatte. Denn was hier ablief, war nichts anderes.

Jessie schloss bebend die Augen und hatte sich noch nie im Leben so begehrt gefühlt wie in diesem Moment.

„Wenn ich dich erst mal kommen lasse, wirst du deinen Saft vermutlich bis hinter den Stuhl spritzen ... und ich kann es kaum erwarten, es zu sehen!"

Jessie stöhnte erregt.

„Aber noch ist es nicht Zeit!"

„Fuck!"

Daves behandschuhte Hand landete an seinem Kinn. „Reiß dich zusammen und hör auf zu fluchen!", zischte er warnend. „Oder ich könnte mir das mit dem Kommen-lassen noch mal überlegen!"

Jessie atmete stoßartig.

„VERSTANDEN?"

„JA, SIR!"

„UND?"

„ES TUT MIR LEID, SIR!"

„WILLST DU KOMMEN ODER NICHT?"

„GOTT, JA, SIR! BITTE, SIR!"

„AH!", brummte Dave und richtete sich wieder auf. „Geht doch!" Insgeheim freute er sich diebisch, dass er nun doch an dem Punkt angelangt war, am dem er in einer Posi-tion war, Jessie vielleicht ein klein wenig zu erziehen.

Dann setzte er sich endlich und begann damit, weswegen sie eigentlich hier gelandet waren. Nämlich Jessie zu rasieren. Nun, da dessen Schwanz nicht mehr im Weg war, konnte er problemlos zur Tat schreiten. Er ließ seine behandschuhten Finger noch einmal durch die kunstvoll rasierten Schamhaare streichen. „Du willst das wirklich?" Er sah kurz auf.

„Ja, Sir! Bitte, Sir!"

„Nun gut!" Dave ließ seine Hände vom Schambereich über den Bauch und die Brust höher gleiten. Dabei beugte er sich vor und nahm einen weiteren, tiefen Atemzug aus Jessies Intimzone. Im Hochkommen leckte er über Jessies prallen, gefesselten Schwanz und begann schließlich Rasier-schaum aufzutragen. „Es wäre äußerst ratsam, wenn du jetzt ganz stillhalten würdest!", warnte Dave und setzte geschickt das Rasiermesser an.

Jessie hatte sich noch nie zuvor im Leben einem Men-schen so ausgeliefert und dennoch erregte es ihn über alle Maßen. Noch nie hatte er sich von einem Lover rasieren lassen und so intim es war, war es doch unglaublich erotisch. Und er bemerkte, dass Dave sich viel Zeit ließ, mit dem was er tat. Viel Zeit und die Spannung zwischen ihnen stieg immer weiter.

Als Dave alle Schamhaare abrasiert hatte, säuberte er den Bereich mit einem feuchten Handtuch. Jessie beobachtete, wie er hier und da noch eine kleine Korrektur machte. Daves Hand im Lederhandschuh auf seiner nackten Haut zu sehen, brachte ihn fast um den Verstand. Dave griff erneut nach seinem Schwanz und er begann fast augenblicklich zu hyperventilieren.

Dave war sich sicher, dass es Jessie irgendwann mal deswegen umhauen würde. Sollte das allerdings jetzt passieren, dann saß er wenigstens dabei.

„Du warst ein guter Junge! Ich sollte dich dafür ein wenig ... belohnen!", raunte er und schon wichste er ihn wieder. Schließlich begann Jessie Körper wieder zu beben, dann zu zucken und schließlich zu bocken. Dave stand auf und beugte sich über ihn. „Du wirst nicht einfach kommen, hörst du?", knurrte er. „Du wirst mich um Erlaubnis fragen!"

„AAAAH!"

„Verstanden?"

„AAAAAAAAAAH!"

„VERSTANDEN?"

„JA, SIR! JA, SIR! AAHHAHAHA!"

Mit Genuss sah Dave, dass Jessie wieder mit den Fesselungen kämpfte, die seinen Körper gnadenlos im Zaum hielten. Er brach ab, nur um sich vorzubeugen und in aller Seelenruhe seinen Bauch zu küssen. Dann seine Seiten und fast schubste er Jessie dabei wieder über den Rand des Erträglichen. Kurz bevor dies geschah, hörte er auf.

Dave ging in die Hocke, löste das Seil vom Ring und befreite seinen protestierenden Ständer. Jessies Laute waren lustvoll und qualvoll zugleich, als endlich wieder Blut zirkulierte. Doch das erotische Martyrium, das Dave ihm antat, war noch nicht vorbei.

Er besah sich Jessies Eier mit fachmännischem Blick, nahm den Rasierschaum und den Pinsel und seifte nun auch sie ein. „Du beruhigst dich besser!", warnte er, als sich das Messer den eingeschäumten Eiern näherte. „Atme!" Und nachdem er ein wenig gewartet hatte, wagte Dave es auch, die angehenden Stoppeln auf Jessie Eiern zu rasieren. Danach kamen sein Schwanzansatz und die Unterseite seiner Eier dran. Schließlich nahm er wieder das feuchte Handtuch und säuberte alles.

„Sehr schön!", murmelte er. „Nein ... Wunderschön!", verbesserte er sich.

„Danke, Sir!"

Dave stand auf und bevor sich Jessie versah, wurde der Stuhl mechanisch ein Stück nach hinten gekippt. Somit lag er nun mehr darauf, als dass er saß. Als Dave um den Stuhl herumkam, verstand er wieso. Sein Gesicht war nunmehr auf gleicher Augenhöhe wie Daves immer noch gut verpackter Schwanz.

Im nächsten Augenblick spürte er, wie Dave ihm in die Haare griff.

„Ich glaube, es ist Zeit, dass ich dir zeige, wie sehr du mir gefällst!", sagte Dave in verruchtem Ton und fuhr sich über sein Paket.

Jessie stöhnte sehnsüchtig.

„Erspür ihn!"

„Oh Gott!" Jessie drückte sein Gesicht auf das kühle schwarze Leder und rieb seine Nase, sein Kinn und seine Wangenknochen daran. Trotz des Leders konnte er spüren, dass Dave hart war.

„Mehr!"

Jessie drückte seine Lippen fester darauf und dennoch verstärkte sich Daves Griff in seinen Haaren und presste sein Gesicht gegen das Leder.

„Leck ihn!"

Jessies Mund öffnete sich und er gehorchte umgehend.

„Fuck!", murmelte Dave, während sich sein Griff lockerte.

Während Jessie begierig am Leder leckte und saugte, trafen sich ihre Blicke. Als er Daves Schwanz verstärkt spürte, legte er sich nur noch mehr ins Zeug.

„Sir, bitte!", murmelte er, ohne zu unterbrechen, was er tat. „Bitte! Ich will dienen!" Er beobachtete, wie Dave bei dieser Ankündigung kurz den Kopf in den Nacken legte. Im nächsten Moment öffnete er die Druckknöpfe an der Vorderseite seiner Hose und zog das Lederstück ab, das bislang seinen Schwanz bedeckte. „Oh Ja!" Jessie öffnete den Mund, während Dave seinen Schwanz nach unten bog und ihm an die Lippen hielt.

„Küss ihn!"

Er sah, dass Jessie Anstalten machte, seinen Schwanz in den Mund zu nehmen und er schritt sofort ein, aus Angst vorzeitig zu kommen. Er wusste, er war selbst zu erregt, um sich lange zu halten. Daher versuchte er es wenigstens noch einige Augenblicke hinauszuzögern.

„Küssen, nicht blasen!", knurrte er. „Und sieh mich an dabei! Ja, so is' es gut! Du darfst ihn gleich ganz in den Mund nehmen, keine Sorge!"

„Bitte, Sir!"

Dave veränderte den Stuhl noch ein Stück weiter und brachte Jessie noch etwas mehr in Rücklage. Mit einem Hebel kippte er das Kopfteil weg und Jessies Kopf hing im freien Raum. Er trat hinter den Stuhl und stabilisierte Jessies Kopf mit einer Hand im Nacken und bog seinen Schwanz mit der anderen nach unten.

„Mach schön weit auf! Sehr schön!" Er griff von vorne ins Halsband und schob sich zwischen Jessies Lippen. Doch Jessies Stöhnen, als er ihn endlich in den Mund vögelte und der Anblick seines gefesselten und erregten

Körpers, waren zu viel und somit konnte er sich nicht lange beherrschen und kam in harten Schüben. „Verdammt, das war zu schnell!" knurrte er fast etwas frustriert und beließ seinen Schwanz noch eine Weile tief in Jessies Rachen. Dann erst zog er sich zurück und fuhr den Stuhl wieder in die Sitzposition.

Diesmal reichte ein Blick von ihm und Jessie krächzte: „Danke, Sir!"

Dave grinste „War mir ein Vergnügen!"

Jessies Augen verfolgten ihn, als er sich abwandte und glitten über Daves tollen Körper in diesen Lederchaps. Seinen starken Rücken, seinen muskulösen Hintern. Noch nie im Leben hatte er so ein geiles Spiel gespielt und er wusste sofort, dass er das nicht zum letzten Mal gemacht hatte.

Dann kam Dave zurück und setzte sich wieder auf seinen Hocker. In seiner Hand hielt er etwas, was Jessie noch nie zuvor gesehen hatte. Es war ein in einer U-Form gebogener Metallstab, mit jeweils einem dicken Tropfen an jedem Ende. Als Jessie genauer hinsah, bemerkte er, dass ein Ende fast doppelt so dick war wie das andere. Er sah ihn etwas ratlos an, was Dave prompt ein diabolisches Grinsen entlockte. Er hielt es sich über den Kopf und meinte: „Ich garantier dir, es ist kein Heiligenschein!"

Er schluckte als Dave den kleinen Tropfen in den Mund nahm und ihn einspeichelte. Oh, verdammt, was hatte es damit nur auf sich?

Während Jessies Mund langsam aufklappte, rollte Dave näher und begann, ihn zu wichsen.

„Was zum Teufel?", entfuhr es Jessie und Dave erntete damit einen warnenden Blick.

„Wie war das?"

„Ähm, sorry, Sir!"

„Hm …" Dave wichste ihn schneller und Jessie stöhnte. Er schien sich sicher, dass Dave ihn nun ebenfalls erlösen würde. Dabei bemerkte er nicht, dass sich Daves andere Hand mit dem Metalltropfen seinem Loch näherte.

Während er unverwandt in Daves Augen blickte, spürte er, wie ihn etwas Kühles unterhalb seiner Eier berührte. Dann schien es tiefer zu gleiten und schließlich an seinem Loch anzukommen.

„Relax, okay?"

Er atmete mit offenem Mund und das hatte nichts damit zu tun, dass Dave ihn immer noch wichste.

„Oh Gott … AAAAH!"

Dave war mit einem der Tropfen in ihn eingedrungen und die gebogene Form hatte zur Folge, dass er damit unweigerlich über seine Prostata schrammte. Jessies Körper bockte. Ob er wollte oder nicht. Doch Dave lächelte nur und machte erst einmal weiter.

Doch irgendwann brach er – und Jessie war nicht überrascht darüber – wieder ab und schob das Teil tiefer. Als Dave es um hundertachtzig Grad drehte, war er von einem Schrei nicht mehr weit entfernt. Dann ließ Dave das Ding los und sah ihn an.

„Sieh doch nur!"

Der dicke Tropfen lag neben Jessies steifem Schwanz auf seinem nunmehr haarlosen, sexy Schambereich. er wichste Jessie wieder stärker, anfangs ohne das Metall zu berühren, bis er es schließlich mit einbaute und langsam zur Prostata zurückkam.

„AAAAH … AHAHA … OH GOTT!"

Er beugte sich hinunter und küsste Jessies Eier. Dann zog er es behutsam aus Jessies Körper und sah zu, wie sich dessen Loch noch sperrte den Metalltropfen aus seinem Körper zu lassen.

„Oh Mann!", murmelte Jessie, als Dave den Tropfen lasziv ableckte.

„Zeit es umzudrehen, was denkst du?" Doch es war eher eine rhetorische Frage, allerdings mit einem sehr verruchten Unterton. Er drehte das Teil um und benetzte den großen Tropfen mit Gleitgel. Danach setzte er es wieder an Jessies Loch und verlangte erneut Einlass.

Jessie schnappte hörbar nach Luft.

„Lass mich rein! Lass es zu! Du kommst aus der Nummer eh nicht mehr raus!"

„UUUUAAAAAH!"

„Ja genau! Lass mich rein! So ist es gut! Atme! Ja, schön!"

Er sah, wie sich Jessie auf die Lippe biss, vermutlich um ein aggressives FUCK zu vermeiden, dann war er drin. Offensichtlich fruchteten seine Erziehungsmethoden langsam. „*Good boy!*", schnurrte Dave und arbeitete sich mit dem Tropfen zur richtigen Stelle vor, während Jessie noch sichtbare Schwierigkeiten hatte, den doppelt so dicken Eindringling zu kompensieren.

Schließlich hatte er ihn, wo er in haben wollte und Jessie begann die Kontrolle zu verlieren.

„Oh mein Gott!! … Ah! … Ah! … Sir! Darf ich kommen? … AH! SIR! BITTE!" Jessie wusste, dass er laut war, denn seine Stimme hallte im Raum wieder. Doch er war unfähig, sich noch länger zusammenzureißen.

Allerdings schien Dave nach wie vor kein Einsehen mit ihm zu haben und ließ seinen Schwanz gerade noch rechtzeitig los. Jessies Körper ruckte so heftig in den ledernen Fesselungen, dass jeder Riemen zum Einsatz kam. Sein frustrierter Wutschrei hallte von den Wänden, während die Lust durch seine Muskeln schoss, die Erlösung ersehnend, endlich den langverdienten Orgasmus erleben zu dürfen.

Dave beugte sich zu ihm hinab und biss ihn in seine harte linke Brustwarze.

„AAAAAAAH!" Jessie riss die Augen. „BITTE SIR!"

Dave leckte über seine Lippen. „Bald!", raunte er und biss ihn in die rechte, was Jessies Schwanz wieder zum Zucken brachte. Er starrte Dave an, als der sich aufrichtete und seine behandschuhte Hand wieder nach seinem steifen, flehenden Schwanz griff. Und schon wichste er ihn wieder. „Bitte!", flehte er und Dave wurde schneller. „BITTE, SIR!"

Dann tat ihm Dave endlich den Gefallen und er verlor erneut die Kontrolle.

„AAAAAAH … OH GOTT … AH! … SIR! … AH! … ICH FLEHE SIE AN! … DARF ICH KOMMEN?"

„Ja, Süßer! Lass es raus! Zeig mir deinen Saft!", spornte ihn Dave an und unterbrach es dieses Mal nicht mehr.

Jessies Körper bebte und er spritzte mit einem animalischen Lustschrei ab. Und Dave sollte recht behalten, er benetzte dabei seinen kompletten, schweißgebadeten, erregten Körper und schoss seinen Samen bis hinter den Stuhl.

Dave konnte ihn noch eine ganze Weile lang melken, während er weiter mit dem gebogenen Metallteil über die Prostata schrammte. Daher wurden Jessies lustvolle Laute auch nur langsam leiser und schließlich hatte auch der letzte Tropfen seinen Schwanz verlassen.

Dave richtete sich auf und ließ sein Blick über den nunmehr schweißgebadeten, besudelten Körper gleiten. Jessie hatte den Kopf angelehnt, seine Augen waren geschlossen und er atmete mit halboffenem Mund. Dave konnte es nicht lassen und schrammte noch ein letztes Mal mit dem dicken Tropfen seines Folterinstruments über Jessies Prostata, was den noch einmal zusammenfahren ließ. Kurz bevor der dicke Metalltropfen das Loch so sehr weitete, dass er freikam, riss er noch einmal mit letzter Kraft an den Fesseln, bis Dave das Ding schließlich komplett herauszog.

„*Good Boy!*", murmelte Dave, als er sich über ihn beugte. Er griff Jessie beherzt in die Haare und bog seinen Kopf noch etwas weiter nach hinten. „Sieh mich an!"

Jessie gehorchte mühsam. Sein Puls raste immer noch und dieser ungewöhnliche Orgasmus, sein erster im gefesselten Zustand, wirkte noch massiv nach. Er hatte das Gefühl, als würde sein kompletter Körper pulsieren. Als wäre der Orgasmus nicht verebbt, sondern nur vom einen Ende seines Körpers zurückgeschickt worden zum anderen, wie eine unaufhaltsame Tsunamiwelle.

„Wer war es, der dich rasiert hat?"

„Master Dave, Sir!", brachte Jessie mühsam hervor. „Danke, Sir!"

Dave ließ ihn los. „Genau!"

Jessie schloss die Augen wieder und spürte, wie Dave ihm im nächsten Moment das Halsband umdrehte und den Verschluss öffnete. Dann löste er die Fuß-, Bein- und Handfesseln.

„Gib dir ein wenig Zeit, Süßer!", hörte er Dave mit sanfter Stimme sagen und dann entfernten sich seine schweren Schritte aus dem Raum.

Nachwehen

Als Dave nach einiger Zeit in seiner Jogginghose und T-Shirt zurückkam, saß Jessie immer noch genauso im Stuhl. Lediglich seine Hände lagen auf den Armlehnen. Er war körperlich und mental am Ende, obwohl er sich nicht bewegt hatte. Oder vielleicht gerade deshalb. Noch nie hatte er einem Menschen derart Zugriff auf seinen Körper und seine Seele gegeben, und dennoch war es unvergleichlich erregend und er selbst dabei überglücklich gewesen.

Er spürte, wie Dave ihm sanft durch die Haare strich. „Bist du okay?"

„... ich bin fix und fertig!", murmelte Jessie erschöpft und öffnete die Augen.

Dave grinste. „Ich helf dir hoch." Er holte Jessies Beine aus den Halterungen und massierte sie ein wenig. „Denkst du, du kannst aufstehen?"

Jessie nickte und Dave zog ihn hoch.

Er schwankte etwas und lehnte seine Stirn an Daves.

Der küsste ihn und murmelte: „Komm!"

Doch sie kamen nicht weit. Schon im Gang gaben Jessies Knie, die butterweich waren, nach. Daher bog Dave ab und half ihm auf das Bett im Elektro-Raum. Dort glitt er neben ihn, strich ihm erneut durch die Haare und sah ihn mit einem besorgten Blick an.

„War es ... zu heftig?"

Doch dann bemerkte er, dass um Jessies Lippen ein seliges Lächeln spielte. „Fuck, nein!" Ihm fiel ein Stein vom Herzen. „Es war ... einfach nur ... unglaublich! Ich spür es immer noch ... kann das sein?"

Dave lächelte. „Oh ja, Süßer!" Dabei streichelte er Jessies schönen Brustkorb, doch der zuckte erneut bei dieser harmlosen Berührung zusammen, was Dave deutlich zeigte, wie überreizt er war.

„Bitte halt mich!", flüsterte Jessie und Dave nahm ihn fest in die Arme.

Es dauerte Minuten, bis sich Jessie wieder regte.

„Bist du dir sicher, dass es nicht zu heftig war?"

„Du wiederholst dich!", brummte Jessie.

„Red mit mir!", bat Dave, immer noch verunsichert.

Jessie sah ihn einige Zeit lang nur wortlos an, bevor er erneut murmelte: „Es war einfach nur unglaublich!"

„Jetzt wiederholst *du* dich." Doch Dave spürte, wie sich endlose Erleichterung in ihm breitmachte. „Ist das wirklich das, was du denkst?"

Jessie schüttelte den Kopf. „Das, was ich denke, kann ich im Moment gar nicht in Worte fassen, denn ... es sind hauptsächlich Gefühle!"

Dave lächelte, küsste ihn auf die Stirn und sagte: „Es war mein erstes Mal!"

„Dass du das mit jemandem gemacht hast, der keine Erfahrung damit hat?"

Dave nickte. „Das auch. Und, noch viel wichtiger: dass ich nicht einen einzigen Gedanken daran verschwendet habe, meinem Partner wehzutun."

Jessie schnaubte.

„Ein bisschen gequält vielleicht schon ...", gab er zu und sah, wie Jessies Mundwinkel zuckte. „Lustvoll gequält ..."

Jessie seufzte und vergrub sein Gesicht an Daves Hals.

„Ich könnte dir nicht wehtun, Süßer. Niemals."

„Weil ich das weiß, liebe ich dich so sehr! Ich hab mich so extrem sicher gefühlt!"

„Es war wunderschön ...!"

„Du hast so absolut ... unglaublich ... sexy ... ausgesehen!"

Dave wurde rot. „Danke!" Er war es definitiv nicht gewohnt, solche Komplimente zu bekommen. „Ich hab's mitbekommen, wie das auf dich gewirkt hat." Er schmunzelte und dachte an Jessies spontane Erektion, als er umgezogen in der Tür erschienen war.

„Ich wollte dich unbedingt so sehen!"

„Ich hab's gemerkt!"

„Du wolltest eigentlich ablehnen, stimmt's?"

Dave nickte. „Aber dann ist mir eingefallen, was du heute Morgen gesagt hast, Süßer. Nämlich, dass du denkst, dass ich wesentlich mehr kann, als ich weiß ..."

„Du hast es definitiv gekonnt!"

„Und ich bin echt stolz drauf!"

„Kannst du auch sein!" Jessie seufzte. „Ich ... ich kann es nur nicht in Worte fassen."

Dave küsste ihn auf die Wange. „Schon okay."

Irgendwann war Jessie dann doch in der Lage, aufzustehen, und wenig später saßen sie zusammen in der Wanne.

Jessie lehnte mit einem glückseligen Lächeln auf dem Gesicht und geschlossenen Augen auf seiner Seite und gab Dave genügend Zeit, ihn zu beobachten.

„Ich wusste, dass es geil sein würde!", murmelte Jessie. „Aber, dass es *so* geil sein würde ..." Er brach ab und Dave traf ein ungläubiger Blick.

„Und du warst ein sehr guter Junge!"

„Ich hätte es fast nicht über die Lippen bekommen!", gestand Jessie.

„Was?"

„Dich darum zu bitten!"

Dave lächelte. „Noch nicht kapiert, dass ich dir keinen Wunsch abschlagen kann?"

Jessie schloss die Augen wieder, räkelte sich ein wenig und brachte Dave damit fast zum Sabbern.

„Wieso ist das so ein unglaubliches Gefühl? Wenn ich die Augen zumache, dann spür ich es, als wäre ich noch dort!"

„Jessie ..."

Er öffnete abrupt die Augen, da er sich nicht erinnern konnte, wann Dave ihn zuletzt mit seinem Namen angesprochen hatte.

„… du hast dich gerade von mir durch eine Tür führen lassen, zu einem Ort, an dem du noch nie warst!"

Er blinzelte. „Es ist fast so schlimm wie nach unserem ersten Mal!"

„Und das war erst vorgestern!", erinnerte ihn Dave.

„Was?" Jessie stöhnte ungläubig. „Es kommt mir so vor, als wäre das vor Wochen oder Monaten gewesen!"

Dave nickte. „Außerdem war es unser erstes Mal … Ein etwas anderes erstes Mal!", korrigierte er ihn.

Jessie schüttelte immer noch fassungslos den Kopf.

„Ich hab mir immer einen Partner gewünscht, der … der … zumindest beim Sex … dominant ist. Auch mal zupacken kann und sich das traut, ohne … ohne … Ich weiß auch nicht …" Er überlegte eine Weile. „… ohne im wirklichen Leben … ein komplettes Arschloch zu sein."

Dave grinste.

„Honey, du bist alles, was ich mir je erträumt habe! Alles! Und noch viel mehr!"

Er sah, dass Dave bei seiner zärtlichen Liebeserklärung ins Schlucken kam.

„Du bist der erste Mensch, der mich zum Abspritzen gebracht hat, während er mir nur die Klamotten ausgezogen hat! Einfach so! Das war sowas von unglaublich und du warst sowas von sanft."

„Ich war dabei nicht minder dominant!"

„Ja, aber trotzdem sanft … Du redest immer davon, dass Jason der Meister der Selbstbeherrschung ist … Honey, ich hab keine Ahnung, was du damit meinst … Aber für mich bist du das!"

Dave lächelte sichtlich geschmeichelt. „Vielleicht werd ich mit dir ja immer besser? Jedenfalls danke für das tolle Kompliment!"

„Ich hab mich noch nie mit einem Menschen so wohl und sicher gefühlt, auch wenn ich mich wiederhole! Auch wenn du mir auf dem Fußboden den Verstand wegvögelst! Ich hab mich dabei trotzdem jede Sekunde sicher gefühlt!"

„Es ist jedenfalls unglaublich, dass du dich nach diesen paar Wochen bereits zum ersten Mal von mir hast fesseln lassen!"

Jessie sah ihm direkt in die Augen. „Du bist der Mann, mit dem ich den Rest meines Lebens verbringen möchte! Den ich heiraten will! Von wem sonst, würde ich mich fesseln lassen, wenn nicht von dir?"

Dave schluckte erneut.

„Wenn ich dir nicht mit meinem Leben trauen würde, könnte ich das nicht sagen und deshalb konnte ich mich auch komplett auf dich einlassen!" Sein Blick war so glühend, dass Dave im warmen Wasser Schweißausbrüche deswegen bekam. „Und es war *so geil!*"

Kurz darauf musste Dave mitansehen, wie Jessie sich mit der Hand über den Bauch tiefer strich.

„Wie sich deine Hand mit diesem Handschuh auf meiner Haut angefühlt hat!", murmelte Jessie und Dave spürte, wie er selbst wieder hart wurde.

Dass Jessies Hand nunmehr im Wasser auf seinen Schwanz traf, der nicht minder steif war, machte es nur noch schlimmer. Dave sah, wie er sich wichste, während er gleichzeitig mit seiner anderen Hand über seinen Bauch strich und dabei offenbar erneut im Geiste die Berührung des Handschuhs wiederholte.

Dave griff sich an seinen eigenen Schwanz, während er Jessie dabei beobachtete, wie er sich obszön mit langsamen Bewegungen in seine eigene Hand fickte, wobei seine Eichel jedes Mal vorwitzig durch die Wasseroberfläche trat. Er seufzte bei diesem Anblick sehnsüchtig und legte den Kopf dabei in den Nacken.

Daher sah er auch nicht, dass Jessie die Augen ein klein wenig öffnete, um zu sehen, ob seine kleine Aktion Wirkung zeigte. Er lächelte, als er bestätigt wurde. Er räusperte sich, um zu vertuschen, dass er den Abfluss öffnete und als Dave wieder zu ihm sah, wichste er sich immer noch, anscheinend ganz und gar in Gedanken verloren.

Als seine andere Hand dabei auch noch vor Daves Augen tiefer glitt, seine Eier berührte und dann sein eigenes Loch massierte, wobei er nach wie vor seinen Schwanz durch seine Finger presste, war es um Daves Fassung geschehen. Er konnte unmöglich mit einem Fick bis nach dem Grillen warten und Jessie musste da jetzt einfach durch.

„Ich glaube, wir sollten langsam aus der Wanne steigen!", murmelte er mit einem erotischen Unterton und Jessie brummte seine Zustimmung. „Du zuerst!", schickte er hinterher.

Er sah zu, wie Jessie sich hochstemmte und bekam dabei auch einen guten Blick auf dessen Ständer.

Als Jessie aus der Wanne stieg, erhaschte Dave einen kurzen Blick auf sein Loch. Dabei war er davon überzeugt, dass Jessie keine Ahnung hatte, dass er etwas im Schilde führte. Er folgte Jessie und öffnete dabei – da es diesmal schnell gehen musste – lautlos die Flasche mit dem Duschgel, um seinen Schwanz damit zu benetzen. Dann folgte er Jessie, der gerade zum Waschbecken ging.

Im Spiegel darüber konnte Jessie kurz Daves lüsternen Blick auf seinen Hintern sehen, dennoch spielte er seinen Part gekonnt weiter. Offenbar hatte Dave keine Ahnung, dass er längst Jessies Köder geschluckt hatte.

Dave trat dicht hinter ihn und seine Lippen berührten Jessies Hals, während seine Hände an seiner Taille landeten. Er spürte Daves Goatee und ein Schauer durchlief ihn.

Dave schmiegte sich an ihn. „Ich glaub … ich scheiß auf meine Selbstbeherrschung!", murmelte er.

Jessie schnurrte nur wohlig und presste seinen Hintern an Daves Schwanz.

„Sorry, Süßer, aber ich fürchte, das wird kurz ... hart ... und sehr heftig!"

Jessie hörte Daves Stimme vor Erregung zittern und fast gaben seine Knie dabei nach. Er spürte Hände auf seinem Rücken, und diese Hände begannen nun damit, ihn nach vorne hinunter zu pressen. Er grinste triumphierend, was Dave nicht sehen konnte und kam der Aufforderung ohne Zögern nach.

„Beug dich vor und lass dich von mir ficken!"

„AAAAAAAAH!", entfuhr es Jessie dennoch erregt, als Daves Eichel ihn ohne viel Federlesens penetrierte und der Reflex hochzufahren, wurde von Daves Händen auf seinem Rücken sofort unterbunden. Und schon rammte ihm Dave seinen harten Schwanz in die Eingeweide, als gäbe es kein Morgen. Immer und immer wieder.

Beide keuchten erregt und kurz bevor Dave kam, wurde Jessie mit einem Arm, den Dave von hinten um seine Schultern schlang, hochgezogen, was zur Folge hatte, dass sein Sperma bis fast an den Spiegel schoss, als er explodierte. Gleichzeitig hörte er an Daves Knurren, wie der sich ebenfalls tief in ihm entlud. Und Dave hatte nicht zu viel versprochen, die Nummer war wie angekündigt hart und heftig gewesen und hatte nur wenige Minuten gedauert.

Jessie stützte sich keuchend mit den Armen auf dem Waschbeckenrand ab, während Dave immer noch hinter ihm stand. Seine Hände strichen dabei über Jessies Rücken.

„Sorry ... du hast mich in der Wanne einfach zu geil gemacht!", entschuldigte sich Dave.

Jessie stemmte sich höher und ihre Blicke trafen sich im Spiegel. Zu Daves Überraschung war sein Lächeln äußerst triumphierend. Jessie warf ihm einen Kuss zu, löste sich von ihm und drehte sich um.

„Sorry", murmelte Dave noch einmal und ließ seine Stirn mit Jessies zusammenstoßen.

Jessie strich über seine tätowierte Brust. „Ich wollte definitiv nicht bis heute Nacht warten, bis ich deinen geilen Schwanz in mir spüre!" Er grinste und sah ihn mit einem unschuldigen Blick an. „Also bin ich froh, dass du mir keinen Wunsch abschlagen kannst, Sexy!"

Dave musste wider Willen grinsen und schüttelte den Kopf, als ihm bewusst wurde, dass Jessie ihn offensichtlich absichtlich herausgefordert hatte. Mit Erfolg. Seine Hand strich über Jessies Bauchmuskeln höher, über seine Brust bis zu seiner Kehle, dann griff er ihm ans Kinn und zwang ihn, ihm in die Augen zu sehen. „Pass auf, was du tust!", raunte er. „An den Anblick eines Halsbandes um deinen Hals, könnte ich mich durchaus gewöhnen!" Er zwinkerte ihm zu.

Jessie schluckte. „Hauptsache wir waren nicht zum letzten Mal zusammen in diesem Keller!", flüsterte Jessie und Dave hörte, dass seine Stimme bei dem Gedanken vor Erregung leicht zitterte. Er ließ sein Kinn los und ließ seine Hand betont langsam tiefer gleiten, bis er seine Finger fest um Jessies Schwanz und Eier legte.

„Darauf kannst du wetten!", murmelte er bevor er Jessie erst am Hals und dann besitzergreifend auf den Mund küsste.

„Wirklich?".

„Oh ja, Baby!" Dave strich mit beiden Daumen über Jessies harte Brustwarzen. „Leg dich aufs Bett, ich bin gleich wieder da!"

„Ähm … müssen wir nicht rüber?"

„Leg dich aufs Bett!", wiederholte Dave und warf ihm einen eindeutigen Blick zu.

„Ja, Sir!", murmelte Jessie und Dave grinste.

„Geht inzwischen auch ohne Nirwana, was?" Er nickte zur Tür und Jessie verschwand Richtung Schlafzimmer.

Ich hab keine Ahnung, was du vorhast, dachte Jessie, *aber von mir aus können wir das Grillen auch sausenlassen und gleich anfangen, weiter zu vögeln!*

Dave lief kurz in den Keller und als er wiederkam, sah er lächelnd, dass Jessie auf dem Rücken quer im Bett lag. Er blieb vor ihm stehen. „Mach die Beine breit, Süßer!"

Jessie gehorchte.

Er sah, wie sich Jessies Atmung sofort beschleunigte, als er sich zu ihm auf Bett kniete. Begehrend strich Dave über den Bauch bis zum Schwanz. Dann legte er ihm einen ledernen Cockring mit Druckknöpfen an und verschloss ihn.

Jessies Blick war dankbar, als er bemerkte, was er getan hatte.

Dave lächelte ihn an, glitt über ihn und küsste ihn zärtlich. Dann sah er ihm warnend in die Augen. „Du wirst ihn dranlassen und ihn auf keinen Fall selbst abnehmen, okay?"

„Okay …"

Dave küsste ihn wieder.

„Wenn du damit klarkommst und wirklich einen willst, besorgen wir dir einen aus Metall. Vielleicht so einen wie Jason und Kyle haben. Einen mit einem Releasering, den man aktivieren kann, für den Anfang."

„Alles was du willst, Sexy!"

„Pass auf, was du sagst!", wiederholte er mit seinem erotischen Unterton, bevor er ihn noch einmal küsste. Dann rappelte er sich auf. „Komm, zieh'n wir uns an."

Als Dave einige Minuten später in die Küche kam, saß Jessie an seinem Laptop und zog die Bilder vom Mikro-Chip.

„Honey?"

„Ja?"

„Is' es okay, wenn ich mir eines deiner Bilder aufs Handy zieh? Als Hintergrund?", fragte ihn Jessie mit einem unschuldigen Blick. „Das zum Beispiel." Seine Bauchmuskeln füllten den Monitor.

„Klar, mach ruhig ..."

„Oder das?" Jessie blätterte weiter zu dem, bei welchem er seine Hände in die halb offene Hose schob.

„Wenn du's gerne aufm Handy hättest, Süßer, hab ich nix dagegen!"

Jessie schenkte ihm ein Lächeln und synchronisierte sein Handy mit seinem Laptop. Wenig später hatte er das letzte Bild als Hintergrund gespeichert. Dave beobachtete ihn, wie er selig lächelnd darauf sah und fühlte sich unglaublich wohl dabei.

„Danke, Sexy!" Jessie sah auf und verfing sich in Daves verliebten Blick.

Der schlang den Arm um seine Schultern und sah Jessie tief in die Augen. „Süßer, weißt du eigentlich, dass du das Beste bist, was mir je passiert ist?"

„Glaubst du, mir geht's anders?"

„Und wenn ich dich nicht schon längst gefragt hätte, ob du mich heiraten willst, dann würd ich das spätestens heute tun!", gestand ihm Dave. „Das, was heute zwischen uns da unten passiert ist ..." Er nickte zum Keller. „... ist einfach unglaublich gewesen! Und wunderschön!"

Jessie lächelte ihn glücklich an. „Find ich auch! Und diesmal würd ich dich nicht bitten, erst wieder emotional nüchtern zu werden, bevor ich dir antworte. Ich würde sofort *JA* sagen!"

„Ich liebe dich, Süßer!", flüsterte Dave und küsste ihn.

„Ich liebe dich auch, Honey", murmelte Jessie. Sie küssten sich erneut. „Und sieh es mir bitte nach, wenn ich nachher ab und zu mal etwas abwesend sein werde!", bat er Dave. „Es ist ziemlich schwer, nicht dran zu denken, was vorhin im Keller passiert ist!"

„Wem sagst du das!" Dave strich über seine Wange. „Das wird mir bestimmt genauso gehen! Ich kann mich nicht erinnern, wann ich als Dom mal so schnell abgespritzt hab … Ich …" Dave suchte nach Worten. „Ich hätte dich gerne noch länger in der Stellung in den Mund gefickt … aber leider hast du mich zu geil gemacht!"

Jessie machte seine mittlerweile schon sehr bekannte obszöne Zungengeste und Dave lachte.

„Ja genau!"

„Wenn du mich noch länger so gevögelt hättest, hätte ich vermutlich selbst dabei abgespritzt!"

„Mhmhmhm!"

„Bitte versprich mir, dass ich dich mal so fotografieren darf!" Jessie sah ihn sehnsüchtig an.

Dave zog ihn eng an sich, atmete ihn ein. „Ich versprech's dir!", murmelte er.

Wenig später verließen sie das Haus und gingen hinauf zum Grillplatz.

Lukas nahm die Mikro-Chips mit glänzenden Augen entgegen, doch nichts toppte den Blick, den sich Mac und Darron zuwarfen, als Jessie ihnen den Stick mit ihren Bildern gab.

Lukas stellte Jessie zwei weitere Models vor, mit welchen sie am Nachmittag gedreht hatten.

„Ich hoffe, ihr habt nichts dagegen, dass wir uns die Bilder noch mal ansehen. Peter und Lou wollen die Fotos natürlich auch noch sehen und die beiden erst recht!", sagte Lukas und nickte zu den beiden Männern.

„Du hast dich schon herumgesprochen." Dave grinste, als sie ins Haus gingen, um sich im Besprechungsraum das Ergebnis des Shootings noch einmal mit den anderen anzusehen.

Doch kaum waren die ersten Aufnahmen von Mac als Master zu sehen, merkte Jessie wie er abzudriften begann und an Dave dachte. Er musste sich praktisch gewaltsam von seinen eigenen Erinnerungen losreißen, um sich zu konzentrieren.

Alle waren auch beim zweiten Mal begeistert, auch wenn Jessie immer mehr Fotos sah, an welchen er selber etwas auszusetzen hatte oder besser bei denen er noch Verbesserungsmöglichkeiten sah. Aber das zeichnete wohl auch einen guten Fotografen aus.

Eine halbe Stunde später saßen sie draußen beim Essen und Jessie war froh, dass der Fokus nicht mehr nur auf ihn gerichtet war.

„Denkst du, Jessie würde auch mal Lou so fotografieren?", hörte er Peter mit leiser Stimme Dave fragen und er musste all seinen Willen aufbringen, damit er sich nicht an seinem Steak verschluckte.

Er sah, wie sich Dave ein Grinsen verbiss, als er Peter antwortete: „Ich denke, wir sollten Jessie ein wenig mehr Zeit geben, Lou kennenzulernen, damit er ihn besser … einschätzen kann, bevor wir uns an ein Fotoshooting wagen, hm?"

Jessie warf ihm für diese Rettung einen dankbaren Blick zu.

Peter nickte. „Okay …"

„Und ich bin sicher, dass Jessie dann auch Lou gerne ablichtet, oder?" Dave sah ihn an.

„Klar, warum nicht", erwiderte er tapfer und Dave zwinkerte ihm zu.

Peter lächelte „Super! Sagt mir einfach Bescheid!"

Eine Stunde später, als alle einen vollen Bauch hatten und die Unterhaltung wieder von mehreren geführt wurde, schien Jessie wieder abzudriften.

Dave spürte, wie er sich nach kurzer Zeit neben ihm verspannte und grinste in sich hinein. Vermutlich hatte Jessie die Gedanken nun doch zugelassen und sein Körper hatte unweigerlich reagiert. Nur dass er diesmal seinen ersten

Cockring trug, wenn auch nur einen ledernen. Der Effekt würde für Jessie vermutlich trotzdem unglaublich sein und seine Empfindungen und Gedanken nur noch verstärken.

Es war inzwischen dunkel geworden und Dave hörte Jessie leise neben sich keuchen. Er schlang den Arm um seine Schultern und seine andere Hand landete auf der Innenseite seines Oberschenkels.

Doug spielte Gitarre und Bruno, eines der beiden Models, spielte heute die zweite. Somit war der Fokus nicht auf ihn und Jessie gerichtet. Er wagte es, Jessie an sich zu ziehen und ihn mit seinem Bart zu traktieren, obwohl es für alle nur so aussehen musste, als würde er Jessie etwas ins Ohr flüstern.

Er hörte Jessie lautlos stöhnen, während seine Finger über die Konturen von Jessies Erektion unterm Jeansstoff strichen.

„Mhmhmhmmm!", murmelte er anerkennend in Jessies Ohr, sah ihm tief in die Augen.

Jessie hingegen versuchte mit aller Macht, wieder runterzukommen. Doch es misslang kläglich, denn seine Lust stieg immer weiter. Dabei half es auch nicht, dass Dave ihn erneut wie zufällig im Schritt berührte. Schließlich knickte er ein und lehnte sich zu Dave hinüber.

„Ja, Süßer?"

„Sir … bitte … ich muss dieses Scheißding aufmachen!"

„Was für ein Ding?" Daves Goatee schrammte wieder über sein Ohr.

„Ähm, Sir, den Ring!"

„Was für ein Ring?"

„Fuck!", knurrte Jessie, da das Gefühl immer schlimmer wurde. „Den … Cockring, Sir! Bitte!"

„Nein, Süßer!", flüsterte Dave und leckte in sein Ohr.

Jessie stöhnte frustriert und schloss die Augen. Er beherrschte sich noch einige weitere Minuten, dann konnte er nicht mehr.

„Sir ... bitte! Geh'n wir auf's Klo oder sonst wo hin!",
flehte Jessie unterdrückt in sein Ohr. „Sir, bitte!"

Dave sah ihm amüsiert in die Augen und machte seine
obszöne Zungengeste nach. „Ach wirklich, dich interessiert
das?", fragte er laut, sodass es die anderen hören konnten.
„Klar kann ich dir das zeigen! Komm mit!" Er stand auf.

„Jessie singst du, wenn ihr wiederkommt?", fragte Lukas,
bevor die beiden im Haus verschwanden.

Jessie gelang es, zumindest den Daumen zu heben und
Dave drehte sich noch mal um. „Könnt ein wenig
dauern ... Bin ja froh, wenn sich mal jemand für meine
Arbeit interessiert!" Er grinste und ließ Lukas in dem
Glauben, er würde ihm das Schnittstudio zeigen.

Drinnen angekommen, krümmte sich Jessie gegen eine
Wand gelehnt zusammen. „Fuck, das is' echt heftig!"

„Wo bleibt der *Sir*?"

Jessie richtete sich mit einem Ächzen wieder auf. „Ich
fürchte diesmal muss es die Toilette sein ... *Sir*!", setzte er
mit einer Grimasse hinzu.

Dave griff ihm lüstern in den Schritt und Jessie schnappte
nach Luft. „Fuck, bist du hart!", brummte Dave und kam
auf Tuchfühlung.

„Geh'n wir!" Jessie drehte sich um, doch sie kamen nur
bis zu Daves Büro. Dort packte er Jessie am Arm und
schob ihn hinein. Hastig schloss er die Tür und Jessie
lehnte sich von innen dagegen. Wieder landete seine Hand
an Jessies Schwanz, wo er versuchte, erneut die Konturen
zu erfühlen, während sie sich küssten.

Jessie öffnete dabei seine Hose und schob sie über seinen
Hintern. Kaum hatte Dave den Bund seiner Boxershorts
nach vorne gezogen, reckte sich ihm sein steifer Schwanz
entgegen.

„Fuck, ja!", murmelte der und griff danach.

„Man könnte meinen, ich hätte fünf Tage keinen Sex gehabt! Dabei bin ich gut im Soll!" Er schmiegte sich in Daves Hand.

„Verdammt, bist du hart!", wiederholte Dave mit einem Kopfschütteln.

„Hart und so geil, dass ich es kaum mehr aushalte! Bitte fick mich! … Sir!"

„Ach ja?" Dave sah nach unten.

„Oder du lässt mich den Ring aufmachen!"

„Kommt nicht infrage!"

„Verdammt noch mal!", fluchte Jessie und lehnte den Kopf an die Tür.

Während er Jessie küsste und dabei wichste, schloss er gleichzeitig lautlos die Tür ab. Als er absetzte, drückte er Jessies Schwanz an den Körper und sah zu, wie der sofort wieder in einen schrägen, abstehenden Winkel zurückschnellte.

„Zieh dein Hemd hoch!"

Jessie gehorchte ohne Widerrede.

Daves Blick fiel auf seine Leisten und seine tollen Bauchmuskeln, nur um kurz darauf wieder an seinem steifen Schwanz hängenzubleiben. „Mann, bist du schön!"

„Bitte fick mich!", keuchte Jessie. „Bitte, Sir!"

Während er Jessie erneut küsste, öffnete er seine eigene Hose und schob sie tiefer. Dann rieb er seinen eigenen Ständer an Jessies.

Jessie sehnte sich mit jeder Faser seines Körpers nach Dave und genoss diese Berührung. Da stützte sich Dave auch schon links und rechts neben seinem Kopf an der Tür ab. „Du willst mich spüren?"

„Fuck, ja!", murmelte Jessie und hatte das Gefühl, als würde sein steifer Schwanz gleich abbrechen. Er konnte nicht glauben, wie geil er war.

Dave nickte zur Couch und Jessie stolperte dorthin. Als er saß, musste er mitansehen, wie Dave sich auf dem Weg zu ihm seiner Klamotten entledigte. Oh Gott, er würde es wirklich hier und jetzt tun! Er konnte es kaum erwarten.

Kurz darauf kniete sich Dave rittlings über ihn, ließ aber genügend Platz, sodass er seinen Schwanz noch erreichen konnte.

Jessie stöhnte frustriert, als Dave ihn nur ein paarmal wichste und dann wieder von ihm abließ. Gleichzeitig schob Dave sein Hemd höher, drückte seinen steifen Schwanz wieder an seinen Bauch und beobachtete, wie er wieder davon wegsprang.

Während Dave ihn erneut wichste, beugte er sich hinunter und biss ihn punktgenau in die Brustwarze.

Jessies überraschter Schrei wurde durch Daves Hand, die er blitzschnell über seinen Mund gelegt hatte, erstickt. Sein Körper bockte und sein Schwanz zuckte in Daves anderer Hand.

„Zieh es aus!", befahl Dave und während Jessie dem ohne mit der Wimper zu zucken nachkam, bearbeitete er beide Brustwarzen mit seinen Fingern.

„AAAH!"

„Oh ja!"

Dave rappelte sich auf und stand nun breitbeinig über Jessie auf der Couch. Im nächsten Augenblick bog er seinen Schwanz nach vorne. „Mach auf und zeig mir, wie tief du ihn willst! Ja, lass mich schön rein! Zeig es mir!" Und schon fickte er Jessie tief und immer tiefer. Er spürte kurz den Würgreflex und blieb trotzdem dran. „Relax! Atme … Ja, gut! Du willst ihn so tief?", fragte er, als sein Cockring tatsächlich auf Jessies Zähne traf.

Natürlich konnte Jessie als Antwort nur Stöhnen und als Dave endlich den Rückzug antrat und seinen Schwanz herauszog, schnappte er nach Luft.

„So tief?"

„Ja, Sir!", flüsterte Jessie. „Bitte, Sir!" Er sah Dave flehend an, doch zu seiner Überraschung schüttelte der den

440

Kopf, machte einen Schritt rückwärts und stieg von der Couch.

„Du tropfst ja, Süßer!"

Jessie konnte nur stöhnen, doch dann stockte ihm das Herz, als Dave sich hinunterbeugte und seinen Ständer in den Mund nahm.

„AAAAAH!", entfuhr es ihm, als Dave ihn tief in seinen eigenen Mund arbeitete. Schließlich kam er wieder hoch und spuckte darauf.

Schließlich sah er Jessie lüstern in die Augen. „Jetzt spuck du drauf!"

Der stutzte.

„Tu es! Ja genau! *Good boy*!", lobte er und verteilte den Speichel. „Noch mal!"

Und Jessie gehorchte erneut.

„Ich hink noch hinterher und jetzt bin ich erstmal dran!" Mit diesen Worten senkte er sich auf Jessie.

„Oh mein Gott!", keuchte er, als Daves Loch mit seiner Eichel in Kontakt kam. „AAAH … FUCK!"

In den nächsten Minuten konzentrierte sich Dave darauf, seinen Schwanz tief in seinen Körper aufzunehmen und genoss das Gefühl mit allen Sinnen. „Gott bist du hart!", murmelte er, während er damit begann, ihn lustvoll zu reiten.

„Honey … ich werd sofort abspritzen!"

Dave grinste. „Oh nein, keine Sorge!"

„Sir … ich kann mich sicher nicht lange halten!"

Doch natürlich behielt Dave recht und er konnte Jessie eine ganze Weile reiten, bevor er sich seinem eigenen Orgasmus näherte. Er benutzte dabei Jessie für seine Lust, der den Ritt einfach über sich ergehen lassen musste. Dabei schien er allerdings immer geiler und auch lauter zu werden. Dave genoss seine Lust und erst als er selbst kurz vorm Abspritzen stand, öffnete er endlich Jessies Ring und ermöglichte es ihm, ebenfalls zu kommen, während sein eigenes Sperma bis an Jessies Kinn spritzte.

Völlig erledigt lehnte Jessie auf der Couch, sein Kopf auf der Lehne und stammelte immer wieder: „Oh Gott!" Nur vage spürte er, wie Dave ihn in die Arme schloss. „Ich, ähm, dachte immer, Männer über vierzig sind langweilig und uninteressant und ... *fuck* ..." Er schnaubte. „Wie man sich doch täuschen kann!"

Dave grinste sichtlich geschmeichelt.

„Ich möchte jedenfalls keinen anderen Mann mehr! Nie mehr!", gestand ihm Jessie.

„Mein Glück, Süßer!" Er schmunzelte und wischte einen dicken Spermatropfen von seinem Kinn. „Und ich hätte auch nie gedacht, dass ich bei diesem Mal immer noch bis zu deinem Gesicht treffe!" Jessie bemerkte Daves eindeutigen Blick und öffnete gehorsam den Mund. „Ja genau!", lobte ihn Dave und streifte das Sperma auf seiner Zunge ab.

Jessie schluckte gehorsam und sah dann an sich herab. „Mann, ich glaub, ich brauch 'ne Dusche!", brummte er.

Dave schüttelte den Kopf und rieb seinen restlichen Samen in Jessies Haut. „Ich will, dass es auf deinem Körper trocknet und dich erinnert, dass wir schon wieder Sex gehabt haben!"

„Und dann auch nur mit Spucke! Sind wir hier in einem Pornostudio oder was?"

„In meinem Büro hatte ich noch nie Sex!", verteidigte er sich.

„Ich fasse es nicht, wie hart ich dabei war! Mann! Es war mein viertes Mal!" Jessie sah ihn ungläubig an.

„Du warst wundervoll! Hat gar nicht so lange gedauert, bis ich gekommen bin, *obwohl* es das vierte Mal war!"

Jessie lächelte.

„Und ich warne dich!" Dave sah ihn drohend und augenzwinkernd zugleich an. „Ich heirate dich nur, wenn du mich in Zukunft regelmäßig vögelst! Ich werde nicht nur der Aktive sein!"

„Alles was du willst, Sexy!"

Sie küssten sich noch einmal, dann stieg Dave von Jessies Körper und zog den offenen Ring unter Jessies Schwanz hervor. Doch wenn er nun dachte, dass Jessie davon erst einmal genug hatte, täuschte er sich. Der nahm Dave nämlich das Lederband mit einem leicht genervten Gesichtsausdruck aus der Hand und legte es, ohne zu zögern, wieder an.

„Ich liebe dich, Süßer!", murmelte Dave ihm anerkennend ins Ohr, bevor sie sich endlich wieder anzogen.

Zehn Minuten später saßen sie wieder mit den anderen beim Lagerfeuer, wo keiner ahnte, dass sie gerade Sex gehabt hatten. Es war eine nette Runde und sie saßen noch lange zusammen, vor allem da Doug und Jimmy am nächsten Tag wieder abreisten.

Daher fanden sie erst um halb zwei ins Bett und waren kurz darauf todmüde eingeschlafen. Zu mehr waren beide nach diesem langen und sehr intensiven Tag nicht mehr in der Lage, egal was Dave Jessie vorm Grillen noch angedroht oder versprochen hatte.

Heftiges Erwachen

Gegen sechs Uhr morgens wachte Dave zum ersten Mal auf, da sich Jessie in seinen Armen bewegte. Jessie lag eng an ihn geschmiegt da und sein Körper wandte sich unter unsichtbaren Berührungen. Er träumte und das so intensiv, dass sich sein steifer Schwanz fest in Daves Körper drückte.

Er konnte nicht anders und beobachtete Jessie erst minutenlang, bevor er Mitleid mit ihm hatte und vorsichtig den ledernen Cockring öffnete, den der immer noch trug. Kurz darauf benetzte Jessie seine Haut mit den ersten Spermaspuren des Tages.

Dave hielt ihn immer noch in den Armen und genoss jede kleine Bewegung seines wundervollen Körpers, der sich so sehr in Ekstase gesteigert hatte, dass dies sogar zu einem Orgasmus im Schlaf geführt hatte. Dave war dabei selbst hart geworden, ahnte er doch, wovon Jessie vermutlich geträumt hatte.

„Hey, Süßer!", murmelte Dave liebevoll, als Jessie endlich die Augen aufschlug und strich ihm durch die Haare.

„Oh Gott!", brummte Jessie, als er sich bewegte und dabei in Kontakt mit den feuchten Spuren auf seiner Haut kam.

„War es gut?", fragte Dave und knabberte an seinem Ohrläppchen.

Jessie seufzte. „Du warst ... unglaublich! Es war so intensiv!"

Dave grinste. Er war inzwischen hellwach, genau wie sein Schwanz. „Ach ja?" Seine Hände glitten über Jessies Körper und der drehte sich auf die andere Seite.

„AAAH!"

Seine Lippen und Zunge landeten an Jessies Loch. „Ja, lass mich schön rein!" Dabei wichste er Jessies Schwanz, sodass der langsam wieder härter wurde. „Mhmmmm!", machte Dave, während er mit seiner Zunge richtig tief kam. Gleichzeitig angelte er nach dem Gleitgel und präparierte seinen eigenen Schwanz. „Bereit, endlich richtig gefickt zu werden?"

Jessie hob das Becken und gab Dave guten Zugriff. Er ließ sich nicht zweimal bitten und presste seine Eichel gegen Jessies Eingang.

„Mhmm."

„AAAAAAH! Fuck!" Jessies Körper bäumte sich auf, da Dave in diesem Moment gleich mehrere Zentimeter gut machte.

„... ich hab gesagt *richtig* gefickt zu werden!", wiederholte Dave, zog zurück und drang noch tiefer in ihn ein.

„UUUUAAAAH!" Jessie krallte sich im Bett fest und rammte gleichzeitig das Becken in Daves Richtung. Somit war klar, was er von seinem Tun hielt, nämlich verdammt viel.

„*Yeah, Baby!*" Er lag über Jessie und pinnte ihn in die Kissen. Während er ihn endlich hart vögelte, variierte er es, Jessie entweder verdammt viel Lust zuzufügen oder ihn wieder herunterzufahren. Sehr zu Jessies offensichtlicher Frustration. Dave gelang es, sich immer näher an den eigenen Höhepunkt zu bringen und dabei einen Moment abzupassen, an dem Jessie wieder weiter von seinem Orgasmus entfernt schien.

Grollend spritzte er schließlich tief in Jessie ab, zog nach den ersten Schüben seinen Schwanz heraus und benetzte dann dessen Rücken mit seinem restlichen Sperma, bevor er wieder in ihn eindrang und ihn noch eine Zeit lang weiterfickte. Er bemerkte gerade noch, dass Jessie seine Hände an seinen Schwanz bringen wollte und hielt ihn davon ab.

„Wage es nicht!", zischte er. „Du hattest einen Vorsprung!"

„Ich bin verdammt noch mal geil!", knurrte Jessie genervt.

„Und du wirst noch viel geiler werden, glaub mir! Genieß es!"

Jessie biss die Zähne zusammen und ließ Dave gewähren. Von ihm Befehle zu empfangen, erregte ihn jedes Mal nur noch mehr.

Dave lag dicht hinter ihm, mit seinem Schwanz immer noch tief in Jessies Körper. Er hielt immer noch seine Handgelenke über ihm im Kissen mit einem festen Griff davon ab, sich selbst zu berühren. Sie drifteten ab, in einen Halbschlaf, der nach einer halben Stunde damit endete, dass Dave ihn wieder in den kompletten Wachzustand fickte.

Jessie war sich sicher, dass es diesmal passieren würde und genoss die Nummer. Doch kurz bevor er wieder vorm Orgasmus stand, verließ Dave seinen Körper auf einmal. Er brauchte einen Moment, bis er realisierte, dass Dave ihn nicht erneut penetrierte. Mit verwirrtem Blick sah er sich nach Dave um.

Der lag neben ihm auf dem Rücken und wichste sich. Als Jessies Blick an Daves Schwanz hängen blieb, bog Dave ihn in die Senkrechte.

„Komm her und reit ihn!"

Jessie stöhnte leise und vergrub sein Gesicht im Kissen.

„Komm her, Süßer! Er sehnt sich nach deinem geilen, engen Arsch!"

Wie in Trance rappelte sich Jessie auf, glitt über ihn und senkte sich darauf.

„Fuck!", murmelte Dave und er wusste jetzt schon, dass es ihm schwerfallen würde, nur passiv zu bleiben. Doch er wollte Jessie dazu bringen, sich auf ihm Lust zu verschaffen. Solange, bis der nicht mehr konnte. „Reit ihn!", murmelte er und benutzte wieder diesem Unterton, von dem er wusste, dass Jessie ihm nicht widerstehen konnte. „Und zwar richtig! Hart und heftig!"

Jessie gehorchte.

„Ja, gut so! Lass mich deinen geilen Schwanz sehen!"

Immer wieder unterbrach er Jessie, zwang ihn dazu, zu verschnaufen, brachte ihn dazu, sich zurückzulehnen. Bei jeder dieser Pausen berührte er Jessies sichtlich erregten Körper und sah zu, wie jede dieser Berührungen ihn erschauern ließ. Dabei wunderte er sich, dass es ihm immer noch gelang, passiv zu bleiben.

Jessie kam sich vor, wie ein einziges Bündel Lust. Er sah Sterne, wann immer er es schaffte, Daves Schwanz auf seine Prostata treffen zu lassen und er wusste, dass er laut war. Aber es war ihm egal.

„Ja, Baby, fick mich hart! Härter! Mach schon!"

Jessies Schwanz schwoll weiter an und zeigte aggressiv auf Dave. Doch kurz bevor Jessie explodierte, zog er ihn zu sich herunter.

„Stopp! Ganz ruhig! Hör auf!"

Er stöhnte prompt aggressiv und megafrustriert, als Dave es erneut abbrach.

„Ganz ruhig, Süßer!", flüsterte Dave, während Jessie vor Erregung bebte. „Noch erlaub ich dir nicht zu kommen!"

„Oh Gott … bitte, Sir!"

„Schschsch."

Jessie kostete es alles was er hatte, zu pausieren und er gab nur noch leise, frustrierte Laute von sich. Als er ein klein wenig ruhiger wurde, presste sich Dave von unten an ihn und erinnerte ihn daran, dass er immer noch aufgespießt war.

„Sir … BITTE!", keuchte er und stemmte sich hoch. Er spürte Daves Hände über seinen schweißgebadeten Körper gleiten.

„Lehn dich ein wenig zurück!"

Jessie gehorchte mit geschlossenen Augen und leise wimmernd, da der Druck in seinen Eingeweiden dadurch nur noch stärker wurde.

Daves Hände glitten über seine schöne Brust und seinen angespannten Bauch, ließen seinen harten und vor Lust tropfenden Schwanz aber aus. Als sich Jessie unter seinen Berührungen leicht erhob, rammte ihm Dave von unten den Schwanz auf die Prostata.

„AAAAAAAH!" Jessie kippte fast nach hinten, doch Dave hatte ihn fest im Griff.

„Erheb dich weiter! Ja so is' es gut! Halt!" Dabei glitt sein Schwanz etwa zur Hälfte aus Jessies Körper, bis er ihn wieder stoppte. Wieder streichelte er ihn, bis er ihm erneut mit einem kräftigen Griff die Eier und seinen Schwanz abschnürte.

Dann begann Dave damit, ihn mit kräftigen Stößen von unten zu vögeln, die so hart waren, dass Jessie das Gefühl hatte, gleich ohnmächtig zu werden. Vor Lust wohlgemerkt, nicht vor Schmerz. Doch Daves Griff verhinderte seinen Orgasmus nach wie vor gnadenlos. Seine Laute wurden prompt unartikuliert, bis Dave ihn wieder losließ.

„Nimm ihn wieder so tief, wie du es erträgst!"

Gehorsam senkte sich Jessie mit geschlossenen Augen und spürte hinein in das vollkommene Ausgefülltsein, das ihn wieder in eine andere Dimension zu beamen schien.

„Willst du es zu Ende bringen?"

„Fuck, ja!"

„Ohne abzubrechen?"

„Gott, ja!"

„Ich will dich schreien hören!"

Jessie stöhnte heiser.

„Fick mich! JETZT!"

Und dann tat Jessie genau das, was Dave wollte.

„Härter!", spornte ihn Dave weiter an. „FICK MICH!"

„AAAAH! ... FUCK! ... AHAHAHAHA! ... UAA-AAAAH!"

„Ich will es sehen! Und zwar bald, sonst könnte ich es mir noch mal anders überlegen!"

„AAAAAAAAH!"

„Komm schon!" Doch Dave sah, dass es unmöglich noch lange dauern konnte. Schließlich bockte Jessies Körper so stark, dass es ihn fast vom Bett schleuderte, während kräftige Spermafontänen aus seinem Schwanz schossen und dabei auch ihn trafen. Der Lustschrei, der dabei über seine Lippen kam, war nicht von dieser Welt und Daves Liebe für ihn wurde nur noch größer.

„Du kannst es doch!" Dave strich ihm über den aufgepumpten Oberkörper, während seine andere Hand noch die letzten Spermareste aus seinem Schwanz pumpte.

„Fuck!" Er konnte nicht anders und riss sich von Dave los, als dessen Daumen über seine nach diesem unglaublichen Orgasmus überempfindliche Eichel strich. Dabei kippte er quasi rücklings in die Kissen, doch Dave war sofort über ihm und machte weiter. Jessies Hände schossen zu seiner Hand.

„Wage es nicht!", knurrte Dave und Jessie gelang es, seine Hände kurz bevor sie Daves berührten, zu stoppen.

„AAAAAAAAH!"

„Er ist so wunderschön!" Dave leckte mit breiter Zunge über die dunkelrote, sichtlich wütende Eichel. Er konnte hören, wie Jessie die Zähne zusammenbiss, um einen Schrei zu unterdrücken. Seine Wirbelsäule war komplett durchgebogen, doch das hielt ihn nicht davon ab, sein Spielchen weiterzuspielen. Er entlockte ihm noch mehrere Zuckungen und hatte dann auch noch den Nerv, Jessie Schwanz tief in seinen Mund zu versenken. Er hörte Jessie nach Luft schnappen und spürte, dass er keinen Härtegrad verlor. Schließlich ließ er ihn quälend langsam aus seinem Mund gleiten und sah zu, wie er sich mit seiner eleganten Rechtsbiegung an Jessies nunmehr kahlrasierten Schambereich anschmiegte.

„Wunderschön!", murmelte Dave, während er noch einmal mit der ganzen Hand von seinen Eiern bis zur Eichel strich.

Jessie rührte sich nicht, als Dave über ihn glitt. Er schien zu weit weg und zu erschöpft, doch Dave war noch nicht fertig mit ihm. Er hatte es bei diesem wilden Ritt irgendwie geschafft nicht zu kommen und er wollte das nun nachholen. Das war sein eigentliches Ziel gewesen, neben dem, Jessie dabei zu beobachten, wie er sich zum Orgasmus ritt.

Er schob sich zwischen Jessies Beine, die der ohne spürbaren Widerstand weiter öffnete. Gleitmittel war sicherlich noch genügend in ihm und somit hatte Dave keine Probleme erneut in ihn einzudringen.

„Oh Gott!", hörte er Jessie leise wimmern, dann brachte er auch schon den ersten vehementen Stoß an den Mann. Und Dave fickte ihn mit nur einem Ziel: nämlich ihm den letzten verbleibenden Verstand auch noch wegzuvögeln. Dabei waren seine Stöße zum Teil so heftig, dass er Jessie fast vom Bett rammte. Dessen Kopf hing praktisch schon vom Bett, als Dave sich immer mehr seinem eigenen Orgasmus näherte. Doch im letzten Moment änderte er seine Entscheidung, in Jessies Hintern zu kommen, zog seinen Schwanz heraus und sprang vom Bett. Er stützte Jessies Nacken mit einer Hand und presste seine feuchte Eichel an seine Lippen.

„Mach auf! Jaaa!"

Kurz darauf begann Dave ihn in den Mund zu ficken und während er es ihm heftig auch in dieser Stellung besorgte, landeten seine Lippen an Jessies nach wie vor hartem Schwanz und begannen ihm gleichzeitig einen zu blasen. Dann unterbrach er, was er tat, nahm wieder beide Hände an Jessies Nacken und penetrierte ihn so tief er konnte, bis es ihm endlich kam. Er zog seinen Schwanz hastig heraus und kam über Jessies Gesicht.

Diesmal brauchte selbst Dave einen Moment, bis er wieder klar sehen konnte. Sein Herz raste und er atmete schwer. Jessie hatte sich bei dieser letzten Aktion keinen Millimeter gerührt und so fiel sein Blick ganz zwangsläufig auf dessen steifen Schwanz, der obszön von seinem halb vom Bett hängendem Körper abstand.

„Fuck ... das nenn ich einen geilen Jungen!" Er griff danach, bog ihn nach unten und sah zu, wie er wieder nach oben schnellte.

„Gnade!", murmelte Jessie, ohne den Kopf zu heben oder die Augen zu öffnen.

„Ah ... er ist zu hart, um Gnade walten zu lassen!", murmelte Dave und drückte den Schwanz erneut nach unten. Diesmal brachte er sein Gesicht so nah heran, dass er ihm ins Gesicht klatschte, als er losließ.

„AAAAAAAH!"

Er leckte tief in Jessies Schlitz und dann wieder drum herum. Schließlich saugte er an seiner Eichel und bemerkte dabei, wie Jessie versuchte in seinen Mund einzudringen. Dave lächelte. Oh, der Kerl war immer noch so geil, dass er offenbar noch einmal kommen wollte.

Wieder spielte er mit flinker Zunge mit seiner Eichel und die Bewegung von Jessies Becken wurde eindeutiger.

„Du willst noch mal kommen?", fragte Dave, obwohl es offensichtlich war und leckte wieder mit flinken Bewegungen in seinen Schlitz.

„Bitte!"

„Fick meinen Mund!", befahl ihm Dave und saugte nur andeutungsweise daran, um ihn anzuspornen. „Versuch es!" Wieder neckte er ihn mit seiner Zungenspitze und dann gehorchte Jessie erneut seinem Befehl. Beide waren inzwischen schweißgebadet und als Jessie endlich kam, tat er es fast lautlos. Er schien noch nicht mal mehr zum Stöhnen die Kraft zu haben.

Dave glitt zurück aufs Bett und zog Jessie mit sich, der sein Gesicht gegen Daves nackte Brust legte. Er zog die Decke über sie und innerhalb von Sekunden waren sie eingeschlafen.

Diesmal schliefen sie drei Stunden am Stück, wie zwei Tote, doch als Jessie als Erster aufwachte, tat er dies von seinem eigenen Stöhnen. Er konnte es nicht fassen, aber er hatte erneut eine Erektion. Er spürte bereits jetzt jeden Knochen in seinem Körper, doch das hielt ihn nicht davon ab, sich an Dave zu schmiegen, der kurz darauf ebenfalls aufwachte.

„Jetzt will ich dich mal ficken, Sexy!", flüsterte er Dave ins Ohr. Doch der grinste nur und glitt wieder über ihn.

„Nein, Süßer! Ich hab gesagt, ich vögel dich die ganze Nacht ... Von mir aus, können wir es in der kommenden Nacht andersrum machen ... Aber noch bin ich dran!"

„Es ist schon Tag!", versuchte Jessie ihn umzustimmen und presste sich an ihn. Doch Dave schmiegte sich nur an ihn und ließ ihn spüren, dass auch er wieder hart war. Der nächste Kuss sagte Jessie klar und deutlich, was Dave von ihm wollte. Sex.

„Mach die Beine breit, Süßer! Ich will dir diesmal in die Augen sehen, wenn du kommst!"

Jessie keuchte. „Sexy ... ich ... ich glaub, ich kann nicht mehr!"

Er hörte Dave leise lachen, während er seinen Schwanz wichste und sagte: „Ich denke das Gegenteil!"

„Bitte lass dich ficken!", versuchte es Jessie erneut.

„Entweder du lässt mich noch mal oder wir machen bis heute Abend eine Pause! Kein Sex mehr für zwölf Stunden ... Hm?"

„Oh Gott!", stöhnte Jessie. Dann gab er nach und öffnete die Beine.

Dave grinste und gab ihm die Gleitmittelflasche. „Mach ihn dir schön nass!"

Jessie gehorchte.

„Ja genau! Führ ihn dorthin, wo er hin soll!"

Wieder kam Jessie dem nach und kurz darauf berührte Daves Eichel Jessies Loch. Doch dann sah er plötzlich, dass Jessie schon beim ersten Kontakt das Gesicht schmerzhaft verzog und er hielt inne.

„Es tut weh?", fragte er besorgt.

„Fuck, ja, aber ich will es unbedingt!"

„Süßer, es soll doch um Gottes willen nicht wehtun!" Dave wollte sofort einen Rückzieher machen und biss sich auf die Lippen, da er Jessies Wunsch, es anders herum zu machen, falsch gedeutet hatte.

„Wage es nicht!", knurrte Jessie und hielt ihn mit den Händen auf seinem Hintern davon ab, sich weiter zurück-zuziehen. „Fick mich!"

Dave debattierte noch kurz mit sich, doch nach einem weiteren Blick in Jessies Augen gab er nach und drang behutsam in seinen Körper ein. „Ich mach ganz sachte, okay?"

„Okay."

„Bitte sag mir, wenn es nicht geht!"

Jessie nickte.

Doch wider Erwarten schien der anfängliche Schmerz zu vergehen, sobald er komplett in Jessie eingedrungen war und der konnte diese weitere Nummer doch noch genießen.

Dieses Mal war es keine wilde Nummer mehr, sondern ein Liebesakt, bei dem sie sich beide mit jedem weiteren Schub ihrem nächsten Nirwana näherten. Erst ganz zum Schluss baute Dave einige härtere Stöße ein, die Jessie end-gültig den Rest gaben.

Sein ganzer Körper bebte, als Sperma aus seinem Schwanz quoll und seinen Bauch ein weiteres Mal benetzte, während auch Dave noch einmal zum Abschluss kam.

Dieses Mal hielten sie sich lange nur schweigend in den Armen, bis sich ihr Puls wieder beruhigt hatte.

Als Dave eine Weile später aus dem Bett glitt, blieb Jessie regungslos auf dem Rücken liegen. Er schien zu erschöpft, um auch nur den kleinen Finger zu rühren.

Daves Blick glitt über den besudelten und dennoch für ihn extrem sexy Körper. Er fuhr sich durch die Haare, schüttelte etwas fassungslos darüber, was hier die letzten Stunden abgegangen war, den Kopf und ging dann aus dem Raum. Als er zurückkam, hatte er zwei Becher mit Kaffee dabei, die er auf dem Nachttisch abstellte.

Jessie rührte sich immer noch nicht, auch nicht, als er sich zu ihm aufs Bett setzte und sich über ihn beugte. Er drückte Jessie einen Kuss auf die Lippen und atmete ihn dann geräuschvoll ein. Er roch nach Sex und nach Jessie, so wie er es liebte.

Jessie stöhnte und drehte den Kopf nach rechts. „Gnade!", murmelte er „Ich kann beim besten Willen nicht mehr!"

Dave küsste sein Kinn und hörte ihn erneut stöhnen, als sein Mund von dort bis zu seinem Ohr glitt. „Keine Sorge, Süßer, ich kann auch nicht mehr, selbst wenn ich es wollte!"

„Oh, Gott sei Dank!"

Dave grinste.

„Ich glaube, ohne jeden Zweifel, dass wir uns mit achtzig oder so gegenseitig erledigen können! Aber wenn du noch eine Weile weitergemacht hättest, dann wäre das vermutlich heute schon passiert!"

„Ah ... Unsinn, wir haben ja grade mal angefangen!"

„Oh Mann!"

„Ich will dich noch ganz oft an den Rand des Wahnsinns bringen!"

„Verdammt, das gelingt dir wirklich meisterhaft!" Jessie öffnete ein Auge und sah Dave an, der triumphierend auf ihn herabsah. „Du schaffst es schon so, dass ich kurz vor einer Bewusstseinserweiterung stehe und mir einbilde, Kaffee zu riechen! Ohne den kann ich vermutlich nicht aufstehen!"

Dave lachte, nahm den Becher und hielt ihn ihm hin. „Keine Bewusstseinserweiterung, sondern Wahrheit!"

Jessie öffnete nun auch das zweite Auge und stemmte sich auf einem Ellenbogen hoch.

Dave sah ihm zu, wie er einen genüsslichen Schluck nahm, doch schon bald begann seine Hand zu zittern, erst ganz leicht, dann immer mehr, sodass Dave ihm die Tasse abnahm.

„Bist du okay?", fragte er besorgt. Er sah, wie Jessies Kiefermuskeln arbeiteten.

„Weißt du, wann ich das letzte Mal einen Kaffee ans Bett gebracht bekommen habe?", fragte er und Dave hörte den Schmerz in seiner Stimme.

Er schluckte schwer und stellte den Becher wieder ab. „Nein, Süßer."

Jessie fuhr sich mit einer Hand übers Gesicht und versuchte offenbar nicht die Beherrschung zu verlieren. Doch als er zu ihm aufsah, konnte er den Schmerz in seinen Augen sehen.

„Jedes Mal, nachdem er mich verprügelt und ... und ... vergewaltigt hat ... Immer am Morgen danach ... als ich aufwachte und mir alles wehtat ... Und nur dann ..."

Dave schloss die Augen und kämpfte mit der Wut auf diesen Scheißkerl. Fast wünschte er sich, dass er irgendwann einmal die Gelegenheit hätte, ihn in die Mangel zu nehmen.

„Baby", murmelte er fast entschuldigend und strich Jessie über die Wange.

Jessies Finger schlossen sich um sein Handgelenk und er schüttelte den Kopf. „Das war kein Vorwurf!", sagte er mit leiser Stimme. „Es ... es ist nur so viel schöner so ... Auch wenn ich damals sogar dankbar war, dass er mir einen Kaffee gebracht hat."

„Aber jetzt tut dir vermutlich wieder alles weh!", murmelte Dave bedrückt.

„Ja ... aber es war so geil! Und ich bin unzählige Male gekommen!" Er zog Daves Hand von seiner Wange und küsste die Handinnenfläche. Daves Daumen strich über seine Lippen. „Ich liebe dich, Dave!"

„Und ich dich erst!", flüsterte der. „Komm her!" Sie umarmten sich eng. „Und denk dir nichts, ich weiß nur zu gut, wie schlimm es ist, wenn bei was Schönem üble Erinnerungen hochkommen!" Dave küsste seine Wange. „Lass nicht zu, dass er das Schöne zerstört!"

Jessie nickte und sah ihm in die Augen. „Ich hab mich noch nie im Leben so verstanden gefühlt, Honey."

„Ich auch nicht!"

Dankbar nahm er den Becher an, den ihm Dave nun erneut reichte. Schließlich ließ er sich zurück in die Kissen sinken. Er musterte Dave interessiert.

„Ja?"

„Hast du das vorhin ernst gemeint?"

„Was?"

Jessie zögerte.

„Komm schon."

Jessie sah auf. „Ähm ... das wir es kommende ... Nacht andersrum machen können?", fragte er vorsichtig mit einem unschuldigen, aber durchaus hoffnungsvollen Blick.

Dave grinste. „Baby, mein Schwanz ist fast wund. Er tut weh. Ich kann beim besten Willen nicht mehr! Ich brauch 'ne Pause, ja?"

„Wirklich?"

„Ja ... Und das ist mir ehrlich gesagt auch noch nie passiert!"

„Das ist das eine", hakte Jessie noch einmal nach. „... aber heißt das auch ...?"

Dave beugte sich zu ihm hinunter und atmete ihn ein. Jessie spürte seine Barthaare an seinem Hals und schloss die Augen.

„Ich will dich auch mal mehr als nur einmal in mir spüren, Süßer! Ja, ich hab das verdammt ernst gemeint! Ich hab nicht umsonst zwei Tage freigenommen! Ich will, dass du mir heute Nacht den Versand wegfickst!", raunte Dave in sein Ohr. „Und ich bin gnädig genug, dir bis dahin eine Pause zu gönnen!"

Jessie zog fluchend die Beine an. „Oh, verdammt noch mal!"

Dave setzte sich auf und sah, dass sein Schwanz prompt reagiert hatte.

„Wenn du mich nicht irgendwann umbringst, dann er!", knurrte Jessie entnervt.

„Mhmhmhm!", machte Dave, beugte sich hinab und ließ seine Nase zu Jessies Entsetzen dicht über seinen semiharten Schwanz gleiten.

„Oh, bitte!" Jessie legte den Kopf in den Nacken.

„Ich hab noch ein Date mit dir, Süßer!", murmelte Dave seinem Schwanz zu. „Ein sehr intensives Date!"

Jessie biss die Zähne zusammen, als Dave seine Lippen darauf drückte und dann auch noch den Nerv hatte, sein Kinn daran zu reiben.

„Er ist so viel gehorsamer als du!"

„AAAH!" Er versuchte sich zu entziehen, als Dave seinen Schwanz komplett in den Mund nahm und dann schien er ein Einsehen mit ihm zu haben.

Dave entließ seinen Schwanz und seufzte, als er ihn wieder auf dem nun kahlen Schambereich ablegte.

„Hauptsache du denkst nicht mehr an dieses Arschloch!"

„Ganz bestimmt nicht!" Jessie lächelte schwach und stemmte sich wieder hoch, um von seinem Kaffee zu trinken. „Wie viel Uhr ist es eigentlich?"

„Ein Uhr durch ..."

„Was?" Er sah Dave ungläubig an. „Wann haben wir zum ersten Mal ...?"

„Ich glaub, es war nach sechs."

„Sieben Stunden?" Jessies Mund blieb offen stehen.

„Sieben Stunden, mit ein paar Schlafpausen und ich finde dich immer noch extrem lecker!"

„Wow!"

Dankbar ließ er sich von Dave aus dem Bett ziehen, doch schon bald bemerkte Jessie, dass er sowohl beim Sitzen, als auch beim Stehen die intensive Invasion dieser ausgedehnten Morgenaktion spürte.

„Warte nur!", fauchte er. „Dir soll es morgen nicht besser gehen!"

„Ich kann es kaum erwarten!" Dave grinste und zog ihn mit sich Richtung Dusche.

Schließlich saßen sie bei einem ausgiebigen Frühstück.

„Könntest du dir vorstellen, hier einzuziehen?", fragte Dave nach einer Weile.

„Klar! Sofort ... Der Gedanke, ich dort, du hier, bringt mich ja jetzt schon um den Verstand!"

„Das find ich echt klasse!"

„Sofern ich mich umgehend damit beschäftigen darf, hier Bilder an die Wand zu hängen!"

„Ich lass dir freie Hand!"

„Sehr schön!"

„Aber vielleicht solltest du, zumindest für den Anfang, deine Bude in der Stadt noch eine Weile behalten ..."

Jessie runzelte die Stirn. „Für den Fall, dass du mich ausweist?"

Dave lachte. „Nein. Einfach so als Rückzugsort für dich. Falls du mal eine Pause von mir brauchst."

Jetzt grinste Jessie. „Solange du ab und zu mal Gnade walten lässt, halt ich das eher für unwahrscheinlich."

„Du willst doch sicher weiterhin ab und zu ins *Liam's* gehen, oder?"

„In der Hoffnung, dass du mich begleitest ... ja, schon."

„Dann könnten wir einfach dort übernachten und müssten nicht mit dem Taxi heimfahren."

„Gute Idee. Wir werden sehen, wie oft das wirklich passiert. Wenn wir sie wirklich kaum nutzen, dann ist es vielleicht günstiger, sie doch aufzugeben. Lass uns in ein paar Monaten noch mal drüber reden, ja?"

„Noch 'n Kaffee?"

„Ja, bitte."

Dave stand auf und ließ zwei weitere Becher aus dem Vollautomat.

„Du kannst das Gästezimmer oben so einrichten, wie du es gerne hättest. Das wäre dann auch ein Rückzugsort für dich. Ein Bad gibt es oben ja auch. Und natürlich das Studio."

„Das würd ich wirklich gern angehen ... das mit dem Studio."

„Nur zu."

„Du bist unglaublich, weißt du das?"

„Ich liebe dich!"

Am späteren Nachmittag läutete das Telefon. Es war Jason.

„Hey, wie geht's dir?", fragte Dave erfreut.

„Dave mir geht's einfach nur gut!"

Er schwieg ein paar Sekunden perplex, doch das konnte nur eines bedeuten. „Kyle ist wach?"

„Richtig. Er ist wach, ansprechbar und würde euch morgen gerne empfangen!"

„Oh Mann, das sind die besten Nachrichten seit Wochen!"

„Das kannst du laut sagen!", stimmte ihm Jason zu. „Ich weiß, Jessie ist bei dir, aber … ich müsste was mit dir besprechen. Unter vier Augen. Wann hättest du Zeit dafür?"

„Ich könnte gleich vorbeikommen, wenn dir das passt. Jessie wollte in den Fitnessraum und seine Übungen machen … Dauert es lange?"

„Hm, nein, ich denke nicht."

„Warte mal … ich frag ihn kurz." Er drehte sich um. „Süßer?"

„Ja?" Jessie sah von seinem Laptop auf.

„Jason möchte kurz was mit mir besprechen. Is' es okay, wenn ich schnell mal rüberfahre?"

„Klar, Honey, ich wollte eh trainieren."

„Gut." Dave kam zurück zu seinem Gespräch mit Jason. „Ich bin in ein paar Minuten bei dir! Ich möchte dich auch kurz unter vier Augen sprechen!"

Eine Viertelstunde später knatterte Dave mit seiner Harley die Auffahrt zu Jasons Villa hoch. Mel ließ ihn ein und brachte ihn auf die Terrasse zu Jason. Der stand auf und sie umarmten sich.

„Jay, das ist so klasse!", murmelte Dave. „Was für einen Eindruck hattest du von Kyle?"

Sie lösten sich wieder voneinander und setzten sich einander gegenüber. Mel brachte ihnen kühle Getränke und verschwand wieder.

„Es war sehr, sehr emotional", erwiderte Jason mit leiser Stimme, während sein Blick kurz in die Ferne wanderte.

Kenn ich, dachte Dave bei sich. *Die letzten paar Tage waren die emotionalsten meines Lebens. Aber diesmal endlich mal im positiven Sinne.*

Jason sah in wieder an. „Ich war Idiot genug, mir alles Mögliche auszudenken, bevor er endlich die Augen aufgemacht hat. Ich hatte auf einmal eine irre Panik, er könnte mich zum Teufel schicken!"

„Du bist auch nur ein Mensch!", sagte Dave sanft und sah sofort, dass Jason ihm unglaublich dankbar war, dass er sich nicht darüber lustig machte. „Er konnte dich hoffentlich vom Gegenteil überzeugen?"

„Ja, konnte er. Wir haben beide geweint und ich schäm mich nicht, das zuzugeben."

Dave nickte. Auch das kannte er inzwischen.

„Auf Moira, seine Großmutter, hat er allerdings extrem heftig reagiert."

Dave zog die Brauen zusammen. „Wie meinst du das?"

„Erst wollte er außer mir niemanden anderen sehen, aber ... als er sie dann doch gesehen hat, ist er fast ... zusammengebrochen. Ich hab ihn noch nie so aufgelöst gesehen! Es war schrecklich! Er bekam kaum Luft und Sid musste mich bitten, ihn zu beruhigen."

„Warum hat er so reagiert? Wollte er sie wirklich nicht sehen?"

„Nein, er war so unglaublich ... dankbar, dass sie da war und konnte es einfach nicht glauben, dass sie für ihn um die ganze Welt gereist war. Sid hat davon gesprochen, dass sie der einzige Mensch aus seiner Familie ist, dem er noch trauen kann und das kam alles in diesem Moment hoch."

„Konntest du ihn beruhigen?"

„Ja, Gott sei Dank. Danach hat er eine ganze Zeit lang erschöpft geschlafen und als er wieder wach war, ging es ihm besser."

Daves Kiefermuskeln arbeiteten aggressiv. Er hasste Kyles Vater ungefähr genauso sehr wie Jason es tat.

„Was genau wolltest du mit mir besprechen?", fragte Dave, als Jason nach einer Weile mit der Zusammenfassung seines Krankenhausbesuchs fertig war. „Was Geschäftliches?"

Jason schüttelte den Kopf und Dave sah ihn tief Luft holen. „Ich … ich hoffe, du hältst mich nicht für einen kompletten Irren … aber … ich möchte, dass Kyle bei mir einzieht!"

Dave sah ihn lange an, bevor er antwortete. „Alles andere hätte mich zumindest sehr gewundert!"

„Du hältst mir keine Gardinenpredigt?"

„Wieso sollte ich? Ihr liebt euch! Sehr sogar! Kyle hat kein Zuhause mehr … Hast du ihn schon gefragt?"

Jason schüttelte den Kopf. „Ich fahr nachher noch mal hin. Moira ist im Moment bei ihm. Er hat schon gefragt, ob er vielleicht bei mir jobben kann, um sich ein Zimmer leisten zu können, oder so und ich hab gesagt, wir werden eine Lösung finden. Aber ich denke, er sollte sich auf seine Schule konzentrieren. Es wird hart genug, alles nachzuholen, was er verpasst hat, um den Abschluss für dieses Jahr noch zu schaffen. Ich wollte erst mit dir reden."

„Dafür brauchst du doch nicht meinen Segen!", sagte Dave erstaunt. „Abgesehen davon hast du den!", fügte er lächelnd hinzu.

„Danke! Ich möchte ihm das Gästehaus anbieten."

„Ah … jetzt komm ich mit!" Dave grinste. „Damit er die Möglichkeit hat, sich zurückzuziehen?"

„Genau!"

„Das find ich eine Bombenidee!"

„Das heißt aber auch, dass du deine Sachen rausholen müsstest."

„Klar, kein Problem. Vermutlich wirst du auch andere Möbel haben wollen, oder?"

„Ich denke schon." Jason atmete sichtlich auf. „Puh … du bist echt klasse!" Er seufzte und fuhr sich über seinen Bart. „Ich hatte irgendwie Bammel."

„Es war extrem großzügig von dir, dass ich das Gästehaus immer mal wieder, um nicht zu sagen ziemlich oft, benutzen konnte. Aber auch mein Leben hat sich in den letzten Wochen extrem verändert, Jason!"

Jason lächelte. „Und das ist wunderschön!"

Dave nickte und suchte nach Worten. Wie zum Teufel sollte er Jason sagen, was er auf dem Herzen hatte? Gedankenverloren griff er nach seinem Glas und trank. Während er es wieder abstellte, glitt sein Blick zu Jasons Gesicht, doch der Satz mit dem er anfangen wollte, blieb ihm Hals stecken.

Jason starrte auf seine linke Hand, an der sein Ring glänzte und dann klappte ihm in Zeitlupe der Mund auf. Dave schloss kurz die Augen und erwartete den verbalen Angriff, doch der blieb aus.

Dave räusperte sich. „Nicht nur du wolltest was loswerden."

Jason streckte die Hand aus und Dave nahm den Ring ab. Er küsste ihn ungeniert, bevor er ihn in Jasons Hand legte.

Dessen Finger schlossen sich fast ehrfürchtig darum und dann begutachtete er den Ring eingehend. Er sah auf.

„Das Licht am Ende des Tunnels?"

Dave schluckte. „Das waren genau Jessies Worte!"

Jason schüttelte fassungslos den Kopf und sah nach, ob es eine Gravur gab. Es gab eine. Zwei Daten und beide Namen. Jessies vor Daves. Er überlegte zurück. Das erste Datum war der Tag an dem sie zusammen essen waren und sie die erste gute Nachricht aus der Klinik erhalten hatten. Es war auch der Tag, an dem Dave und Jessie zum ersten Mal miteinander geschlafen hatten. Das zweite Datum war der Tag danach. Er sah auf.

„Das erste Datum ... euer erstes Mal?"

Dave nickte.

Jason sah wieder auf den schönen Ring. „Das zweite Datum?" Er sah Dave fragend an. Doch der hielt seinem Blick mühelos stand. „Willst du damit sagen ...?"

Dave nickte wieder.

Jasons Finger schlossen sich wieder um den Ring in seiner Hand. Dann stand er auf und kam um den Tisch herum, um sich direkt neben Dave zu setzen.

„Hey, sieh mich an!", bat er.

Dave tat es.

„Es ist ... wirklich schon am nächsten Tag andersherum passiert?"

„Noch in derselben Nacht", antwortete Dave mit leiser Stimme. „Und es war ... absolut unglaublich!"

„Du konntest das wirklich zulassen? Jetzt schon?"

Dave nickte, sah kurz auf seinen Schoß und sagte: „Und ich bin unglaublich stolz drauf!"

„Das kann ich mir vorstellen, Süßer! Das ist allerdings der Hammer!"

„Ich wollte ihm so sehr gehören ... Du machst dir keinen Begriff! Dieser Mann ist ein absoluter Traum!"

Jason registrierte diese Worte ungläubig. „Du kannst seine Berührungen zulassen?"

Wieder nickte Dave. „Ich ... bin regelrecht süchtig danach" Er blickte wieder auf seinen Schoß. Noch hatte Jason ihm den Ring nicht zurückgegeben. „Zum allerersten Mal in meinem Leben fühl ich mich wie ein kompletter, ganzer ... Mann!", sagte er immer noch mit leiser Stimme. „Der Liebe nicht nur empfindet, sondern sie auch geben kann!"

„Das ist so wunderbar, Süßer! Vor allem wenn man bedenkt, dass ein Teil von dir vor fast dreißig Jahren gestorben ist!"

Dave nickte, ohne aufzusehen. „Kyle und du habt mir so viele Türen geöffnet. Türen von denen ich nicht gewusst habe, dass sie überhaupt da sind. Und Jessie hat mich auch noch durch die allerletzte Tür geführt."

„Möchtest du es mir erzählen?"

Dave hielt die Hand auf.

Jason gab ihm den schönen Ring zurück und Dave küsste ihn wieder, bevor er ihn sich zurück an den Finger steckte.

„In den ersten zwei Wochen nach dem Anschlag auf Kyle hat Jessie angefangen, mich bei sich zu Hause zu massieren ... Er hat eine mobile Behandlungsliege."

Jason nickte. Er kannte die Dinger.

„Die ersten paar Mal hab ich wenig gespürt, dann wurde es extrem schmerzhaft, aber irgendwann fing es an, besser zu werden. Inzwischen bin ich süchtig danach ... Er weiß wirklich, was er tut!"

Jason nickte wieder. Er konnte sich noch gut erinnern, wie Jessie ihm die Kopfschmerzen nach dem Anschlag wegmassiert hatte.

„Nach einer Woche bin ich auch nicht mehr hochgeschreckt, wenn er nachts mal aufgestanden ist. Ich hab gemerkt, wie ich ruhiger wurde. Und dann ... hat er nach mir und Kyle gefragt. Die Story kennst du ja schon ..."

„Ja, das hat mich ziemlich geschockt, dass du es ihm erzählt hast, geb ich zu!"

Dave nickte. „Weißt du, Jessies Trauma ist noch so frisch – zumindest im Gegensatz zu meinem – und doch durfte ich ihn berühren und Sex mit ihm haben. Er hat mir gezeigt, dass das was Schönes ist, wenn es jemand ernst meint. Und als wir zum ersten Mal miteinander geschlafen haben, wollte ich nichts so sehr, als dass es ein unvergessliches Erlebnis für ihn wird. Zum ersten Mal überhaupt, wollte ich den anderen unbedingt in den Vordergrund stellen! Und es ist mir gelungen!"

Jason sah, wie er gedankenverloren an seinem Ring drehte, als er weitersprach.

„Jessie ist noch nie zuvor dabei gekommen. Er hat sich – wie er selber sagt – immer auf schnellen Sex, ohne viel drumrum, limitiert. Ficken und fertig. Ich hab ihn schon zuvor einmal mit Prostatastimulation von außen zum Abspritzen gebracht..."

Jason grinste. „Das kannst du allerdings perfekt!" Und dachte dabei an das eine Mal zurück, als Dave das mit ihm und Kyle gemacht hatte.

„Danke!" Dave lächelte sichtlich geschmeichelt. „In dem, was ich bisher gemacht habe, bin ich vermutlich wirklich gut. Wir sind abgegangen wie Teenager ..."

„Kenn ich." Jason dachte an sein erstes Wochenende mit Kyle zurück, nachdem auch sie zum ersten Mal miteinander geschlafen hatten. Sie hatten sich ein ganzes Wochenende gegenseitig den Verstand weggevögelt, so als gäbe es kein Morgen.

„Jessie ist mehrmals gekommen."

„Kein Wunder, dass er beim Abendessen kaum ansprechbar war!", staunte Jason im Nachhinein noch.

„Es war so schön zu sehen, dass er Lust empfand und nicht Angst ... Dass er das wirklich zulassen konnte! Nach all dem, was er durchgemacht hatte!"

„Und dann? Was ist passiert, als ihr bei dir zu Hause angekommen seid? Hast du es geschafft, ihm das Haus zu zeigen, bevor was passiert ist?" Jason wollte ihm nicht noch einmal unterstellen, dass er sich nicht beherrschen konnte.

Dave grinste. „Nein, das war allerdings eine andere Geschichte! Auf der Heimfahrt von *Josy's* sagt er zu mir, dass er glaubt, ich hätte eine Nachricht bekommen." Er erzählte ihm die Geschichte mit dem Handy. „Ach was red ich." Er zog sein Handy hervor. Jessies Foto hatte er sich inzwischen als Hintergrundbild eingerichtet und er zeigte es Jason.

Der pfiff leise durch die Zähne. „Verstehe, was du meinst!"

466

Dave grinste und steckte das Handy wieder weg. „Ich bin komplett ausgerastet und hab ihn rechts ranfahren lassen. Der muss geglaubt haben, ich hab den tierischen Eifersuchtsanfall, als ich ihn nach dem Namen des Fotografen gefragt hab, der das geschossen hat. Er hat mir gestanden, dass er es mit Selbstauslöser gemacht hat."

„Wow!"

Dave nickte. „Ich hab ihn gefragt, wie lang es dauert, bis ich das in Groß haben kann und er hat mich gefragt, wie weit es noch bis zu mir nach Hause ist. Er hatte es bereits gerahmt im Kofferraum!"

„Und dann?"

„Er hat mich gebeten, ihm zu versprechen, dass ich ihn noch mal vögeln werde, sobald wir bei mir sind."

„Okay, du hast ihm das Haus nicht sofort gezeigt!", folgerte Jason trocken.

Dave lachte sein schmutziges Lachen und Jason sah ihn liebevoll an. Endlich wieder lachen!

„Ich gestehe, wir sind am Ende meines Gangs zu Boden gegangen und ich hab ihn derart rangenommen, dass ihm Hören und Sehen vergangen ist! Ich hab echt die Sau rausgelassen … Boah … ich hab mich danach sowas von Scheiße gefühlt! Er lag stöhnend am Boden und konnte anfangs noch nicht mal aufstehen! Hatte Schmerzen und ich dachte, jetzt hab ich alles vermasselt!"

„Du trägst einen Ring, also denk ich mal, dass du falsch lagst!"

Dave nickte. „Er fand den Fick absolut klasse, auch wenn er sich kaum mehr rühren konnte und kaum mehr stehen konnte!"

„Kein *Vanilla*-Typ?"

„Oh nein!"

„Dann passt es ja!"

„Oh ja!"

Sie lachten.

„Er mag es hart und heftig. Aber nach dem letzten Mal dachte keiner von uns, dass wir noch mal konnten. Jessie hat zwar gemeint, dass er mir nicht versprechen kann, dass er mich Durchschlafen lässt, aber egal. Er hat mich mitten in der Nacht geweckt. So geweckt, wie du Kyle morgens weckst."

Jason schluckte schwer bei dem Gedanken. Hoffentlich war es bald wieder so weit.

„Es war das wunderbarste Gefühl überhaupt und ich wollte nichts so sehr, wie ihm gehören. Mit Haut und Haaren. Mit meinem ganzen Körper. Ihn tief in mir spüren. Er war total fassungslos, als er gemerkt hat, dass ich ihn zum aktiven Fick auffordere." Dave schwieg kurz. „Es war einfach nur unglaublich!"

„Du bist gekommen?"

Dave nickte. „Zweimal. Jessie einmal. Danach hat es mich komplett zerlegt! Ich war noch nie so glücklich wie in diesem Moment und konnte endlich heulen. Etwas was ich auch erst kann, seit ich mit euch zusammen war!"

Jason strich über seine Wange. „Das ist wundervoll!"

Der nickte und biss sich auf die Lippe. „Danach … hab ich ihm einen Antrag gemacht."

„Wow."

„Er hat nicht angenommen und mich gebeten, ihn das noch mal in einem nicht so emotionalen Zustand zu fragen. Ich hatte ihm nach unserem absoluten ersten Mal verboten zu sagen, dass er mich liebt. Also konnte ich ihn durchaus verstehen."

„Das ist nicht nur ein Freundschaftsring an deiner Hand!"

„Nein!" Er sah wieder auf. „In der Nacht hat er mich dann auf der Couch gefunden. Ich war fix und fertig. Hab glaub ich eine halbe Stunde geheult vor Glück. Allein. Ich konnte überhaupt nicht mehr aufhören … Hab mir heiße Schokolade gemacht."

„Wie Martin?" Jason wusste von seinem Onkel.

Dave nickte. „Er hat mich irgendwann so gefunden und ich hab ihn noch mal gefragt."

„Diesmal hat er *Ja* gesagt?", fragte er, als Dave nicht weitersprach.

„Ja, das hat er!" Dave sah ihm direkt in die Augen. „Ich weiß, es ist völlig irre, aber: Wirst du mein Trauzeige sein?"

Jason sah ihn lange an.

„Du denkst, ich bin vollkommen übergeschnappt, was?", fragte Dave, nachdem es Jason offenbar die Sprache verschlagen hatte. Doch zu seiner Überraschung schüttelte der den Kopf.

„Nein Süßer! Das denk ich nicht, dass du übergeschnappt bist. Ich wäre für immer und ewig beleidigt, wenn ich nicht dein Trauzeuge sein dürfte!"

Dave blinzelte und konnte es nicht verhindern, dass seine Augen feucht wurden. „Du knallst mir keine?"

Jason schüttelte den Kopf und zog ihn in seine Arme.

„Oh Mann!", murmelte Dave und vergrub sein Gesicht an Jasons Hals.

„Ich weiß, was dieser Ring dir bedeutet! Ich bin so überglücklich, dass du noch Gefühle empfinden kannst! Du machst dir keinen Begriff, Süßer!"

Dave zog die Nase hoch und sah auf. Jason wischte ihm die Tränen ab. „Ich hab mir zwanzig Jahre lang die Hörner abgestoßen. Ich bin mir absolut sicher, dass Jessie der Richtige ist, auch wenn er der erste Mann ist, mit dem ich richtig passiv geschlafen habe!"

„Er ist sich offensichtlich auch sehr sicher, sonst hätte er nicht ja gesagt, oder?"

Dave nickte.

„Das ist einfach … total schön!", murmelte Jason und zog ihn noch einmal in seine Arme. „Ich hoffe, ihr wartet solange, bis Kyle aus dem Krankenhaus ist?!", sagte er dann, als sie sich wieder voneinander gelöst hatten.

„Silvester."

„Coole Party!"

Dave nickte.

„Wen nimmt Jessie als Trauzeugen?"

„Er möchte seinen besten Freund Sam nehmen, doch der weiß noch nichts davon!" Dave grinste und erzählte ihm, dass Sam mit seinen Jungs am Freitag im *Liam's* spielte. Dann klingelte Daves Handy.

„Süßer?", meldete sich Dave ungeniert vor Jason. Er hatte keine Angst mehr vor Hänseleien.

„Hi, Honey, wie lange bist du noch aus? Lohnt es sich noch, mich an den Rechner zu setzen?"

„Ich bin bald zurück, aber mach ruhig."

„Frag ihn, ob ihr beide morgen zum Brunch kommen wollt und danach zu Kyle?", hörte er Jason sagen. Er gab das weiter und Jessie stimmte erfreut zu. Kurz darauf beendeten sie das Gespräch. Als er aufstehen wollte, hielt Jason ihn jedoch zurück.

„Eine andere Sache wollt ich noch kurz ansprechen, hast du noch eine Minute?"

„Klar." Dave sank wieder in seinen Stuhl zurück und sah ihn erwartungsvoll an. Er bemerkte, dass Jason wieder ernst geworden war.

„Kyle ist ziemlich traumatisiert …"

„Das ist wohl eine glatte Untertreibung." Dave seufzte und seine Kiefermuskeln spielten wieder.

„Er verspürt extreme Übelkeit, wenn er an die Tat zurückdenkt, oder vermutlich auch nur an seinen Vater …"

Dave nickte und musste an Jessie denken, dem es ähnlich ergangen war.

„Sid meinte … und das ist wohl auch Phils Rat, dass es gut wäre, wenn Kyle sich mit jemandem unterhalten könnte, der selbst so ein ähnliches Trauma durchgemacht hat."

Dave nickte wieder.

„Wärest du bereit, dich mit ihm darüber zu unterhalten? Ich meine auch tiefergehend zu unterhalten? Natürlich nur, wenn Kyle das will … Zeig ihm, dass er ist mit diesen Erfahrungen nicht allein ist und wie man sie bewältigen lernt?"

Dave zögerte etwas. „Hm, klar … Aber ehrlich gesagt denke ich, Jessie ist da vielleicht sogar noch der bessere Ansprechpartner, denn sein Trauma ist frischer."

„Davon weiß ich aber offiziell nichts", erinnerte ihn Jason.

„Ich weiß. Jessie hat mir erzählt, dass er sich nach diesem Vorfall drei Tage lang übergeben musste und sogar im Krankenhaus gelandet ist deswegen."

„Haben sie diese Scheißkerle, die ihm das angetan haben, wenigstens verknackt?"

Dave schüttelte zu seinem sichtlichen Entsetzen den Kopf. „Sie hatten ihm irgendwann Viagra gegeben und Fotos gemacht."

„Oh mein Gott!"

„Auf den Bildern war sein Körper also auch noch erregt, als man ihn missbrauchte."

„Fuck!"

„Bis Sam ihn endlich fand und ins Krankenhaus brachte, war im Blut nichts mehr nachzuweisen und die Polizei hat die Anklage fallengelassen. Außerdem stand Aussage gegen Aussage, der Kerl hat behauptet, Jessie hätte das Viagra freiwillig genommen. Sex im Einvernehmen …"

„Scheiße."

Dave nickte. „Du könntest morgen versuchen, beim Brunch das Thema einfach mal unverbindlich in die Richtung zu lenken und das mit Kyle und der Übelkeit erwähnen. Vielleicht öffnet er sich."

Jason nicke. „Wäre einen Versuch wert! Mal sehen, was sich ergibt, hm?"

„Okay. Ich pack's dann wieder. Ja?"

„In Ordnung. Ich fahr eh noch mal rüber zu Kyle."

„Sag ihm alles Liebe!"

„Mach ich."

Kurz darauf verabschiedeten sie sich mit einer engen Umarmung, die alles sagte, und dann fuhr Dave wieder zurück in sein eigenes Reich, das ihm nun, da Jessie dort auf ihn wartete, viel einladender vorkam als zuvor.

Geständnisse und eine Massage

Als Dave nach Hause kam, lag Jessie gerade auf der Couch, den Laptop auf dem Schoß und telefonierte mit Sam. Dave verschwand in seinem Schlafzimmer und zog sich Shorts und ein T-Shirt an. Als er fertig war, traf er Jessie im Gang.

„Wegen mir hättest du dein Gespräch noch nicht beenden müssen!", sagte Dave erstaunt nach dem Begrüßungskuss.

„Keine Sorge, wir waren eh fertig." Jessie folgte ihm in die Küche.

„Und?"

Dave erzählte ihm von Kyle, während er zwei Becher Kaffee für sie machte.

„Hm ... das kann ich gut nachvollziehen", murmelte Jessie als er von der Begegnung mit Moira berichtete und seiner Reaktion auf die Erinnerungen.

„Ich auch ..."

„Freut mich total, dass er wach ist und uns sehen will! Vielleicht können wir ihm ja helfen, was meinst du?"

„Ja, denk ich auch ... Da die Sache bei dir frischer ist, bist du da vielleicht sogar noch besser geeignet als ich. Ich meine, er sollte nicht lernen, Gefühle komplett auszublenden, so wie ich es früher getan hab."

„Honey, du warst ein Kind. Das ist die normale Schutzreaktion eines Kindes!", widersprach ihm Jessie. „Und inzwischen hast du deine Gefühle ja auch wiedergefunden!"

„Hat aber verdammt lange gedauert!", brummte Dave.

„Besser spät als nie, hm?"

Dave lächelte schwach.

„Du warst zu jung, um zu verstehen, was dir dieses Monster angetan hat und warum. Kyle ist erwachsen. Er kann sich ganz anders damit auseinandersetzen und somit kann er es auch verarbeiten!"

„Jessie, ich muss dir was gestehen", sagte Dave dann zögernd.

Der zog die Augenbrauen hoch. „Okay …"

„Und ich hoff wirklich, dass du es mir nicht übel nimmst." Dave sah ihn schon jetzt entschuldigend an.

„Du hast Jason von mir erzählt?"

Dave blinzelte bei dieser direkten Ansage. „Ähm … ja, Süßer."

Jessie nickte.

„… und weiter wird das nicht gehen!", sagte Dave eindringlich. „Ich wollte, dass Jason es weiß, damit er mich verstehen kann. Danach war ihm sofort sonnenklar, warum ich dir so schnell blindlings vertraut habe!"

„Hat er deinen Ring bemerkt?"

Dave lächelte, sah liebevoll darauf und wieder in Jessies Augen. „Jep."

„Und?"

„Er weiß, was mir das bedeutet, Jessie. Nämlich alles!"

„Wow!", murmelte Jessie. „Hat er dich für verrückt erklärt?"

„Nein. Eben weil ich ihm die Wahrheit gesagt habe, kann er nachvollziehen, warum ich dir einen Antrag gemacht habe! Er wusste auch sofort, was die Daten in den Ringen bedeuten."

„Er hat nachgesehen?"

Dave nickte.

„Wow", murmelte Jessie erneut. „Er kennt dich wirklich gut, was?"

„Mhmm …" Dave sah ihn unsicher an. „Ich hoff, das war okay, dass ich es ihm gesagt habe?"

Jessie nickte. „Mach dir keine Gedanken … Ich muss dir auch was gestehen." Er klappte den Laptop zu, der auf dem Wohnzimmertisch stand.

„Sam?"

„Ja. Ich hab ihm auch erzählt, dass du … schwer traumatisiert bist."

Dave nickte.

„Gerade eben." Jessie sah zum Laptop. „Zum einen, um
ihm begreiflich zu machen, warum ich mir so sicher bin,
dass du mir nicht wehtun wirst …"

Dave runzelte die Stirn. „Er hat immer noch Bedenken?"

„Nein, ich red von unserem Treffen im *Liam's* … Und
zum anderen, weil er mich damals dort blöd angemacht hat,
seit wann ich eigentlich auf Tätowierungen stehe …"

„Okay."

„Ich hab ihm schon damals gesagt, dass du das aus
reinem Selbstschutz getan hast und eben hab ich ihm grob
gesagt, was dir passiert ist. Ich will, dass auch er mich versteht, Honey!", sagte Jessie mit leiser Stimme.

Er nickte, nahm seine Hand und küsste sie sanft.

„Ich hab ihm noch nichts von unseren Ringen gesagt. Ich
will, dass er über das, was ich ihm grad erzählt habe,
erstmal nachdenkt. Am Freitag werde ich es ihm sagen, und
er reagiert besser genauso positiv wie Jason!", knurrte
Jessie. „Sonst haben wir ein Problem!"

„Na ja, er wird schon rumkommen, oder? Er beeindruckt
mich, weil ihm dein Wohlergehen wirklich am Herzen liegt.
Es muss wirklich schlimm für ihn gewesen sein. Ich stell
mir vor, Jason passiert sowas und ich würde nichts
bemerken!" Dave schüttelte den Kopf. „Nein, ich will mir
das lieber nicht vorstellen!", schickte er hinterher. „Es
würde mich umbringen!" Er sah auf.

„Ich weiß."

„Jason hat mich gefragt, ob du dich bereit erklären würdest, mit Kyle zu reden, falls er das will. Er wollte es
morgen beim Brunch ansprechen, ohne dass du Verdacht
schöpfst, dass er es weiß."

„Wir sollten ihm gleich sagen, dass ich es weiß."

„Gute Idee."

Jessie lächelte. „Ich finde es schön, dass wir alle mit offenen Karten spielen!"

„Ja, allerdings! Macht das Leben viel einfacher!", stimmte ihm Dave zu. „Wie hat Sam reagiert?"

„Er war sehr nachdenklich und geschockt. Ich glaube, es wird seine Meinung oder seine ... hm ..." Jessie schien nach dem richtigen Wort zu suchen.

„Bedenken?"

„Genau, Bedenken ... danke, mildern ..."

„Gut!"

„Was wollte Jason mit dir besprechen? Nur, dass Kyle wach ist und traumatisiert?"

Dave schüttelte den Kopf und grinste. „Er hatte mega Bammel, mir das zu sagen ... Er will, dass Kyle bei ihm einzieht und er hatte Angst, dass ich ihn für komplett übergeschnappt halte!"

Jessie lachte. „Das ist doch nur die logische Konsequenz, oder? Jason würde sein Leben für den Kerl geben!"

„Mhmm ... richtig eingeschätzt. Ich hab ihn natürlich nicht für übergeschnappt erklärt und ihn bestärkt. Er will ihm das Gästehaus anbieten."

„Gute Idee! So wie du mir den ersten Stock?"

„Genau. Er will es neu einrichten. Vielleicht können wir einen Teil der Möbel brauchen, hm? Sie sind praktisch wie neu."

Jessie kratzte sich am Kopf. „Boah ... das war alles so heftig, als ich dort war, ich kann mich kaum erinnern!"

„Wir können es uns morgen ansehen. Bis dahin wird Jason auch mit Kyle gesprochen haben."

„Ich find das so toll, dass er endlich wach ist! Ich meine, er wird nach wie vor Schmerzen haben, aber er ist wieder unter uns!"

„Ja, ich bin auch tierisch erleichtert!" Dave sah auf die Uhr. „Sollen wir was zu essen machen? Um acht kommt Phil."

„Ja, lass uns das tun."

Als sie Dr. Philip Meyers wieder verabschiedeten, war es zehn Uhr abends. Dieses Mal hatte das Treffen zwei Stunden gedauert, da Jessie auch noch mit ihm gesprochen hatte, zusammen mit Dave. Phil hatte ihnen einen guten Trauma-Psychologen genannt, der an Sids Klinik arbeitete und den er, was Kyle betraf, nur empfehlen konnte.

Jessie und Dave fühlten sich nach dem langen Gespräch ziemlich ausgelaugt. Phil hatte erwähnt, dass es Jason alles andere als gut gegangen war. Anscheinend war er, vollkommen untypisch, zu spät zu ihrem Treffen gekommen und war stattdessen ziemlich durchgerüttelt von Sid aus der Klinik nach Hause gefahren worden.

„Ruf Jason an!", schlug Jessie vor, als Dave von der Tür zurückkam, durch die er Phil gerade verabschiedet hatte.

Dave nickte und griff zum Telefon.

„Mel? Hier ist Dave ... Ist Jason zu sprechen? ... Ah ... verstehe ... Nein ... ist schon okay ... Ja, dann bis morgen ..." Dave legte auf und sah Jessie an.

„Er ist nicht da?"

„Doch, er hat sich schon hingelegt!" Dave wunderte sich, denn normalerweise ging Jason selten vor Mitternacht ins Bett. „Das ist allerdings eher die Ausnahme ..."

„Willst du's am Handy versuchen?"

Dave probierte es. „Ausgeschaltet."

„Vielleicht hat er was zum Schlafen genommen?"

„Hm, möglich", stimmte er Jessie zu. „Vielleicht hat Sid ihm was dagelassen."

„Ich dachte, er war gut drauf, als du da warst?" Jessie sah ihn stirnrunzelnd an.

„Eigentlich schon ... aber er wollte auch noch mal zu Kyle."

„Offensichtlich, wenn Sid ihn von dort heimgefahren hat. Irgendwas muss dort passiert sein ..."

„Hm …" Dave setzte sich auf die Couch und fuhr sich durch die Haare.

„Bier?"

„Ja, ich glaub, ich brauch jetzt eins."

Jessie holte zwei aus dem Kühlschrank und kam dann zu ihm auf die Couch.

„Weißt du, Kyle hat manchmal so eine Art … er sagt was geradeheraus und dann bleibt dir die Luft weg und dir fällt die Kinnlade bis zum Boden … Vielleicht war es sowas …", vermutete Dave, nachdem sie sich zugeprostet hatten.

„Zum Beispiel?"

„Er hat zum Beispiel mal todtrocken gesagt, dass meine Seele verdammt gut geschützt ist, mit der Tätowierung und Jason ist es da auch erst wie Schuppen von den Augen gefallen. Er dachte immer, ich wäre der total harte Typ."

„Kyle ist extrem feinfühlig."

Dave nickte. „Und als wir in unserem Sporthotel angekommen sind und wir in der Tiefgarage geparkt haben, da hab ich kurz ein paar Bilder vor mir gesehen … die ich für absolut unpassend hielt, aber die ich einfach nicht verleugnen konnte …"

Jessie grinste. „Nämlich?"

Dave sah ihm direkt in die Augen. „Du unter mir, bei unserem verdammten ersten Mal!"

„Ernsthaft?"

„Wenn ich es dir sage!"

„Und, war es so, wie du dir damals gedacht hast?", bohrte Jessie prompt weiter.

Jetzt schüttelte Dave den Kopf.

„Nein?", fragte Jessie verwundert. „Ist das jetzt gut oder schlecht?"

Dave lachte. „Gut. Unser erstes Mal war tausendmal schöner!"

„Wow! Da ist ja wieder, mein Poet!" Er beugte sich vor und drückte Dave einen Kuss auf die Lippen. „Und was hat Kyle zu dir gesagt?"

Dave seufzte. „Ich hab mein Gesicht in den Händen vergraben. Ich konnte einfach nicht glauben, was mein Hirn mir da vorgaugelte! Ich hatte dich grad vor ein paar Stunden zum ersten Mal gesehen!"

„Kyle?" Jessie blieb hartnäckig.

„Kyle hat es mitbekommen und hat mich gefragt, ob ich okay bin. Ich hab ihm geantwortet, ja, ich hätte nur grad sowas wie eine Vision gehabt."

Jessie grinste. „Und was hat er drauf gesagt?"

Dave schnaubte. „Er hat mir auf den Oberschenkel geklopft, zum Jeep rübergeschaut, wieder mich angeschaut und staubtrocken gesagt: *ziemlich leckere Vision, was?*"

Jessie lachte auf. „Echt?"

„Dazu is' mir echt nix mehr eingefallen!"

„Er hat das da schon gemerkt?"

„Wenn ich es dir sage! Ich hab die ganze Fahrt nur an dich gedacht. Und das, obwohl ich dich grad mal ein paar Minuten gesehen hab!"

„Hm … Mir ging's nicht anders und Pete hat das auch gemerkt."

„Im Ernst?", fragte nun Dave.

Jessie nickte. „Ich war total angespannt auf dem Weg zu Jason. Ich wusste zwar, dass es noch einen Verletzten gab, aber irgendwie fühlte ich mich total unwohl und fehl am Platz, dass ich trotzdem mitfahre und so … Als wir uns endlich alle kennengelernt hatten, war ich tierisch erleichtert und kaum hatte ich meine Sonnenbrille auf, hab ich den Motorradfahrer gesucht …"

Dave grinste sichtlich geschmeichelt.

„Pete hat mich nur von der Seite angesehen und gesagt, so würde ich ihm schon besser gefallen …"

„Es hat wohl echt so sein sollen, Süßer, hm?"

Jessie nickte bedächtig. „Gott sei Dank! Wow ... das fühlt sich schon an, als wäre es Monate her!", schickte er dann kopfschüttelnd hinterher.

„Allerdings!"

„Wir werden es morgen schon erfahren, was Jason umtreibt? Oder willst du noch hinfahren und nach ihm sehen?"

„Nein. Phil hätte es erwähnt, wenn er der Meinung wär, Jason bräuchte heute noch Beistand."

„Auch wieder wahr."

Sie stießen wieder an und tranken schweigend ihr Bier, wobei jeder seinen eigenen Gedanken nachhing.

„Nach was is' es dir noch?", fragte Dave nach einer Weile vorsichtig.

Jessie seufzte. „Nicht mehr nach viel."

„Das is' vollkommen okay."

„Danke ... Ich bin ziemlich aufgewühlt, immer noch ..."

Dave nickte verständnisvoll.

„... also kann ich dir nicht sagen, zu was ich heute noch in der Lage bin ..."

„Hey, kein Stress, okay? Morgen ist auch noch ein Tag!"

„Du hast die Nacht auch auf den Morgen verlegt, das beruhigt mich!" Jessie stand auf.

„Wo willst du hin?"

„Zeig ich dir gleich!" Er verließ den Raum und kam kurz darauf mit der Massageliege wieder.

Dave klappte der Mund auf.

Jessie stellte sie ab und kam zu ihm. „Mhmhmhm!", machte er und schmiegte sich unterhalb der Gürtellinie an Daves Gesicht. „Oder ich überleg mir das doch noch mal ..."

Daves Lippen tasteten nach seinem relaxten Schwanz unter der Sporthose, dabei sah er zu ihm auf.

„Es erregt mich sehr, mir vorzustellen, du könntest vor mir knien!", murmelte Jessie und sorgte damit dafür, dass eine Gänsehaut über Daves Körper kroch.

„Das hab ich doch schon getan!", erinnerte er ihn und knabberte weiter am Schwanz.

„Ja, aber nicht nackt!", konterte Jessie.

Dave fragte sich, ob Jessie vielleicht auch Master-Qualitäten hatte und wenn ja, ob er das jemals zulassen könnte. Er verscheuchte den Gedanken so schnell, wie er gekommen war.

„Du willst echt noch arbeiten?", fragte er stattdessen und strich mit beiden Händen über die Rückseite seiner Beine.

„Das ist keine Arbeit! Ich hab dich, seitdem wir die Liege geholt haben, nicht einmal massiert! Ich würd das jetzt wirklich gerne tun! Dabei kann ich wenigstens abschalten und ein wenig runterkommen!"

„Okay."

Jessie strich ihm durch die Haare. „Dann zieh dich mal aus, Honey!"

Dave drückte ihm noch einen Kuss auf die Hose und dann baute Jessie die Liege im Wohnzimmer auf. Kurz darauf lag Dave auf dem Bauch vor ihm und Jessie begann mit seiner Massage.

Während er Daves nackten Körper einölte und von Kopf bis Fuß bearbeitete, blieb sein Blick wie immer an den brutalen Narben auf seinem Rücken hängen. Bei jeder Massage spürte er von Neuem den Schmerz und das verging erst nach einer Weile wieder.

Wie jedes Mal, beugte sich Jessie am Ende seiner Rückenmassage noch einmal hinunter und küsste jeden einzelnen Striemen, so als wolle er Dave vergessen machen, was vor vielen Jahren geschehen war. Er wusste zwar, dass diese kleine Geste Dave aufwühlte, aber er konnte einfach nicht anders.

Jessie fragte sich dabei immer, ob Dave ihm einmal erzählen würde, wie es genau dazu gekommen war. Er war sich sicher, dass Dave noch genau wusste, warum sein Peiniger ausgerastet war und ihn derart verprügelt hatte. Doch bislang hatte es Dave weder erzählt, noch hatte Jessie den Mut gehabt, ihn danach zu fragen. Vielleicht, irgendwann … Und dann richtete er seine Gedanken wieder auf die Tatsache, dass diese Verletzungen ihn gerettet hatten und alles andere fiel ihm wieder leichter.

Schließlich war er mit seinem Rücken fertig. Nun glitt seine Hand über Daves Lenden wieder tiefer, bis er mit seinem Mittelfinger prüfend über Daves Loch fuhr. Als Dave dabei leise seufzte, lächelte Jessie und wiederholte das Ganze einige Male. Dann massierte er ihm eine Weile den Hintern, bis er erneut zu seinem Loch zurückkehrte. Es war weich und relax und es entging ihm nicht, dass Dave jede noch so kleine Berührung von ihm zuließ.

Jessie beugte sich zu ihm hinunter und küsste ihn sanft aufs Ohr, während er an seinem Loch weitermachte.

„Baby, du bist so unglaublich relax!", lobte er. „Spür doch nur!" Dave seufzte, als er den Druck leicht erhöhte. „Ich bin so verdammt stolz auf dich!"

„Wenn du so weiterredest, werd ich rot!", brummte Dave.

Jessie grinste breit. „Ah … lass mal … ich geb dir gleich einen wirklichen Grund, rot zu werden!" Und mit diesen Worten ging er wieder zur Mitte der Liege, drückte ungeniert Daves Pobacken auseinander, besah sich sein Loch und leckte dann von der Rückseite seiner Eier bis zu seinem Steißbein, wobei er mit seiner Zunge einige Kreise direkt auf seinem Loch zog.

Er hörte Dave aufkeuchen, doch Jessie ließ sich nicht beeindrucken. Stattdessen leckte er die gleiche Strecke noch ein paarmal und dann spielte er zielgenau mit Daves Loch, bis er in ihn eindringen konnte.

„Mhmhmh!", machte er anerkennend und besah sich Daves Loch erneut.

Während er seine linke Pobacke küsste, träufelte er Massageöl auf Daves Loch, um dann mit seinem Mittelfinger sanft darüberzustreichen. Er tat auch dies mehrmals, immer mit höherem Druck, bis er schließlich in ihn eindringen konnte.

„Aaah! AAAAH!"

„Oh, ja, Baby!", murmelte er, während er ihn mit einem Finger vögelte. Dann versuchte er den Finger zu krümmen und hatte dabei Erfolg, denn durch Daves Körper schoss ein Zucken.

„AAARGN!"

Jessie ließ sich immer noch nicht aus der Ruhe bringen, sondern machte einfach weiter. „Ich versprech dir, ich werde nur dich so massieren!" Dabei griff er sich an seinen inzwischen ebenfalls steifen Schwanz in seiner Sporthose. Schließlich zog er sich aus Daves Körper zurück.

„Es ist Zeit, dass du dich umdrehst!"

Dave sah auf.

„Bist du hart, oder bist du richtig hart?", fragte Jessie amüsiert.

Statt einer Antwort setzte sich Dave auf und ließ die Beine von der Liege baumeln. Sein Schwanz stand obszön hoch und schmiegte sich im Sitzen fast an seinen Bauch.

„Oh ja!", lobte Jessie und wichste ihn.

Sie sahen beide gleichzeitig hinab auf die Erektion und dann wanderten ihre Blicke fast synchron über den jeweils anderen Oberkörper höher, bis sie sich in die Augen sahen. Sie küssten sich wortlos.

Schließlich beugte sich Jessie hinunter und nahm Daves Schwanz in den Mund.

Dave keuchte und strich ihm durch die Haare.

Prompt unterbrach Jessie was er tat und richtete sich wieder auf. Er nahm Daves Hand und platzierte sie am hinteren Liegenrand, sodass Dave nun leicht nach hinten gelehnt dasaß. Der schien keine zweite Aufforderung zu brauchen und brachte auch die andere Hand dorthin.

Jessie lächelte zufrieden, wichste ihn wieder und zog dann seinen Schwanz leicht nach unten, um ihm kurz darauf beim Hochschnellen zuzusehen.

Dave stöhnte leise. Das hatte auch noch nie jemand mit ihm gemacht und dennoch fand er es geil, zumindest wenn Jessie das tat.

Er sah zu, wie sich Jessie erneut hinunterbeugte und seinen Schwanz wieder in den Mund nahm. Während Jessie mit seinem Blowjob begann, schloss Dave die Augen und legte dabei den Kopf in den Nacken. Er hörte, wie Jessies Zähne schließlich am Ring anstießen und Dave musste alle Willenskraft aufbringen, seine Hände nicht auf Jessies Kopf zu legen.

Doch Jessie hatte offenbar nicht vor, ihn so zu befriedigen, denn er kam langsam wieder hoch. Am Ende spielte er nur noch mit der Zunge an Daves geschwollener Eichel.

„Sehr schön!", raunte Jessie und zog seinen Ständer erneut nach unten.

Dave schnappte nach Luft, als er wieder losließ. Bevor er den Mund jedoch wieder schließen konnte, küsste ihn Jessie auch schon.

„Ich bin so verdammt froh, dass ich all das nicht früher getan habe!", gestand Dave.

„Nanu?"

„Damit will ich sagen, dass ich unglaublich froh bin, dass ich all diese Erfahrungen mit dir mache! Ich bin dir so unglaublich dankbar!"

Jessie grinste, beugte sich hinunter und arbeitete seinen Schwanz noch einmal komplett in seinen Mund. Dann begab er sich wieder auf den Rückzug, diesmal allerdings mit einem eindeutigen, heftigen Saugen, das Dave zum Zucken brachte.

Schließlich richtete Jessie sich auf und strich Dave über den sexy Goatee, den er so liebte.

Dave kam ihm entgegen, als sich Jessies Lippen seinen näherten und dann folgte ein zärtlicher Kuss, der schnell tief und leidenschaftlich wurde. Dabei schmiegte er sich an Dave und drückte seine inzwischen unübersehbare Erektion an Daves Ständer.

„Oh Mann!", murmelte Dave und Jessie wiederholte die Bewegung.

Dave sah auf. „Widerspricht es sehr deiner Berufsethik, mich beim zweiten Teil nackt zu massieren?"

Er nahm Daves steifen Schwanz in die Hand und bog ihn in seine Richtung. Dann rieb er sich erneut aufreizend daran, bevor er Dave wieder ansah.

„Hm ... nein, wenn ich's mir recht überlege ... überhaupt nicht." Er konnte sich nicht beherrschen und ließ seine Lippen von Daves Kinn bis zu seinem Adamsapfel wandern. Ihm gefiel es außerordentlich, ausnahmsweise das Sagen zu haben. „Sofern du mich ausziehst!"

Dave strich mit der Rückseite seiner Finger über Jessies Ständer und schob ihm das T-Shirt höher. Mit deutlichem Hautkontakt zog er es ihm aus und küsste sofort seine Brustwarzen. Schon küssten sie sich erneut. Bevor Dave ihm die Hose ganz auszog, fuhr er noch einmal die Konturen seiner Erektion ab, bevor er sie auspackte. Schließlich streifte Dave ihm die Hose über den Hintern. Er ließ sie zu Boden gleiten und kickte sie weg.

Ihm entging nicht Daves sehnsüchtiger Blick, als er seinen Ständer in die Hand nahm und ihn nach vorne bog. Er strich mit seiner Eichel über Daves Erektion und begann, sich an ihm zu reiben. Daves Stirn lehnte dabei an seiner und folgte seinem Blick nach unten.

„Wenn ich bedenke, dass wir beide vor einer Stunde davon überzeugt waren, dass wir keinen Bock auf Sex haben!" Dave sah auf.

„Das war dann und jetzt ist jetzt!", antwortete er und küsste ihn. „Ich glaub, ich hab meine Meinung geändert!"

Dave grinste. „Ich auch!"

„Okay, machen wir weiter. Hinlegen!", sagte Jessie und deutete auf die Liege.

Dave seufzte und tat er was er wollte.

„Mhmhmhm!", machte Jessie prompt anerkennend. Er ging einmal komplett um die Liege herum und besah sich Daves erregten Körper von jeder Seite. Schließlich blieb er bei seinen Füßen stehen. Als er seinen steifen Schwanz an Daves Fußsohle rieb, keuchte Dave auf. Jessie wiederholte die Berührung an der anderen Fußsohle, bevor er zum Kopfende der Liege kam.

Er sah wie Daves Blick tiefer zu seinem steifen Schwanz wanderte, der geradewegs auf sein Gesicht zeigte. Dave schlang den Arm um Jessies Körper und zog ihn mit einer Hand auf seinem Hintern näher zu sich. Und schon ließ Dave die Nase über die Unterseite seiner Erektion gleiten und wiederholte das Ganze mit Lippen und Zunge.

Jessie seufzte leise, als Daves Zunge tief in seinen Schlitz leckte. Seine Hand landete in Daves Haaren und die andere an seinem eigenen Schwanz. Dann drückte er Dave die Eichel auf die Lippen und war fast etwas überrascht, als sich Daves Mund ohne zu zögern öffnete.

„Kannst du's noch besser?"

Dave zögerte und sagte dann: „Oh ja … Sir!"

Jessie raste ein Schauer über seinen erregten Körper. Wow, was war das für ein Gefühl! Und dann dieser Blick von Dave! Er ließ ihn noch einmal lecken, dann zog er sich zurück und ging an die Stirnseite der Liege, sodass sein Schwanz auf Daves Kopf zeigte.

Jessie drückte ihm seine Erektion an die Wange.

„Kannst du's nicht einfach wegkippen?", fragte Dave.

„Doch, kann ich. Bist du dir sicher?"

„Ja, Sir!"

Jessie klappte die Kopfstütze mit einem Handgriff nach unten, mit der anderen Hand stabilisierte er Daves Kopf.

„Sag sofort, wenn es dir zu viel wird, okay?", bat er Dave. Der nickte und übte Druck auf Jessies Hand aus, sodass er schließlich nachgab und Daves Kopf langsam nach hinten abkippte.

Mit zärtlichen Fingern strich er über Daves Kehle, dann führte er seinen Schwanz mit sanftem Kontakt über Daves Stirn und Nase zu seinen Lippen. Jessie sah atemlos zu, wie sich Daves Zunge über seiner Eichel tastete.

„Oh ja!", murmelte Jessie anerkennend und schon zog ihn Dave näher zu sich. „Fuck!", keuchte er, als er prompt tiefer als beabsichtigt in Daves Mund eindrang.

Jessie ließ sich Zeit, doch Dave zeigte keine Anzeichen von Panik, also wagte er es nach einiger Zeit, seinen Kopf loszulassen und ihn in den Mund zu vögeln. Dabei strichen seine Hände über Daves Brustkorb und spielten mit dessen harten Brustwarzen, glitten tiefer und wichsten schließlich seinen steifen Schwanz.

Jessie beugte sich vor und während sein Schwanz tief in Daves Mund steckte, nahm er seinerseits Daves leckende Eichel in den Mund. Er konnte spüren, wie Dave leise und erregt dabei stöhnte. Je tiefer Dave ihm gestattete seinen Mund zu vögeln, desto heftiger saugte er an dessen Schwanz.

So geilten sie sich eine ganze Weile lang gegenseitig auf, bis Jessie sich wieder aufrichtete und seinen Schwanz aus Daves Mund zog. Der schnappte nach Luft und Jessie beugte sich hinab, um ihn in dieser Verkehrtherum-Position zu küssen.

„Du machst mich zu geil, Honey!", murmelte er und holte das Kopfteil wieder hoch.

Dave blinzelte, als Jessie tatsächlich wieder zur Massage wechselte und nun seine Vorderseite gekonnt bearbeitete, so als hätten sie nicht gerade sowas wie ein Vorspiel hinter sich.

In ihm keimte Hoffnung auf, als Jessie sich, nachdem er seinen ganzen Körper eingehend bearbeitet hatte, zu ihm herunterbeugte und ihn küsste. Der Kuss wurde tief, während Jessie ihn zu wichsen begann. Und dieses Mal schien er ihn nicht nur damit zu necken, sondern trieb ihn weiter ins Nichts. Schon nach kurzer Zeit ersehnte er die Erlösung.

„Ja, Baby, komm schon!", spornte Jessie ihn an.

„AAAAH … FUCK … AHAHAH!" Daves Körper bockte. „JAAA!"

„Ah! STOPP!", zischte Jessie und ließ seinen Schwanz los.

Daves Körper zuckte hilflos, doch Jessie machte nicht weiter. Keuchend glitt seine Hand zu seinem steifen, flehenden Schwanz, doch Jessie machte ihm einen Strich durch die Rechnung.

„Wage es nicht!"

Dave schloss die Augen und beherrschte sich nur mit äußerster Mühe. Er stieß einen wütend unterdrückten, leisen Schrei aus und biss die Zähne zusammen.

„Ja genau!"

Prompt arbeiteten Daves Kiefermuskeln noch einen Tick mehr.

Jessie machte einen Schritt nach rechts, beugte sich hinab und leckte ihm die Eier.

Dave keuchte und sehnte sich nach seinem Mund, doch den Gefallen tat ihm Jessie nicht. Stattdessen beugte sich der zu ihm hinab und Dave kam ihm fast sehnsüchtig entgegen, um ihn zu küssen. Doch als er mit seiner Zunge nach Jessies tastete, öffnete der seine Lippen nicht.

Jessie griff Dave in die Haare und fragte amüsiert: „Könnte es sein, dass du dieses Gefühl noch nie gespürt hast?"

Dave schluckte.

„Dann, wenn du meinst, jetzt … jetzt … ja … oh Mann … jetzt kommt's dir, da bricht es dieser … Idiot ab?"

Dave blinzelte.

„Dacht ich mir!" Jessie nickte. „Dafür hast du dich ganz gut gehalten!"

Dave schloss die Augen und schien sich weiter in Beherrschung zu üben.

„*Good boy!*", neckte ihn Jessie und küsste ihn nun doch mit halboffenem Mund. „Du wirst sehen, dafür ist der Orgasmus dann aber phänomenal!"

Dave seufzte.

„Denkst du, du bist bereit für Runde zwei?", fragte Jessie „Oder soll ich aufhören?" Er reizte Dave weiter, indem er mit einem Finger nur andeutungsweise über dessen steifen Schwanz strich. „Aufhören?"

„Nein … Sir!"

Jessies Grinsen wurde breiter. „Ach ja? Also soll ich weitermachen?"

„Ja … Sir!"

„Netter?"

„Bitte, Sir!", hörte er Dave hervorpressen.

Jessie war sich sicher, dass Dave noch nie zuvor in dieser Situation war und nahm sich vor, sein Glück nicht zu weit zu pushen. Also wurde sein Griff wieder stärker und er begann, ihn wieder richtig wichsen.

„AAAAH!"

Als Dave wieder komplett unter Strom stand, befahl er ihm, seine Hand zu ficken und Dave gehorchte.

Daves frustrierter Wutschrei war diesmal noch lauter, als Jessie gerade noch rechtzeitig abbrach und dieses Mal musste er Daves Arme mit Gewalt festhalten, um ihn daran zu hindern, selbst Hand anzulegen.

„Atme! Ja genau, beruhig dich und atme!" Ein Blick Daves Körper entlang zeigte ihm, dass seine Eichel inzwischen zu lecken angefangen hatte und sich dort bereits Lusttropfen gebildet hatten. Erst als er sicher war, Daves Arme loslassen zu können, beugte er sich hinab und leckte die Tropfen aus seinem Schlitz. „Gar nicht so schlecht für den Anfang!"

Dave öffnete mühsam die Augen und blickte in Jessies unschuldig dreinblickende. „Bitte!", flehte er.

„Du willst kommen?"

„Fuck ja!"

„Fuck, hm?"

Dave seufzte bei diesem Wort aus Jessies Mund noch mehr.

„Also gut … Ist es das, was du willst?"

Dave sehnte sich so sehr nach ihm. „Verdammt, bitte fick mich!", keuchte er und sah zu, wie Jessie als Nächstes drei Pumpschübe aus der Massageölflasche ließ und damit seinen Schwanz einölte.

„Bist du bereit?"

„Ja, Sir!"

Jessie bedeutete ihm daraufhin, sich um neunzig Grad zu drehen, sodass er praktisch auf der Liege saß. Dabei spreizte er willig die Beine und Jessie konnte seine Eichel problemlos zu seinem Loch dirigieren. Bevor er in ihn eindrang, beugte er sich noch einmal zu ihm herunter und küsste ihn.

„Lass mich rein, Baby!", murmelte er und übte sachten Druck aus. Langsam kamen sie ins Geschäft und mit jeder Vorwärtsbewegung weitete er Dave ein kleines Stückchen mehr. Als er kurz davor war, in ihn zu gleiten, leckte er ihm über die Lippen und flüsterte: „Wie hast du gestern so schön gesagt? Das wird jetzt kurz, hart und heftig!" Bei seinem letzten Wort passierte er Daves Eingang und drang in ihn ein.

„AAAAAAH!"

Jessie besah sich die Szene und konnte kaum glauben, was er da tat. Stöhnend stieß er zu und wie es der Teufel wollte, traf er bereits nach wenigen Versuchen Daves Prostata. Diesmal wäre es ihm egal gewesen, wenn er nicht getroffen hätte. Dann hätte er Dave halt einfach mit der Hand zum Abspritzen gebracht.

Er sah, dass es Dave fast von der Liege hob und für Jessie war es wie die Startfahne bei einem Formel-1-Rennen. Er legte los und fickte ihn innerhalb weniger Minuten ins Delirium. Daves unartikulierte Laute pushten ihn immer weiter und er war überrascht, als Dave noch vor ihm explodierte. Dabei spritzte ihm sein eigenes Sperma bis an den Hals.

Jessie ergoss sich in Dave, zog dann seinen Schwanz aus dessen Körper und ejakulierte den größten Teil seines Ergusses auf Daves aufgepumpten Oberkörper, bevor er seinen Schwanz noch einmal in ihn versenkte und ihn mit langen, langsam sachter werdenden Stößen wieder zur Ruhe kommen ließ.

Dave sank sichtlich erschöpft nach hinten und ließ seine Schultern und seinen Kopf über den Rand der Liege hängen.

„Fuck, ja!", murmelte Jessie anerkennend und besah sich glücklich den besudelten Körper. Diesmal schien Dave vollkommen ausgeknockt zu sein. Verträumt verstrich er den Samencocktail auf Daves Bauch und wichste seinen semiharten Schwanz mit seiner feuchten Hand.

Schließlich half er Dave in eine sitzende Position, in der sie noch eine ganze Weile mit aneinander gelehnter Stirn verharrten. Kurz darauf saßen sie mit einem weiteren Bier in der Wanne und eine Stunde später waren sie erschöpft eingeschlafen.

Wiedersehen

Am nächsten Morgen hatten beide Männer wider Erwarten keine Lust auf Sex. Stattdessen eilten ihre Gedanken voraus zu Jason und zu ihrem ersehnten Wiedersehen mit Kyle.

Also verließen sie gegen viertel nach Zehn, zum ersten Mal seit Tagen ohne morgendlichen Sex, das Haus und fuhren hinüber zu Jasons Anwesen.

Mel öffnete ihnen die Tür, begrüßte sie freundlich wie immer und führte sie dann auf die Terrasse.

Jason stand auf, als sie aus dem Haus traten, und sah ihnen sichtlich erfreut entgegen. „Hey, schön, dass ihr da seid!"

„Danke für die Einladung!" Jessie lächelte und erwiderte Jasons freundliche Umarmung glücklich.

„Du siehst gut aus!" Jason grinste, tätschelte ihm die Wange und wandte sich Dave zu.

Während sich Jessie setzte, umarmte Jason auch Dave.

„Du siehst auch gut aus!", sagte Dave. „Bin etwas überrascht, aber sehr erleichtert!"

„Wieso denn das?", fragte Jason.

„Phil hat gesagt, dass es dir gestern Abend nicht so gut ging?!"

Jason nickte, seufzte und setzte sich.

„Is' noch was passiert?"

Jason holte tief Luft, doch bevor er etwas sagen konnte, fiel ihm Jessie ins Wort.

„Ähm, Jason ... eines wollten wir dir vorweg gleich sagen."

„Und zwar?"

„Ich hab Jessie gestanden, dass ich dir von ihm und seinem Trauma erzählt habe. Wir sind der Meinung, dass wir vier – du, ich, Jessie und Kyle – keine Geheimnisse haben sollten!", erklärte Dave. „Ich hab ihm auch gesagt, dass ich das getan habe, damit du mich verstehst. Wobei du das immer getan hast!"

Jason nickte und wirkte sofort erleichtert. „Find ich wirklich klasse!" Er sah zu Jessie. „Und glaub mir, weiter geht das nicht, okay?"

„Danke."

„Ich … hab Kyle auch gestern davon erzählt, als ich noch mal dort war. Er hat sowieso sofort nach euch gefragt. Nicht nur nach Dave … Ich hab ihm auch von euren Ringen erzählt … Kyle findet das absolut toll! Gratulation übrigens!"

Jessie lächelte glücklich. „Danke! Ich hab mich im Leben noch nie so gut gefühlt!"

„Dito!", sagte Dave und sah wieder zu Jason.

„Du hast immer gesagt, Kyle und ich hätten uns wohl gesucht und gefunden. Aber ich glaube, auf euch trifft das auch zu!"

„Nur, dass wir beide nicht gesucht haben", sagte Jessie.

Jason schmunzelte. „Nun, ihr vielleicht nicht, aber vielleicht eure Seelen?"

Jessie nickte zu Jason und sah dabei Dave an. „Noch so 'n Poet!", witzelte er.

„Wer ist der andere?", fragte Jason sichtlich verdutzt.

„Ich", antwortete Dave und brachte Jason zum Lachen.

„Unterschätz Dave nicht!", sagte Jessie warnend.

„Okay …" Jason versuchte, ernst zu bleiben.

„Du unterschätzt ihn gnadenlos!", beharrte Jessie stur.

Dann wurde Dave wieder ernst und fragte Jason: „Was ist gestern noch passiert, als du bei Kyle warst?"

Jason seufzte und wartete, da Mel drei Cappuccino brachte. Als er wieder weg war, sah er auf. „Ich hatte mich schon verabschiedet und war auf dem Weg zur Tür, als er noch was losgelassen hat, was mich total fertiggemacht hat!"

Dave und Jessie wechselten einen Blick. Er hatte also mit seiner Vermutung recht behalten.

„Nämlich?", hakte er nach, als Jason erstmal seinen Gedanken nachhing.

„Dass er seinem Arschloch-Vater immer wieder …" Dave sah, wie Jasons Kiefermuskeln aggressiv zu arbeiten begannen und er sichtlich mit seiner Fassung rang. „… gesagt hat, dass er mich liebt, als der auf ihn … ihn eingeschlagen hat …" Jasons Blick glitt über den Tisch hinweg und schien irgendwo in der Ferne hängenzubleiben.

„Scheiße …", murmelte Dave.

Jason kam nur mühsam zurück und sah ihn an. „Kyle hätte sich lieber totschlagen lassen, als wegen unserer Beziehung zu lügen! Das macht mich absolut fertig!"

Dave sah, dass ihm auch jetzt die Tränen in den Augen standen und er zog ihn in seinen Arm.

„Kyle ist einfach der Hammer!", sagte Dave und ließ ihn los. Er nahm Jessies Hand und küsste sie, froh, dass der die Geste richtig verstanden hatte.

Jason lehnte sich wieder zurück und schloss die Augen. „Ich hab's grad noch bis zum Wagen geschafft, dann bin ich heulend zusammengebrochen."

„Er wäre lieber mit der Wahrheit gestorben, als lügend!", sagte Jessie mit leiser Stimme. „Ich kann das total verstehen!"

Jason fuhr sich mit beiden Händen durchs Gesicht. „Ich wünschte, ich könnte diesen Scheißkerl in die Finger kriegen!", murmelte er und seufzte. „Sid hat mich auf dem Parkplatz gefunden und heimgefahren."

„Gott sei Dank!", bemerkte Dave.

„Phil war schon hier im Haus und ich hatte es komplett vergessen … Aber das Gespräch hat geholfen und als er weg war … hat Kyle mich angerufen."

„Was?", fragte Jessie.

„Er ist schon so fit?", fragte Dave genauso verblüfft.

Jason schüttelte den Kopf. „Nein, aber er hat das Personal trotzdem solange genervt, bis sie ihm ein Telefon organisiert haben und er mich anrufen konnte. Es ist ihm erst später eingefallen, dass mir seine Worte vermutlich ganz schön an die Nieren gegangen sein könnten." Er lächelte. „Mein Gott, es hat so gutgetan, ihn noch mal zu hören, dass ich danach sofort eingeschlafen bin. Ich hab zum ersten Mal seit Jahren acht Stunden am Stück geschlafen!"

„Ich freu mich total drauf, ihn zu sehen!", sagte Jessie. „Er ist ein toller Kerl!"

„Er weiß auch, dass du von uns weißt", sagte Jason dann.

Jessie nickte. „War mir klar. Ist auch gut so …"

„Mit offenen Karten spielen ist gut, was?" Dave grinste und Jason musste lachen.

Dann kamen Mel und Louis mit zwei Servierwagen und kurz darauf begannen sie zu brunchen. Der Tisch war voll beladen und es fehlte ihnen wahrlich an nichts.

Um ein Uhr brachen sie zusammen auf und fuhren hinüber in die Klinik.

Dave bemerkte, dass sein Herz umso schneller schlug, je näher sie Kyles Zimmer kamen. Er konnte nichts dagegen tun.

„Geht ihr mal zuerst rein. Ich warte inzwischen. Er ist noch schwach, vergesst das nicht!", sagte Jason, doch Jessie schüttelte den Kopf und sah Dave an.

„Du gehst als Erster zu ihm rein. Ich bin sicher, ihr habt es euch verdient, erstmal unter vier Augen miteinander zu sprechen!"

Dave zog ihn an sich und küsste ihn auf die Stirn. „Ich liebe dich!", murmelte er. Dann klopfte er an die Tür und betrat das Einzelzimmer, in dem Kyle mittlerweile lag. Er schluckte, als er Kyle etwas verloren in dem großen Raum im Bett liegen sah.

„Hey, Süßer!", sagte er, als er sich auf einen Hocker neben sein Bett setzte. Seine Kehle war wie zugeschnürt.

Kyle schlug die Augen auf und ein umwerfendes Lächeln breitete sich über sein bleiches Gesicht aus. „Hey!"

„Scheiße, tut das gut, dir in die Augen zu sehen!", stieß Dave hervor und strich ihm über den Bart, der ihm in den letzten drei Wochen, in denen er sich im künstlichen Tiefschlaf befunden hatte, augenscheinlich gewachsen war. Allerdings sah es mehr wie ein Dreitagebart aus.

Kyle nickte und biss sich augenblicklich auf die Lippen, als er bemerkte, wie ihm die Tränen in die Augen stiegen. Er war so erleichtert, Dave zu sehen und er spürte seine Wärme, als der ihn auch schon in die Arme nahm. Mit einem gesunden Arm klammerte er sich an Dave und vergrub das Gesicht an seinen Hals. Er schluchzte leise und hörte an Daves Schlucken, dass ihn ebenfalls die Gefühle zu übermannen schienen.

„Ich bin so froh, dass du lebst!", flüsterte Dave ihm ins Ohr.

Kyle rang nach Luft und löste sich von Dave. Während er zurück ins Kissen sank, verschlangen sich seine und Daves linke Hand. Während er sich mit Gewalt selbst wieder herunterfuhr, wischte Dave ihm die Tränen von den Wangen.

„Dave ... ich will so viel wie möglich über Selbstverteidigung lernen! Kannst du im vierten Studio schon mal von vorneherein einen Platz für mich reservieren?"

Dave lächelte. „Mach ich!"

Als Dave seine Hand küsste, fiel Kyles Blick auf Daves Ring. Aus seinem schwachen Lächeln wurde ein breites Strahlen. „Gratuliere!"

„Danke!"

„Das is' sowas von klasse!"

„Find ich auch!"

„Bist du allein hier, oder hast du ihn mitgebracht?"

„Er ist auch hier, er wollte aber, dass ich erst mit dir allein spreche!"

„Er ist 'n toller Kerl und ich könnte mir keinen besseren Typen an deiner Seite vorstellen!"

„Ich mir auch nicht!" Dave wurde ernst. „Kyle ... ich möchte dir für alles, was du für mich getan hast, danken!"

Kyle lächelte. „Gern geschehen! Vor allem bei dem durchschlagenden Erfolg!" Er grinste fast wieder sein altes Grinsen, wenn auch sein Gesicht noch sehr bleich war.

„Du bist 'n klasse Typ und ich zähl dich definitiv zu meinen engsten Freunden!"

Kyle schluckte. „Danke! Das ehrt mich gewaltig!"

„Ich mein das todernst!"

Kyle zog ihn noch einmal näher und umarmte ihn innig.

„Soll ich Jessie holen?", fragte Dave dann.

Kyle nickte.

Dave strich ihm noch mal über seinen Bart und stand auf.

Kurz darauf kam Jessie herein, während Dave draußen bei Jason blieb.

„Hey!" Kyle lächelte ihm nun schon wesentlich gefasster entgegen.

„Hey!" Jessie setzte sich zu ihm und nahm seine Hand. „Verdammt, tut das gut, dass du wieder unter uns bist!"

Kyle nickte, biss sich auf die Lippe und dann umarmte er auch Jessie. Diesmal gelang es ihm allerdings, nicht zu emotional zu werden, worüber er erleichtert war.

„Ziemlich unhöflich von uns, ohne ein Geschenk zu kommen, hm? Ich hoff, du kannst uns verzeihen?", fragte Jessie mit einem Augenzwinkern.

Kyle hatte Jessies Hand immer noch nicht losgelassen und strich mit seinem Daumen über dessen Ring. „Jessie, das ist das beste Geschenk auf der ganzen Welt!"

Jessie schluckte.

„Dave hat es so verdient, einen guten Mann abzubekommen und ... wie ich höre, hat er den Volltreffer gelandet!"

„Er ist das Beste, was mir je passiert ist!"

„So fühl ich mich mit Jason! Ich bin so happy, dass es zwischen euch so gefunkt hat!"

Jessie lächelte.

„Und dass das kein Problem ist ... uhm ... was ... was vorher zwischen uns war."

„Nein, denn ... ohne das wär vermutlich nichts passiert! Ihr habt ihn super getunt!"

Kyle grinste. „Geile Ausdrucksweise!"

Jessie lachte. „Dave is'n Klassetyp!"

„Find ich auch. Und es steckt so viel mehr in ihm, als er weiß!"

Jessie nickte. „Oh ja, du machst dir keinen Begriff! Bist du fit genug, uns alle drei auf einmal zu ertragen?"

„Alle drei? Ist Jay auch da?", fragte Kyle überrascht und setzte sich etwas gerader hin.

„Klar!"

Jessie stand auf und holte die beiden herein.

Dave sah sofort ein umwerfendes Strahlen über Kyles Gesicht huschen, als der in Jasons Augen sah. Jason beugte sich zu Kyle hinunter und küsste ihn ungeniert.

„Hi, Süßer!" Jason lächelte und küsste gleich noch Kyles Hand, die er danach auch nicht wieder losließ.

„Hast du Rasierzeug dabei?", fragte Kyle mit einem hoffnungsvollen Blick und Dave warf Jessie einen vielsagenden Blick zu.

„Selbstverständlich!" Jason hob einen kleinen Kulturbeutel hoch.

„Oh ... super ... können wir es gleich machen?" Kyle sah von ihm zu Jessie und seufzte. „Ich muss unbedingt dieses Gestrüpp im Gesicht loswerden!"

Jason runzelte die Stirn. „Ich dachte, du magst das so?"

„Ja, in deinem Gesicht, aber nicht in meinem!", konterte Kyle.

„Sollen wir das hier im Bett machen?", fragte Jason unschlüssig.

„Nein! Natürlich nicht. Hol mal den Stuhl aus'm Bad!"

„Was für einen Stuhl?"

„Du wirst schon sehen!"

Jason ging zum angrenzenden Bad und kam kurz darauf mit einem Rollstuhl zurück, der ein Loch in der Sitzfläche hatte, damit man den Patienten auf die Toilette schieben konnte.

„Hast du den etwa schon benutzt?", fragte Jason erstaunt.

Kyle nickte. „Heute Nacht um drei! War mir aber egal, ich hab solange Terz gemacht, bis sie mich aus dem Bett gehievt haben!" Er grinste.

„Gibt einem seine Würde ein klein wenig zurück, was?", sagte Jessie.

Kyle nickte. „Und ob!"

„Bist du noch irgendwie verkabelt?", fragte Jason.

„Nein, hab nur noch die Kanüle im rechten Arm, für alle Fälle, falls ich Schmerzmittel über den Tropf brauche." Er zeigte mit seiner gesunden Hand auf den Arm, der in der Schlinge um seinen Hals ruhiggestellt worden war. Auf der Rückseite seines Handgelenks steckte der Stent, der gut mit diesem verklebt war.

Es kamen zwei Pfleger, die Kyle aus dem Bett halfen und dabei Jason gleichzeitig zeigten, wie er ihn unterstützen konnte und kurz darauf saß Kyle in seinem Rollstuhl. Er war noch zu schwach, um länger stehen oder gehen zu können, aber zumindest war er wieder mobiler. Er trug Baumwollshorts, die ihm ebenfalls einen Teil seiner Würde wiedergaben. Seinen Oberkörper überzogen mehrere Stichwunden, die genäht worden waren und aus denen die Fäden bereits entfernt wurden. Außerdem befand sich eine große Narbe auf seinem Bauch, die von der Rippen-Not-OP herrührte.

„Möchtest du deine Jacke?", fragte einer der Pfleger, doch Kyle schüttelte den Kopf.

„Erst nach'm Rasieren!"

Jessie grinste. „Ich finde, der Bart steht dir gut!"

Jason seufzte. „Hab ich auch gesagt, aber er will ihn unbedingt abhaben."

„Auch kein Goatee?"

„Nö!", knurrte Kyle. „Ich will Jasons Barthaare überall spüren!"

Jasons zog die Augenbraue hoch und beugte sich herunter, um Kyle einen Kuss auf die Lippen zu drücken.

„Der is' schon wieder voll der Alte!", sagte Dave kopfschüttelnd. Er konnte überhaupt nicht sagen, wie erleichtert er war, dass Kyle so fit war. Es war, als fiele ihm der Mount Everest vom Herzen.

„Oh ja!", knurrte Jason und öffnete den Kulturbeutel, um das Rasierzeug herauszuholen.

Beim Anblick des Rasierschaums und des Pinsels durchfuhr Jessie ein wohliger Schauer. Er schluckte, als Erinnerungen hochkamen.

„Hierfür mein Freund …" Jason hielt das Rasiermesser hoch. „… sollten wir aber ins Bad wechseln!"

Kyle grinste. „In Ordnung, Sir!"

Dave räusperte sich. „Ich schlag vor, ich besorg uns währenddessen was zu trinken, hm?"

Jason nickte. „Gute Idee!"

„Ich komm mit", ließ sich Jessie vernehmen. „Bis gleich!"

Auf dem Gang fuhr sich Jessie durch die Haare. „Boah … hätte auch nie gedacht, dass der Anblick einer Rasierschaumdose extrem erotische Gefühle auslösen könnte!", brummte er und sah Dave an.

Der grinste übers ganze Gesicht und zog Jessie dicht an sich. „Ich liebe dich!", flüsterte er, bevor er ihn küsste. „Ich glaub, wir sind beide gleich erleichtert, was?"

„Jep ... sonst kämen uns in einem Krankenhaus definitiv keine erotischen Gedanken!", erwiderte Jessie mit einem Schmunzeln.

Auf dem Rückweg mit vier Limos sagte Jessie: „Ich würd mich gerne allein mit ihm unterhalten, sofern er das will ..."

Dave nickte. „Gute Idee! Mal sehen, wie weit die beiden sind!"

Als sie zurück ins Zimmer kamen, lag Kyle wieder im Bett. Diesmal glatt rasiert und mit einem glücklichen Lächeln auf dem Gesicht.

„Wow, da bist du ja wieder!", scherzte Dave.

Kyle nickte. „Ich bin's! Jetzt fühl ich mich wieder besser ... nicht so alt wie ihr seid!"

Jessie lachte.

„Danke!", knurrte Jason.

„Du weißt, dass ich nicht auf junges Gemüse steh! Aber ich will wenigstens wieder wie ich selbst aussehen!"

„Verstehe."

„Hast du Lust, dich mit mir ein wenig unter vier Augen zu unterhalten, oder bist du zu müde?", fragte Jessie, der am Bettende stehen geblieben war.

„Wär gut!", sagte Kyle sofort. „Wenn das okay ist?", schickte er an Jason gewandt hinterher.

„Klar! Ich halt das für wichtig!" Jason stand auf. „Ich bin mit Dave nur vor der Tür, wenn du uns brauchst, okay?"

„Danke!"

Jessie sah ihn an. „Darfst du schon wieder sowas trinken?"

Kyle nickte. „Ich darf alles essen und trinken, was mir schmeckt, hat man mir gesagt."

„Oh gut."

Jessie gab ihm einen der Pappbecher mit Strohhalm und Kyle nahm ihn dankbar an. Sie prosteten sich zu und tranken. Danach schwieg Kyle eine Weile und pfriemelte an seinem Becher herum, bis er sich schließlich einen Ruck gab und Jessie ansah.

„Du hast auch ziemlichen Mist hinter dir, hat Jason erzählt?", fragte er ein wenig zaghaft.

Jessie nickte und Kyle sah, wie seine Kiefermuskeln dabei spielten.

„Tagsüber geht es eigentlich", sagte Kyle. „Da bin ich abgelenkt ..."

„Aber abends, wenn du versuchst einzuschlafen, dann kommt es hoch, hm?", half ihm Jessie, als er stockte.

Kyle nickte. „Und das nicht nur abends ... Ich bin ja erst seit gestern richtig wach und daher noch ziemlich groggy ... Immer wenn mich die Müdigkeit übermannt ..."

„Ja, kann ich mir vorstellen ..."

„Deshalb will ich ja auch so schnell wie möglich fitter werden, damit ... damit ich ..." Er brach ab und Jessie legte die Hand auf seine. Er ließ es zu. „... ich seh ihn einfach vor mir ... und dann kommt auch schon dieser üble ... Brechreiz!", sagte er tonlos und konnte nur mühsam ein Würgen unterdrücken.

Jessie schluckte. „Ich kenn das ... mehr als mir lieb ist!"

Kyle sah auf und biss sich auf die Lippe.

„Als ich damals endlich wieder zu mir gekommen bin und ... und mehr oder minder in meine eigene Wohnung fliehen konnte ... hab ich mich allein auf dem Weg dorthin zigmal übergeben ..."

„Du ... uhm ... Jason hat gesagt ... du bist ... uhm ... vergewaltigt worden?", fragte Kyle mit immer leiser werdender Stimme.

Jessie nickte. „Mein damaliger ..." Jetzt war er es, der stockte.

„… Arsch …", half ihm Kyle und er lächelte schwach.

„Mhmm … Der hat vier Kumpel zum Rugby-Schauen eingeladen, oder besser zum *angeblichen* Rugby-Schauen … Man hat mir was in den Drink gekippt und … und dann bis zum Morgengrauen mit mir gemacht …" Jessie brach ab und Kyle sah, dass auch er mit den aufsteigenden Erinnerungen zu kämpfen hatte. Es tröstete ihn, obwohl es ihn gleichzeitig schmerzte.

„Warum?", fragte Kyle tonlos.

„Weil er krank ist… Im Kopf…" Jessie seufzte. „Anders kann ich es mir nicht erklären."

„Waren das auch deine Freunde?"

„Zum Teil …"

„Wieso haben die mitgemacht?" Kyle sah ihn fassungslos an.

„Weil er ihnen erzählt hat, dass ich mir sowas wünschen würde … aber nicht den Mut hätte, es auch auszusprechen, daher der Drink mit ein paar *Auflockerungsdrogen*."

„Und das haben die geglaubt?"

Jessie zuckte mit den Achseln. „Ich geh mal davon aus, dass die selber auch irgendwas genommen haben. Klar im Kopf waren die sicher nicht. Er … er hat mich jedes Mal, nachdem er mich verprügelt hat, glauben gemacht, ich wäre selbst dran schuld und er hätte das niemals gewollt …"

„Und du hast ihm geglaubt?", fragte Kyle ungläubig.

„Leider … zumindest anfangs."

„Aber … aber das ist Vergewaltigung … mehrfache! Bist du nicht zur Polizei gegangen?" Kyle war fassungslos und hatte seine Übelkeit längst vergessen.

Jessie schüttelte den Kopf. „Am Anfang nicht. Ich hab mich zu Hause verkrochen. Mich laufend übergeben und mich in einer Ecke zusammengerollt. Panisch. Traumatisiert. Mein bester Freund Sam hat mich nach drei Tagen gefunden, nachdem ich im Bad zusammengebrochen bin und hat mich ins Krankenhaus gebracht. Da hat er dann alles aus mir rausgekitzelt, aber da war es schon zu spät. Sie hatten mir spät in der Nacht Viagra gegeben und Bilder gemacht ... Man hat einfach behauptet, ich hätte es freiwillig genommen und so stand Aussage gegen Aussage."

„Das heißt, du warst auch noch geil auf den Bildern ... uhm ...?" Kyle brach wieder ab, als ihm bewusst wurde, was er da sagte.

„Mein Körper ... ja." Jessie nickte und Kyle war erleichtert, dass er es ihm nicht übel nahm. „Ich sicher nicht ..."

Kyle nickte. „So ... uhm ... hab ich's auch nicht gemeint!"

„Ich weiß!"

„Hätte Sam dich da nicht retten können? Früher?"

Jessie schüttelte den Kopf. „Ich hab niemandem erzählt, dass er gewalttätig ist. Daher war das, als alles aus dem Ruder lief, für alle ein Schock."

„Kann ich mir vorstellen. Sam muss sich superscheiße gefühlt haben!" Kyle stellte sich vor, das würde ihm passieren und allein der Gedanke drehte ihm den Magen um.

Jessie nickte. „Er war auch nicht begeistert, als er Dave kennengelernt hat."

Kyle lächelte schwach. „Ja, wenn man ihn nicht näher kennt..."

Jessie nickte wieder.

„Hast du ihm inzwischen erzählt, was Dave mitgemacht hat?", wollte er dann wissen.

„Ja, hab ich ... Und ich denke, jetzt traut er der Geschichte auch mehr."

„Vielleicht lern ich ihn ja irgendwann kennen, dann erzähl ich ihm mal, was ich von Dave halte! Nämlich verdammt viel!"

Jessie musste lachen. „Das wär gut! Du bist echt klasse, Kyle!"

„Danke, du auch!" Er wurde wieder ernst. „Als er mich angegriffen hat ... hab ich mir grad beim Pornoschauen einen runtergeholt ...", sagte er und wechselte wieder das Thema.

Jessie ließ ihn und buchte es als Pluspunkt, dass er darüber reden wollte.

„Er hat mir einem Kinnhaken verpasst, der mich aus meinem Stuhl geschleudert hat ... ich hab überhaupt nicht damit gerechnet ... kurz darauf hat er mir dann ... mehrfach ..." Kyle würgte.

Jessie drückte seine Hand. „Lass dir Zeit ...", sagte er sanft.

„... mehrfach ..." Er schluckte. „... in die Eier getreten ... In den Unterleib ..."

Jessie konnte seinen Schmerz fast körperlich spüren und strich ihm durch die Haare. „Versuch deinen Atem zu beruhigen!", sagte er leise und Kyle nickte mit geschlossenen Augen.

„Jason hat mir ein paar Meditationstechniken gezeigt ... die helfen tatsächlich ein wenig!", sagte er mit gepresster Stimme.

„Schsch ... komm erst wieder runter! Ja, so is' es besser! Ich weiß, wovon du sprichst. Yoga hat mir geholfen, es besser in den Griff zu bekommen!", gestand er Kyle. „Viele lächeln drüber, ich schwör drauf!"

Kyle schien sich wieder gefangen zu haben. „Ich probier alles! Hauptsache es hilft! Aber was ich sagen wollte ist, dass ... uhm ... ich total Schiss hatte, pinkeln zu gehen ... zum ersten Mal wieder nach dem Katheter ... Ich hab damit gerechnet, dass es höllisch wehtun wird ... uhm ... aber es ... es hat nicht wehgetan!"

„Das ist auch gut so ...!"

„Hat er dir auch mal in die Eier getreten?"

Jessie schüttelte den Kopf. „Nein ... nie. Gott sei Dank!"

„Denkst du, es wird das erste Mal wehtun ... uhm ... wenn ich ... uhm ... wieder hart werde?"

„Nein, das glaub ich nicht. Aber ich kann dich verstehen. Ich hatte Angst, dass mir dabei schlecht wird, wenn ich zum ersten Mal wieder einen hochbekomme. Und so war es auch. Es ist mir monatelang schlecht geworden, wenn ich morgens hart geworden bin. Es hat mich angeekelt, weil man mir es aufgezwungen hatte ... Aber das war was Emotionales, verstehst du?"

Kyle nickte. „Wie lang hat es gedauert, bis dir nicht mehr schlecht wurde?"

„Lange ... Aber ich ... hab den Fehler gemacht, nicht darüber zu reden, Kyle." Jessie sah ihn sanft an. „Ich bin aus Irland abgehauen. Bin hierhergekommen. Hab mir ein neues Leben aufgebaut. Aber es ist erst besser geworden, als Sam mich mit einem Telefonseelsorger bekannt gemacht hat. Aus Irland."

„Einen Psychologen meinst du?"

Jessie nickte. „Inzwischen würd ich das tun. Ich hab auch mit Dr. Meyers schon gesprochen, da bestimmte Sachen einfach jetzt hochkommen."

„Hat es geholfen?"

„Ja, beides. Der Telefonseelsorger und das Gespräch mit Phil. Und auch Dave. Ich meine, wir reden über alles. Wir haben sofort die Karten auf den Tisch gelegt. Ich war noch nicht wieder bereit, jemanden in mein Leben zu lassen und als ich gehört hab, dass Dave nichts gegen ein langsames Kennenlernen hatte, war das Eis gebrochen. Ziemlich schnell haben wir dann rausgefunden, warum wir das beide wollten. Um nicht zu sagen, bei unserem ersten Date."

„Das ist total toll! Und ich bin *so* stolz auf Dave!"

Jessie lächelte. „Kannst du auch sein!"

Kyle schwieg einige Zeit und sagte mit leiser Stimme: „Das Schlimmste für mich ist, wenn es bei was Schönem hochkommt. Uhm ... ich hab Granny gesehen ... und ... dann hat es mich komplett zerlegt!"

„Ich weiß … Jason hat es uns erzählt." Jessie drückte wieder seine Hand.

„Oder … uhm … ich red grad mit Jason über irgendwas und dann … dann …" Er konnte offenbar nicht weiterreden und schluckte.

„Gerade dann solltest du es aussprechen, Kyle!"

Kyle sah ihn zweifelnd an. „Aber …"

„Jason kann dir helfen, wenn du darüber redest. Du musst darüber reden. Mach nicht den gleichen Fehler wie ich … oder gar Dave!", bat ihn Jessie eindringlich. „Und ich weiß, wovon ich rede … Gerade was die Tatsache betrifft, wenn es bei was Schönem hochkommt …"

Kyle sah ihn mit großen Augen an.

„Weißt du, ich kenn auch das. Leider …" Er seufzte. „Gestern zum Beispiel hat Dave mir … einen Kaffee ans Bett gebracht, nach einer ziemlich, ähm, intensiven … Nacht…"

Kyle lächelte.

Jessie sah auf und in Kyles braune Augen. „Ich hab mich so über diese Geste gefreut und dann ist mir eingefallen, dass …"

„… der Arsch …?", half er Jessie wieder staubtrocken und Kyle-direkt.

Jessie nickte. „… er das immer nur dann getan hat, wenn er am Vorabend ausgerastet ist. Mir ist fast augenblicklich schlecht geworden …"

Kyle schluckte bei diesem so ehrlichen Geständnis.

„Dave hat es sofort gemerkt und mich in den Arm genommen. Wir haben darüber geredet und er hat einen ganz wichtigen Satz gesagt, nämlich …"

Kyle wartete gespannt.

„… dass ich … diesem Arsch nicht den Gefallen tun sollte, mir das Schöne verderben zu lassen!"

„Das ist ein verdammt guter Satz!" Kyle nickte wissend.

Jessie lächelte. „Nicht wahr?"

„Und dann?"

„Ging es mir ziemlich schnell wieder besser. Ich hab die Vergangenheit ignorieren können und mich einfach nur darüber gefreut, dass Dave mir einen Kaffee ans Bett gebracht hat."

Kyle grinste. „Und das bei Macho-Dave!"

„Er ist ein super Typ!"

„Er ist dir nicht zu sehr Macho?"

„Nein. Überhaupt nicht. Versteh mich nicht falsch. Ich mag ihn dominant. Aber Macho-Dave hab ich noch nicht wirklich mitbekommen."

„Und den Aggro-Dave?"

Jessie musste lachen. „Nur einmal, als mich einer seiner Film-Kollegen nach ein paar Bier saublöd angemacht hat. Da kam der aggressive Dave mal raus. Und unter den Umständen hat mir das gut gefallen!"

„Wow … er ist also noch weiter lernfähig, was?"

„Ich denke schon, aber ich kenn ihn kaum anders. Also was soll ich dazu sagen, außer dass ich mich mit ihm sauwohl fühle! Unendlich verstanden und wenn ich in ein Loch falle, weiß ich, dass er da ist! So wie Jason für dich da ist!"

Kyle nickte. „Und ich hätte gestern fast alles vermasselt!"

Jessie sah ihn fragend an.

„Ich hab ihm …" Kyle brach ab und schüttelte den Kopf über seine Idiotie von gestern. „… allen Ernstes gesagt, dass ich es durchaus verstehen könnte, wenn er sich jemanden anderen sucht, weil ich sicher noch Monate ausfallen werde. Betttechnisch und so …"

„Das hast du allen Ernstes zu ihm gesagt?"

Kyle nickte und biss sich auf die Lippe. „Wie bescheuert kann man eigentlich sein?"

„Du bist unglaublich emotional, hast Fürchterliches durchgemacht. Du hast um dein Leben gekämpft! Was erwartest du von dir? Man sagt manchmal Sachen, die man nicht so meint, oder hast du das so gemeint?"

„Gott, nein!", stieß Kyle hervor. „Aber ich weiß, wie wichtig ihm Sex ist."

„Du bist ihm wichtig! Sex mit dir ist ihm wichtig!", korrigierte ihn Jessie. „Wie hat er reagiert?"

„Er war verletzt und wir haben beide geheult … Es hat mir so leidgetan!"

„Und Jason weiß das zu schätzen … glaub mir!"

„Er hat gesagt, an meiner Stelle hätte er vielleicht auch irgendwas Dämliches gesagt … und mich genauso verletzt …"

Währenddessen saßen Dave und Jason draußen im Gang in einer Sitzecke.

„Ich weiß nicht, ob ich dich das fragen darf …", begann Dave. „… also knall mir eine, wenn es unpassend ist, okay?"

„Okay …"

„Rührt sich bei dir immer noch nichts, wenn du ihn nur mit Shorts siehst?"

Jason sah ihn an. „Um ehrlich zu sein … hält mich der Anblick der Narben noch ein wenig davon ab, geil zu werden: Nicht weil ich es abstoßend finde, sondern weil es mich daran erinnert, was ihm dieser Arsch angetan hat … aber …" Zu Daves Überraschung lächelte er. „… ich hab gestern Abend die erste Erektion bekommen, als er mich noch einmal angerufen hat. Obwohl ich mental fix und fertig war, nachdem was er in der Klinik noch alles so losgelassen hat. Aber seine Stimme war so sanft und so einfühlsam … Da bin ich zum ersten Mal wieder hart geworden …"

„Hast du ihm das gesagt?"

Jason schüttelte den Kopf. „Nein, das wollte ich ihm sicher nicht am Telefon sagen!"

„Okay … Kann ich verstehen." Dave nickte und sah ihn prüfend an. „Hast du dir einen runtergeholt?"

„Erst wollte ich nicht, aber sie ging nicht mehr weg, wurde immer schlimmer. Dann sind zum ersten Mal wieder schöne Erinnerungen hochgekommen und, hm, ja, dann hab ich nachgegeben." Er sah auf und in Daves sanft dreinblickende Augen.

„Schön!", lächelte der. „Es ist nichts Schlimmes, dem nachzugeben!"

Jason erzählte nun auch ihm von Kyles etwas unpassenden Kommentaren.

„Oh Mann, der is' echt unglaublich!"

„Wir haben beide geheult und das war dann auch sicher der Grund, warum er mir auch noch das gesagt hat, was mich dann so zerlegt hat. Man sagt halt einfach mal blödes Zeug …"

„Scheint so."

„Wie oft hast du zu Jessie schon blödes Zeug gesagt?", wollte er dann wissen.

„Soviel ich weiß überhaupt noch nicht", antwortete er nach einigem Überlegen.

„Ernsthaft?"

„Nö … nicht, dass ich wüsste…" Dave schüttelte den Kopf.

„Wow!"

Sie schwiegen eine Weile, bevor Jason das Fragespiel umdrehte und fragte: „Und? Mauerst du deinen Folterkeller jetzt zu?"

Dave sah ihm für Sekunden direkt in die Augen. „Da wir vorgestern ziemlich viel oben im Studio und auf dem Filmset unterwegs waren, haben wir auch meinen Keller schon besucht … Er meinte, es wäre gut, das gleich dranzuhängen, damit er nicht den Schock seines Lebens bekommt."

„Schlaues Kerlchen. Und? Zumauern?", hakte Jason nach. Doch zu seiner Überraschung schüttelte Dave den Kopf.

„Wie?", fragte Jason mit hochgezogenen Augenbrauen.

„Wir waren schon dort."

„Ja, das hast du grad schon gesagt", knurrte Jason ungeduldig.

„Nein, du verstehst mich nicht! *Wir waren schon dort!*", wiederholte er und Jason bemerkte Daves nachdrücklichen und sehr eindeutigen Blick. Ganz langsam klappte Jason der Mund auf und er hatte Mühe, ihn schnell wieder zu schließen. Nein, das konnte nicht sein!

„Wie dort? Ihr hattet Sex dort?"

„Auch ..." Dave ließ ihn noch ein wenig schmoren.

Jason beugte sich vor. „Einfach so Sex?"

„Bist du bereit für die Wahrheit?", fragte Dave grinsend. „Oder soll ich dir noch ein wenig Zeit geben?"

„Du warst nicht als Dom dort. Das glaub ich dir nicht!"

„Doch."

„Der steht auf Gewalt? Niemals!"

„Hab ich nicht gesagt!" Dave sah ihn immer noch amüsiert an.

„Als Dom ohne Gewalt?" Jason konnte es offenbar nicht fassen.

„Du warst ein guter Lehrer, Jay! Ein sehr guter! Auch wenn ich mir manchmal wünschte, dass ich bei dir noch ein wenig Unterricht nehmen könnte!"

Jason verdrängte die aufsteigenden Bilder – Dave nackt und vor ihm kniend, sein Gesicht in seinem Schritt – nur mit Mühe.

„Ich könnte Jessie niemals wehtun. Vermutlich noch nicht einmal, wenn er das wollte."

„Wenn du nicht sofort mit der Sprache rausrückst ... dann ...!" Jason sah ihn drohend an.

„Jessie kam nach seinem Work-out aus der Dusche und legte mir Rasierschaum, einen Pinsel und ein Rasiermesser vor die Nase …"

„… ach daher dieser Blickwechsel vorhin!" Jason grinste. „Ich hab mir schon gedacht, dass da mehr dahintersteckt!"

Dave nickte. „… und forderte mich auf, mit ihm in den Keller zu gehen und ihn auf dem Stuhl zu rasieren … Und dabei meinte er nicht sein Gesicht."

„Okay … Da ist immer noch kein Dom im Spiel, wobei das Ganze an sich schon recht reizvoll klingt!"

„Scheiße, ich werde hart!", fluchte Dave.

„Dito", brummte Jason und sie mussten beide lachen. Endlich wieder über Sex reden und zusammen lachen. Fast wieder Normalität. „Weiter!"

„Als er im Stuhl saß und ich anfangen wollte, verlangte er zuerst, dass ich ihn dabei fessle …"

„Zum ersten Mal?"

„Zum ersten Mal überhaupt!"

„Wow!"

„Und dann war es immer noch nicht genug." Jason sah, wie Dave die Augen verdrehte. „Er hat mich aufgefordert, mich dazu umzuziehen."

Jasons Mund stand nun doch ungläubig offen. „Und? Hast du's getan?"

„Jep."

„Ohne zu zögern?"

„Nein, eigentlich wollte ich nicht, aber Jessie hat die Tage schon mal zu mir gesagt, dass ich wesentlich mehr kann, als ich mir zutraue. Also hab ich es getan."

„Und? Seine Reaktion?"

„Eine spontane Erektion!"

Jason pfiff leise durch die Zähne.

„Es war so unglaublich geil!", murmelte Dave und fuhr sich gedankenverloren über seinen Ständer unter dem Stoff seiner Jeans.

„Ich würd ja gern mehr erfahren, aber vielleicht sollten wir das Gespräch vertagen. Ich würde nur zu ungern dabei unterbrochen werden!"

Dave nickte. „Ja, da gäbe es einiges zu erzählen!"

„Und du hattest keine Gewaltphantasien?"

„Null."

„Wow, das ist wirklich schön!"

„Und wir waren sicher nicht zum letzten Mal dort."

„Das ist der absolute Hammer!"

„Lotto-Jackpot!"

„Was hat er zum Studio gesagt?"

„Oh, er war begeistert und hatte in Nullkommanix das ganze Team auf seiner Seite." Er erzählte ihm von den erfolgreichen Fotoshootings und als er mit der Story fertig war, erschien Jessie bei ihnen.

„Wollt ihr wieder reinkommen?"

„Und?", erkundigte sich Jason, nachdem er aufgestanden war.

Jessie nickte. „War gut. Sehr gut!"

„Mein Gott, danke, Jessie!"

„Ich bin froh, wenn ich helfen kann."

Zusammen drehten sie sich um und gingen zurück zu Kyle.

Erleichterung

Dave und Jessie verabschiedeten sich nach einer weiteren Stunde im Krankenhaus und ließen Jason bei Kyle zurück. Sie waren sehr erleichtert und glücklich, und dementsprechend war auch die Stimmung, als sie in Jessies Thunderbird stiegen.

„Wieso soll ich eigentlich schon wieder fahren?", fragte Dave.

Statt einer Antwort küsste Jessie ihn mit einer Leidenschaft, dass ihm die Luft wegblieb. Er spürte erst Jessies Hand in seinem Schritt landen und kurz darauf eine Hitzewelle über seine Haut schießen.

„Weil ich meine Hände frei haben will!"

Dave sog geräuschvoll die Luft ein, als Jessies Griff noch stärker wurde.

„Oh ja, Baby!" brummte der angetan, öffnete ihm den Gürtel und zwei Knöpfe und griff stärker zu. „Fahr los!"

Dave schluckte und trat aufs Gas, um den kurzen Weg schnell hinter sich zu bringen. Jessie Erregung sprang auf ihn über und er ließ sich gerne anstecken. Sein Schwanz hatte in freudiger Erwartung längst reagiert und sorgte dafür, dass seine Jeans eng wurde. Jessie hatte sie ja nur teilweise geöffnet, wohl um ihn damit aus der Fassung zu bringen. Als er in der Garage parkte und das Tor sich wieder hinter ihnen schloss, war er sehr gespannt, ob Jessie diesmal die Initiative ergreifen würde, doch wie sehr dies tatsächlich zutreffen sollte, überraschte ihn dann doch.

Er stieg aus dem Wagen und sah Jessie entgegen, der mit einem lüsternen Gesichtsausdruck um diesen herumkam. Dabei griff er sich mit einer anzüglichen Geste an das wohlgeformte Paket in seiner Jeans. Dave spürte seinen eigenen Schwanz in seiner halboffenen Hose kribbeln, je näher er ihm kam. Ein fassungsloser Blick nach unten zeigte ihm, dass Jessies Hose bereits offen und er nur zu bereit war, ihn zu nehmen.

„Ich fürchte", murmelte Jessie, „… dass das kurz und heftig wird! Auch wenn ich schon wieder deine Worte benutze."

Sie kamen knutschend bis zur Tür, die von der Garage in Daves Haus führte, doch Jessie verhinderte, dass er diese öffnen konnte. Stattdessen gelang es Jessie, ihm die Jeans über den Hintern zu schieben und Dave traute seinen Ohren nicht, als er hörte, wie Jessie in seine Hand spuckte. Kurz darauf spürte er Jessies Eichel an seinem Loch und im nächsten Augenblick schob er sich auch schon in ihn.

„AAAAAH!"

„Fuck, ja!" Und schon besorgte es ihm so, wie Dave ihn noch nie erlebt hatte. Dave spürte Jessies Lippen an seinem Ohr und hörte ihn dabei erregt keuchen. Er presste sich in seine Stöße und schließlich explodierte Jessie mit einem heiseren Laut, noch bevor es ihm Dave gleichtun konnte.

Er lehnte keuchend an der Tür, Unterarme dagegen gestützt, während sich Jessies Körper langsam von seinem trennte. Als er an sich herabsah, bemerkte er, dass Jessie in die Hocke gegangen war, sich gleichzeitig umdrehte und sich nun mit dem Rücken gegen die Tür presste. Nun griff er nach seinem steifen Schwanz.

„Gute Idee, Baby!", murmelte Dave, als Jessie seine Zunge spielen ließ, um ihn auf diese Art und Weise zu erlösen. Zumindest dachte er das.

Er schloss die Augen und sah daher nicht Jessies diabolisches Grinsen.

Jessie begann zwar mit einem Blowjob, aber als es Dave offenbar nicht schnell genug ging, und der anfing, ihn in den Mund zu vögeln, klemmte er hastig Daves Schwanz und Eier mit eisernem Griff ab und beförderte ihn aus seinem Mund, bevor es zu spät war.

Dave starrte verwirrt auf Jessie herab.

„Nicht so schnell, Honey!" Jessie bohrte seine Zunge neckend in seinen Schlitz, allerdings ohne seinen festen Griff zu lockern. Prompt hörte er Dave frustriert knurren.

„Bitte, mach weiter!"

Jessie leckte erneut in seinen Schlitz und sah ihn fragend an.

„Fuck! Das andere!" Dave versuchte sich seinem Griff zu entwinden und seinen Schwanz stattdessen wieder in Jessies Mund zu versenken.

„Ah, nein …nicht so schnell!"

Dave verdrehte genervt die Augen und sah daher erneut nicht, dass Jessie grinste.

„Du hast so einen geilen Schwanz! Sieh doch nur!" Jessie präsentierte ihm stolz seinen, trotz offensichtlichem Orgasmus, immer noch harten Schwanz. „Lass uns reingehen und dann möchte ich noch mal!"

„Also gut …", gab Dave nach.

„Und diesmal versprech ich dir, dass ich dich solange ficke, bist du kommst!" Mit diesen Worten schob sich Jessie wieder in eine aufrechte Position, allerdings immer noch ohne Daves Schwanz loszulassen. Als er vor ihm stand, berührten seine Lippen fast Daves. „Wie hört sich das an?"

Dave seufzte.

„Soll ich dich noch mal ficken?"

„Oh Mann, ja, bitte!"

„Dann geh vor!" Und schon stolperten sie durch den Gang bis zum Schlafzimmer.

Dave kam nicht mehr dazu, sich ganz auszuziehen, denn kaum hatte er das Bett erreicht, schubste ihn Jessie darauf. Mit einer flinken Bewegung nahm er sich die notwendige Portion Gleitmittel und drang im nächsten Moment auch schon in Dave ein. Und diesmal gelang ihm das, was sonst immer nur Dave mit ihm machte. Nämlich es mehrfach kurz vor Daves Orgasmus abzubrechen und es somit noch ein wenig länger hinauszuzögern.

Es kam der Punkt, an dem er Dave soweit hatte, dass der zu betteln anfing, ihn endlich kommen zu lassen. Das turnte ihn so sehr an, dass er es selbst endlich zu Ende bringen wollte.

„AAAAAH!", entfuhr es Dave, als er sich schließlich in die Laken ergoss. Dabei bekam er in seinem Delirium nur am Rande mit, dass Jessie nicht in ihm, sondern auf seinem entblößten Hintern kam und ihn deutlich spüren ließ, dass auch er ein weiteres Mal zum Abschluss gekommen war. Wie oft hat er so seine Subs markiert und sie spüren lassen, dass er das Sagen hatte? Und nur selten waren sie dabei mit ihm gekommen.

Vollkommen groggy nach Jessie leidenschaftlicher Attacke sank Dave zurück aufs Bett und versuchte diese spontane, heftige Aktion zu verdauen. Jessie hatte noch nie zuvor so bestimmt die Führung übernommen und was ihn noch viel mehr faszinierte, war die Tatsache, wie sehr ihm dies gefallen hatte. Er kam sich sehr begehrt vor.

Er grunzte nur in sich hinein, als Jessie auch noch den Nerv hatte, ihm sein Sperma in die Haut zu massieren.

Jessie stand auf und betrachtete Dave, der mit in den Armen vergrabenem Gesicht dalag und dessen Brustkorb sich immer noch deutlich hob und senkte. Während er seine Kleidung auszog, ruhte sein Blick auf dem Mann seiner Träume, der von dieser Aktion offensichtlich vollkommen überrumpelt war. Er grinste zufrieden und machte sich daran, Dave ebenfalls komplett auszuziehen.

Er merkte, dass er immer noch geil war und daher war für ihn die Sache auch nach diesem zweiten Mal noch nicht zu Ende. Er hatte sich vorgenommen, Dave noch ein wenig weiter zu pushen. Mal sehen, wie das so ankommen würde.

Schließlich kniete er sich neben Daves Kopf und wichste sich. Gleichzeitig hob er dessen Kinn an und dirigierte seinem semiharten Schwanz zu Daves Mund.

„Mach ihn sauber!" Er war sich nicht sicher, ob Dave gehorchen würde. Doch zu seiner Überraschung schlossen sich Daves Lippen ohne zu zögern um seinen Schwanz. „Sehr schön. Streng dich an und mach ihn wieder hart! Ich bin noch nicht fertig mit dir!" Er wagte es sogar, ihm fest in die verschwitzten Haare zu greifen und ihn mit eindeutigem Druck Dampf zu machen. „Fuck, ja!", murmelte er zufrieden, als er langsam wieder hart wurde.

Kurz darauf lag Dave unter ihm und Jessie fickte ihn erneut. Über die nächste Stunde wechselte er mehrfach die Stellung, ließ Dave wieder herunterkommen, nur um ihn danach wieder völlig gaga zu machen.

Sofern Dave denken konnte, fragte er sich, ob Jessie anschauliche Nachhilfe bei Jason gehabt hatte, etwas was ihm schon mehrfach durch den Kopf geschossen war. Nur die Tatsache, dass sie praktisch jede Minute gemeinsam verbracht hatten, sprach dagegen.

Als Jessie ihm endlich erlaubte zu kommen, spritzte ihm das Sperma fast bis zum Kinn.

Jessie hingegen war unendlich stolz darauf, dass er es erneut geschafft hatte, bei dieser Nummer nicht zu kommen. Was wiederum hieß, dass es für Dave immer noch nicht vorbei war. Dennoch entschloss er sich, ihm eine kleine Verschnaufpause zu gönnen. Doch bevor Jessie ihm noch sagen konnte, dass er sich ein wenig ausruhen sollte, um seine Kräfte zu sammeln, war Dave auch schon eingeschlafen, als hätte man ihn an einen anderen Ort gebeamt. Er lag auf dem Rücken, Beine auseinandergeklappt, seine Arme über dem Kopf und sein Schwanz schlafend auf seinem tätowierten Schambereich.

Jessie grinste von einem Ohr zum anderen. Das war ihm noch nie gelungen!

Er schnappte sich seine Jeans und zog sie an. Dann verschwand er in der Küche und machte sich daran, etwas zum Abendessen zusammenzusuchen. Zumindest ließ dabei seine Erektion etwas nach. Er wollte sich selbst etwas ablenken, um dann noch einmal zuzuschlagen.

Eine dreiviertel Stunde später war das Essen fast fertig und Jessies Gedanken wanderten wieder zu dem nackten, schlafenden Dave im Schlafzimmer. Augenblicklich rührte sich wieder etwas in seiner Hose und er lächelte zufrieden. Nun drehte er den Ofen herunter, sodass das Essen nur noch warmgehalten wurde, und ging ins Schlafzimmer.

Sein Blick glitt über Dave, der unverändert dalag. Er schob sich aufs Bett und drückte das Gesicht auf seine Eier. Dave seufzte, wachte aber noch nicht auf. Also nahm er Daves schlafenden Schwanz in den Mund und bearbeitete ihn gekonnt.

Mal sehen, wer von euch beiden zuerst aufwacht, dachte er.

Schließlich begann sich Dave zu regen und Jessie verstärkte seine Bemühungen noch um einen Tick.

„AAAH!" Dave sah zu ihm und ihre Blicke trafen sich. Er konnte die Liebe, die Dave für ihn empfand, unschwer in seinen Augen ablesen und sein Herz machte einen Hüpfer. Als er Daves Schwanz wieder aus dem Mund gleiten ließ, war er fast komplett hart. Er grinste und küsste sich dann über Daves besudelten Oberkörper höher.

„Das Essen ist fertig!"

„Wirklich?"

„Mhmm." Jessies Zunge landete in Daves Ohr. „Aber ich denke, ich brauche noch mal Dave-Vorspeise!"

Dave stöhnte, als er bei diesen Worten seinen inzwischen wieder komplett steifen Schwanz wichste. „Was zum Teufel hast du mit mir vor?"

„Dir so gut ich kann über Stunden den Verstand wegzuvögeln!"

„Oh Mann!"

„Etwas, was ich eigentlich schon letzte oder vorletzte Nacht machen wollte, das aber irgendwie – aus bekannten Gründen – nicht funktioniert hat!", fügte er hinzu, während er sich an Dave rieb. Er ließ Dave spüren, wie erregt er bereits war. Er hatte zwar seine Jeans noch an, aber an Daves Gesicht konnte er unschwer erkennen, dass er genau wusste, was bei ihm los war.

„Du weißt, dass ich morgen wieder arbeiten muss?"

Jessie grinste. „Jep. Und ich möchte, dass dich dein Körper die acht oder mehr Stunden, die wir getrennt sein werden, in jeder Minute an mich erinnert!" Er küsste Dave und schmiegte sich noch fordernder an ihn. „Mach mir die Hose auf und die Beine breit! Mach ihn schön nass! YES! "

„Aaaaha …AHH …FUCK!"

„Mhmmmm!", kommentierte Jessie die Tatsache, dass er Daves Körper erneut erobert hatte. „Du musst dir das Essen erst verdienen! Fick mich!" Und schon waren sie wieder dabei, denn Dave folgte seiner Forderung wie in Trance. „Härter! YES!" Und erneut legte er es darauf an, dass nur er kam und nicht Dave.

Als es schließlich soweit war, zog er sich hastig aus Daves Körper zurück, rappelte sich eilig über Dave höher, um es noch bis zu seinem Mund zu schaffen, doch er war zu langsam und ejakulierte bereits auf seine Brust. Nur ein paar Tropfen gingen Dave ins Gesicht und zumindest die wischte Jessie mit den Fingern auf und massierte sie in Daves Lippen.

Daves Atem beruhigte sich nach dieser erneuten Attacke ohne Abschluss nur langsam. Sein Schwanz stand pochend und flehend von seinem Körper ab. Jessie, der inzwischen neben ihm lag, streichelte ihn.

„Es gibt Pasta mit Shrimps in Sahnesoße, wie hört sich das an?"

Dave lächelte schwach. „Wunderbar!"

„Und wenn du brav aufisst, dann werd' ich als Nachtisch dafür sorgen, dass auch du noch mal kommen darfst!"

Leise ächzend vergrub Dave das Gesicht in den Händen. „Willst du mich umbringen?"

Jessie grinste. „Nein, ich möchte dir und mir nur ein paar unvergessliche Stunden bescheren!"

„Na, das ist dir gelungen!", murmelte Dave und sah kopfschüttelnd an sich herab. „Der wird aber nicht mehr weich werden." Er sah Jessie halb fragend, halb hoffend an. Doch der grinste nur diabolisch.

„Das wäre zu schön!"

Dave zuckte zusammen, als Jessie mit zwei Fingern seine geschwollene Eichel manipulierte.

Jessie beobachtete, wie er sein Becken hob und versuchte, sich gegen seine Finger zu schmiegen. Er wichste ihn kurz, ließ aber wieder von ihm ab, als er merkte, dass das Dave vermutlich in kürzester Zeit zum Abspritzen bringen würde.

„Bitte erlös mich!", flüsterte Dave, als er sich über ihn beugte. „Ich bin so verdammt geil!"

Jessie grinste und schüttelte bedauernd den Kopf. „Ich möchte, dass du so mit mir zu Abend isst."

Dave schluckte.

„Nackt und geil!", fügte Jessie hinzu. „Würdest du das für mich tun?"

„Okay", antwortete Dave zögernd. „Wenn dich das erregt."

„Es wird mich so sehr erregen, dass ich dich danach problemlos noch mal vögeln kann!", antwortete Jessie und Dave fuhr sich mit beiden Händen durchs Gesicht. Daher sah er auch nicht, dass er sich über Dave beugte und seinen Schwanz erneut in den Mund nahm.

„AAAAAH!"

Jessie ließ hastig von ihm ab und stand auf. „Komm essen!"

Dave schnaufte und setzte sich auf. Das heißt, er versuchte es, doch er sank prompt wieder in die Kissen und krümmte sich zusammen. Jessie grinste erneut. Er wusste genau, was Dave fühlte, und dachte an seine erste Stunde in diesem Haus zurück. Er hatte kaum aufstehen, geschweige denn sitzen können.

Dave erhaschte einen kurzen Blick auf Jessies triumphierendes Gesicht und schloss die Augen. Mühsam kämpfte er gegen seine verkrampfte Atmung und den Schmerz in seinen Eingeweiden.

„Mhmm …mal 'ne ganz neue Erfahrung für dich, hm?", witzelte Jessie und Dave konnte sich nicht helfen, aber es spielten sich einige aggressive Szenen, in denen diesmal sehr wohl Jessie eine tragende Rolle hatte, vor seinem inneren Auge ab.

Kurz darauf saßen sie beim Essen.

Dave nackt und erregt und Jessie mit einem hochzufriedenen Gesicht. Immer wieder griff Jessie während des Essens nach Daves unverändert steifem Schwanz und wichste ihn, während er genüsslich auf einem Shrimp kaute.

Dave hingegen brauchte ein wenig, bis er sich an die Situation gewöhnt hatte und er seinerseits Jessie in den Schritt griff. Ohne den Blick von seinen Augen zu nehmen, öffnete er den obersten, dann den zweiten und schließlich den dritten Knopf seiner Jeans und zog den Stoff seiner Boxershorts etwas nach unten. Während er sich genüsslich seinerseits eine Gabel in den Mund schob, fiel sein Blick nunmehr auf Jessies Erektion.

„Hast du irgendwas genommen?", fragte Dave und schüttelte ungläubig den Kopf.

„Das brauch ich bei dir nicht, Honey. Sieh dich doch an!" Jessie wichste ihn schon wieder und ließ erst von ihm ab, als sich ein kleiner Tropfen in seinem Schlitz gebildet hatte. „Du bist sowas von sexy!"

„Oh Mann!"

Doch es dauerte, da beide noch einen Teller mit Nachschlag aßen, ehe Jessie erneut zum Angriff überging. Diesmal landete Dave auf der Couch und Jessie trat vor ihn.

Atemlos sah er zu Jessie auf, während der seine Jeans über den Hintern schob und zu Boden gleiten ließ.

„Mach ihn nass", befahl Jessie und bog seinen steifen Schwanz herab.

Er seufzte und wollte danach greifen.

„Mit deinem Mund, nicht deiner Hand!", knurrte Jessie und legte die Hände auf seinen Kopf. „Ja genau!" Und schon vögelte Jessie ihn in den Mund.

Dave spürte, wie sein eigener Schwanz an seinem Bauch vibrierte.

„Mach ihn so nass, dass ich dich damit ficken kann!"

Dave keuchte und gehorchte. Schließlich spuckte er noch obszön darauf und sah dann zu Jessie auf. Der gab ihm einen sachten Stoß gegen die Schulter und er kippte nach hinten. Im nächsten Moment kniete er sich vor ihn und drang in ihn ein.

„Und jetzt lehn dich an und lass mich schön rein!"

„AAAH … FUCK!" Daves Wirbelsäule krümmte sich, sodass er kaum mehr Kontakt mit der Lehne hatte. Sein Loch brannte, doch Jessie blieb dran. „AAAAH!" Und je länger Jessie ihn fickte, desto schneller ließ der Schmerz auch wieder nach.

Diesmal hielt Jessie sein Wort und brach nicht mehr ab. Als er nach wenigen Minuten unter Jessie Bemühungen endlich kommen durfte, ergoss er sich in harten Schüben auf seinem Oberkörper, während Jessie sich tief in ihm entlud.

Dave bekam es nur noch am Rande mit. Er spürte noch das heftige Pulsieren in seinem Körper und hörte Jessies erregtes Stöhnen. Wenig später, waren sie engumschlungen auf der Couch eingeschlafen. Ein paar Stunden später wechselten sie ins Bett, obwohl es gerademal acht Uhr abends war.

Trotz des heftigen Nachmittags, gelang es Jessie in dieser Nacht noch zweimal, Dave wachzuvögeln und der wünschte sich um zwei Uhr morgens nichts mehr, als das der folgende Tag noch einmal arbeitsfrei wäre.

Dave konnte ab sechs Uhr morgens nicht mehr schlafen und horchte in seinen Körper hinein. Noch nie im Leben hatte er solch intensive Stunden erlebt und seit er zum ersten Mal mit Jessie geschlafen hatte, hatte er sich diesen Tag ersehnt. Jessie aktiv. Sehr aktiv. Sein Körper erinnerte ihn bei jeder Bewegung daran, was geschehen war. Und er konnte einfach nicht anders, als den Schmerz zu genießen. Sein Blick glitt über den nackten, schönen Mann in seinem Bett, der endlich über seinen Schatten gesprungen war und einmal selbst die Sau herausgelassen hatte.

Um halb sieben machte er Kaffee und kam, in einen Bademantel gewickelt, mit zwei Bechern in den Händen zurück ins Schlafzimmer.

Jessie räkelte sich beim Duft des Kaffees und rollte auf die Seite. Mit einem verschlafenen Blinzeln sah er zu ihm auf, als er sich zu ihm aufs Bett setzte. Und obwohl Dave es eigentlich irgendwie verhindern wollte, war ihm beim Hinsetzen ein leises Stöhnen ausgekommen, was Jessie ein Lächeln entlockte.

„Morgen, Sexy."

„Morgen, Süßer"

„Wie fühlst du dich?", fragte Jessie und nahm seinen Kaffee entgegen. „Danke."

„Ziemlich durchgefickt!"

„Ist das eine Beschwerde oder bist du mit mir zufrieden ... *Sir*?"

Dave beugte sich zu ihm hinunter und drückte ihm einen sanften Kuss auf die Lippen. „Ich bin sehr zufrieden mit dir."

Der atmete erleichtert auf. „Gott sei Dank!" Jessie sah ihn mit einem etwas schuldbewussten Blick an, da er erneut leise knurrte, als er sich wieder aufsetzte.

„So hat sich das also an deinem ersten Tag in diesem Haus angefühlt, was?", brummte Dave.

„Ähm … ich denke." Jessie nahm erneut einen Schluck von seinem Kaffee.

„Kann mich nicht erinnern, wann ich mal neun Stunden am Stück gepennt hab!"

Jessie grinste.

„Du Magier!"

Jessies Grinsen wurde breiter.

Sie tranken ihren Kaffee aus und gingen dann gemeinsam unter die Dusche. Danach machte Jessie Ham and Eggs, die sie kurz darauf zusammen mit Toast schweigend aßen.

„Noch einen Kaffee?", fragte Jessie, als sie fertig waren.

„Gerne!" Dave stand auf. „Ich bin gleich wieder da."

Jessie nickte und ging zum Kaffeevollautomaten, während Dave die Küche verließ.

Kurz darauf kehrte er zurück und hörte schon von Weitem, dass Jessie gutgelaunt *Happy Days* vor sich hin sang. Er lehnte schmunzelnd im Türrahmen und hörte ihm eine Weile zu, bis Jessie ihn bemerkte und abbrach.

„Nicht doch", protestierte Dave. „Das war gut!"

„Ah!" Jessie winkte ab, nahm die Kaffeetassen und stellte sie wieder an ihre Plätze. Dann setzte er sich und sah ihn an. „Was is' los?"

Dave hielt etwas hinter seinem Rücken versteckt und kam langsam zum Tisch. Doch statt sich zu setzen, trat er hinter Jessie. Der wollte zu ihm aufsehen, doch Dave beugte sich bereits zu ihm hinab und brachte sein Gesicht dicht an Jessies. Betont zärtlich küsste er ihn aufs Ohr.

Jessie schloss schnurrend die Augen und spürte, wie Dave seinen Goatee sachte an seinem Ohr und seiner Wange rieb. Er bekam augenblicklich eine Gänsehaut, egal wie heftig die Nacht gewesen war.

„Da du mit deiner Fickaktion …", begann Dave in leisem Ton. „… dafür gesorgt hast, dass ich heute jede einzelne Sekunde des Tages an dich denken werde …" Jessie spürte seine Zunge in seinem Ohr und die Gänsehaut wurde schlimmer. „… dachte ich, dass es dir nicht anders ergehen soll!"

Dann hörte er, dass Dave etwas neben seine Kaffeetasse legte. Es war etwas Schweres, denn es polterte leicht. Er öffnete die Augen und als er sah, was es war, blieb ihm für einen Sekundenbruchteil das Herz stehen. Kurz darauf begann es, wie wild zu klopfen.

„Um auf deine Frage von vorhin zurückzukommen: Ich bin sogar so zufrieden mit dir, dass ich dir etwas mitgebracht habe!"

Es war das schwarze, lederne Halsband, das er bei seiner ersten und bislang einzigen Kelleraktion getragen hatte.

„Ich möchte, dass du dir in jeder Sekunde, in der ich die Invasion deines geilen Schwanzes in meinem Arsch spüre, überlegst, ob du irgendwann mal wieder Lust hast, einen Stock tiefer zu gehen!" Daves Stimme war dunkel und sexy und verstärkte die Gänsehaut, die über seinen Körper schoss.

Dave nahm das Halsband und strich ihm damit über seine mit Bartstoppeln überzogene Wange. Dann küsste er ihn hauchzart auf dieselbe. Dabei stand immer noch hinter ihm, was der ganzen Szene noch mehr Dominanz verlieh.

„Du allein wirst entscheiden, wann es das nächste Mal passiert!"

„Ernsthaft?", hauchte Jessie geplättet.

„Oh ja! Ich werde mich nicht mehr dagegen sperren!"

Jessie spürte, wie sich Daves Finger in seine Haare gruben und seinen Kopf nach hinten zogen. Dann stöhnte er leise in Daves innigen und ziemlich dominanten Zungenkuss. Er ahnte, was sich vermutlich in den letzten Stunden – im wachen oder schlafenden Zustand – in Daves Kopf abgespielt hatte. Er lächelte zufrieden. Er hatte erreicht, was er wollte. Er hatte Dave gezeigt, dass er auch austeilen konnte. Er hatte Dave gezeigt, dass er reif war für mehr. Seine Jeans war seitdem er den ersten Blick auf das Halsband geworfen hatte, enger geworden und Dave schien das zu ahnen, denn er griff ihm in diesem Moment in den Schritt.

„Erregt dich der Gedanke etwa, mit mir wieder in den Keller zu gehen, oder ist das deine übliche Morgenerektion?"

Jessies Puls beschleunigte. „Ähm …"

„Ja?"

„Der Gedanke … erregt mich sehr … Sir!", stieß er tonlos hervor.

„Sehr schön!" Dave richtete sich wieder auf, setzte sich wieder auf seinen Platz – diesmal ohne einen Laut von sich zu geben – und trank von seinem Kaffee.

Jessies Hand zitterte ein wenig, als er das Halsband in die Hand nahm. Es war schwer und geschmeidig. Er schluckte und sein Blick traf sich mit Daves.

Der sah ihn unschuldig an.

„Fuck, ich werd mich keine Sekunde auf meine Arbeit konzentrieren können!", murmelte Jessie, fassungslos darüber, was für Gefühle dieser Gegenstand in ihm auslöste.

„Na, dann sind wir schon zwei!" Dave lächelte. „Leg es in die Schublade in deinem Nachttisch, damit du es zur Hand hast, wenn du denkst, der Zeitpunkt ist gekommen!"

Wider Erwarten stand Jessie sofort auf und gehorchte. Dave sah ihm amüsiert hinterher.

Als er wieder zurückkam, winkte Dave ihn zu sich. Jessie blieb vor ihm stehen und er strich ihm über seine unübersehbare Erektion. „Mhmhmhmmmm!", machte er anerkennend.

„Hör auf oder ich muss dich bitten, mich zu ficken!", keuchte Jessie.

„Der Satz kommt mir bekannt vor!" Dave grinste und drückte nichtsdestotrotz noch einmal sein Gesicht darauf. „Ich hol's heute Abend nach, okay?"

Jessie schluckte und nickte.

„Obwohl", murmelte Dave und strich erneut über Jessies steifen Schwanz. Dabei sah er auf die Uhr. Noch hatten sie ein wenig Zeit, bevor sie losfahren mussten. Ihre Blicke trafen sich erneut.

Bis sie das Schlafzimmer erreicht hatten, waren sie beide nackt und schon warf Dave ihn aufs Bett und war in Sekundenschnelle über ihm. Trotz der intensiven Nacht war es eine schnelle, heftige Nummer und Daves harte Stöße brachten beide bereits nach kurzer Zeit zum Ziel.

„Ich kann es kaum erwarten, heute Abend weiterzumachen!", murmelte Dave, als sie wieder bei Atem waren. „Ich möchte eine Nachricht aufs Handy solltest du doch über den Tag einen hochbekommen!"

„Oh Mann!"

„Verstanden?"

„Ja ... Sir!", murmelte Jessie und ließ es zu, dass Dave seinen Hals überstreckte. Er spürte, wie Dave mit einem zufriedenen Brummen über seine verwundbare Kehle leckte.

„Und wage es nicht, dir auf'm Klo einen runterzuholen! Ich will dich geil und willig, wenn ich heimkomme! Verlass dich auf eine Retourkutsche!"

Sie duschten noch einmal schnell und eine Viertelstunde später waren sie auf dem Weg in die Stadt. Beide mit Kaffee im Thermobecher, da ihr letzter kalt geworden war.

Daves Handy klingelte und er ging ran.

„Ja? Hi, Desmond. Gut, danke. Heute Abend?" Dave zögerte und verdrehte die Augen. „Hm ... ich kann dir noch nicht verbindlich zusagen, aber ich ... ja genau. Ich ruf dich zurück."

Er legte auf und seufzte etwas genervt.

„Probleme?", fragte Jessie.

„Nein, eher ein ungeliebter Pflichttermin. Ich hab dir doch schon mal von Desmond O'Hara erzählt."

Jessie nickte. „Der Typ, bei dem du oft auch privat Pornos drehst?"

„Genau der. Der mit den Sex-Clubs." Dave nickte. „Er will mit mir heute Abend zum Essen gehen und ich kann das nicht ausschlagen. Denn wenn nicht heute, dann muss ich es an einem anderen Tag nachholen."

„Dann mach doch. Wird ja nicht ewig dauern, oder? Ich arbeite eh nur bis halb zwei und du bis abends. Dein Wagen steht am Taekwondo-Studio. Wir sind also unabhängig und ich hab den Schlüssel zu deiner Bude."

„Das wär echt okay?"

„Klar. Um ehrlich zu sein, wollte ich nachmittags bei Kyle vorbeifahren und danach würd ich gern was mit Jason besprechen. Das würde sich also gut treffen."

„Mit Jason?", fragte Dave erstaunt. „Verrätst du mir über was?"

Jessie grinste. „Über dich natürlich!" Er lachte, als er Daves Gesicht sah. „Nein, eigentlich geht es um eine Überraschung für Kyle, aber ich möchte noch nicht zu viel sagen. Ich erzähl's dir, wenn es klappt, okay?"

„Okay." Dave sah ihn liebevoll an. „Aber du darfst dich natürlich auch gerne über mich beschweren."

Jessie lachte erneut. „Honey, du bist einfach wundervoll! Es gibt keine Beschwerde!"

Dave zog ihn an sich und küsste ihn sanft auf die Wange. Mehr ging nicht, da Jessie ja fahren musste.

„Kannst du Jason mal fragen, ob er heute Abend Zeit hat?"

Dave nickte und rief ihn an. Auch er war auf dem Weg ins Karatestudio.

Er würde bis eins arbeiten und schlug vor, Jessie abzuholen und ihn mit zu Kyle zu nehmen. Abends würden sie dann zusammen essen und auf Dave warten, bis der von seinem Treffen mit Desmond zurückkam.

Als das feststand, rief Dave diesen an und sagte zu.

Desmonds Fehltritt

Den ganzen Tag über schickten sich Jessie und Dave heiße Textnachrichten hin und her, doch erst in seiner Mittagspause, hatte Dave Gelegenheit, Jessie im Taekwondo-Studio anzurufen. Er erwischte Jessie zwischen zwei Patienten. „Hey, Süßer, wie geht's dir?"

„Ich steh ziemlich unter Strom, nach diesen verdammten Zeilen!", knurrte Jessie.

„Nicht nur du! Ich bin drauf und dran, das Essen mit Desmond abzusagen!"

„Ha! Untersteh dich! Ich darf mir keinen runterholen und ich hoffe, du weißt, dass das auch für dich gilt!"

„Selbstverständlich!"

„Also werden wir uns wohl beide beherrschen!"

„Schlaf schon mal vor, wenn du kannst! Denn viel Schlaf wirst du heute Nacht nicht bekommen!", drohte Dave.

„Ich nehm dich beim Wort, Sexy. Aber jetzt muss ich aufhören und weitermachen! Gott sei Dank kann ich bei der Arbeit abschalten!"

„Das würd ich dir auch raten!"

„Hey, ich hatte heut fast nur Ladys auf der Liege, also keine Sorge!"

Dave lachte. „Bis heut Abend!"

„Bis dann!"

Der Nachmittag verging für Jessie dennoch wider Erwarten wie im Flug. Jason holte ihn pünktlich von der Arbeit ab und nachdem sie einige Sandwiches von Louis abgeholt hatten, fuhren sie gleich weiter ins Krankenhaus und besuchten Kyle, der sich riesig freute.

Danach legte sich Jessie bei Dave zu Hause eine Stunde hin, denn sowohl der erste Arbeitstag, als auch die heiße letzte Nacht forderten so langsam ihren Tribut. Erst nach seinem Nickerchen fühlte er sich gut genug, seine eigene

Physioroutine durchzugehen und ein ausgedehntes Work-out anzuhängen. Er war dennoch froh, dass er sich heute dazu aufraffen konnte – auch wenn Dave behauptete, dass er immer noch einen obendrauf setzte –, heute war ihm so gar nicht danach. Aber er ahnte bereits, dass das Abend-essen bei Jason wieder hervorragend sein würde und sicher mit mindestens drei Gängen zu rechnen war. Und so hatte er kein schlechtes Gewissen, als er schließlich mit Jason zu Abend aß. Etwa zur gleichen Zeit würde sich Dave mit Desmond treffen und sie erwarteten ihn bis etwa zehn Uhr zurück.

Es war ein warmer Abend und Jason und Jessie saßen auf der Terrasse. Sie waren gerade mit dem Hauptgang fertig, als Mel zu ihnen kam.

„Sir?"

Jason sah auf. „Ja, was gibt's, Mel?"

„David Hanks ist gerade durchs Tor gefahren!"

Vielleicht hat er sich's doch anders überlegt, dachte Jessie.

„Sind Sie sicher?", fragte Jason überrascht.

„Ich bin mir sicher, Sir. Er lässt sich in einem Taxi hoch-fahren."

Jason zog die Brauen zusammen. Das war noch unge-wöhnlicher, soweit er wusste, wollte Dave mit seinem eigenen Wagen fahren. „Okay … Da bin ich ja mal gespannt!", murmelte er und Mel verschwand, um Dave einzulassen. „Weißt du, was das zu bedeuten hat?"

Jessie schüttelte den Kopf. „Wenn er es sich nicht anders überlegt hat …"

„… bedeutet das nichts Gutes!", vervollständigte Jason und sah erwartungsvoll zur Terrassentür.

Kurz darauf stürmte Dave auf die Terrasse und es war sofort klar, dass er vor Wut kochte.

Jessie Magen verkrampfte sich augenblicklich; irgendwas war bei seinem Treffen mit Desmond gründlich schief gelaufen. Er konnte Daves Anspannung nicht nur sehen, sondern regelrecht spüren.

Dave blieb am Rand der Terrasse stehen und versuchte ganz offensichtlich sich zu beruhigen, damit er überhaupt einen Ton herausbekam.

Mel stand noch in einer abwartenden Haltung da, doch Jason gab ihm ein Handzeichen, also verschwand er wieder im Haus.

Bevor Dave überhaupt ein Wort hervorbrachte, stieß er einen aggressiven Wutschrei aus und blieb schließlich, seine Hände auf die Lehne eines Stuhls gestützt, stehen. Sein Blick war gehetzt.

„Was zum Teufel ist passiert?", fragte Jason, den dieser Auftritt nicht minder zu überraschen schien.

Jessie beobachtete Dave mit großen Augen, doch er schwieg erst einmal und überließ es Jason, die Situation zu meistern, da er ihn, was das betraf, einfach besser kannte.

Beim ersten Versuch zu antworten, brachte Dave nur ein Krächzen zustande.

„Warst du doch nicht mit Desmond beim Essen?!", fragte Jason.

„Erwähne diesen *gottverdammten* Namen nicht!!", fauchte Dave.

„Was ist passiert? Mach endlich den Mund auf!"

Dave zwang sich mit Gewalt dazu, zumindest etwas ruhiger zu werden, doch seine Augen funkelten wild. „Ich hab immer geglaubt, er ist okay ... Hab nichts drauf gegeben, als du vor einiger Zeit gewitzelt hast, der steht auf mich ..."

Jason zog die Augenbrauen hoch. „Er hat dich angemacht?"

Dave schnaubte und fast stoben Funken aus seinen Augen. „Viel schlimmer!", zischte er. Er holte tief Luft und sah kurz Jessie an, der ihn besorgt beobachtete. „Sorry, dass du mich jetzt doch mal so erleben musst", entschuldigte er sich mit gepresster Stimme.

„Schon okay, Honey!", ermunterte ihn Jessie. „Sag uns einfach, was passiert ist!"

Dave schloss die Augen, holte tief Luft und sah wieder zu Jason. „Er hat fünfhundert Mäuse auf den Tisch gelegt und …" Er stieß wieder einen mühsam unterdrückten Wutschrei aus. „… und gefragt … ob ich … nackt mit ihm essen würde …"

Er sah, wie sowohl Jason als auch Jessie der Mund offen stehen blieb.

„*Bitte was?*" Jason schien als Erstes seine Sprache wiederzufinden.

„Dem nicht genug!", schnaubte Dave wutentbrannt. „… danach hat er noch weitere fünfhundert danebengelegt, für den Fall, dass ich … dabei einen hochbekomme. So … und jetzt bist du dran!"

Jason schwieg eine ganze Weile lang, dann sagte er: „Hat er jetzt komplett den Verstand verloren?"

„Ich könnte *kotzen*!"

„Wie hast du reagiert?"

Dave ließ den Kopf hängen und atmete durch. „Ich bin aufgestanden, habe ihm gesagt, dass ich ihm nichts mehr zu sagen habe und bin gegangen. Am liebsten hätte ich ihm eine verpasst und es hat ALL meine Beherrschung verlangt, dies nicht zu tun! Jetzt wünschte ich, ich hätte ihm sofort in die Eier getreten!"

„Kann ich durchaus verstehen!" Jason fuhr sich über seinen Goatee. Er war gelinde gesagt fassungslos über diese Nachricht. Er hatte geahnt, dass Desmond auf Dave stand, aber dass er zu so einem unsachlichen Move fähig war, das hätte er ihm nicht zugetraut.

Er schob seinen Stuhl zurück, stand auf und umrundete den Tisch. Dann blieb er vor Dave stehen, der ihn mit wildem Blick anstarrte.

„Hey." Jasons Hand landete an Daves Wange und der richtete sich wieder zu seiner kompletten Größe auf. „Ich bin stolz auf dich!"

Dave blinzelte und schnaubte dann mit hörbarer Verachtung. „Ach ja?"

„Ja!", sagte Jason eindringlich. „Du hast einen kühlen Kopf bewahrt und du hast dich – Gott bewahre – nicht ans Steuer gesetzt! Und du bist sofort hierhergekommen!"

„Fuck! Was für ein Arschloch!", fluchte Dave und Jessie sah Tränen der Wut in seine Augen treten, als Dave seinen Blick suchte.

Er stand ebenfalls auf und nahm Dave am Arm. „Komm, setz dich, Honey!" Sofort bemerkte er, wie diese kleine Berührung eine sofortige Wirkung zeigte. Die starke Anspannung in Daves Körper ließ ein wenig nach.

„Ich kann mich nicht erinnern, wann ich mich in den letzten zwanzig Jahren mal so verletzt gefühlt habe! Wie konnte er es *wagen?*", stieß Dave hervor.

Jessie nahm ihn wortlos in den Arm.

„Mann, bin ich froh, dass du da bist!"

„Ich auch! Komm setz dich!", bat er ihn erneut und war erleichtert, als Dave sich auf einen Stuhl sinken ließ, wo er mit einem leisen Stöhnen das Gesicht in den Händen vergrub.

„Mel?", rief Jason.

„Ja, Sir?"

„Bringen sie uns bitte die Whiskeyflasche und drei Gläser!" Zu Dave gewandt fragte er: „Hast du schon was gegessen?"

Dave schüttelte den Kopf. „Wie denn? Er hat das nach Bestellung der Getränke gebracht!"

„Bringen Sie Dave eine Portion, okay?"

„Geht in Ordnung!"

„Ich hab keinen Hunger!", wehrte Dave sichtlich genervt ab.

Mel zögerte.

„Bringen Sie ihm bitte trotzdem eine Portion!", sagte Jason nachdrücklich und Mel verschwand. Dann setzte er sich neben Dave. Er überlegte fieberhaft. „Denkst du, er hat was genommen?"

„Ja, zu viel Viagra vermutlich", spottete Dave.

„Ich mein irgendwelche Drogen?!"

„Gut möglich ...""

„Das ist so ... widersprüchlich!", murmelte Jason. „Entweder er steht so sehr auf dich, dass ..."

Dave stöhnte. „Das ist *widerlich*!"

„... dass bei ihm komplett das Hirn ausgesetzt hat und sein Schwanz übernimmt ..."

Dave wurde lauter. „*DAS IST WIDERLICH*!"

„Du hast ihn beim Sex gefilmt, du bist in seinen Clubs ein- und ausgegangen, er hat dich mehrfach als Dom beobachtet. Du warst auf vielen seiner Sex-Partys, ich bitte dich!", konterte Jason und Dave schwieg wieder. „Ich kann nur nicht glauben, dass er es *so* plump angeht! Er *muss* was genommen haben!"

„Ich kann ihm keine Stunden mehr geben!"

„Desmond nimmt Karatestunden bei Dave ...", fügte Jason erklärend an Jessie gewandt hinzu und sah wieder zu Dave. „Kann ich verstehen! Brauchst du auch nicht, das übernehm ich wieder ..."

„Das würdest du tun?"

„Ja, aber nicht Samstagabend um sechs Uhr wie bei dir; von mir aus unter der Woche. Hat er versucht, dich anzurufen und sich zu entschuldigen?"

Dave schüttelte den Kopf. „Ich wär auch nicht rangegangen! Ich hätte mich nicht im Zaum halten können und würde ihn nur zusammenbrüllen!"

„Wenn er schlau ist, dann wartet er damit. Aber entschuldigen muss er sich und zwar nicht einfach nur mit 'ner Nachricht aufs Handy oder E-Mail!"

Dave machte ein würgendes Geräusch und verzog das Gesicht. „Wenn es nach mir geht, will ich nie wieder was mit ihm zu tun haben müssen."

„Scheiße, ihr kennt euch seit zehn Jahren. Ihr seid Freunde. Gute Freunde! Ihr seid auch geschäftlich verbunden! Ich kapier das nicht!" Jason schüttelte den Kopf.

„Sowas macht man nicht mit einem Freund!", fauchte Dave. „Du hast mich ganz sachlich gefragt, ob ich mich auf dich und Kyle einlassen will. Mir jedwede Tür offen gelassen. Mich nicht saublöd angemacht! Geschweige denn versucht, mich zu kaufen! ZU KAUFEN! Ich bin doch keine Nutte!"

Jason seufzte. „Der glaubt echt, alles ist käuflich oder?"

„Ich fühl mich wie eine gottverdammte Nutte!"

„Egal wie die Sache ausgeht, du darfst niemals etwas zu trinken annehmen, wenn er dir was anbietet!", beschwor ihn Jason eindringlich. „Wenn er das bringt, was er heut gebracht hat, dann bringt er zum Schluss auch was total Linkes!"

„Das was mir passiert ist, sollte dir wahrlich erspart bleiben!", stimmte ihm Jessie zu. „Ich mein, ich kenn den Typen nicht, aber …"

Dave schluckte bei der Vorstellung sichtlich. „Ich glaube nicht, dass wir jemals wieder zusammensitzen und was trinken werden!"

„Ich hätte nie gedacht, dass er so ein Scheißkerl sein kann!" Jason sah auf, da Mel nun mit einem Teller Tagliatelle mit Entenbrust in leckerer Soße wiederkam.

„Danke, Mel!", sagte Dave, als der Butler den Teller vor ihn stellte.

Während Dave wider Erwarten schweigend und hungrig aß, arbeitete Jasons Hirn fieberhaft. Desmond musste sich inzwischen schrecklich fühlen. Oder zumindest dann, wenn die Drogen nachließen.

Schließlich ließ Dave sich zurücksinken und warf die Serviette auf den Tisch. Mel räumte ab und Jason schenkte drei großzügige Whiskeys ein. Kurz darauf brachte Mel drei Cappuccino und die Nachspeise. „Sir, es ist gerade ein Anruf eingegangen …"

Jason schüttelte den Kopf. „Nicht jetzt, Mel!"

„In Ordnung, Sir, dann sage ich O'Hara …"

Jason sah Dave vollkommen perplex an. „O'Hara? Für wen?"

„Für Sie, Sir!", antwortete der Butler.

Jason warf Dave einen ungläubigen Blick zu. „Okay, bringen Sie mir das Telefon, Mel! Und du sagst keinen Ton, okay?"

Dave nickte und fuhr sich durch die Haare.

„Ja?", meldete sich Jason knapp.

„Jason!", kam es gepresst und äußerst gehetzt. „Ich bin's, Desmond … Jason ich … ich hab Mega-Scheiße gebaut!"

„Okay", antwortete Jason gedehnt und wartete.

„Ist David bei dir?"

„Dave? Nein, wieso? Ich dachte, du bist mit ihm beim Essen?", fragte Jason scheinbar ahnungslos.

Desmond stöhnte. „Das war ich …"

„Was meinst du damit?" Jason genoss Desmonds Qual und am liebsten hätte er ihm höchstpersönlich eine geknallt, für das, was er gerade geliefert hatte. So behandelte man keinen Freund. Egal wie heiß man auf diesen war.

„Oh Gott … ich kann einfach nicht glauben … dass ich … dass ich das getan habe!"

„Dass du *was* getan hast?"

„Ich hab ihn … angemacht …"

Jason gönnte sich eine Drei-Sekunden-Pause. „Wen hast du angemacht? Dave?"

Desmond hustete. „Ja … ich hab David angemacht und zwar … von der übelsten Sorte!"

538

„*Du hast was?*"

„Oh Gott, ich hab keine Ahnung, was ich tun soll! Ich fühl mich so grottenschlecht! Mir ist übel …"

„Wie hast du ihn … angemacht?" Jason warf Dave einen Blick zu.

Desmond stöhnte. „Ich hab … ihm … Geld geboten, wenn er sich für mich auszieht …"

Jason schwieg erneut für einige Sekunden. „Sag mal, hast du den Verstand verloren?", fauchte er ihn dann an und es war in keinster Weise herauszuhören, dass er genau wusste, was vorgefallen war.

„Den Verstand und vermutlich einen … guten Freund!", keuchte Desmond.

„Sag mal, hast du was genommen?", fragte ihn Jason unverblümt. Im nächsten Moment hörte er, wie das Telefon hastig weggelegt wurde und Desmond sich offensichtlich übergeben musste. Er grinste hämisch. Leise sagte er zu Dave: „Ich glaub, er kotzt grade …"

„Ich hoff, er kotzt sich die *Seele* raus!", knurrte Dave.

Desmond hustete erneut und kam wieder zurück ans Telefon. „Sorry, Jason … Mann ist mir übel!"

„Was hast du genommen?", wollte Jason wissen.

„Koks und noch was." Er stöhnte wieder.

„Du hast sie doch nicht mehr alle! Wie kannst du sowas bringen? Das is' sowas von unter der Gürtellinie!"

„Ich weiß!", jammerte Desmond. „Was zum Teufel mach ich denn jetzt?"

„Wo ist Dave jetzt?"

„Keine Ahnung! Er … er ist aus dem Restaurant gestürmt und ich kann es ihm wirklich nicht verdenken!"

„Knallen hätte er dir eine sollen!"

Desmond stieß einen klagenden Laut aus. „… ich weiß!", murmelte er. „Was mach ich denn jetzt nur?"

„Dir sehr gut überlegen, wie du dich bei ihm entschuldigst!"

Desmond stöhnte.

„Du weißt genau, dass Dave niemals dein Bottom wird! Nie! Und du willst mir doch nicht allen Ernstes erzählen, dass du für ihn den Sub mimen willst, oder?"

„Nein!"

„WARUM FRAGST DU IHN DANN SO EINEN SCHWACHSINN!", schrie Jason ihn an.

„Es tut mir so leid!", murmelte Desmond.

„Sag das ihm, dass es dir leidtut, nicht mir, verdammt noch mal! Man kann nicht alles haben, was man sich einbildet! Was du in deiner Phantasie mit ihm machst, ist deine Sache!"

Dave würgte hörbar bei der Vorstellung, was Desmond in Gedanken wohl mit ihm machte und Jessie griff nach seiner Hand. Jason sah aus den Augenwinkeln, dass auch diese sachte Berührung ihn wieder zu beruhigen schien.

„Ich muss den Trainer wechseln! Ich kann Dave nicht unter die Augen treten!"

„Du kannst ihm nicht unter die Augen treten?", fragte Jason höhnisch und sah Dave dabei an. „Du *wirst* ihm unter die Augen treten und dich, verdammt noch mal, *entschuldigen!*"

„Das kann ich nicht!"

„Du kannst dich nicht bei ihm entschuldigen? Das ist das Mindeste, was ich von dir verlange, Desmond!"

„Doch ... doch ... Äh ... natürlich werde ich mich entschuldigen!", beeilte sich Desmond zu sagen. „Keine Ahnung wie, aber ... äh ... ich meinte ... ich kann ihm unmöglich unter die Augen treten! Ich würde im Erdboden versinken!"

„Und das geschieht dir recht! Vielleicht knallt er dir doch noch eine, wenn du ihm über den Weg läufst! Wenn alles eingesickert ist und ihm wirklich klar wird, was für ein ... ARSCHLOCH ... du zu ihm warst!"

Er sah, wie Dave bei seinem Sermon anerkennend die Augenbrauen hochzog.

Desmond seufzte. „Ich weiß."

„Du entschuldigst dich bei ihm! Du rufst ihn, verdammt noch mal, an und entschuldigst dich!"

„Oh Mann!"

„Nicht heute! Das wäre keine gute Idee. Morgen oder so. Wenn du wieder KLAR im Kopf bist! Desmond, ich meine es todernst! Wir sind geschiedene Leute, wenn du das nicht wieder in Ordnung bringst! Dave ist mein bester Freund und damit hast du auch mich beleidigt!"

„Ich weiß!", murmelte Desmond erneut. „Ich weiß! Du hast mein Wort! Ich werde ihn anrufen! Auch wenn es das Schwierigste ist, was ich jemals tun musste! Glaub mir, ich fühl mich schlechter als an dem Tag, an dem mich meine Schwester mit ihrem Mann im Bett erwischt hat!"

„Du bist widerlich!", zischte Jason. „Ich hab keine Zeit mehr für deinen Mist! Bring es in Ordnung! Und zwar bald!"

„Okay ... Danke fürs ... Zuhören!"

Sie legten auf und Dave sah ihn mit einer beeindruckten Miene an. Wider Erwarten spielte ein Lächeln um dessen Mund, als er sagte: „Gut gebrüllt, Löwe!"

Jason grinste, nahm seinen Whiskey und prostete Dave und Jessie zu. Dann erzählte er ihm, was Desmond gesagt hatte. Danach ging es Dave wesentlich besser. Zu wissen, dass Desmond litt wie ein angeschossenes Tier, befriedigte ihn zutiefst.

„Weiß Desmond eigentlich von Jessie?", fragte Jason nach einer Weile des Schweigens.

„Pfff ...", machte Dave verächtlich. „Das geht ihn schon zweimal nix an!", knurrte er und sah Jessie an. „Damit er sich auch noch an ihn ranmacht? Nur über meine Leiche!"

„An mich ranmacht?", wiederholte Jessie.

„Desmond ist alles zuzutrauen!" Jason nickte. „Mit Kyle hat er das auch schon versucht, bis ich Klartext geredet habe!"

„Okay …"

„Ihr entschuldigt mich kurz?" Jason stand auf und verschwand im Haus.

Dave sah Jessie entschuldigend an. „Sorry …"

„Für was, um Gottes willen?"

„Dass du den ganzen Mist volle Breitseite abbekommen hast."

Jessie lächelte. „Ich bin so stolz auf dich! Nicht selbst Auto gefahren, nicht zugeschlagen, nichts verheimlicht!"

Daves Blick wurde weicher. „Ohne deinen unglaublichen Einfluss, wär das Ganze aus dem Ruder gelaufen; das darfst du mir glauben!"

„Schön, dass du dich beherrscht hast!"

Dave nickte.

„Möchtest du heimfahren?", fragte Jessie.

„Bald, ja … Hast du mit Jason besprechen können, was du wolltest?"

„Ja, alles geregelt."

Daves Blick glitt über den weitläufigen Garten zum beleuchteten Pool. Kurz darauf würgte es ihn erneut. Der Gedanke, Objekt von Desmonds Begierde zu sein, ekelte ihn an.

Jessie zog ihn an sich und Dave vergrub das Gesicht an seinem Hals. Er atmete Jessie ein und spürte seine Hand auf dem Rücken; dabei beruhigte er sich fast augenblicklich. Als er wieder aufsah, schimmerten seine Augen feucht.

„Ich will mir von diesem gottverdammten Wichser nicht diesen wundervollen Tag verderben lassen!", flüsterte er. „Nach dieser unglaublichen Nacht und diesem heißen Nachrichten-Tag … sowas …"

„Schsch!" Jessie streichelte ihn wieder. „Er ist noch nicht vorbei. Lass uns heimfahren!"

Dave nickte.

Jason kam wieder. „Ihr wollt los?"

„Is' das okay?", fragte Dave-

„Natürlich! Pass auf ihn auf, Jessie!"

Der nickte. „Mach ich. Und danke für dein Ohr und das Essen!"

Jason lächelte. „Danke für deinen netten Vorschlag."

Dave starrte aus dem Fenster und redete kein Wort, während Jessie heimfuhr. Er sprach auch noch nicht, als sie zu Hause ankamen. Stattdessen setzte er sich auf seiner Veranda auf eine Rattan-Hängeschaukel, während Jessie in der Küche verschwand.

Dave sah auf, als Jessie kurz darauf zu ihm auf die Terrasse kam und ihm einen Becher reichte. Verblüfft stellte er fest, dass es heiße Schokolade war.

„Hab mir auch eine mitgebracht." Jessie lächelte und setzte sich zu ihm. „Ich hab mir allerdings erlaubt, einen Schuss irischen Whiskey reinzutun!"

„Womit hab ich dich nur verdient?"

Sie tranken jeder einen Schluck.

„Wie denkst du, hättest du reagiert, wenn es mich nicht in deinem Leben gäbe?", fragte Jessie.

Dave sah ihn lange an. „Ich hätte mich niemals für ihn ausgezogen, wenn du das meinst."

„Nein, das mein ich nicht." Jessie schüttelte den Kopf. „Ich meine, hättest du ihn angegriffen?"

Dave schüttelte den Kopf. „Vermutlich hätte ich das Gleiche gemacht, was ich nach Kyles Unfall gemacht habe."

Jessie wartete.

Dave sah auf. „Ich hab mir einen Sub gesucht, der es verdammt hart will."

„Das hast du nach der Sache mit Kyle gemacht?"

Dave nickte. „Es war Jasons Idee. Ich war so aggressiv. So wütend auf mich selbst. So wütend auf Joseph, so wütend, dass er immer noch so viel Macht hatte, nach dieser langen Zeit. Versteh mich nicht falsch. Ich wollte keinen Sex. Ich wollte ihn erniedrigen. Ich wollte ihm ... wehtun. Es gibt genug Männer, die drauf stehen und die dabei auch noch geil werden ..."

„Hat es was geholfen?"

Dave nickte.

„Ist es dir jetzt auch danach?"

Er sah Jessie verblüfft an. „Jetzt?"

Jessie wartete.

„Nein, ich bin nur verletzt. Mir ist nicht danach."

„Was ich damit sagen will: Wenn es dir jemals danach ist, dann sag es. Ich hab nichts dagegen, wenn du sowas machen willst!"

„Süßer ... ich will weg davon!"

„Manchmal geht das aber nicht von heute auf morgen! Ich sag nur, dass es okay wäre. Vor allem, wenn kein Sex dabei ist."

Dave lehnte seine Stirn an Jessies. „Ich liebe dich über alles!"

„Versprichst du, mit mir drüber zu reden, wenn es hochkommt?"

Dave wollte widersprechen. „Jessie ..."

„Versprichst du es mir?"

Dave schwieg einige Sekunden. „Ja, mach ich!"

„Gut!"

Dann widmete er sich dem Rest seiner Schokolade. Als der Becher leer war, legte sich Dave auf die Schaukel und kuschelte seinen Kopf in Jessies Schoß. Der strich ihm sanft durch die Haare.

„Weißt du ... das Paradoxe ist, dass Desmond mir damit fast einen Gefallen getan hat", sagte Dave nach einer Weile.

„Wie das?"

„Ich bin es schon länger leid, auf seine Einladung hin zu filmen. Egal ob ihn selbst oder andere. Aber ich wusste nicht recht, wie ich da rauskomme."

„Nichts geschieht ohne Grund!"

Dave lächelte schwach. „Vermutlich", stimmte er ihm zu. „Ich will mich mehr auf die Filmerei hier oben im Studio konzentrieren. Das professionelle Shooting. Da ist auch wesentlich mehr Geld zu machen. Und es macht mir mehr Spaß."

„Dann mach das!", bestärkte ihn Jessie.

Dave nickte. „Keine Karatestunden und keine Pornodrehs mehr für ihn." Der Gedanke gefiel ihm sehr.

Jessie trank seine Schokolade ebenfalls aus und überlegte eine ganze Weile, wie er mit dem beginnen sollte, was er auf dem Herzen hatte. „Kann ich dich was fragen, Honey?", fragte er schließlich.

„Immer, Süßer." Dave setzte sich auf und küsste ihn. „Und die Antwort ist *Nein!*"

Jessie sah ihn verwirrt an. „Ähm …"

„Nein, niemals!"

„Niemals was?"

„Ich hätte mich niemals für ihn ausgezogen. Nie!"

Jessie blinzelte. „Aha … Das war nicht meine Frage …"

„Okay …" Dave grinste. „Nur, um das klarzustellen: Ich werde mich nur für dich ausziehen, wenn du das wünscht. Und ich werde auch weiterhin mit dir nackt am Esstisch sitzen, wenn du es möchtest!"

Jessie vergaß für einen Moment, was er fragen wollte. „Ach ja?"

„Mhmm! Ich fand das sehr erotisch!" Dave küsste ihn erneut. „Unglaublich, wie unterschiedlich sich ein und dasselbe in einer anderen Situation anfühlen kann!"

„Gut zu wissen!" Jessie strich ihm über seinen Goatee.

„Das war gar nicht deine Frage, hm?"

„Nein", gab Jessie zu. „Aber ich bin mir nicht sicher ...
ob ich sie stellen soll. Ich möchte dich nicht noch mehr,
ähm ..." Er suchte nach dem richtigen Wort.

„... aufwühlen?", half ihm Dave.

Jessie nickte.

„Nur zu. Spuck's aus! Du bist Meister darin, mich wieder
runterzufahren!"

Jessie war sich nicht sicher, ob ihm das nach seiner Frage
wirklich gelingen würde, aber der Zeitpunkt würde vermutlich nicht mehr besser werden. Er sah ihm noch ein paar
Sekunden lang in die Augen und fragte dann: „Hast du
noch Kontakt zu deinem Onkel Martin?"

Dave spürte wie eine eisige Welle über ihn schwappte. Er
hatte mit vielem gerechnet, aber sicher nicht damit.

„Verdammt, ich wusste, ich hätte das nicht fragen
sollen!", murmelte Jessie. „Es tut mir leid!"

Dave schüttelte den Kopf. „Nein, es ist schon okay. Es
ist eine durchaus berechtigte Frage." Er ließ den Kopf
hängen.

„Lebt er noch?"

Dave nickte. „Soviel ich weiß schon."

„Soviel du weißt?"

Dave sah auf. „Ich hab schon seit fast zehn Jahren nicht
mehr mit ihm gesprochen. Und darauf, das gestehen zu
müssen, bin ich wirklich nicht stolz!"

Jessie blinzelte. „Habt ihr euch zerstritten?"

Doch Dave schüttelte zu seiner Überraschung den Kopf.

„Was ist dann passiert? Auseinandergelebt?"

Wieder verneinte Dave. Dann seufzte er tief. „Es ist wirklich komisch, dass du danach fragst ... Ich hab ihn den
letzten Wochen mehr an ihn gedacht als in den letzten zehn
Jahren!"

„Was ist der Grund, dass ihr nicht miteinander sprecht?"

Dave sah auf und Jessie konnte den Schmerz in seinen
Augen sehen.

„Weil Martin der Meinung war, dass es besser für mich ist, wenn wir uns nicht mehr sehen."

Jessie schwieg vollkommen verblüfft.

„... aber nicht, weil wir nicht miteinander klarkommen. Im Gegenteil. Aber ... wie soll ich das sagen? Ich habe immer Flashbacks bekommen; jedes Mal wenn ich ihn gesehen habe." Er ließ wieder den Kopf hängen. „Schlimme Flashbacks. Manchmal tagelang. Und das ist sowas von pervers! Da ist der einzige noch lebende blutsverwandte Mensch, der einzige Mensch, der mir durch das schwärzeste Jahr meines Lebens, das Jahr danach, geholfen hat ... und immer wenn ich ihn gesehen oder gehört habe, dann habe ich fürchterliche Flashbacks bekommen!" Dave sah auf. „Nach zehn Jahren konnte er es nicht mehr mit ansehen und hat vorgeschlagen, dass sich unsere Wege trennen."

Jessie sah ihn fassungslos an. „... um dich zu beschützen?"

Dave nickte und Jessie sah, dass er schwer dabei schluckte.

„Wow!", murmelte er tonlos.

Dave schnaubte. „Heute denke ich, er hätte mich zum Psychologen schleifen sollen, statt das vorzuschlagen!"

„Hat es danach aufgehört?"

Dave nickte wieder.

„Hm ..."

„Verrückt, oder?"

„Und ihr hattet überhaupt keinen Kontakt mehr?" Jessie konnte es kaum glauben.

„Richtig ..."

„Lebt er weit weg?"

Dave schüttelte den Kopf. „Vielleicht 'ne Stunde mit dem Wagen."

Jessie sah ihn lange an. „Meinst du, du würdest heut auch noch Flashbacks bekommen?"

Dave erwiderte seinen Blick ebenso lange bevor er antwortete: „... und wenn schon, es gibt ja inzwischen dich und Dr. Meyers ... oder?"

„Sollen wir uns mal gemeinsam auf die Suche nach ihm machen?"

Dave schwieg solange, dass Jessie überzeugt war, dass er verneinen würde, doch dann sagte er leise: „Das wäre wunderbar, Süßer!", und zauberte Jessie damit ein glückliches Lächeln auf die Lippen.

„Dann lass uns das nächste Woche, nachdem Sam und seine Jungs wieder abgereist sind, mal angehen, okay?", schlug er vor.

„In Ordnung."

Jessie umarmte ihn lange und langsam verschwand die Anspannung, die sich mit seiner direkten Frage aufgebaut hatte, wieder aus Daves Körper.

„Ich möchte ein Bier, willst du auch eins?", fragte Jessie ablenkend.

Dave nickte und stand auf „Ich hol uns eins."

Als er wiederkam, wirkte er um einiges gelöster und Jessie atmete auf.

„Verrätst du mir, was du mit Jason ausgeheckt hast, oder darf ich es nicht wissen?", erkundigte sich Dave und wechselte endgültig das Thema.

Jessie lächelte. „Doch, natürlich darfst du es wissen. Es hat nur vorhin nicht wirklich gepasst ..."

Dave prostete ihm zu und trank von seinem Bier.

„Sam hat mir erzählt, dass er in den letzten Wochen; seit dem Mordversuch an Kyle, bei jedem Auftritt eine Schweigeminute für ihn eingelegt hat, bevor es tatsächlich losging ..."

„Ernsthaft? Wow, das find ich klasse!"

„Er hat einen unglaublichen Gerechtigkeitssinn und das hat ihn auch schon einige Male in Schwierigkeiten gebracht."

„Wie das?"

„Er hat sich mehrfach in Streits eingemischt, die dann ganz schnell umgeschwenkt sind und gegen ihn gegangen sind."

„Hm ..."

„Na ja, jedenfalls hat ihn das mit Kyle sehr berührt. Also hatte Sam die Idee, Kyle am Freitag zu überraschen. Jason nimmt seinen Laptop mit und dann rufen wir ihn aus der Bar an. So kann er bei ihrem Auftritt dabei sein. Wenn Kyle einverstanden ist, wollen sie ihn am nächsten Tag gerne in der Klinik besuchen."

Dave lächelte. „Das wird ihm sicher total gut gefallen!"

„Hat Jason auch gemeint. Er weiht Moira ein, damit sie abends so gegen neun Uhr noch bei ihm ist. Sie will es so drehen, dass sie gemeinsam mit Australien telefonieren wollen ... Mal sehen, ob es klappt und er sich foppen lässt."

„Das ist eine total süße Idee!"

Eine Stunde später lagen sie nach einem gemeinsamen Bad im Bett. Doch wenn Jessie dachte, dass Dave heute garantiert zu nichts mehr Lust hatte, irrte er sich.

Das Licht war zwar aus, aber schon nach kurzer Zeit wanderten Daves Hände über seinen nackten Körper und streichelten ihn. Sanfte Küsse folgten, die schnell tiefer wurden, bis eine handfeste Knutscherei daraus wurde, die in einem eindeutigen Vorspiel endete.

Diesmal war er es, der das Licht wieder anknipste und auf Dave herabsah, der auf dem Rücken lag.

„Ich will dich auf mir spüren, Süßer!", flüsterte Dave und drückte seinen steifen Schwanz mit einer Hand in die Senkrechte. „Hast du Lust?"

Statt einer Antwort, küsste er Dave und pumpte mit einer Hand drei Schübe aus der Gleitmittelflasche. Kurz darauf glitt er über Dave und setzte sich auf seinen harten Schwanz.

„Fuck, ja!", murmelte er, als Jessie sich langsam auf ihn herabsenkte und er diese unglaubliche Enge um seinen Schwanz spürte. Dann begann Jessie, ihn zu reiten, und schon nach kurzer Zeit wand sich Dave stöhnend unter ihm, bis zu einem Punkt, an dem er Jessie anflehte, es langsamer angehen zu lassen, doch der trieb ihn einfach weiter.

„AAAAAAAAH!" Daves Körper presste nach oben und schoss eine ordentliche Ladung in ihn ab. Doch Jessie gab ihm keine Verschnaufpause, sondern ritt ihn einfach weiter.

Die Nummer dauerte noch eine ganze Weile an, bis er sich langsam seinem zweiten Orgasmus näherte. Es gelang ihm gerade noch, sich aufzusetzen und die Arme um den Mann seiner Träume zu schlingen, bevor Jessie ihn zum zweiten Mal an diesem Abend ins Nichts ritt.

Diesmal schloss Jessie sich an und als Dave die heißen Spermaspritzer auf seiner Brust spürte, explodierte er noch einmal und molk dabei Jessie mit kräftigen Finger bis an den Rand des Erträglichen, bis sich auch der letzte Tropfen auf seiner Brust befand.

Nette Besuche und eine dunkle Vorahnung

Am Freitag arbeiteten Jessie und Dave nur bis halb zwei. Dave und Jason würden sich am Nachmittag wieder zu einer weiteren Besprechung bezüglich des geplanten vierten Studios mit Mario und Daniel in der Stadt treffen. Daher hatten sie ausgemacht, dass Jessie allein nach Hause fahren und sie sich später in Jessies Wohnung treffen würden, um dann gemeinsam zu *Liam's* Pub zu gehen.

Als Jessie gegen halb drei die Auffahrt hochfuhr, sah er Lous türkisfarbene Vespa vorm Haus stehen. Er schmunzelte und sperrte auf.

Normalerweise trällerte Lou zu den schrägsten Schlagern vor sich hin, während der Radio lief und verbreitete somit unweigerlich gute Laune, doch heute war es ungewöhnlich ruhig und Jessie runzelte die Stirn.

Im Vorbeigehen sah er, dass Lou im Wohnzimmer war und er rief ihm auf seinem Weg zum Schlafzimmer zu: „Hey, Lou, alles klar bei dir?"

Statt dem üblichen fröhlichen: „Halloo-oo, aber klaro, Zuckerschneckchen", bekam er keine hörbare Antwort, daher entschied er sich dazu, erst einmal nach Lou zu sehen. Also ging er gleich in die Wohnküche und nahm sich vor, sich erst später umzuziehen.

„Muss ich mir Sorgen machen, weil du keine Musik anhast?", fragte Jessie, als er im Wohnzimmer ankam.

„Nein, musst du nicht", murmelte Lou, während er den Wohnzimmertisch polierte.

Jessie zog die Augenbrauen hoch und kam zu ihm. Auf der anderen Seite des Tischs blieb er stehen und tippte ihm auf die Schulter. „Hey, sieh mich an, Lou, was'n los? Mit dir stimmt doch was nicht." Als Lou sich aufrichtete, sah er, dass sein sonst so fröhliches Gesicht ernst und besorgt war.

Lou schluckte und schüttelte den Kopf. „Es ist nix, bin heut nur nicht so gut drauf ... tut mir leid ... Zuckerschneckchen."

„Willst du mir erzählen wieso?", fragte Jessie und lächelte ihn aufmunternd an.

„So werd ich nie fertig, mein Hase! Ich hink eh schon saumäßig hinterher!" Lou wich ihm aus und machte sich daran, auch die anderen Tische und Kommoden abzuwischen.

„Okay, dann mach ich dir jetzt einen Tee und zwing dich dazu, dich fünf Minuten mit mir hinzusetzen!" Jessie machte kehrt und ging zur Küche.

„Och ... Schneckchen ... tu mir das nicht an! Bitte keinen Tee!"

Jessie drehte sich um und sah ihn mit den Augen rollen.

„Ich hasse Tee, mein Hase, das weißt du doch inzwischen schon!"

„Heiße Schokolade?", versuchte es Jessie stoisch weiter. „Dave liebt heiße Schokolade, wenn's ihm nicht so gut geht.

Lou ließ die Schultern hängen. „Also gut."

Jessie nickte. „Schon besser."

Als Lou sich schließlich zu ihm setzte, meinte er: „Tut mir leid, dass ich heut so mies drauf bin, Schätzchen."

„Was is' los, Lou?"

Lou sah ihn an und dann wieder auf die Tischplatte.

„Hast du Knatsch mit Peter?"

Er schüttelte den Kopf.

„Was dann? Red endlich! Das ist ja unerträglich!!", fauchte Jessie schließlich ungehalten, da ihm langsam der Geduldsfaden riss.

Lou, der bislang noch wenig Erfahrung mit seiner anderen Seite gemacht hatte, sah erschrocken auf. „Okay ... is' ja schon gut, Hase! ... ach Gott, ich weiß auch nicht, warum mich das so mitnimmt!" Er rollte die Augen und Jessie kniff seine warnend zusammen.

„Reden!", erinnerte er Lou.

„Peter hat nächsten Monat Geburtstag ... einen runden ... er wird fünfzig ... und er möchte trotzdem nicht, dass ich ihm was kaufe ... er meint, wir haben alles, und dass er froh ist, dass er mich hat ... und gut ist es ... wir fahren ein paar Tage zusammen weg, aber das ist mir zu wenig. Das ist ja kein Geschenk von mir."

„Okay", sagte er gedehnt. „Und wo genau ist jetzt das Problem?"

Lou sah ihn mit einem vorwurfsvollen Blick an. „Hase, hör mal! Es ist sein Fünfzigster! Da *muss* ich ihm doch was schenken! Ich ... ich will ihm *unbedingt* was schenken ... aber ...""

„... aber?"

„... ich hab keine Ahnung, mit was ich ihm so 'ne Freude machen könnte, dass er nicht sauer ist!" Lou seufzte völlig geknickt und Jessie hatte Mühe, nicht laut loszulachen. Er hatte sich schon ernsthaft Sorgen gemacht und nun das. Er riss sich also zusammen, vertiefte sich in seine Tasse und dachte kurz nach. Etwas meldete sich in seinem Hinterkopf und schließlich fiel ihm Peters Frage wieder ein, die er ihm an ihrem ersten Brunch gestellt hatte. Er sah auf.

„Vielleicht kann ich ja helfen, hm?", sagte er zu Lous deutlicher Verwunderung nach einer Weile.

„Du Zuckerschneckchen? Ich wüsst wirklich nicht wie?"

„Mhmmm ... zufälligerweise weiß ich, mit was du Peter eine riesige Freude machen kannst." Und erntete von Lou nur einen verständnislosen Blick. „Er wünscht sich schon seit Längerem, dass ich dich fotografiere."

„Du veräppelst mich doch nicht, Hase?"

„Nein, tu ich nicht. Ich schwöre!"

„Aber ... du fotografierst doch hauptsächlich diese Machos da oben ... und ... und ...“ Lou brach ab und sah auf die Tischplatte.

„... was nicht heißt, dass mir nicht auch was zu dir einfallen würde“, sagte Jessie bestimmt. „Und ich hab dir die Schokolade nicht gemacht, damit du sie hypnotisierst! Trink! Oder du lernst mal meine Macho-Seite kennen!“, knurrte er dann gespielt übertrieben.

Ein schwaches Lächeln huschte über Lous Gesicht. „Besser, Zuckerschneckchen?“, fragte er, während er der Aufforderung nachkam. „Uuuh, hast du da Rum rein?“

„Nein, einen klitzekleinen Schuss irischen Whiskey.“ Jessie grinste, als Lou gleich noch mal einen kleinen Schluck davon nahm. „Geht doch!“, knurrte er und lachte.

„Aber das Problem ist, dass Peter unsere Finanzen macht und er es merken würde, wenn ich für ein Fotoshooting Geld ausgebe!“, sagte Lou dann mit leiser Stimme.

„Wer redet von Geld?“, fragte Jessie. „Hab ich was von Geld gesagt? Ich bin eher dafür, eine Hand wäscht die andere und es gibt sicher irgendwann mal was, wo du mir oder Dave einen Riesengefallen tun kannst. Außerdem könnte das auch einfach unser Geschenk an Peter sein. Also wie schaut's aus?“

„Du meinst das wirklich ernst, Zuckerschneckchen?“, hauchte Lou und stellte den Becher, den er grade zum Mund führen wollte wieder ab.

Jetzt rollte Jessie in Lou-Manier die Augen. „Ja oder nein?“

„Das wär der absolute Wahnsinn, Zuckerschneckchen!“, flüsterte Lou mit ehrfurchtsvoller Miene.

Jessie grinste, nickte und überlegte.

„Mag es Peter, wenn du dir zum Sex was Schickes anziehst?“, fragte er Lou nach einer Weile reichlich direkt und der verschluckte sich prompt an seiner Schokolade, von der er endlich wieder gehorsam trank. „Hey, jetzt stell

dich nicht so an, verdammt noch mal! Ich mein als Frau …
oder lieg ich hier total verkehrt?"

Lou schien sich schnell wieder zu fangen und schenkte
Jessie einen frivolen Augenaufschlag. „Na hör mal! Klar
mag er das ab und zu ganz gerne!" Er grinste. „Ich hab da
einen speziellen kleinen Schrank, da sind ein paar echte
Schmuckstücke drin!", gab er zu. „Uhhh … der rote
Ledermini und dazu ein paar Strapse … das mag er total
gern, mein Hasenzähnchen."

„Okay, okay, schon gut!" Jessie verbiss sich ein Grinsen.
„Auch mit Perücke oder so?"

Lous Grinsen wurde breiter. „Oh, die mit den roten,
langen Haaren, die hat er am liebsten! Manchmal auch
die … hui … Marilyn-Frisur!" Er klimperte mit seinen
langen Wimpern.

„Dann weiß ich hundertprozentig, was wir machen
können!", sagte Jessie triumphierend.

„Wirklich?"

Jessie nickte. „Wann hat er Geburtstag?"

„In zwei Wochen."

„Okay, das gibt uns nicht viel Zeit, aber wir kriegen das
hin. Kannst du mal deine Perücke mitbringen?"

„Verrätst du mir erst, was du vorhast?"

„Sag ich dir gleich … schminkst du dich auch?"

Lou nickte eifrig. „Klar. Wenn du magst, kann ich dich
auch mal schminken!", platzte es aus ihm raus, doch Jessies
angewiderter Blick ließ ihn schnell zurückrudern. „Hm …
Davie-Schatz steht da wohl eher nicht drauf, was, Zuckerschneckchen?"

„Äh … eher nicht, nein."

„Hach, schade, zu deinem Gesicht würde mir ja so
einiges einfallen! Uhhuhhhh!"

„Lass mal gut sein." Jessie lehnte sich zurück. „Genial …
Pass auf: ich hab mal eine Arbeit eines Kollegen gesehen,
der hat Folgendes gemacht: Er hat das Gesicht schwuler

Männer, die gern auch mal feminin waren, einmal als Frau und einmal als Mann fotografiert und dann hat er die Fotos digital zusammengesetzt und ein Foto erhalten, bei dem auf einer Seite das geschminkte Gesicht einer Frau mit Perücke war und auf der anderen das Gesicht des eigentlichen Mannes, mit ein wenig Bartstoppeln und so. Also in einem Bild die weibliche und die männliche Seite. Was meinst du, würde ihm sowas gefallen?"

Lou sah ihn mit offenstehendem Mund an. „Zuckerschneckchen, er würde ausflippen!"

„Sollen wir dann zusehen, dass wir das machen?"

Lou sprang auf, kam um den Tisch herum und Jessie konnte gerade noch aufstehen, bevor er ihm überschwänglich um den Hals fiel und ihm ein Küsschen links und rechts auf die Wange drückte.

„Häschen, du bist der Hammer!", sagte er mit einem bewundernden Augenaufschlag.

Jessie packte ihn am Kragen seines T-Shirts und schüttelte ihn ein wenig. „Und das nächste Mal machst du gleich den Mund auf, wenn dich was bedrückt und druckst nicht rum wie eine Tussi!", fauchte er.

„Versprochen, Zuckerschneckchen!" Lou strahlte. „Aber jetzt muss ich weitermachen, sonst werd ich hier nie fertig!"

„Du trinkst erst deine Schokolade aus!"

Lou nahm den Becher vom Tisch.

„Meinst du, du könntest es nächsten Freitag so einrichten, dass wir das machen können? Vielleicht kann ich auch vorher mal mit dir daheim deinen geheimnisvollen Schrank begutachten, wenn Peter arbeitet oder so?"

Lou nickte.

„Dann machen wir das, okay? Und ich geh mich jetzt umziehen und dann meine Übungen machen!"

Am Abend desselben Tages saß Moira neben Kyle auf seinem Bett im Krankenhaus. Der Laptop lag vor ihnen und Kyle freute sich darauf, dass er jetzt gleich mit seinem Großvater und einigen Freunden in Australien sprechen würde.

„Oh, Granny, schau, da tut sich was!", sagte Kyle aufgeregt, als Skype um viertel vor neun einen eingehenden Anruf anzeigte.

„Aha, okay, klick es mal an!"

„Komisch, das ist Jessies Kennung!" Kyle runzelte die Stirn. „Sollen wir es annehmen?" Er sah Moira unsicher an. „Was, wenn gleichzeitig Jacob anruft?"

„Eigentlich ist es dazu noch etwas zu früh und außerdem sehen wir es ja", flunkerte Moira. „Nimm es ruhig an!"

Kyle klickte Jessie an, der kurz darauf auf seinem Bildschirm erschien. Er runzelte die Stirn. Zuhause war Jessie jedenfalls nicht. Es sah aus, als wäre er in einer Bar. Dann klickte er auf die Vergrößerung, sodass das Bild den ganzen Monitor einnahm und nun sah er auch, dass es gar nicht Jessie war.

„Jay!", stieß er verblüfft hervor.

„Hallo, Süßer!" Jason grinste ihm entgegen. „Geht's dir gut?"

„Ja, danke, alles bestens! Uhm, wo bist'n du?"

Jetzt tauchte Jessie neben Jason auf und legte den Arm um seine Schultern. „Wir sind in einer irischen Kneipe. Schönen Abend wünschen wir dir und Moira!"

„Hallo ihr beiden!", sagte Moira.

Kyle klappte der Mund auf, als er Applaus hörte. Er wechselte einen unsicheren Blick mit Moira, die ihn jedoch nur aufmunternd anlächelte.

„Wow, da scheint ja einiges los zu sein!", sagte Kyle erstaunt.

Im *Liam's* wurde es wieder still und Jessie übernahm das Wort.

„Kyle ich hoffe, dass du nicht zu enttäuscht bist, dass nicht – wie versprochen – Australien am Telefon ist ..."

Kyle warf Moira erneut einen fragenden Blick zu.

„… aber es freut mich wirklich sehr, dass du in der Leitung bist! Meine Kumpel spielen heute Abend hier im *Liam's* und sie möchten gerne, dass du live mit dabei bist, nachdem du schon nicht hier sein kannst!"

Kyle klappte der Mund auf.

„Denkst du, du bist fit genug für ein Konzert?", fragte Jason neben Jessie.

„Wow … uhm … das ist ja eine Überraschung!", stammelte Kyle. „Äh … ja klar bin ich fit genug für sowas!"

„Wir haben uns heute alle hier getroffen, um zu feiern, dass du wieder unter uns bist!"

„Uhm, danke!" Kyle war vollkommen geplättet.

Jessie nickte. „Dazu würd ich gern das Wort an meinen besten Freund Sam übergeben, ja?"

„Okay!" Kyle starrte gebannt auf den Monitor.

„Hey, Kyle! Wir kennen uns noch nicht, aber ich hoffe, das wird sich bald ändern!", begrüßte ihn Sam mit einem Lächeln.

„Hi, Sam! Hab schon viel von dir gehört!"

„Ja, ich auch von dir!", erwiderte Sam. „Jedenfalls möchte ich dir im Namen aller sagen, dass wir unendlich froh sind, dass du wieder auf dem Weg der Besserung bist! Wir waren vor einigen Wochen schon mal hier im *Liam's* und kurz danach ist der Angriff auf dich passiert. Wir haben unsere Tour trotzdem durchgezogen, doch möchte ich dir sagen, dass wir auf jedem unserer Konzerte einen kleinen Moment der Stille für dich eingelegt haben und diesem Wahnsinn gedacht haben, der dir passiert ist!"

Kyle schluckte schwer und konnte erstmal gar nichts sagen.

Jessie kam wieder ins Bild. „Und Sam hat mir erzählt, dass er vor jedem Konzert ein Lied für dich gesungen hat, das er jetzt auch gerne für dich singen würde. Bist du bereit?"

Kyle sah Moira an, die sachte seine Hand nahm und sie drückte.

„Okay", murmelte Kyle und konnte nicht verhindern, dass sich ein mulmiges Gefühl in seinem Bauch breitmachte.

Im *Liam's* wurde es wieder mucksmäuschenstill, als Sam damit begann, a cappella *Amazing Grace* zu singen. Nicht nur Kyles Augen wurden dabei feucht und er schluckte schwer. Er war froh, dass Moira seine Hand fest in seiner hielt und zusätzlich noch ihren Arm um seine Schultern geschlungen hatte.

„Kyle wir sind froh, dass du wieder da bist!", endete Sam sein Lied nach ein paar Minuten und dann erscholl tosender Applaus.

„Guck mal!", sagte Jessie und drehte den Laptop so, dass Kyle sehen konnte, dass das Publikum aufgestanden war, während alle klatschten. „Cool, oder?"

Kyle zog die Nase hoch und Moira tupfte sich die Tränen aus den Augen. „Wow … ich weiß nicht, was ich sagen soll!", murmelte er gerührt.

Jessie drehte den Laptop wieder so, dass er und Moira ihn sehen konnten. „Die Jungs würden dich morgen gerne mit uns besuchen, wenn sie dürfen?!", verkündete er, als sich alle wieder beruhigt hatten.

„Gerne!" Kyle schluckte. „Sorry … ich … mir fehlen die Worte!"

„Süßer", meldete sich Jason wieder zu Wort, der sich bislang im Hintergrund gehalten hatte. „Hab keine Sorge, der Rest des Konzerts wird peppiger!"

Alles lachte. Auch Kyle und Moira.

„Die Jungs haben dir einen Ehrenplatz freigehalten! Der Laptop steht hier auf einem Tisch und sie hoffen, dass du alles gut im Blick hast!"

Kyle grinste. „Danke, das ist echt geil!"

„Und vergiss nicht: Ich liebe dich!", sagte Jason ungeniert vor versammelter Mannschaft.

„Ich liebe dich auch, Jay!"

Als sich der erneut aufgebrandete Applaus wieder gelegt hatte, sagte Jessie: „Also dann viel Spaß euch beiden. Wir melden uns in der Pause!"

An diesem Abend saßen sie noch lange im *Liam's* zusammen, auch nachdem die Bar schon offiziell geschlossen hatte. Neill, der nicht nur Barkeeper, sondern auch der Besitzer der Bar war und unterm Dach in einer großen Penthouse-Wohnung lebte, hatte die Band wie beim letzten Mal bei sich untergebracht und somit konnten sie noch nach Herzenslust zusammen feiern und trinken.

Auch Sam war dieses Mal wesentlich handzahmer und hatte die Gelegenheit nach dem dritten Bier beim Schopf genommen, um etwas abseits länger mit Dave unter vier Augen zu sprechen.

Dave war erleichtert, dass ihre Begegnung diesmal friedlich ablief und freute sich, dass Sam spontan eine Runde Whiskey ausgab, als ihm endlich die Ringe auffielen. Seine Augen folgten Sam, der Jessie hinterherging, als dieser irgendwann, nachdem sich der Trubel wieder gelegt hatte, Richtung Toiletten verschwand. Erleichtert bemerkte er, dass Sam ihn stürmisch umarmte und ihn wohl noch einmal unter vier Augen beglückwünschte.

„Ich bin tierisch erleichtert, dass du mir nicht wieder eine Standpauke hältst!" Jessie grinste, als sie sich wieder voneinander lösten.

Sam schüttelte den Kopf. „Diesmal nicht … ich hab mich grad lange mit Dave unterhalten. Er ist wirklich in Ordnung! Es ist einfach unglaublich, dass es dir gelungen ist, an den ranzukommen."

„Seine Seele ist wesentlich geschundener als meine."

„Ich widersprech dir nicht ... cool, hm? Kommt ja auch nicht oft vor!"

Jessie lächelte schwach. „Danke für die Glückwünsche."

„Darf ich dein Trauzeuge sein?" fragte Sam und Jessie hörte seine Stimme leicht zittern, so als wäre er sich nicht sicher, wie er ihm antworten würde.

„Ja, das wäre wunderbar! Das würde mich von Herzen freuen!"

„Es ist mir eine Ehre, Babe!"

Sie umarmten sich noch einmal eng und kehrten kurz darauf zu den anderen zurück.

Dave sah Sam fragend an.

„Ich darf sein Trauzeuge sein!", sagte Sam sichtlich stolz, nahm sein Glas vom Tisch und prostete in die Runde.

„Das ist toll!" Dave stieß mit ihm an. „Und weißt du, was auch cool ist?", fragte er Jessie.

Der nickte. „Jep! Wir müssen uns vermutlich um die passende Musik auf unserer Feier keine Sorgen machen! Seid ihr dabei?", fragte er seine ehemaligen Bandkollegen und Jubel brach aus. Daraufhin gab Neill die nächste Runde aus.

Somit war es auch fast vier Uhr morgens, als Jessie und Dave endlich den Heimweg antraten.

Je näher sie Jessies Wohnungstür kamen, desto müder wurden sie.

Keine Minute nach Betreten der Wohnung hatten sie sich ihrer Kleidung entledigt und lagen im Bett. Jessie kuschelte sich glücklich über den gelungenen Abend in Daves Arme, die der besitzergreifend von hinten um ihn schlang.

Er hatte kaum die dünne Decke über sich und Jessie gezogen, als sie auch schon in einen tiefen, traumlosen Schlaf fielen.

Lediglich einmal wachte Dave auf und bemerkte, dass Jessie nicht mehr da war. Groggy hob er den Kopf, doch im selben Moment sah er ihn schon wieder zur Tür hereinkommen und über ihre am Boden verstreuten Klamotten steigen. Er sah ihn gierig aus einer Wasserflasche trinken, die der dann an ihn weiterreichte.

Er stemmte sich auf einen Ellenbogen hoch und nahm dankbar die Flasche. Kurz darauf war diese leer und Jessie kam zurück ins Bett.

„Riecht ziemlich alkoholisch hier drin", brummte Jessie und breitete die Arme aus, sodass sich diesmal Dave an ihn kuschelte.

Der knurrte nur etwas Unverständliches, vergrub das Gesicht an seinem Hals und war kurz darauf wieder eingeschlafen.

Jessie lächelte in sich hinein und schließlich nahm ihn Daves regelmäßiger Atem wieder mit in den Schlaf.

Somit kam der Mittag und ging wieder, ohne dass die beiden wach wurden und es wurde halb zwei, bis sie sich endlich aus dem Bett kämpften.

Diesmal steuerten beide vor dem Kaffee das Bad an und während Jessie seine Zahnbürste mit unter die Dusche nahm, putzte Dave am Waschbecken seine Zähne. Danach öffnete er die Duschkabine einen Spalt. „Kann ich reinkommen, oder soll ich lieber nach dir?"

Jessie winkte ihn herein, während er seinen Mund ausspülte. Er reichte Dave die Zahnbürste, der sie wieder in das Ladegerät stellte und sich dann in die enge Dusche schob. Jessie hatte sich umgedreht, und stand nun mit dem Rücken zu ihm, wobei er sich das heiße Wasser reglos über seinen übernächtigten Körper rinnen ließ.

Dave trat dicht hinter ihn und schmiegte sich an ihn, um auch etwas Wasser abzubekommen und so standen sie minutenlang reglos im warmen Regen. Dave spürte, wie langsam seine Lebensgeister zurückkamen und er begann damit, sich und Jessie mit dessen wundervollem Duschgel zu waschen.

Als ihm schließlich dieser für ihn immer noch unwiderstehliche Duft in die Nase stieg, erwachte langsam auch wieder sein Sex-Drive.

Jessie seufzte leise, als er unweigerlich bemerkte, dass Daves Körper reagierte. Wie eine Kettenreaktion, reagierte auch sein eigener und er wurde langsam hart.

Daves Einseifen wurde zu Liebkosungen und schließlich stützte sich Jessie seufzend mit den Unterarmen gegen die Duschwand. Er ließ seinen Kopf darauf sinken und kurz darauf spürte er Daves behutsame Penetration.

„Oh ja!", flüsterte Dave ihm ins Ohr, als er sich mit sanften Schüben tiefer arbeitete. „Ich hab dich vermisst!"

Den ganzen gestrigen Tag über hatten sie kaum zärtlichen Körperkontakt gehabt, und er genoss ihre Intimität in diesem sehr privaten Moment. Er hörte Jessie heiser keuchen, als er gekonnt seine Prostata traf. Der Schauer, der dabei durch Jessies Körper jagte, war unverkennbar.

Er brummte zufrieden und tat es gleich nochmal. Dabei strichen seine Hände zärtlich über Jessies Haut. Seine Hände fanden Jessies harten Schwanz, während er ihn weiterfickte.

Jessie schmiegte sich immer wieder in seine Bewegungen, doch wenn die Empfindungen zu stark wurden und er Anstalten machte sich zurückzuziehen, wurde Dave ein wenig direkter und presste ihn gegen die Wand. Die kalten Fliesen auf seiner nackten Haut waren hilfreich dabei, es noch ein wenig hinauszuzögern, bis sie schließlich beide fast gleichzeitig kamen.

Während sich ihr Puls wieder beruhigte, verharrten sie noch einmal lange im warmen Regen. Jessie genoss es, an Dave zu lehnen, der die Arme eng um ihn geschlungen hatte und das Wasser noch ein wenig wärmer drehte.

„Ich hätte nicht gedacht, dass das hier drin funktioniert!", murmelte Jessie.

„Siehste mal." Dave grinste und küsste ihn auf die Schulter. „Wir sind auch schon ein wenig ruhiger geworden, im Vergleich zum Anfang."

Jessie nickte und drehte sich um, wobei er darauf bedacht war, nicht überall anzuecken. Er schlang die Arme um Daves Hals und küsste Dave zärtlich. „Guten Morgen, Sexy!"

„Lass uns wieder ins Bett gehen, Süßer", brummte der.

Jessie legte den Kopf in den Nacken und seufzte. „Schön wär's, aber wir haben Kyle versprochen, dass wir ihn mit den Jungs besuchen."

„Verdammt, das hätte ich fast vergessen … Sorry."

Jessie öffnete die Augen. „Und vorher sollten wir was essen. Lass uns mal hier fertig werden."

Dave nickte, küsste ihn und ließ ihn los. Sie wuschen sich noch einmal und stiegen schließlich aus der Duschkabine. Als er auf die Uhr sah, war es viertel vor drei.

„Wann wollten wir bei Kyle sein?"

„Um vier … Vormittags wollte Moira bei ihm sein, und danach Jason. Somit kann er sich noch ein wenig ausruhen, bevor wir aufschlagen."

„Okay, lass uns was essen und dann los." Dave seufzt. „Gut, dass du gestern noch einkaufen warst, sonst wär hier sicher nichts mehr im Kühlschrank!"

Jessie grinste. „Und keine Sorge: Vorm O können wir uns sicher noch einmal aufs Ohr hau'n, hm?"

„Klingt gut!"

Um kurz nach vier fuhren sie mit zwei Autos durch das Tor der Privatklinik.

Ein Strahlen erschien auf Kyles Gesicht, als Jessie an seinem luxuriösen Einzelzimmer klopfte. Er schaltete den

Fernseher mit der Fernbedienung aus und winkte sie herein.

Dave hatte ein ganzes Tablett mit Starbucks-Kaffee dabei und eine volle Tüte Blaubeer-Muffins, die er nun verteilte. Somit konnte das erste Kennenlernen mit Jessies ehemaliger Band in lockerer, ungezwungener Runde stattfinden.

„Soll das heißen, ihr würdet euch vielleicht sogar überreden lassen, was zu singen?", fragte Kyle, nachdem er den ersten Muffin verdrückt hatte und deutete auf zwei Gitarren, die Sam und Evan mitgebracht hatten. „Die Show gestern war wirklich klasse! Danke noch mal für die nette Aufmunterung!"

„Klar singen wir, wenn du uns erst das hier aufessen lässt." Sam grinste und hob seinen zweiten Muffin hoch. „Vielleicht lässt sich Jessie ja sogar dazu überreden, mitzusingen", fügte er mit einem Augenzwinkern hinzu.

„Na, davon hab ich gestern ja schon 'ne Kostprobe bekommen!" Kyle sah Jessie bewundernd an. „Echt abgefahren!"

Jessie lächelte. „Danke."

Wenig später veranstalteten sie eine kleine Jam-Session und begleitet von zwei Gitarren und Andys improvisiertem Trommeln auf einer leeren Plastikflasche, gelang es ihnen, eine ganz hübsche kleine Privatshow für Kyle auf die Beine zu stellen.

Nach einer Stunde verständigten sich Jessie und Dave mit nur einem Blick, als sie merkten, wie sehr Kyle die kleine Vorführung ermüdete. Also verabschiedeten sie sich von ihm und verließen nach und nach das Zimmer.

„Jessie?", meldete sich Kyle noch einmal zu Wort und er drehte sich um. „Hast du noch 'ne Sekunde?" Jessie kam zu ihm zurück. „Kannst du mir noch mal Sam reinschicken?"

„Mach ich." Er ging eilig zur Tür, durch die die anderen schon verschwunden waren. „Wir sehen uns!", rief er Kyle noch zu und trat auf den Flur, um Sam zurückzurufen.

Kurz darauf erschien Sam noch einmal in Kyles Zimmer.

„Du wolltest mich noch mal sprechen?", fragte er erstaunt und kam zu seinem Bett.

Kyle lächelte. „Ja, dauert nicht lang. Setz dich noch mal, hm?"

Gespannt wartete Sam auf das, was Kyle auf dem Herzen hatte und sah ihn erwartungsvoll an.

„Ich wollte dir nur sagen, dass du dich voll und ganz auf Dave verlassen kannst. Er ist ein super Kerl und er ist wirklich schwer in Ordnung!", sagte Kyle schließlich mit ernstem Gesicht. „Er ist einer meiner engsten Freunde und ich würde die Hand für ihn ins Feuer legen!"

„Du weißt also, dass ich erstmal ziemlich an die Decke gegangen bin?", fragte Sam dagegen und lächelte dennoch.

„Könnte man so sagen, ja. Aber deine Bedenken sind vollkommen unbegründet!"

Sam sah ihm für einige Sekunden direkt in die Augen. „Ich weiß, wir haben uns gestern ziemlich lange ausgesprochen und ich habe meinen anfänglichen – zugegebenermaßen völlig voreiligen und falschen – Eindruck komplett über den Haufen geworfen."

Kyle blinzelte. „Echt?"

Sam nickte lächelnd. „Du hast recht, er ist wirklich in Ordnung. Und ich hab Jessie noch nie so erlebt wie jetzt mit Dave. Sie scheinen wirklich füreinander geschaffen zu sein. Ich glaube, wenn mir all das passiert wäre, was Dave passiert ist, als er ein Kind war ... ich ... weiß nicht, wo ich heute stehen würde. Aber sicher nicht da, wo er jetzt ist ..."

Kyle nickte. „Ich wollte dir nur noch mal meine ehrliche Meinung dazu sagen. Jessie war ziemlich geknickt, dass du die Verbindung am Anfang nicht wirklich gutgeheißen hast."

Sam schwieg eine Weile. „Damals stand mir aber eigentlich überhaupt kein Urteil zu. Was sagt schon der erste

Eindruck? Der lediglich davon beeinflusst wurde, was Jessie zuletzt durchmachen musste. Das war nicht wirklich fair von mir."

„Du bist weit weg von ihm und wolltest ihn wahrscheinlich einfach nur warnen", vermutete Kyle.

Sam nickte. „Ja, das kann schon sein. Ich werde es mir nie verzeihen, dass ich von seinem Martyrium nichts gemerkt habe und nicht eingreifen konnte."

„Das kann ich verstehen. Aber es ist vorbei und Jessie hat sich weiterentwickelt. Unterstütz ihn, er braucht dich!"

Sam schüttelte grinsend den Kopf. „Wie alt bist du?"

„Achtzehn. Warum?"

„Du redest echt nicht wie ein Teenie."

„Na hör mal!", protestierte Kyle.

„Ich mein das im positiven Sinne. Danke, Kyle. Du bist echt 'n cooler Typ! Und: Ich werde Jessies Trauzeuge sein", fügte er schmunzelnd hinzu.

Ein Strahlen breitete sich über Kyles Gesicht, war er sich doch nun sicher, dass Sam es wirklich so meinte, wie er es gesagt hatte. „Dann is' es ja gut!" Er streckte ihm seine gesunde linke Hand hin und Sam ergriff sie mit einem feierlichen Gesichtsausdruck.

Dann umarmten sie sich noch einmal freundschaftlich.

„Wir bleiben in Kontakt, okay?" Sam lächelte. „Meine E-Mail-Adresse hast du?"

Kyle nickte. „Und deine Telefonnummer! Dank Skype alles kein Thema!" Er grinste.

„Mach's gut und weiterhin so tolle Fortschritte!"

„Ich arbeite dran!"

Kaum war Sam verschwunden, fielen Kyle auch schon die Augen zu.

Den frühen Abend nutzten nicht nur Jessie und Dave dazu, sich noch ein paar Stunden Schlaf zu gönnen, bevor sie alle gemeinsam mit mehreren Taxis zum Club O fuhren.

Hier trafen sie auf einige aus Daves und Jasons Freundeskreis, die auch gestern im *Liam's* gewesen waren und somit konnte die Party richtig losgehen.

Jessie war hocherfreut endlich wieder tanzen zu können und erleichtert, dass sein Knie problemlos mitspielte. Dass das Wiedersehen mit Sam so positiv verlaufen war, beflügelte ihn, völlig aus sich herauszugehen und er verlor sich mit Dave auf der Tanzfläche.

Sam konnte die beiden nur kopfschüttelnd bewundern. Sie waren eine Einheit, egal wo sie auftraten und er war froh, sich um Jessie keine weiteren Sorgen mehr machen zu müssen, zumindest was die Verbindung mit Dave betraf.

In dieser Nacht tanzten und tranken sie bis in die frühen Morgenstunden. Neill und Evan hatten sich zwei partyfreudige Ladys angelacht und waren gegen drei Uhr verschwunden, was Sam mit Andy allein zurückließ. Doch auch sie flirteten was das Zeug hielt, bis zu einem Zeitpunkt gegen vier Uhr morgens, als Andy ihn plötzlich mit einem kreidebleichen Gesicht am Arm packte, eine Entschuldigung an seinen Gesprächspartner murmelte und ihn etwas beiseite zog.

„Was zum Teufel ist los, Andy?", zischte Sam wütend.

„Joey, ich bin gleich wieder da!", sagte er zu dem jungen Mann, dessen Augen etwas unsicher zwischen Andy und Sam hin und her flackerten. Doch etwas in Andys Augen beunruhigte Sam, denn der schien völlig geschockt.

„Sam ... ich ... oh mein Gott ...!" Andys Augen huschten über die tanzende Menge.

„*Was?*", fauchte Sam und schickte ein entschuldigendes Lächeln zu seinem Flirtpartner.

Andy schluckte. „Ich glaub, ich hab grad ... O'Connor gesehen!"

Sam gefror das Blut in den Adern. Sein Blick schoss zu Jessie und Dave, die an einer Säule standen und sich genau in diesem Moment küssten. „Bist du irre? Hier? Niemals!"

„Ich schwör, ich hab ihn grad gesehen!"

„Wo?"

„Oben auf der Empore!"

„Auf der Empore? Verdammt, Andy, mit dem ganzen Disco-Lichtern und Schwarzlicht hier drin, kannst du das unmöglich gesehen haben! Ich dachte, du warst auch am Flirten?!", versuchte es Sam erneut.

Andy atmete schwer. „Ja, aber ich hab grad zufällig hochgesehen! Ein Spot ist genau auf ihn gefallen. Lass uns wenigstens nachsehen!"

Sam sah ihn noch zwei Sekunden an, dann nickte er. Er wechselte ein paar Worte mit dem jungen Mann und versprach ihm, gleich zurück zu sein, dann kämpfte er sich hinter Andy zur Treppe nach oben durch.

Doch zehn Minuten später gaben sie schnaufend auf. Nichts. Kein Bruce O'Connor

„Wir sollten Jessie trotzdem warnen!", zischte Andy Sam zu, als sie wieder nach unten liefen."

„Ach ja? Und ihm einen perfekten Tag versauen? Auf gar keinen Fall!", gab Sam zurück. „Überleg doch mal! Wieso sollte er hier auftauchen? Wie soll das denn gehen? Es ist doch völlig absurd! Außerdem ist Dave bei ihm und weicht ihm nicht von der Seite!"

„Ich hoffe, du hast recht!", murmelte Andy und dann verschwand er wieder auf der Tanzfläche.

Niemand sah den schwarzgekleideten Fremden, der mit zusammengekniffenen Augen aus einer Nische heraustrat und erleichtert bemerkte, dass man ihn nicht entdeckt hatte. Ein böses Lächeln umspielte seine Lippen, als sein Blick Sam folgte, der wieder zu seinem Flirtpartner zurückkehrte, sichtlich erleichtert darüber, dass dieser noch nicht das Weite gesucht hatte.

Dann wanderten seine Augen wieder durch die Menge, bis zu dem Ort, an dem Jessie mit Dave gestanden hatte. Doch die beiden waren nicht mehr dort.

Aufmerksam scannte er die nähere Umgebung nach dem Pärchen. Es dauerte eine Weile, aber schließlich erblickte er sie nicht weit von ihrem vorherigen Standort. Sie hatten sich lediglich ein wenig weiter an die Wand zurück verzogen.

Die Küsse der beiden waren inzwischen purer Sex und ließen Bruce unweigerlich boshaft zu seinen ganz eigenen Erinnerungen mit Jessie zurückkehren.

Einem äußerst hilflosen und ihm auf Gedeih und Verderb ausgelieferten Jessie, mit dem er machen konnte, was er wollte.

Déjà-vu

Am nächsten Montag kam Dave um kurz nach drei Uhr nachmittags im Taekwondo Studio an, um Jessie von der Arbeit abzuholen. Er traf Pete hinter der Theke der Anmeldung an und setzte sich zu ihm auf einen Hochstuhl.

„Nanu, ist Jessie noch nicht fertig?", fragte er Pete etwas erstaunt, da Jessie sonst immer schon vorne stand, wenn er ihn abholen kam.

„Doch eigentlich schon, aber es kam grad noch in letzter Minute ein alter Freund von ihm vorbei, der ihm noch kurz Hallo sagen wollte. Er wollte ihn überraschen, daher hab ich ihm das Behandlungszimmer gezeigt, in dem Jessie zuletzt noch am Zusammenräumen war."

Dave runzelte die Stirn. „Ach wirklich?"

„Ja, aus Irland stell dir vor."

„Wann kam er?"

„Kurz vor dir."

„Weißt du, wie er heißt? War es Sam?" Vielleicht hatte Sam Jessie noch einmal sehen wollen, bevor er heimflog. Doch dann fiel ihm ein, dass die Jungs schon ganz früh am Morgen abgeflogen waren. Es konnte also nicht Sam sein, außer er hatte seinen Flug verpasst.

Pete schüttelte den Kopf. „Keine Ahnung. Seinen Vornamen hat er nicht genannt. Nur seinen Nachnamen. Wie war er gleich? Was echt Irisches." Er überlegte. „O'Connor ... glaub ich."

„*WAS?*" Dave sprang entsetzt vom Stuhl, der durch den Schwung umkippte und ihm war plötzlich eiskalt. „Pete, schnell, welches Behandlungszimmer?"

„Die Eins ... äh ... was zum ...?"

Doch Dave war schon unterwegs und rannte zum Behandlungszimmer mit der Nummer eins auf der Tür. Mit rasendem Herzen zwang er sich mit aller Macht vor der Tür, die man nicht absperren konnte, stehenzubleiben. Es war eine Schwingtür. Somit war es möglich, Gespräche mitzuhören.

Drinnen standen sich ein vollkommen verstörter Jessie und Bruce O'Connor gegenüber.

Jessie war nur fähig, an eine einzige Sache zu denken: nämlich darauf zu achten, dass sich die Behandlungsliege immer zwischen ihm und O'Connor befand. Wie zwei Raubtiere umkreisten sie sich ganz langsam, während O'Connor sprach.

Dave musste all seine Willensstärke aufbringen, damit er den richtigen Zeitpunkt für einen Angriff erwischte. Er wollte um alles auf der Welt vermeiden, dass O'Connor Jessie zu fassen bekam. Wenn er den weiten Weg auf sich genommen hatte, wer wusste schon, zu was dieser Mann noch fähig war?

Pete tauchte neben Dave auf und wollte etwas sagen, doch Dave warnte ihn mit nur einem vielsagenden Blick und schüttelte den Kopf.

„Du siehst verdammt gut aus!", hörte Dave O'Connor sagen. „Verdammt! Wow! Der Klimawechsel hat dir sichtlich gutgetan, was?" In seiner Stimme schwang zwar ein klein wenig Bewunderung mit, aber auch eine gehörige Portion Hohn.

„Verpiss dich!", zischte Jessie.

„Ich soll dir einen schönen Gruß von den Jungs ausrichten", sagte O'Connor, ohne darauf einzugehen und seine Stimme klang kalt und gemein, als er weitersprach. „Sie fragen mich ständig, wann es eine Wiederholung der geilen Session gibt. Vor allem die beiden Verheirateten sind richtig heiß drauf. Wir reden ziemlich oft darüber."

Dave konnte hören, dass sich O'Connor langsam der Tür näherte, während er mit Jessie sprach.

„... ich muss sie ständig heimlich mit Gay-Pornos versorgen. Aber du stehst immer noch ganz oben auf ihrer

Liste!" Ohne es zu sehen, konnte Dave sich denken, dass O'Connor in diesem Moment seinen Blick hungrig über Jessie gleiten ließ. Der nächste Kommentar bestätigte dies nur. „Mhmhmm … ich kann natürlich vollkommen nachvollziehen wieso!"

Er hörte Jessie angewidert keuchen.

„Ich bin immer noch geil auf dich! Wieso nur bist du weggelaufen? Komm zurück zu mir!"

„*Verdammt noch mal, verpiss dich!*", fauchte Jessie aggressiv. „Du hast es nicht geschafft, mein Leben ganz zu zerstören!"

„Na, dann muss ich wohl noch einen drauflegen, was? Du bist einfach ein zu leckeres Stück …!"

In diesem Moment rammte Dave die Tür mit aller Gewalt auf und O'Connors Satz verlor sich in einem Schrei. „AAAAAAARGN …!"

Dave hatte den richtigen Augenblick erwischt und O'Connor voll getroffen, der rücklings zu Boden ging. In Sekundenschnelle war Dave über ihm.

„Du verdammter, widerwärtiger Abschaum *wagst* es, hier aufzutauchen?", schrie er ihn an.

„Fuck, was zum …!" O'Connor fuhr hoch und machte Anstalten, ihm einen Schlag zu verpassen, doch Dave war schneller und versetzte ihm einen blitzschnellen Hieb zwischen Schulter und Hals, der seinen Arm kurzzeitig paralysierte. Während O'Connor aufheulte, riss Dave seinen Arm in den Polizeigriff.

Gehetzt sah er zu Jessie, der mit kreidebleichem, panischem Gesichtsausdruck und leerem Blick dastand, die Arme schützend um seinen Körper geschlungen und stoßartig atmete. Alles war blitzschnell gegangen.

Pete stand mitten im Zimmer und schien nicht recht zu wissen, was er tun sollte.

„Kümmer dich um Jessie!", zischte Dave und verstärkte den Griff an O'Connor.

„Wer zum Teufel ist das?", fragte Pete sichtlich verwirrt.

„Ein gottverdammter *Stalker!*", erwiderte Dave eisig.

„Was?"

„Kümmer dich um Jessie, verdammt! Wenn er so weiter hyperventiliert, wird es ihn gleich umhauen!"

Während Pete mit wenigen Schritten bei Jessie war, wandte sich Dave wieder O'Connor zu, der hartnäckig versuchte, sich aus seinem Griff zu entwinden.

Schließlich gelang es ihm tatsächlich sich irgendwie loszureißen, doch bevor er angreifen konnte, rammte ihm Dave das Knie hart in den Unterleib und er sackte heulend wieder zu Boden, wobei er sich erneut zusammenkrümmte.

Während Dave seinen Griff wieder verstärkte, wurde O'Connors Gesicht gegen den Boden gedrückt und er beugte sich dicht zu seinem Ohr hinunter.

„Wenn du verdammte Drecksau es noch einmal wagen solltest", zischte er. „Jessie zu kontaktieren, aufzusuchen, anzurufen, anzusehen oder auch nur *an ihn zu denken* …"

„AARGN …"

„… dann wird dir das für den Rest deines jämmerlichen Lebens entsetzlich leidtun!", fauchte Dave aggressiv. „Denn ich werde dafür sorgen, dass dir so viel Schmerzen bereitet werden, dass es für immer und ewig reicht! Dass du dir wünschst, du wärest lieber tot! Hast du mich verstanden, du elender Wichser?"

Doch O'Connor knurrte nur etwas Unverständliches.

„Es gibt viele Wege, dir das Leben zur Hölle zu machen! Du weißt ja inzwischen, wie leicht es ist, dem Gesetz zu entgehen! Glaubst du im Ernst, das gelingt nur dir? Hä?"

Wieder ein wütendes Stöhnen, als Dave seinen Arm noch weiter verdrehte.

„Dave … Jessie hyperventiliert weiter! Ich kann ihn nicht beruhigen!"

„Lass ihn hyperventilieren!"

„Aber …"

„Lass ihn! Pass auf, dass er sich nicht verletzt, wenn er zu Boden geht. Bring ihn dazu, sich vorher hinzuknien oder hinzusetzen!", zischte Dave.

O'Connor nutzte seine Chance sich loszureißen, als er Pete antwortete und trat nach ihm. Er verlor kurz das Gleichgewicht, fing sich aber schnell wieder und beantwortete O'Connors Angriffsversuch mit einem brutalen Faustschlag ins Gesicht, der ihn in eine Ecke fliegen und dort benommen zu Boden gehen ließ.

Dave war sofort bei ihm und obwohl O'Connor im Prinzip wehrlos war, rammte er ihm ein weiteres Mal das Knie in die Eier. Etwas was er noch nie zuvor jemandem angetan hatte, aber dieser Scheißkerl verdiente nichts anderes. Sein schmerzhaftes Heulen war Musik in seinen Ohren.

„Schon gut ... Schon gut ... Macht nichts!", hörte Dave Petes beruhigende Stimme. Er blickte kurz über seine Schulter und sah, dass Jessie auf dem Boden kniete und sich übergeben hatte. Pete war neben ihm.

Er sah auch, dass Jessie sich nicht mehr im Griff hatte und weiter hyperventilierte.

Gerade noch rechtzeitig bemerkte er, dass O'Connor versuchte, sich aus der Ecke hochzuarbeiten, um ihn erneut anzugreifen.

Blitzschnell schlug Dave noch zweimal zu. Ein Fausthieb traf ihn voll in den Magen und er knickte nach vorne ein. Der zweite Schlag traf sein Kinn und die Art und Weise wie O'Connor dieses Mal zurück in die Ecke flog, sagte Dave sofort, dass er ihn dieses Mal k.o. geschlagen hatte.

„Pass auf, dass er nicht am Erbrochenen erstickt, wenn er gleich umfällt!", rief Dave Pete zu und zückte sein Handy. Zähneknirschend wählte er eine Nummer. Dabei kniete er immer noch über O'Connor, um sofort reagieren zu können, wenn der wieder zu sich kommen sollte.

„David!", kam die fast erschrockene, gepresste Stimme von Desmond an sein Ohr.

„Ich brauch deine Hilfe! Und zwar sofort!", sagte Dave eisig.

„Ich höre!"

„Schick mir zwei deiner Sicherheitsleute aus dem *Crawl* ins Taekwondo-Studio! So schnell wie möglich!" Das *Crawl*, einer von Desmonds Sex-Clubs, war nur drei Häuserblocks entfernt und da Desmond nach seinem Fehltritt schwer in Daves Schuld stand, wusste er, dass dieser ohne zu fragen handeln würde.

„Ich ruf dich sofort zurück!"

Dave legte grußlos auf. Wenig später klingelte sein Handy. „Ja?"

„Sind gleich da!"

„Gut!" Dave legte wieder auf und sah Pete an. „Sieh zu, dass du sie so schnell wie möglich herbringst!"

Pete nickte, vergewisserte sich, dass er Jessie kurz allein lassen konnte, und stürzte nach draußen.

Kurz darauf ging die Tür auf und er kam mit zwei bulligen Männern zurück.

„Bist du David?", fragte einer der beiden und Dave nickte. „Das ist Sergeij … ich bin Vladimir."

Dave blickte von einem zum anderen. „Danke, dass ihr gleich gekommen seid!"

„Was ist das für einer? Ein Einbrecher?", fragte Sergeij und deutete mit seinem Kinn auf den in der Ecke liegenden O'Connor.

„Nein, viel schlimmer!" Dave stand auf.

O'Connor begann sich gerade zum ersten Mal wieder zu regen, während er nach wie vor zusammengekrümmt zu seinen Füßen lag.

„Er ist kein Einbrecher, sondern ein gottverdammter Stalker, Gewalttäter, Vergewaltiger!", knurrte Dave gepresst. „Er ist einer, der davongekommen ist!"

„Hat er ihm was angetan?", fragte Vladimir und sah zu Jessie, der immer noch keuchend am Boden kniete.

„Ja, vor über einem Jahr ... Das ist nur die Reaktion auf sein Erscheinen!"

„Wow ... Ein echtes Arschloch also?"

Dave nickte.

„Was sollen wir für dich tun?"

Dave sah von einem zum anderen. „Ich möchte, dass ihr dafür sorgt, dass dieses Dreckschwein wieder sicher die Stadt oder noch besser: das Land verlässt! Er kommt aus Irland. Bringt ihn zum Flughafen und setzt ihn in ein Flugzeug. Vergewissert euch, dass er wirklich drin ist, wenn es abhebt! Wenn das ein Problem wird: Desmond hat mehrere Privatflugzeuge. Dann macht es so. Mir scheißegal! Er schuldet mir mehr als einen Gefallen! Danach informiert die Einwanderungsbehörde, damit dieser Wichser nie wieder eine Einreisegenehmigung bekommt!"

Die beiden Russen nickten sofort. „Wir haben bereits Anweisungen von O'Hara, alles zu tun, was du uns aufträgst!", beruhigte ihn Vladimir und er nahm es mit äußerster Genugtuung zur Kenntnis.

Im Unterbewusstsein hörte Dave, dass das Keuchen aufgehört und Jessie offensichtlich das Bewusstsein verloren hatte. Ein hastiger Blick zeigte ihm, dass Pete sich um ihn kümmerte und ihn vorsichtshalber in die stabile Seitenlage brachte, falls er sich noch einmal übergeben musste.

„Lass ihn schlafen!", sagte Dave hastig und wandte sich wieder den beiden Männern zu, die sich einen vielsagenden Blick zugeworfen hatten.

„Wir übernehmen den Job, du kannst dich auf uns verlassen!", sagte Sergeij und trat näher an O'Connor. „Vergewaltiger sagst du?", fragte er, während er seinen sichtlich angewiderten Blick über den Mann am Boden gleiten ließ.

„Ja genau."

„Kein Problem!", bestätigte Vladimir. „Sollen wir ihm noch eine Lektion erteilen?"

„Damit will ich nichts zu tun haben, hört ihr! Setzt ihn in ein Flugzeug! Und informiert die Einwanderungsbehörde. Mehr verlange ich nicht! Habt ihr verstanden?"

„Denkst du, ein Vergewaltiger geht zur Polizei?", fragte Sergeij. Er sah seinen Partner an. Dann folgten einige schnelle Sätze auf Russisch, die keiner der Anwesenden verstand. Doch die beiden diskutierten nicht lange, einigten sich offensichtlich schnell und sahen dann wieder Dave an.

„Okay. Wir kümmern uns drum! Sag uns noch, was genau damals passiert ist?", bat Vladimir. „Wir wollen nur wissen, mit wem genau wir es zu tun haben."

„Gang-Rape unter Drogen, eine Nacht lang", sagte Dave knapp und biss die Zähne zusammen. „Er war der ... Organisator ..."

„Aha ... also einer von der ganz üblen Sorte, was?" Abscheu spiegelte sich in Sergeijs Gesicht.

„Ich hab bislang noch nie einem Mann in die Eier getreten!", knurrte Dave. „Er war der erste."

Vladimir grinste. „Gut. Wie kriegen wir ihn hier raus? Er wird nicht leise gehen, denke ich! Er ist dabei wieder zu sich zu kommen."

„Geht durch die Hintertür!", kam es von Pete, der immer noch neben dem ohnmächtigen Jessie kniete.

„Seid ihr mit dem Wagen da?", fragte Dave.

„Ja, wir haben eh hinten geparkt."

„Sehr gut."

Sergeij bückte sich, besah sich O'Connor kurz und verpasste ihm einen blitzschnellen Handkantenschlag. O'Connors Stöhnen verstummte und Sergeij richtete sich wieder auf.

„Ich glaube, er wird doch leise gehen!", sagte er lapidar und zusammen mit Vladimir hievte er ihn hoch.

„Geh raus und sieh zu, dass die Luft rein ist!", sagte Dave zu Pete und der lief nach draußen.

Kurz darauf kam er wieder und nickte. „Kommt! Ich begleite euch zur Tür."

Dave war am Handy, als Pete wieder ins Behandlungszimmer zurückkehrte.

Wenig später hatte er Sid am Telefon. Mit knappen Sätzen erklärte er die Lage und dass er wollte, dass Jessie in seine Klinik kam.

„Dave, hast du eine Möglichkeit ihn selber herzufahren?", fragte Sid. „Wenn ich dir den Krankenwagen schicke, dann dauert das fast vierzig Minuten, bis der bei euch ist!"

Dave seufzte. „Ich seh zu, was ich tun kann. Hast du ein Bett für ihn oder soll ich mit ihm nach Hause fahren?"

„Nein, komm her, wir werden ihn schon unterbringen. Es war schon richtig, dass du angerufen hast! Eine Nacht sollte er hierbleiben! Er wird einen traumatischen Schock haben! Wir sollten sicherstellen, dass er okay ist, bevor wir ihn mit dir nach Hause schicken! Du hast gesagt, seine Atmung ist okay, das ist das Wichtigste. Überwache lediglich seine Atmung auf dem Weg hierher."

„Okay … ich seh zu, dass ich ein Taxi bekomme!"

„Gut, bis dann. Ich bereite alles vor!"

Dave ließ das Handy sinken und kniete sich neben Jessie. Zutiefst besorgt strich er ihm durch die Haare. „Gottverdammte Scheiße!", murmelte er.

„Hat er das öfter, dass er hyperventiliert?", fragte Pete.

Dave musste zwangsläufig daran denken, in welchen Situationen Jessie das bislang immer passiert war, aber er hatte nicht vor, Pete das auf die Nase zu binden. „Ja, kommt schon mal vor, aber nicht bis zum Bewusstseinsverlust, wobei mir klar war, dass das irgendwann passieren könnte! Danke, dass du dich um ihn gekümmert hast!"

„Verdammt, ich konnte ihm doch nicht helfen!"

„Doch, du hast aufgepasst, dass er nicht unkontrolliert fällt! Danke!"

„Ich konnte doch nicht wissen, dass der Typ ..." Er brach sichtlich verstört ab.

„Nein, konntest du nicht!", beruhigte ihn Dave. „Ich werd mir jetzt ein Taxi rufen."

„Nein, ich fahr euch!", antwortete Pete sofort. „Ich bin fertig für heute und ich hab einen Van! Schließlich hab ich zwei Kinder und einen Hund!"

„Okay ... Wo parkst du?"

„Hinten." Pete nickte zur Hintertür. „Ich sag nur kurz zu Hause Bescheid. Ich bin gleich wieder da!"

Dave nickte.

Als er zurückkam, hatte Dave es geschafft, dass Jessie wieder zu sich kam. Vollkommen desorientiert ließ er sich von ihm und Pete zum Parkplatz führen, doch kurz vorm Einsteigen, würgte es ihn erneut heftig und er erbrach sich auf dem Asphalt.

Pete hatte noch einige Handtücher mitgebracht und einen Putzeimer, falls dies während der Fahrt erneut passieren sollte.

Gemeinsam schafften sie es, Jessie in den Van zu helfen und während Dave einen Sitz in die Waagerechte brachte und Jessie darauf bettete, knallte Pete die Schiebetür zu. Wenig später rollten sie vom Parkplatz.

„Brauch ich Navi?"

„Nein! Fahr einfach so, als würdest du zu mir nach Hause fahren. Ich sag dir dann, wie's weitergeht!"

Dave beugte sich wieder über Jessie, der erneut dabei war zu hyperventilieren. Wenig später verlor er wieder das Bewusstsein, doch Dave versuchte nicht, ihn wieder wach zu bekommen, da ihm klar war, dass dies nur zu erneuten Übelkeitsattacken führen würde. Wie Sid ihm aufgetragen hatte, überwachte er lediglich Jessies Atmung.

Sie brauchten eine Dreiviertelstunde, dann fuhren sie bei der Notaufnahme vor. Das Klinikpersonal war bereits vorgewarnt und kurz darauf wurde Jessie auf eine fahrbare Trage gehievt.

Pete und Dave setzten sich in den Warteraum und Dave vergrub das Gesicht in den Händen. Langsam verebbte das Adrenalin aus seinem Körper und bleierne Schwere machte sich breit. Er spürte wie seine Augen zu brennen anfingen, doch er wollte sich vor Pete keine Blöße geben.

„Ich bin gleich wieder da!", sagte er gepresst und verschwand in der nächsten Männertoilette.

Wenig später kam Sid zu ihnen.

Dave und Pete standen auf.

„Wie geht es ihm?", fragte Dave.

„Er schläft!", sagte Sid mit seiner beruhigenden Stimme. „Als er wieder wach und ansprechbar war, haben wir ihm ein Beruhigungsmittel gegeben und auch etwas, damit sich sein Magen beruhigt und er nicht aufwacht und das Gefühl hat, sich erneut übergeben zu müssen. Er wird frühestens in vier oder fünf Stunden aufwachen!"

„Kann ich hierbleiben?"

„Natürlich, Dave!"

Pete war sichtlich erleichtert, dass Jessie nun gut versorgt war und verabschiedete sich von ihm und Sid. Dave bedankte sich noch einmal für seine Hilfe, dann war er verschwunden.

Sid führte ihn durch die Gänge bis er vor der Intensivstation ankam.

„Intensiv?" Dave starrte Sid entgeistert an.

Offenbar bemerkte der sofort, dass er einige Schattierungen bleicher geworden war, obwohl er vermutlich sowieso schon ziemlich schlecht aussah.

„Hey, ganz ruhig! Entspann dich, Dave!", beschwichtigte ihn Sid. „Wir haben kein normales Bett frei, aber zwei

Betten auf der Intensivstation! Ich hab ihn ans Ende des Gangs gelegt, somit kann man die Verbindungstüren geschlossen halten und ihr habt etwas Privatsphäre!"

Dave fuhr sich entnervt durch die Haare.

„Sorry, ich hätte dich vorwarnen sollen!"

„Schon gut ... schon gut! Bin nur etwas durch den Wind ...", murmelte Dave. „Danke für alles, Sid!"

„Ich kann dich mit ihm allein lassen?"

Dave nickte.

„Ich seh noch mal nach euch, bevor ich gehe. Vermutlich so gegen sechs Uhr."

„Danke!", murmelte er und trat dann allein durch die Tür in Jessies Zimmer.

Langsam ging er zum Bett und war erleichtert, dass Jessies Gesicht im Schlaf entspannt war. Er zog sich einen Stuhl heran und setzte sich neben ihn. Seine Gedanken wanderten zurück zum Studio und den Geschehnissen. Alles war so schnell gegangen und erst jetzt wurde ihm das Ganze so langsam bewusst. Er hatte keine Ahnung, wie Jessie reagieren würde, wenn er aufwachte. Würde er mit dieser erneuten Konfrontation zurechtkommen oder würde er die Flucht ergreifen?

Dave ließ den Kopf hängen, denn er wusste nicht, ob ihre Liebe stark genug sein würde, diese Konfrontation mit der Vergangenheit zu überstehen.

Um kurz nach sechs Uhr schreckte er hoch, als die Tür aufging und Sid hereinkam. Eine Schwester begleitete ihn und Sid winkte Dave zu sich. Gemeinsam gingen sie vor die Tür, während die Schwester nach Jessie sah.

„Wie geht's dir?", fragte Sid und sah ihm mit einem besorgten Blick an.

„Scheiße", antwortete Dave ehrlich. Er wusste, Sid würde ihn sowieso durchschauen, also konnte er es auch zugeben.

Sid nickte. „Ich habe unserem Psychologen Bescheid gegeben. Er hat heute Abend Dienst. Sollte Jessie aufwachen und reden wollen …"

„Okay … Danke!"

„Hast du was gegessen?"

Dave schüttelte den Kopf. „Mir ist nicht danach …"

Bevor Sid noch etwas sagen konnte, hörten sie Schritte. Jemand kam im Laufschritt den Gang entlang und sie sahen auf.

„Jason!", stieß Dave erstaunt hervor und sah zu ihm auf, als er neben ihm zum Stehen kam. „Wie zum Teufel …?"

„Pete hat mich angerufen", beantwortete er seine unausgesprochene Frage. „Er hat was von 'nem Stalker gesagt? Redet er etwa von dem Arschloch …?" Er brach ab, als Dave nickte. „Verdammte Scheiße!" Jason setzte sich neben ihn.

Sid erklärte ihm, wieso Jessie auf Intensiv lag und Jason atmete zum ersten Mal auf.

„Wie geht's dir?", fragte Jason besorgt und legte Dave eine Hand auf den Rücken. Er sah wie dessen Kiefermuskeln spielten, während er den Kopf hängen ließ und schluckte.

„Ich lass euch beide mal, okay? Jason, der Psychologe weiß Bescheid."

Jason nickte.

„Und noch was: Kyle hat heute nicht einmal im Rollstuhl gesessen!"

„Wirklich? Wow! Ich geh gleich noch bei ihm vorbei."

„Ich denke aber, er wird sehr erschöpft sein! Passt auf euch auf!"

Sie verabschiedeten sich und kurz darauf war er mit Dave allein. Er zog ihn wortlos in seinen Arm und Dave vergrub sein Gesicht an seinem Hals.

„Bitte erzähl mir, was passiert ist, hm?"

Dave sah auf und räusperte sich. „Ich muss mir erst was zu trinken holen."

Jason lächelte und öffnete seine Umhängetasche, die er dabei hatte. Er holte zwei Flaschen Cola aus der Tasche und gab eine davon Dave.

Der öffnete sie und nahm ein paar große Schlucke, bevor er zu erzählen anfing.

„Ich hab keine Ahnung, wie er ihn gefunden hat", murmelte Dave am Ende der Geschichte und schüttelte den Kopf.

„Vielleicht hat er von Sams Tour gewusst und hat eins und eins zusammengezählt. Es wird sich ja vermutlich inzwischen rumgesprochen haben, dass er in die Staaten gegangen ist. Somit dürfte auch klar gewesen sein, dass Sam ihn vielleicht trifft. Er musste nur Sam folgen", mutmaßte Jason.

„Hm ... könnte natürlich sein." Dave nickte. Seine Ellenbogen waren auf seine Knie gestützt und er fuhr sich mit beiden Händen müde durchs Gesicht. „Ich wünschte nur, ich hätte es verhindern können ..."

„Ja ... ich weiß verdammt gut, wie du dich fühlst!", murmelte Jason und Dave sah auf. „Die Hilflosigkeit ist das Schlimmste daran!" Jason sah ihm lange in die Augen. „Du hast Angst, hm?"

Dave schluckte schwer und nickte dann. Er spürte wie seine Augen wieder zu brennen anfingen. Doch er schämte sich nicht vor Jason.

„Komm her!", sagte Jason und zog ihn in seinen Arm. „Ich hatte auch Angst, Dave. Erinnerst du dich? Angst, dass Kyle mich in die Wüste schickt. Dass er mich verlässt ..."

Dave konnte die Tränen nicht mehr zurückhalten und Jason drückte ihn beruhigend an sich."

„Aber manchmal überraschen uns auch unsere Gegenüber", murmelte Jason in sein Ohr. „Jessie ist so stark, so gefestigt … Ich kann mir nicht vorstellen, dass er so reagiert!"

Daves Stimme bebte, als er sagte: „Ich weiß nicht, was ich mache, wenn er geht!"

„Kyle hätte jedes Recht gehabt, sich von mir zurückzuziehen. Jedes! Auch wenn ich nichts, rein gar nichts dafür kann, dass sein Vater ausgerastet ist."

„Seit der Minute, als ich allein an seinem Bett gesessen habe, quält mich dieser Gedanke, er könnte aufstehen und gehen. Fliehen. Weglaufen. Wie er es schon einmal getan hat. Ich … Sollte das passieren, werde ich diesen Dreckskerl suchen und finden und ihn eigenhändig …" Er brach ab und ließ den Kopf wieder hängen.

„Und ich würde dir dabei helfen! Es ist jedenfalls hochinteressant, dass Desmonds Leute sich in dieser Sache mal als äußerst praktisch erwiesen haben. Und auch, dass viele von ihnen Kampfsportarten beherrschen!"

„Ich kann immer noch nicht fassen, dass ich diesen Scheißkerl nicht mit einem Schlag umgebracht habe … Dass ich in dieser Situation fähig war, mich zurückzuhalten." Dave löste sich von ihm und schüttelte erneut den Kopf.

„Du willst ein Leben mit Jessie. Ganz einfach!"

Dave nickte. „Ich hoff, er will immer noch eins mit mir!"

Dann klingelte ein Telefon und Dave und Jason sahen sich an.

„Ist das deins?"

„Nein … deins?"

Dave schüttelte den Kopf und kramte in seiner Jackentasche. Kurz darauf zog er Jessies Handy aus der Tasche, das ihm das Krankenpersonal neben seinen anderen persönlichen Sachen gegeben hatte.

„Oh Scheiße!", murmelte Dave, als er sah, dass es Sam war. „Was zum Teufel mach ich denn jetzt?"

„Hingehen und ihm die Wahrheit sagen! Ich geh inzwischen zu Kyle und komm dann wieder!"

Dave sah ihn unsicher an. „Meinst du wirklich?"

„Tu es!", ermunterte ihn Jason und stand auf.

„Hallo Sam, hier ist Dave", nahm er schließlich schweren Herzens das Gespräch an. Aus den Augenwinkeln sah er, wie Jason den Daumen reckte, bevor er den Gang entlang verschwand.

„Ah Dave! Hi, bin grad gelandet und wollte Jessie kurz Bescheid geben. Ehm … kann er grad nicht, oder ruf ich ungelegen an?"

„Sam … ich kann ihn dir im Moment nicht geben …"

„Dave … du hörst dich so komisch an … is' irgendwas was passiert?"

Dave schluckte. „Ja, Sam. Ich … bin hier im Krankenhaus. In dem gleichen, in dem Kyle liegt …"

„Was hat das mit Jessie zu tun?"

„Ich hab ihn grad hier eingeliefert."

„Hat er einen Unfall gehabt?", fragte Sam und der Schock war ihm deutlich anzuhören.

„Nein …" Dave fluchte leise. „Sam … Bruce O'Connor ist hier aufgetaucht!"

Erst war es mehrere Sekunden totenstill in der Leitung. „*Was?*", kam es dann heiser durch die Leitung. „*Um Gottes willen!*"

Stockend begann Dave, ihm die Geschehnisse der letzten Stunden zu schildern. Danach war es erneut eine Weile still. „Fuck, Andy hatte also doch recht!", murmelte Sam und klang dabei völlig fassungslos.

„Von was redest du?"

„Von unserer Partynacht im *O!*"

„*Von was redest du?*"

„Wir waren alle ganz schön gut drauf und als Andy gemeint hat, er hätte grad O'Connor gesehen, hab ich es einfach nicht ernst genommen!"

„Du meinst, er war zur gleichen Zeit mit uns im O?", fragte Dave perplex zurück.

„Verdammt ... wir sind sogar hoch auf die Empore, weil Andy gemeint hat, er hätte ihn gesehen. Aber wir haben ihn nicht gefunden. Und ich wollte Jessie garantiert nicht den Abend versauen. Es war ja auch total absurd, also hab ich es sofort wieder vergessen! Aber es muss so sein, oder?"

Dave schwieg kurz. „Vermutlich ... Zumindest würde das für einen Stalker sprechen, der er ja ohne Zweifel ist!"

„Vielleicht ist er mir und der Band gefolgt ... Für ihn muss es klar gewesen sein, dass ich Jessie früher oder später irgendwo treffen werde! Verdammte Scheiße!", fluchte Sam. „Oh mein Gott, hätte ich es doch ernst genommen!"

„Hör auf, dich fertig zu machen!", sagte Dave eindringlich. „Ich bin ja, Gott sei Dank, ausnahmsweise mal zur rechten Zeit am rechten Ort gewesen!"

„Wo ist dieses Schwein jetzt?", fragte Sam mit leiser, aber vor Wut zitternder Stimme.

„Ich hab keine Ahnung", antwortete Dave wahrheitsgemäß. „Aber egal wo er ist, es wird ihm vermutlich nicht gefallen ..."

„Wie meinst du das?"

„Ich hab dafür gesorgt, dass man sich darum kümmert, damit er das Land wieder verlässt. Aber ich wage zu bezweifeln, dass es für ihn angenehm sein wird. Die Leute, die dafür sorgen sollten, wissen was für ein Schwein er ist!"

„Ich hätte diesen Wichser umgebracht!", knurrte Sam. „Wenn er mir jemals über den Weg läuft, dann werde ich ihn umbringen!"

„Ich hätte das auch gerne gemacht, Sam!", sagte Dave leise. „Aber ich wünsch mir nichts so sehr, wie ein Leben mit Jessie!" Er stockte kurz. „Auch wenn ich nicht weiß, ob wir noch eine Zukunft haben ..."

„Was um Gottes willen redest du denn da?"

„Sam, ich hab keine Ahnung, ob er bleiben wird oder wieder die Flucht ergreift!"

„Niemals!", stieß Sam im Brustton der Überzeugung hervor. „Er liebt dich, wie er noch niemanden geliebt hat! Selbst bei mir ist es inzwischen angekommen, dass ihr zwei füreinander gemacht seid!"

„Das ehrt mich, dass du das sagst, aber ... das war bevor dieser Wichser wieder aufgetaucht ist!"

„Dave! Selbst wenn er wirklich die Flucht ergreifen würde, dann würde er nach ein paar Tagen reumütig zurückkehren! Aber was red ich! Es wird nicht passieren! Er wird nicht einfach abhauen! Darauf gebe ich dir Brief und Siegel!"

„Dein Wort in Gottes Ohr!"

„Bitte halt mich auf dem Laufenden!"

„Selbstverständlich!"

„Und pass auf dich auf!"

„Ich ruf dich an, wenn er wieder wach ist!"

„Ja, bitte, unbedingt!"

Dave ließ das Handy sinken und sah auf das Display, auf dem ihm eines der Fotos, das Jessie von ihm geschossen hatte entgegen leuchtete. Ein sehr erotisches Foto noch dazu. Er schloss die Augen und lehnte den Kopf an die Wand.

Wenige Minuten später hörte er Geräusche vom Ende des Gangs und er drehte den Kopf in diese Richtung.

Dort kam Jason auf ihn zu, doch er war nicht allein. Er schob Kyle im Rollstuhl vor sich her, dessen Gesicht besorgt und ernst war.

„Dave!", stieß Kyle hervor und dem wurde es ganz warm ums Herz.

„Hey, Süßer!", murmelte er und sie umarmten sich. „Sid meinte, du bist vollkommen erledigt."

„Ja, aber ich musste dich einfach sehen! Ich … hab's nur leider nicht gehend geschafft!", erwiderte Kyle sichtlich zerknirscht. „Du siehst echt … scheiße aus!"

„So fühl ich mich auch!" Er sah zu Jason hoch. „Hättest du Kyle das nicht ersparen können?"

„Du vergisst, von wem du sprichst. Kyle hat sofort gemerkt, dass was nicht stimmt!", verteidigte sich Jason.

Dave seufzte. „Das kannst du jetzt nicht auch noch brauchen!"

„Hey, das ist schon okay!", wehrte Kyle ab.

„Was hat Sam gesagt?", wollte Jason wissen.

„Er ist davon überzeugt, dass Jessie nicht die Flucht ergreift."

„Siehst du, das hab ich doch auch gesagt!"

Dave nickte und überlegte kurz, ob er ihm auch den Rest mitteilen sollte.

„Da ist noch was, oder?", fragte Kyle.

Dave sah zu ihm und dann wieder zu Jason. „Es kann gut sein, dass dieser Dreckskerl letzten Samstag im O war …" Er erzählte ihnen von dem Gespräch mit Sam.

Jason schwieg einige Sekunden. „Das würde die Theorie bestätigen, dass er Sam gefolgt ist, um Jessie zu finden."

„Sieht ganz danach aus", murmelte Dave.

Kyles Blick fiel auf den Rücken von Daves rechter Hand. Die Knöchel waren abgeschürft und ihm war sofort klar, von was das herrührte. „Ich hoffe, du hast ihn gut getroffen!"

„Er ist in eine Ecke geflogen", erwiderte Dave. „Fällt das unter *gut?*"

Kyle grinste. „Gut genug! Aber wieso hast du ihn nicht mit einem Karateschlag außer Gefecht gesetzt?"

Dave sah ihn lange an. „Weil er das nicht überlebt hätte! Und für dieses Arschloch bin ich nicht bereit in den Knast zu gehen!"

Kyle nickte sichtlich beeindruckt. „Find ich gut! Ich weiß aber nicht, ob ich das gekonnt hätte! Hut ab!"

„Danke!" Dave lächelte kurz und wurde dann wieder ernst. „Ich sollte reingehen. Sid meinte, er könnte demnächst aufwachen! Ich möchte da sein, wenn das passiert!"

„Sagst du uns Bescheid, wenn es was Neues gibt?", fragte Jason. „Ich werd noch ein bisschen bei Kyle bleiben!"

Dave nickte und umarmte Kyle noch einmal. „Danke, dass du vorbeigesehen hast! Du bist echt klasse!"

„Sag ihm alles Liebe von uns, sobald er wach ist, okay?" Kyle sah ihn mit großen Augen an.

„Mach ich." Er stand auf und umarmte auch Jason zum Abschied. Dann ging er mit äußerst gemischten Gefühlen durch die Tür zu Jessie.

Zurück im Zimmer blieb er kurz neben dem Bett stehen, doch Jessie schlief immer noch unverändert in derselben Position, also ging er zum Fenster, vergrub die Hände in den Hosentaschen und starrte hinaus.

Die Sonne war von dicken Gewitterwolken verdrängt worden. Es hatte angefangen zu regnen und die ersten Blitze zuckten über den Himmel. Dave fand, dass das Wetter genau seine Gefühle widerspiegelte und schon begannen die unterschiedlichsten Bilder durch seinen Kopf zu schießen.

Jessie bei ihrem ersten Date im *Liam's*

Jessie bei ihrem ersten Kuss vor seiner Haustür.

Jessie mit tiefer gerutschter Jeans.

Jessie, der bei ihrem ersten Date vollkommen überwältigt vorzeitig kam, bevor er ihm noch die Jeans ganz ausziehen konnte.

Jessies Hände auf seinem erregten Körper. Er konnte fast seine Berührungen spüren und der Kloß in seinem Hals wurde stärker.

Er sah Jessie vor sich, wie er im O tanzte, sich zur Musik bewegte. Dave hatte es versäumt ihm zu sagen, wie sehr ihn das angemacht hatte, da er so mit Beobachten beschäftigt gewesen war.

Jessie, der nackt und mit Sperma besudelt im Bett lag, nachdem ihn Dave zum Orgasmus gebracht hatte.

Jessie, der singend kochte.

Jessie, der ihn in extrem intimen Situationen fotografierte.

Jessie, der ihn mit seinem umwerfenden Lächeln anstrahlte, wenn er ihn von der Arbeit abholte.

Jessie, der an ihn geschmiegt schlief.

Jessie, der ihm gegenüber in der Badewanne saß und sich anzüglich berührte.

Jessie, der gefesselt in seinem Keller saß und über alle Maßen erregt war, als er als Master Dave mit ihm absolutes Neuland betrat.

Dave schloss die Augen und versuchte, die Gedanken zu verdrängen.

Was, wenn Jessie nie mehr eines dieser Dinge mit ihm machte?

Nie mehr mit ihm aufwachte?

Nie mehr Sex mit ihm hatte?

Aus seinem Leben komplett verschwand?

Dave spürte eine entsetzliche Leere in sich. Der Gedanke war absolut unerträglich. Seine Augen brannten wieder, doch bevor die Tränen erneut kamen, hörte er ein leises Geräusch hinter sich. Hastig drehte er sich um und kam zum Bett zurück.

Jessie bewegte sich im Schlaf und war offensichtlich kurz davor, aufzuwachen.

Daves Herz klopfte ihm bis zum Hals, als er sich aufs Bett setzte und Jessie liebevoll durch die Haare strich. Der

Stich, der bei dem Gedanken durch seinen Magen schoss, dass Jessie ihn vielleicht zurückweisen würde, sobald er den Wachzustand erreicht hatte, war so schmerzhaft, dass er Übelkeit verursachte. Als sich Jessies Lider bewegten, zog er seine Hand unsicher zurück.

Kurz darauf öffnete Jessie die Augen und ihre Blicke trafen sich.

„Hey", flüsterte Dave, doch mehr brachte er nicht hervor. Mit zitternden Fingern wagte er es, Jessie liebevoll über die Wange zu streichen.

Jessie schloss die Augen und wartete auf die Welle der Übelkeit, doch sie blieb aus. „Fuck!", murmelte er mit rauer Stimme und fuhr sich mit einer Hand übers Gesicht. „Wo bin ich?"

„Im Krankenhaus ... Bei Sid ..."

„Was ist passiert?", fragte Jessie verwirrt und kniff die Augen zusammen, um einen Fokus zu bekommen.

„Kannst du dich nicht mehr erinnern? O'Connor ist im Studio aufgetaucht ..."

Jessie zuckte zusammen und wollte hochfahren, doch er merkte, dass er dazu zu groggy war.

„Hey ... alles okay ...!", beruhigte ihn Dave. „Alles okay, er ist weg!"

Keuchend sank Jessie wieder zurück ins Kissen und schloss die Augen, da ihm schwindlig war.

„Alles okay!", murmelte Dave und drückte ihm einen Kuss ins Haar. „Du bist in Sicherheit!"

„Hat er ...? ... hat er ...?" Jessies Stimme schwankte bedrohlich.

„Nein ... er hat dich nicht angerührt!", flüsterte Dave. „Schsch ..."

Jessie schluckte schwer.

Dave sah, wie sich Jessies Atmung erneut beschleunigte, doch der Brechreiz schien auszubleiben. Dann musste er zusehen, wie sich Jessies Augen nach einer weiteren Minute

Schweigen, ganz langsam aber unaufhörlich mit Tränen füllten und seine Lippen zu zittern begannen. Dave spürte seinen Schmerz, als wäre es sein eigener und er fühlte sich absolut hilflos.

„Mir … müsste schlecht sein …", sagte Jessie mit leiser, verunsicherter Stimme. „… ist es aber nicht …"

„Sie haben dir was gespritzt, damit das nicht passiert …"

Jessie schloss die Augen. „Fuck …", murmelte er erneut und eine Träne lief ihm seitlich über die Wange. „Ich hasse ihn!", keuchte er, während die Tränen mehr wurden. „Ich hasse ihn so sehr!"

„Ich weiß. Es tut mir so unendlich leid!"

Mit einem leisen, klagenden Laut, drehte sich Jessie auf die Seite, weg von Dave, vergrub das Gesicht im Kissen und weinte sich leise in den Schlaf.

Daves Eingeweide brannten, da er es unweigerlich als Zurückweisung empfand. Dennoch strich er ihm, noch lange nachdem er bereits wieder eingeschlafen war, über den Rücken.

Vergangenheit und Zukunft

Daves Gedanken drehten sich ununterbrochen im Kreis, während er an Jessies Bett wachte und ihm beim Schlafen zusah. Und erneut dauerte es ein paar Stunden bis Jessie sich das nächste Mal rührte, doch diesmal war er weitaus weniger angeschlagen. Die Wirkung der Medikamente ließ langsam nach und er war sofort ansprechbar.

Dave kroch eine Gänsehaut über den Körper, als Jessie ihn zum ersten Mal ansah. Schmerz war in seinen Augen zu lesen und noch etwas, das Dave nicht zuordnen konnte.

Jessie rieb sich die Augen. „Meinst du, hier kann man irgendwo einen Kaffee auftreiben?", fragte er mit rauer Stimme.

„Ich seh mal, was ich tun kann", antwortete Dave, stand auf und ging vor die Tür. Als er nach ein paar Minuten unverrichteter Dinge wiederkam, hatte sich Jessie aus dem Bett gekämpft, angezogen und stand mit in den Hosentaschen vergrabenen Händen am Fenster.

Dave stutzte, fasste sich jedoch schnell wieder. „Sorry, kein Kaffee zu bekommen ... aber es ist schließlich vier Uhr morgens."

Jessie brummte etwas Unverständliches und ließ den Kopf hängen. „Dave ... ich muss hier raus!"

„Meinst du nicht, es wäre besser, wenn ..."

„Ich muss hier raus!", wiederholte Jessie, diesmal einen Tick eindringlicher. „Und zwar bald! Ich will nach Hause!"

Um deine Sachen zu packen?, fragte sich Dave und sein Herz pochte fast schmerzhaft. Auf der anderen Seite verstand er Jessies Wunsch nur zu gut. „Ich ... ich hielt es wirklich für das Beste, dich hierher zu Sid zu bringen", begann er vorsichtig.

„Ich weiß, Dave", murmelte Jessie und Dave versetzte es einen Stich, als Jessie ihn erneut beim Namen nannte und nicht ein Kosewort benutzte. „Aber hier kommt alles wieder … Wie damals in Irland im Krankenhaus." Er schwieg wieder und starrte immer noch hinaus.

Bevor Dave etwas sagen konnte, ging die Tür auf und eine Schwester kam herein. Doch auch sie kam nicht zu Jessie durch und im Endeffekt blieb ihr nichts anderes übrig, als Jessie die Papiere unterzeichnen zu lassen und ihn auf eigene Verantwortung zu entlassen.

„Ich … bin nicht mit dem Wagen da …", sagte Dave behutsam. „Der steht am Studio. Pete hat uns hergefahren."

„Gibt's vor der Tür Taxis?", fragte Jessie und mied immer noch seinen Blick.

„Nein."

„Es ist doch nicht weit bis zu uns nach Hause, oder?"

Daves Herz machte einen Hüpfer, als Jessie zu *uns* sagte und nicht zu *dir*. „Vielleicht 'ne knappe halbe Stunde zu Fuß."

„Auf was warten wir dann noch?!", sagte Jessie und ging voraus zur Tür.

Dave war vollkommen verunsichert und folgte ihm schweigend.

Kurz darauf waren sie nebeneinander auf dem Gehweg unterwegs. Jessie hatte seine Hände wieder tief in den Hosentaschen vergraben und sprach nicht. Bis sie zu Hause angekommen waren, war Dave ein nervöses Wrack.

Er spürte die Wut, die sich in Jessie seit dem Verlassen des Krankenhauses, aufgebaut hatte. Eine Wut, die er nicht zuordnen konnte. Die Tatsache, dass Jessie nicht wie sonst mit ihm sprach, traf Dave am meisten. Und somit hatten seine Gedanken unendlich viel Zeit, weiter Achterbahn zu fahren.

Im Unterbewusstsein bemerkte Jessie, dass mit Dave etwas nicht stimmte, da er Mühe hatte die Haustüre aufzusperren und erst beim dritten Versuch den richtigen

Schlüssel fand, doch er war zu sehr mit sich selbst beschäftigt, um darauf einzugehen.

Schweigend betraten sie das Haus.

Während Dave in die Küche ging und den Kaffeevollautomaten einschaltete, war Jessie bis zum Fenster gegangen und starrte hinaus in den Garten. Krampfhaft versuchte er, die aufsteigende Wut in sich zu zügeln. Er schloss die Augen, ließ das Kinn auf die Brust sinken, nur um nach einigen Sekunden den Kopf in den Nacken zu legen. So stand er minutenlang da. Dann stieß er einen wüsten gälischen Fluch aus und fuhr sich mit beiden Händen durchs Gesicht.

Dave bekam fast eine Gänsehaut, als Jessie sich endlich umdrehte und langsam zum Tisch kam. Mit einem leisen Ächzen setzte er sich auf einen Stuhl, stützte die Ellenbogen auf der Tischplatte ab und vergrub das Gesicht in den Händen.

Dave drückte den entsprechenden Knopf an der Kaffeemaschine und im nächsten Moment zerriss das Geräusch des Mahlwerks die Stille. Seine Hand zitterte, als er die Milch aus dem Kühlschrank nahm und die übliche Menge in Jessies Kaffee goss.

Wann würde er die Bombe platzen lassen? Suchte er nur noch nach den richtigen Worten?

Irgendwie gelang es Dave die Kaffeebecher, ohne etwas zu verschütten, bis zum Tisch zu tragen. Dort stellte er den einen Becher vor Jessie.

„Ich bin ... so enttäuscht!", stieß Jessie bitter hervor, senkte den Kopf weiter und somit glitten seine Hände automatisch von seinem Gesicht in seine Haare. Er starrte nunmehr direkt auf die Tischplatte. Er fluchte wieder und dann erneut auf Gälisch. „So ... verdammt ... enttäuscht!" Er spuckte die Worte regelrecht aus. Im nächsten Moment sprang er auf und lief ein paar Schritte ziellos umher.

Schließlich blieb er wieder stehen und starrte erneut in den dunklen Garten.

„Ich ... hab mir nicht anders zu helfen gewusst ... als dich ins Krankenhaus zu bringen", sagte Dave in resigniertem Ton.

„Pffff ...", machte Jessie verächtlich. „Kann ich mir vorstellen!"

„Du bist wirklich ... richtig ... sauer, was?"

„Ich bin stocksauer!", knurrte Jessie, riss sich von der Morgendämmerung los und kam zurück zum Tisch. Dass Dave ihn inzwischen mit einem fast panischen Blick anstarrte, nahm er überhaupt nicht wahr. „Ich könnte mich ohrfeigen, so sauer bin ich auf mich!", fauchte er und raufte sich fast buchstäblich die Haare.

„Was?"

Ohne Aufzusehen, sprach Jessie weiter. „Weißt du, wie viele Monate ich Zeit hatte, mir zu überlegen, was ich tun würde, wenn ich ... dieses..." Jessie suchte nach dem passenden Wort. „... dieses ... *Arschloch* ... jemals wiedertreffen sollte?!"

Dave schwieg.

„Ich wollte es ihm heimzahlen ... Ihm wehtun ... Körperlich ... Sehr wehtun ..." Jessie schnaubte wieder verächtlich. „Und was mach ich?" Er sah auf und in Daves fragend blickende, braune Augen. „Ich geh luftschnappend zu Boden, kotz mir die Seele aus dem Leib und ... und ... verlier dabei auch noch das Bewusstsein", knurrte er voller Abscheu. „Ich hasse mich dafür! Abgrundtief! Wozu zum Teufel hab ich überhaupt mit Yoga angefangen? Wozu? Kannst du mir das mal verraten? Damit ich mich bei einer tatsächlichen Konfrontation nicht mal soweit im Griff habe, ihm ordentlich eine reinzuschlagen?" Er schnaubte angewidert.

„Heißt das ... du ... bist nur auf dich sauer, oder ... oder auch auf mich?"

Jessie sah ihn verständnislos an. „Wieso sollte ich auf dich sauer sein?"

„Weil ich … dich ins Krankenhaus gebracht hab."

Jessie schüttelte den Kopf. „Was hättest du denn anderes tun können? Nein, ich bin stocksauer auf mich selbst! Nur auf mich selbst! Ich bin ein gottverdammtes *Weichei!*", schickte er wütend hinterher. „Ich hab ihm zig Male im Geiste in die Fresse geschlagen … Monatelang … täglich …" Er sah Dave wieder an. „Bis ich dich kennengelernt habe …"

Dave schluckte.

„Du hast mich gelehrt, dass es sich wieder lohnt zu leben! Ich hab nicht mehr an ihn gedacht. Überhaupt nicht mehr. Und seitdem ich dich kenne und wir gemeinsam auf diversen BDSM-Seiten im Netz unterwegs waren oder hier oben im Studio, weiß ich … dass das, was ich mir im Geiste für diesen *elenden Wichser* als Strafe ausgedacht hab, viel zu lasch war! Noch nicht mal in meiner Phantasie konnte ich ihm so wehtun, wie er es wirklich verdient hätte!" Sein Blick irrte durch Daves Gesicht, ohne ihn wirklich wahrzunehmen.

Dave bemerkte, wie sich Jessies Atmung wieder beschleunigte und fast krampfhaft wurde.

„Hey", sagte er beschwichtigend.

„Dave …"

Dave schoss ein eiskalter Schauer über den Körper. Jetzt kam wohl das Ende. „Hm?", machte er mühsam. Er wusste, er hatte seine Stimme nicht mehr unter Kontrolle. Er sah Jessies Kiefer mahlen, während er sich die Augen mit den Fingern rieb.

„… ich *kann* so nicht weitermachen!", murmelte Jessie und öffnete die Augen wieder. Dave sah ihn wieder auf die Tischplatte starren. Offenbar konnte ihm Jessie dabei nicht ansehen. „Ich kann es einfach nicht!"

Dave gefror das Blut in den Adern. Also doch …

„Du wirst mich vermutlich nicht verstehen können …"

Dave musste sich mit Gewalt dazu zwingen, nicht aufzuspringen, aus der Küche zu gehen und die Tür zuzuknallen. Er wollte es nicht hören.

„Ich weiß, dass ich verletzt war und noch nicht wirklich so weit bin …"

Er schloss die Augen.

„… aber ich muss jetzt einfach Nägel mit Köpfen machen!"

Daves Herz setzte für einige Schläge aus und er gab ein leises Keuchen von sich, das Jessie aufsehen ließ. Und erst in diesem Moment fiel ihm auf, wie kreidebleich Dave war. Er sah extrem mitgenommen aus, hatte tiefe Schatten unter den Augen und wirkte fahrig und fürchterlich niedergeschlagen zugleich.

„Dave?", fragte er beunruhigt. „Was hast du …?" Er sah, wie sich Dave mit einer Hand durchs Gesicht fuhr, so als versuchte er, sich zu beruhigen. „Hey!" Jessie legte seine Hand beruhigend auf seinen Arm.

Dave zuckte bei dieser Berührung regelrecht zusammen. Er hielt die Augen geschlossen und Jessie sah, wie er die Zähne zusammenbiss. „Warum verlässt uns das Glück nur so schnell wieder?", stieß er hervor. „Warum?"

„Von was um Gottes willen redest du?", fragte er verwirrt. „Ich versteh nur Bahnhof!"

„Als du vor einiger Zeit davon gesprochen hast, dass Gott nun vielleicht dabei ist, alles wieder gut zu machen, hab ich von ganzem Herzen gehofft, dass du recht hast!", murmelte er. „Ich … ich wünschte nur, er hätte sich nicht so schnell abgewendet!"

Diese Antwort fand Jessie nicht gerade hilfreich und er schwieg erst einmal.

Dave verstand sein Schweigen offenbar falsch und ließ den Kopf hängen. „Ich vermute, ich … würde dasselbe tun … an deiner Stelle …"

Das war für Jessie noch unverständlicher und er hob vorsichtig Daves Kopf an. Seine Augen irrten unsicher über Daves Gesicht.

„Verstehst du nicht, dass ich es wenigstens versuchen muss?", fragte Jessie. „Ich dachte, wenn einer das versteht, dann du!"

Dave fluchte.

„Honey?"

Dave hätte ihn fast angeschrien, dass er sich die Anrede sparen konnte, wenn er ihn eh verließ, doch er verbiss es sich mühsam. Verstört fuhr er sich mit der einen Hand übers Gesicht, während er die andere unter Jessies Hand wegzog. Seine Glieder fühlten sich an wie Blei. Mühsam setzte er sich aufrechter hin.

„Honey, wenn du es wirklich nicht willst, dann lass ich es! Ich, ähm, dachte, du würdest es verstehen …"

Jetzt stutzte Dave und er sah Jessie verwirrt an. „Von was zum Teufel sprichst du?"

„Davon, dass ich trotz meiner Knieverletzung lernen will zu kämpfen … lernen will, mich zu verteidigen!"

Als Dave der Mund offen stehenblieb, wusste Jessie sofort, dass sie anscheinend vollkommen aneinander vorbeigeredet hatten.

„Von was um alles in der Welt hast du gedacht, dass ich rede?", fragte Jessie eindringlich. „Ich dachte, du würdest das verstehen!"

„Oh mein Gott!", murmelte Dave, fuhr sich über seinen Bart und lehnte sich langsam an.

„Red endlich!"

„… davon, dass du … dass du …"

„Ja?"

„… mich … verlassen willst …"

Jetzt war es Jessie, dem der Mund offen stehen blieb. „Bitte *was?*"

600

Er sah, wie Dave beschwichtigend die Hände hob. „Süßer, ich war ... der Überzeugung, dass du ... Dass du ...“

„... dass ich *weglaufen* will?“

Dave biss sich auf die Lippe und nickte kaum merklich. Seine Augen füllten sich mit Tränen und er konnte nichts dagegen tun.

„Hm, das würde ich vielleicht auch. Nein ... ich muss das anders formulieren. Das würde ich *ganz sicher* ... Aber ich hab dich getroffen! Und ich liebe dich! Dieses *Arschloch* hat einmal mein Leben fast zerstört. Ich lasse nicht zu, dass er das noch einmal tut! *Niemals!*“

Dave wollte etwas antworten, doch er konnte nicht und ließ den Kopf hängen.

Jessie sah Tränen auf seinen Schoß tropfen und es tat ihm fast körperlich weh. Erst jetzt fiel ihm auf, wie fix und fertig Dave aussah. Wenn Dave das wirklich gedacht hatte, musste er die letzten Stunden durch die absolute Hölle gegangen sein. Erst jetzt kam ihm in den Sinn, dass Dave sein Schweigen vollkommen falsch ausgelegt haben konnte. Schließlich fiel ihm ein, dass Dave noch nie eine Beziehung gehabt hatte und er verstand auf einmal das ganze Ausmaß.

„Oh mein Gott, Honey“, murmelte Jessie mitfühlend. Hastig stand er auf und schlang die Arme um seine Schultern.

Dave versuchte krampfhaft ein Schluchzen zu unterdrücken, doch es gelang ihm nicht. Die extreme Einsamkeit der Nacht holte ihn ein und die damit verbundenen, unerträglichen Gefühle und Ängste. Als Jessie versuchte, sein Gesicht anzuheben, verweigerte er es ihm.

„Komm mit!“, bat Jessie und versuchte ihn hochzuziehen. Doch kaum stand Dave, gaben seine Knie nach und er landete hart auf denselben auf dem Fußboden, wo er hilflos das Gesicht in den Händen vergrub. „Oh mein Gott, Baby! Es tut mir so leid!“, flüsterte Jessie entsetzt und kniete breitbeinig vor ihm. Seine Augen begannen zu brennen, als er Daves Schmerz wie seinen eigenen spürte.

Er schlang die Arme um Dave und zog ihn an sich. Diesmal verweigerte Dave nicht mehr und seine Stirn landete auf Jessies Schulter. „Ich liebe dich!", murmelte er Dave eindringlich ins Ohr. „Ich geh nirgendwo hin! Ich lasse nicht zu, dass dieser *elende Wichser* ein zweites Mal mein Leben zerstört!"

„Glaub mir … ich … ich … wollte nicht zweifeln!" Dave war kaum zu verstehen.

„Es tut mir leid, dass mein Verhalten dich zu diesem Schluss gebracht hat!", widersprach ihm Jessie.

Dave schüttelte den Kopf. „Hast du nicht!"

„Wie meinst du das?"

„Du … hast geschlafen … im Krankenhaus … und ich … konnte an nichts anderes denken, als dass … du … gehen … könntest …"

Jessie strich ihm beruhigend durch die Haare und stand schließlich auf.

„Komm!" Er streckte ihm die Hände entgegen und zog ihn hoch. „Du siehst schrecklich aus!"

„Ich fühl mich auch so!"

Jessie schlang den Arm um seine Schultern und führte ihn aus der Küche zum Schlafzimmer. Irgendwie schaffte er es, Dave aufs Bett zu manövrieren und setzte sich zu ihm.

„Ich kann deine Wut so gut verstehen!", murmelte Dave.

„Ich weiß!"

„Ich hab jahrelang entweder Aggro- oder Panikattacken bekommen, wenn ich einen Priester gesehen habe und selbst heute kann es noch passieren, dass ich ein Restaurant verlasse, wenn ich einen sehe …"

Jessie nickte verständnisvoll.

Als sich Dave mit beiden Händen durchs Gesicht fuhr, fiel Jessies Blick auf die abgeschürften Knöchel an Daves rechter Hand und seine Finger schlossen sich ungläubig um sein Handgelenk.

Dave öffnete die Augen und folgte seinem Blick.

„Du hast ihn … *erwischt?*"

Ein kurzes Glimmen tauchte in Daves Augen auf, gefolgt von einem Nicken.

Jessie küsste die geschundenen Knöchel sanft. „Oh mein Gott, wirklich?"

„Ich hab ihm auch zweimal in die Eier getreten."

Jessies Augen wurden groß.

„… und das hab ich noch nie einem Mann angetan!"

„Du hast das getan, was ich nicht konnte!", sagte Jessie bewundernd. „Aber … er verdient wesentlich Schlimmeres!"

„Vielleicht bekommt er irgendwann seine gerechte Strafe!"

„Weißt du, wo er jetzt ist?"

Dave schüttelte den Kopf. „Nein, nicht genau, nein."

„Hast du ihm einfach nur gesagt, er soll sich verpissen?"

„Nein, zwei von Desmonds Securities haben ihn mitgenommen und ich hab ihnen aufgetragen, dafür zu sorgen, dass er das Land wieder verlässt und wenn es heißt, ihn bis Irland zu begleiten, dann soll es so sein!"

Jessies Augen wurden noch größer. „Du hast Desmond angerufen?"

„Ich glaube, er schuldet mir nach der Scheiße, die er gebaut hat, mehr als einen Gefallen!"

„Allerdings."

„Warum hast du ihm einen Fausthieb versetzt und nicht einen … Karateschlag oder so?"

Dave sah ihn lange an. „Weil er das nicht überlebt hätte!"

Jessie schluckte schwer.

„Ich … will ein Leben mit dir!" Dave sah, dass sich nun Jessies Augen mit Tränen füllten.

„Das will ich auch!", sagte er mit zitternden Lippen und dann umarmten sie sich innig. Schließlich fanden sich ihre Lippen zu einem sanften Kuss. Dave stöhnte leise. Ihm war schwindlig, obwohl er saß.

„Warum versuchst du nicht, ein wenig zu schlafen, Honey?"

Dave schüttelte den Kopf. „Nein ... Ich will dich immerzu nur ansehen!"

Jessie lächelte. „Das kannst du ausgeschlafen auch!"

„Ich hab dich gerade wiederbekommen, nachdem ich dich verloren habe!"

Jetzt schüttelte Jessie den Kopf. „Du hast mich nie verloren!", berichtigte er ihn.

„Ich bin so ein Idiot!", entschuldigte sich Dave nach einigen Augenblicken tonlos.

„Nein, bist du nicht!", widersprach Jessie. „Du bist der einzige Mensch, der mich wirklich versteht! Der meinen Schmerz fühlt und sich nicht darüber lustig macht! Du bist kein Idiot!" Mit diesen Worten strich er ihm zärtlich über die Wange. „Du bist mein Held, Honey!"

Dave sah zu ihm auf. „Ich liebe dich über alles, Süßer!"

„Heißt das, ich darf ... einen Selbstverteidigungskurs machen?", fragte Jessie leise und zauberte Dave mit dieser unschuldigen Frage ein schwaches Lächeln aufs Gesicht. „Ich muss diese Scheu überwinden, zuzuschlagen ... Ich will aktiv was tun, nicht passiv hyperventilieren!"

„Selbstverständlich darfst du!", murmelte er. „Ich würde mich auch als Ausbilder zur Verfügung stellen!"

Jessie lächelte zufrieden und beugte sich zu ihm hinunter. „Ich nehm dich beim Wort!" Er küsste Dave auf die Stirn. „Möchtest du einen frischen heißen Kaffee? Ich geh davon aus, dass der andere inzwischen eiskalt ist."

Dave nickte und er ging aus dem Zimmer. Als er kurz darauf mit zwei vollen Bechern wiederkam, hatte sich Dave erschöpft in die Kissen zurückgelegt. Also stellte er die

Becher auf dem Nachttisch ab, strich Dave liebevoll durch die Haare und zog ihm dann die Schuhe aus. Als er schon das Zimmer verlassen wollte, schlug Dave die Augen wieder auf. Jessie wollte ihm eigentlich sagen, dass er schlafen sollte, doch dann sah er, dass Daves Augen erneut feucht schimmerten.

„Hey, Honey!", murmelte er bestürzt.

„Sorry, ich … ich kann nix dagegen tun", flüsterte Dave und berührte seinen Arm, so als könnte er nicht glauben, dass er wirklich da war.

Jessie hatte einen dicken Kloß im Hals, als er sich zu ihm legte und ihn wortlos in die Arme nahm. Daves Körper fühlte sich hart und völlig verkrampft an und Jessie konnte in jeder Faser Daves Angst und Schmerz spüren.

„Bitte verzeih mir!", flüsterte Jessie bedrückt in Daves Ohr. „Ich flehe dich an! Ich wollte alles, aber sicher nicht dich so verunsichern und dir wehtun!"

„Ich würde dir alles verzeihen, Baby! Alles! Wie konnte ich nur an dir zweifeln?!"

„Ich werde alles tun, damit du nie wieder einen Grund hast zu zweifeln!", murmelte Jessie.

Als Jessies Lippen auf seine trafen, seufzte er lautlos. Der folgende Kuss war zärtlich und innig, und es war das Köstlichste, was Dave je geschmeckt hatte.

„Oh Gott, ich liebe dich!", flüsterte Dave.

„Und ich dich erst!", murmelte Jessie. „Komm her!"

Als Jessie die Arme um ihn schlang, schmiegte er sein Gesicht an Jessies. Dave spürte seine starken Arme um sich und schloss die Augen.

Auch der zweite Kaffee wurde kalt, da sie beide nach wenigen Augenblicken einschliefen. Dazwischen wachten sie immer mal wieder auf, sahen sich minutenlang in die Augen und genossen die Nähe des anderen.

Dann dösten sie wieder weg. Mal nur einer, mal beide zusammen und wenn einer von ihnen mal länger wach war, ließ er den anderen nicht allein. Sie waren einfach für einander da und das war alles, was zählte. Irgendwann fielen beide in einen traumlosen Schlaf, der so tief war, dass sie nicht mitbekamen, dass dreimal das Telefon klingelte.

Ihre Handys befanden sich in ihren Jacken in der Küche, und auch deren Klingeln hörten sie natürlich nicht.

Stunden später, es war fast Mittag, klingelte es plötzlich Sturm und riss sie beide aus dem Schlaf.

„Was zum Teufel?", knurrte Dave verschlafen.

„Ich geh schon, Honey."

Doch Dave war plötzlich hellwach und hielt ihn am Arm fest. „Nein! Bleib hier, ich mach das!", sagte er argwöhnisch.

Jessie runzelte die Stirn.

„Sicher ist sicher!", sagte Dave und ging zur Schlafzimmertür hinaus.

Es klingelte wieder. Diesmal noch stürmischer.

„JA, verdammt!", fluchte er und ohne durch den Spion zu sehen, riss er die Tür auf. „Was zum Teufel soll das … *Jason!*" Er starrte Jason verwirrt an, der bereits direkt vor der Tür stand und einen Schlüssel in der Hand hielt. Seinen Ersatzschlüssel.

„Wurde verdammt noch mal Zeit!", knurrte Jason zurück und schob sich an ihm vorbei. „Wo ist Jessie?"

„Ich bin hier, Jason!", kam es vom Gang.

„Oh, Mann!" Jason verdrehte die Augen. „Könnt ihr mir mal sagen, was hier los ist? Sid sagt, Jessie hat sich selbst entlassen, irgendwann weit vor sechs Uhr früh… Ich war ungefähr so kurz davor …" Sein Daumen und sein Zeigefinger befanden sich ungefähr einen halben Zentimeter auseinander. „… deinen Schlüssel zu benutzen!" Er atmete hörbar aus. „Scheiße, ich bin froh, dass es euch anscheinend gut geht?"

„Wie zum Teufel kommst du darauf, dass was nicht stimmen könnte?", fragte Dave und fuhr sich genervt durch die Haare, während er hinter Jason den langen Gang herging.

„Sam hat sich tierische Sorgen gemacht!"

„Sam?", kam es zweistimmig von Dave und Jessie. Sie wechselten einen verwirrten Blick.

„Fragt nicht … er hat Kyle angerufen, weil er Dave nicht erreicht hat …" Dave zog sein Handy aus der Jacke und sah, dass er sage und schreibe zwanzig entgangene Anrufe hatte. Keinen einzigen hatte er gehört. „… und Kyle hat mich angerufen, weil er euch auch nicht erreicht hat."

Dave sah zu, wie Jason vor Jessie stehengeblieben und ihn mit einem besorgten Blick ansah. „Wie geht's dir nach der Scheiße wirklich?", erkundigte er sich.

„Ich bin okay, danke, Jason … Dave ging's glaub ich wesentlich schlechter, da er stundenlang an nichts anderes denken konnte, als dass ich Fersengeld gebe … Der Arme …"

„Ich weiß", murmelte Jason. „Deshalb hab ich mir ja langsam echt Sorgen gemacht! Ich weiß genau, wie er sich gefühlt hat, glaub mir, immerhin lag Kyle fast drei Wochen im künstlichen Koma …"

Jessie nahm Jason an den Schultern und sah ihm fest in die Augen. „Ich werde Dave nicht enttäuschen, Jason! Ich liebe ihn! Es wird einem Drecks-O'Connor nicht gelingen, mich noch einmal davonzujagen!"

Jason nickte. „Gut!"

Dann klingelte ein Handy. Es war Jasons. Er ging ran. „Sam! Ja, hi, ich bin drin … alles okay … ja … warte … ich geb ihn dir …" Er gab sein Handy an Jessie weiter, der das Gespräch annahm und im Wohnzimmer verschwand.

Sein Blick traf sich mit Daves. Dessen Klamotten waren nach der Nacht im Krankenhaus völlig zerknittert. Die

Tatsache, dass er immer noch dieselben trug, sagte Jason viel. „Ihr habt geschlafen?"

Dave nickte. „Ich bin total zusammengebrochen ... und das völlig unbegründet", murmelte er sichtlich zerknirscht.

„Das konntest du nicht wissen."

„Wir haben völlig aneinander vorbeigeredet ... wenn's nicht so traurig gewesen wäre, wäre das fast für einen Slapstick gut gewesen." Dave seufzte und erzählte ihm die Geschichte, während er sich nun endlich den lang überfälligen Kaffee machte.

„Möchtest du auch einen?"

Jason nickte und setzte sich an den Esstisch.

„Danke, dass du nach mir gesehen hast!", sagte Dave. „Ich weiß das wirklich zu schätzen."

„Gerne, du hättest nichts anderes für mich getan."

„Stimmt."

Jessie kam wieder und gab Jason sein Handy zurück, mit dem er sogleich Kyle anrief und ihn darüber informierte, dass alles okay war.

Schließlich saßen sie alle drei bei einer heißen Tasse Kaffee, die dieses Mal auch getrunken wurde.

Jason sah Jessie an. „Ich hab mit Daniel gesprochen. Er rät dir dringend, Anzeige zu erstatten."

„Das hat doch damals schon nichts gebracht", brummte Jessie und winkte ab.

„Das ist egal. Er stalkt dich wieder, also zeigst du ihn an. Mach es ihm nicht auch noch leicht. Nutz die präventiven Mittel, die es inzwischen gibt. Einstweilige Verfügungen und so weiter." Jason sah zu Dave. „Was meinst du dazu?"

Dave nickte. „Gute Idee! Wir sollten aufs Revier fahren!"

„Meinst du, das bringt was?", frage Jessie sichtlich zögerlich.

„Es ist dein gutes Recht!", bestärkte ihn Jason. „Lass dir das nicht gefallen, auch wenn er normalerweise in Irland lebt. Selbst wenn er nicht mehr persönlich auftaucht, könnte er mit Telefonterror anfangen … jetzt wo er weiß, wo du zu finden bist …"

Jessie schluckte.

„Zeig ihn jetzt an!", fügte er hinzu.

Dave nickte wieder. „Jason hat recht, Süßer. Wir sollten uns nicht nur auf Desmonds Leute verlassen, ihn außer Landes zu befördern. Selbst wenn wir erreichen können, dass er nicht mehr einreisen darf, könnte er dich aus der Ferne belästigen. Daran hab ich noch gar nicht gedacht …"

„Okay, wenn ihr meint …"

„Hast du noch irgendwelche Unterlagen von damals, zum Beispiel etwas mit dem Aktenzeichen, unter dem die Sache in Irland geführt wurde?"

Jessie nickte.

„Dann nimm es mit. Es ist wirklich wichtig. Egal, wie die damals entschieden haben!", beschwor ihn Dave.

„Okay, mach ich!" Jessie seufzte. „Ich will alles tun, was ich kann. Ihr habt recht. Ich wünschte, ich hätte ihm selbst in die Eier getreten!"

Jason sah zu Dave. „Hast du schon was gehört, ob er schon außer Landes geschafft wurde?"

Dave schnaubte. „Nein. Is' mir auch egal. Ich will nicht hören, ob es schon passiert ist. Ich will nur, dass sie es tun. Wie ist mir scheißegal! Außerdem glaub ich nicht, dass er mir Bescheid sagen wird. Auch das ist mir egal!"

Jessies Hand legte sich auf Daves und Jason sah sofort, wie diese kleine Geste augenblicklich half, ihn wieder zu beruhigen. Er war heilfroh, dass die Sache so glimpflich ausgegangen war, in jeder Hinsicht.

Nach einer weiteren halben Stunde verabschiedete er sich und verschwand wieder.

Dave und Jessie duschten, zogen sich an und fuhren dann gemeinsam zur nächsten Polizeidienststelle, wo Jessie Anzeige erstattete.

Die Beamten bestärkten ihn, dass es der richtige Schritt war, egal wie der Prozess damals ausgegangen war und danach fühlte sich Jessie gut genug, um mit Dave einen Happen Essen zu gehen.

Gegen fünf bogen sie in die Einfahrt zum Haus, doch während sich das Eingangstor öffnete, stupste er Dave an.

„Sieh mal, da sind Peter und Lou, pünktlich wie die Maurer!", sagte er schmunzelnd, während er den Gehweg entlang blickte.

Da bemerkte er, wie die beiden, die gerade wie jeden Abend um diese Zeit mit ihren beiden schwarzen Möpsen an der Leine spazieren waren, umdrehen und auf sie zukamen. Sie wohnten nur einige Querstraßen weiter und kamen regelmäßig auf ihren Spaziergängen hier vorbei.

Lou beeilte sich zum Wagen zu laufen, wobei der Hund, den er an der Leine hatte, im Schweinsgalopp neben ihm herlief und dessen Zunge bereits weit aus dem Maul hing.

„Hach", schnaufte Lou, als er bei ihnen ankam und sich zur Fahrerseite herunterbeugte. „Gut, dass wir euch treffen, ihr zwei Hübschen! Ich hab grad geklingelt, aber keine Antwort. Na, jetz is' klar wieso, was?" Er grinste. „Wir waren eben mit Fufu und Tönnchen unterwegs, als ein schwarzer Wagen gehalten hat. So 'n Typ ist ausgestiegen, hat sich kurz umgesehen und dann hat er was in deinen Briefkasten gesteckt, Davie-Schatz! Also der Postbote war das nicht, kann ich euch sagen!"

„Aha …" Dave zog die Handbremse an und stieg aus. Dann öffnete er den Briefkasten und nahm einen Umschlag heraus. Es war die einzige Post im Briefkasten, da er ihn bereits vorhin, als sie sich auf den Weg zur Polizeistation gemacht hatten, überprüft und geleert hatte. Er blickte auf den Umschlag, auf dem nichts stand. Gar nichts. „Danke, Lou."

„Macht es gu-ut … wir müssen weiter", trällerte Lou. „Tschööö, ihr zwei Hasen!"

„Tschau!", rief Peter und winkte.

Dave stieg wieder ein und rollte kurz darauf durchs Tor.

„Die zwei sind echt der Hammer!" Jessie grinste. „Fufu und Tönnchen?"

„Frag besser nicht weiter!" Dave parkte den Wagen und drehte verwirrt den Umschlag in den Händen.

„Irgend 'ne Ahnung?"

Dave schüttelte den Kopf. „Nein, aber wir werden's gleich rausfinden, hm? Lass uns reingehen." Bevor sie ins Haus gingen, hielt er Jessie noch kurz am Arm fest. „Glaubst du *jetzt*, dass es das Richtige war? Du siehst um Welten erleichterter aus!"

Jessie nickte. „Es war das Richtige!"

„Gut." Dave lächelte und sperrte auf.

Er setzte sich auf einen der Hochstühle und nach einem letzten Blick in Jessies Gesicht, riss er den zugeklebten Umschlag auf.

Es befand sich ein weißes Blatt Papier darin und dieses war mit einigen Zeilen bedruckt. Dort stand:

> *Der Abflug unseres gemeinsamen Freundes verzögert sich noch etwas, da alle verfügbaren Transportmittel derzeit anderwärtig im Einsatz sind. Es wurden allerdings Vorkehrungen getroffen, ihn solange bei meinem geschätzten Freund und Helfer Igor unterzubringen. Der Aufenthalt dort, sollte ihm die Augen öffnen und ihn in seinem Wunsch bestärken, sich nach einer Heimkehr auf die Insel zu sehnen.*

Keine Unterschrift. Kein Datum. Kein Absender. Und Dave war sich sicher: keine Fingerabdrücke. Er las die Zeilen noch einmal, dann lehnte er sich ungläubig zurück. „Wow!", murmelte er und gab das Blatt weiter.

Jessie las die Zeilen dreimal, verstand, worum es ging, aber dann doch nicht ganz. „Die Nachricht ist von Desmond?", fragte er vorsichtig.

Dave nickte. „Ich bin mir ziemlich sicher. Das ist echt der Hammer …"

„Wer ist Igor?"

„Jemand, den du nicht persönlich kennenlernen möchtest." Als er Dave nur weiterhin unverwandt ansah und wartete, fuhr der fort: „Er ist ein Dom. Ein sadistischer Dom."

„Du verarschst mich grade, ja?", murmelte Jessie.

„Nein, Süßer." Dave schwieg, sah auf das Blatt und dann wieder in seine Augen. „Ich kenn ihn nicht persönlich. Aber er ist einer, der sich gerne mal auf seine Art und Weise um diejenigen kümmert, die Scheiße gebaut haben." Er machte eine Pause. „Die beiden Russen haben mich gefragt, ob sie O'Connor vor seinem Abflug eine Lektion erteilen sollen und ich hab das sofort entschieden abgelehnt. Ich hab keinen Bock, für diesen Scheißkerl in den Knast zu gehen. Oh … wie gern ich ihn vermöbelt hätte!", knurrte er. „Aber ich hab keine Ahnung, wohin sie mit ihm verschwunden sind."

„Oh mein Gott … das ist besser als ein Lottogewinn!"

„Und wenn dieses Arschloch wirklich bei Master Igor gelandet ist, dann dürfte er irgendwo an einem unbekannten Ort, vielleicht sogar in einem dunklen, kalten Verließ, mit viel Zeit darüber nachzudenken, was passiert ist …" Dave sah wieder auf das Blatt Papier. „Desmond hat versucht, uns diese Mitteilung so anonym wie möglich zukommen zu lassen. Er weiß, dass er mir mehr als nur einen Gefallen schuldet! So kann er gerne anfangen, es wieder gut zu machen!"

„Heute ist mein Geburtstag, Ostern und Weihnachten zusammen, ja?", flüsterte Jessie mit ehrfürchtiger Stimme.

Dave strich über seine Wange und küsste ihn. „Vermutlich lassen sie ihn nur in Einzelhaft, bis einer von Desmonds Fliegern frei wird. Aber gefangen gehalten zu werden und nicht zu wissen, was als Nächstes passieren wird, ist vermutlich auch die reinste Folter!"

Jessie stand auf, holte ein Feuerzeug und zündete das Blatt Papier an. Es verkohlte in Sekunden im Edelstahl-Spülbecken. Dann ließ er minutenlang das Wasser nachlaufen, während sich die beiden küssten.

„Bitte erzähl mir mehr!", bat Jessie.

Dave schlang seinen Arm um ihn und ging mit ihm ins Schlafzimmer. Kurz darauf lagen sie engumschlungen, Beine verknotet, im Bett und sahen sich unentwegt in die Augen.

„Ich weiß nicht mehr über ihn. Es sind alles nur Gerüchte. Ich hab nur gehört, dass Igor gern mit der Fantasie seiner Opfer spielt. Dabei reicht es oft schon, Tonaufnahmen ablaufen zu lassen, auf denen es sich anhört, als ob jemand gefoltert, ausgepeitscht, geschlagen wird. Du kannst dir vorstellen, was das vielleicht in O'Connor auslöst. Nicht zu wissen, ob er der Nächste ist, kann die reinste Folter sein."

„Hm, ich würde mir fast wünschen, er würde ihn foltern!" Er seufzte. „Auch, wenn man Gleiches nicht mit Gleichem vergelten sollte. Er hätte es definitiv verdient."

„Igor wird nicht so dumm sein, das wirklich durchzuziehen."

„Vielleicht besser so", brummte Jessie schweren Herzens. „Aber die Vorstellung, man hält ihn gefangen, vielleicht noch dazu ohne Klamotten, ist auch nicht schlecht."

„Okay, wir können das ja mal nur gedanklich durchspielen. Was meinst du?"

„Hm …"

„Du bist dran. Was fällt dir so als Strafe ein?"

Jessie überlegte eine Weile, während Dave genüsslich an seinem Ohrläppchen lutschte.

„Komm schon, trau dich! Es ist nicht schlecht fürs Karma. Nur ein kleines Gedankenspiel", ermunterte er Jessie, der trotz allem immer noch Schwierigkeiten hatte, auch nur annähernd gewalttätige Phantasien zu haben, und sei es auch nur, um im Geiste seinen Peiniger zu bestrafen.

„Elektroschocks?", sagte er nach einer Weile. Er hatte es schon im Studio gesehen, aber er war sich sicher, dass dies – im Gegensatz zum erotischen Einsatz dort – auch noch ganz anders ging.

„Mhmmm … zum Beispiel!" Dave nickte. „Wo hättest du's denn gerne?"

„Zunge!"

„Zunge?", fragte Dave sichtlich verblüfft.

„Für jedes gehässige Wort einen Elektroschock!"

„Hat er danach noch eine Zunge?", witzelte Dave.

„Eher nicht", gab Jessie zu und sie kicherten albern.

„Komm schon, schock ihn da, wo's am meisten wehtut!", stachelte Dave ihn weiter auf.

„Sein Loch!"

„Hä?"

„Ja, er verdient es. Niemand durfte es je berühren oder etwas anderes damit machen!", rechtfertigte sich Jessie sofort. „Dort würde ich anfangen, damit ihm so richtig bewusst wird, was er getan hat!"

„Ich würd sogar noch einen Schritt weitergehen. Mach die Augen zu und stell es dir vor! Ja genau! Was hältst du davon, nicht nur sein Loch, seinen Schwanz und seine Eier zu schocken, sondern vielleicht auch Gegenstände in seinen Schwanz einzuführen …"

„Gegenstände?" Jessie sah ihn verwirrt und gleichzeitig geschockt an.

„Es soll Männer geben, die stehen auf sowas."

„Was für Gegenstände?"

„Drähte oder dünne Nägel … und dann kommt man mit dem Schocker! Vielleicht würde das ja O'Connors Horizont erweitern." Jessie sah Dave diabolisch grinsen. „Und dann können wir uns noch vorstellen, dass er danach ganz, ganz lange Zeit keine Lust mehr auf Sex hat!"

„Das mit dem Nagel hört sich gut an! … Autsch! Aber wenn ich ehrlich bin, bin ich immer noch für … *Abschneiden!*", fauchte er dann gehässig.

„Nein. *Das* sollten wir nicht tun. Wir sollten ihn irgendwann unversehrt entlassen, zumindest augenscheinlich. Aber mit einem bleibenden Eindruck."

Jessie sah Dave lange in die Augen, bevor er es wagte, es auch auszusprechen. „Egal, ob man sowas denken darf oder nicht: Ich hab mir oft gewünscht, er würde eines Tages auch an den Falschen geraten und am eigenen Leib erfahren, was er mir angetan hat."

„Vielleicht ist es genau das, was O'Connor befürchtet, wenn er allein in einem dunklen Verlies liegt. Vielleicht reicht es schon aus, dass er panische Angst davor hat. Vielleicht macht er sowas dann nie wieder. Das wäre doch ein Erfolg, oder?"

„Mhmm", brummte Jessie und küsste ihn zärtlich.

Am nächsten Morgen schreckte Jessie aus dem Schlaf, sah auf den Wecker und saß senkrecht im Bett.

„Fuck!"

Dave war ebenso schnell wach und hielt Jessie am Arm fest. „Was'n los?", nuschelte er. „Hat's schon wieder geklingelt?"

„Nein! Aber es ist schon halb acht durch! Wir müssen zur Arbeit! Wir haben verpennt!"

Dave stöhnte, sank wieder zurück in die Kissen und zog ihn mit sich. „Vergiss es …!", brummte er.

„Aber …" Jessie sträubte sich noch ein wenig.

„Nix *aber* ... Sid hat uns beide einschließlich heute krankgeschrieben ... relax! Ich hab längst Bescheid gesagt, dass wir erst morgen wiederkommen."

Jessie sank zurück aufs Bett. Er fluchte leise und ließ sein Gesicht an Daves Hals sinken. Dann stutzte er, als er seinen immer noch rasenden Puls bemerkte. „Hey, Honey", murmelte er sanft und strich ihm durch die Haare. „Relax, hast du grad gesagt."

„Ich weiß." Dave seufzte und rieb sich die Augen. „Ich wollte mich eigentlich irgendwann in ferner Zukunft von dir beim Sex erledigen lassen, aber wenn das so weitergeht, dann passiert das wohl um einiges früher und leider nicht beim Sex."

„Ich vergaß, dass du schon ein *alter Mann* bist", sagte Jessie schmunzelnd und küsste ihn nichtsdestotrotz auf seine Kehle, bevor er seine Lippen über Daves immer noch nach Duschgel duftenden Körper tiefer gleiten ließ.

„Mhmmmm", brummte Dave. „Oh ja!" Und seine Hand vergrub sich in Jessies Haaren.

Der Kreis schließt sich

Es war Freitagnachmittag, als Dave und Jessie gerade gemeinsam einen Cappuccino miteinander tranken, wie sie es jeden Freitag taten, an dem sie früher zu Hause waren.

Dave kratzte sich am Kinn und sah Jessie unsicher an. „Süßer … ich weiß nicht, ob ich im Moment nicht einfach zu emotional bin, um bei meinem Onkel Martin nach all den Jahren aufzukreuzen."

„Honey, hast du vergessen, dass ich dabei bin?", erinnerte ihn Jessie. „Du bist mir in diesen schweren Tagen nicht von der Seite gewichen und hast mich mehr unterstützt, als es irgendjemand sonst auf Erden hätte tun können."

Dave musste trotz seiner Zweifel lächeln.

„Ich will dasselbe auch für dich tun! Wenn wir das alles überstanden haben, dann kann die Welt kommen!"

„Ich liebe dich, Süßer! Du bist das Beste, was mir je passiert ist!"

„Dito!"

„Okay!", sagte Dave schließlich nach einer kleinen Pause.

„Wir fahren?", fragte Jessie sichtlich erfreut.

„Ja, lass uns fahren, bevor ich es mir noch mal anders überlege!" Dave trank seine Tasse aus und stand auf.

„Hast du ihn eigentlich gegoogelt?", fragte Jessie, als sie bereits eine Dreiviertelstunde unterwegs waren.

„Pfff … wozu? Nein, hab ich nicht", erwiderte Dave. „Er lebt auf einer Farm! Was will ich da googeln?"

Jessie ließ es auf sich beruhen. Er war froh, dass er Dave schließlich doch dazu überreden konnte, sich auf den Weg zu machen.

„Wie weit ist es noch?"

„Nicht mehr weit. Siehst du den Wald da vorne? Danach kommt ein langes Stück Landstraße und dort geht es nach ein paar Meilen rechts weg. Ist immer eine Art Feldweg gewesen, daher dachte ich, dass es besser ist, wir nehmen meinen Wagen. Du darfst allerdings vermutlich zurückfahren …"

„Kein Problem!"

Langsam stiegen die Erinnerungen in Dave auf und er lächelte. Er hatte gute Erinnerungen an die Jahre, die er bei Martin gewohnt hatte. Er war mit neunzehn bei ihm ausgezogen und die Tatsache, dass er nach jedem weiteren Treffen Flashbacks bekommen hatte, war sicherlich nur darauf zurückzuführen, dass er sich nicht schon damals an einen Psychologen gewandt hatte. Er war zweiunddreißig gewesen, als sie sich das letzte Mal getroffen hatten.

Dave fuhr in das Waldstück hinein und erinnerte sich an die Felder, die gleich danach kamen. Er musste zusehen, dass er die Abzweigung nicht verfehlte. Doch als sie aus dem Waldstück herauskamen und sich der Stelle näherten, an der er abbiegen wollte, stutzte er.

„Was zum Teufel …?", murmelte er und ging vom Gas. Er sah hastig in den Rückspiegel, doch sie waren allein auf weiter Flur.

„Wow … äh … sind wir hier richtig?", fragte Jessie und setzte sich aufrechter hin.

Mehr durch Automatismus als durch überlegtes Handeln setzte Dave den Blinker und fuhr eine asphaltierte Straße entlang, die nach einer viertel Meile in einem Parkplatz endete. Soviel zum Feldweg.

Yoga Zentrum stand in großen Buchstaben auf einem Schild, umrahmt von goldenen Sonnenstrahlen.

Dave parkte auf dem fast leeren Parkplatz und stellte den Motor ab. Sein Blick glitt verwirrt über die verschiedenen Gebäude.

„Deinem Gesicht nach zu urteilen, sind wir hier richtig, aber irgendwas is' anders", bemerkte Jessie, da er immer noch keine Antwort bekommen hatte.

„Er war schon immer ein Yogi, aber ... wow ... dass er sowas aus dem Boden gestampft hat?"

Sie stiegen aus und sahen zum Eingang des Zentrums.

Der Weg dorthin war liebevoll gepflastert, mit bunten Blumen gerahmt und endete an einem runden Gebäude, das wohl der Empfangsbereich war. Links und rechts gingen jeweils weitere Gebäude ab, die in Holz und Glas gehalten waren.

„Wo ist die Farm, von der du gesprochen hast?"

„Die lag eigentlich noch ein gutes Stück weiter die Straße entlang. Diese Gebäude sind davor gesetzt ... Hm ... vielleicht gehört das gar nicht ihm ... vielleicht hat er nur Land verkauft oder verpachtet ..."

„Aber er hatte was mit Yoga am Hut?"

„Ja, immer schon, aber ..." Dave brach ab, als sie an ein weiteres Schild mit der Aufschrift *MIH Zentrum für Hatha Yoga* kamen und Jessie auf das „MIH" im Firmennamen deutete.

„Martin Hanks?", folgerte er.

„Könnte sein."

„Für was steht das *I*?"

„Keine Ahnung."

„Ist er verheiratet?"

„Als ich ihn zum letzten Mal gesehen hab, gab es noch niemanden, soweit ich weiß", antwortete Dave etwas ratlos.

„Könnte auch ein Geschäftspartner sein."

„Wollen wir reingehen?"

„Ja, gehen wir."

„Ah ... deshalb ist wohl so wenig los!" Jessie zeigte auf den Aushang in einem Schaukasten, den sie auf dem Weg zur Tür passierten. „Sie schließen gleich und haben ab morgen Betriebsferien! Da haben wir grad noch mal Glück gehabt."

Dave öffnete die Tür und sie traten in einen sonnendurchfluteten Eingangsbereich. Sitzgelegenheiten aus Holz mit Kissen in strahlendem Gelb, Orange und Weiß luden zum Verweilen ein.

Jessie zeigte auf einen Empfangstresen, der sich zur Rechten befand und sie traten heran.

Eine ältere Frau sah lächelnd auf. „Guten Tag, was kann ich für Sie tun?"

Dave räusperte sich. „Guten Tag ... Ich würde gerne Martin Hanks sprechen."

„Na, wer würde das nicht gerne!", antwortete sie mit einem milden Lächeln. „Für einen Termin mit ihm müssen Sie sich schon anmelden. Er ist sehr beschäftigt und es tut mir leid, Ihnen sagen zu müssen, dass wir die nächsten beiden Wochen geschlossen haben. Ich kann Ihnen frühestens in ...", sie sah in einem Kalender nach, „... in vier Wochen einen Termin bei ihm anbieten ... Der Meister ist sehr beschäftigt!"

„Nein, Sie haben mich falsch verstanden ... Ich würde ihn gerne sehen. Privat."

Die Empfangsdame sah ihn fast etwas mitleidig an. „Es tut mir leid. Auch dafür müssen Sie einen Termin mit ihm machen. Und wie ich Ihnen schon sagte ..."

So ging das noch eine Weile hin und her und schließlich mischte sich Jessie ein.

„Honey, lass gut sein, gib ihr deinen Namen und mach einen Termin mit ihm."

Dave seufzte und ließ den Kopf hängen.

„Hören Sie auf Ihren Freund, wie lautet ihr Name?"

„David Hanks. Verdammt, er ist mein Onkel ...", sagte er resigniert und richtete sich zu seiner vollen Größe auf, nachdem er fast schon auf dem Tresen gelegen war, um die Dame zu überzeugen und starrte in den weitläufigen Garten, ohne wirklich etwas wahrzunehmen. Er fragte sich, ob er nicht einfach um das Yogazentrum herumgehen konnte und so auf das Grundstück gelangen konnte. Er zückte sein Handy und wählte eine Nummer, die er nach all der Zeit immer noch auswendig wusste, doch er bekam nur die Ansage *Kein Anschluss unter dieser Nummer.*

Während er versuchte zu telefonieren, konnte er nicht sehen, dass die Empfangsdame regelrecht erstarrte und ihr Blick auf einen roten, laminierten Zettel fiel, der an ihren Arbeitsplatz geheftet war.

Dort stand, dass Martin Hanks umgehend informiert werden musste, sollte jemals ein David Hanks nach ihm fragen. Umgehend war unterstrichen, fett und in einer größeren Schriftgröße geschrieben.

Mit einer zitternden Hand griff sie zum Telefon und drückte auf einen Kopf.

Dave sah Jessie an, rollte mit den Augen und murmelte: „Es war trotzdem einen Versuch wert."

„Finde ich auch."

„Dein verlorener ‚Sohn' ist hier, Martin!", sagte die Dame in einem fast ehrfürchtigen Ton und starrte Dave fassungslos an. „Ich hätte ihn fast wieder weggeschickt, bevor er mir seinen Namen sagte!"

Dave und Jessie wechselten einen verwirrten Blick.

„Er kommt sofort!", sagte die Dame nun und sah ihn entschuldigend an.

„Bitte was?" Dave sah sie perplex an.

„Ähm ... Wir haben hier eine Notiz ..." Sie deutete auf den laminierten Zettel und nahm ihn ab.

Dave sah ungläubig auf die Zeilen.

Ein paar Minuten später trat ein Mann durch eine Seitentür in den Empfangsbereich und ließ sie aufsehen.

Er war groß gewachsen, hatte graues, längeres Haar, das im Nacken zu einem kunstvollen Knoten gebunden war. Er trug eine weiße Leinenhose und ein weites gleichfarbiges Leinenhemd. Ein leuchtend oranges Tuch war locker um seinen Hals gebunden und seine Füße steckten in ledernen Sandalen.

„Dave?", ertönte eine fassungslos klingende, sonore Stimme.

Als sich ihre Blicke trafen, strömten Gefühle auf Dave ein, die er jahrelang verdrängt hatte. Warme, glückliche Gefühle, die nur eines bedeuteten: Familie. Die einzige, die er noch hatte.

„Martin, es tut mir leid, dass ich ihn fast weggeschickt hätte ... ich ...", begann die Empfangsdame, doch Martin hörte sie gar nicht. Er hatte nur Augen für Dave.

„Oh mein Gott, Dave!", stieß er hervor und war mit wenigen Schritten bei ihm.

„Martin!", murmelte Dave.

Martin berührte seinen Arm. „Ich träume nicht?"

Dave schüttelte den Kopf. Ein dicker Kloß saß ihm im Hals.

„Darf ich?", fragte Martin und seine Hand glitt zu seinem Gesicht.

Dave nickte und sein Onkel berührte seine Wange. „Mein Gott, Junge!", murmelte er und dann umarmten sie sich innig.

Als sie sich nach einiger Zeit wieder voneinander lösten, hatten beide Tränen in den Augen.

„Ich kann mir vorstellen, dass hierherzukommen eines der schwierigsten Dinge ist, die du je getan hast!", sagte Martin verständnisvoll.

Dave zog die Nase hoch. „Das stimmt..." Er sah zu Jessie. „Ich möchte dir gerne jemanden vorstellen ..."

Martin sah zu dem Mann, der etwas hinter Dave stand und sich bislang zurückgehalten hatte. Für ihn war unschwer zu erkennen, wie die beiden zueinander standen. Die Liebe in ihren Blicken war tief und ehrlich. Aber konnte das wirklich wahr sein?

„Martin, das ist Jessie, die Liebe meines Lebens", sagte Dave und bestätigte somit seine Vermutung. „Ich hab es ihm zu verdanken, dass ich hier stehe."

„Willkommen! Darf ich Jessie sagen? Ich bin Martin."

„Gerne! Hallo." Jessie lächelte und sie schüttelten sich die Hände.

„Ich … ich weiß nicht, was ich sagen soll!", murmelte Martin und nahm Dave wieder am Arm, als wolle er sich vergewissern, dass er tatsächlich da war. „Glaub mir, es gab keinen Tag, an dem ich nicht an dich gedacht und gehofft habe, dass es dir gut geht!"

„Martin … es … es tut mir so leid, dass es so lange gedauert hat … Ich war so ein Idiot!"

„Schsch!", unterbrach er ihn hastig. „Ich glaube, wenn einer ein Idiot war, dann ich, der die Trennung überhaupt vorgeschlagen hat! Egal! Du bist hier! Das ist alles was zählt! Alles! Kommt mit hoch zum Haus! Habt ihr Zeit?"

„Natürlich! Dieses Zentrum ist der Hammer!"

„Ich zeig es euch später gerne. Aber ich glaube, wir sollten uns ein wenig zusammensetzen und auf unser unverhofftes Wiedersehen anstoßen!" Er blieb stehen und lächelte Dave an. „Außerdem, möchte auch ich dir gerne jemanden vorstellen!"

Sie folgten Martin durch einige Türen und waren kurz darauf im Freien.

„Jetzt erfahren wir für was das *I* steht!", sagte Jessie mit einem Augenzwinkern.

Dave grinste und drückte seine Hand.

Martin ging voraus zum Farmhaus, das Dave vorhin erwähnt hatte. Es war noch ein gutes Stück entfernt und das Grundstück mit einer umlaufenden hohen Mauer umgeben. Sie passierten ein Tor.

„Wie du siehst, hat sich zumindest hier hinter dem Zaun nichts verändert!" Martin machte eine ausladende Handbewegung.

Das Haus war umgeben von obsttragenden Bäumen, blühenden Sträuchern und Blumen.

„Das ist wohl wahr!" Dave lächelte und erneut strömten Erinnerungen aus glücklichen Tagen auf ihn ein. Er empfand eine wohlige Wärme in seinem Bauch und konnte gar nicht in Worte fassen, wie dankbar er Jessie für diesen Vorschlag war, hierher zu kommen.

Kurz darauf betraten sie das Haus und folgten Martin in ein sonnendurchflutetes Wohnzimmer.

„Bitte wartet einen Moment hier!", bat er.

Jessie grinste. „Ich tippe auf eine Frau."

„Jep, ich auch …"

Wenig später kam Martin wieder. An seiner Seite eine schlanke Frau mit ebenmäßigen Zügen und wundervollen Mandelaugen, die ein helles, bodenlanges Kleid trug. Ansonsten war sie barfuß. Sie war unschwer als Inderin zu erkennen.

„Indira, das ist Dave!", stellte er die beiden vor. „Dave, meine Frau, Indira!"

„Oh, das ist die wundervollste Nachricht des Jahres!", strahlte Indira, die eine warme, wohlklingende Stimme hatte. „Willkommen zurück! Ich hab schon so viel von dir gehört!" Sie schüttelten sich die Hände.

Dann stellte Dave Jessie vor und auch die beiden begrüßten sich herzlich.

„Ich mache uns ein paar Erfrischungen! Setzt euch doch!"

„Darf ich helfen?", fragte Jessie sofort und folgte Indira.

Kurz darauf waren Martin und Dave allein und setzten sich auf eine gemütliche, weiße Couch mit bunten Kissen.

„Jessie hatte recht, hm? Das ist das *I* im Firmennamen?", fragte Dave schmunzelnd und Martin nickte.

„Zehn Jahre sind eine lange Zeit! Es ist viel passiert!"

„Oh, das kannst du laut sagen! Wo habt ihr euch kennengelernt?" Er tippte auf eine Urlaubsreise oder ein Yogi-Treffen.

„Ob du's glaubst oder nicht: in einer Gärtnerei."

„Wie bitte?"

Martin lachte. „Wir wollten beide die letzte Tomatenpflanze einer besonderen Art... Das Leben spielt manchmal verrückte Streiche."

„Wie lange ist das her?"

„Neun Jahre."

„Wow!"

Martin hätte gerne Dave noch einmal berührt, einfach um sicher zu gehen, dass er nicht träumte, aber er wusste nicht, ob ihm das nicht unangenehm sein würde, also ließ er es. Doch Dave überraschte ihn einmal mehr und nahm stattdessen seine Hand. Martin schloss seine um Daves.

„Es tut mir so unendlich leid, dass ich dich aus meinem Leben ausgeschlossen habe – auch wenn es nur war, um dich zu schützen!" murmelte Martin. „So unendlich leid!"

Dave schluckte. „Es tut mir noch viel mehr leid, dass ich ... dass ich ..." Martin sah ihm an, dass er erneut mit den Emotionen kämpfte und er daher nicht im Stande war, den Satz zu Ende bringen.

Martin biss sich auf die Lippen, strich ihm über die Wange und zog ihn an sich. Daves Stirn ruhte auf seiner Schulter, während sie beide um Fassung rangen.

Die nächste Stunde verging nichtsdestotrotz mit dem Austausch von fröhlichen Geschichten. Jessie und Dave erfuhren, wie sich Martin und Indira kennengelernt hatten und wie in relativ kurzer Zeit nicht nur die Ehe geschlossen wurde, sondern auch die Idee zu einem Yoga-Zentrum entstanden war, das augenscheinlich hervorragend lief.

Schließlich bat Jessie Indira, ihm doch ein wenig ihren wundervollen Garten zu zeigen. Die beiden hatten sofort einen guten Draht zueinander gefunden und außerdem wollte er Dave und Martin die Gelegenheit geben, unter vier Augen miteinander zu sprechen. Somit verschwanden die beiden nach draußen.

Indira führte Jessie herum und zeigte ihm nicht nur den Garten, sondern auch das gesamte Gelände rund ums Haus und die Tiere. Sie hielten sich zwei Schweine, die einer alten, in Vergessenheit geratenen Haustierrasse angehörten, ein paar Schafe und Ziegen, sowie drei Kühe und einige Hühner. Alle lebten zusammen in einem großen Laufstall mit einer angrenzenden riesigen Weide. Nur die Schweine hatten ihren abgetrennten Bereich, da sie sonst vermutlich die ganze Farm umgegraben hätten. Aber selbst dort gab es einen großen Auslauf und mehrere Unterstände, einschließlich eines kleinen Schlammlochs.

Etwas abseits lag noch ein kleiner Teich mit Enten und ein paar Fischen.

Jessie zeigte auf eine kleine Laube am Teich. „Das ist ein wunderbarer Ort, um Yoga zu machen, nicht wahr?"

Indira lächelte. „Ja, in der Tat ist das einer unserer Lieblingsplätze dafür. Ganz privat sozusagen."

Martin musterte Dave, der Jessie und Indira nachgesehen hatte. Schließlich bemerkte der es und sah ihn an. Sie hielten den Blickkontakt für eine Weile schweigend, bis Martin leise sagte: „Ich glaube nicht, dass ich es ertragen kann, wenn ich dich noch einmal verlieren sollte!"

Dave schüttelte den Kopf. „Keine Sorge!"

„Was, wenn es wieder passiert und du Flashbacks bekommst?", fragte er tonlos.

„Vielleicht wird es tatsächlich wieder passieren", antwortete Dave. „Aber es ist mir egal!"

„Aber …"

„Schsch … es ist mir egal!", wiederholte Dave. „Völlig egal! Ich habe gelernt, damit umzugehen! Ich werde mich nicht mehr abwenden, hörst du?! Nie mehr!"

„Wie um alles in der Welt hast du das nur geschafft?"

„Nicht allein. Seit ein paar Monaten, gehe ich wieder zu einem Trauma-Psychologen und zum anderen gibt es Jessie."

„Du gehst zu einem Psychologen?"

Dave nickte. „Und ich hab bereits vorab mit ihm darüber gesprochen, dass wir dich aufsuchen wollten. Nicht schlecht, hm?" Er lächelte.

„Weißt du eigentlich, wie stolz ich auf dich bin?", sagte Martin bewundernd. „Sehr stolz!"

„Danke. Ich bin selbst stolz."

„Kannst du auch sein! Wie geht es dir sonst? Beruflich?"

„Könnte nicht besser gehen. Ich bin inzwischen Teilhaber von drei Kampfsportstudios."

„Mit Jason zusammen?" Er konnte sich noch gut an Daves besten Freund erinnern.

Dave nickte. „Der im Übrigen in der Zwischenzeit geschieden ist und einen Freund hat."

„Ach sieh einer an!"

Dave begann zu erzählen.

„Bleibt ihr zum Abendessen?", fragte Martin, nach einem Blick auf die Uhr. Seit ihrem unerwarteten Wiedersehen, waren bereits über zwei Stunden vergangen und die Uhr tickte auf viertel nach sieben zu.

„Gerne."

„Sollen wir also mal nachsehen, wo Indira und Jessie sind?"

Sie fanden die beiden nach einigem Suchen im Stall wieder und zwar auf ein paar Strohballen sitzend. Eine ganze Schar Katzen in allen Farben und Größen tummelte sich um einen großen Teller mit Fleisch, das Indira gerade aufgetischt hatte.

Jessie hatte ein kleines schwarzes Etwas auf dem Arm, das offensichtlich nicht am Futter interessiert war.

„Ah da seid ihr ja." Martin lächelte. „Raubtierfütterung?"

„Ja, gerade eben. Schau mal ... der Kleine hat sich rausgetraut und wohl Jessie ins Herz geschlossen!"

„Wow ... das is' ja mal was Neues. Den haben wir schon zwei Tage nicht mehr gesehen und dachten, das war's wohl jetzt." Er seufzte. „Es gibt anscheinend immer so einen Nachzügler."

„Irgendwas stimmt mit seiner Hüfte nicht", ließ sich Jessie vernehmen und tastete das kleine Bündel vorsichtig ab.

„Darf ich vorstellen, Jessie, der Physiotherapeut. Mann, wie hab ich das hier vermisst!"

„Es hat dich auch vermisst!", sagte Martin. „Der Kleine hat einen ganz komischen Gang ... er scheint irgendwie gehandicapt zu sein. Aber da er so scheu ist ..."

„Na jetzt gerade ist er nicht scheu!", bemerkte Dave belustigt.

„Ihr beide könnt ja noch ein wenig hierbleiben und Indira und ich bereiten uns ein Abendessen zu. Mögt ihr Indisch?"

Die beiden bejahten begeistert.

Eine halbe Stunde später saßen sie auf der Veranda und ließen es sich schmecken. Indira hatte Hühnchen, Lamm und Rind mit verschiedenen Soßen aufgetischt. Dazu gab es frisches Naanbrot, Basmatireis und Joghurtsoße.

Kaum hatten sie angefangen zu essen, miaute sie etwas aus dem angrenzenden Büschen an, und die Überraschung war groß, als sie sahen, dass es der kleine schwarze Kater war, der sich zum ersten Mal bis zur Terrasse vorgewagt hatte.

Indira holte eilig ein wenig frisches Rindfleisch und stellte ihm ein Tellerchen hin. Doch der kleine Kerl traute sich nicht heraus.

„Vielleicht musst du ihn locken, Jessie, der scheint nur dich zu sehen!", meinte Martin.

Jessie nahm das Tellerchen und bugsierte es in Richtung des Katers. Er sprach leise auf Gälisch mit ihm und aus irgendeinem Grund schien das eine geradezu magische Wirkung auf das Tier zu haben. Ganz vorsichtig kam es näher und angelte dann nach dem ersten Fleischstückchen.

„Katzenflüsterer oder was?", witzelte Dave.

„Sieht so aus", stimmte ihm Indira zu.

„Na ja, wir hatten zu Hause immer Katzen. Ich liebe diese eleganten Jäger." Jessie lächelte, als der kleine Kater das nächste Stück holte und dabei auch ein wenig näher kam. „Mein alter Kater Tom, der mich durch meine ganze Kindheit und Jugend begleitet hat, wurde zweiundzwanzig Jahre alt. Er war genauso schwarz wie der hier. Nur mit einem kleinen weißen Fleck am Bauch."

Dave spürte, wie viel Jessie das damals wohl bedeutet hatte und dachte zurück an seine Zeit hier auf der Farm. Wann immer er sich an einen stillen Ort zurückgezogen hatte, waren immer Tiere zu ihm gekommen und hatten ihm Gesellschaft geleistet. Und sei es nur ein sehr anhängliches Huhn gewesen. Er lächelte und erzählte Jessie vom schwarzen Huhn namens Bertha.

Es wurde zehn, dann elf, schließlich war es Mitternacht und irgendwann war klar, dass die beiden nicht mehr nach Hause fahren, sondern auf dem Hof übernachten würden.

„Es gibt sogar noch dein altes Reich unterm Dach!", sagte Martin.

„Was? Im Ernst?", fragte Dave erstaunt dagegen.

„Wir haben es in Ehren gehalten. Indira hat regelmäßig ein wenig saubergemacht."

„Ihr seid echt der Wahnsinn …"

„Sie hat immer gesagt, du kommst eines Tages zurück. Ohne dich zu kennen." Er nahm die Hand seiner Frau und küsste sie. „Du hattest recht, Liebes!"

„Ich hab dir doch schon immer gesagt, ich kann hellsehen." Sie lachte und ging in die Küche. Kurz darauf kam sie mit vier Tassen Chai wieder.

Es wurde fast zwei Uhr, bis sie in die Betten fielen.

Dave und Jessie übernachteten in einem Gästezimmer im Erdgeschoss, da Daves Bett unterm Dach zu schmal für sie beide war.

„Komm her!" Jessie lag bereits und breitete die Arme aus. Dave nahm die Einladung gerne an.

„Versprich mir, dass du mich weckst, wenn du schlecht träumst, Honey", bat er Dave.

„Versprochen, aber ich glaube nicht, dass das passieren wird. Ich habe das Gefühl, nie weggewesen zu sein … Seltsam."

„Sie machen es einem verdammt leicht, sich wohl zu fühlen! Ich freu mich total, dass das so schön geklappt hat!"

Dave küsste ihn auf Stirn, Nase und Mund und seufzte. „Ich bin immer noch aufgedreht, aber ich fürchte, dass ich einfach zu vollgefressen bin, um noch einen hochzukriegen. Ansonsten hätte ich dich liebend gerne noch vernascht!"

Jessie strich ihm mit sanftem Druck die Wirbelsäule hinauf und herunter. „Geht mir genauso. Aber vielleicht nach ein paar Stunden Schlaf?", murmelte er.

„Wer weiß!" Dave löschte das Licht.

Doch wenn die beiden gedacht hatten, Schlaf zu finden, so hatte da jemand gehörig was dagegen, denn gerade als sie am Wegdösen waren, zerriss ein jämmerliches Jaulen direkt unter ihrem Fenster die Stille.

„Oh Mann!", knurrte Dave nach einer Weile, als es überhaupt nicht mehr aufhören wollte. Er stand auf und schloss das Fenster, doch es half nicht viel.

Nach einigen weiteren Minuten stand Jessie auf, öffnete das Fenster wieder und spähte hinaus.

„Und?", brummte Dave.

„Ich seh nichts ..." Dann schloss er das Fenster und legte sich wieder hin.

Fünf Minuten war Ruhe, dann ging es wieder los. Schließlich hatte Jessie genug und stand erneut auf.

„Wo willst du hin?"

„Bin gleich wieder da."

Ein paar Minuten später kam er wieder und Dave bemerkte, dass das Jaulen aufgehört hatte.

„Hast du es erschlagen, was auch immer es war?", fragte Dave und gähnte.

„Nein, ich hab's mitgebracht."

„Was?"

„Nicht, lass das Licht aus! Ich will nicht, dass du ihn erschreckst!"

„Hallo?"

„Ja, nichts für ungut. Es war der kleine verschreckte Kater." Jessie kam wieder ins Bett, fischte sein T-Shirt vom Boden und legte es an die Ecke des Futons neben seinem Kopfkissen. Dann setzte er den kleinen Kerl vorsichtig darauf. „Ich hab die Tür einen Spalt offen gelassen, falls er wieder raus will ...", murmelte Jessie und zog Dave wieder in seinen Arm.

„Hauptsache es ist Ruhe! Ich will endlich schlafen!", brummte er.

Kurz darauf zeugten tiefe Atemzüge davon, dass Dave eingeschlafen war.

Jessie drehte noch einmal den Kopf und konnte im wenigen Licht sehen, dass sich das kleine Fellknäul auf seinem T-Shirt zusammengerollt hatte und zufrieden schnurrte.

Dann schlief auch er ein.

Am nächsten Morgen, als Dave die Augen öffnete, hörte er als Erstes, wie Jessie wieder leise auf Gälisch redete. Also war ihr Übernachtungsgast wohl noch da.

Er stemmte sich auf einen Ellenbogen hoch und sah, wie Jessie den kleinen, schwarzen Kater am Bauch kitzelte. Der hatte das rosa Mäulchen weit aufgerissen und blitzte ihn aus bernsteinfarbenen Augen fröhlich an, während er mit seinen Babypfoten nach Jessies Zeigefinger angelte.

„Ich hoffe, du sagst ihm nicht grad, dass du dich in ihn verliebt hast?!", murmelte Dave und küsste ihn auf die nackte Schulter.

Jessie sah über dieselbe und grinste. „Guten Morgen, Honey. Eifersüchtig?"

„Pfff!"

„Ich hab ihm gesagt, dass er mal groß und stark und wunderschön wird. Autsch!"

Dave hatte ihn in die Schulter gebissen.

Jessie murmelte dem kleinen Kater etwas Entschuldigendes auf Gälisch zu und drehte sich auf den Rücken. Er grinste. „Du bist eifersüchtig!"

„Ja, verdammt!"

Jessies Zeigefinger strich von seinem Brustbein tiefer. „Is' ja süß …"

„Guten Morgen, Baby." Dave schob sich über ihn. „Jetzt bin ich mal dran … Du entschuldigst doch!", fügte er in Richtung des felinen Gastes hinzu.

„Morgen, Honey!" Jessie seufzte in seinen Kuss.

Dave ging zum Angriff über und bemerkte mit Genugtuung, dass Jessie seine Beine öffnete. Dann fiel ihm ein, dass sie kein Gleitgel hatten und er hielt inne.

„Was is' los?", murmelte Jessie, als er nicht weitermachte und schmiegte sich fordernd an ihn. „Ich will dich spüren!"

„Wir haben nichts dabei …"

„Nimm Spucke!"

„Nein, das tu ich dir nicht an!" Dave schüttelte den Kopf.

„Mann, stell dich doch nicht so an! Bitte!"

Dann gähnte der kleine Kater herzhaft und Dave hielt inne. „Ich glaub, ich kann eh nicht … wenn der zusieht … He, hast du nix Besseres zu tun?", fragte er vorwurfsvoll.

Der schwarze Kerl streckte sich, machte einen Buckel und rollte sich auf der anderen Seite zusammen, Gesichtchen weg von ihnen und mit seinem Schwanz bedeckt.

Jessie lachte. „Der hat Anstand …"

„Versteht der, was ich sage?"

„Wer weiß …", murmelte Jessie und Dave gab nach, als Jessie seinen Kopf wieder zu sich drehte. „Vergiss ihn …"

Er stemmte sich hoch und zog die Schublade des Nachtkästchens auf. Er zog eine Après-Lotion hervor und sah Jessie fragend an.

„Mhmmm …", schnurrte der. „Besser als nix."

„Soll ich's versuchen?"

Wortlos nahm Jessie ihm das kleine Fläschchen aus der Hand und präparierte großzügig Daves Schwanz.

„Uhhh … kühlt …"

„Dann sieh mal zu, dass du in die Gänge kommst!"

Kurz darauf waren sie eins und liebten sich zum ersten Mal an diesem Tag. Da die Tür halb offen stand, waren sie leise und taten es dafür umso inniger und zärtlicher. Außerdem kam ihnen das harte Futonbett bei dieser morgendlichen Aktion sehr entgegen.

Dave fühlte sich wieder fit und besorgte es Jessie so, wie der es liebte, auch wenn der sichtlich Probleme damit hatte, dabei keinen Laut von sich zu geben. Als beide zum Ende kamen, hielt ihm Dave den Mund zu und spürte hinein in die keuchenden Atemzüge, die jeden von Jessies weißen Jets begleiteten.

Zufrieden ließ er seine Stirn auf Jessies Kinn sinken.

„Brrrrrrrrrrt!", kam es leise und wohlig von rechts und als er ein Auge aufmachte, sah er wie der kleine, schwarze Kater sich erneut streckte und eine kleine Pfote auf Jessies nackte Schulter legte. Dabei schnurrte er aus vollem Halse.

Als Dave nach über einer Stunde tiefen Schlafs erneut aufwachte, war der Kater immer noch da. Langsam gewöhnte er sich an den kleinen Kerl, stellte er mit Verwunderung fest, und musste lächeln, als er sah, wie sich der kleine Körper bei jedem Atemzug hob und senkte. Er musste zugeben, dass ihn die kleine Szene von gestern immer noch berührte, als er Jessie auf dem Strohballen sitzend mit diesem kleinen Kater im Arm gesehen hatte.

„Kaffee ...", brummte Jessie verschlafen.

Dave küsste ihn aufs Kinn. „Ich seh mal, was ich tun kann." Er rappelte sich auf, zog sich an und kam nach kurzer Zeit wieder, was Jessie dazu bewegte, zumindest ein Auge zu öffnen.

„Kein Kaffee?", bemerkte er sichtlich enttäuscht.

„Indira und Martin haben den Frühstückstisch unten am Teich gedeckt. In der kleinen verträumten Laube." Er bemerkte, dass Jessie das zweite Auge öffnete und augenblicklich wacher wirkte.

„Laube? Okay ... ich steh auf."

Nach einer Blitzdusche gingen die beiden zur Tür und wurden von einem kleinen, kläglichen „MAU!" aufgehalten.

Dave sah noch einmal zurück und nickte Jessie zu, der sogleich den Kopf ins Zimmer steckte.

Der Kater saß auf Jessies T-Shirt und starrte ihnen verwirrt hinterher.

„Willst du mit?", fragte Jessie und während Dave noch belustigt den Kopf schüttelte, hopste der kleine Kerl vom Bett und tapste hinter ihnen her.

„Is' ja 'n Ding …", brummte Dave amüsiert und dann machten sie sich auf den Weg zur Laube.

Sie blieben bis zum Nachmittag, da sie an diesem Samstag beide freihatten und fuhren erst am frühen Abend nach Hause. Allerdings stand da schon fest, dass sie am nächsten Samstag direkt nach der Arbeit zu Besuch kommen würden.

Wieder daheim bemerkte Jessie über die nächsten Tage, dass er auffallend oft an den kleinen Kater dachte. Er wünschte, er könnte ihm mit seiner Hüfte helfen. Gedankenverloren stöberte er in alten Foto-CDs und fand dort schließlich auch Bilder seines geliebten Katers Tom aus der Kinder- und Jugendzeit. Er druckte ein besonders schönes aus und hängte es an die Pinnwand an seinem Arbeitsplatz.

„Sorry, Honey, heute fällt mir nicht wirklich was Sinnvolles als Abendessen ein", seufzte er am Montagabend genervt. „Sind Tuna-Melts okay?"

„Tuna-Melts sind immer okay."

Jessie lächelte dankbar, während sich Dave auf die Küchenanrichte schwang und ihm dabei zusah, wie er die Sandwichscheiben mit der gebutterten Seite zuerst in die Pfanne legte.

„Süßer …"

„Ja?" Jessie sah auf.

„Es geht ihm gut."

„Wem?"

„Na, wem wohl."

„Keine Ahnung …"

„Dem kleinen Kater …"

Jessie schwieg etwas überrascht. „Oh …"

„Es geht ihm gut", wiederholte Dave.

„Woher weißt du das?"

„Weil ich danach gefragt habe. Indira hat ihn in dem Zimmer gefunden, in dem wir übernachtet haben. Im Bett."

„Wirklich?"

„Daher kann sie ihn auch problemlos dort füttern und ein wenig zusätzlich aufpäppeln. Ich ertrage es nicht, wenn du so bedrückt bist, Süßer."

Jessie schluckte.

„Glaubst du, mir ist das entgangen?"

Jessie verdrehte genervt die Augen. „Ich hab keine Ahnung, warum mir das so nahe geht...", gestand er schließlich.

„Ich schon."

„Nämlich?"

„Weil du ein verdammt sensibler Kerl bist und ein gutes Herz hast!" Jessie lächelte schwach. „Deshalb liebe ich dich so sehr!", murmelte Dave und drückte ihm einen Kuss auf die Wange. „Und jetzt pass auf, dass die Tuna-Melts nicht anbrennen!"

Hastig drehte Jessie diese gerade noch rechtzeitig um und kurz drauf konnten sie essen.

„Ich muss nach dem Essen unbedingt an Lous Bild arbeiten. Ist das okay?", sagte Jessie, als sie fertig waren.

„Klar. Kommst du voran?"

Jessie nickte.

„Kein Thema. Ich geh auch an den Rechner. Ich hab noch zwei Filme zu schneiden."

„Ich muss dran bleiben, damit ich bis spätestens Mittwoch fertig bin! Wir sehen uns später." Jessie drückte Dave einen Kuss auf die Lippen und lief in den ersten Stock in sein Studio.

Am Dienstagabend, als Jessie erneut oben arbeitete, setzte sich Dave mit dem Telefon in der Hand auf die Terrasse. Kurz darauf hatte er Lou am anderen Ende.

„Hey, Boss, was gibt's denn?"

„Wir bekommen am Donnerstagnachmittag Besuch von meinem Onkel Martin und seiner Frau. Sie kommen zum Kaffee und Abendessen. Hast du da schon was vor?"

„Nein. Peter wollte eh im Studio arbeiten. Er muss einen Film schneiden und solange kann ich ja gar nicht oben saubermachen. Davie-Schatz, ich kann auch einen Kuchen machen, wenn du möchtest und für euch kochen. Wie hört sich dann an?"

„Das ist ein Angebot, das ich nicht ausschlagen werde, Lou."

„Kein Problem. Du hast schon lang keine Gäste mehr gehabt, Hase!"

„Ja, ich weiß. Und außerdem brauch ich deine Hilfe und Expertise noch bei was anderem."

„Uuuuh Baby, immer doch. Um was geht's?"

„Ich will Jessie überraschen und dazu müsstest du ein paar Erledigungen für mich machen."

„Ähm ... ich hoffe nicht in einem dieser SM-Läden?!", trällerte Lou übertrieben unschuldig.

„Nein, ich möchte, dass du in ein Zoogeschäft fährst und mir alles besorgst, was man für den Einzug einer Katze braucht. Kriegst du das hin?"

„Davie-Schatz, du wirst mir unheimlich!", flötete Lou prompt. „Du sprichst mit Mister Katzen-Versteher ... schließlich haben wir neben Fufu und Tönnchen selber noch zwei, Mister Spock und Mister McCoy, also, wenn du einen Rat brauchst, nimm mich!"

„Oh, du hast Jessie noch nicht beim Katzen-Flüstern gesehen", konterte Dave trocken. „Bekommst du das hin und versprichst mir, deine große Klappe bis Donnerstag zu halten?"

„Na klar! Und ich wette, dafür wird er dir jeden deiner perversen Wünsche erfüllen …“

„Pass bloß auf, Lou …“

„Okay, okay … was für eine süße Idee, Boss …“

Nach dem Telefonat stieg Dave die Treppe in den ersten Stock hoch, wo er Jessie konzentriert arbeitend an seinem Rechner antraf.

„Alles klar bei dir?“, fragte Dave. legte die Hand auf seine Schulter und drückte sie sachte.

„Hi, Honey.“

„Kommst du voran?“

„Jep. Schön, dass du kommst, ich wollte dich auch gleich holen. Ich bin nämlich grad fertig geworden. Ich möchte es dir als Erstem zeigen, okay?“

„Gerne.“ Dave blieb hinter ihm stehen und sah auf den großen Monitor, während Jessie eine Datei öffnete.

Auf dem Bildschirm erschien das fertig bearbeitete Bild von Lou. Auf der linken Seite ein Mann mit feinen Zügen, zarten Bartstoppeln, Anzugjacke und Hemd. Und auf der rechten Seite eine Frau mit langen, roten Haaren und Make-up. Ihre Züge waren ebenmäßig und schön und gingen nahtlos in die des Mannes auf der anderen Seite über.

„Wow!“, entfuhr es ihm. „Das ist allerdings der Hammer, Süßer!“

„Wirklich?“

„Das … ist großartig!“

„Denkst du, es wird ihm gefallen?“

„Ihm *und* Peter, da bin ich von überzeugt! Gratuliere!“

„Danke.“ Er sah Jessie verschmitzt grinsen, während der den Zeigefinger hob. „Aber ich hab noch eins, dass ich dir zeigen will. Lou weiß nichts davon, aber ich musste es einfach versuchen.“

„Okay.“ Dave war gespannt. „Lass sehen.“

Jessie klickte auf eine neue Datei und sah auf. „Bist du bereit?"

Dave nickte und sah auf den Monitor. Das Bild änderte sich und was dann kam, haute ihn fast aus den Socken. Er beugte sich vor und stützte sich auf Jessies Schreibtisch ab. „Das ist nicht dein Ernst!", murmelte er fassungslos. „Das ist unser Lou?"

„Jep."

„Ich fasse es nicht!"

Das Foto war in schwarz-weiß gehalten – so wie es Jessie am liebsten hatte – und zeigte einen Mann, der nur mit einer schwarzen Jeans bekleidet in einem zerwühlten Bett lag, die Arme um ein Kissen geschlungen, das Gesicht halb darin vergraben, die Haare leicht zerzaust, einen etwas verzweifelten Gesichtsausdruck und einen Blick, der zumindest jeden schwulen Mann und sicher auch die ein oder andere Frau zum Schmelzen bringen musste.

„Wie zum Teufel hast du das geschafft? So hab ich ihn noch nie gesehen!"

„War nicht einfach. Aber ich wusste, dass es *diesen* Lou hinter all der Fassade auch gibt. Und den wollte ich erwischen. Lou spielt gerne seine Rolle und tut das vermutlich fast 24/7. Aber ich war mir sicher, dass Peter auch seine andere Seite kennt und ich glaube, dass ich sie erwischt habe." Jessie sah zurück auf den Bildschirm. „Wir waren bei ihm zu Hause und ich hab ihn immer wieder genervt und gesagt, er müsse sich umziehen und so, ich wollte sehen, welche Kleidung am besten zu unserem Fotoshooting passt und er hat brav mitgemacht. Allerdings hat er sich irgendwann entnervt aufs Bett geworfen ... Währenddessen hab ich immer wieder fotografiert. Ich glaube, es waren über zweihundertfünfzig Bilder, aber es war es wert. Das wollte ich haben. Ich hab's auch zum Entwickeln geschickt, damit sie einen Druck machen. Denkst du, es wird ihm gefallen?"

„Das wird ihn umhauen! Und Peter erst!"

„Is' es okay, wenn ich eins davon hier oben aufhänge?", frage Jessie.

„Du solltest beide aufhängen, als gutes Beispiel, was man alles aus einer Person rausholen kann. Respekt!"

Jessie sah ihn verliebt an. „Danke, Honey."

„Du hast gesagt, du bist fertig?"

„Ja."

„Gut, denn um ehrlich zu sein, würde ich ungern noch einen weiteren Abend ohne dich verbringen."

„Du musst heute auch nichts schneiden?", fragte Jessie zurück.

„Heute ist Ruhe. Oben ist auch keiner. Also wär ein wenig *Quality-Time* genau das, was mir vorschwebt. Wie hört sich das an?"

„Gerne."

„Das Essen ist auch bald fertig."

Jessie blinzelte. „Das ... *Essen*?", fragte er vorsichtig nach, da er dachte, sich verhört zu haben.

„Jep. Pizza, wenn's recht ist."

„Oh, du hast welche bestellt?", folgerte Jessie.

„Ähm ... nein. Ich hab welche gemacht. Also selbst belegt. Fertiger Teig und so. Auf deine Seite Sardellen und ..."

„... Gorgonzola?", fragte Jessie mit leuchtenden Augen.

„Mhmm ... und dazu ein Glas Merlot auf der Terrasse, was hältst du davon?"

„Du machst mir Angst, Honey!" Jessie fuhr den Rechner herunter und stand auf. „Ich lass mich nur zu gern von dir bekochen."

„Gut. Und noch was ..."

„Ja?"

„Am Donnerstag ist Feiertag und ich bin mal davon ausgegangen, dass du nichts dagegen hast ... ich hab Martin und Indira eingeladen ..."

„Oh, schön!" Jessie nickte sofort begeistert.

„Nachmittags zum Kaffee und abends zum Essen. Lou wird auch hier sein und sich mit um die beiden kümmern. Er backt auch einen Kuchen, hat er gesagt."

„Martin war noch nie hier, oder?"

Dave schüttelte den Kopf. „Und jetzt wo du eingezogen bist, ist die Bude auch von innen wirklich vorzeigbar mit all den schönen Bildern und Pflanzen." Im Gang waren es Bilder aus Irland, in der Küche Gewürze und im Wohnzimmer Bilder von New York und San Francisco.

„Ich freu mich auf sie. Das war eine gute Idee von dir! Und am Sonntag fahren wir raus zu ihnen, ja?", fragte er hoffend.

„Klar. Hatten wir ja ausgemacht."

„Gut." Jessie schien noch einmal um einiges mehr erleichtert zu sein.

Unten meldete sich der Ofen aus der Küche mit einem Signal. „Pizza ist gleich fertig. Lass uns runtergehen."

„Soll ich den Tisch decken?", fragte Jessie, als sie unten angekommen waren.

„Schon geschehen …"

Er zog die Augenbrauen hoch und ging zur Terrassentür. Dort war nicht nur gedeckt, es brannten auch Teelichter und auf dem Tisch stand neben zwei Weingläsern auch ein Decanter, in dem sich offensichtlich bereits Rotwein befand.

„Setzt dich schon mal, ich komm gleich …", rief Dave aus der Küche.

Kopfschüttelnd tat Jessie wie ihm geheißen.

„Bitteschön …", sagte Dave, als er mit zwei Tellern zu ihm kam, und einen vor ihn stellte.

„Wenn du mir nicht schon einen Heiratsantrag gemacht hättest, würde ich jetzt einen erwarten!", gestand Jessie etwas fassungslos.

Dave grinste. „Soll ich ihn wiederholen?"

„Hm … besser nicht …“

„Ach nein?“

Jessie lachte. „Nein, weil sonst die Pizza kalt werden würde, und das wäre jammerschade! Riecht verdammt lecker!“

Kurz darauf widmeten sie sich schweigend ihrem Abendessen.

Währenddessen musterte Jessie Dave immer wieder verstohlen. Diese Seite seines Lovers kannte er noch nicht und er vermutete, dass Dave sie bislang auch noch niemandem gezeigt hatte. Er war unendlich stolz auf ihn.

„Jetzt ist mir klar, warum man sagt, *Liebe geht durch den Magen.*“ Jessie schmunzelte und stieß mit Dave an.

„Du bringst nur die guten Seiten in mir zum Vorschein. Sogar solche, die ich selber noch nicht kannte.“

Eine Stunde später saßen sie immer noch draußen und unterhielten sich in der hereinbrechenden Nacht.

„Ich würd gern ein wenig mehr über deine Vergangenheit erfahren, Honey“, meldete sich Jessie schließlich zu Wort.

Dave verschluckte sich lachend. „Du weißt schon alles, Süßer, schon vergessen?“

„Hm … nein, noch nicht alles. Da gibt es schon noch das ein oder andere.“

„Ach wirklich? Und das wäre zum Beispiel?“

„Ich würd gern irgendwann wieder mit dir in den Keller gehen …“

Dave sah ihn verwirrt an. „Und was hast das jetzt mit meiner Vergangenheit zu tun? Wäre das nicht eher die Zukunft?“

Jessie sah ihn noch eine Weile abschätzend an, bis er es aussprach: „Wie lief das damals, als du dir deine … Gespielen für einen Aufenthalt im Keller gesucht hast?“

„Oh …", machte Dave etwas überrascht und fuhr sich über seinen Bart. „Das ist aber ein ganz schöner Gedankensprung, den du da gerade machst …"

„Ja … kann sein. Ich würd's trotzdem gern wissen."

„Wieso?"

„Weil's mich interessiert …" Jessie rollte mit den Augen. „Wie macht man sowas als Dom?"

Dave lehnte sich zurück. „Hm …"

„Wie oft in der Woche hattest du damals Sex?"

„Höchstens ein- zweimal."

„Wow."

„Ja, ist um einiges mehr geworden. Aber so gefällt's mir besser." Dave grinste.

„Also … schieß los. Wie ist das abgelaufen?"

„Ich bin in einen von Desmonds SM-Clubs gefahren und hab mich dort an einen Tisch gesetzt. Meist im *Crawl*."

„Und dann?"

„Dann hab ich gewartet."

„Einfach so?"

„Dort gibt es einen Bereich, der genau dafür vorgesehen ist. Subs warten auf Doms und Doms auf Subs."

„Also konntest du dort hingehen und sehen, ob irgendwo ein Sub sitzt und den ansprechen?"

Dave schüttelte den Kopf. „Hätte ich können, hab ich aber nicht gemacht. Ich hab immer gewartet, bis einer zu mir kommt."

„Wieso?"

„Weil ich wollte, dass sie sich genau überlegen, zu wem sie kommen."

„Aha. Weiter."

„Wie weiter?"

„Wie ging's dann weiter? Der Sub kommt und dann verschwindest du mit dem?"

Dave schnaubte. „Nee. So schnell ging das nicht."

„Eben. Das meinte ich mit *weiter*."

„Aha. Nun, ich hatte meinen Ruf, also haben die, die zu mir kamen meist gewusst, was ich wollte. Absoluten Gehorsam. Sie wussten, was sie erwartete, sobald sie sich entschlossen, mit mir nach Hause zu kommen."

„Okay, ein Sub kommt an deinen Tisch und sagt was?" Jessie sah ihn gespannt an.

„Was wird das hier? Ein Vorstellungsgespräch?", fragte Dave belustigt.

„Antworte."

„Sag du es mir."

Jessie hielt seinem Blick eine Weile stand und stand kurz darauf auf. Er räusperte sich, entfernte sich ein paar Schritte und kam dann aufrecht und stolz an den Tisch zurück.

„Sir, darf ich mich zu Ihnen setzen?"

„Pfff … falsch. Geht gar nicht!", gluckste Dave und trank einen Schluck, wobei er eine abfällige Handbewegung machte.

„Okay, war doof. Seh ich ein … Moment." Jessie ging wieder ein Stück weg und wiederholte das Ganze.

Diesmal blieb er breitbeinig neben dem Tisch stehen und verschränkte die Arme hinter seinem Rücken. Er sah Dave nicht an und sagte: „Sir, ich möchte mich heute Nacht gern unterwerfen und bin auf der Suche nach einem Dom."

Daves Blick glitt über Jessies definierten Brustkorb tiefer, der sich gut unter seinem engen, dunkelgrauen T-Shirt mit der kurzen Knopfleiste abzeichnete, blieb kurz an seiner Gürtelschnalle hängen und strich schließlich über sein gut gefülltes Paket. Er bemerkte, wie es in seinem Schoß zu kribbeln begann.

„Mhmm … schon besser", kommentierte er.

„Haben Sie Interesse, Sir?", fragte Jessie, immer noch ohne ihn anzusehen.

Dave schob seinen Stuhl zurück und stand auf. „Mal sehen", murmelte er und umrundete Jessie. „Ich werd dich jetzt anfassen, ja?"

„Selbstverständlich, Sir!"

Dave griff beherzt an seinen Hintern. Danach öffnete er Jessies Hände, um einen besseren Blick auf seinen Rücken zu haben, den er als Nächstes von den Schultern bis zu den Lenden abtastete.

Während er sich schließlich der Vorderseite zuwandte, verschränkte Jessie die Hände wieder gehorsam.

Als Nächstes waren seine Brustmuskeln dran, die ebenfalls geprüft wurden. Seine Brustwarzen waren bereits hart und Dave kniff ihn hart in die rechte. Jessie gelang es, dabei keine Miene zu verziehen.

Die Hand glitt tiefer über seinen durchtrainierten Bauch, bis Daves Fingerspitzen den Bund seiner Hose passierten. Und zwar unterm Stoff. Nur ein kleines Stück, aber dennoch hatte sich Jessies Puls beschleunigt.

„Mhmm", kam es anerkennend. „Nicht schlecht."

Jessie konnte einen überraschten Laut nun doch nicht mehr zurückhalten, denn als Nächstes landete Daves Hand in seinem Schritt. Und das reichlich beherzt. Der Griff war hart und unnachgiebig und äußerst erregend.

„Ich erwarte absoluten Gehorsam, das solltest du wissen! Kommst du damit klar?"

„Ja, Sir!", kam es laut und deutlich. „Aaah!"

Er spürte, wie Dave ihn massierte und seine Finger kurz darauf die eindeutigen Konturen seiner Erektion nachstrichen.

„*Seine* Antwort gefällt mir noch viel besser!", murmelte Dave. „Sieh mich an!" Und dann trafen sich ihre feurigen Blicke zum ersten Mal.

„AAH!", keuchte Jessie erregt, als er Daves Zähne an seinem Hals spürte, während der seine Arme eng um ihn schlang. Der nächste Kuss war dominant und fordernd. In diesem Moment wusste er, dass sie nicht mehr geistig im Crawl waren, sondern im Hier und Jetzt, denn Dave hätte nie einen Sub geküsst. „Ich will mit dir in den Keller!", keuchte Jessie heiser.

„Dein Halsband ist im Schlafzimmer", konterte Dave, während er sich an ihm rieb.

Jessie erschauerte, als er die unmissverständliche Reaktion von Daves Körper spürte, der genauso hart und erregt wie er selbst war.

„Ich hol es!", flüsterte Jessie und bemerkte, wie Daves Griff augenblicklich noch härter wurde.

„Nein! Das wirst du nicht tun!"

„Warum?" Jessies Stimme zitterte vor Erregung.

„Weil wir drei Tage lang keinen Sex hatten und ich dich jetzt sofort vernaschen will!"

Wenige Augenblicke später lagen sie nackt im Bett, Jessie unter Dave und der dachte offensichtlich keine Sekunde daran, sich noch länger zurückzuhalten.

Jessie schnappte nach Luft, als sich Daves gut vorbereiteter Schwanz an sein Loch presste.

Dave brachte seine Hände schnell unter Kontrolle und als sich ihre Finger verschränkten, bekam er auch schon Zugang.

„UUUAAAH!" Sein Körper bockte hart, während Dave seine Arme in die Kissen presste und zustieß.

„Ja, so mag ich das!", keuchte Dave, als er spürte, wie Jessies Schwanz an seinem Bauch zuckte. Er traf problemlos und beförderte Jessie mit jedem Stoß weiter ins Nirwana. Die Reaktionen seines erregten Körpers feuerten Dave nur noch mehr an und wie schon so oft, setzte er sein gesamtes Können ein, womit er Jessie fast zum Wahnsinn trieb.

„AAAAAAAH!"

„Vergiss nicht, mich zu fragen, ob du kommen darfst!" Doch als er das sagte, war es schon zu spät. Jessie schien unfähig, auch nur ein vernünftiges Wort von sich zu geben und nur wenige Augenblicke später ergoss er sich auf seine nackte Haut. Dieser Anblick war zu viel für Dave und beim nächsten Stoß kam auch er in harten Schüben.

Beim letzten Tropfen löste sich langsam sein dominanter Griff und die beiden umarmten sich liebevoll, während sie versuchten, wieder zu Atem zu kommen.

„Fuck …", murmelte Jessie und kniff die Augen zusammen, da er immer noch Sternchen sah.

„Mhmm … haben wir grad gemacht", brummte Dave. „Das kommt davon, wenn wir 'ne längere Pause machen!"

Jessie spürte Daves Lippen an seinem Hals und strich ihm durch die Haare. Erschöpft drehte er den Kopf und hob dabei Daves an.

„Versprichst du mir, dass wir bald wieder in den Keller gehen?", fragte er mit einem unschuldigen Blick.

„Versprochen, denn dein Bewerbungsgespräch war ganz nach meinem Geschmack"!

„Willst du mich heiraten?", flüsterte Jessie.

„Ja, ich will!", erwiderte Dave, küsste ihn und kurz darauf waren sie engumschlungen eingeschlafen.

Am Donnerstag klingelte es um drei Uhr an der Tür. Der Tisch war gedeckt und eine von Lou gebackene, leckere Torte wartete auf ihre Besucher.

Dave und Jessie begrüßten Indira und Martin herzlich und beide waren bereits von außen sehr beeindruckt, von Daves Zuhause.

„Kommt rein, kommt rein … ich zeig euch alles!"

Sie betraten Daves Reich, der sich richtig drauf freute, seiner Familie zum ersten Mal sein Zuhause zu zeigen.

„Kann es sein, dass du derjenige mit dem grünen Daumen bist?", fragte Martin augenzwinkernd. „Dave hatte dafür nie ein Auge!"

Jessie lachte. „Könnte man so sagen, ja."

„Er ist auch für die Farbe an den Wänden verantwort-
lich!", gab Dave zu. „Hat die Bude ungefähr um zweihundert Prozent aufgewertet!"

„Oh ... wer hat den gebacken?", rief Indira, als sie den
tollen Kuchen sah.

„Keiner von uns, sorry", gestand Jessie. „Das war er!" Er
zeigte auf Lou, der lächelnd in der Küche stand.

„Lou, das sind mein Onkel Martin und seine Frau Indira.
Ihr beiden: Das ist Lou, ähm, er ist meine Perle", stellte
Dave ihn vor.

„Uuuh ... das ist wohl wahr", flötete Lou und begrüßte
die beiden. „Nett Sie kennenzulernen."

„Ganz unsererseits."

„Gut, dass Lou nur ab und zu einen Kuchen macht ...
wäre ziemlich schlecht für die schlanke Linie ..."

„Oh, diese Torte sieht himmlisch aus, Lou!", sagte Indira
mit einem Lächeln.

„Dankeschön." Lou wurde ganz verlegen. „Na, dann
setzt euch! Trinkt ihr alle Kaffee?"

Martin bejahte und Indira stand kurz nachdem sie sich
gesetzt hatte, noch einmal auf.

„Ach herrje ... ich hab ja ganz vergessen, dass ich noch
was mitgebracht habe! Ich bin gleich wieder da ..."

„Nanu?" Jessie sah Martin fragend an, doch der zuckte
nur mit den Schultern.

Kurz darauf erschien Dave, der Indira nach draußen
begleitet hatte, wieder in der Küchentür, dicht gefolgt von
Indira.

„Wir haben noch was für dich, Jessie", sagte sie und hielt
einen korbgeflochtenen Katzentransporter in Händen.

„Oh mein Gott!", stieß Jessie hervor und stand langsam
auf. Halb erfreut und halb entsetzt tastete sich sein Blick zu
Dave und dann zurück zu Indira. „Bitte sagt mir, dass ihr
das mit Dave abgesprochen habt! Bitte! Ich ... ich weiß
nicht, ob ich es ertrage, wenn ihr das, was ich hoffe, dass da

drin ist, wieder mitnehmen müsst!" Er fuhr sich mit beiden Händen übers Gesicht und wagte noch nicht, näherzukommen.

„Jessie es ist nicht nur abgesprochen, es war Daves Idee", sagte Martin.

„Das ist nicht euer Ernst!"

„Der Kleine ist noch ein wenig geschockt von der Autofahrt, glaub ich ... wir haben extra etwas gewartet und wollten ihn nicht sofort mit reinnehmen ... Ein paar Minuten im stillen Auto waren sicher nicht schlecht ... aber er drückt sich ganz tief in den Korb ..."

Jessie zeigte zum Wohnzimmertisch und Indira trug den Korb dorthin.

Noch einmal sah er zu Dave auf. „Dir ist schon klar, was passiert, wenn ich das Türchen jetzt öffne, ja?", fragte er trotzdem noch einmal nach.

Dave schien hochzufrieden, ihn glücklich zu sehen und nickte ihm aufmunternd zu. „Komm, mach's nicht so spannend!"

Jessie löste alle drei Lederriemen, die die runde Tür am Korb geschlossen hielten und legte sie auf den Tisch. Dann blickte er in die Höhle, in der sich ein kleines schwarzes Wollknäul ganz tief an die Rückwand drängte, den Kopf weggedreht.

„Hey, kleiner Mann ...", sagte er sanft. „Willkommen zu Hause!" Er sah noch einmal auf. „Das ist es doch, oder?"

„Jep, Süßer."

Der kleine Kater hatte zwar die Ohren gespitzt, aber noch regte er sich nicht. Bis Jessie erneut etwas auf Gälisch zu ihm sagte. Wie in Zeitlupe drehte sich das Tierchen um und starrte Jessie an.

„Aber hallo ... wen haben wir denn da?", gurrte Jessie und kurz darauf erschien eine kleine schwarze Pfote auf seinem Knie.

„Sieh dir das mal an!", brummte Martin und schüttelte den Kopf. „Die beiden haben sich wohl gesucht und gefunden!"

Dave drehte sich um und verließ kurz den Raum. Als er wiederkam, hatte er ein getragenes T-Shirt von Jessie dabei, das er aus dem Wäschekorb gezogen hatte.

„Oh, gute Idee!" Jessie legte es neben sich auf die Ledercouch und wenige Augenblicke später hatte sich der kleine Kater wohlig schnurrend darauf zusammengerollt. „Wow!", murmelte er beeindruckt und sah auf. Als er den kleinen Kater sachte streichelte, grub sich der nur noch tiefer in sein T-Shirt, sodass er nach kurzer Zeit wagte, aufzustehen.

Immer noch etwas fassungslos über die Überraschung fuhr er sich durch die Haare.

„Die beiden haben versprochen, ihn dazulassen!", witzelte Dave.

Jessie konnte sich nicht mehr halten und umarmte Dave innig. „Honey ... das ist ... einfach der Hammer! Danke!" Und dann machte er das Gleiche mit Indira und Martin, während er übers ganze Gesicht strahlte.

„Na hör mal, was sollte ich denn tun?" Dave seufzte. „Du warst ja ganz geknickt! Und geknickt gefällst du mir gar nicht, muss ich gestehen."

„Ähm, ja das war ich wirklich ...", gab er zu.

Indira lächelte. „Es war nur die logische Konsequenz, ihn herzubringen und zwei glücklich zu machen. Dave hat dir erzählt, dass er in eurem Bett geschlafen hat?"

„Ja, hat er. Wahnsinn, echt ..." Dann riss Jessie die Augen auf. „Oh Mann, heute ist Feiertag ... das heißt, wir können nicht einkaufen ... Verdammt."

„Von was bitte redest du?", fragte Dave.

„Wir brauchen Futter, ein Katzenklo, ein Bettchen ... Na ja, 'ne Dose Thunfisch wird's zur Not bis morgen auch tun ... und ..."

Jetzt kam Lou zur Gruppe um den Wohnzimmertisch. „Hach Zuckerschneckchen, jetzt reg dich doch nicht so auf!", sagte er in beschwichtigendem Ton.

„Lou!" Jessie sah ihn erwartungsvoll an. „Ihr habt doch auch zwei Katzen? Kannst du uns nicht mit was aushelfen? Futter und so weiter?

„Jetzt lass mich doch erstmal sehen …"

Jessie zeigte auf das winzige Fellknäul auf seinem T-Shirt. „Ach du meine Güüte! Das ist ja ein Wurm!", rief Lou.

„Lou, jetzt sag schon!" Jessie sah ihn ungeduldig an. „Kannst du uns was abgeben bis morgen?"

Lou seufzte theatralisch. „Komm mal mit, Zuckerschneckchen …" In der Küche angekommen, zog er eine der vielen Schubladen auf. „Reicht das?"

Jessie sah reihenweise hochwertiges Dosenfutter und blickte verwirrt auf.

„Glaubst du im Ernst, Mister Planer überlässt das dem Zufall?" Lou rollte mit den Augen. „Dazu ist Rindergulasch im Kühlschrank und das is' nicht für dich! Aber du musst es ganz klein schneiden für ihn. Und ich hab noch mehr …" Er ging aus dem Zimmer und kam kurz darauf mit einem Wäschekorb voller Utensilien wieder, den er vor Jessie abstellte. Näpfe, Bälle, Spielmäuse und zwei Katzenbetten. „Das Katzenklo steht schon im Bad – musst du ihm halt zeigen und ich möchte mich hiermit noch offiziell darüber beschweren, dass Mister Obermacho mir tatsächlich verboten hat, was in Rosa oder Hellblau zu kaufen!"

Jessie lachte. „Würd nicht ganz so reinpassen … oder?"

„Pfff …", machte Lou. „Ich wollt auch 'nen Kratzbaum kaufen, aber Davie-Schatz meinte, das sollst du selber machen. Derweilen wird er aber eure Couch nehmen … selber schuld!" Er streckte Dave die Zunge raus.

„Lou das ist der Hammer! Tausend Dank!"

„Der hat's angeschafft!" Lou deutete über seine Schulter.

„Trotzdem danke!"

In diesem Moment streckte sich der kleine Kater und hüpfte dann etwas ungelenk von der Couch. „Uuuuh, der hat ja 'nen süßen Hüftschwung …" kommentierte Lou, während er auf Jessie zulief, der prompt in die Hocke gegangen war. „Wie soll der kleine Kerl denn nun heißen?"

„Sag du es mir, Lou. Hast du eine Idee?", fragte Jessie gespannt.

„Solang du ihn nicht Lou taufst!", knurrte Dave halblaut.

„Davie-Schatz werd mal nicht unverschämt, ja!", tadelte ihn Lou sofort und Martin und Indira mussten über die beiden lachen.

„Hach, guck mal, goldig! Also ich wüsste schon 'nen Namen …"

„Ja? Schieß los!" Jessie sah zu ihm auf.

„Mambo. Uuuuh!" Mit diesen Worten machte er den Hüftschwung des Katers nach und klimperte mit den Augen.

Alles lachte.

„Mambo, hm? Süße Idee! Was meinst du? Gefällt dir der Name?", fragte Jessie, als der kleine Kerl um seine Füße strich.

Indira schmunzelte. „Sieht ganz so aus."

„Ich glaub, der hat nur Hunger", sagte Dave und sah sehnsüchtig auf sein unberührtes Stück Kuchen, das ihm Lou bereits auf den Teller gelegt hatte.

„Na, dann walte deines Amtes", schlug Lou vor. „Ich glaub, du hast alles was du so brauchst?" Er winkte in die Runde. „Ich geh jetzt mit den Hunden Gassi und komm dann wieder, ja? Tschöööö." Doch kurz bevor er ganz verschwand, kam er noch einmal in die Küche und drückte Jessie einen schwarzen Plastikstab mit einem knallpinken Federbüschel in die Hand. „Sorry, ich konnte nicht widerstehen, hihi!", kicherte er und bevor er noch Daves entrüsteten Aufschrei hörte, knallte bereits die Haustür.

Jessie starrte auf den pinken Federwisch, der sofort Mambos Aufmerksamkeit erregte und der bereits danach angelte.

„AAAAH!", stöhnte Dave und lachte. „Ich bring ihn um!"

Kurz darauf setzten sie sich endlich an den gedeckten Tisch, um Kaffee zu trinken und den Kuchen zu genießen.

Um elf Uhr abends verabschiedeten sie Indira und Martin und als Dave die Tür schloss, verfing sich Jessie in seinem Blick.

Bevor Dave etwas sagen konnte, umarmte Jessie ihn so heftig, dass sie gegen die Wand krachten.

„Sie haben ihn wirklich nicht wieder mitgenommen!", stieß er hervor. „Ich ... ich weiß überhaupt nicht, was ich sagen soll ... Das war die schönste Überraschung, die ich je bekommen hab!"

Dave nahm sein Gesicht in beide Hände und ließ seine Daumen über seine Wangen streichen. „Happy Birthday, Baby. Auch wenn der erst übermorgen ist. Ich wollte euch einfach nicht länger trennen!"

Jessie schluckte. „Danke, Honey. Jetzt sind wir 'ne richtig kleine Familie, hm?"

Dave nickte und küsste ihn sanft.

Arm in Arm gingen sie zurück ins Wohnzimmer, wo Mambo wieder auf Jessies T-Shirt schlief.

Epilog

Drei Wochen später, Jessie und Dave schliefen bereits tief und fest, klingelte weit nach Mitternacht das Telefon.

Da der Anrufer sehr hartnäckig und Dave sich nicht rührte, stand Jessie schweren Herzens auf. Als der Anrufbeantworter abhob, wurde aufgelegt und sofort klingelte es erneut.

„Ja?", meldete er sich schließlich etwas barsch und lauschte.

„Sind Sie Jessie DeMozza?"

„Ja, das bin ich."

„Hier ist die *Garda Síochána na hÉireann.*"

Für einen Moment setzte Jessies Herz einen Schlag aus, doch dann sagte der Mann am anderen Ende: „Ich glaube, ich habe gute Nachrichten für Sie."

Kurz darauf bemerkte Dave, als er sich im Bett umdrehte, dass Jessie nicht mehr da war und er stemmte sich auf einen Ellenbogen hoch.

Er konnte ihn im Wohnzimmer am Telefon hören und runzelte die Stirn. Allerdings gelang es ihm nicht, aus dem Gespräch etwas zu erfahren, was ihn weitergebracht hätte, denn Jessie sagte fast nur: *Aha, ja* und *verstehe.*

Schließlich hörte Dave, wie er auflegte, aber nach kurzer Zeit wurde klar, dass Jessie nicht ins Schlafzimmer zurückkam.

Leise fluchend quälte er sich schließlich wieder aus dem Bett und ging ins Wohnzimmer. Dort fand er Jessie wie versteinert dastehen, das schnurlose Telefon immer noch in der Hand. Sein Blick schien ins Nichts zu gehen.

Dave kam näher und berührte ihn schließlich behutsam an der Schulter. Keine Reaktion.

„Hey, Süßer? Was ist los?", fragte er besorgt.

Wie in Zeitlupe wanderte Jessies Blick von einem imaginären Punkt an der Wand zu Daves braunen Augen.

Er schluckte und sagte: „Bitte zwick mich mal!"

Dave tat ihm den Gefallen.

„Fuck, autsch!", fluchte Jessie und rieb sich den Arm. Aber immerhin schien es ihn aus seiner Schockstarre zu reißen.

„Was, zum Teufel, ist los?"

„Das war die *Garda Síochána na hÉireann.*"

„Die bitte was?"

„Die irische Polizei."

„Um Gottes willen … was ist passiert?"

Jessie fuhr sich über den Mund. „O'Connor hat sich gestellt … und … und alles gestanden Dave!"

„Was?" Dave riss die Augen auf. Jetzt war er hellwach.

„Und nicht nur das … Anscheinend hat er alle Namen derjenigen genannt, die damals … damals mitgemacht haben …"

Für einige Momente schwieg Dave und sagte schließlich tonlos: „Igor."

Jessie nickte. „Das dürfte es auf den Punkt bringen. Der Inspektor hat mir gerade gesagt, dass der Fall neu geöffnet wurde und … und … dass nun endlich Gerechtigkeit …" Jessie brach ab und Tränen traten in seine Augen. „Oh mein Gott … dass ich das noch erleben darf!"

„Oh Mann! Komm her!" Dave nahm ihn hastig in die Arme.

„Sie haben gesagt, er hat gerade ein stundenlanges Geständnis abgelegt …!"

„Irischer Whiskey?", fragte Dave liebevoll.

„Ja, bitte!" Jessie zog die Nase hoch und ging zur Couch.

Mambo kletterte zu ihm auf dieselbe und gemeinsam warteten sie auf Dave, der kurz darauf mit zwei großzügig eingeschenkten Gläsern dazu kam, um auf diese unverhoffte Wendung anzustoßen.

„Auf ein Leben ohne Angst!", toastete Dave.

„Auf ein Leben ohne Angst!", erwiderte Jessie. „Die Welt kann kommen!"